公路养护实用技术培训教材

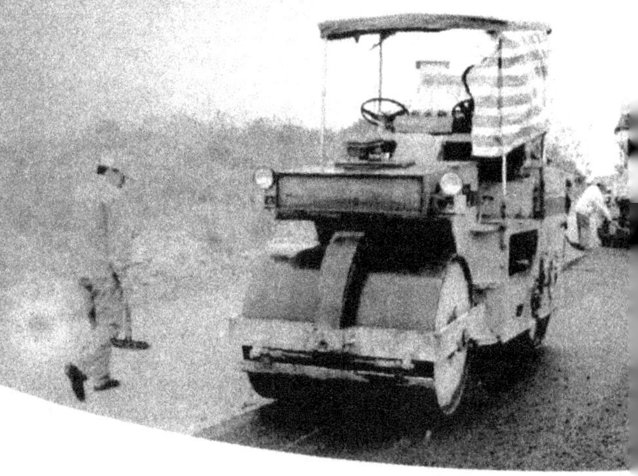

公路养护机械使用与维护

Gonglu Yanghu Jixie Shiyong Yu Weihu

主　编　邓晓刚
副主编　苏明贵
主　审　戴新忠

内 容 提 要

本书为《公路养护实用技术培训教材》分册之一。着眼于培养新时期公路养护机械使用与维护人才，以提高他们使用、维护公路养护机械的实际能力、使用效率和完好率。主要内容包括：公路养护机械概论、日常公路养护机械、沥青路面养护机械、水泥路面维修机械、公路检测设备、压实机械、土石方机械。

本书可作为职业院校相关专业的教学用书，也可作为公路养护技术人员和管理人员的培训教材。

图书在版编目(CIP)数据

公路养护机械使用与维护/邓晓刚主编. —北京：人民交通出版社，2009.8
公路养护实用技术培训教材
ISBN 978-7-114-07249-9

I.公… II.邓… III.公路养护-养路机械-技术培训-教材 IV.U418.3

中国版本图书馆CIP数据核字(2009)第107032号

书　　名：公路养护机械使用与维护
著 作 者：邓晓刚
责任编辑：曹延鹏
出版发行：人民交通出版社股份有限公司
地　　址：(100011)北京市朝阳区安定门外外馆斜街3号
网　　址：http://www.ccpress.com.cn
销售电话：(010)59757973
总 经 销：人民交通出版社股份有限公司发行部
经　　销：各地新华书店
印　　刷：北京虎彩文化传播有限公司
开　　本：787×1092　1/16
印　　张：19.5
字　　数：483千
版　　次：2009年8月　第1版
印　　次：2023年1月　第6次印刷
书　　号：ISBN 978-7-114-07249-9
定　　价：45.00元

《公路养护实用技术培训教材》
编 委 会

前　言

我国公路事业的迅猛发展，促使公路交通成为交通运输的主要形式之一，极大地推进了我国国民经济的快速发展。随着公路通车里程的增加、交通量的增长、车辆的大型化、严重超载以及公路随时间的推移出现的各种病害，致使公路在使用过程中面临着严峻的考验。针对上述情况，为了提高公路的通行能力、承载能力和快速反应能力，增强公路交通的安全性和舒适性，最大地发挥公路的经济效益和社会效益；同时也为了加强和规范公路养护管理工作，提高公路养护人员的技术素质，我们组织相关院校资深教师及企事业单位专家针对目前公路养护现状，在总结经验的基础上借鉴国内外公路养护与管理的新方法和新技术，精心编写了一套《公路养护实用技术培训教材》（共分四册），分别为：《公路路基与路面养护》、《公路桥涵与隧道养护》、《交通工程及沿线设施养护》和《公路养护机械使用与维护》。

本套教材详尽地介绍了公路养护的管理模式、养护技术及各种先进的养护机械设备结构、性能与运用技术。它具有以下特点：

一是以公路养护工程的小修保养为主，突出基本定义和概念、基本方法和工艺、基本标准和要求；注重反映公路养护的新技术、新工艺、新方法和新材料。

二是以部颁公路养护规范及规程为标准，紧扣公路养护施工实际，突出先进性、指导性、实用性和操作性。

三是教材以图代文、图文并茂，语言生动，通俗易懂。

四是以理论实践一体化的教学模式，突出技能教学，注重快速提高实际运用能力和操作能力。

该套教材的编写在校企联合开发教材方面做出了有益尝试，它既可作为职业院校相关专业的教学用书，又可作为公路养护技术人员和管理人员的培训教材。

《公路养护机械使用与维护》是本套教材之一。本册共分七章（主要内容见“内容提要”），参加本册教材编写工作的有：甘肃省交通科学研究所邓晓刚（编写第六章、第七章），甘肃省公路局苏明贵（编写第二章），甘肃交通职业技术学院张转辉（编写第一章、第四章）、李宏伟（编写第三章、第五章）。本册教材由邓晓刚担任主编，苏明贵担任副主编，甘肃交通职业技术学院戴新忠担任主审。

限于编者的水平，书中疏漏与错误之处在所难免，恳请读者不吝赐教。

编委会

2009 年 6 月

目　　录

第一章　公路养护机械概论

公路养护机械是指保养维护现有公路的机械。公路养护中的大中修及技术改造工程，一般采用筑路机械；而公路日常小修保养工程，则采用一些特殊的专用机械。所以，公路养护机械是筑路机械与一些特殊专用机械的总称。

养护机械形式多种多样，可分为以下几种（图1-1）。

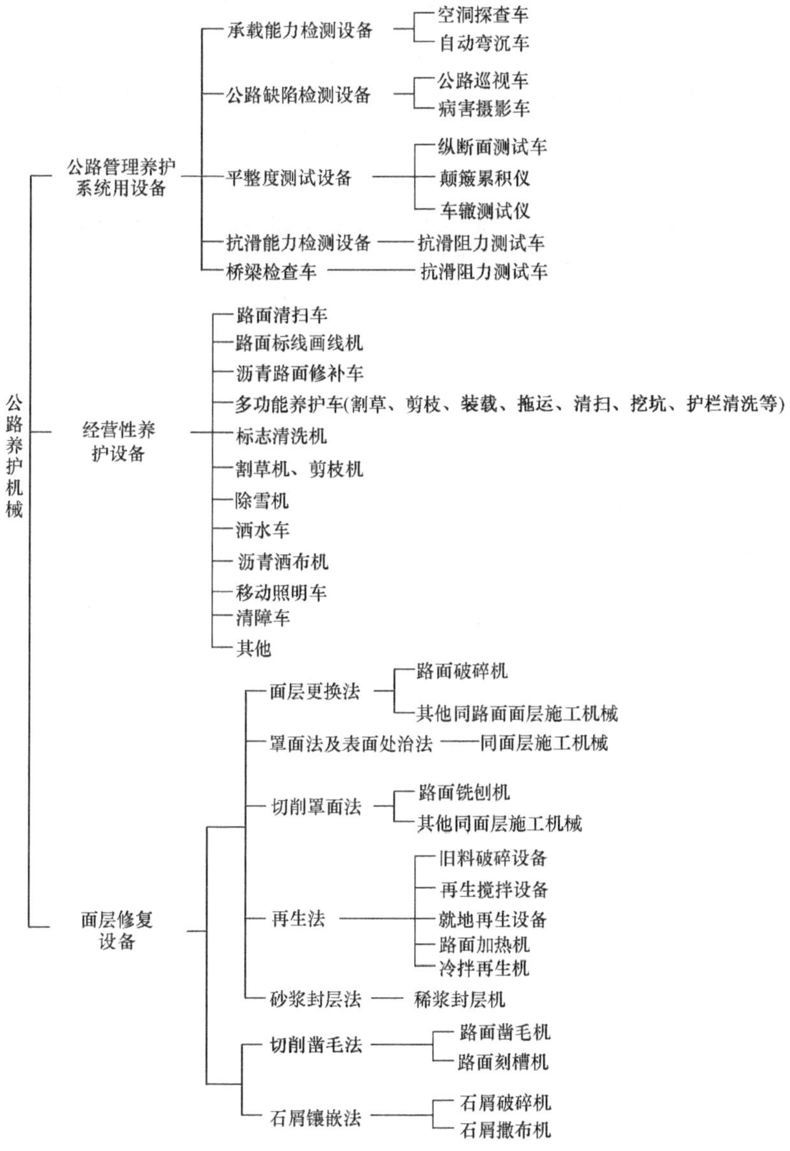

- 公路养护机械
  - 公路管理养护系统用设备
    - 承载能力检测设备
      - 空洞探查车
      - 自动弯沉车
    - 公路缺陷检测设备
      - 公路巡视车
      - 病害摄影车
    - 平整度测试设备
      - 纵断面测试车
      - 颠簸累积仪
      - 车辙测试仪
    - 抗滑能力检测设备——抗滑阻力测试车
    - 桥梁检查车——抗滑阻力测试车
  - 经营性养护设备
    - 路面清扫车
    - 路面标线画线机
    - 沥青路面修补车
    - 多功能养护车(割草、剪枝、装载、拖运、清扫、挖坑、护栏清洗等)
    - 标志清洗机
    - 割草机、剪枝机
    - 除雪机
    - 洒水车
    - 沥青洒布机
    - 移动照明车
    - 清障车
    - 其他
  - 面层修复设备
    - 面层更换法
      - 路面破碎机
      - 其他同路面面层施工机械
    - 罩面法及表面处治法——同面层施工机械
    - 切削罩面法
      - 路面铣刨机
      - 其他同面层施工机械
    - 再生法
      - 旧料破碎设备
      - 再生搅拌设备
      - 就地再生设备
      - 路面加热机
      - 冷拌再生机
    - 砂浆封层法——稀浆封层机
    - 切削凿毛法
      - 路面凿毛机
      - 路面刻槽机
    - 石屑镶嵌法
      - 石屑破碎机
      - 石屑撒布机

图1-1　公路养护机械的分类

国外公路养护机械类型繁多,主要归纳为日常养护机械、大中修机械和再生机械。日常养护机械主要由扫路机、洒水车、排障车、除雪机、剪草机等组成;大中修机械主要由压路机、摊铺机、搅拌机等筑路机械组成;再生机械主要是指旧路面材料回收利用的设备。

近年来,国外日常养护机械已走向配套、成熟,质量可靠,并形成了系列化。其重点放在路面修复的再生利用方面,目的是降低养护成本。回收利用旧路面材料有两种基本方法:一是将旧料回收到材料加工厂进行处理后,再用于铺筑路面,该方法在德国和美国普遍使用;二是就地回收利用,适合于大面积翻修作业。

国外厂商着重发展大型组合式的就地回收利用路面旧料的机械。这种机械是按照再生工艺,将各种作业机械结合在一起,从原路面的铣削、旧料回收加工、掺拌新料,到摊铺、压实成型一次完成。这种大型再生机械虽然机型大,价格昂贵,但由于其具有较好的效益,生产效率高,还是受到欢迎,已广泛使用。与此同时,美国的 CMI 公司和德国的维亚特根公司开发的路面整平机、路面加热机和路面稀浆封层机等设备,为维修路面、减轻养护工人的劳动强度、旧材料利用、提高路面维修质量、推动养护技术进步都起到了积极作用。特别是稀浆封层机为消除沥青路面早期病害,防止损坏,提高沥青路面的防水、防滑、平整度、耐磨性能等提供了先进的路面维修方法。

随着我国公路技术等级的不断提高,交通量日益增加,对公路养护的要求越来越高。实现养护机械化是公路养护现代化的必由之路,已成为人们的共识。近 20 多年来,我国交通系统的科研单位、生产厂家、公路部门和高等院校研制了许多养护机械,为我国养护机械的进一步发展打下了基础。

目前,养护机械与筑路机械一样,都朝着技术先进、生产效率高的方向发展。就技术先进性来讲,养护机械不断应用机、电、液一体化的高新技术,同时还引入电脑、高灵敏传感器、红外线、激光等先进技术,使之朝着自动化方向发展;就生产效率来讲,公路养护机械朝着多样化、系列化、成套化、大型与小型两极化方向发展。

养护机械主要由发动机、底盘、电液控制系统及工作装置组成,本章将分别介绍其结构原理和维护使用技术。

第一节　发　动　机

发动机是将某一种形式的能量转变为机械能并进行对外输出的机器。现代发动机主要以内燃机为主,内燃机的燃料有柴油、汽油、液化石油气、煤气等。根据使用的广泛性,本节主要讲述燃用柴油发动机(简称柴油机)。

一、概述

1. 发动机的分类

发动机的结构形式很多,分类如图 1-2 所示。

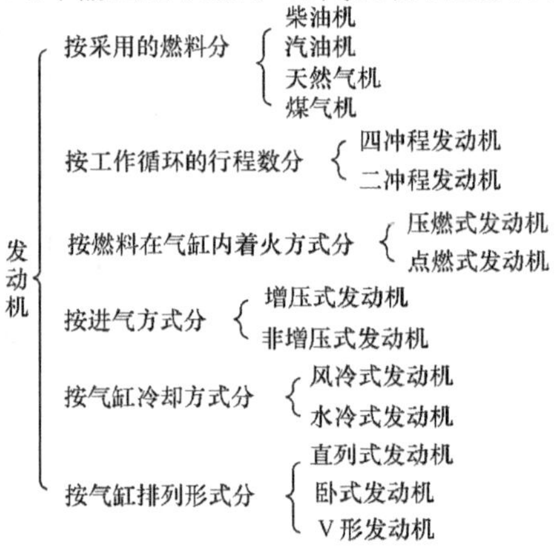

发动机
- 按采用的燃料分
  - 柴油机
  - 汽油机
  - 天然气机
  - 煤气机
- 按工作循环的行程数分
  - 四冲程发动机
  - 二冲程发动机
- 按燃料在气缸内着火方式分
  - 压燃式发动机
  - 点燃式发动机
- 按进气方式分
  - 增压式发动机
  - 非增压式发动机
- 按气缸冷却方式分
  - 风冷式发动机
  - 水冷式发动机
- 按气缸排列形式分
  - 直列式发动机
  - 卧式发动机
  - V 形发动机

图 1-2　发动机的分类

2. 发动机工作原理

养护机械的发动机主要以四冲程柴油机为主,下面介绍其工作原理。

四冲程柴油机工作过程分为进气行程、压缩行程、做功行程和排气行程等四个行程(图 1-3)。

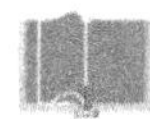

(1)进气行程:指活塞由曲轴带动,从上止点向下止点运动的过程,如图1-3a)所示。此时,进气门开启,排气门关闭。由于活塞下移,活塞上腔容积增大,形成一定的真空度。在真空吸力的作用下,被滤清的纯净空气,经进气门被吸入气缸。至活塞运动到下止点时,进气门关闭,停止进气,进气行程结束。

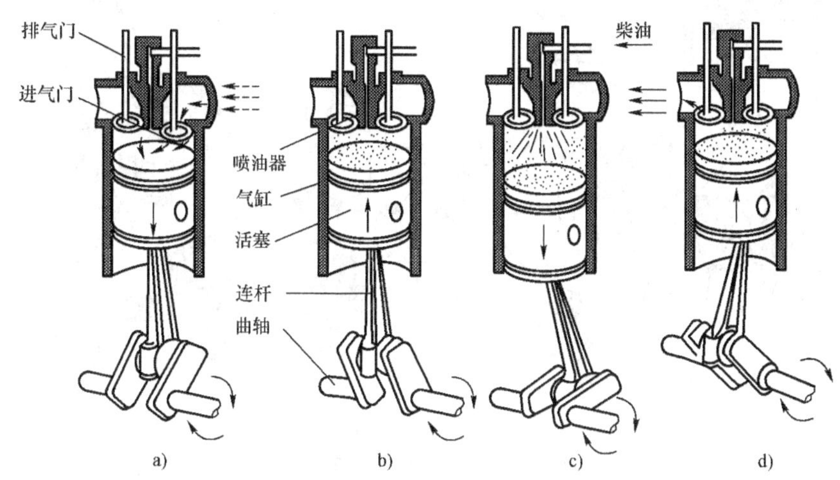

图1-3　四冲程柴油机工作原理

a)进气行程;b)压缩行程;c)做功行程;d)排气行程

(2)压缩行程:指进气行程结束时,活塞在曲轴的带动下,从下止点向上止点运动的过程,如图1-3b)所示。此时,进、排气门均关闭,随着活塞上移,活塞上腔容积不断减小,气缸内的空气被压缩,至活塞到达上止点时,压缩行程结束。

(3)做功行程:指压缩行程末,喷油泵将高压柴油经喷油器呈雾状喷入气缸内的高温空气中,柴油迅速汽化并与空气形成可燃混合气的过程。因为此时气缸内的温度远远高于柴油的自燃温度,柴油自行着火燃烧,且在以后的一段时间内,喷油和燃烧同时进行(即一边喷油,一边燃烧)。气缸内的温度、压力急剧升高,推动活塞下行作功,如图1-3c)所示。

(4)排气行程:指在做功行程结束时,排气门被打开,活塞在曲轴的带动下由下止点向上止点运动的过程,如图1-3d)所示。废气在自身的剩余压力和活塞的驱赶作用下,自排气门排出气缸,至活塞运动到上止点时,排气门关闭,排气行程结束。

排气行程结束后,进气门再次开启,又开始了下一个工作循环。如此周而复始,发动机就自行运转。

二、发动机的基本结构

发动机主要有以下部分组成。

(1)曲柄连杆机构:把活塞在气缸中的往复运动变为曲轴的旋转运动,以实现工作循环并输出动力。主要由缸体曲轴箱组、活塞连杆组和曲轴飞轮组三部分组成(图1-4)。

(2)配气机构:主要功用是定时地排除废气和吸进新鲜充量空气,正确完成各行程的工作。

(3)燃油供给系:柴油机燃油供给系统主要包括喷油器、喷油泵和调速器、输油泵、燃油滤清器及油箱等(图1-5)。它的功用是定时、定量地向燃烧室喷射柴油,同时根据工况自动调节供油量。

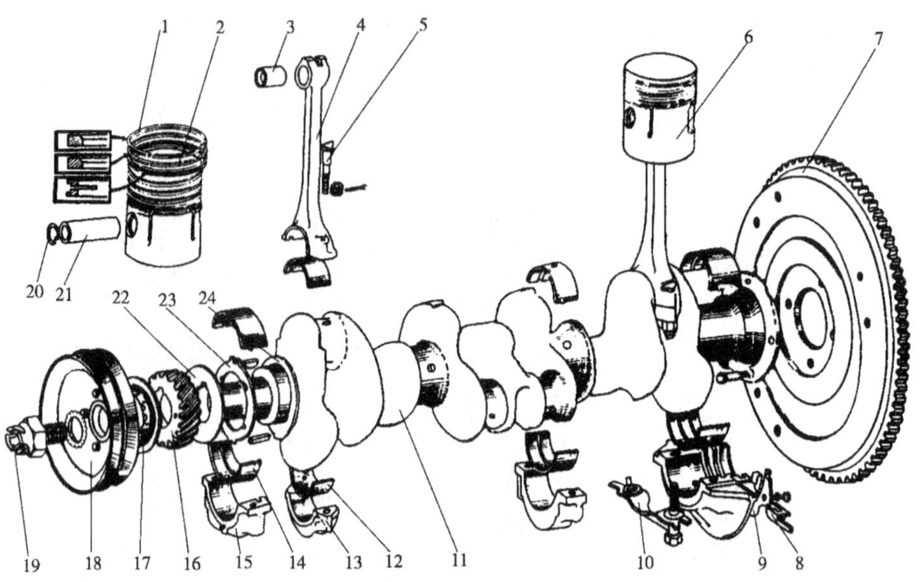

图 1-4　曲柄连杆机构的基本结构

1-活塞气环;2-活塞油环;3-连杆衬套;4-连杆;5-连杆螺栓;6-活塞;7-飞轮齿圈总成;8-密封垫;9-轴承密封座;10-螺栓垫片;11-曲轴;12-连杆轴承衬瓦;13-连杆盖;14-曲轴主轴承衬瓦;15-曲轴主轴承;16-曲轴齿轮;17-曲轴挡油圈;18-曲轴皮带轮;19-曲轴启动爪;20-活塞销锁环;21-活塞销;22-曲轴齿轮垫圈;23-承推前垫圈;24-承推后垫圈

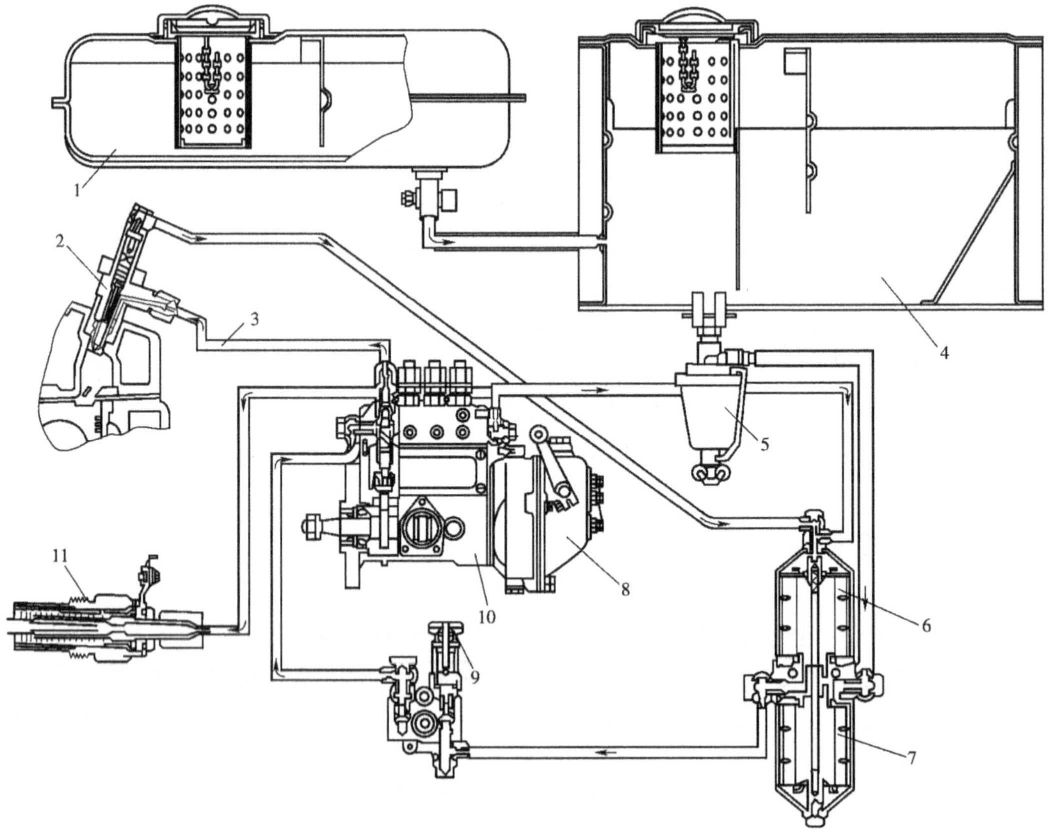

图 1-5　柴油供给系统

1-前油箱;2-喷油嘴;3-高压油管;4-后油箱;5-沉淀杯;6-柴油细滤清器;7-柴油粗滤清器;8-调速器;9-输油泵;10-喷油泵;11-预热塞

(4)润滑系:主要由润滑油泵、润滑油滤清器、油压表及有关油道组成(图1-6)。其功用是将润滑油送到各运动件的摩擦表面,以减少运动件的磨损与摩擦阻力,并有冷却、密封、防锈等作用。

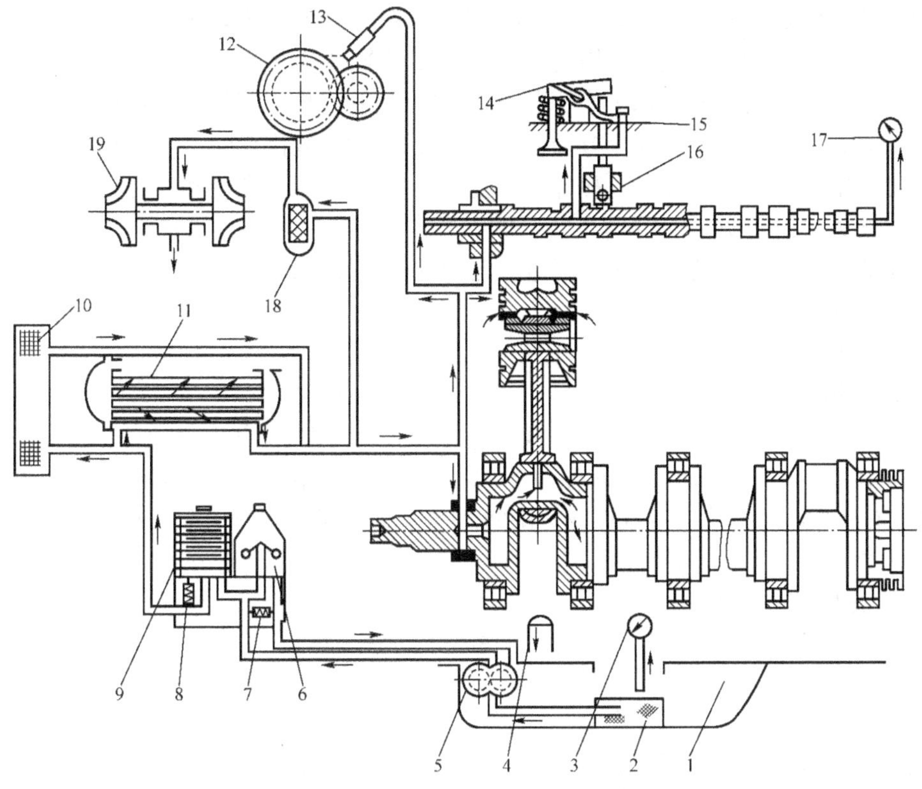

图1-6　发动机润滑系统

1-油底壳;2-集滤器;3-油温表;4-加油器;5-润滑油泵;6-离心式细滤器;7-调压阀;8-旁通阀;9-粗滤器;10-风冷润滑油散热器;11-水冷润滑油散热器;12-齿轮;13-喷嘴;14-摇臂;15-气缸盖;16-挺杆;17-油压表;18-增压器用滤清器;19-增压器

(5)冷却系:包括水泵、风扇、水散热器、润滑油散热器、节温器等(图1-7)。其功用是将受热零件的热量散发到大气中去,以保持适宜的工作温度。

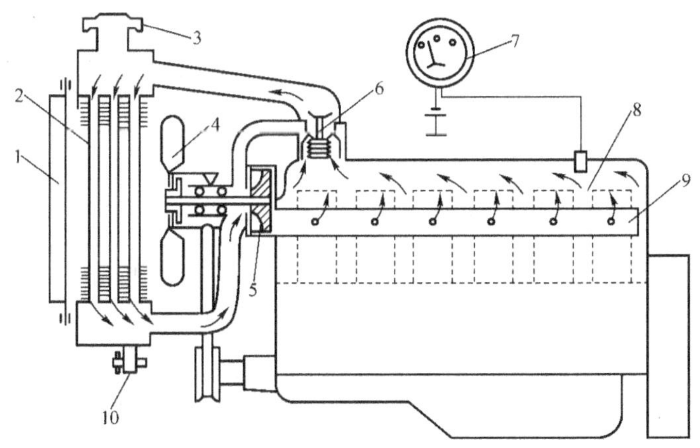

图1-7　发动机水冷系统示意图

1-百叶窗;2-散热器;3-散热器盖;4-风扇;5-水泵;6-节温器;7-水温表;8-水套;9-分水管;10-放水阀

(6)启动系:其功用是借助于其他动力将静止的内燃机正常运转起来。

三、发动机维护技术

正确维护发动机(以柴油机为主),尤其预防性维护,是延长发动机使用寿命和降低使用成本的关键。首先要做好柴油机使用过程中的日报工作,根据所反映的情况,及时做好必要的调整和修理。按不同用户的特殊工作情况及使用经验,制订出不同的维护日程表。

日报表的内容一般有如下几个方面:每班工作的日期和起讫时间;常规记录所有仪表的读数;功率的使用情况;燃油、润滑油、冷却液有否渗漏或超耗;排气烟色和有否异常声音;发生故障的前后情况及处理意见。

用户应根据本节所列技术维护项目进行定期维护。维护分级如下:

●日常维护(每班工作);

●100 工作小时技术维护;

●500 工作小时技术维护。

无论进行何种维护,都应有计划、有步骤地进行拆检和安装,并合理地使用工具。用力要适当,解体后的各零部件表面应保持清洁,并涂上防锈油或油脂以防止生锈;注意可拆零件的相对位置、不可拆零件的结构特点以及装配间隙和调整方法。同时应保持柴油机及附件的清洁完整。

1. 日常维护(表 1-1)

柴油机日常维护表 表 1-1

序号	维护项目	进行程序
1	检查燃油箱燃油	观察燃油箱存油量,根据需要添足
2	检查油底壳中润滑油平面	油面应达到润滑油标尺上的刻线标记,不足时应加到规定量
3	检查喷油泵调速器润滑油平面	油面应达到润滑油标尺上的刻线标记,不足时应添足
4	检查“三漏”(水、油、气)情况	消除油、水管路接头等密封面的漏油、漏水现象,消除进、排气管气缸垫片处及涡轮增压器的漏气现象
5	检查柴油机各附件的安装情况	检查各附件安装的稳固程度。连接发动机的螺栓,如有松动应紧固好
6	检查各仪表	发动机工作时各仪表指示是否正常
7	检查喷油泵传动连接盘	连接螺钉是否松动,如松动应重新校正喷油提前角,并拧紧连接螺钉
8	清洁柴油机及附属设备外表	用干布或浸柴油的抹布揩去机身、涡轮增压器、气缸盖罩壳、空气滤清器等表面上的油渍、水和尘埃;揩净或用压缩空气吹净充电发电机、散热器、风扇等表面上的尘埃

2. 100 工作小时维护(表 1-2)

柴油机 100 工作小时维护表 表 1-2

序号	维护项目	进行程序
1	检查蓄电池电压和电解液相对密度及液面高度	用比重计测量电解液比重,此值应为 1.28 ~ 1.30(环境温度为 20℃时),一般不应低于 1.27;同时液面应高于极板 10 ~ 15mm,不足时应加注蒸馏水
2	检查皮带的张紧程度	检查皮带张紧度,调整松紧程度到规定值
3	清洗润滑油泵吸油粗滤网	拆开机体大窗口盖板,扳开粗滤网弹簧锁片,拆下滤网放在柴油中清洗,然后吹净

续上表

序号	维护项目	进行程序
4	清洗空气滤清器	惯性油浴式空气滤清器应清洗钢丝绒滤芯,更换润滑油;盆(旋风)式空气滤清器,应清除集尘盘上的灰尘,纸质滤芯如有破损或堵塞严重应更换
5	清洗通气管内的滤芯	将机体门盖板加油管中的滤芯取出,放在柴油或汽油中清洗吹净,浸上润滑油后装上
6	清洗燃油滤清器	拆下滤芯和壳体,在柴油或煤油中清洗或换芯子,同时应排除水分和沉积物
7	清洗涡轮增压器的润滑油滤清器及进油	将滤芯及管子放在柴油或煤油中清洗,然后吹干,以防止被灰尘和杂物污染
8	更换油底壳中的润滑油	根据润滑油使用状况(油的脏污和黏度降低程度)每隔200~300h更换一次
9	注润滑脂或润滑油	对所有注油嘴及机械式转速表接头等处,加符合规定的润滑油
10	清洗冷却水散热器	用清洁的水通入散热器中,清除其中沉淀物质至干净为止

3. 500工作小时维护(表1-3)

柴油机500工作小时维护表 表1-3

序号	维护项目	进行程序
1	检查气缸盖组件	检查气门、气门座、气门导管、气门弹簧、推杆和摇臂配合面的磨损情况,必要时进行修磨或更换
2	检查活塞连杆组件	检查活塞环、气缸套、连杆小头衬套及连杆轴瓦的磨损情况,必要时更换
3	检查曲轴组件	检查推力轴承、推力板的磨损情况,滚动主轴承内外圈是否有周向游动现象,必要时更换
4	检查传动机构和配气相位	检查配气相位,观察传动齿轮啮合面磨损情况,并进行啮合间隙的测量,必要时进行修理或更换
5	检查喷油器	检查喷油器喷雾情况,必要时更新喷嘴偶件
6	检查喷油泵和调速性能	检查喷油泵柱塞偶件的密封性,必要时更换;检查调速器调速性能,如不符合规定应校泵
7	检查涡轮增压器	检查叶轮与壳体的间隙、浮动轴承、涡轮转子轴以及气封、油封等零件的磨损情况,必要时进行修理或更换

四、发动机故障诊断与排除

1. 柴油机故障概述

柴油机是压燃式发动机,它有以下特点。

(1)柴油机要保证正常工作,就必须具备充分的压燃条件,否则,柴油机就会启动困难,例如,压缩终了时气缸压力若达不到3MPa,则燃烧室内压缩空气的温度将达不到柴油的自燃温度(200~300℃)。此外,喷嘴的喷油量或者喷油压力不够、喷油时间不正确等因素,均有可能导致柴油机不能启动或者不易启动。柴油机一般都装有低温启动预热装置，若该装置的电路部分发生故障或者预热塞损坏，也将使柴油机在低温地区或寒冷季节难以启动。

(2)柴油机使用柴油作为燃料，柴油黏度大，蒸发性差，而柴油机可燃混合气的形成，仅仅是在从喷嘴喷油到着火延迟期为止的极短时间内。因此，要形成良好的混合气，必须要考虑以下因素：柴油本身的物理特性、压缩压力、喷嘴压力、喷油正时及喷嘴性能等。柴油机工作无力，产生大量冒烟、工作粗暴等故障，往往是由以上因素所致。

(3)为了避免柴油车出现高速飞车、低速熄火，柴油机上都安装了调速器。调速器的结构比较复杂，如其调整不当，可造成零部件磨损、松旷，则容易导致飞车、游车(转速不稳)故障。

(4)柴油机燃料供给系统的部分组件，如喷油嘴、出油阀、油泵等均为十分精密的配合件。它们要求柴油纯净无杂质，有足够的流动性和润滑性，并且油路畅通无阻。但柴油本身的物理特性往往不能同时满足这些要求，例如，若在寒冷地区使用的柴油机加入低标号柴油，则因环境温度过低柴油出现混浊或凝固，导致柴油机不能正常工作。如果柴油的黏度过高，则因其流动性差会影响正常的泵油和雾化，而且渗入到柴油中的空气也不容易被排出；如果柴油的黏度过低，则燃料系的精密配合件润滑不足，使燃料系泄漏现象增加，并且也会降低喷油的射程。因此，柴油机的故障不仅决定于自身的技术状况，而且还受到工作环境、温度条件、柴油本身品质的影响。

2. 柴油机故障诊断的程序

如果不按照一定的程序来检查、排除故障，则会导致问题更加复杂和不必要的反复修理，甚至不能解决问题。为了提高柴油车修理效率，应按以下步骤进行。

(1)设法再现故障

再现故障时应仔细观察故障现象。

(2)判断是否真正有问题

操作人员往往由于对机械各部分的性能不太了解，所以不能正确地判断是否发生了问题。所以应该在了解该种机械具体构造、各部分性能以后再进行判断。

(3)确定可能造成故障的原因

要查出故障原因，必须检查机械是否曾经因为类似的故障进行过修理，并根据机械的使用过程、维护情况找出线索及其他可能的原因。

(4)检查可能有问题的部位

必须进行系统的检查。无顺序地乱拆卸、乱检查，只能使修理过程复杂化。

在检查、修理过程中，应尽可能地使用测试仪器和测量设备，以求得到比较精确的结果。

3. 柴油机故障的特点、诊断原则和方法

柴油机的功率下降，柴油消耗量增加，润滑油耗损严重，零件磨损或损坏，机器不能正常工作，都是柴油机发生故障的征兆。这些征兆可由声音、温度、烟色、气味等现象的反常而表现出来。要详细地了解柴油机各系统的构造及工作原理以及它们之间的关系，然后根据故障的表现迅速地判断出故障的部位。故障的表现虽然千变万化，但总是有一定规律性可循，归纳起来，不外乎有以下几点。

(1)常见故障的特点

①声音异常：不正常的敲击声、放炮声、吹嘘声；

②动作异常：柴油机不易启动、工作时产生剧烈振动、工作无力；

③外观异常：冒白烟、黑烟、蓝烟，漏气，漏油，漏水；

④温度异常:机车冷却水温过高,轴承过热;

⑤压力异常:润滑油压力过低,气缸内压力过低;

⑥气味异常:烟味、焦味、臭味。

(2)故障诊断与排除的原则

在柴油机出现故障时,操作人员应沉着仔细,及时地分析故障的特征,判断其产生的原因。一般按下列原则进行:

①当柴油机运转中有不正常的现象时,可以用“看、听、摸、嗅”等方法综合判断发生故障的部位或者系统。

“看”——观察各仪表的读数,排气烟色以及水、油的变化情况;

“听”——用细长的金属棒或木柄螺丝刀作为“听诊器”,触及柴油机外表面相应部位,“听诊”运动件发出的声音及其变化情况;

“摸”——凭手指的感觉检查配气机构等零件的工作情况和柴油机振动和温度情况;

“嗅”——凭感官的嗅觉,嗅出柴油机出现异常气味的地方。

②当柴油机突然发生故障或已判定出故障的原因,而且故障将影响柴油机正常工作时,应及时停车进行检查。对不能立即查明原因的故障,可以先将柴油机低速空载运转,再观察分析找出原因,以避免发生更大的事故。

③当判断是较大故障或柴油机突然自行停车时,即应及时拆检和维护。

④应将每次出现的故障,特别是大的故障原因和排除方法,记录在柴油机的运行簿上,供下次检修时参考。

在实际工作中,应根据当时当地的具体条件和实践经验灵活掌握,找出产生故障的内、外原因,“对症下药”,及时排除。

(3)故障诊断的常用方法

柴油机发生故障后,就要对故障进行诊断,常用的方法有如下几种。

①异常声响判断。判别异常声响的部位及不同的声响,如主轴承间隙过大产生冲击而发生的声响很沉闷,而气门敲击活塞的声响清脆。

②部位停止法。经分析,怀疑哪个部位引起故障,可使该局部停止工作,观察症状是否消失,一般常用于确定气缸是否有故障等。

③比较法。怀疑故障由某部件或零件造成,可将该零部件更新,再比较前后工作情况。

④试探法。根据初步分析与判断对柴油机进行试探性的调整。例如柴油机冒黑烟,若经判断后可以试探性地改变喷油压力或小范围内改变提前角,观察变化效果。

⑤用仪器、仪表检查。利用仪器、仪表对柴油机进行检查,如利用气缸压力表检查压力是否满足要求,可以判断是否漏气等故障。而实际工作中可以综合运用以上各种手段进行故障判断,以便快速、准确地找到故障所在。

4. 柴油机常见故障分析及排除

(1)柴油机功率不足

发动机本身进、排气系统或燃油系统的故障,会造成发动机输出功率下降。但是,输出功率的损失也可能是由于其他与发动机无关的因素,如离合器打滑,制动器不能完全分离,轮胎选用不当,甚至是车速表有故障等所致。当发动机功率下降时,除了详细检查各系统和零件外,一个比较简单的方法是同时观察排气状况,不正常的排气中常带有蓝烟(青烟)、白烟及黑烟。常见故障分析请参阅表1-4。

柴油机功率不足故障分析表　　表 1-4

序号	故障特征和产生原因	排除方法
1	燃油系统故障:加大节气门后功率或转速仍提不高。 ①燃油管路、燃油滤清器有空气进入或阻塞; ②喷油泵供油不足; ③喷油器雾化不良或喷油压力低	排除空气或更换燃油滤清器芯子,检查修理或更换偶件进行喷雾观察或调整喷油压力,并检查喷油嘴偶件或更换
2	进、排系统故障:比正常情况下排温较高,烟色较差。 ①空气滤清器阻塞; ②排气管阻塞或接管过长,转弯半径太小,弯头太多	清洗空气滤清器芯子或清除纸质滤芯上的灰尘,必要时应更换;检查润滑油平面是否正常,清除排气管内积炭;重装排气接管,弯头不能多于 3 个,并有足够大的排气截面
3	喷油提前角或进、排气相位变动:各挡转速下性能变差	检查喷油泵传动轴处两个螺钉是否松动,并应在校正喷油提前角后扳紧,必要时进行配气相位和气门间隙检查
4	柴油机过热,环境温度过高;润滑油和冷却水温度很高,排温也大大增高	检修冷却器和散热器,清除水垢;检查有关管路是否管径过小;如环境温度过高,应改善通风,临时加强冷却措施
5	气缸盖组件故障:此时不但功率不足,性能下降,而且有漏气、进气管冒黑烟、不正常的敲击声等现象。 ①气缸盖与机体结合面漏气,变速时有一股气流从衬垫处冲出,气缸盖大螺栓螺母松动或衬垫损坏; ②进、排气门漏气; ③气门弹簧损坏; ④气门间隙不正确; ⑤喷油器孔漏气或其铜垫圈损坏,活塞环卡住、气门杆咬住引起气缸压缩压力不足	按规定转矩拧紧缸盖螺母或更换气缸盖衬垫,必要时修刮接合面,拆检进、排气门,修磨气门与气门座配合面,更换已损坏的弹簧,重校气门间隙至规定值,拆下检修、清理并更换已损坏的零件
6	连杆轴瓦与曲轴连杆轴颈表面咬毛:有不正常声音,并有润滑油压力下降等现象出现	拆卸柴油机侧盖板,检查连杆大头的侧向间隙,看连杆大头是否能前后移动。如不能移动则表示咬毛,应修磨轴颈和更换连杆轴瓦
7	涡轮增压器故障:出现转速下降;进气压力降低;漏气或不正常的声音等。 ①增压器轴承磨损,转子有碰擦现象; ②压气机、涡轮的进气管路污染、阻塞或漏气	检修和更换轴承,清洗进气道、外壳,揩净叶轮;拧紧接合面螺母、夹箍等

(2)柴油机不能启动

引发这个故障的原因,可能是燃油系统故障、预热装置的故障,也有可能是由于气缸压缩压力不足(表 1-5)。

柴油机不能启动故障分析表　　表 1-5

序号	故障特征和产生原因	排除方法
1	燃油系统故障：柴油机被启动电机带动后不发火，回油管无回油。 ①燃油系统中有空气； ②燃油管路阻塞； ③燃油滤清器阻塞； ④输油泵不供油或断续供油； ⑤喷油泵调速器操纵手柄位置不对	检查燃油管路接头是否松弛，排除燃油系统中的空气。首先旋开喷油泵和燃油滤清器上的放气螺钉，用手泵泵油，直至所溢出的燃油中无气泡后旋紧放气螺钉，再泵油，当回油管中有回油时，再将手泵旋紧。松开高压油管在喷油器一端的螺母，撬喷油泵柱塞弹簧座，当管口流出的燃油无气泡后旋紧螺母，然后再撬几次。如此逐缸进行，使各缸喷油器中充满燃油，检查管路是否畅通。清洗滤清器或调换滤芯，检查进油管是否漏气，进油管接头上的滤网是否堵塞。如排除后仍不供油，应检查进油管和输油泵，将喷油器拆出，接在高压油泵上，撬喷油泵柱塞弹簧，观察喷雾情况，必要时应拆洗。检查并在喷油器试验台上调整喷油压力至规定范围或更换喷油器偶件，启动时应将手柄位置推到空载，转速 700～900rad/min 的位置
2	电启动系统故障： ①电路接线错误或接触不良； ②蓄电池电力不足； ③启动电机电刷与换向器没有接触或接触不良	①检查接线是否正确和牢靠； ②用电力充足的蓄电池或增加蓄电池并联使用； ③修整或调换炭刷，用木砂纸清理换向器表面，并吹净，或调整刷簧的压力
3	发动机不能启动，启动电动机转速过低：引发这个故障的原因既可能是发动机转动时存在过大的阻力，也可能是启动系统有故障。 ①发动机内部阻力过大（例如活塞环和活塞卡死）； ②燃油喷射泵卡住； ③正时齿轮磨损严重； ④发动机摩擦副阻力大； ⑤在寒冷地区使用不合适的发动机润滑油； ⑥蓄电池电压过低； ⑦启动电路断路； ⑧启动继电器故障； ⑨启动电动机故障	①更换相应的已损坏零件； ②修理燃油喷射泵，必要时更换相应的零件； ③进行相应修理，必要时更换齿轮； ④检查摩擦副及润滑系，必要时进行修理、更换； ⑤更换合适的发动机润滑油； ⑥充电或更换蓄电池； ⑦检修线路断路故障； ⑧更换启动继电器； ⑨检修启动电动机，必要时更换。 注：在拆卸启动电动机之前，一定要从蓄电池负极（－）端子上将电缆拆下。否则，蓄电池电压将继续加在启动电动机上，若拆卸启动电动机的工具与车身接触的话，将会发生短路现象
4	发动机不能启动，启动电动机转速正常： ①预热塞控制器故障； ②预热塞继电器故障； ③预热塞故障； ④喷油嘴来油不足； ⑤喷油嘴损坏； ⑥发动机压缩压力不足； ⑦燃油嘴喷射正时不当； ⑧电子式柴油喷射控制装置（如果有的话）故障； ⑨喷射泵故障	①检修预热塞控制器，必要时更换； ②检修预热塞继电器，必要时更换； ③检修预热塞，必要时更换； ④检查燃油系喷油嘴之前的零件，进行必要的修理； ⑤检查喷油嘴喷油情况，若损坏则换喷油嘴； ⑥检查或更换有问题的零件； ⑦调整喷射正时，必要时进行修理或更换； ⑧进行相应的修理，必要时更换； ⑨进行必要的调整、修理或更换

续上表

序号	故障特征和产生原因	排 除 方 法
5	气缸内压缩压力不足：喷油正常但不发火，排气管内有燃油。 ①活塞环或缸套过度磨损； ②气门漏气； ③存气间隙或燃烧室容积过大	①更换活塞环，视磨损情况更换气缸套； ②检查气门间隙、气门弹簧、气门导管及气门座的密封性，密封不好应修理和研磨； ③检查活塞是否属于该机型的，必要时应测量存气间隙或燃烧室容积
6	喷油提前角过早或过迟，甚至相差180°：柴油机喷油不发火或发火一下又停车	检查喷油泵传动轴接合盘上的刻线是否正确或松弛，不符合要求应重新调整
7	配气相位不对	检查配气相位
8	环境温度过低：启动时间长，不发火	根据实际环境温度，采取相应的低温启动措施

(3)柴油机运转时有不正常的声音(表1-6)

柴油机运转时有不正常的声音分析表 表1-6

序号	故障特征和产生原因	排 除 方 法
1	喷油时间过早：气缸内发出清脆而有节奏的金属敲击声	调整喷油提前角
2	喷油时间过迟：气缸内发出低沉而不清晰的敲击声	同上
3	活塞销与连杆小头衬套孔配合太松：运转时有轻微而尖锐的响声，此种响声在怠速运转时尤其清晰	更换连杆小头衬套，使之在规定间隙范围内
4	活塞与气缸套间隙过大：运转时在气缸体外壁听到撞击声，转速升高时此撞击声加剧	更换活塞或视磨损情况更换气缸套
5	连杆轴瓦磨损使配合间隙过大：运转时，在曲轴箱内听到机件撞击声，突然降低转速时可以听到沉重而有力的撞击声	拆检轴瓦，必要时应更换
6	曲轴滚动主轴承径向间隙过小：运转中发出特别尖锐而刺耳的声音，加大节气门时此响声更为清晰； 曲轴滚动主轴承径向间隙过大：运转中发出“霍霍”声	检查有响声的滚动主轴承，必要时应更换
7	曲轴前、后推力轴承磨损，轴向间隙过大，导致曲轴前后游动：柴油机低转时，听到曲轴前后游动的碰撞声	检查轴向间隙和推力轴承的磨损程度，必要时应更换
8	气门弹簧折断，挺杆弯曲，推杆套筒磨损：在气缸盖处发出有节奏的轻微敲击声	更换已损坏的零件，并校气门间隙
9	气门碰活塞：运转中气缸盖处发出沉重、均匀、有节奏的敲击声，用手指轻轻捏住气缸盖罩壳的螺母，有碰撞感觉	拆下气缸盖罩壳，检查相碰原因，调整气门间隙，必要时检查活塞型号是否调错。如有碰撞，可适当挖深气门凹坑或增加一张厚为0.20mm或0.40mm，形状与气缸盖底面相同的紫铜皮垫片
10	传动齿轮磨损，齿隙过大：在前盖板处发出不正常声音，当突然降速时可听到撞击声	调整齿隙，视磨损情况更换齿轮
11	摇臂调节螺钉与推杆的球面座之间无润滑油：在气缸盖处听到干摩擦发出的“吱吱”响声	拆下气缸盖罩壳，添注润滑油
12	进、排气门间隙过大：在气缸盖处听到有节奏的较大响声	重调气门间隙
13	涡轮增压器运转时有不正常的碰擦声	拆检轴承是否有磨损，叶轮叶片是否有弯曲，同时测量主要间隙并作调整和更换已损坏的零件，清洗增压器的润滑油滤清器和进出油管路，保证润滑油畅通

(4)排气烟色不正常(表1-7)

柴油机排气烟色不正常分析表　　表1-7

序号	故障特征和产生原因	排除方法
1	排气冒黑烟: ①柴油机负荷超过规定; ②各缸供油量不均匀; ③气门间隙不正确,气门密封不良而导致气门漏气,燃烧恶化; ④喷油提前角太小,喷油太迟使部分燃油在排气管中燃烧; ⑤进气量不足:空气滤清器或进气管阻塞,涡轮增压器压气机壳过脏等; ⑥涡轮增压器弹力气封环烧损或磨损,涡轮各接合面漏气等	①降低负荷,使之在规定范围内; ②调整喷油泵; ③调整气门间隙,检查密封锥面,并消除缺陷调整喷油提前角; ④清洗和清除尘埃污物,必要时更换滤芯; ⑤检查或更换气封环; ⑥拧紧接合面螺钉
2	排气冒白烟: ①喷油器喷油雾化不良,有滴油现象,喷油压力过低; ②柴油机刚启动时,个别气缸内不燃烧(特别是冬天)	①检查喷油嘴偶件,进行修磨或更换,重调喷油压力至规定范围; ②适当提高转速及负荷,多运转一些时间
3	排气冒蓝烟: ①空气滤清器阻塞,进气不畅或其润滑油盘内润滑油过多(油浴式空滤器); ②活塞环卡住或磨损过多,弹性不足,安装时活塞环倒角方向装反,使润滑油进入燃烧室; ③长期低负荷(标定功率的40%以下)运转,活塞与缸套之间间隙较大,使润滑油易窜入燃烧室; ④油底壳内润滑油加入过多	①拆检和清理空气滤清器; ②减少润滑油至规定平面拆检活塞环,必要时应更换; ③适当提高负荷; ④配套时选用功率要适当,按润滑油标尺刻线加注润滑油
4	排气中有水分凝结现象:气缸盖裂缝,使冷却液进入气缸	更换气缸盖

(5)燃油消耗过多

造成燃油消耗过多的原因一般是燃油系统的故障或发动机本身的故障。但是,离合器打滑、制动器不能完全分离、轮胎尺寸不合适或轮胎压力不正确等也会造成燃油消耗过多。燃油消耗过多故障分析如表1-8所示。

柴油机燃油消耗过多故障分析表　　表1-8

序　号	故障特征和产生原因	排除方法
1	进气系统堵塞	清洁进气系统,必要时更换空滤器滤芯
2	燃油管路接头松弛或损坏	进行相应的修理,必要时更换接头
3	燃油滤清器安装不正确或损坏	正确安装燃油滤清器,必要时更换
4	燃油滤清器的水沉淀器安装不正确或损坏	正确安装,必要时更换水沉淀器
5	喷油泵燃油泄漏	进行相应的修理,必要时更换零件
6	发动机压缩压力偏低	进行相应的修理,必要时更换零件
7	怠速调整过低	重新调整
8	喷油嘴工作不好	清洗、调整喷油嘴,必要时更换
9	喷油正时不正确	调整喷油正时,必要时修理、更换有关零件
10	最高转速调整过高	重新调整
11	离合器打滑	进行相应的调整,必要时修理、更换有关零件
12	制动器不能完全分离	进行相应的调整,必要时修理、更换有关零件
13	轮胎尺寸不合适	更换合适的轮胎
14	轮胎压力不正确	调整轮胎压力

(6)某一工作状况下,发动机转速时快时慢(表1-9)

发动机转速时快时慢故障分析表 表1-9

序号	故障特征和产生原因	排除方法
1	调速器外壳的孔与喷射泵盖板孔磨损松旷	进行相应的修理
2	飞铁销孔、座架磨损松旷	进行相应的维修,必要时更换零件
3	飞铁过重或收张距离不一致	更换飞铁
4	调速器内润滑油太脏或太少	更换或补充调速器内的润滑油
5	调速器弹簧变形或断裂	更换调速器弹簧
6	喷油泵柱塞套安装不良	重新正确安装喷射泵柱塞套
7	喷油泵柱塞调节臂或扇形小齿轮变形或松动	更换或安装好柱塞调节臂或扇形小齿轮
8	喷油泵凸轮轴轴向间隙过大	调整凸轮轴轴向间隙,使其达到规定值
9	供油量调节齿杆与扇形齿轮间隙过大	调整该齿隙,使其达到规定值
10	个别气缸喷油嘴针阀烧结	更换有故障的喷油嘴

(7)飞车

所谓飞车,是指柴油发动机的转速失去控制。导致飞车的主要原因为:喷油泵调速器本身的故障和某些外部因素改变了柴油机的调速性能。其故障、现象、原因及排除办法如表1-10所示。

柴油机飞车故障分析表 表1-10

序号	故障特征和产生原因	排除方法
1	气门拉杆或油量调节齿杆卡住	进行相应的维修,必要时更换有关零件
2	油量调节齿杆和调速器拉杆脱节	正确安装油量调节齿杆和调速器拉杆
3	调速器杠杆、销子脱落	重新正确安装调速器杠杆、销子
4	调速器飞铁销轴断裂,飞铁甩脱	更换已损坏的零件,进行相应的修理
5	飞铁的质量不等	安装合适的飞铁
6	飞铁压力轴承损坏	更换损坏的零件
7	调速器弹簧断裂或弹力下降	更换调速器弹簧
8	喷射泵凸轮轴轴向间隙过大	调整喷射泵凸轮轴轴向间隙,必要时更换已损坏的零件
9	调速器内润滑油黏度太大或太脏,飞铁难以甩开	更换合适的润滑油
10	喷射泵柱塞弹簧断裂	更换喷射泵柱塞弹簧
11	喷射泵柱塞卡在高速位置	进行相应的修理,使柱塞能够正常工作
12	柱塞的油量调整齿圈固定螺母松动,使柱塞失去控制	拧紧油量调整齿圈固定螺母
13	调速器高速调整螺钉或最大油量调整螺钉调整不当	正确调整高速调整螺钉或油量调整螺钉到适当的位置
14	气缸窜油,使润滑油进入燃烧室燃烧	检查窜油原因,进行相应的修理
15	惯性油浴式空气滤清器存油过多,油被吸入燃烧室燃烧	减少油浴式空气滤清器内的存油
16	带增压器的柴油机,由于增压器油封损坏,润滑油进入燃烧室燃烧	更换增压器油封
17	低温启动装置的电磁阀漏油,使多余的柴油进入燃烧室燃烧	消除低温启动装置电磁阀漏油
18	空气滤清器纸质滤芯用汽油清洗后,残留的汽油过多,装车使用时,浓度较高的汽油蒸气进入燃烧室燃烧	更换空气滤清器滤芯

由于飞车会酿成重大事故，所以一旦发现有飞车的苗头就应立即设法制止，千万不能犹豫不决。制止飞车的紧急措施有：

①迅速将节气门收回到停车位置；

②有减压装置的，迅速将减压手柄拉到减压位置；

③堵塞进气管，切断空气的供应；

④挂入高速挡，缓抬离合器，使发动机因转矩不足而熄火；

⑤迅速松开各缸高压油管以停止供油；

⑥供油齿杆外露的喷射泵，可迅速将齿杆拉回。

（8）柴油机工作粗暴

当着火延迟期内形成的燃油与空气混合气迅速燃烧使气缸压力上升太快时，将使柴油机工作粗暴，运动零件受到很大的冲击力，柴油机寿命减少。其故障排除如表 1-11 所列。

柴油机工作粗暴故障排除表　　表 1-11

序号	故障特征和产生原因	排除方法
1	柴油发火性能差	使用柴油的十六烷值不能低于规定值
2	燃油滤清器的水沉淀器内水分过多	清洗水沉淀器，必要时进行更换
3	进气系统堵塞	清洁进气系统，必要时更换零件
4	发动机压缩压力过低	修理或更换有故障的零件
5	喷油压力过高	清洗、调整喷油嘴，必要时更换喷油嘴
6	燃油的喷射状况不正常	清洗、调整喷油嘴，必要时更换喷油嘴
7	供油正时不正确（过早）	调整供油正时
8	喷油泵故障	清洗、调整喷油泵，必要时更换零件

第二节　底　　盘

通常，把具有自身行走能力的工程机械除动力装置、工作装置、操纵室及辅助设备之外的全部结构和机构通称为工程机械底盘。工程机械底盘的作用是支撑整机，并使机器能以所需的速度和牵引力沿规定方向行驶。因此，底盘的结构和性能直接影响自行式工程机械的性能。

工程机械底盘包括传动系、行驶系、转向系和制动系四部分，可分为履带式工程机械底盘和轮式工程机械底盘。

一、传动系

工程机械传动系的基本功用是将发动机的动力传给驱动轮，并根据需要改变机械的行驶状态，如起步、行驶、变速及倒车等；还可将发动机的动力传给工作装置，使其完成各种动作和作业。工程机械传动系的组成和布置形式各异，主要取决于发动机的类型和性能、行驶系的结构以及机械的总体结构形式。

1. 传动系的组成

（1）履带式机械动力传动系统的组成

履带式机械传动系统主要由主离合器、联轴节、变速器、主传动器、转向离合器、制动器、最终传动机构和驱动轮组成。图 1-8 所示为履带养护机械传动系的基本组成，其动力传动路线为：发动机输出的转矩→主离合器→变速器→主传动器→左右转向离合器→轮边减速器→左右驱动链轮→驱动履带机器行驶。

(2)轮式机械动力传动系的组成

轮式机械动力传动系主要由液力变矩器、变速器传动轴、前后驱动桥、轮边减速器和驱动轮胎等组成,如图1-9所示。

动力传动路线为:发动机输出的转矩→液力变矩器→动力换挡变速器→传动轴→前、后驱动桥→轮边减速器→驱动轮胎使机器行驶。

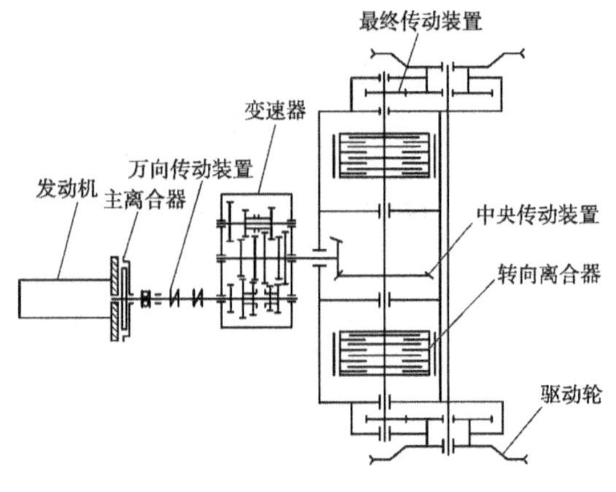

图1-8　履带式养护机械传动系的基本组成

2. 主要部件

(1)主离合器

主离合器的功用是:临时切断动力,便于换挡;使基础车辆平稳起步;使发动机在启动时与外部载荷脱离;防止传动系统其他零件过载;利用其半接合状态使机械传动。

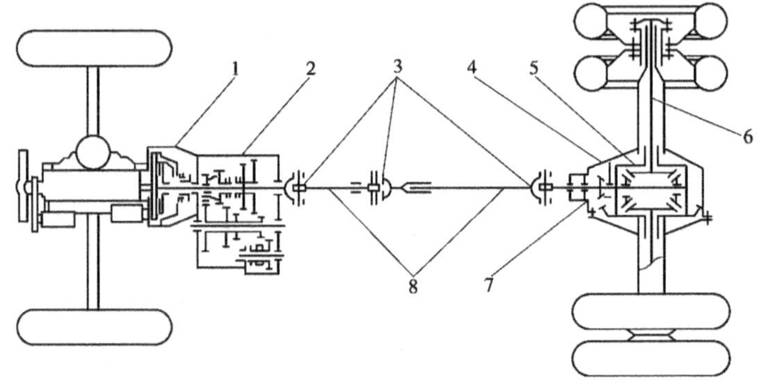

图1-9　轮式养护机械传动系的基本组成

1-离合器;2-变速器;3-万向节;4-驱动桥;5-差速器;6-半轴;7-住传动器;8-传动轴

离合器按传递转矩的方式分为摩擦式、液力式、电磁式和综合式四种。工程机械上应用最多的是摩擦片式主离合器,它利用摩擦片被压紧后表面上产生的摩擦力将转矩从主动件传到从动件上。摩擦片式主离合器一般由主动部分、从动部分、分离和压紧机构及液压助力器组成。摩擦片式主离合器按摩擦片的数目分单片、双片和多片式几种结构;按分离和压紧机构的形式分经常接合式和非经常接合式两种;按摩擦片的工作条件又分为干式和湿式两种。

(2)变速器

变速器的主要功用:变速变矩,即变换挡位以改变传动系的传动比,使在不改变发动机转矩和转速的情况下,改变施工机械的牵引力和运行速度;实现空挡,以利于发动机启动和在不熄火的情况下长时间停车;实现倒挡,以改变机械的运行方向;实现动力输出,以驱动施工机械的各种作业装置和设备。

变速器按传动比改变的特点不同可分为无级式和有级式两大类。无级式变速器大多为液力式,即液力变矩器;有级式变速器常用的为齿轮式变速器。按换挡的操纵方式可分为机械换挡(手动)式和动力换挡式两种;按齿轮传动形式分为定轴式和行星齿轮式两种。施工机械上较多的采用液力变矩器配动力换挡的定轴式变速器或行星齿轮式变速器。

定轴式齿轮变速器一般由齿轮变速机构和换挡操纵机构两部分组成。具体构造因排挡数目、齿轮组合及结构形式的不同各异,但其工作原理是相同的。变速器工作时,利用齿数不同

的齿轮啮合传动，来改变其传动比，从而达到变速和变矩的目的，这就是变速器工作的基本原理。

(3)传动轴和万向节

传动轴和万向节的功用是将变速器输出轴的动力传递给驱动桥，并能自动适应上述连接的两部件间相对位置的变化。

为了增加传动轴的刚度，减小质量，传动轴采用空心轴；为避免传动轴因高速旋转而产生离心力，引起剧烈振动，要求传动轴质量分布均匀。传动轴与万向节为花键配合，使传动轴的总长度可以伸缩变化，以便适应机械行驶过程中相连两部件间相对距离的变化。

(4)驱动桥

驱动桥的主要功用是：增大由变速器传来的转矩，降低转速，改变转动方向后传给左右驱动轮；转向时使左右驱动轮以不同的速度前进，支承机械重力，并将驱动轮推动力及反作用力传给机架。

二、行驶系

养护机械行驶系的基本功用是：将整个机械构成一体，并支承整机重力；将传动系统传来的转矩转化为车辆行驶的牵引力；承受和传递路面作用于车轮上的各种反力及力矩，吸收振动，缓和冲击，保证机械正常行驶和进行各种作业。

工程机械的行驶系一般分为轮胎式和履带式两大类。由于它们的行驶方式不同，故其结构也不同。

1. 轮胎式机械行驶系

轮胎式机械行驶系通常由车架、悬架、车桥、车轮等组成。

(1)车架

车架是整车的基础。当机械在不平的道路上行驶时，车架会产生扭转变形和纵向平面内的弯曲变形。对车架的基本要求是：车架应有足够的强度和刚度；车架的质量要小，有良好的结构工艺性，并便于加工制造；车架应使机械有良好的行驶和工作稳定性，并且车架结构应使机械的重心位置尽量低。

目前，轮式工程机械的车架结构形式有两种：整体式车架和铰接式车架。

①整体式车架一般是由两根纵梁和若干根横梁用铆接或焊接的方法连接而成的刚性梁架。纵梁的断面一般为槽形。各横梁的形状不一样，这是为了便于安装与其位置相当的部件。前后横梁的后端装有拖带车的挂钩，车架的前端或后端装有保险杠。

②铰接式车架由彼此用铰接的前后两半段组成。前车架和后车架用垂直铰销连接起来，在垂直铰销两侧用两个转向液压油缸连接前后车架，当一个液压油缸进油而另一个液压油缸回油时车架便相对偏转，从而实现转向。这种机械的转向系统简单可靠，而且转弯半径小。

铰接式车架按铰接点的结构形式可分为销套式、球铰式和滚锥轴式三种。球铰式具有一定的自动调心作用，在大型装载机上多采用这种形式；滚锥轴承式使车架偏转更为灵活轻便，但结构较复杂，目前应用得不多。

(2)悬架

悬架是车架和车桥连接装置的总称。悬架的作用是将路面作用于车轮上的力以及这些力所造成的力矩传给车架，缓和和吸收车轮受到的冲击和振动，保证机械行驶平稳。

轮式工程机械的悬架有刚性悬架和弹性悬架两种。刚性悬架将车架与车桥刚性连接，只适用于行驶速度较低的铲土运输机械；弹性悬架将车架与车桥弹性连接，适用于速度较高的运输车辆。

(3)车轮和轮胎

轮式工程机械的车轮由轮毂、轮辋以及两个部件之间的连接零件所组成。车轮可分为盘式和辐式两种,盘式车轮在工程机械上应用较广。轮胎安装在轮辋上,直接与地面接触。轮胎根据其结构形式不同,分为实心轮胎和充气轮胎两种。实心轮胎只用于在混凝土等坚硬平整路面低速行驶的机械;轮式工程机械主要采用充气轮胎。

2. 履带式机械行驶系

履带式机械行驶系由机架、行走装置和悬架组成。

(1)机架

机架是全机的骨架,用来安装所有的总成和部件,使机械成为一个整体。履带机械的机架通常有全梁式、半梁式和无梁式三种,半梁式机架广泛应用于履带式机械上。

(2)行走装置

履带行走装置由"四轮一带"即驱动轮、支重轮、托轮、引导轮、履带和履带张紧装置等组成,如图1-10所示。其作用是支承机体,张紧并引导履带的运动方向,保证机械正常行驶。

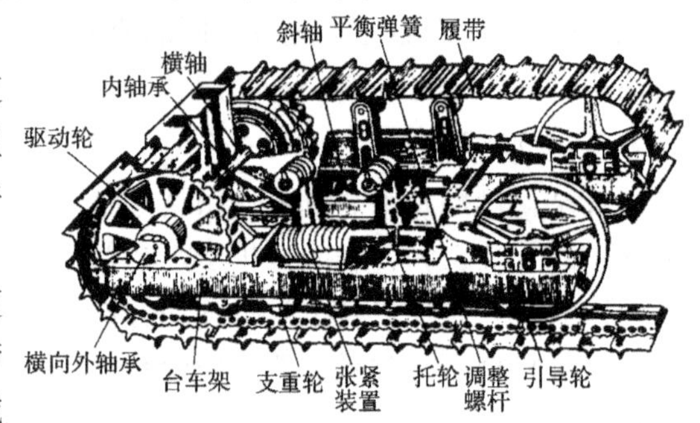

图1-10 履带式养护机械的行走装置

履带的作用是将机械的重力传给地面并使机械有足够的驱动力。驱动轮则起着卷绕履带的作用,以保证机械的行驶。支重轮用来将机械重力传给履带,它在履带节或履带板滚道上滚动,以夹持履带不使它滑脱,并在转向时迫使履带在地面上横向滑移。托轮用来托住上部的履带,防止履带下垂过大,以减少履带运动时的跳动现象,并防止履带侧向摇摆。引导轮及张紧装置的作用是支撑和引导履带的正确运动,使履带保持一定的张紧度,并缓和地面的冲击力,以减少履带在运动中的振跳现象,防止履带脱落。

(3)悬架

悬架用来连接机架和台车架,其功用是将机体重力通过悬架传到台车上,同时还兼有转向系缓冲作用,可以减轻行走装置产生对传动系统冲击振动。悬架有刚性、半刚性和弹性三种。养护机械由于行驶速度低,目前多采用半刚性悬架和刚性悬架两种。

刚性悬架多用于挖掘机、起重机等作业时一般不运行的机械,因为这类机械作业时要求有较好的稳定性。半刚性悬架被广泛用在推土机上,一般机架的前部采用悬架弹簧将其两端搁置在两侧的台车架上,机架的后部通过后轴与台车架后端成刚性铰接。

三、转向系

转向系是用来操纵工程机械行驶方向的机构。根据行驶方向和作业需要,它能稳定地保持机械直线行驶或灵活地改变行驶方向。

工程机械转向系可分为轮式机械转向系和履带式机械转向系。

1. 轮式机械转向系

轮式机械转向是通过转向轮(通常是前轮)在水平面内偏转一定的角度来实现的。轮式机械转向系可分为偏转车轮转向和铰接转向两大类。其中,偏转车轮转向又分为偏转前轮式、偏转后轮式和全轮转向式三种。偏转车轮转向多用在整体式车架,铰接转向多用于铰接式车架。后者的转向半径小,能原地转向,故机动性好;但因车架铰接,整体刚性差,保持直线行驶能力差,转向时稳定性较低。

轮式机械采用的转向类型不同,其组成也不同。这里介绍两种典型的转向系统。

(1)偏转车轮机械式转向系

图1-11所示为偏前车轮机械式转向系的结构示意图。转动转向盘,通过转向器将力放大,由传动杆件传递到某一梯形臂使一侧车轮偏转,同时通过横拉杆带动另一梯形臂使另一侧车轮偏转,机械即可转向。

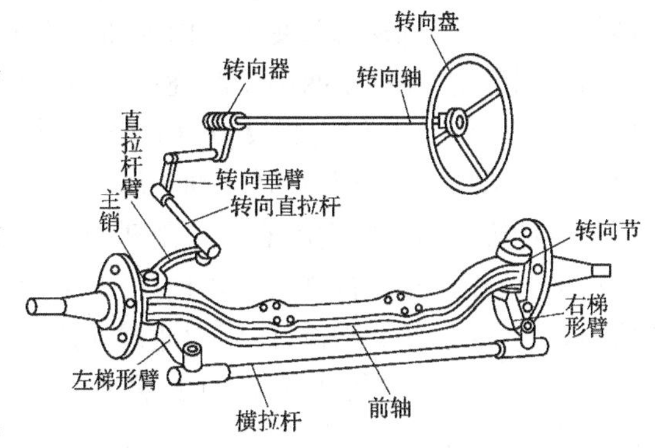

图1-11　偏转前车轮机械式转向系结构示意图

(2)铰接转向系

图1-12所示为铰接转向系的结构示意图。铰接转向系由转向器和动力转向系统组成。动力转向系统为液压系统,主要由转向油缸、转向阀、油泵和油箱等组成。

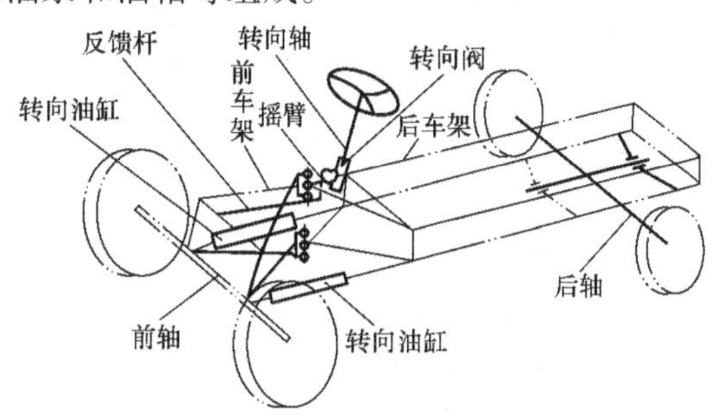

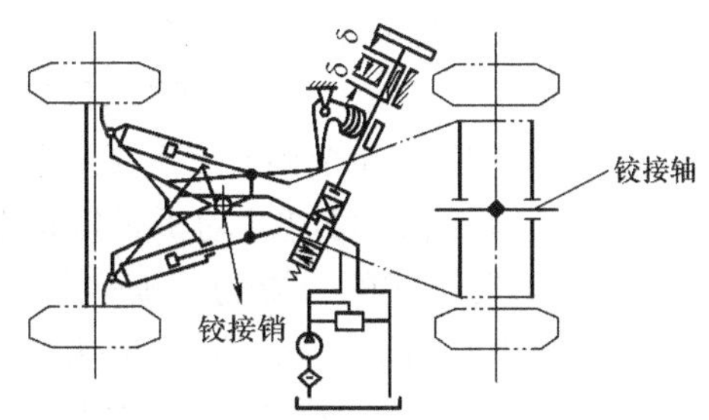

图1-12　铰接转向系结构示意图

转动转向盘,由转向器将力传至转向阀,转向阀使油泵转向油缸的一腔,油箱与转向油缸的另一腔接通。在液压油的作用下,一个转向油缸伸长,另一个转向油缸缩短,使前车架绕铰接销相对转动,从而实现转向。

2. 履带机械转向系

履带机械的转向方式与轮式机械不同,它是靠转向离合器的分离与接合来改变两侧驱动轮上的驱动力矩来实现转向的。履带机械的转向系由转向机构和操纵机构两部分组成。转向机构有离合器式、行星齿轮式和双差速器式三种,其中离合器式的应用广泛。操纵机构可分为机械操纵和液压操纵两种。大功率的机械一般采用液压操纵。

转向机构安装在后桥内主传动器与轮边减速器之间,当机械直线行驶时,左右两套转向装置均等地向左右两侧的驱动轮传递转矩。当机械向一侧转弯时,减小这一侧驱动轮的驱动力矩,可以转大弯;切断驱动力矩可以转较小的弯。切断驱动力矩后,再加以制动可以转更小的弯,甚至原地转弯。

四、制动系

制动系用于机械行驶时降速或停车,下坡运行时控制车速以及到达场地时稳定停车。机械行驶和作业的安全性,取决于转向系和制动系性能的好坏。

轮式机械的制动系一般有两套独立的制动装置,即行车制动装置和驻车制动装置。前者由司机用脚操纵,又叫脚制动装置,其制动器装在车轮内;后者由司机用手操纵,又叫手制动装置,主要用于停车后防止滑溜、上坡起步和紧急制动,其制动器一般装在变速器或分动器之后。

制动系由制动器和制动传力机构组成。制动器由制动鼓、带摩擦衬片的制动蹄等组成;制动传力机构由踏板、推杆、制动主缸和制动轮缸等组成。其制动过程为：踩下制动踏板时，通过推杆推动主缸活塞右移，使主缸内的油随液压力升高流入轮缸内，两个轮缸活塞在油压的作用下向两侧移动，并推动两制动蹄绕支承销张开，压紧在制动鼓的内圆面上而产生摩擦制动力矩M，其转向盘与车轮转向相反，从而使车轮制动。当松开制动踏板时，复位弹簧将两制动蹄及两轮缸活塞拉回原位并将制动油液压回主缸的油箱内，于是制动力消失，制动被解除。

履带机械的带式制动器。该制动器安装在左右转向离合器从动鼓的外圆表面上，主要由制动踏板、外拉杆、内拉杆、双臂杠杆、支架和制动带等部分组成。其制动过程为：当转向离合器分离后，踩下制动踏板，作用力通过外拉杆、内拉杆使双臂杠杆向前摆动，于是下端的支承销带着制动带的下端绕支承销向上摆动，使制动带抱紧转向离合器的从动鼓，于是驱动轮就迅速停止转动。

制动力机构根据制动力源的不同，分为机械式、液压式、气压式和气液复合式等。机械式采用一套杠杆系统，一般用于驻车制动；液压式有简单液压式和全液压式两种，前者的力源是人力，后者是利用发动机带动的油泵产生的油压；气压式的力源为压缩空气；气液复合式有利用发动机进气管真空度为力源的真空液压式和利用压缩空气作为力源的空气液压式两种。

现代轮式机械上，气压式和气液复合式(图1-13)制动系应用得较为广泛。

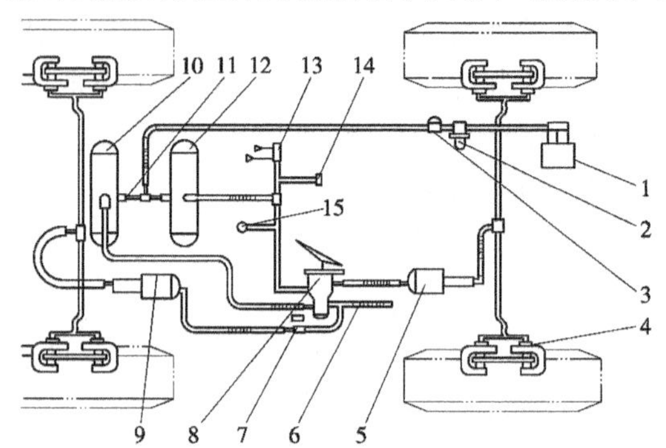

图1-13　气液复合式制动系统示意图

1-空压机；2-油水分离器；3-压力控制器；4-制动轮缸；5-后气推油加力器；6-接变速器软管；7-制动信号灯开关；8-双管路制动阀；9-前气推油加力器；10-前储气筒；11-单向阀；12-后储气筒；13-喇叭；14-气刮水阀；15-压力表

第三节　液压系统

液压传动是以液体为工作介质，利用密闭系统中的受压液体来传递运动和动力的一种传动方式。按其工作原理分液压式和液力式两种。

一、液压传动的组成

液压系统是为了完成某种特定任务而由各种液压元件组成的回路。一个完整的液压系统应由以下几部分组成。

(1)动力元件——各种液压泵。它用来将原动机的机械能转换为液体的压力能。

(2)执行元件——各类液压油缸和液压马达。它们接受压力油，将液体压力能转化为机械能。液压缸完成往复直线运动，液压马达完成旋转运动。

(3)控制元件——各种控制阀。用来对液流的压力、流量和方向进行控制，以满足对传动性能的要求。

(4)辅助元件——油箱、滤油器、管路和压力表等。此外，为了改善传动装置的性能，还采用蓄能器、冷却器及加热器等辅助元件。

(5)工作介质——液压油，用来传递能量和润滑。

液压传动系统是由上述各种液压元件按设计要求组合起来，形成一个完整的回路，完成预期的工作要求。为了说明液压系统的组成，工程上采用的液压系统图是用液压元件的图形符

号来表示各种元件的职能以及相互连接关系。液压系统图(图1-14)不能反映元件的具体结构及元件具体安装部位,只能表示其中一个动作时的油路状态。

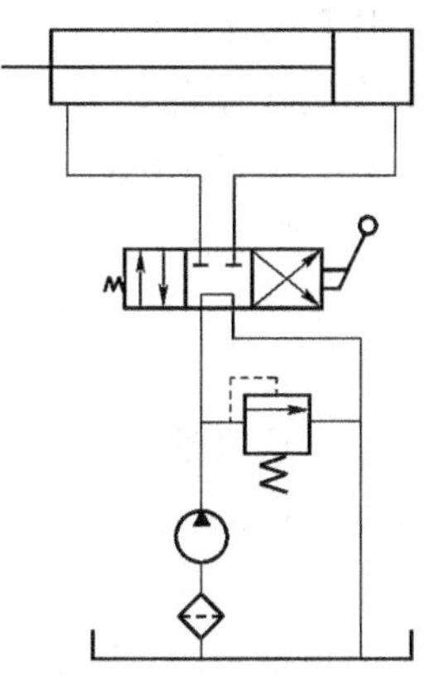

图1-14　简单液压系统图

二、液压系统的主要元件

液压系统的主要液压元件有液压泵、液压马达、油缸、控制阀和辅助元件等。

1. 液压泵

液压泵是供给系统压力油的元件,它将动力装置输出的机械能转换为液体的压力能,以推动整个液压系统工作。液压泵按结构不同分为齿轮泵、叶片泵和柱塞泵等;按输出的流量能否变化分为定量泵和变量泵。

(1)齿轮泵

齿轮泵由泵壳、端盖和一对相互啮合的齿轮组成,如图1-15所示。这对齿轮被包围在泵壳和两端盖所形成的密封容积中,齿轮的M点为啮合点,它将泵腔分隔成不相通的两部分,即吸油腔和压油腔。当主动齿轮轴在原动机带动下进行顺时针旋转时,吸油腔轮齿脱离啮合,容积由小变大,形成了局部真空,油箱油液在大气压力作用下,由吸油腔进入油泵填满齿间,并由转动的轮齿带到油泵另一端的压油腔,这一容腔的容积随着齿轮的不断啮合由大变小,于是将腔内油挤出,并使油压升高。由于齿轮的连续旋转,吸油和排油周而复始地进行。

齿轮泵的优点是结构简单,制造容易,工作可靠,价格低;缺点是泄漏多,效率低。它一般适用于施工机械的中、低压系统。

(2)柱塞泵

柱塞泵最显著的特点是压力高,流量脉动小,且流量容易调节,因此适用于施工机械高、中压液压系统。根据柱塞泵中柱塞的排列不同,可将柱塞泵分为径向柱塞泵和轴向柱塞泵两大类。施工机械主要采用轴向柱塞泵(图1-16)。

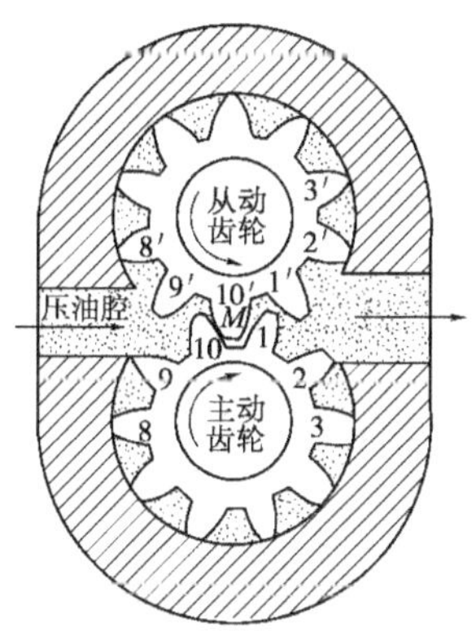

图1-15　齿轮泵的工作原理图

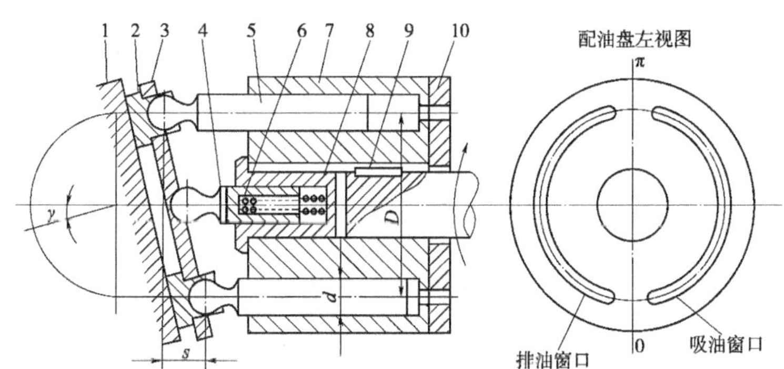

图1-16　轴向柱塞泵的工作原理图

1-斜盘;2-滑履;3-压板;4-套筒;5-柱塞;6-弹簧;7-缸体;8-套筒;9-轴;10-配流盘

轴向柱塞泵结构紧凑、径向尺寸小、密封性好、泄漏少、效率高、工作压力高、容易实现流量的调整和流向的改变。但是,它的结构复杂、价格较贵,适用于高压大功率系统。

(3)叶片泵

叶片泵按其每转吸油和排油次数的不同分为单作用叶片泵和双作用叶片泵两类。单作用叶片泵转子每转一周完成一次吸油及排油；双作用叶片泵转子每转一周完成两次吸油和排油。单作用叶片泵工作原理如图1-17所示。泵体内压装定子，定子中偏心安置转子，转子径向槽中装有可伸缩的叶片。定子、转子两端装有侧板（配油盘）。侧板上开有吸油窗口和压油窗口，分别与泵体上进出油口相通。当转子在原动机带动下转动时，由于离心力的作用，使叶片伸出紧靠在定子内壁，这样在叶片、定子、转子等构件间形成若干个密封空间。当转子按图示方向旋转时，图右部叶片逐渐伸出，每两个叶片间密封空间逐渐增大，形成局部真空，在大气压作用下从吸油窗口吸入油液。吸入的油液随转子转动被带到图的左部，在左部叶片被定子内壁压进槽内，密封空间逐渐缩小，将油液从油口压出。这样，转子每转一圈各密封空间吸油和压油各一次，因此称为单作用叶片泵。叶片泵具有运转平稳、噪声小、容积效率高等优点，但对油液污染敏感，结构复杂。

2. 液压马达

液压马达是液压系统的执行元件，它是将液体的压力能转换为机械能的装置。液压马达实现机械的回转运动。从工作原理来说，液压马达实质是液压泵工作的逆状态；从能量转换的观点看，液压马达和液压泵可互换使用。当原动机带动液压泵转动时，原动机的机械能转变为液体压力能；反之，当液压系统将压力油提供给马达转子时，则转子被推动而旋转，液体压力能又转变为机械能。其结构可参见液压泵的结构。液压马达按结构也可分为齿轮式、叶片式和柱塞式三大类。图1-18为齿轮马达工作原理。

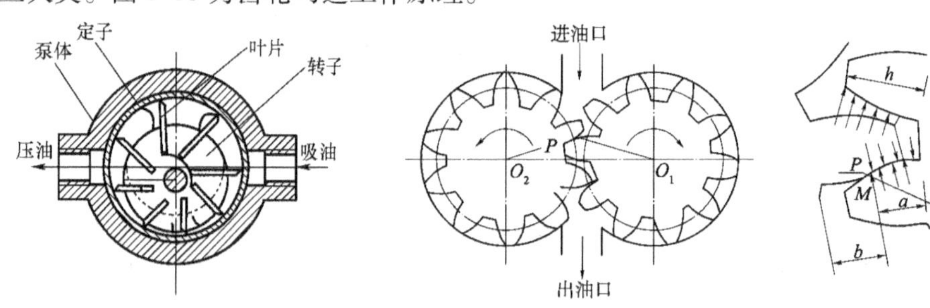

图1-17 单作用叶片泵　　图1-18 齿轮马达工作原理示意图

3. 液压缸

液压缸是液压系统的执行元件，它的作用是将液体的压力能转变为运动部件的机械能，使运动部件实现往复直线运动或摆动。液压缸按结构特点不同可分为活塞缸、柱塞缸和摆动缸三类。按其作用方式不同可分为单作用式和双作用式两种。单作用式液压缸的压力只作用在活塞的一端，使活塞往一个方向运动，活塞回程是靠外力或自重力实现的。双作用液压缸的活塞两端可交替承受液体压力，可实现两个方向的运动。双作用式液压缸往复运动都靠压力油来推动，安全可靠。工程机械中常采用双作用液压缸。

4. 控制元件

控制元件的作用是控制和调节液体压力的高低、流量的大小及液流的方向，以保证液压执行元件完成预定的动作，适应力（力矩）、速度和方向等方面的变化要求，从而保护液压系统能安全可靠地工作。根据在液压系统中的作用，控制元件可分为方向控制阀、压力控制阀和流量控制阀三类。

1）方向控制阀

方向控制阀用于控制液压系统中液压油的流动方向，使执行元件按要求的动作进行工作。

2)压力阀

压力阀用于控制和调节液压系统中的压力,主要有溢流阀(安全阀)、减压阀、顺序阀等,它们的共同特点都是利用作用在阀芯上油液压力和弹簧力相平衡的原理进行工作的。

(1)溢流阀(安全阀)。溢流阀用于使系统的工作压力和油路的压力不超过规定的极限压力,以保证液压系统的安全。一般设置在油泵出口的溢流阀称为安全阀,安全阀使液压系统的工作压力保持恒定。设置在工作油路上的溢流阀使液压系统的局部压力保持恒定。溢流阀卸载后将多余的压力油通过管路流回油箱。

(2)减压阀。减压阀是利用油液流过缝隙时产生压降的原理,使系统某一支路获得比系统压力低而平稳的压力油的液压阀。

(3)顺序阀。顺序阀是利用油路中压力的变化控制阀口启闭,以实现执行元件顺序动作的液压阀。其结构与溢流阀类同。所不同的是溢流阀将油流回油箱,而顺序阀的出油口与第二个执行元件的进油口连通。

3)流量控制阀

流量阀用于控制流量,调节执行机构的运动速度,其调速原理均为改变通流面积来控制流量的大小,从而使机构获得所需要的工作速度。常用的有节流阀和调速阀等。

(1)节流阀。节流阀是最基本的流量控制阀。节流阀结构简单,使用方便。但负载和温度的变化对流量稳定性的影响较大,因此只适用于负载和温度变化不大或速度稳定性要求不高的液压系统。

(2)调速阀。调速阀是由定差减压阀和节流阀串联而成的组合阀。节流阀用来调节通过的流量,定差减压阀则自动补偿负载变化的影响,使节流阀前后的压差为定值,消除了负载变化对流量的影响,常用于对速度稳定性要求高的液压系统中。

5. 辅助元件

辅助元件包括:液压油箱、密封件、滤油器、油管和管接头等。

1)油箱

油箱用于储油、散热和分离油中所含的空气和杂质。油箱的容积可取油泵流量的1~3倍。油箱的结构如图1-19所示。

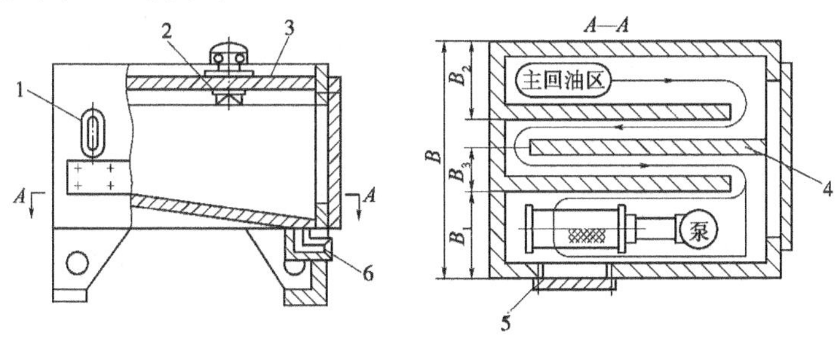

图1-19　油箱结构示意图

1-油面指示器;2-空气滤清器;3-上盖;4-隔板;5-侧盖;6-放油塞

2)油管

油管用于连接元件,输送液压油。常用的油管有钢管、紫铜管、橡胶软管、尼龙管、塑料管等,需根据系统的工作压力及其安装位置正确选择。钢管能承受的工作压力较高,价格较低,但装配时不能任意弯曲,多用于装配位置比较方便、固定和功率较大的液压系统中。高压软管由耐油橡胶夹钢丝编织网制成，用作两相对运动部件的连接油管。低压软管由耐油橡胶夹帆布制成，一般只用作回油管。

3）管接头

在液压系统中，金属油管之间及金属油管与液压元件之间的连接，一般采用法兰连接和管接头连接。法兰连接主要用于大口径的管道连接，一般耐压能力可达 6.5 ~ 20kPa。直径在 50mm 以下金属管普遍采用管接头连接。常用的管接头有焊接式和卡套式两种。

（1）焊接式管接头

焊接式管接头如图 1-20 所示。在油管端部焊一管接头接管 2，用螺母 3 将接管 2 与接头体 1 连接起来。接管与接头体接合处用 O 形圈和组合密封垫圈密封。

（2）卡套式管接头

卡套式管接头如图 1-21 所示。拧紧螺母 3 时，卡套 4 使接管 2 的端面与接头体 1 的端面彼此压紧。这种连接由于卡套具有良好的弹性，能承受较大的冲击和振动，性能可靠，装卸方便，工作压力可达 32kPa，是应用较广的一种连接方式。

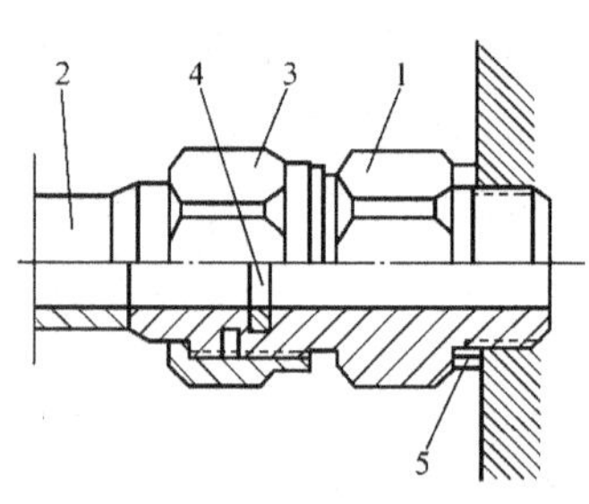

图 1-20　焊接式管接头

1-接头体;2-接管;3-螺母;4-O 形密封圈;5-组合垫圈

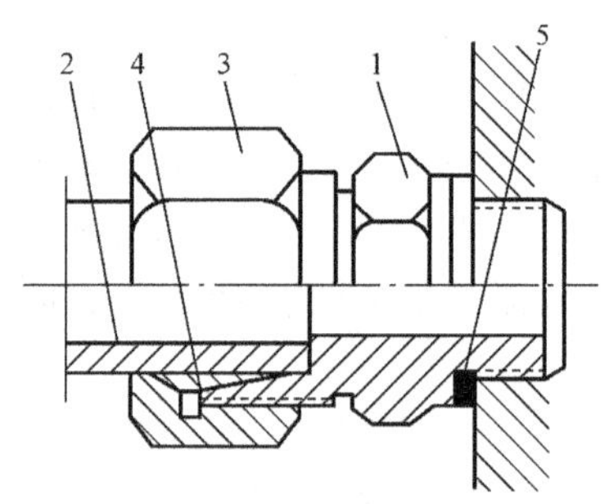

图 1-21　卡套式管接头

1-接头体;2-接管;3-螺母;4-卡套;5-组合垫圈

4）密封装置

密封装置是防止压力油泄漏的一种手段。常采用的密封件有 O 形、V 形、Y 形和 U 形等。密封件已标准化，需用时可以从液压手册中查取。

（1）O 形密封圈密封

O 形密封圈一般用耐油橡胶制成，截面为圆形，如图 1-22 所示。它结构简单，制造容易，成本低，密封性好，动摩擦阻力小，使用非常方便，因此应用广泛。

（2）Y 形密封圈密封

Y 形密封圈用耐油橡胶制成，截面呈 Y 形，如图 1-23 所示。工作时它利用油的压力使两唇边紧压在配合偶件的两结合面上，从而实现密封。其密封能力可随压力的升高而提高，并在磨损后有一定的自动补偿能力。因此，装配时其唇边应对着有压力的油腔。

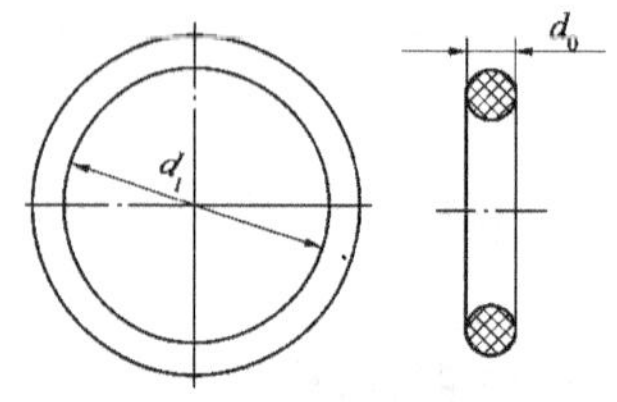

图 1-22　O 形密封圈

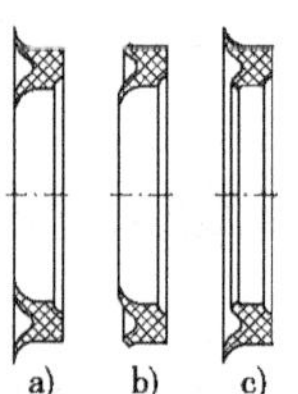

图 1-23　Y 形密封圈

a）普通 Y 形；b）孔用 Y 形；c）轴用 Y 形

5)滤油器

滤油器是用来清除油中的各种杂质,以免划伤、磨损,甚至卡死有相对运动的零件,或堵塞零件上的小孔及缝隙,影响系统的正常工作,降低液压元件的寿命,甚至造成液压系统的故障。

三、液压元件的常见故障与排除

1. 液压泵常见故障与排除

各类液压泵常见的故障与排除方法如表1-12~表1-15所示。

齿轮泵的常见故障及排除方法　　表1-12

故障	产生原因	排除措施
噪声严重,压力波动较大	①滤油器堵塞; ②吸油管外露或伸入油箱较浅或吸油位置过高; ③CB型齿轮泵泵体与泵盖是硬件配合(不用纸垫),若泵体与泵盖的平直度不好,泵旋转时会吸入空气,使泵的密封不好,接触面或油口接头处有泄漏并容易使空气进入; ④油封损坏或油封内弹簧脱落; ⑤齿轮精度不高	①清除滤油器污物,使吸油畅通; ②吸油管应伸入油面以下约2/3,吸油位置高度不得大于0.5m; ③若泵体与泵盖平直度不好,可在平板上用金刚砂研磨,使其平直度不超过5μm(同时注意垂直度要求,并紧固各连件); ④检查、更换油封; ⑤研磨修正或更换齿轮
流量不足或压力不能升高	①轴向间隙或径向间隙过大; ②吸油管路或滤油器堵塞; ③吸油端连接处有空气进入; ④油液黏度过大或油温过高; ⑤泵转速过高,油液充填不及时; ⑥轴套(侧板)与齿轮端面磨损严重	①进行尺寸检查,修复或更换; ②清除污物,定期更换液压油; ③紧固连接件,检查密封,重装或更换; ④选用合适黏度的液压油,保持油温在规定范围内; ⑤使转速降至最高转速以下; ⑥更换轴套(侧板)或齿轮
温升过高	①装配不当,轴向间隙过小,油膜破坏,形成干摩擦,机械效率降低; ②轴套(侧板)与齿轮严重摩擦; ③油渣变质,吸油阻力增大; ④受外界各种影响	①检查装配质量,调整间隙; ②修理或更换; ③更换新油; ④消除外界影响
CB型泵骨架油封被冲击	①压盖堵塞了前后泵盖的回油通道,造成回油不畅通而产生很高压力; ②骨架油封与泵的前盖配合松动; ③泵体装反,使出油口接通卸荷槽,形成压力,冲击骨架油封; ④泄漏通道堵塞	①将压盖取出重新压进,并注意不要堵塞回油通道; ②检查配合间隙,若间隙过大,应更换新的骨架油封; ③纠正泵体的安装方向; ④清除泄漏通道上的污物

叶片泵的常见故障及排除方法　　表1-13

故障	产生原因	排除措施
噪声严重或振动较大	①压力冲击过大,配油盘上三角槽有堵塞; ②定子曲面有伤痕; ③空气进入泵内; ④叶片倒角太小,叶片运动时作用力有突变,或叶片本身垂直度不好; ⑤叶片高度尺寸误差较大;	①检查、清除三角槽子堵塞物; ②修理抛光定子曲面; ③检查有关密封部位,并加以严封; ④将叶片一侧的倒角适当加大,一般为1×45°;修磨叶片侧面,使其垂直度在10μm之内; ⑤重新检查挑选,保证同一组叶片高度误差不超过0.01mm;

续上表

故障	产生原因	排除措施
噪声严重或振动较大	⑥泵的主轴密封过紧,温升较大; ⑦滤油器堵塞或油面过低; ⑧转速过高或联轴器不同心,松动; ⑨油的黏度过高	⑥调整密封装置,使油的温升不致过高,不得有烫手感觉; ⑦清除污物,加油至规定高度; ⑧降至规定转速或重新安装,使其同心,紧固连接件; ⑨改用黏度适当的油液
不排油或无压力	①原动机与泵的转向不一致; ②油箱油面过低; ③油液黏度过大,叶片滑动阻力较大; ④泵体有砂眼,高低压油腔互通; ⑤配油盘在压力油作用下变形,配油盘与壳体接触不良	①纠正转向; ②加油至规定高度; ③改用黏度适当的油液; ④更换新的泵体; ⑤修整配油盘的接触面
排油量不足,压力提不高	①轴向间隙及径向间隙过大; ②有关连接部位密封不严,吸入空气; ③定子曲面与叶片接触不良; ④个别叶片滑动不灵活; ⑤吸油管或滤油器部分堵塞; ⑥叶片及转子装反; ⑦配油盘内孔磨损; ⑧叶片槽和叶片间隙过大; ⑨泵盖螺钉松动	①修复或更换有关零件; ②检查各连接处及油口是否有泄漏,紧固或更换密封; ③进行修磨; ④不灵活的叶片应单槽配研; ⑤清除污物,使吸油通畅; ⑥纠正叶片和转子的方向; ⑦严重损坏时需改换; ⑧根据叶片槽单配叶片; ⑨适当拧紧

齿轮式、叶片式液压马达的常见故障及排除方法 表1-14

故障	产生原因	排除措施
转速达不到要求	流量不足或内泄漏太大	检查流量和内部零件,必要时更换
转矩达不到要求	①溢流阀调定压力低; ②回油阻力过大; ③零件磨损	①检查溢流阀重新调定压力; ②降低回油阻力; ③更换零件
换向阀关闭时马达不能立即停止	①工作机构惯性大; ②换向阀泄漏过大; ③溢流阀额定压力不当	①增设制动回路,控制惯性; ②检查换向阀,修复或更换; ③重新调整

柱塞泵的常见故障及排除方法 表1-15

故障	产生原因	排除措施
流量不足	①吸油管及滤油器堵塞或阻力过大; ②油箱油面过低; ③柱塞与缸孔或配油盘与缸体间磨损; ④柱塞回程不够或不能回程; ⑤变量机构失灵,达不到工作要求; ⑥泵体内未充满油,留有空气; ⑦油温过低或过高或吸入空气	①清除污物,排除堵塞; ②加油至规定高度; ③更换柱塞,修磨配油盘与缸体的接触面; ④检查中心弹簧,加以更换; ⑤检查变量机构,看变量活塞及斜盘是否灵活,并纠正其调整误差; ⑥排出泵内空气; ⑦根据温升实际情况,选用适合黏度的油液,检查密封,紧固连接处

续上表

故障	产生原因	排除措施
压力不足或压力脉动较大	①吸油管堵塞、阻力大或漏气； ②缸体与配油盘之间磨损失去密封泄漏增加； ③油温较高，油液黏度下降，泄漏增加； ④变量机构倾角太小，流量过小，内泄相对增加； ⑤变量机构不协调（如伺服活塞与变量活塞失调，使脉动增大）	①清除油污、紧固进油管段的连接螺钉； ②修磨缸体与配油盘接触面； ③控制油温，选用适合黏度的油液； ④加大变量机构的倾角； ⑤若偶尔脉动，可更换新油，经常脉动，可能是配合件研伤或配合不良，应拆下研修
噪声较大	①泵内有空气； ②吸油管或滤油器堵塞； ③油液不干净或黏度大； ④泵与原动机安装得不同心，使泵增加了径向载荷； ⑤油箱油面过低、吸入泡沫或吸油阻力过大，吸入不足； ⑥管路振动	①排除空气，检查可能进入空气的部位； ②清洗除掉污物； ③抽样检查，更换新油，或选用适合黏度的油液； ④重新调整，同轴度应在允许范围内； ⑤加油至规定高度，或增加管径、减少弯头、减小吸油阻力； ⑥采取隔离或减振措施
漏油严重	①泵上的回油管路漏损严重； ②结合面漏油和轴端漏油； ③变量活塞或伺服活塞磨损	①检查泵的主要零件是否损坏或严重磨损； ②检查结合面密封和轴端密封，修复更换； ③严重时更换
泵发热	①内部漏损较高； ②有关相对运动的配合接触面有磨损，如缸体与配油盘、滑靴与斜盘等	①检查和研修有关密封配合面； ②修整或更换磨损件，如配油盘、滑靴等
变量机构失灵	①在控制油道上可能出现堵塞； ②斜盘（变量头）与变量活塞磨损； ③伺服活塞、变量活塞、拉杆（导杆）卡死； ④个别油道（孔）堵塞	①净化油，必要时冲洗控制油道； ②刮修配研两者的圆弧配合面； ③机械卡死时，用研磨方法使各运动件灵活，油脏时更换纯净油液； ④疏通油道
泵不转动	①柱塞与缸体卡死（油脏或油温变化大）； ②柱塞球头折断（因柱塞卡死或有负载启动）； ③滑靴脱落（柱塞卡死或有负载启动引起）	①更换新油，控制油温； ②更换柱塞； ③修复或者更换

2. 液压缸常见故障与排除

液压缸的常见故障与排除方法如表 1-16 所列。

液压缸的常见故障与排除方法 表 1-16

故障现象	产生原因	排除措施
振动和爬行	①混入空气； ②运动密封件装配过紧或太松； ③活塞杆局部或全长变形弯曲； ④活塞杆与活塞不同心、导向套与缸筒不同心； ⑤缸筒锈蚀、拉毛	①增设排气装置，或开动液压系统让液压缸快速运动一段时间，强行排气； ②调整密封圈，使活塞杆能用手平稳地拉动但又不泄漏； ③校直活塞； ④修正调整； ⑤拆卸镗磨、清除锈迹，重配活塞和密封件
泄漏	①密封件咬边、拉伤、胶着破坏； ②密封件方向装反； ③缸盖螺栓未拧紧； ④运动零件之间有纵向拉伤和沟痕	①更换密封件； ②放正密封件方向； ③拧紧螺栓； ④修理或更换零件

续上表

故障	产 生 原 因	排 除 措 施
推力不足或工作速度下降,甚至停止工作	①缸筒和活塞配合间隙太大,或密封圈损坏,造成高低压缸互通; ②液压缸长时间在某一段工作造成局部磨损,使高低压腔互通或缸筒拉伤与活塞咬紧; ③密封件过紧或活塞杆弯曲使摩擦阻力增大; ④外泄过多造成流量和压力不足; ⑤油液杂质过多,卡死活塞或活塞杆; ⑥油液温升太高,黏度下降,内泄漏增加,无法建立压力	①调整间隙或更换密封件; ②镗磨修复液压缸孔径,重配活塞,镗磨修复缸筒; ③调整密封件松紧度,校直活塞杆; ④寻找泄漏部位,紧固各接合面; ⑤清洗油箱,更换液压油; ⑥分析发热原因,防止油温太高

3. 液压控制阀常见故障与排除

液压控制阀常见的故障与排除方法见表1-17～表1-22。

溢流阀的常见故障与排除方法 表1-17

故障	产 生 原 因	排 除 措 施
压力波动	①弹簧弯曲或太软; ②阀芯与阀座接触不良或磨损; ③阀芯动作不灵活; ④油液不清洁,阻尼孔堵塞	①更换弹簧; ②阀芯磨损应更换,如是新阀芯即卸下调整螺母,将导杆推几下,使其接触良好; ③调整阀盖的螺钉紧固力或更换阀芯; ④更换油液,疏通阻尼孔
调整无效	①弹簧折断或漏装; ②阻尼孔堵塞或先导阀阀座缓冲孔堵塞; ③阀芯卡住或漏装; ④先导阀口密封不好,相当于始终开启; ⑤进出口装反	①检查、更换或补装弹簧; ②疏通阻尼孔或缓冲孔; ③检查修整或补装阀芯; ④修复研配,严重时更换有关零件; ⑤检查油源方向并重接进出口
明显泄漏	①阀芯与阀座接触不良或磨损; ②阀芯与阀体配合间隙过大; ③紧固螺钉未拧紧; ④接合面纸垫冲破或铜垫失效	①更换阀芯; ②重配间隙; ③拧紧螺钉; ④更换纸垫或铜垫
显著噪声及振动	①调压弹簧变形不复原; ②滑阀配合过紧; ③主阀动作不良; ④出口油路中有空气; ⑤流量超过允许值; ⑥和其他阀产生共振; ⑦紧固螺钉松动	①检修或更换弹簧; ②检修滑阀使其灵活; ③检查主阀芯与壳体是否同心; ④排除空气; ⑤在额定流量范围内使用; ⑥略微改变阀的调整压力; ⑦紧固螺钉

减压阀的常见故障与排除方法 表1-18

故障	产 生 原 因	排 除 措 施
不起减压作用	①回油孔道的螺塞未拧出; ②顶盖方向装错,使输出油孔与回油孔沟通; ③阻尼孔被堵塞; ④阀芯移动不灵活或被卡住	①将油塞拧出,接通回油管; ②检查顶盖上孔的位置,并加以纠正; ③用钢丝或针(直径约1mm)疏通小孔; ④清理污垢,研配滑阀,保证滑动自如

续上表

故障	产生原因	排除措施
压力波动	①油液中混入空气； ②阻尼孔堵塞； ③阀芯移动不灵； ④弹簧刚度不够，有弯曲、卡住或太软； ⑤锥阀安装不正确，钢球与阀座配合不良	①设法排除油中空气； ②疏通阻尼孔并换油； ③修研阀芯及阀孔； ④检查并更换弹簧； ⑤更换调整锥阀或钢球
输出压力低	①顶盖处泄漏； ②阀芯与阀座配合不良	①拧紧螺钉或更换纸垫； ②更换阀芯

流量控制阀的常见故障与排除方法　　表1-19

故障	产生原因	排除措施
节流作用失灵或调节范围不大	①阀芯和阀孔的间隙过大，有泄漏以及系统内部泄漏； ②节流孔堵塞或阀芯卡住； ③节流阀结构不良，老式针状节流口调节范围小，微量调节时节流变化较大，且易被污物堵塞	①检查泄漏部位零件损坏情况，修复更新并注意接合处密封情况； ②拆开清洗，更换新油，使阀芯运动灵活； ③可改为细螺纹三角槽式节流阀，当它和锥形面开口面积相等时，由于它的宽度比老式节流阀大5倍以上，不易堵塞，比较稳定
执行机构运动速度不稳定	①节流口处积有污物，使通流截面面积减小，速度减慢； ②节流阀的性能较差，低速运动时由于振动使调节位置变动； ③节流阀内部、外部有泄漏； ④在简式节流阀中因系统负载有变化而使速度突变； ⑤油温升高，油液黏度降低，使速度逐步上升； ⑥阻尼装置堵塞，系统中有空气，出现压力变化及跳动	①拆检清洗有关零件，更换新油，并经常保持油液的清洁； ②增加节流联锁装置； ③检查零件的精度和配合间隙，修配或更换超差零件，连接处要严加密封； ④检查系统压力和减压装置等部件的作用以及溢流阀的控制是否正确； ⑤液压系统工作稳定后，调整节流阀或油温散热装置； ⑥清洗零件，在系统中增设排气阀，油液要保持清洁

单向阀的常见故障与排除方法　　表1-20

故障	产生原因	排除措施
发出尖叫声	①超过规定流量会发出尖叫声； ②与其他元件产生共振； ③在高压立式油缸中，缺少卸荷装置（卸荷阀）的液控单向阀	①根据需要更换流量较大的单向阀或减少流量； ②适当改变系统压力或更换弹簧； ③更换带有卸荷装置的单向阀或补充卸压装置回路
泄漏	①阀座锥面密封不严； ②钢球（或锥面）不圆或磨损； ③油中有杂质，将锥面或钢球损坏； ④螺纹连接的结合部分没有拧紧或密封不严	①拆下研配，保证接触线密封严密； ②拆下检查，更换钢球（或锥阀）； ③检查油液，加以更换； ④检查有关螺纹连接处，拧紧，必要时更换螺栓

续上表

故障	产生原因	排除措施
单向阀失灵	①阀芯卡死： ·阀体变形； ·阀芯有毛刺； ·阀芯变形； ·油液污染。 ②弹簧折断或漏装。 ③锥阀(或钢球)与阀座完全失去密封作用，如：锥阀与阀座同心度超差，密封表面锈成麻点形成接触不良及严重磨损等。 ④把背压阀当作单向阀使用	①检修阀芯： ·研修阀体内孔消除误差； ·去掉阀芯毛刺并磨光； ·修研阀芯外径； ·更换油液。 ②拆检，更换或补装弹簧。 ③检测密封性，配研锥阀与阀座，保证密封可靠。当锥阀与阀座同心度超差或严重磨损时应更换。 ④把背压阀弹簧换成单向阀弹簧或换成单向阀

换向阀的常见故障与排除方法 表 1-21

故障	产生原因	排除措施
阀芯不动或不到位	①阀芯卡住： ·阀芯与阀体配合间隙过小； ·阀芯(或阀体)碰伤，油液被污染； ·阀芯几何形状超差，阀芯与阀孔装配不同心产生轴向液压卡紧现象。 ②液动换向阀控制油路有故障： ·油液控制压力不够，滑阀不动，不能换向或换向不到位； ·节流阀关闭或堵塞； ·滑阀两端泄油口没有接回油箱或泄漏管堵塞。 ③电磁铁故障： ·交流电磁铁，因滑阀卡住，铁芯吸不到底面而烧毁； ·漏磁、吸力不足； ·电磁铁接线焊接不良，接触不好。 ④弹簧折断、漏装、太软都不能使滑阀回位，因而不能换向。 ⑤电磁铁的推杆磨损后长度不够或行程不对，使阀芯移动过小或过大，都会引起换向不灵或不到位	①检修阀芯： ·检查间隙情况，研修或更换阀芯； ·检查、修磨或重配阀芯，必要时换新油； ·检查修正几何偏差及同心度。 ②检查控制油路： ·提高控制油压力，检查弹簧是否过硬，以便更换； ·检查清洗节流口； ·检查并接通回油箱，清洗回油管，使之畅通。 ③检查并修复： ·消除滑阀卡住原因，并更换电磁铁； ·检查漏磁原因，更换电磁铁。 ·检查并重新焊接。 ④检查更换或补装弹簧。 ⑤检查并修复，必要时可换推杆
换向冲击与噪声	①控制流量过大，滑阀移动速度太快，产生冲击声； ②单向节流阀阀芯与孔配合间隙过大，单向阀弹簧漏装，阻尼失效； ③电磁铁的铁芯接触面不平或接触不良； ④液压冲击声(由于压差很大的两个回路瞬时接通，使配管及其他元件振动而形成的噪声)； ⑤滑阀时卡时动或局部摩擦力过大； ⑥固定电磁铁的螺栓松动而产生振动	①调小单向节流阀节流口，减慢滑阀移动速度； ②检查修整(修复)到合理间隙，补装弹簧； ③清除异物，并修整电磁铁的铁芯； ④控制两回路的压力差，严重时可用湿式交流或带缓冲的换向阀； ⑤研修或更换滑阀； ⑥紧固螺栓，并加防松垫圈

多路阀的常见故障与排除方法　表1-22

故障	产生原因	排除措施
压力波动及噪声	①溢流阀弹簧弯曲或太软； ②溢流阀阻尼孔堵塞； ③单向阀关闭不严	①更换弹簧； ②清洗疏通； ③修整或更换
阀芯不能回位	①复位弹簧损坏； ②轴用弹性挡圈损坏； ③防尘圈过紧	①更换弹簧； ②更换弹性挡圈； ③更换防尘圈
泄漏	①阀芯与阀座接触不良； ②双头螺栓松动	①调整或更换； ②按规定紧固

第四节　电器设备

养护机械电器主要由基础车辆电器和工作装置电器组成。基础车辆电器主要有蓄电池、发电机、起动机、点火系、照明信号仪表及空调系统。下面主要介绍基础车辆电器及其维护与故障排除技术。

一、养护机械基本电器

1. 蓄电池

蓄电池是一种化学电源，它既能把电能转变成化学能储存起来，也能把化学能转变成电能提供给用电设备。前一过程称为蓄电池的充电，后一过程称为蓄电池的放电。蓄电池是可逆的直流电源。

蓄电池按照电极所用材料和电解液性质的不同可分为铅蓄电池、碱性蓄电池和新型电池三大类。

由于启动用铅蓄电池具有结构简单、内阻小、短时间内可迅速提供较大的电流、电压稳定、价格便宜等特点，因此在工程机械上得到广泛的应用。本节主要介绍启动用铅蓄电池，以下简称铅蓄电池。

铅蓄电池的构造如图1-24所示，一般由3个或6个单格电池串联而成，每个单格电池的标准电压为2V。铅蓄电池由极板、隔板、电解液和外壳等组成。

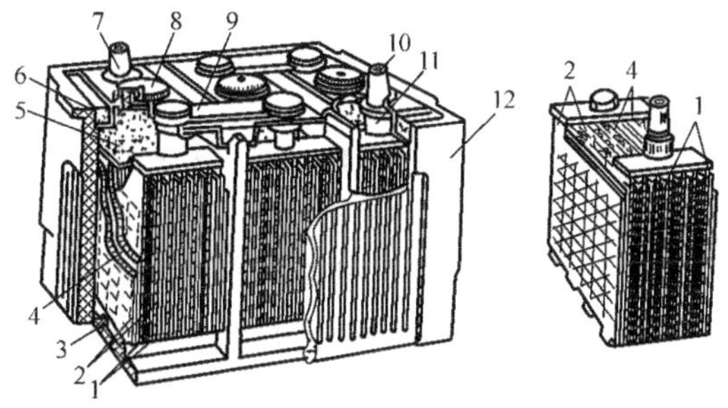

图1-24　铅蓄电池的基本结构

1-正极板；2-负极板；3-肋条；4-隔板；5-护板；6-封口剂；7-负极桩；8-加液孔螺塞；9-连接条；10-正极桩；11-极板衬套；12-外壳

2. 发电机

发电机是一种将机械能转变成电能的装置，它是工程机械的主要电源，由发动机驱动。在正常工作时，发电机对除发动机以外的一切用电设备供电，并对蓄电池充电。工程机械上常用的发电机有直流发电机和交流发电机两大类。随着现代工程机械的发展，其用电设备的数量不断增加，要求发电机的输出功率增大；同时为了提高蓄电池的使用寿命和保证良好的启动性能，要求发动机在低速时能向蓄电池充电。直流发电机的结构决定了它不能满足以上要求，所以被淘汰。而交流发电机因其体积小、质量小、结构简单、维修方便、使用寿命长、发动机低速运转时充电性能好、配用的调节器结构简单、对无线电干扰小等一系列优点，因此在工程机械上被广泛应用。交流发电机由三相同步交流发电机和6只硅二极管构成的三相桥式全波整流器所组成。图1-25所示为交流发电机的结构图。

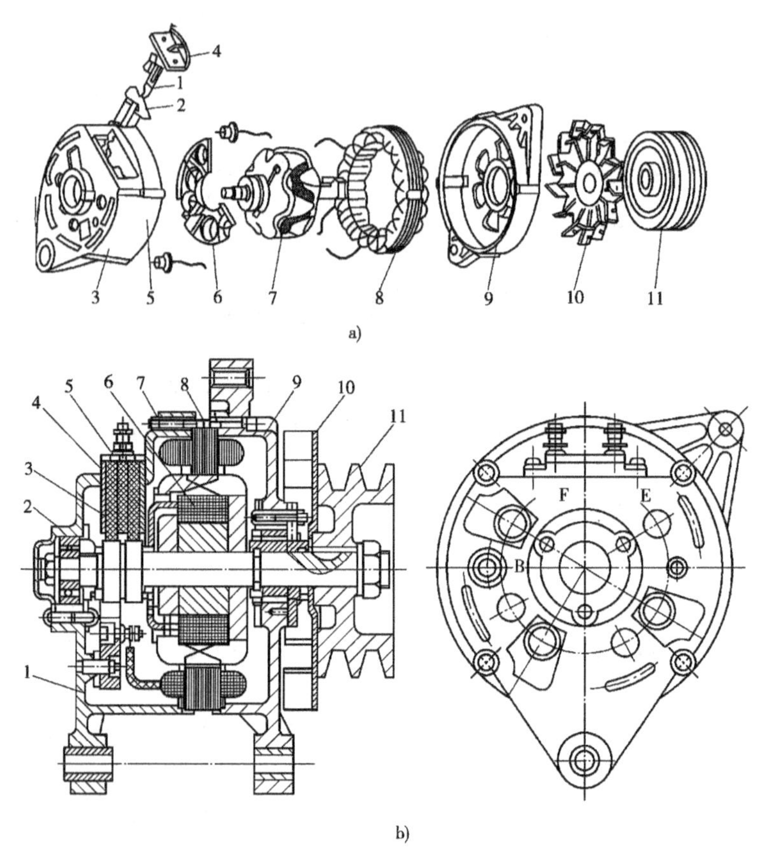

图1-25　JF132型交流发电机

a）交流发电机结构图；b）交流发电机装配图

1-后端盖；2-集电环；3-电刷；4-电刷弹簧；5-电刷架；6-磁场绕组；7-定子绕组；8-定子铁芯；9-前端盖；10-风扇；11-带轮

3. 起动机

起动机是在发动机启动时，将蓄电池的电能转化为转矩传递给发动机的装置。它一般由三部分组成，如图1-26所示。

（1）直流电动机。其作用是产生电磁转矩。

（2）传动机构（或啮合机构）。传动机构安装在电动机轴的花键部分上，它由驱动齿轮、单向离合器、拨叉等组成。其作用是在发动机启动时，使起动机驱动齿轮啮入飞轮齿圈，将起动机转矩传递给发动机曲轴；而在发动机启动后，使起动机驱动齿轮自动打滑，并最终与飞轮齿圈脱离啮合。

（3）控制装置。控制装置一般安装在起动机的上部，用来控制起动机主电路的通断，并控制传动机构的工作。在有些筑养路机械上，它还用来接入和隔除点火系点火线圈的附加电阻。

4. 空调系统

为了改善司机的劳动条件，提高其劳动效率，筑养路机械上广泛采用空调驾驶室。空调驾驶室的空调系统包括采暖、降温和通风换气装置三部分。采暖系统一般采用发动机的冷却水

作为热源,通过管道和散热器进入驾驶室的空气中;通风换气装置主要对驾驶室内进行强制性换气,保证空气对流;制冷系统主要用于夏季驾驶室内空气的降温与除湿。

空调制冷系统由制冷压缩机、电磁离合器、冷凝器、储液干燥器、膨胀阀、蒸发器、控制和保护电路所组成,如图1-27所示。

(1)制冷压缩机。压缩机由发动机曲轴带轮驱动旋转,将蒸发器中因吸热而汽化的低压制冷剂蒸气吸入后压缩成为高温、高压气态制冷剂,经高压管送入冷凝器。

(2)电磁离合器。一般安装在压缩机前端,其作用是根据需要接通或断开发动机与压缩机之间的动力传递。它受温度控制器、压力控制器、空调开关等元器件的控制。

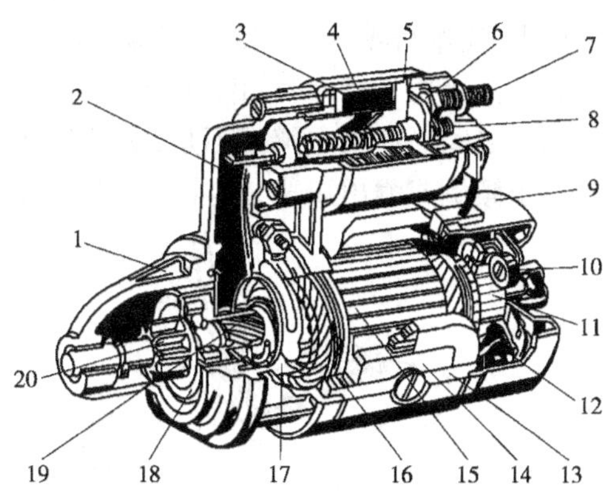

图1-26　直接操纵式起动机

1-后端盖;2-拨叉;3-保持线圈;4-吸引线圈;5-电磁开关;6-触点;7-接线柱;8-接触盘;9-前端盖;10-电刷弹簧;11-换向器;12-电刷;13-机壳;14-磁极;15-电枢;16-磁场绕组;17-移动衬套;18-单向离合器;19-电枢轴;20-驱动齿轮

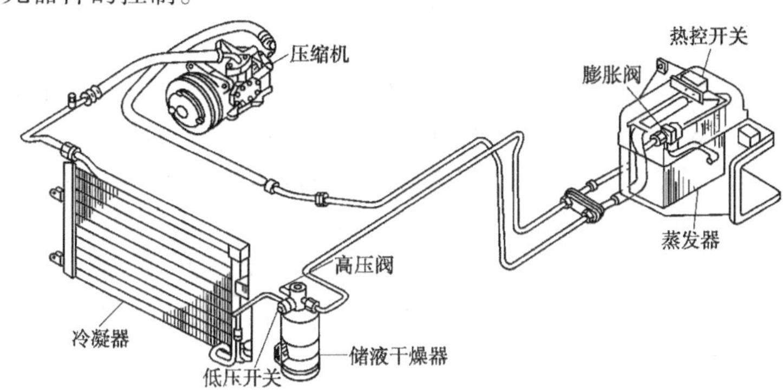

图1-27　空调系统组成结构图

(3)冷凝器。由排管道和冷却散热板组成,其作用是将压缩机排出的高温、高压气态制冷剂冷凝为高温、高压液态制冷剂输入储液干燥器。

(4)储液干燥器。储存和输送制冷剂,并吸收少量的潮气和保持制冷剂的干燥。

(5)膨胀阀。主要用于调节空调系统中制冷剂的流量。

(6)蒸发器。也由排管道和冷却散热板组成,其作用是吸收驾驶室内的热量。

(7)控制和保护电路装置。作用是实现空调系统有关各装置之间的协调工作,完成各种操作和调控功能的保证。

二、电器维护常识

1. 铅蓄电池的维护

为了使蓄电池处于完好状态,延长使用寿命,对使用中的蓄电池应进行下列维护工作。

(1)经常清除蓄电池外表面的灰尘及污物,如图1-28所示。电解液溅到蓄电池表面时,应用抹布蘸10%浓度的苏打水或碱水擦净;电极桩和导线接线头上出现氧化物时,应先用砂纸打磨,再用抹布擦拭干净。

(2)紧固蓄电池安装架,电缆接线柱与线头应紧固并涂上润滑脂。

(3)定期检查蓄电池的电解液相对密度及液面高度。一般每行驶1000km或冬季行驶

10～15天、夏季行驶5～6天，应检查一次电液的液面高度。橡胶外壳的蓄电池电解液液面高度应高出极板10～15mm，如图1-29所示。塑料蓄电池外壳呈半透明状，液面应在厂方标明的上下刻线之间。如果电解液不足，应及时添加蒸馏水或“补充液”，如图1-30所示。若液面降低是由于倾倒或溅出造成，应补加相应相对密度的电解液并充电调整。

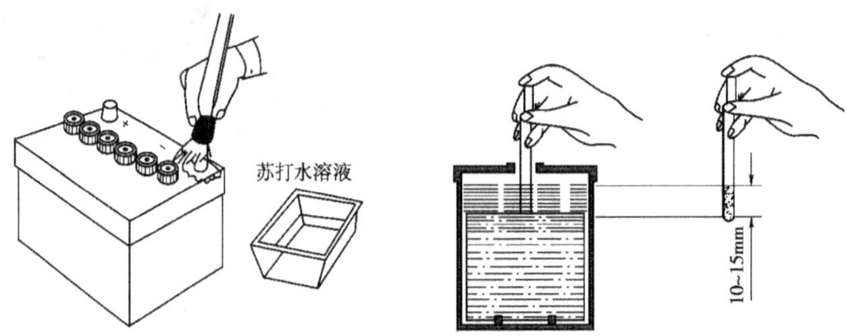

图1-28　清洁蓄电池外表　　　图1-29　检查蓄电池液面高度

(4)经常检查蓄电池存电量，若发现存电不足，立即补充充电。常用机械的蓄电池，放电程度冬季达25%、夏季达50%时即应充电，必要时及时进行补充充电。放完电的蓄电池在24h内应及时充电。

停驶机械的蓄电池，暂不使用时，应从车上拆下储存。储存的方法是先将蓄电池充足电，电解液相对密度达1.28(15℃)左右时，液面加至正常高度。密封加液盖通气孔后，放置在室内暗处，储存时间不得超过6个月。存放期间应定期检查电解液相对密度和蓄电池存电量，确保每月至少对其进行一次补充充电，启用时应充足电。

蓄电池长时间存放时，最好以干储存法储存。先将蓄电池以20h放电率完全放电，倾倒出电解液，用蒸馏水多次冲洗至水中无酸性，再倒尽水滴，晾干后旋紧加液塞，密封储存。启用的准备工作和新蓄电池相同。

普通蓄电池存电量常用检查方法有以下两种。

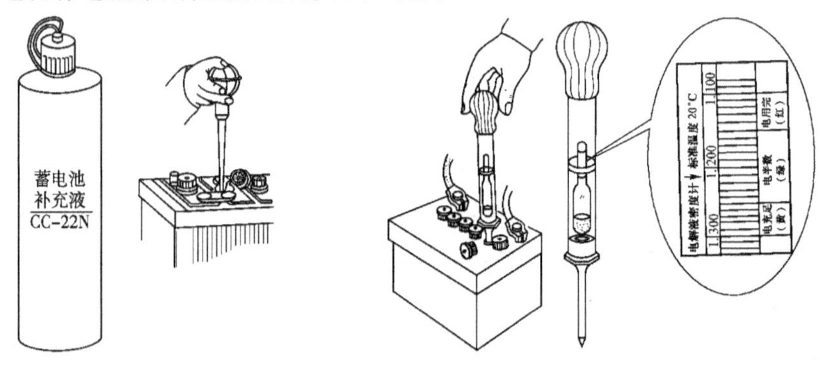

图1-30　添加补充液示意图　　　图1-31　测量电解液相对密度

①测量电解液相对密度。电解液的相对密度可用吸式密度计测量，如图1-31所示。先吸入电解液，使密度计浮起，电解液面所在的刻度即为相对密度值。在测量电解液相对密度时，应同时测量电解液温度，并将测得的电解液相对密度转换为15℃时的相对密度值。相对密度每下降0.04，相当于蓄电池放电25%的额定容量。在大电流放电或添加蒸馏水后，由于电解液混合不匀，不应立即测量电解液相对密度。此时，测得的电解液相对密度也不能用来换算成放电程度。

②用单格电池式高率放电计测量单格电压或采用整体电池式高率放电计测量蓄电池整体电压。

单格电池式高率放电计由一个3V电压表和一个定值负载电阻组成，如图1-32a)所示。测量时，应将两叉尖压在单格电池正、负极桩上(模拟启动时大电流放电)，历时5s左右，观察蓄电池所能保持的端电压：一般技术状况良好、充足电的蓄电池，单格电压下降到1.7V，并在5s内保持稳定。若单格电压下降到1.6V，表明已放电25%的额定容量；若单格电压下降到1.5V，表明已放电50%的额定容量；若5s内单格电压迅速下降，表明某一单格电压有故障，应进行修理。

单格式蓄电池高率放电计只能测取单格电池电压，而新型蓄电池联系均为穿壁跨接式，用单格式放电计已无法测取高率放电端电压，一般使用整体电池式放电计测量，如图1-32b)所示。测试时，用力将放电计触针刺入蓄电池正负极，保持15s。若蓄电池能保持在9.6V以上，说明该电池性能良好，但存电不足；若稳定在10.6~11.6V，说明电池存电足；若迅速下降，则说明蓄电池已损坏。

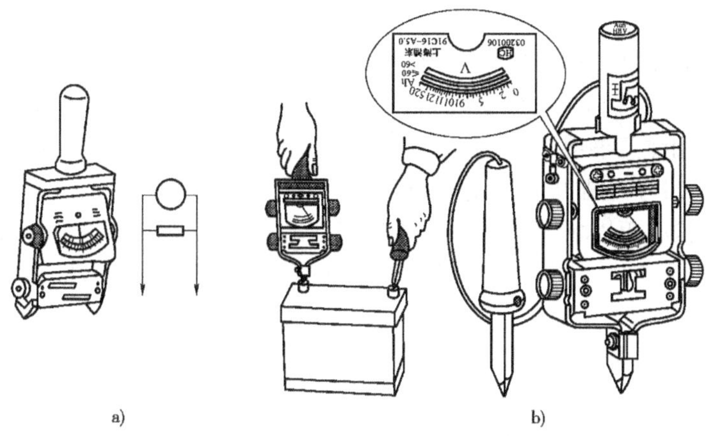

图1-32　高率放电计

a)单格电池式；b)整体电池式

(5)在冬季严寒时，应对蓄电池采取保温措施。

(6)安装和搬运蓄电池时，应轻搬轻放，不可敲打或在地上拖拽。蓄电池在车辆上应固定牢靠，以防行车过程中发生振动或移位。

(7)拆卸蓄电池电缆时，应先拆下蓄电池负极，再拆下蓄电池正极；安装蓄电池电缆时，应先安装蓄电池正极，再安装蓄电池负极，以免拆卸过程中造成蓄电池短路。

2. 硅整流发电机使用维护

硅整流发电机的整流器和晶体管调节器或集成电路调节器内部均装有电子元件，当受到瞬时过电压或过电流时，易造成损坏。

使用和维修中，应注意以下事项：

(1)蓄电池必须负极搭铁，不得接反。否则蓄电池将通过整流二极管短路放电，使整流二极管立即被烧坏。

(2)发电机运转时，不能用刮火的方法检查发电机是否发电，应采用万用表检查，否则容易损坏调节器触点及发电机二极管。低压试灯可用机械上的仪表灯泡(图1-33)或发光二极管制作。严禁用在发电机输出端搭铁试火的方法检查发电机是否有电，否则将损坏发电机整流器。

(3)一旦发现发电机不发电或充电电流很小时,应及时找出故障并予以排除,不应再继续运转。因为即使只有1只二极管短路,发电机不能正常输出电压,也会导致其他二极管或定子绕组被烧坏。

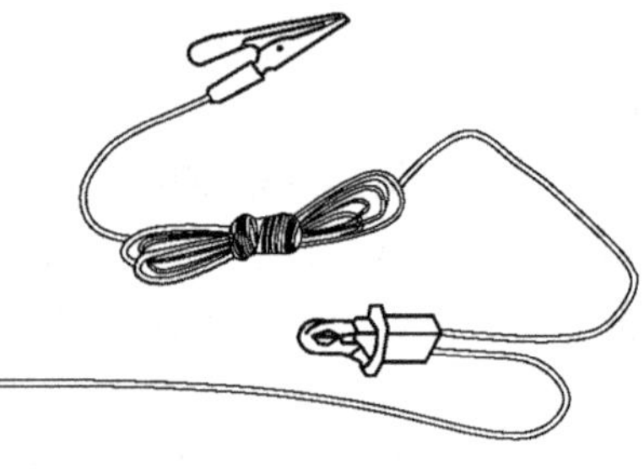
图1-33　低压试灯

(4)整流器的6只二极管与定子绕组相连时,禁止用兆欧表(摇表)或220V交流电源检查发电机的绝缘情况,否则将使二极管及调节器中的电子元件被击穿而损坏。

(5)发动机自行熄火时,应将点火开关断开,否则蓄电池将长期经发电机励磁绕组和调节器放电,造成发电机、调节器中电子元件损坏。

(6)发电机正常运行时,不可任意拆动各电器的连接线,以防引起电路中的瞬时过电压,损坏二极管及调节器中的电子元件或其他电子设备。

(7)调节器的调节电压不能过高或过低,其连线应确保连接正确、牢靠,以免损坏用电设备或造成蓄电池充电不足。

(8)传动带的张紧度应符合规定,否则会损坏发电机轴承或引起发电不足。

3. 起动机的使用维护

(1)起动机使用注意事项

①启动时踩下离合器踏板,将变速器挂空挡。

②起动机是按短时间大电流工作设计的,其输出功率也是最大功率。因此,使用起动机时,每次不得超过5s,两次之间应间歇15s以上,连续3次启动不成功,应查明原因,排除故障后再启动发动机。

③发现启动时有打齿、冒烟现象,应及时诊断并排除故障后再启动。

④在低温下启动发动机时,应先预热发动机后再启动。

⑤使用不具备自动保护功能的起动机时,应在发动机启动后迅速松开启动开关。当发动机正常工作时,切勿随便接通启动开关。

(2)起动机拆装注意事项

①从车上拆起动机之前,应先切断点火开关、拆下蓄电池搭铁电缆,防止操作时产生电火花,避免损坏电子元件。

②若起动机与发动机之间装有薄金属垫片,在装配时应按原样装回。

③不同型号的起动机解体与组装顺序有所不同,应按厂家规定的操作顺序进行。

④部分组合件无故障时不必彻底解体,如电磁开关、定子铁芯及绕组。

⑤组装时各螺栓应按规定转矩旋紧,并检查调整各部分间隙。

⑥部分起动机组装时,接合面应涂密封剂。

⑦各润滑部位应使用厂家规定的润滑剂润滑。

(3)起动机的维护

①经常检查起动机和蓄电池以及启动控制开关间的连接是否牢固,导线的绝缘和接触是否良好。导线的选用,截面积不应太小。

②经常维持起动机各部件的清洁。机械每工作一定的时期,应取下防尘箍,检查换向片,若有脏污,应及时清除。

③定期拆检电刷长度和电刷弹簧的弹力。

④定期润滑起动机的轴承。

⑤起动机电缆线直径应大于16～95mm,长度尽可能短。

⑥起动机电枢轴线与飞轮轴线必须保持平行;同时,小齿轮端面与发动机飞轮齿圈端面之间应保持2.5～5mm距离,否则应加以调整。连接螺栓不得松动。

⑦应尽可能使蓄电池处于充足电的状态,保证起动机正常工作时的电压和电容量,减少起动机重复工作的时间。

⑧定期对起动机进行全面的维护和检修。

4. 空调系统的使用与维护

空调制冷系统的故障现象表现为系统不制冷、制冷不足或产生异响。故障原因一般为电气故障、机械故障、制冷剂和冷冻润滑油引起的故障。正确地使用和维护可以减少故障的发生,其注意事项如下:

(1)在使用空调制冷状态时,应注意关好车门,以尽快达到适宜的温度,节省能量。

(2)因空调系统耗电量大,使用时应注意提高发动机转速,确保发电机发电,以防蓄电池放电。

(3)经常定期检查、清洗蒸发器和冷凝器。若有堵塞,可用压缩空气吹净或用清水冲洗干净。

(4)经常检查制冷剂是否充足。可使空调系统低速运转,从储液干燥器顶部观察窗观察是否有气泡出现:若清晰,无气泡,但出风口是冷的,说明制冷系统工作,制冷剂量合适;出风口不冷,说明制冷剂漏完;若有大量气泡出现,则说明制冷剂可能不足。

(5)经常检查皮带的松紧度,在皮带上加98N的负荷时其挠度应在10～11mm之间。

(6)定期维护鼓风机,保证其轴承润滑良好。

(7)电路部分要连接牢固,并经常观察温控元件工作性能是否异常。

(8)冬季不用空调制冷时,也应一个星期左右开动一次,以免油封胶圈与金属粘连。

三、电器设备故障诊断与排除

1. 铅蓄电池的常见故障与排除

铅蓄电池的故障有的是由本身质量引起的,有的是由使用维护不当引起的。常见的故障有极板硫化、自行放电、极板弯曲、活性物质早期脱落、极板短路和蓄电池充电量不足等。

(1)极板硫化

铅蓄电池使用维护不当,如经常充电不足、电解液液面太低,会使极板活性物质逐渐形成粗大、坚硬的硫酸铅。它的导电性差,体积大,易导致极板细孔堵塞,阻碍电解液的扩散,蓄电池内阻增加,且在充电时不易转变为二氧化铅和海绵状铅。若历时过久,极板会出现白色斑点,这种现象称为“硫酸铅硬化”,简称“硫化”。

故障现象:极板上有白色的霜状物;蓄电池容量明显下降;用高率放电叉检查时,单格电压明显降低;充电时单格电压迅速升高到2.8V左右,但电解液密度上升不明显,且过早出现沸腾现象。

极板产生硫化的主要原因:

①铅蓄电池长期充电不足,或放电后未及时充电,当温度变化时,硫酸铅发生再结晶。

正常情况下铅蓄电池放电时,极板上生成的硫酸铅晶粒较小,充电时能够完全转化而消失。若长期处于放电状态时,极板上的硫酸铅会有一部分溶解在电解液中。温度越高,溶解度越大;当温度降低时,溶解度减小,出现过饱和现象,这时有部分硫酸铅会从电解液中析出,再次结晶生成大晶粒硫酸铅附着在极板表面上。

②铅蓄电池的电解液液面太低，使极板上部(主要是负极板)与空气接触而强烈氧化。

在工程机械的施工过程中，由于电解液的上下波动与极板的氧化部分接触，也会形成大晶粒的硫酸铅硬层，使极板的上部硫化。

③电解液密度过高、不纯、外部气温变化剧烈都能促进硫化，因此，为了避免极板硫化，应使铅蓄电池经常处于充足电状态。

补救措施：对于已经硫化的铅蓄电池，轻者按过充电方法充电，重者按去硫化充电方法充电或小电流充电，以消除硫化。

(2)自行放电

充足电的铅蓄电池，放置不用会逐渐失去电量，这种现象称为“自行放电”。

造成铅蓄电池自行放电的主要原因：

①铅蓄电池的材料不纯。如极板材料中有杂质或电解液不纯，则杂质与极板、杂质与杂质之间会产生电位差，形成“局部电池”，在铅蓄电池内部产生局部电流，造成自行放电。由于铅蓄电池的材料纯度不可能达到100%，并且正极板与栅架金属(铅锑合金)本身也构成电池组，所以轻微的自行放电是不可避免的。铅蓄电池内含有杂质量越多，自行放电现象越严重。若电解液不纯，含铁量达1%时，一昼夜内就会使电池全放电。

采取措施是：将蓄电池完全放电或过放电，使极板上的杂质进入电解液中，然后将电解液倒掉，用蒸馏水把蓄电池内部冲洗干净，最后灌入新电解液重新充电。

铅蓄电池的自行放电不仅使电量无谓地消耗掉，而且往往会伴随产生气体。因此在某些场合下，应特别注意使用安全。

②铅蓄电池长期放置不用，电解液中硫酸下沉，下部密度比上部大，使极板上、下部产生电位差，引起自行放电。

③铅蓄电池盖上洒溅有电解液，使正、负极桩导电时，也会引起自行放电。

(3)极板弯曲

极板弯曲的原因：

①制造时铅膏填涂不均匀，导致网栅上活性物质不均匀，在充、放电时各部分电化学作用的强弱也不均匀，致使极板收缩和膨胀不一，造成弯曲。

②铅蓄电池经常大电流放电而又不能及时得到充电，使极板内层深处一次次地生成硫酸铅，再充电时不易被恢复，致使极板内部膨胀，造成极板弯曲，甚至开裂。

③电解液中有杂质引起局部作用，使小部分活性物质转变为硫酸铅，致使整片极板活性物质体积变化不均，造成极板弯曲。

补救的措施：取出弯曲的极板组加以校正；若极板弯曲严重，应更换新极板。

(4)活性物质早期脱落

活性物质早期脱落的现象多发生于正极板，其特征为充电时电解液中出现褐色物质，蓄电池容量不足。这是蓄电池早期损坏的主要原因之一。

故障产生的原因一般是使用不当。如充电末期电流过大，温度过高，经常过充电，或放电电流过大，接入起动机时间过长或过度放电等，均可导致极板弯曲，活性物质脱落。因此，适当降低电解液密度，减小放电电流以及提高电解液温度，都有利于防止活性物质脱落。反之，若采用高密度电解液，或者是低温大电流放电，都会加速活性物质脱落。

补救的措施：如果脱落的活性物质沉积不多，可清除后继续使用；如果沉积过多，则须更换

极板。

(5)极板短路

隔板损坏、极板拱曲或活性物质大量脱落等都会造成极板短路。

极板短路的外部特征是充电电压低，密度上升很慢，充电时气泡很少。用高率放电计测试时，单格电池电压很低甚至为零。

内部短路的原因：

①隔板破损，使正、负极板相碰。

②极板活性物质大量脱落而沉积在电池底部，使正负极板在蓄电池内部发生短路。

③其他导电体落入蓄电池中，使极板短路。

补救的措施：取出极板群，更换破损的隔板，排除其他导电体，清除电池底部的沉积物。

(6)蓄电池存电量不足

蓄电池存电量不足表现为起动机运转无力、电喇叭声响变弱、前照灯灯光暗淡。

故障原因：

①新蓄电池充电不足，或因储存过久而未能及时补充充电。

②发动机启动困难，经常长时间使用起动机，造成大电流放电。

③蓄电池电解液减少，只加蒸馏水，未加稀硫酸进行调整，造成电解液密度下降。

④电解液液面经常过低，或经常用稀硫酸代替蒸馏水注入电池内，造成电解液密度过高而使极板硫化。

⑤发电机电压调节器的调节电压偏低，不能向蓄电池充电。

故障诊断与排除：使用高率放电计和密度计，测量单格电池的电压和密度，判断蓄电池的存电量，必要时，检查发电机电压调节器的调节电压。

2. 发电机常见故障及排除

充电系通常由蓄电池和发电机及其调节器等组成。以磁场内搭铁发电机为例，其充电系的基本线路连接如图 1-34 所示。

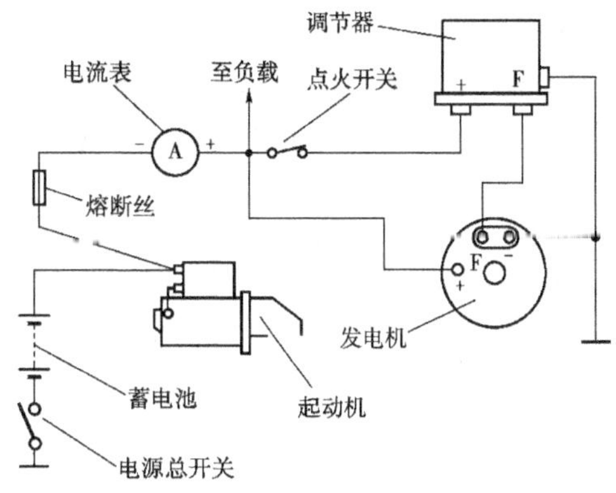

图 1-34　交流发电机充电系的基本线路连接图

其中，充电电路为：发电机“+”→电流表“+”接线柱→电流表“-”接线柱→熔断丝→起动机开关主接线柱→蓄电池正极→蓄电池负极→电源总开关→搭铁→发电机“-”；

励磁电路为：一路从(他激)蓄电池“+”→起动机开关主接线柱→熔断丝→电流表“-”接线柱→电流表“+”接线柱；另一路从(自激)发电机“+”→电流表“+”接线柱；

两路汇总到点火开关→调节器“+”接线柱→调节器“F”接线柱→发电机“F”接线柱→发电机磁场绕组→搭铁→蓄电池“-”(或发电机“-”)。

正常工作时，可通过电流表(或充电指示灯的指示情况)来发现充电系存在的故障，或判断该系统的工作是否正常。一般充电系的常见故障有不充电、充电电流过大、过小、不稳等。若出现故障，应及时查找并排除。

(1)不充电

故障现象：发电机中速运转时，电流表指示放电或充电指示灯发亮。

故障原因：

①传动皮带过松。

②充电电路和励磁电路的连接导线有脱落或折断。

③发电机内部故障：如定子三相绕组，之间有短路或搭铁故障；励磁绕组、硅二极管有短路或断路故障；电刷在刷架内卡住，使其与滑环不能接触；发电机磁场接线柱的绝缘损坏导致搭铁等，造成发电机不发电。

④调节器有故障：如弹簧过松使调节电压值低于蓄电池的电动势；低速触点氧化、烧蚀、脏污，高速触点相碰等。

若使用的是晶体管调节器，则可能是大功率管（输出级）断路或因其他元件损坏，造成电路不能导通。

诊断步骤：

①检查传动皮带是否因过松而打滑。一般用拇指压传动皮带的中点，挠度为 10 ~ 15mm 为合适。

②检查充电电路、励磁电路中各元件上的导线接头是否有松脱。

③检查充电电路是否有断路。其方法可用本车小灯泡做试灯，一端搭铁，另一端触及发电机“ + ”接线柱。若试灯亮，说明充电线路良好；如果试灯不亮，表明充电线路有断路。可按此方法对充电电路的各个接线柱逐个进行检查，找出断路处。

④检查励磁电路是否有断路。接通点火开关，用③中的方法，将试灯的另一端分别触及调节器的“ + ”、“ - ”接线柱和发电机“ - ”接线柱，检查励磁电路是否有断路和调节器低速触点的接触情况。若试灯亮，说明线路良好；若灯不亮，则是该点至蓄电池“ + ”极之间有断路。

⑤检查发电机是否发电。在线路良好的情况下，另用一根导线将调节器上的“ + ”与“-”两接线柱连接起来，启动发动机，使其中速运转（因为此时调节器不起作用，故转速不易过高），观察电流表。若显示充电或充电指示灯熄灭，说明发电机工作正常，故障在调节器；若电流表仍显示放电或充电指示灯仍不熄灭，说明发电机不发电。

（2）充电电流过小

故障现象：发动机中速运转时，电流表指示充电电流过小。当接通前照灯或功率较大的用电设备时，电流表显示充电电流进一步减小或放电。

故障原因：

①传动皮带过松打滑。

②线路连接不良。

③发电机的故障：如个别二极管断路；定子绕组有一相连接不良或断路；电刷磨损过度，滑环有油污或弹簧力减弱，使电刷与滑环接触不良。

④调节器有故障：如低速触点烧蚀、脏污造成接触不良；弹簧过松使调节电压值过低。

诊断方法基本与不充电故障的诊断方法相同。

（3）充电电流过大

故障现象：发电机中速运转时，电流表指示出大电流充电（30A 以上），蓄电池电解液消耗过快，发电机容易过热，灯泡易烧坏等。

故障原因：充电电流过大，其故障主要在调节器，如电磁振动式调节器的低速触点烧结、磁化线圈断路、温度补偿电阻烧断、调节器搭铁不良、弹簧过紧使调节电压值过高等。晶体管调节器的大功率三极管（输出极）击穿或稳压二极管断路等故障造成大功率三极管无法控制励

磁电路。另外，蓄电池亏电过多或内部短路，也会造成充电电流过大。

(4)充电电流不稳

故障现象：发动机正常运转时，电流表指示充电但指针总是左右摆动，让人看不清准确读数。

故障原因：

①皮带过松有跳动现象。

②发电机内部单相定子绕组断路或个别二极管断路。

③充电电路、励磁电路(包括发电机和调节器内部)接线松动。

④发电机电刷磨损过甚，电刷弹簧力减退或折断，滑环积污过多。

⑤调节器搭铁不稳定，触点有烧蚀、油污现象，晶体管调节器个别元件松动等。

诊断方法参考不充电故障。

3. 起动机常见故障与排除

起动机运行中会出现各种故障，下面以图1-35所示的QD124型起动机为例，介绍起动机常见故障的原因及诊断方法。

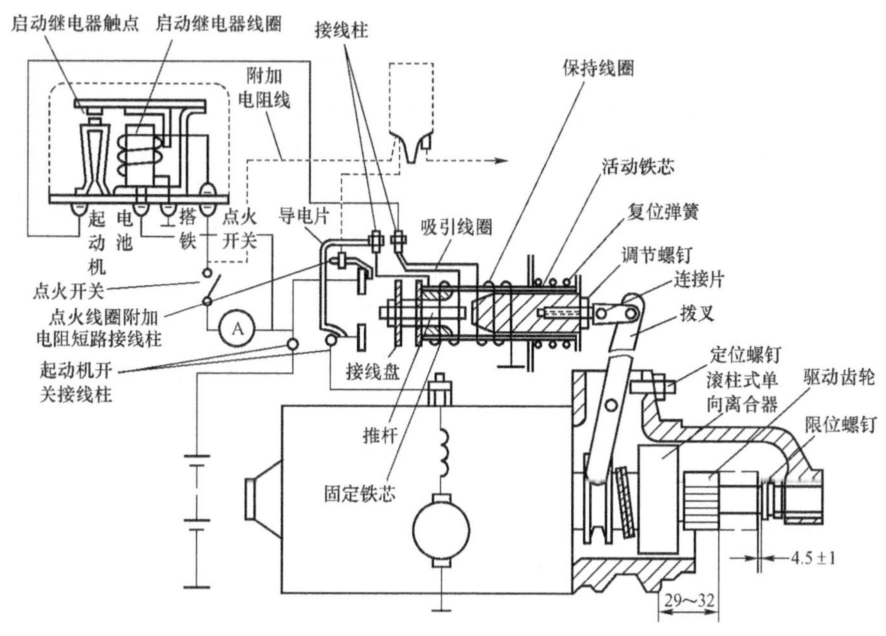

图1-35　QD124型起动机电路图

(1)起动机不转动

故障原因：

①蓄电池亏电过多、导线连接处松动或极桩表面氧化严重。

②电磁开关吸引线圈和保持线圈有搭铁、断路、短路现象，主触点或接触盘严重烧蚀。

③磁场绕组或电枢绕组有搭铁、断路、短路现象。

④电刷在电刷架内卡死、弹簧折断或绝缘电刷搭铁。

⑤启动继电器的触点不能闭合或触点烧蚀、油污。

故障诊断方法：首先通过大灯的灯光强弱及喇叭的音量大小，初步判断蓄电池是否放电过甚及导线连接处是否因松动或太脏而接触不良。若蓄电池不亏电，连接导线也正常，用螺丝刀将电磁开关的两个接线柱短接，若起动机仍不运转，说明起动机的电动机有问题，应拆检电动机；若起动机运转正常，说明电磁开关、启动继电器或有关连接导线有故障。再用导线短接电磁开关的接线柱，起动机不运转，说明电磁开关有故障，应进行检修；起动机若运转正常，说明启动继电器有故障或启动继电器与电磁开关之间、启动继电器与电磁开关接线柱之间的连接导线有搭铁、断路或连接处松动现象，也有可能是启动开关失灵。在确认导线连接无松动的情况下，用万用表依次测量接线柱、启动继电器的"起动机"、"电池"及"点火开关"接线柱上的电压（表1-23），即可判断各段连接导线是否有搭铁或断路，同时也可判断出启动继电器的触点是否闭合导通及启动开关是否正常。

启动继电器闭合和断开电压规格表 表1-23

启动继电器电压规格（V）	6	12	24
闭合电压（V）	3.5～4	6～7.2	14～16
断开电压（V）	1.5～2.5	3～5.5	4.5～8

（2）起动机运转无力

故障现象：接通点火开关时，起动机能够带动发动机转动，但转速过低甚至稍转即停。

故障原因：

①蓄电池亏电较多或导线接触不良。

②起动机有故障。例如换向器油污或烧蚀、电刷磨损过甚或弹簧压力不足、磁场绕组或电枢绕组局部短路、电磁开关主触点或接触盘烧蚀、轴承磨损严重使电枢与磁极摩擦等。

故障诊断方法：首先检查蓄电池的连接导线是否松动，接触是否良好。若导线连接正常，用高率放电计检查蓄电池各单元格电压。各单格电压应在1.5V以上，并在5s内保持稳定。若电压也正常，再用螺丝刀短接电磁开关的接线柱，起动机运转正常，说明电磁开关的接触盘接触不良，主触点烧蚀严重。否则，就说明电动机有故障。

（3）起动机空转

故障现象：接通点火开关后，发动机曲轴不转动，但起动机高速空转，或者以很低的转速转动。

故障原因：

①单向离合器打滑。

②拨叉连接处脱开。

（4）驱动齿轮与飞轮齿圈不能啮合，且有撞击声

故障原因：

①主电路接通过早。驱动齿轮还未啮入飞轮齿圈，电磁开关就已接通。

②驱动齿轮和飞轮齿圈磨损严重，出现打滑现象。

故障诊断方法：首先检查和调整起动机电磁开关的接通时间，若仍然存在打齿声，再检查驱动齿轮和飞轮齿圈齿的磨损情况。

（5）松开启动开关后起动机仍运转

故障原因：

①起动机电磁开关在电路接通时因强烈火花将触点烧结在一起。

②驱动齿轮轴变形、脏污，驱动齿轮在轴上滑动阻力过大，或复位弹簧太软。

③因线匝间短路或重绕，造成电磁操纵机构两线圈有效匝数比改变。

故障诊断方法：立即断开蓄电池搭铁线使起动机停转，检查点火开关导线是否接错及启动继电器触点是否常开。若都正常，则必须对起动机进行拆检。

4. 空调系统常见故障与排除

(1)系统不制冷

故障现象:启动发动机并稳定在1500rad/min左右运行2min,打开空调机开关及鼓风机开关,冷气口无冷风吹出。

故障原因:

①空调压缩机不工作。

②空调压缩机皮带打滑、破裂、太松。

③空调管路破损或制冷系统出现泄漏。

④节流阀损坏。

⑤制冷系统内部堵塞。

⑥空调压缩机损坏。

⑦熔断丝烧断。

系统不制冷诊断与排除方法参照图1-36。

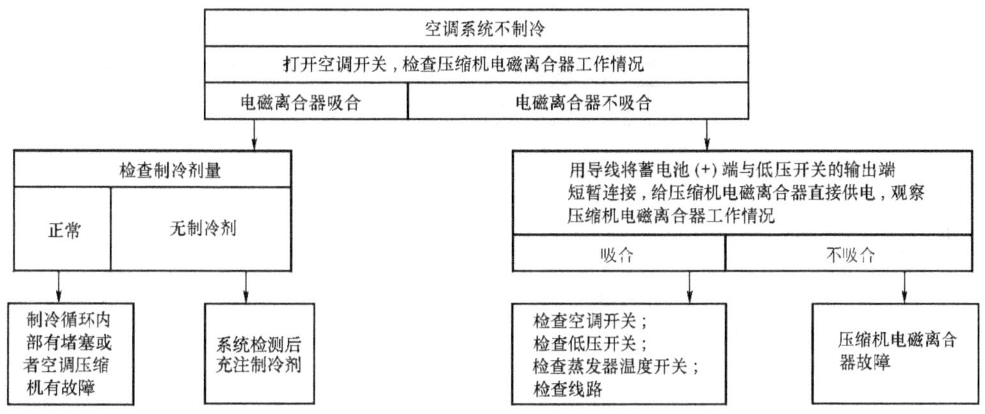

图1-36　空调不制冷诊断与排除方法

(2)系统制冷不足

故障现象:空调系统长时间运行,车厢内温度能够下降,但吹风口吹出的风不冷,没有清凉舒适感。

故障原因:

①制冷剂注入量太多,引起高压侧散热能力下降,导致制冷效能不良。

②制冷剂和冷冻润滑油脏污,使储液干燥器膨胀阀堵塞,导致通向膨胀阀的制冷剂流量下降,引起制冷不足。

③制冷剂和冷冻润滑油中水分过多,导致膨胀阀节流孔出现冰堵,制冷能力下降。

④系统中含空气过多,使冷凝器散热能力下降。

⑤压缩机密封不良出现泄漏、皮带打滑、电磁离合器打滑等,导致压缩机排气温度和压力降低,出现制冷不足。

⑥冷凝器表面积污太多、冷凝器变形等,导致冷凝器散热能力下降。

⑦膨胀阀开度调整过大,散发器表面结霜,膨胀阀感温包包扎不紧或外面的隔热胶带松脱,造成开启度过大,导致系统制冷不足。

⑧温控器性能不良,使蒸发器表面结霜,冷风通过量减少,引起制冷不足。

⑨鼓风机开关、变速电阻、鼓风机电机、继电器、线路等工作不良,导致冷风量减少。

⑩送风管堵塞或损坏。

制冷不足诊断与排除方法参照图 1-37。

(3)空调系统异响

故障现象:空调系统工作时,发出异响或出现振动。

故障原因:

①压缩机驱动皮带松动、磨损过度,皮带轮偏斜、皮带张紧轮轴承损坏等。

②压缩机安装支架松动或压缩机损坏。

③冷冻润滑油过少,使配合副出现干摩擦。

④间隙不当、磨损过度、配合表面油污、蓄电池电压低等造成电磁离合器打滑。

⑤电磁离合器轴承损坏,线圈安装不当。

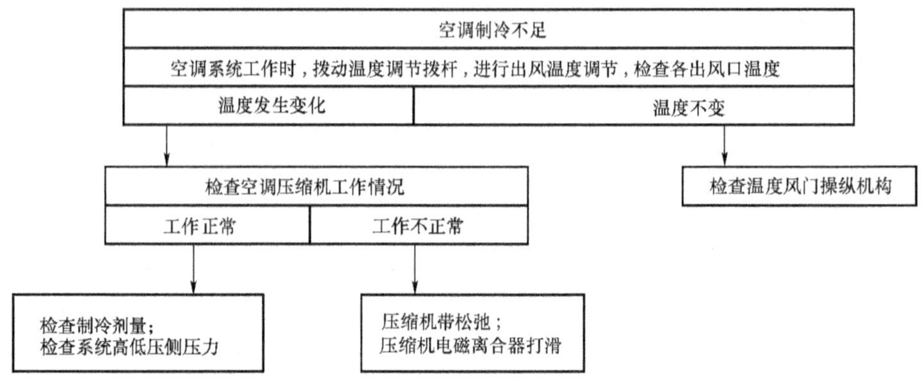

图 1-37　制冷不足诊断与排除方法

⑥鼓风机电机磨损过度或损坏。

⑦系统制冷剂过多,工作时产生噪声。

空调系统异响诊断与排除方法参照图 1-38。

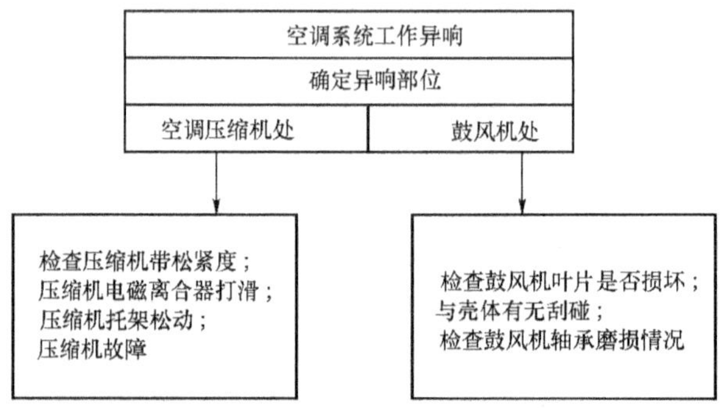

图 1-38　空调系统异响诊断与排除方法

第二章　日常公路养护机械

第一节　清 扫 机 械

一、清扫机的功用、分类及编号

1. 清扫机的功用

清扫机的功用是清扫和收集道路垃圾。在高等级公路上，清扫机械作业应有足够的行驶速度和作业速度，以满足高等级公路对车辆行驶速度的要求，并能减少对其他行驶车辆的干扰。

2. 清扫机分类及型号标注方法

(1)清扫机分类

路面清扫机械一般按工作原理和行走方式进行分类，如图2-1所示。

各种扫路机械具有不同的特点，分述如下。

①吸扫式清扫机的清扫范围宽适应性好，对细微垃圾尘粒具有良好的吸拾、输送效果。原因是它具有可伸出基础车体之外的盘刷、柱刷及吸口，盘刷可将路缘、边角的垃圾集中输送至吸口前方，利用空气动力通过吸口将垃圾吸拾并输送至垃圾箱中。

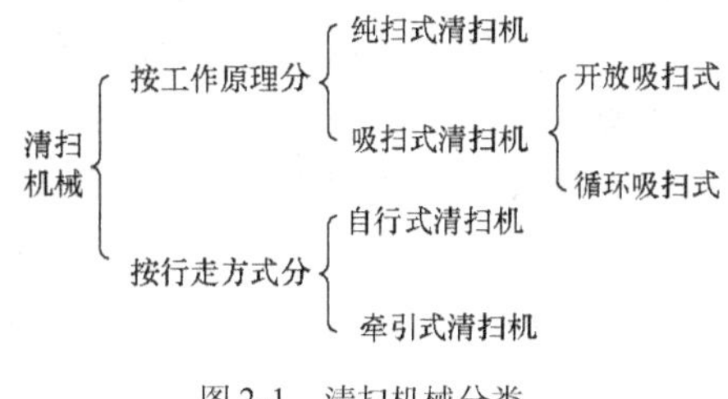

图2-1　清扫机械分类

②纯扫式清扫机通常也具有可伸出基础车体之外的盘刷、柱刷、输送部分及垃圾箱。盘刷、柱刷可将路缘、边角等处的垃圾输送到输送带或链板上，最终被输送至垃圾箱内，因而它具有清扫范围宽、适应性好的特点。这种机型的主要缺点是：除尘效果差，对以小颗粒为主的垃圾清扫效果不好，因而它主要用于人口密集的街道、市区道路。

③自行式清扫机靠自身动力驱动行走，具有良好的整体性、独立性，具有作业范围大、工作效率高等特点。自行式清扫机的底盘部分目前通常是由现有汽车底盘改进而成的。

④牵引式清扫机牵挂于其他机械之后，或靠人力推动行走，因此，其整体性、独立性和机动性都较差，但具有结构简单、制造成本较低的特点。

(2)清扫机械产品型号标注方法

清扫机械产品型号标注方法如图2-2所示。

型号例示：

SHZ20型，表示清扫宽度为2m的自行吸扫结合式扫路机；

SF7型，表示清扫宽度为0.7m的手扶纯吸式扫路机。

二、各类清扫机工作原理

1. 开放吸扫式清扫机

绝大多数开放吸扫式清扫机是一种自行式清扫机，该机械由自行式底盘、副发动机、风机、

垃圾箱、水箱、侧盘刷、水平柱刷、吸口、排风口等组成,如图 2-3 所示。

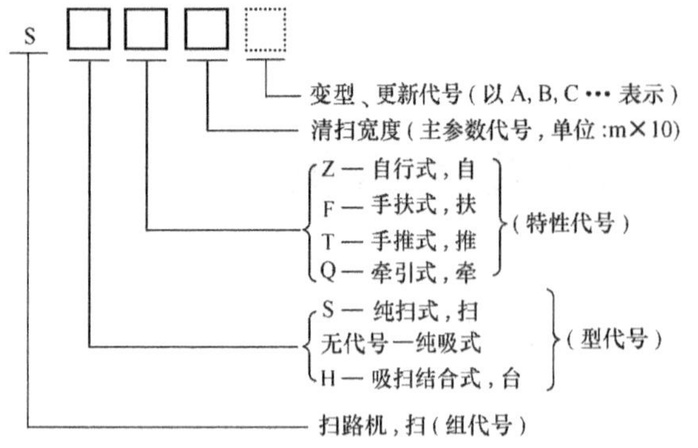

图 2-2 清扫机械标注方法

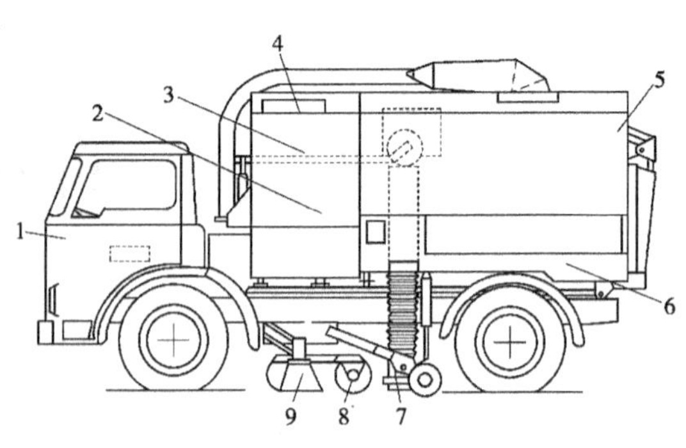

图 2-3 开放吸扫式清扫机

1-自行底盘;2-风机;3-副发动机;4-排风口;5-垃圾箱;6-水箱;7-吸口;8-水平柱刷;9-侧盘刷

副发动机、风机位于驾驶室的后方,一般通过液力耦合器或干式摩擦离合器与清扫装置联结。体积较大的垃圾箱位于底盘中后部,并在后部与车架铰接,前部或下部有一个液压倾翻油缸,铰接在垃圾箱和车架之间。水箱可与垃圾箱做成一体,位于垃圾箱下部,或作为一个独立部件固定在垃圾箱下方或其他位置。两个侧盘刷分别悬挂在车架中部两侧。水平柱刷位于车架下方,可以向左或右偏转一定的角度,以配合左侧盘刷或右侧盘刷的工作。左右两个吸口位于侧盘刷与水平柱刷的稍后位置。

开放吸扫式清扫机的工作过程是:首先选择左侧或者右侧作业方式,将相应的侧盘刷和水平柱刷按作业方式要求置于工作状态,侧盘刷和水平柱刷在底盘行进过程中配合作业,将垃圾侧横向抛射至吸口前方,形成一条垃圾带。当吸口经过其前方的垃圾带时,将垃圾尘粒吸入吸管,输送到垃圾箱内。垃圾尘粒在进入吸口经过垃圾箱的过程中,要经历几次除尘处理,将垃圾尘粒阻留在垃圾箱,除尘后的载体空气从出风口排出(图 2-4)。

2. 循环吸扫式清扫机

循环吸扫式清扫机与开放吸扫式清扫机差别是:没有水平柱刷和向上通入大气的出气口,如图 2-5 所示,循环吸扫式清扫机的正下方不是水平柱刷,而是一个与底盘宽度尺寸基本相当的宽级口,它取代了开放吸扫式清扫机下部的一个水平柱刷和两个较窄的吸口。宽吸口中不仅有向上吸取垃圾尘粒的吸管,还有向下吹气的吹管。空气由吸管吸入,经过除尘分离后重新送回吹管吹出,形成空气的循环流动,空气作为载体将路面上的垃圾尘粒送进垃圾箱,如此往复地循环工作(图 2-6)。由于循环式不直接向周围大气排放空气,因此不会造成二次污染。

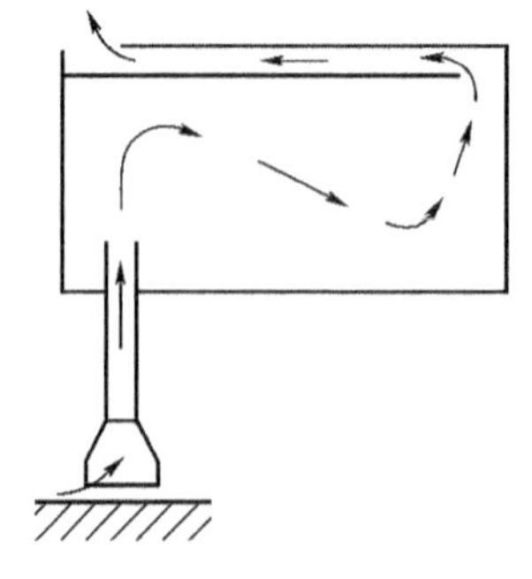

图 2-4 开放吸扫式清扫机的气流路线

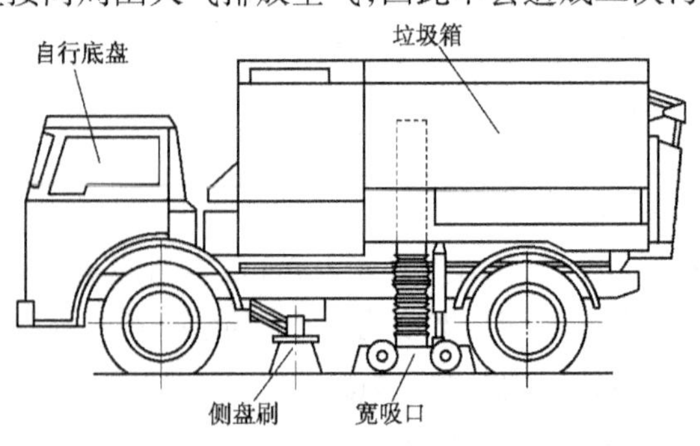

图 2-5 循环吸扫式清扫机

鼓风机产生的压力空气通过压力空气管吸入吸盘，在吸盘中通过压力缝，产生涡流，将路面上的杂物通过吸口吸入垃圾箱，在垃圾箱中将杂物过滤，鼓风机又将空气吸走再利用，如此循环不断。

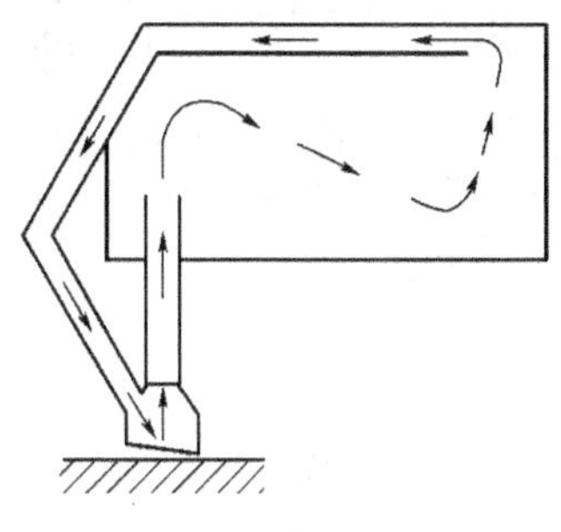

图 2-6 循环吸扫式清扫机气流路线

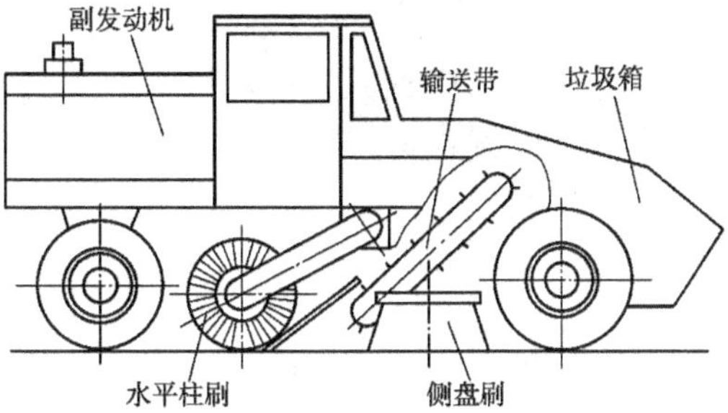

图 2-7 纯扫式清扫机

3. 纯扫式清扫机

纯扫式清扫机由自行式底盘、副发动机、侧盘刷、水平柱刷、输送皮带、垃圾箱及举升机构等组成，如图 2-7 所示。它与吸扫式清扫机相比，在结构上的主要差别在于没有风机和吸口，主要部件的布置也完全不同。侧盘刷仍然位于车辆中部车架两侧（有的位于底盘前部两侧），而直径很大的水平柱刷则位于整机的后部，输送皮带置于柱刷前方倾斜向上，前伸至位于中部的垃圾箱内。垃圾箱不能向后倾卸，而是借助于举升机构向某一侧或前方倾卸。清扫系统的副发动机和液压装置都布置在整机的后部，全部动作由液压或气压操作。副发动机直接驱动液压泵，使动力传递非常简便。纯扫式清扫机具有消耗功率小、工作噪声小等特点。

4. 牵引拖挂式清扫机

图 2-8 所示为牵引拖挂式清扫机的一种，它由水平柱刷、罩壳、侧盘刷、垃圾斗、悬挂支承架等组成。其结构简单，公路清扫中很少使用，这里不再叙述。

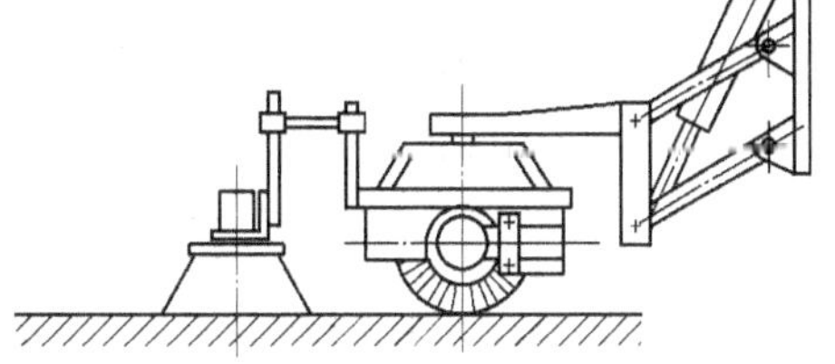

图 2-8 牵引拖挂式清扫机

三、清扫机工作装置

1. 清扫机盘刷

常见清扫机械扫刷的布置形式如图 2-9 所示。

1）盘刷升降—伸缩机构

在绝大多数现代清扫机上，盘刷的升降和伸缩动作都是依靠液压或气动元件以及辅助机构实现的。最常见的有以下几种形式：

（1）在液压缸或气缸驱动下，盘刷连同动臂绕以底盘纵向中心线平行的水平轴 z 旋转（图 2-10）实现提升或降落动作。

（2）在液压缸或气缸驱动下，盘刷连同动臂座（图 2-11）绕垂直于地面的销轴 y-y' 在水平面内里外摆动实现外伸、回收动作的同时，借助于钢丝绳张拉辅助机构的驱动，绕动臂座上的水平轴线 x-x' 上下摆动，实现盘刷的提升或降落动作。

2）弹簧避障机构

清扫机工作时，盘刷处于突出位置，为避免其与前方的障碍物碰撞而损坏盘刷，应设置避障机构。根据盘刷在机架上的固定方式以及推进或拉行方式，通常采用弹簧避障机构（图 2-12）。

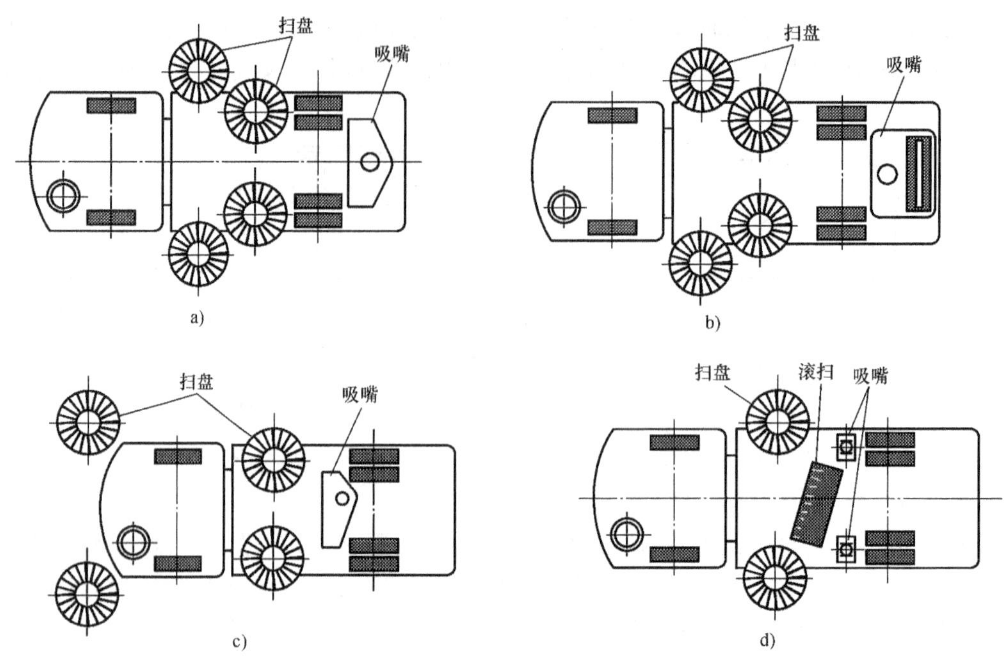

图 2-9　扫刷的布置形式

a）中置四扫刷后置吸嘴；b）中置四扫刷 + 吸嘴内卧扫后置吸嘴；c）前置二扫刷 + 中置二扫刷、中置吸嘴；d）中置两侧左右立扫 + 中间可回转长卧扫、分置两侧不带反吹短吸嘴

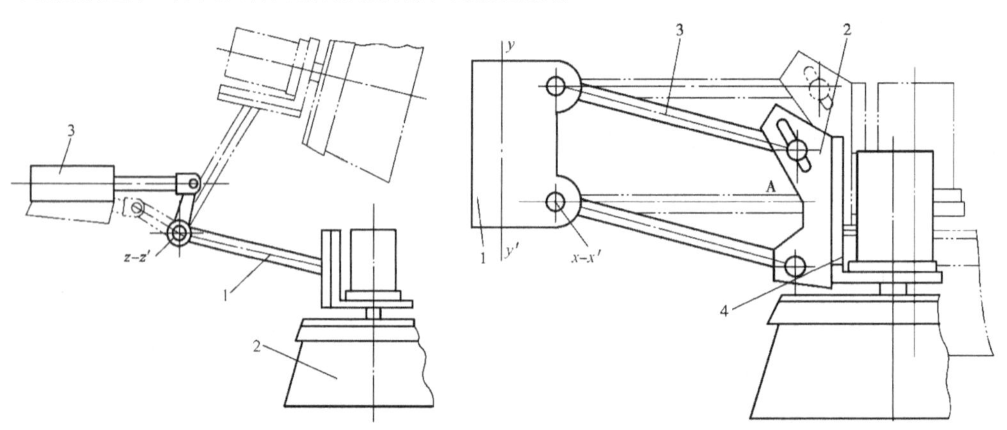

图 2-10　盘刷绕纵向水平轴升降伸缩

1-动臂；2-侧盘刷；3-液压缸

图 2-11　盘刷绕铅垂轴升降伸缩

1-动臂座；2-上连架杆；3-连杆；4-弯座杆

当盘刷前方遇到障碍发生碰撞时，盘刷在碰撞力作用下，克服弹簧力，拉伸弹簧绕 y-y'轴向后方摆转，吸收碰撞能量，避免了刚性撞击可能带来的构件损坏（图 2-12a））。当清扫机继续前进时，盘刷及其动臂在前方阻力的作用下，进一步拉伸弹簧，绕轴 y-y'向内摆动收缩，减小清扫机的横向尺寸，避让障碍物。当盘刷通过障碍后，盘刷即可恢复到正常位置。也可采用压缩弹簧作为缓冲复位元件的避障机构（图 2-12b））。该机构工作时，液压缸处于闭锁状态，当盘刷前方遇到障碍发生碰撞时，盘刷绕 y-y'轴向后方摆转，通过曲柄带动闭锁液压缸连同压簧芯轴一起前移，从而使本来预紧的压簧进一步压缩，直至越过障碍到原来位置。

3）盘刷前外倾调节机构

清扫机盘刷机构应能保证盘刷外伸下落时具有正确的接地方位。如果盘刷全方位接地，

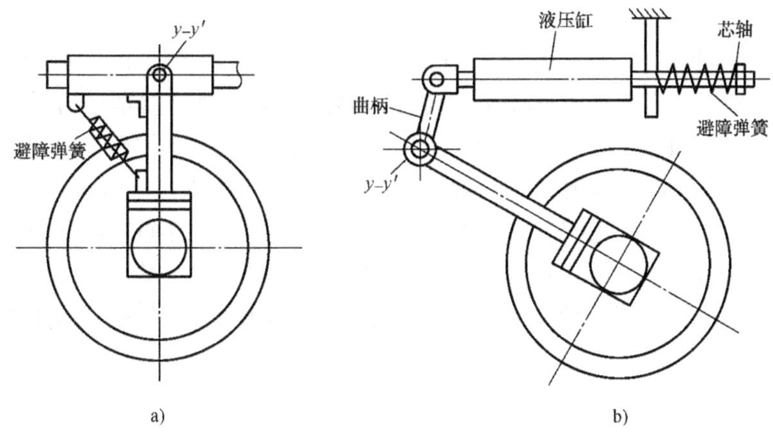

图 2-12　弹簧避障机构

a）拉簧避障机构；b）压簧避障机构

垃圾尘粒将向四周抛射（图 2-13a）），为了实现定向抛射垃圾尘粒，防止二次污染，应使盘刷的前方外侧的局部区域接地，其中心角 φ 约为 120°（图 2-13b））。扫盘的前倾角即扫盘扫刷底平面与地平面间在前后方向的夹角，扫盘的侧倾角即扫盘扫刷底平面与地平面间在左右方向的夹角。盘刷工作时，只有接地部分的刷毛将垃圾向前内侧抛射而进入吸口或柱刷区域，而其他部位的刷毛不扰动路面，所以在清扫机械的连续行进作业中，对于每一根具体的盘刷刷毛来说，只是周期间歇性地参与工作，大大减少了刷毛的磨损。但是，随着清扫作业时间的延长，盘刷刷毛由长变短，以及其他原因引起的盘刷支点与路面间的距离变化都会引起盘刷接地方位的变化。因此，清扫机盘刷机构还应该具备可调性，当接地方位发生变化、抛尘方向和清扫效果变差时，可通过调整恢复其正确接地方位，接地方位由盘刷旋转轴线的前倾和外倾来保证。图 2-11 和图 2-14 为绝大多数清扫机盘刷调整机构的示意图。盘刷轴线的前倾由四连杆机构保证，其中上连架杆的长度可调或铰接位置 A 可调。改变 A 的位置，即可改变盘刷轴线的前倾角度。盘刷轴线外倾则由盘刷弯座板相对于四杆机构连杆的横向摆转机构保证，使弯座板相对于连杆摆转不同角度即可得到不同的外倾角。通过上述方法分别调整前倾角和外倾角，即可获得正确的盘刷接地方位。

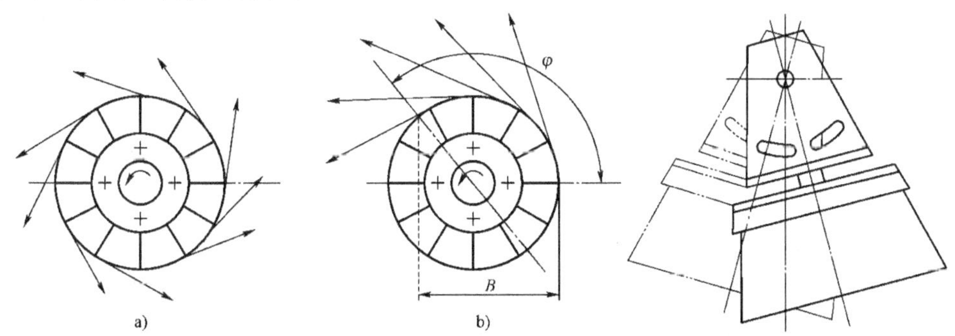

图 2-13　盘刷接地方位与抛射方向

a）全方位接地；b）前外侧接地

图 2-14　盘刷外倾角调整机构

4）盘刷接地压力的调整

接地压力太小则不容易扫尽路面垃圾，接地压力太大会使扫刷磨损太快。因此，要在保证清扫效果的同时，减小刷毛的磨损量。盘刷接地压力的调整方法通常有两种，即弹簧调压法和气压调压法。

对采用四连杆同臂机构的盘刷,当其处于外伸位置时,盘刷依据重力在路面上浮动,故接地压力等于盘刷重力。当盘刷质量较大,而清扫作业不需要太大的接地压力时,可采用弹簧悬挂盘刷(图 2-15a))。根据清扫作业要求,人为地改变弹簧悬挂点位置,即可改变盘刷的接地压力。对采用气压缸来调节接地压力的盘刷(图 2-15b)),气缸的两端分别与机架和盘刷动臂相铰接,当操纵气缸时,所产生的推力或拉力作用在盘刷动臂上,进而传递到刷毛与路面之间。根据盘刷自身质量的大小,可选用单作用或双作用气缸。当盘刷质量较小,只考虑加压以满足刷除粘结垃圾的要求时,可选用加压单作用气缸;当盘刷质量较大,既存在加压问题,又要考虑减压问题时,可选用双作用气缸。

5)应用举例

下面以某型扫路车前扫为例,简单介绍其基本结构和调整方法。

(1)结构

前扫结构如图 2-16 所示,由支座、扫盘组件等 9 个主要部件组成。销轴 2 用于调整前扫清扫宽度和收回后的提升高度。弹簧调节筒 3 用于调节扫盘扫刷的接地压力,前扫调节杆 6 以及螺栓 7 用来调整扫盘组件 9 的前、侧倾角,液压马达用于驱动扫盘组件转动以完成清扫作业。

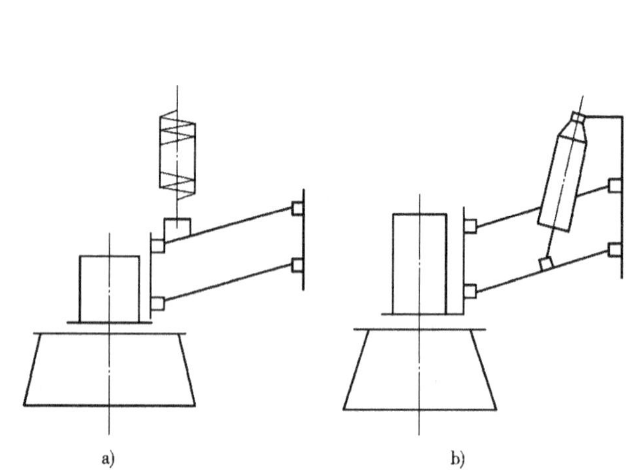

图 2-15　盘刷接地压力调整结构

a)弹簧调压盘刷;b)气缸调压盘刷

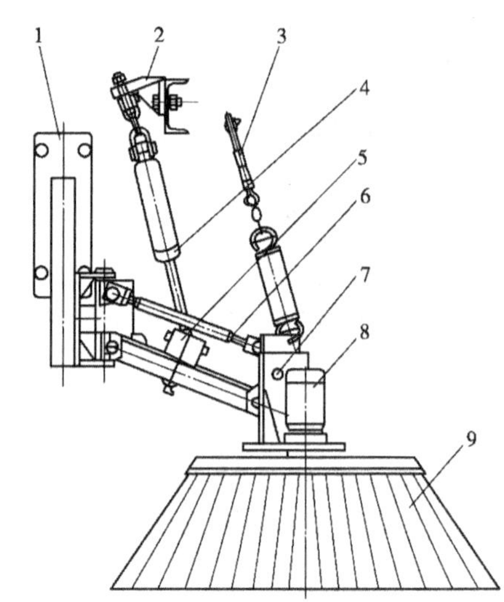

图 2-16　前扫结构

1-支座;2-销轴座;3-弹簧调节筒;4-油缸;5-球铰安装座;6-前扫调节杆;7-螺栓;8-液压马达;9-扫盘组件

(2)调整

①扫盘前、侧倾角调整。扫盘的前倾角通常定在 4°~5°之间。扫盘的侧倾角设定为 4°。

调整前倾角时,先松开前扫调节杆 6 上的锁紧螺母,再调节前扫调节杆使扫盘组件 9 的前倾角符合要求,最后锁紧调节杆螺母。

调整侧倾角时,先松开螺栓 7,然后转动液压马达 8 及扫盘组件 9 来调整前扫的侧倾角,达到要求后拧紧螺栓 7。前、侧倾角太小会造成垃圾被扫刷扫出车外,前、侧倾角太大会减少清扫宽度,并使得扫刷磨损过快。

②扫盘提升高度调整。使用新扫刷时，扫盘的提升高度要大，否则扫刷磨损过快。当扫

刷逐渐磨损后，扫盘的提升高度应相应减少，这样才能保证当前扫油缸 4 全部伸出时，扫盘达到设定的清扫位置并保持足够的接地压力。拧松销轴座 2 上的紧固螺栓，即可实现销轴座的调整。通常使用新扫刷时，销轴座应处在靠近车辆大梁的位置，扫刷磨损后应逐渐向外移动。

③扫刷接地压力的调整。当油缸 4 全部伸出时，扫盘 9 上的扫刷对地面的压力靠弹簧调节筒调节弹簧拉力来实现。

④前扫调整综合检验。前扫调整完毕后应在地面原地试扫并对扫痕进行检验，如图 2-17 所示。

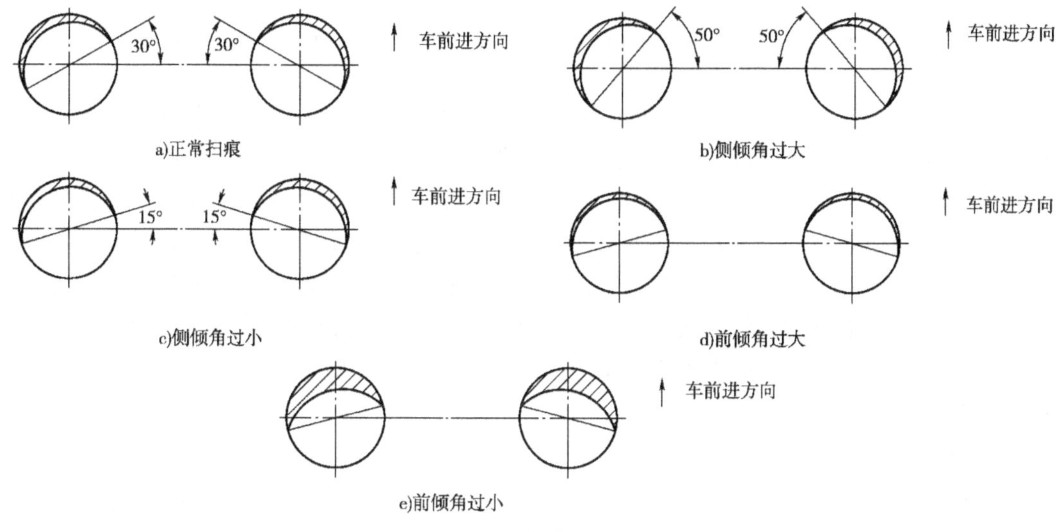

图 2-17　扫痕示意图

2. 清扫机水平柱刷

图 2-18 所示为开放吸扫式清扫机水平柱刷的基本结构示意图，水平柱刷主要由悬挂架、罩壳、刷体、气缸、摆动座、液压马达、油缸等组成。柱刷的转动通过液压马达来驱动。通常情况下，水平柱刷是通过悬挂架铰接在车架上，后部则通过两只气缸悬挂在车架上。清扫机工作时，气缸下腔通入低压空气或完全处于浮动状态，水平柱刷的一部分重力或全部重力作用在路面上，即当路面有纵向坡度或局部纵向凹凸不平时，水平柱刷可根据路面状况作上下摆动，始终保持与路面接触。当清扫机处于运输状态，气缸下腔通入高压空气时，气缸提升力大于柱刷重力分配到气缸悬挂处的分力而将水平柱刷提起离开地面。固连在悬挂架上的铰轴与摆动座铰接，使得罩壳和刷体一起可相对于悬挂架和车架摆动。当路面有横向坡度时，水平柱刷可根据路面状况绕顺时针方向或逆时针方向摆动，始终保持沿全长与路面接触。此外，罩壳与摆动座之间可相对摆转，同时，罩壳与摆动座之间还铰接着摆动油缸，构成二连杆机构，其中摆动油缸伸缩动作时，迫使罩壳和刷体一起相对于摆动座向右或向左摆动一定角度，从而实现配合相应侧盘刷工作，将垃圾尘粒抛射到同一侧吸口前方。

3. 清扫机吸口

1）清扫机的吸口

开放吸扫式清扫机吸口如图 2-19 所示，由吸口体、拖架、拖轮、开度气缸组成。吸口的主要功能是借助于高速气流有效地拾取垃圾尘粒。

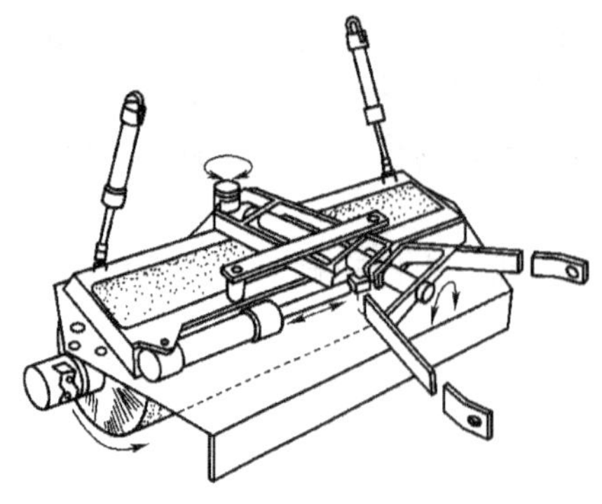

图 2-18　水平柱刷及提升机构结构示意图

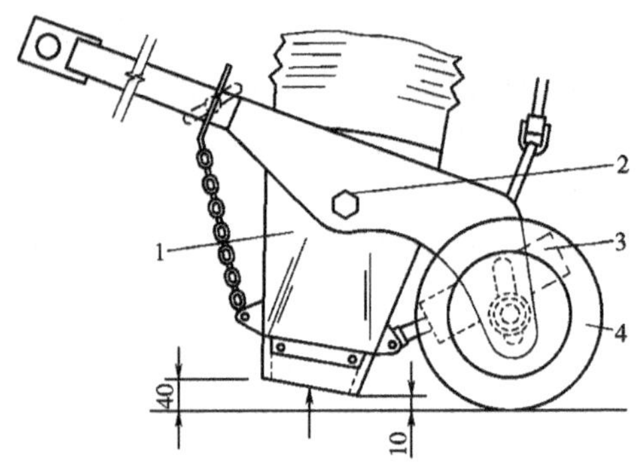

图 2-19　开放吸扫式清扫机吸口
1-吸口体;2-拖架;3-开度气缸;4-拖轮

为使吸口的结构比较简单,同时可改善除尘效果,提高除尘效率,要求吸口内对含尘气流中的垃圾尘粒进行预处理,即在吸口内进行雾化喷淋。所以吸口内还装有喷嘴,喷嘴数量2 ~8个不等,以水雾散布范围尽量覆盖吸管断面为原则。另外,由于吸口相对于路面的距离对拾取垃圾的效果影响很大,因此,吸口在正常作业状态下,应能自动保持最佳离地间隙。最小离地间隙由可调整的拖轮保证,吸口提升气缸处于浮动状态,使吸口可随路面的高低而起浮,同时,借助于橡胶或塑料吸管的弹性阻力作用将吸口压在路面上以防止吸口拖轮受到路面冲击时向上跳起,破坏吸口相对于路面的最佳状态。吸口还具有临时增大前沿开度的能力,以允许大粒径物块被吸入。

2)游动吸管

游动吸管(图 2-20)是另一种附加的吸口,可在垃圾箱两侧和后方大范围内旋转,用于拾取隔离绿化带或路肩边沟以及竖井内的垃圾,扩展了清扫机的作业范围。游动吸管由旋转接头、吸管、喷嘴和重力平衡机构组成。

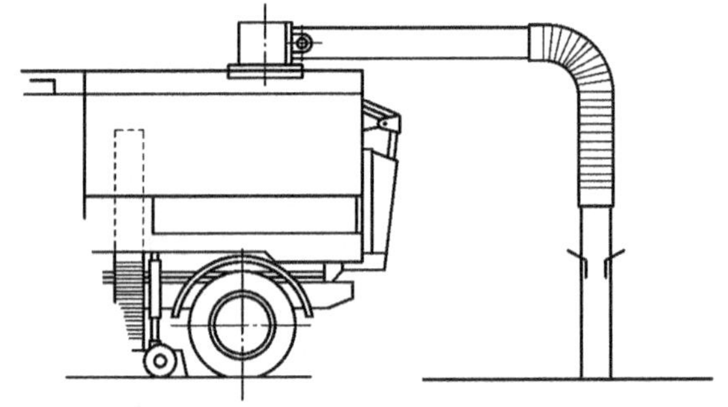
图 2-20　开放吸扫式清扫机的游动吸管

4. 垃圾箱

扫刷扫起的垃圾通过输送装置进入垃圾箱或被刷直接抛到垃圾箱。垃圾箱在清扫机上一般为固定、可拆和悬挂三种形式,通过端盖或倾倒卸载垃圾。

5. 液压系统

现代清扫机的许多动作是通过液压传动实现的,这可使动力的分流、传递控制及一些动力元件如液压马达、油缸等的布置安装大为简化。清扫机液压系统的作用是实现垃圾箱的举升下落,垃圾箱尾门的启闭、锁紧,驱动侧盘刷和水平柱刷的旋转和摆动。

6. 气动系统

除了由液压系统驱动一些需要作用力比较大的工作装置外,清扫机还有一个气动系统以驱动需要作用力比较小的工作装置,如吸口的开度调节、侧盘刷的压力调节等。自行式清扫机底盘的气压制动系统可以为清扫机提供现成的气压源。

7. 喷水系统

图 2-21 为吸扫式清扫机喷水系统原理图。该系统由水箱、过滤器、截止阀、水泵、安全阀、

电磁溢流阀、电磁通断阀和喷嘴等组成。水泵由副发动机驱动,共有若干个喷嘴,由电磁通断阀控制实现左右吸口喷水、左右侧盘刷喷水、车前喷水以及流动吸管内的喷水。而且,还设有清洁用喷枪,由一个手动阀控制。

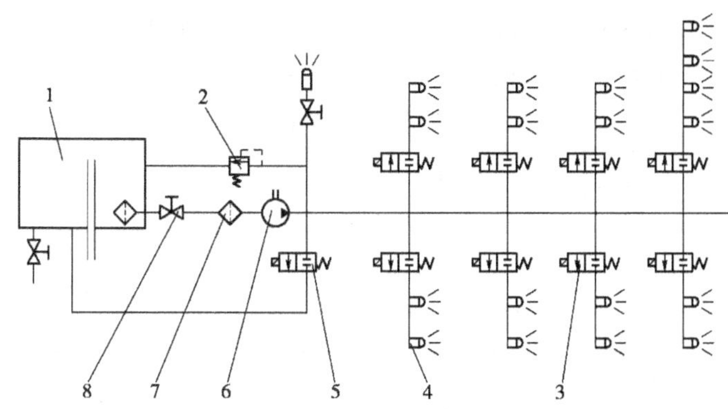

图2-21 吸扫式清扫机喷水系统原理图

1-水箱;2-溢流阀;3-电磁阀;4-喷嘴;5-电磁阀;6-水泵;7-滤清器;8-截止阀

四、清扫机使用技术

1. 使用前的准备工作

(1)给底盘发动机和副发动机加注燃料油及润滑油;加注冷却水;检查空气滤清器的堵塞情况;检查齿轮箱润滑油液面;冷却风扇驱动皮带的张紧状况;油门控制是否正常;有无漏水漏油现象。

(2)检查液压油箱的充满状况;液压系统有无漏油现象。

(3)检查喷水系统的吸水过滤器是否清洁;水阀通断是否正常;水泵驱动皮带紧张状况;有无漏水现象。

(4)检查吸扫系统所有摩擦件(扫刷、吸口、耐磨衬板等)的工作状态;风机是否干净,是否转动自如。

2. 保证工作装置的最佳状态

使工作装置处于最佳工作状态是保证清扫效果、提高作业效率的关键措施。要仔细阅读清扫机的使用说明书,掌握各种装置的结构和工作原理、要求的理想状态以及达到理想状态的具体调整方法。

(1)保证侧盘刷接地方位正确和水平柱刷两端接地压力相等。清扫机侧盘刷的结构设计能够保证其具有三个自由度的可调性,能够调出盘刷的最佳接地方位。水平柱刷两端由两个气缸悬挂,若两个气缸调压阀的调定压力不等,柱刷两端的接地压力就不等,这将造成两端扫除效果不相同,刷毛磨损不平衡等问题。

(2)保证吸口的最佳离地间隙。实验及工程实践证明,对密度比较大的垃圾尘粒,吸口的离地间隙应小一些,对于轻质垃圾、树叶、纸屑等,特别当数量比较大时,吸口的离地间隙应大一些。通常,开放吸扫式清扫机的吸口后沿距路面的高度间隙尤为重要,应始终保持在6~10mm之间,吸口前沿距路面的高度间隙以35~40mm为宜。

(3)保证喷水雾化效果和适当的喷水量。要按照清扫使用说明书,根据路面垃圾状况选择适当的喷水量,并保证雾化效果。

3. 使用后注意事项

要使清扫机的使用寿命达到设计要求,在使用过程中,特别是使用后要注意对机械进行按时按期保养。因此,清扫机使用后请注意以下几点。

(1)使各工作装置回到待命状态,避免工作装置长期处于工作状态,产生疲劳损坏。

(2)按时进行各级保养,例行保养每班进行;一级保养在使用200h,或行走1500km后进行;二级保养则每600h或3600~4000km进行;三级保养每1800h或6000~8000km进行。

(3)注意各润滑点的加油时间和油品规格种类(表2-1)。

润 滑 表(工作装置)　　表2-1

润滑部位	润滑点数	润滑周期 (工作小时)	油品种类	备　注
副发动机	1	每班检查	柴油润滑油: CC级30,CC级20/20W	200~300工作小时换油
宽清扫刷	3	200		
侧清扫刷(左、右)	2×7	200		
游动软管座	1	200	锂基润滑脂	
垃圾箱后门	6	200		
垃圾箱自卸倾翻部分	4	200		
水泵轴承	1	200		
液力耦合器	1	600	20号透平油	
液压系统液压油	1	1800	YA-N46(液压油)	

4. 安全操作注意事项

(1)箱体举升时,必须撑起安全支架。

(2)底盘气压不足时,不准启动副发电机。

(3)储水箱无水、液压油箱无油时,不准启动副发动机。

(4)车辆左右倾斜时不准升起箱体。

(5)箱体升起时,车辆不准行驶。

(6)清扫机作业时,要打开警示灯,提醒后方驶来车辆司机的注意。

(7)吸扫装置处于工作位置时,禁止倒车。

(8)对紧附在路面上的垃圾,需打开功能开关,增大侧刷对地面的压力进行清扫。

(9)遇有较大块状垃圾时,需打开功能开关,这时吸口前部抬起,可将其吸入。

(10)作业中,遇有吸口不能吸入的物体(如纸箱、木板、钢筋等)时应停车将这些物体拣起。

(11)清扫车在作业过程中,如过载警告灯亮(或警告喇叭响),表明垃圾储存箱已满载。这时,应将清扫刷和吸口收回在锁紧位置,关闭副发动机,驶离清扫路段,倾倒垃圾。

(12)卸垃圾时,清扫车必须停在平坦、坚实的地方,严格按照先打开箱门,再倾翻垃圾储存箱的程序来进行。

(13)车辆熄火前,必须使液压油泵取力器处于断开状态。

五、维修与保养

1. 例行保养

(1)检查发动机运行情况,如有异响、异烟,应查明原因,及时排除;检查油水是否充足,有无渗漏现象。

(2)检查各仪表反应是否灵敏,示值是否正确,灯光及指示装置是否有效,蓄电池外表是否粘附有污物。

(3)检查转向器是否灵活轻便可靠，横直拉杆球头等连接是否牢固；达到规定拧紧力矩。

(4)检查离合器，应接合平稳，分离彻底，无打滑、发抖、发热现象。

(5)轮胎气压应正常，嵌入胎隙间的石块杂物及胎面刺入物应及时清除，检查轮胎螺栓是否达到规定拧紧力矩。

(6)检查制动器是否灵敏可靠，并经常性排放储气筒内的积水与油污。

(7)对工作装置的检查；主要是箱体内的主间隔板应处于中间位置，主刷两端磨损应均匀，必要时进行调整；撒水喷嘴不能堵塞；检查各密封件是否损坏。

(8)整机外表清洁，紧固件若有松动，及时拧紧。

2. 一级保养

(1)完成例行保养项目。

(2)清洗空气滤清器、燃油滤清器、输油泵滤网、润滑油滤清器、润滑油泵吸油粗滤网。

(3)更换润滑油，并更换滤芯。

(4)检查冷却系统并紧固各管路接头。

(5)检查排气管和消声器连接情况，若有松动应予紧固。

(6)检查V形皮带在20~49N的压力下，其下沉不得大于10~20mm，否则应予调整。

(7)添加蒸馏水，保证电解液液面高出极板顶面10~25mm；清除蓄电池柱头及连接板上的氧化物，并涂以凡士林油防腐。

(8)检查修复更换电器设备及仪表，应使线路完好无损，喇叭音响正常，照明及警示灯具齐全有效。

(9)补足转向器变速器及后桥油量，清洗通气塞。

(10)检查整机各部连接螺栓，如有松动，应予紧固；轮胎螺栓应按规定力矩紧固，前后钢板弹簧U形螺栓应在重载情况下按规定力矩拧紧。

(11)检查制动系统，保证气压调节阀功能正常。

(12)检查工作系统的运行情况，调整吸尘口及侧刷位置，吸尘口与吸尘袋如有损坏，可修补，吸尘管内若有障碍应消除。

(13)按润滑表规定进行润滑。

常见故障与排除方法如表2-2所示。

故障与排除方法　　表2-2

故　障	原　因	排除方法
液压系统油路漏油	①管接头松动； ②密封圈或组合垫损坏； ③油箱或管道裂纹	①紧固松动的接头； ②更换密封圈或组合垫； ③拆卸洗好后补焊
液压系统工作压力过低或无压力	①电磁溢流阀调压过低或阀芯卡滞； ②液压油箱油面过低或吸油滤堵塞； ③电控线路松脱、接触不良或二极管、保险丝损坏； ④液压泵损坏或内漏过大； ⑤油泵取力器未挂上挡	①调整溢流压力或以手指推动阀芯往复运动数次，消除卡滞； ②添加液压油或清洗液压油滤； ③检修电控线路或更换二极管、保险丝； ④检修或更换液压泵； ⑤排除挂不上挡原因(气压太低、气动活塞卡死)
液压系统发热严重	①液压油箱油面过低或液压油变质； ②溢流压力不当，溢流量大； ③副发动机工作转速过高或扫刷压地过紧	①添加液压油或更换液压油； ②调整溢流压力； ③降低副发动机工作转速或调整扫刷压地情况

续上表

故　障	原　因	排除方法
液压系统振动噪声大,液压缸运动有爬行现象	①液压管路里有空气; ②管道或液压元件的定位紧固松动	①从液压泵进油路开始逐段松开管接头排气; ②紧固各元件和液压管道
垃圾箱倾翻、回位或扫盘伸缩、升降动作控制失灵	①控制翻斗缸动作或扫盘、吸嘴升降缸动作的电磁换向阀卡滞; ②溢流压力过低; ③电控线路接触不良	①用手指推动液压集成块上相对的电磁换向阀的阀芯往复运动数次,消除卡滞; ②调整电磁溢流阀; ③检修电磁阀电控线路
吸嘴升降动作控制失灵	①控制升降油缸动作的电磁阀卡滞; ②电控线路接触不良	①用手推动磁阀的阀芯往复运动数次,消除卡滞; ②检修电磁阀电控线路
副发动机温度过高	①冷却液泄漏; ②散热器被灰尘堵塞	①修补泄漏处,补充冷却液; ②清理散热器堵塞的灰尘
副发离合器不能分离	①电磁气阀损坏; ②电磁气阀节流排气孔堵塞	①更换电磁气阀; ②清理节流阀排气口
垃圾箱回位有撞击或抖动	垃圾箱倾翻油路平衡阀开度不当或阀芯卡滞	调整液压集成块上平衡阀的开度或进行检修
扫盘和卧扫转速过低或不转	①溢流压力过低; ②调速节流阀开度过小; ③后扫升降电磁换向阀卡滞; ④液压马达或液压泵磨损或卡滞	①调整或检修电磁溢流阀; ②调整旁路节流阀开度; ③用手指推动电磁换向阀阀芯往复运动数次,消除卡滞; ④检修或更换液压马达、液压泵
吸嘴提升不到位或吸嘴、扫盘自动下降	①吸嘴提升挂钩长度调节不当; ②扫盘、吸嘴提升缸内漏; ③控制提升缸动作的电磁阀卡滞; ④液压锁坏	①拧动吸嘴提升缸挂钩紧固螺母,调节挂钩长度; ②换液压缸内油封; ③检修相应电磁阀,消除卡滞; ④修理或更换液压锁
作业警示灯不亮	①电路接触不良、搭铁或保险丝烧损; ②警示灯泡烧坏	①消除接触不良、短路现象,或更换保险丝; ②更换灯泡
洒水系统喷嘴不喷	①洒水系统管路渗漏或喷嘴堵塞; ②水泵损坏或水泵皮带松脱	①检修管路,夹紧卡箍,清洗水滤、喷嘴; ②检修、更换水泵密封件、叶轮、张紧水泵皮带
清扫效果差	①副发动机或风机工作转速过低,风机皮带打滑; ②吸尘风道堵塞; ③吸尘系统漏风、后门没有关紧或橡胶吸管破裂; ④吸嘴工作时离地间隙过高或支承轮损坏; ⑤扫盘倾角或转速不当; ⑥扫刷磨损过短; ⑦卧扫接地压力不够	①检查调整副发动机及手油门操纵机构,张紧风机皮带; ②检查吸管内有无长大物件卡住或泥砂堵塞,清洗吸管和垃圾箱滤网; ③修复、更换垃圾箱各接口密封件,关紧后门或更换橡胶吸管; ④按规定调整拖轮安装高度保证吸嘴离地间隙或更换支承轮; ⑤按规定调整扫盘倾角和扫盘转速; ⑥更换扫刷片; ⑦调整卧扫接地压力或更换卧扫扫毛
粉尘排放大、压尘效果差	①喷水喷嘴堵塞,喷水不畅; ②路面灰尘太厚,扫盘转速过高或清扫速度过高	①检查、清洗各喷水嘴; ②适当降低清扫速度,选择中、低挡扫盘转速

第二节　洒　水　车

洒水车是进行公路工程建设、公路养护及环境保护等作业必不可少的施工、养护机械。我国是从20世纪60年代开始生产洒水车的，现已有30多个生产厂家，洒水车型号有近80个，其载水量在2～10t之间，其中利用解放、东风汽车底盘改装制造的5t级洒水车最为普遍，约占总数的60%。随着各行业的工作需要，洒水车还被改装成多用途（如高压消防、喷洒农药、绿化管理等）的喷洒机械。随着工程量的增加，洒水车有向大吨位发展的趋势。

随着公路事业的发展，对洒水车的要求也不断提高，如前喷、后喷、自流浇灌、冲洗路面及绿化等多种功能。洒水功能的增加，扩大了洒水车的使用范围，使之向生活、消防、绿化等领域延伸。

国内各洒水车生产厂的产品和规格基本相同，由于生产规模小，工艺装备制造水平低，所生产的洒水车与国外同类产品相比有较大的差距。随着我国汽车产业水平的提高，企业的重视和产品的不断发展，国产洒水车的性能和质量会不断提高。

一、分类、功能及标注

洒水车是带有储水容器和进行喷洒作业的罐式车辆，按结构类型可分为车载式、半挂式和全挂式三种；也可以按其功能区分为前喷、后喷、侧喷、喷药、浇灌、消防等。有的是单功能，也有的是多功能。

车载式洒水车将水罐等各专用装置直接安装在汽车的底盘上，一般都利用汽车的底盘进行改装。改装的底盘不会影响汽车的原有性能。半挂式洒水车利用汽车作牵引动力，将水罐制成半挂式结构，其载质量在相同条件下可增大一倍左右。但增加了一根半挂轴，相应增加了整车长度，其机动性和运行条件略低于车载式洒水车，但其载水量增大，适用于用水量大的城市道路。全挂式洒水车主要是将水罐及水泵、喷洒装置等安装在专用底盘上，它不具备行走功能，但抽水、喷洒功能是自备的。它的行走可利用拖拉机或其他牵引设备。这主要是为了提高牵引设备的利用率，同时也可制造成大吨位的水罐，适用于工程施工取水较远、运输条件较差的场合。

工程洒水车的产品型号标注方法如图2-22所示。

如GSBl000A型，表示水罐容积为1000L的第一次变型的半挂式工程洒水车；GST4000B型，表示水罐容积为4000L的第二次变型的拖式工程洒水车。

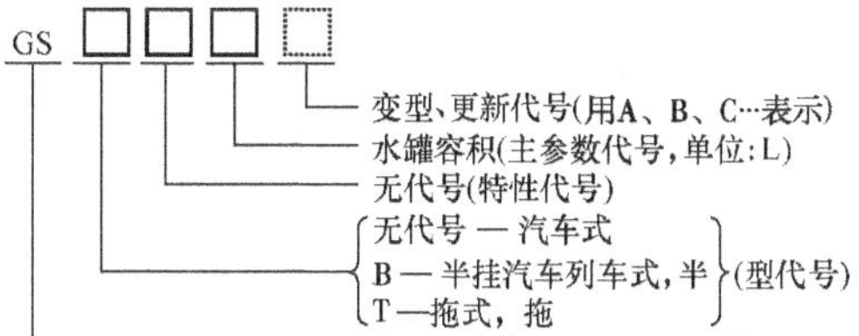

GS □□□□
- 变型、更新代号(用A、B、C…表示)
- 水罐容积(主参数代号，单位：L)
- 无代号(特性代号)
- 无代号 — 汽车式；B — 半挂汽车列车式，半；T—拖式，拖 (型代号)
- 工程洒水车，工洒，(组代号)

图2-22　洒水车标注方法

二、主要结构及工作原理

1. 总成及各系统的组成和功能

用汽车底盘改装的洒水车除底盘外，专用装置由水罐、传动系统、喷管系统和操纵系统组成，如图2-23所示。

水罐是用钢板焊接而成，罐身的断面一般做成椭圆，也有做成圆形和矩形的。罐体底部焊有支架，其目的是为了与汽车底盘连接。为了便于操作人员进行维修，水罐上必须设置入孔，入孔直径按洒水车标准应不小于500mm。为了防止洒水车在高速行驶时罐内水的冲击晃动，罐内必须设置隔离仓,并加纵向防波板。此外,入孔盖上还要开一个通气孔,防止水罐内由于温度升高等原因使罐内产生压力。

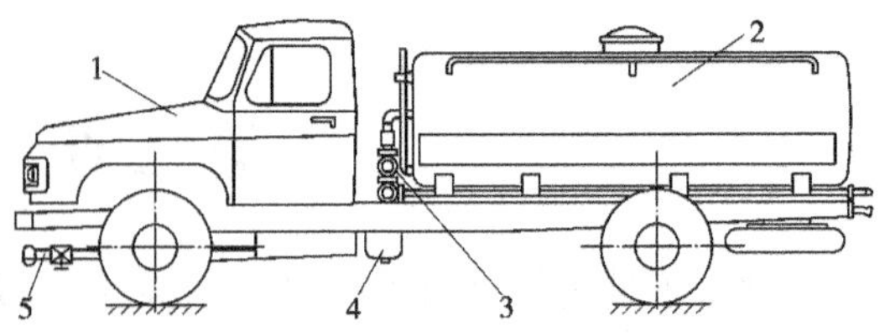

图 2-23　洒水车示意图

1-汽车底盘;2-水管总成;3-操纵系统总成;4-传动总成;5-水管路总成

传动系统是由动力装置、变速装置、传动轴、水泵等组成，其主要功能是满足水泵旋转和转速变化的要求。系统动力装置可以从汽车的变速器上加装取力器引出，也可采用附加内燃机或电动机。水泵一般采用自吸泵，但如果采用离心泵的话，每次作业前需加引水才能使用。

喷管系统是将水吸入罐体内和从罐体内取出进行喷洒作业的传导系统。其吸入管一般采用橡胶软管,喷洒管一般采用钢管,喷洒头可采用固定式或可调式。可调式喷头喷水流向和喷洒密度可在较大范围内任意调整。

操纵系统包括取力箱操纵和吸、洒水操纵两部分。操纵方式有气操纵和手操纵两种。手操纵系统包括挂挡机构、操纵杆和传动机构等。由控制阀通过气管控制执行机构的动作,以决定水的流向,达到吸、洒水的目的。

2. 洒水车的作业状态

洒水车的作业状态主要有停车吸水和行车喷洒两种。

停车吸水:将洒水车停靠至某水源处,连接好吸水软管,如水泵为离心泵时,需加够引水,此时将取力箱挂于工作挡,保证水泵以正常转速运转,同时打开吸水开关,将水泵入罐内(图 2-24)。

行车喷洒:喷洒开始前,停车挂上取力箱工作挡和行车挡位,然后操纵离合器按设定车速行驶,同时打开喷洒开关,将水罐中的水洒向需要的地方(图 2-25)。

图 2-24　停车吸水流程示意图

图 2-25　行车洒水流程示意图

三、使用技术

各种洒水车的性能有所区别,使用前应认真阅读所购车型使用说明书,严格按使用要求操作,这是使用好洒水车的重要保证。

1. 洒水车对水源的要求

洒水车对水源是有一定要求的,当利用河沟、池塘水作为水源时,注意吸水管端部要全部浸入水中,为避免吸入石块或较多的泥砂、漂杂物,吸水管端部设有过滤装置,吸水时严禁将过滤装置拆下。如果水源较浅,需要事先将吸水处挖深一些,以避免杂物及空气。不同洒水车的水泵对水源的要求是有区别的。清水泵要求水中不能有杂质,浊水泵则要求水中不能有石块和过多的泥砂。

2. 加引水

水泵为离心泵时,每次吸水前必须向水泵内先加若干引水,加完后须将加引水处关闭;水泵为自吸泵时,一般第一次使用时需加引水,以后则不必再加。各种洒水车的水泵性能有所区别,使用前应阅读其使用说明书。

3. 进水系统须保持真空

吸水时，进水管系统必须保持一定的真空度，才能将水吸入水罐内。因此，进水管系统中各环节务必密封可靠，否则将产生漏气现象，吸水管内不能形成真空，导致吸不上水的情况。

4. 停车挂挡

无论是在吸水前还是在洒水前，洒水车都必须做到停车将取力装置挂上挡。正确的做法是：先将车停下来，踩下离合器踏板后稍等几秒钟，待汽车变速器的传动件完全静止了再挂挡。如果是准备行车洒水（一般是低速挡洒水），应该在停车时先挂好变速器的挡位，再挂好取力挡位，然后缓慢抬起离合器踏板，车在行走时，打开洒水开关开始洒水。如果取力挂挡是气操纵的，还须观察气压表，压力达到规定值后才能开始挂挡，如果忽略了停车挂挡，势必造成挂挡齿轮危及壳体破坏的结果。

5. 冬季放水

由于水在低于0℃时要结冰，机械内存水会造成机械损坏，因此冬季来临前，应将水泵和水管内的存水放掉，以防它们被冻裂。我国北方地区一般严冬不再施工，因此在施工结束后就立即将水车内的存水全部放净。

6. 洒水注意事项

洒水车前喷头位置较低，靠近地面，喷洒压力较大，可用于冲洗路面；洒水车后喷头一般左右各安装一个，其位置较高，故洒水面较宽，用于公路施工洒水。使用后喷时，应将前喷管关闭，使用可调喷头洒水时，洒水宽度可以根据需要调整。洒水宽度越宽，中间重叠量越少，洒水密度越均匀。

7. 润滑与紧固

洒水车在使用过程中，要定期润滑传动总成各润滑点，以保证其正常使用。取力箱内传动件的润滑因与变速器箱体相通，所以只要检查变速器油位即可。还应经常检查、紧固各连接处，重点检查取力箱与变速器连接处，水泵与车架连接处等，尤其当发现异常声响、振动、漏油、漏水时，应及时检查、排除故障。

8. 定期排污

洒水车储水箱设有排污管，该管的进口为水箱的最低点。经过一段时间的使用，应定期打开排污管开关，将罐内积存的杂物排除，直到水变清为止。

四、工作装置修理的综合要求

1. 水罐

（1）水罐体表面不允许有裂纹等缺陷，不应有明显的凹凸不平。

（2）横向隔板及防波板，必须保证有足够的刚性与耐冲击性。

（3）水罐各支（架）腿应受力均匀，其底面应在同一水平面上。

（4）水罐体应进行不低于50kPa气压密封试验，压力持续时间不少于15min，在试压过程中不得有渗漏现象。

2. 水泵

（1）水泵性能应符合规定要求。

（2）水泵运转正常无异响。

3. 取力箱

（1）挂挡机构应保证到位准确、定位可靠、换挡方便，不得有自动脱挡和卡阻现象。

（2）箱体不得有渗漏现象。

(3)磨合试运转时间不应少于2h,各部分应运转正常,油温不得高于汽车变速器的油温。

4. 水、气管路系统

(1)喷嘴应保证畅通,喷洒均匀,不得有堵塞现象。

(2)整车工作装置管路系统必须进行水压试验,压力持续时间不少于5min,各连接处不得有漏水现象。

(3)在规定的作业行驶速度下,检查洒水量、洒水压力、洒水宽度是否符合规定要求。

(4)气路系统进行气压试验,不得有漏气现象。

第三节 清 障 车

一、概述

清障车是公路交通工程的重要装备之一,清障车是指装备有托举、拖牵、起重等装置,用于清除道路障碍车辆的专用汽车。其功能是将公路和城市道路上发生故障而不能行驶的车辆、发生肇事而损坏的车辆以及违章停放的车辆拖运移离现场,排除路障,疏畅交通,以确保车辆正常运行。

清障车按作业功能可分为专用型和综合型,国内目前普遍使用的是综合型。它具有托举、起吊(拖拽)、牵引等多种功能,适用于不同状态的排障作业,可实现一机多用,利用率高。按作业能力可分为小型(托举能力小于2t)、中型(托举能力2~5t)、大型(托举能力5~10t)及超大型(托举能力大于10t)。

二、主要结构

清障车主要由基础底盘、副车架、配重、工作装置、附具、传动系统及工具箱组成,其结构如图2-26所示。

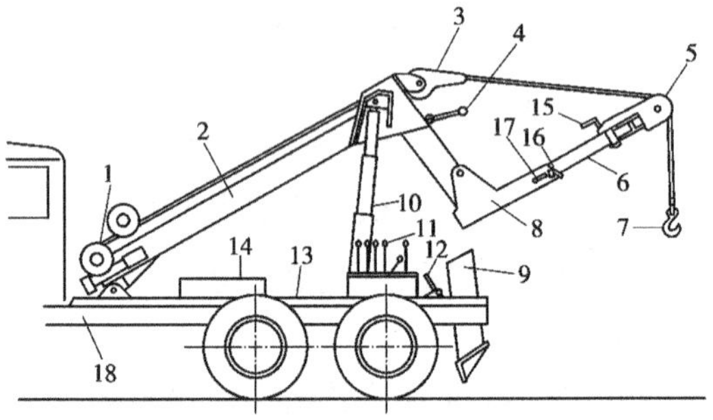

基础底盘是清障车的重要组成部分,其功能除了装置各个部件和作业行走外,还为清障作业提供动力源。目前,我国的清障车均采用通用载重汽车二类底盘作基础底盘。

由于清障车作业时,其动力部件(如绞盘、液压缸等)施于底盘集中荷载,因此,为了不使基础底盘发生变形,必须设置副车架。副车架一般为箱框形结构,与基础底盘刚性连接。各种动作部件均装置在副车架上,使作用在基础底盘上的荷载分布趋于均匀。

图2-26 清障车总体结构示意图

1-绞盘;2-举升臂;3-导向轮;4-折臂锁紧机构;5-起吊滑轮;6-伸缩臂;7-吊钩;8-折臂;9-支腿;10-举升液压缸;11-操作手柄;12-举升臂安全锁紧装置;13-副车架;14-油箱;15-横梁锁定销;16-伸缩臂锁定销;17-伸缩臂锁紧装置;18-基础底盘

清障车的工作装置主要有托举系统、卷扬系统和着地系统。

托举系统由举升臂、折臂、伸缩臂和举升油缸组成。

卷扬系统由液压绞盘以及固定在举升臂上的导向轮和安装在伸缩臂上的起吊滑轮组成。该系统用于起吊和拖拽作业。

着地系统由安装在底盘后部的两个支腿组成。两支腿可通过液压缸的伸缩实现着地和离

地。支腿主要用于起吊作业时着地，保持整车稳定性，托拽作业时着地，提高整车与地面的附着力。

附具用于肇事车辆的稳固，一般包括支承和托举肇事车辆前、后桥的支承钢叉，支承和固定肇事车辆的轮胎托架以及锁紧用腈纶尼龙锁紧带、固定铁链等（图 2-27）。

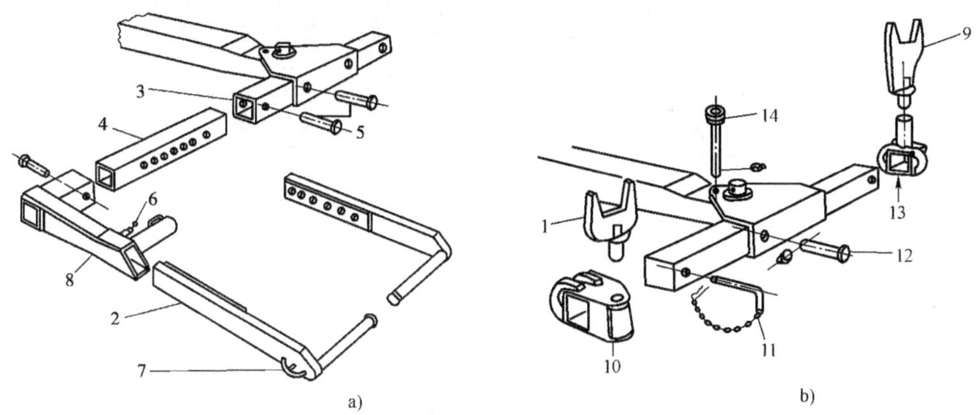

图 2-27　附具示意图

a）支承钢叉；b）轮胎托架

1-支承钢叉；2-轮胎托架；3-横梁；4-加长梁；5-横梁紧固；6-弹簧销；7-缚系环；8-托架插头；9-高型支承；10-钢叉插头；11-止动销；12-横梁紧固销；13-高型钢叉插头；14-叉头紧固销

清障车均采用液压传动，一般由基础底盘驱动液压泵提供液压油使绞盘和各液压缸实施有关动作，以完成相应的作业。其控制系统通过多路换向阀手柄操作，也可通过电液元件实行远距离控制。

工具箱是以薄钢板焊接而成的箱体，置于底盘两侧，用于放置附具和随车工具。

三、清障车工作原理

清障车的工作原理是：利用附具将肇事车辆损坏的前桥和后桥稳固在伸缩臂上，然后托举牵引移离肇事现场。若肇事车辆翻倒，则须利用卷扬系统起吊将其扶正后托举牵引；若肇事车辆掉入边沟，则需利用卷扬系统拖拽、起吊将其拖到路上扶正后托举牵引，达到疏通道路的目的，如图 2-28 所示。

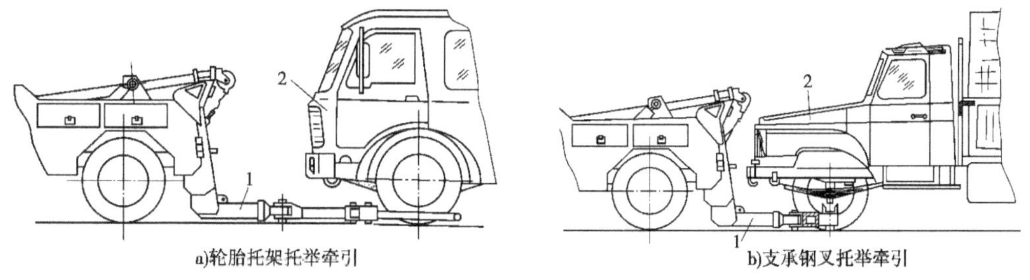

图 2-28　清障车工作原理示意图

1-伸缩臂；2-肇事车辆

四、主要工作装置

现以某 ZLJ5140TQZ 型清障车为例，简要叙述其工作装置，其外形如图 2-29 所示。

1. 起重机构

起重机构原理图见图 2-30。

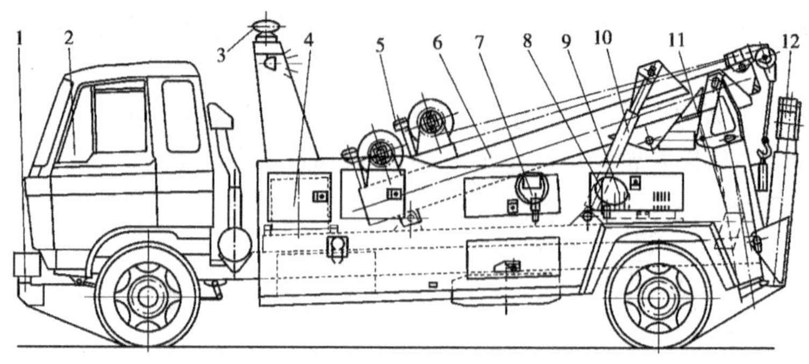

图 2-29　清障车外形图

1-配重装置;2-底盘;3-电气系统;4-工具箱;5-气压系统;6-起重机构;7-附件;8-油门操纵机构;9-液压操纵机构;10-液压系统;11-托臂折叠油缸;12-托举牵引机构

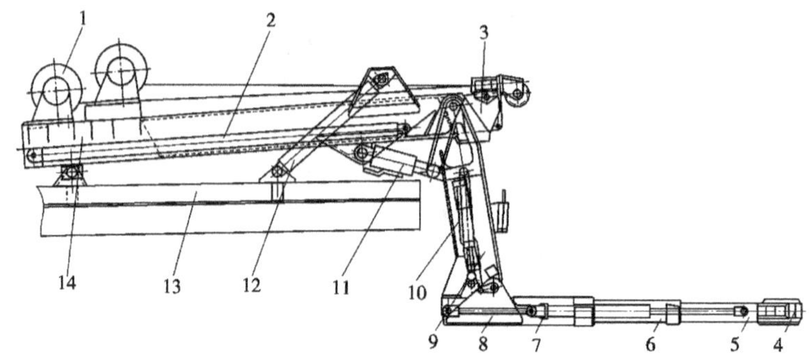

图 2-30　起重机构与托举牵引机构示意图

1-液压绞盘;2-吊臂伸缩油缸;3-伸缩臂;4-十字臂;5-托举三臂;6-托举二臂;7-托臂伸缩油缸;8-托举一臂;9-连接臂;10-托臂折叠油缸;11-连接臂摆幅油缸;12-吊臂变幅油缸;13-副车架;14-起重臂

(1)起重臂上安装了两个 10t 液压绞盘,每个绞盘上的钢丝绳容量为 30m,拖拽能力大,距离远。

(2)通过两个变幅油缸,可实现起重臂从 5°到 35°的变幅。

(3)起重臂的伸缩行程达 2750mm。

(4)液压绞盘的离合装置和压绳装置采用气压驱动、电气控制。

(5)起重臂的主臂与伸缩臂之间的摩擦副间隙为 8 ~ 12mm,安装时应进行调整。当间隙达到 13mm 时,应更换尼龙摩擦片。

2. 托举牵引机构

托举牵引机构原理图亦见图 2-30。

(1)托举牵引机构的连接臂与起重臂之间通过铰销连成一体,连接臂摆幅油缸可以调节托举一、二、三臂在垂直平面内的角度,便与托车。

(2)水平方向的托举一、二、三臂之间通过托臂伸缩油缸实现两级伸缩。

(3)托臂伸缩油缸全缩回,十字臂依靠三臂前端面自然限位。托臂伸缩油缸伸出一定量后,十字臂可绕三臂头大角转动,限位可靠,使用方便。

(4)清障车空载,折叠油缸全伸,可实现托臂的折叠动作。

(5)托举一、二、三臂之间的摩擦副上、下间隙为 2 ~ 5mm,安装时应进行调整。当间隙达到 6mm 时,应更换尼龙摩擦片。

五、清障车基本作业

清障作业一般是连贯的,不可能明显地分成几个独立阶段,但为叙述方便,将其分成起吊

作业、用起重臂和液压绞盘托拽车辆、托牵车辆及卸车操作，各作业过程如下。

1. 起吊作业

（1）清障车沿垂直于事故车辆轴线方向倒车，在场地允许的情况下应尽可能靠近事故车辆，挂空挡，拉驻车制动器，打开警示灯。

（2）踩下汽车离合器，接通取力器，再缓慢松开汽车离合器使双联齿轮泵工作。

（3）放下左、右后支腿。

（4）根据事故车辆的大小调整起重臂的高度，将事故车辆直接吊于合适位置。

2. 用起重臂和液压绞盘拖拽车辆

当车辆陷于泥泞路面或倾翻至路旁地沟里时，可用绞盘和起重臂配合拖拽车辆。

（1）清障车沿事故车辆轴线方向倒车，在场地允许的情况下应尽可能靠近事故车辆，挂空挡、拉驻车制动器，打开警示灯。

（2）踩下汽车离合器，接通取力器，再缓慢松开汽车离合器使双联齿轮泵工作。

（3）放下左、右后支腿。

（4）选择适当的位置用安全链将事故车辆系牢，确保可靠。

（5）将起重臂缩回至幅度最小的位置，若事故车辆较轻，在确保清障车安全的情况下，可适当升高并伸长起重臂。

（6）将绞盘操纵杆置于收位，液压绞盘收绳，拖拽车辆。当一台液压绞盘力量不够时，可同时使用二台或借助滑轮组。

3. 拖牵车辆

为了清理事故现场，保证路面畅通，必须将事故车辆从事故现场拖走。

（1）清障车可从小于45°方向倒车，在场地允许的情况下应尽可能靠近事故车辆，挂空挡，拉驻车制动器，打开警示灯。

（2）踩下汽车离合器，接通取力器，再缓慢松开汽车离合器使双联齿轮泵工作。

（3）操作起重臂上、下手柄和托臂上、下手柄，使十字臂离地面3～10cm高。

（4）根据事故车辆的特点，选用合适的叉座（随车附件）装在十字臂合适的对称位置上，并将叉座上的心轴插入十字臂相应的定位孔中。

（5）选用合适的叉装在叉座孔中。

（6）操纵托臂伸、缩手柄、伸出十字臂至所需位置（前桥下方、钢板弹簧下方、大梁下方等）。

（7）操纵起重臂，使叉托住事故车辆的相应部位。

（8）提升起重臂，使被拖车辆的车轮离地300～500mm。

（9）在不影响清障车转弯的情况下，尽量缩小清障车与被拖车辆之间的距离。

（10）用安全链或捆带将被拖车辆与十字臂拴牢。

（11）被拖车辆挂空挡，松开驻车制动器，必要时连上制动管路，并打开辅助行车指示灯。若托举车辆后轮时，应锁住被拖车辆的转向盘，保证直线行驶。

（12）分离取力器，双联泵停止工作。在检查平衡阀工作情况正常后，拖牵车辆离开事故现场。

4. 卸车操作

清障车将事故车辆拖至修理场地后，应与事故车辆分离。

（1）清障车挂空挡，拉驻车制动器。

（2）降低起重臂，使被拖车辆刚好着地。

（3）被拖车辆挂空挡，拉驻车制动器。

(4)卸除安全链,降低起重臂,使叉完全脱离被拖车辆。

(5)缩回十字臂,卸下附件,将托臂折叠至整备状态,升高起重臂至运输位置。

5. 清障作业时的注意事项

(1)不能超载。

(2)清障车的绞盘钢丝绳拉力应小于额定拉力,不能超载,但允许利用滑轮组以增加牵引力。

(3)叉座应尽量对称布置,避免偏载。

(4)被拖车辆的驱动轮不能离地时,则被拖车辆应挂空挡。

(5)绞盘放绳时,留在液压绞盘卷筒上的钢丝绳数量不应少于5圈。

(6)严禁操作人员站在清障车与被拖车辆之间或起重臂下;操作人员还要用交通警示标志物隔离作业区,以免发生危险。

(7)冰雪天作业时,清障车一定要稳固后才能作业。

(8)当绞盘钢丝绳吊着重物时,不能松开绞盘离合器;只有确保绞盘离合器充分啮合时,才能拖吊重物。

(9)不得使用未经适当保养的清障车,必须保证清障车的螺栓无松动,钢丝绳无损坏,磨合部分充分润滑。

(10)只有当发动机出水温度达55℃以上,清障车作业才可全负荷运行。作业时若水温超过92℃或润滑油压力警示灯亮应停车冷却检查。

(11)液压系统液压油的清洁度不能低于21/19;经常注意油箱中的油位,不能低于液位计的下限;还要特别注意油箱上回油过滤器的压力指示,当指针达到0.04MPa时,应停车冷却检查,更换滤芯。

(12)在操纵取力器离合器时,应将汽车置于空挡并踩下汽车离合器。

(13)在用液压绞盘拖曳车辆时,不得固定清障车而强行拖拽。

(14)夜间拖牵时,清障车与被拖车辆都必须开启特定的灯光标志。

(15)当载荷超过2000kg时,不允许起重臂带载伸缩。

六、保养与润滑

本节仅叙述清障车专用工作装置的保养与润滑。汽车的保养与润滑,请参阅汽车底盘使用说明书。

1. 新车的磨合

为使清障车达到应有的性能和延长使用寿命,新清障车在使用初期必须进行磨合。驾驶操作人员应仔细阅读使用说明书,并掌握清障车的操作和维护规定。

汽车底盘行驶磨合里程为1000km,请用户参阅汽车底盘使用说明书的规定,并进行磨合后的保养,如清洁空气滤清器滤芯,更换发动机、变速器、车轴的润滑油等。

清障车专用工作装置的磨合期为10h。磨合期内,发动机工作转速不得超过1100~1300rad/min,并应避免发动机骤然加速和减速,各专用工作装置以轻载循环运转。

磨合后,过滤或更换液压油,并排除磨合过程中出现的故障。

2. 维护与保养

清障车磨合以后,可以转入正常工作,工作中应进行维护与保养。

(1)每日检查与保养

①检查各紧固螺栓及销轴是否松动;检查清障车专用工作装置工作是否正常。

②检查整车有无漏油、漏水、漏气现象。

③检查液压油油位及油箱出油阀是否打开。

④检查各零部件是否损伤、缺陷，必要时予以修复或更换。

⑤检查附件是否完好，有无缺损。

(2)每月检查与保养

①按每日检查与保养项目进行检查与保养。

②检查所有管接头是否松动而渗油，拧紧管接头。

③检查各销轴、挡圈、螺栓等是否松动，按要求固定。

④检查钢丝绳是否损坏与丢失，必要时修理或更换。

⑤在各润滑点加注润滑脂。

⑥检查随车附件是否损坏与丢失，必要时修理或更换。

(3)每季的检查与保养

①按每月检查与保养项目进行检查与保养。

②检查液压油清洁度，若超出规定值应更换。

③检查起重臂和托臂中的摩擦副间隙，若超出规定值应更换。

④检查液压绞盘行星减速器油面，若减少应按规定加油。

⑤在各润滑点加润滑脂。

七、故障及故障原因与排除方法

国产某型清障车故障及故障原因与排除方法见表2-3。

清障车故障与排除 表2-3

故障	原因	排除方法
液压系统油路漏油	①管接头松动； ②密封圈或组合垫损坏； ③油箱或管道裂纹	①紧固松动的接头； ②更换密封圈或组合垫； ③拆卸洗净后补焊
液压系统工作压力过低或无压力	①溢流阀调压过低或阀芯卡滞； ②液压油箱油面过低或吸油嘴滤芯堵塞； ③液压泵损坏或内漏过大； ④取力器未挂上挡	①调整溢流压力或以手指推动阀芯往复运动数次，消除卡滞； ②添加液压油或清洗液压油滤器； ③检修或更换液压泵； ④排除挂不上挡的原因(气压太低、气动活塞卡死)
液压系统严重发热	①液压油箱油面过低或液压油变质； ②溢流阀压力不当，溢流量大	①加液压油或更换液压油； ②调整溢流压力
液压系统振动噪声大	①液压管路里有空气； ②管道或液压元件的定位紧固松动	①排净空气； ②紧固各元件和液压管道
清障设备不动作	①取力器未挂上挡； ②液压系统压力过低； ③管路漏油； ④平衡阀或液压锁卡死	①排除挂不上挡的原因(气压太低、气动活塞卡死)； ②调整溢流阀压力； ③检查渗漏处，紧固接头，必要时更换密封件； ④调整或更换平衡阀或液压锁
达不到额定举升荷载	①液压系统压力过低； ②管路漏油； ③多路阀内漏大	①调整电磁溢流阀压力； ②检查渗漏处，坚固接头，必要时更换密封件； ③更换多路阀

续上表

故　障	原　　因	排除方法
清障设备动作有冲击、爬行现象	系统内有空气	①起重臂、托臂、伸缩臂全行程往返2~3次； ②检查系统是否漏油； ③检查液压油箱液面，必要时加注液压油
关闭油泵后，负载会自动下降	平衡阀或液压锁失效	修理或更换平衡阀或液压锁

八、清障车安全操作规程

(1)只有熟悉清障车的操作保养要求，并受过专门训练的人员才允许驾驶清障车。

(2)司机和维护人员应严格执行说明书规定的操作注意事项和保养要求。

(3)清障车在按说明书规定完成新车磨合后，方可投入正式作业运行。

(4)清障车应保持清洁，全部机构应完整，无损坏现象，不允许带病作业。

(5)启动前，清障车周围应无影响安全的障碍和人员；清障车作业时应打开警示灯。

(6)翻起驾驶室检修时，必须将安全杆支好。

(7)清障车产品运输时，应以自驶或拖曳的方式上下车、船。当必须使用吊装方法装卸时，应采用可靠的专用吊具，以免损坏清障车。

第四节　除草机械

一、概述

除草机最早使用于园林及牧场，主要功能是收割牧草，修整草坪。随着公路事业的发展，公路环保的要求日益提高，因此除草机扩展了路用的功能。根据除草机的作业对象不同，它的剪切器形式及结构有一定差异。但目前常见的结构为两种，主要是从刀具的运动形式上分：一种是回转运动，一种是直线运动。现在常见的除草机多数使用的是回转运动，它运动速度较高，作业对象适应面较广。

国外路用除草机已发展了几十年，从小型至大型，从纯机械传动到液压传动，从背负式、手扶式到机动式，从手动操作到微机控制，整个发展是根据经济发展及生活、生存要求而提高的。我国路用除草机刚刚起步，目前投入使用的仅有小型手扶式和背负式。随着公路养护机械化要求的提高，我国的路用除草机也一定会迅速发展和完善起来。

路用除草机不同于牧场和园林除草机，除了具备最基本的剪切功能外，它还要能在公路上行驶，工作装置能够外伸到任意作业面，遇到障碍时能自动保护。此外，刀具的护刃器需要采取一定措施，保证其在碎石、杂物较多的地方能正常工作，并保证较低的割茬。

二、分类、特点及适用范围

1. 按除草机剪切工作状态分

(1)无支撑剪切

无支撑剪切是利用刀具的高速运动，使静止的草杆在瞬间获得一个运动力，该力与相反的惯性力作用，完成剪切，如图2-31所示。

(2)单支撑剪切

单支撑剪切是对直径较大、刚性较好的草杆而使用的，主要是在与刀具相反方向给草杆一

个支撑,增加其抗弯反力,使其达到剪切效果,如图 2-32 所示。

(3)双支撑剪切

双支撑剪切主要用于对直径较小、刚性差的草秆实施剪切,方法是提高草秆的抗弯阻力,使其达到剪切效果,如图 2-33 所示。

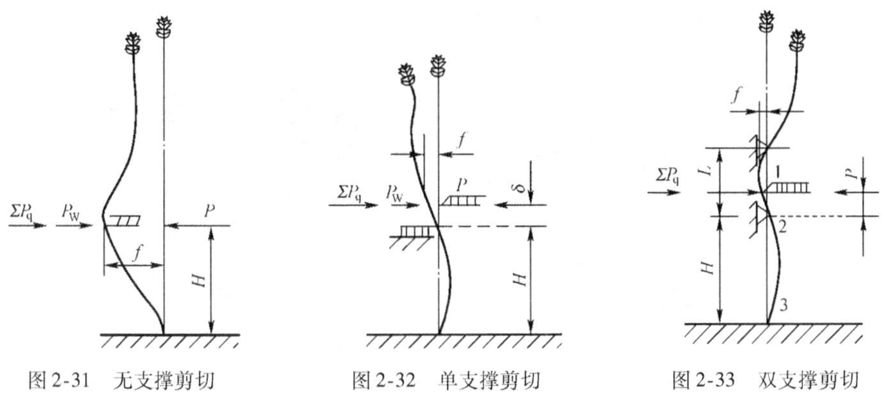

图 2-31 无支撑剪切　　图 2-32 单支撑剪切　　图 2-33 双支撑剪切

2. 按除草机刀具的运动形式分

(1)往复式剪切

刀具仅作直线往复运动,其结构简单,适用性较广。往复式剪切一般多为有支撑剪切。该形式目前在农作物收割机上采用得较多。

(2)圆盘式回转剪切

圆盘式剪切割刀在水平面内作回转运动,它运动平稳性较好,振动也较小。它有无支撑剪切的和有支撑剪刀两种。无支撑剪切的圆周速度较大,一般为 25 ~ 50m/s,剪切能力强,应用范围广。有支撑剪切的回转速度较低,一般为 6 ~ 10m/s,其支撑采用刀片支撑,剪切效果很好。目前常见的小型除草机一般多采用单圆盘剪切刀具,其整体质量轻,使用比较方便。

(3)甩刀式回转剪切

甩刀式剪切器是将刀片铰链在水平横轴的刀盘上,在垂直平面内转动,其圆周速度为 50 ~ 75m/s。甩刀式剪切器为无支撑剪切,剪切能力较强,适用于高速作业。

三、主要结构及工作原理

除草机主要由动力装置、行走装置、传动装置和工作装置四个部分组成。动力装置和行走装置通常使用专用底盘和借助汽车或拖拉机改装。小型机的行走装置则采用手推式,其动力直接通过链条传给工作装置。传动装置一般在大型机械上采用液压传动,小型机械则采用链条或轮轴传动。这里介绍有不同结构特点的工作装置。

1. 往复式剪切器

1)往复式剪切器工作原理

往复式剪切器是最早发展起来的剪切器,它利用剪刀的原理进行工作。往复式除草机由往复式剪切器和传动机构组成,其刀片由定刀片和动刀片组成。动刀片的直线往复运动,使得处于动刀片与定刀片间的草秆被剪切。动刀片是成组装在刀杆上的。成组的动刀片在刀杆的往复作用下进行工作。往复式剪切器装有护刃器,它的作用是防止障碍对刀片的破坏,同时起着剪切支撑的作用。

往复式工作装置剪切性能好,在护刃的配合下进行有支撑剪切,刀片损伤较少;割茬比较整齐；剪切器维护方便。但由于往复运动惯性力产生的机器振动大，从而限制了机器的剪切速度；另外护刃器多采用锻造或铸钢的，其生产成本较高；由于振动大，容易发生撞刀、崩刀的情况。

2）往复式剪切器的主要结构

往复式剪切器的主要结构如图2-34所示。

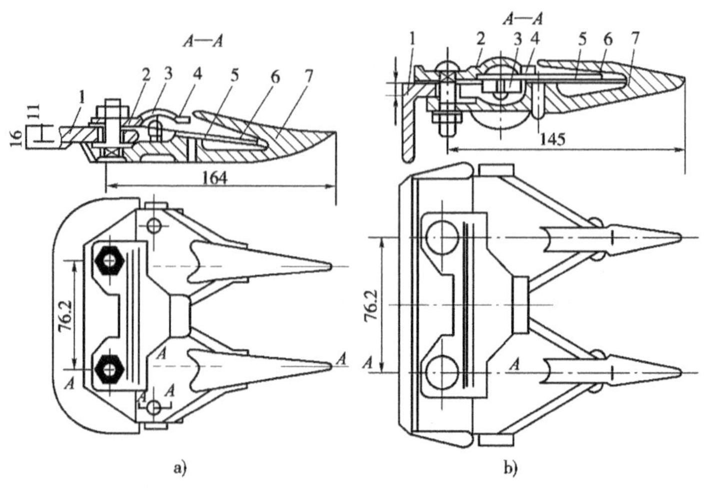

图2-34 剪切器的构造（尺寸单位：cm）
a）国标Ⅰ型；b）国标Ⅱ型
1-护刃器梁；2-摩擦片；3-刀杆；4-压刃器；5-动刀片；6-定刀片；7-护刃器

（1）动刀片

动刀片（图2-35）的轮廓呈六边形，其前端是平的，称为前桥，它的作用是当刀片修磨后仍可保持原有的高度。刀片的刃口有齿刃和光刃两种。光刃刀片的剪切阻力小，但容易磨钝，主要用于除草机。齿刃刀片虽剪切阻力较大，但是比较耐磨，可不必在紧张的收获季节中进行磨刀。齿纹如果设计得好，在工作中还能产生自磨锐作用，以延长寿命，所以谷物收割机械上多采用齿刃刀片。

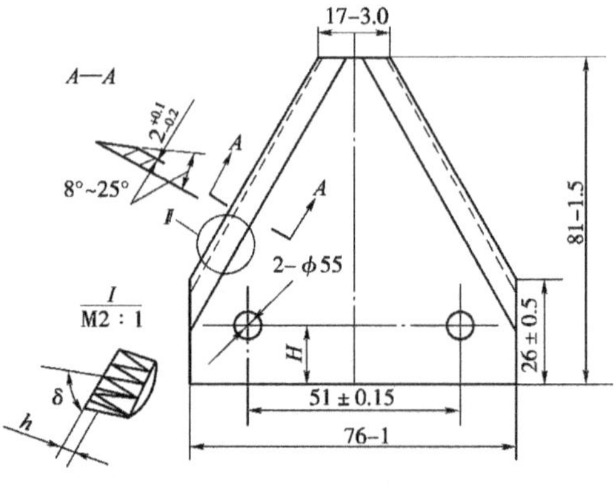

图2-35 动刀片（尺寸单位：cm）

（2）定刀片

定刀片也称固定底刀，铆接在护刃器上，与动刀片配合形成剪切幅。

（3）护刃器

护刃器的功用是防止障碍物对刀片的破坏。剪切作业时，护刃器将茎秆分成束引向割刀，以护舌和定刀片作为上、下支承点，配合动刀片进行双支承剪切。图2-36所示的单联和双联两种护刃器分别适应于Ⅰ型、Ⅱ型剪切器。

20世纪60年代以来，国外某些联合收获机上已采用不带定刀片的锻钢护刃器，其机械强度较高，工作中若发生变形也可进行校直。因为刃口已在护刃器自身上铣成，不需另外制造定刀片。同时，护刃器的制造质量、剪切器的装配质量都有提高，使剪切器的工作可靠性较好。

（4）摩擦片

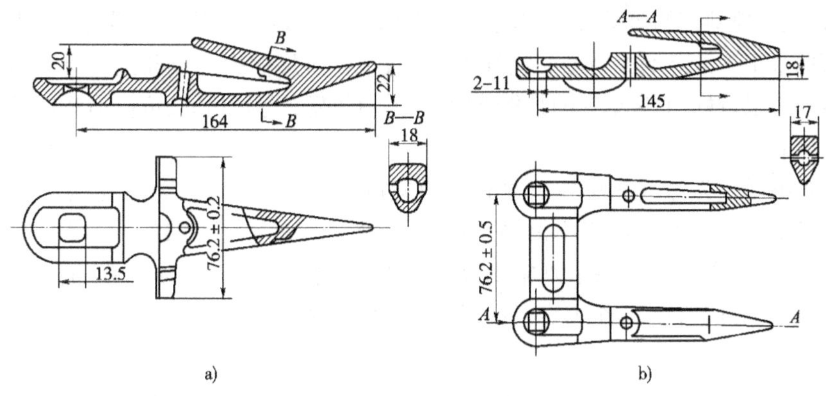

图 2-36　护刃器(尺寸单位:cm)

a)国标Ⅰ型(单联);b)国标Ⅱ型(双联)

摩擦片(图 2-34)由螺栓装在护刃器梁上,用来承受割刀在剪切谷物时所产生的压力,避免护刃器梁的磨损。

(5)剪切器的装配和调整要求

为了保证剪切器的工作质量,装配后的剪切器应达到以下要求:动刀在死点位置时,动、定刀片的中心线应重合(不重合度 <0.5mm);定刀片应处于同一水平面内(不共面度 <0.5mm);动、定刀片的前端允许有 0.5mm 的间隙,后端应有 0.30 ~ 1mm 的间隙,Ⅱ型和Ⅲ型剪切器允许后端有≤1.5mm 的间隙,但这种刀片的数量不应超过全部的 1/3。压刃器与动刀片的间隙不得超过 0.5mm。割刀经调整后应能用手自如地拉动。

2. 回转式剪切器

回转式剪切器的剪切速度高,剪切能力强,在路面除草机上应用得较多。因为回转惯性力容易平衡,所以其振动较小。常见的回转剪切器的结构形式有直线型、曲线型、光刃圆盘型、锯齿圆盘型、行星回转型和星齿型等,如图 2-37 所示。

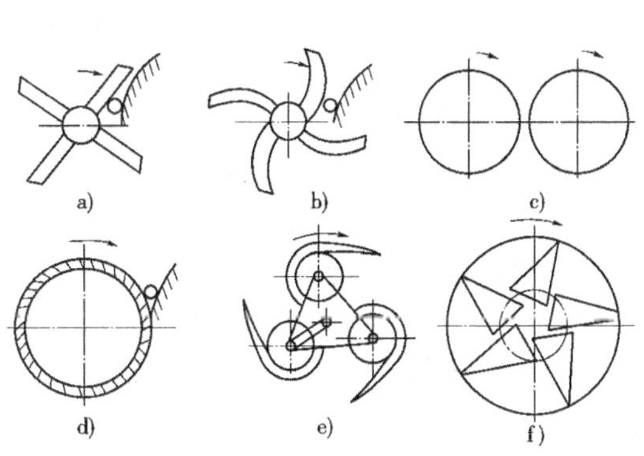

图 2-37　回转式剪切器形式

a)直线型;b)曲线型;c)光刃圆盘型;d)锯齿圆盘型;e)行星回转型;f)星齿型

回转式剪切器的工作原理主要是通过高速旋转刀片,以克服茎秆的惯性力,使得茎秆在瞬间获得冲击力而实现剪切的。当然回转式剪切器也有利用有支撑方式达到剪切的,其支撑方式采用定刀片的刀片效果较好。一般直线型、曲线型、锯齿圆盘型多采用有支撑方式。

回转式剪切器受回转直径的限制,多适用于小割幅或自行式除草机;但也容易在一些汽车或拖拉机、挖掘机等上改装,达到一机多用的目的。

四、除草机性能分析及选型

除草机常将工作装置配置在工程机械底盘上使用,还有自成独立系统的小型自行式和手推式除草机,彼此在总体结构上会略有差别。选用除草机时,应首先考虑除草机的工作环境,如园圃作业的除草机和公路用除草机。

1. 剪切器的工作性能

除草机的工作对象是各种草。一般而言,草比其他农作物茎秆直径细小,剪切这种植物,采取有支撑剪切比无支撑剪切的效果好。如往复式剪切器,装有定刀片及护刃器,在剪切时,形成两点支撑,草在弯曲很小的情况下被剪断。这样不仅割茬低,而且很少形成漏割。所以就剪切效果而言,有支撑剪切效果较好;但从草料的收集情况看,采用往复式除草机时,草料不易收集。

2. 功率消耗

往复式剪切器割刀速度比旋转刀盘式割刀速度慢得多,因而驱动往复式剪切器的功率要比驱动旋转刀盘式剪切器的功率小得多。通常,前者功率是后者的 1/3 ~ 1/2。据农用大型割草机试验统计,一般在除草机每米割幅剪切器消耗的功率:往复式为 3kW,而旋转式为 8kW。由此可知,往复式剪切器在节省功率、节省能源方面占有很大的优势。

3. 整机结构

回转盘式除草机,其割刀运动为回转运动,与发动机输出运动方式相同。又由于回转盘式除草机要求的速度较高,所以,减速比较小,减速结构简单,有些甚至可以省去减速机构,将回转刀盘直接与发动机输出轴相连。如美国的 MID21 英寸除草机就为这种机构。

往复式除草机由于割刀运动速度慢,所以从发动机输出轴到工作装置的传动比较大,引起减速机构运转沉重。此外,割刀的运动为直线式往复运动,而发动机输出轴为旋转运动,故此还要设置一套将旋转运动转化为直线运动的机构。这样造成除草机机构复杂,整机质量增大。

4. 使用维护

往复式除草机剪切器割刀速度慢,在护刃器的保护下工作,刀片发生碰刀、崩刀的几率较少,刀片磨损较慢,因此工作装置简单、方便。但往复式除草机传动部分机构复杂,增加了传动系统的维护检修工作的难度。与之相反,回转盘式除草机传动系统简单,维护保养方便,但剪切器工作速度很高,又没有护刃器,所以工作时碰刀、崩刀的概率大大增加,刀具的磨损速度快,寿命短,维修费用高。

5. 整机稳定性

大型基础底盘配置除草机构的除草机,在进行公路边坡除草作业时,整机在公路上行驶,剪草工作装置外伸到边坡上进行作业。一般工作装置多用液压驱动,质量较小,所以剪切器的形式对整机的稳定性影响不大。

小型除草机由于整机体积很小,工作装置无法外伸,当进行边坡除草时,整机都处于坡道上,此时,整机的稳定性必须予以考虑。回转盘式除草机多采用立式发动机,使得整机重心偏高,坡道作业时稳定性变差。

6. 经济性

从制造费用看,往复式除草机结构复杂,制造成本高;回转盘式除草机结构简单,制造费用低。从使用费用看,回转盘式除草机需要的驱动功率大,燃油的消耗亦高时,同时,刀具磨损快,维修费用高。

选用除草机时,必须全面综合考虑以上各因素,针对某除草机的工作环境和作业要求,分清主次。此外,对于底盘行走行为,只有个别小型除草机除草机采用手推式,绝大多数都采用自行式底盘。小型除草机多用皮带或链条传动,大型除草机则配装在拖拉机或其他车辆底盘上,工作装置由液压控制,进行除草作业时,外伸到工作面,不工作时,收回悬挂在基础车上。

7. 除草机整体结构分析

基础底盘车或拖拉机上配装工作装置的除草机,布局方式有三种:工作装置前悬挂、工作装置后悬挂及工作装置侧悬挂。作为公路用除草机多采用侧悬挂,它可以使机器在进行边坡除草时,机器仍在公路上行驶,而工作装置可伸到边坡的任何地方,即工作不受坡度的限制,还

可进行高速公路中间的隔离带除草。

作为小型除草机，尤其是往复式除草机，工作装置（即割台）前置式占大多数，其优点是工作视野非常好，操作直观方便。

回转盘式除草机有前置式的，也有割刀直接与发动机输出轴相连，位于底盘正下方，其结构简单紧凑，作业灵活性好。

8. 传动机构分析

小型手推式除草机可省分动箱。自行式除草机的行走装置也可采用液压驱动，可省去行走系统减速器，而增加液压电机、液压泵及各类控制元件等。这种方案在其他基础底盘车上配置除草工作装置的除草机上应用得较多，而在小型除草机上采用较少。

小型自行式除草机的行走机构多采用简单的链传动。

往复式除草机和圆盘式除草机的工作装置（剪切器的减速器及传动机构）有所不同。圆盘式除草机由于割刀速度高，一般采用剪切器转盘与分动箱动力输出轴直接连接，省去了中间的减速机构和传动机构，剪切器转盘亦作回转运动。往复式除草机除了要减速机构外，还须在此将回转运动转变为直线运动。

五、使用技术

1. 作业前的准备

（1）了解各种机型的特点、剪切方式及技术要求、操作说明；

（2）作业前，须详细了解工作任务及作业现场情况；

（3）作业区一定范围内，应无闲杂人员，作业区内应无障碍物；

（4）当操作人员过于疲劳或身体不适时，不可操作割草机；

（5）作业前应穿好安全工作服，戴上防护手套、眼镜及耳朵保护套；

（6）在作业区内应设置警示标志；

（7）必须仔细检查每个螺栓，特别应注意检查割草刀片和传动齿轮的安装螺栓是否有松动，若松动，必须按规定力矩予以拧紧；

（8）启动割草机前应检查刀盘，确保刀盘内无异物；

（9）燃烧油必须严格按规定比例配合，绝对禁止使用不加润滑油的纯汽油；

（10）不要在通风不良的场所使用割草机。

2. 作业中的要求

（1）作业时，割草刀片应与地面保持一定的间隙，避免碰到硬物、电线；

（2）当有两台或多台割草机同时工作时，相互间应保持不少于15m的安全工作距离；

（3）操作机器时，应保持双脚同时着地，将负重均匀地分配在双脚上，两手握紧工作杆；

（4）当刀片被杂草缠绕或碰到硬物时，应立即停机排除异物，并检查刀片是否损坏，若损坏应予以更换；

（5）不要在雨天使用割草机；

（6）不要在有许多石块、垃圾的地方使用割草机；

（7）不能在夜间作业，除非操作者技术熟练以及装置备有法律许可的照明器械；

（8）不能在水里进行作业；

（9）驱动时速度不能超过5km/h；

（10）机器工作时，刀刃一旦碰撞到坚硬物体时会产生火花甚至爆炸，因此要避免周围有可燃气体和电线等。

3. 维护与保养

(1)使用后应清洁整机外部尘土和草屑、油污等,保持机容整洁;

(2)经常检查传动链条的完好情况,若有变形或损坏,应予以校正和修复;

(3)使用后应检查各刀刃的利钝情况,若刀刃已钝或磨损严重,应及时修磨或更换;

(4)按说明书要求按时进行一、二级保养。

4. 机械保养

(1)例行保养

①检查燃油、冷却水是否充足,及时补足燃油和冷却水。使用的燃油必须是严格按规定比例配好的混合油。用汽油清洗空气滤清器滤网。

②清洁发动机外部。清除火花塞积炭。检查发动机运行情况,如有异响、异烟、漏油、漏水、漏电等现象,应查明原因及时排除。

③检查张紧离合器,工作时应接合平稳,分离彻底。检查变速器,其润滑油应加至规定油位。传动链条和V形皮带的松紧程度要适当,否则,应予以调整。

④检查剪草工作装置。校整修磨刀片和锯片,剪草器滚刀与底刀刃口间隙不合适,可通过调节杆与螺母来调整。若各连接点有松动、卡滞或异响,需及时查明原因,排除故障。留草高度可通过调整导轮架摆角来选择,安全护罩应完好无损,安装牢固。

⑤每日工作结束后,清除整机外表尘土、油污及草屑;各部连接螺栓若有松动,应予以紧固。

⑥按润滑表规定进行润滑。

(2)一保

①完成本级保养作业项目外的例保项目。

②拆检、清洗空气滤清器,必要时更换滤芯。清洗燃油箱和油箱盖,加入新燃油。

③检查化油器的供油浓度,清除消声器内积炭。清洁磁电机内白金,检查、调整白金间隙。

④清洗变速器,更换新齿轮油。检查、润滑各传动链条。

⑤检查剪草器刀刃。检查、润滑剪草器主轴两端轴承。

⑥检查转向操纵机构,保证其工作时灵活、平稳,开关无损坏。

⑦检查驱动机构差速器,保证转向灵活,工作正常。

⑧按润滑表规定进行润滑。

(3)二保

①完成本级保养项目作业外的一保项目;

②清除气缸内组件积炭,检查气缸盖有无裂缝。检查活塞、曲轴组件。对磨损严重的零件进行修理或更换,用汽油清洗曲轴箱内部,检查曲轴箱油封,更换损坏、漏油、漏气的油封;

③解体磁电机,清洁检修各零部件,清洗风扇叶片轮壳内的油污和尘垢,检查风扇;

④检查传动系统,若传动系统V形皮带和传动轴轴承磨损严重,减振橡胶圈,润滑孔橡胶塞老化损坏,应予更换;

⑤检查离合器,摩擦片磨损严重应予更换;

⑥检查变速器,更换齿轮油,齿轮和轴承,若有损坏应予修复或更换;

⑦刀片锯片如磨损严重应予以更换,操纵机构应灵活可靠,否则应查明原因,排除故障;

⑧检查导轮架、积草斗和挡草板,如有损坏予以修复,背负式剪草机应检查背带、挂钩;

⑨清洁检查整机,如有机件破损或损坏予以修复,局部脱漆部位,应予除锈和补漆;

⑩按润滑表规定进行润滑。

第五节　除雪机械

除雪机械是清除道路积雪和结冰的专用设备，是寒冷积雪地区公路、城市道路、机场等养护部门必备的冬季养护机械。

国外发达国家除雪机的品种规格较为齐全。特别是近年来，由于社会对冬季道路养护提出了更高要求，各类除雪机迅速增多，性能也朝着自动化和一机多能方向发展。其主要发展趋势，一是利用高性能专用底盘，采用机、电、液一体化控制系统，使作业速度自动适应除雪作业的负荷变化；二是开发多功能的除雪机，使其能在除雪机上搭载滑雪装置、高雪堤除理装置、药剂撒布装置等，以提高作业效率和减少更换除雪装置的时间。

我国真正开发除雪机是从20世纪80年代开始，主要开发的产品有挂顶推式除雪机和螺旋转子式除雪机。近几年又参照国外技术研制出了犁式和转子式等除雪机，但其性能和产量与国外相比还有很大差距，还不能适应我国公路的除雪要求。

一、分类、特点及适应范围

除雪机的种类和品牌很多，为了能集中反映其特性，下面列表分类说明。

1. 按工作装置分类(表2-4)

除雪机按工作装置分类表　　表2-4

名　　称	特　　点	适用范围
犁板式除雪机	以雪犁或刀板为主要除雪方式，可以推雪、刮雪	可装在卡车、推土机、平地机、拖拉机、装载机等底盘上，适用于各种条件下的除雪
螺旋式除雪机	以螺旋和刮刀为主要除雪方式，侧向推移雪或冰碴	新雪、冻结雪、冰辙
转子式除雪机	以高速风扇转子的抛雪为主要除雪方式，抛雪或装车	新雪，或同犁式机配合
组合式除雪机	多种除雪方式的组合	新雪、压实雪
清扫式除雪机	以旋转扫路刷为主要除雪方式	高速路、机场进行无残雪式除雪、薄雪
吹风式除雪机	以鼓风机高速气流为主要除雪方式，吹出路面	公路新降雪
化学消融剂式撒布机	以化学融剂消雪，防结冰为主要方式	降雪前撒于路面，降雪后还可以撒灰渣
加热式融雪机	把雪收集，加热融化成水	特殊场合

2. 按主机特性分类(表2-5)

除雪机按主机特性分类表　　表2-5

名　　称	特　　点	适用范围
旋转除雪机	工作装置由集雪螺旋和风扇转子等转动件组成，一般为装载机底盘	除厚雪，或同犁板式除雪机配合作业
除雪卡车	在卡车底盘上装各种除雪犁板和作业装置	公路、广场街道的新雪、压实雪
除雪平地机	刮雪刀片在平地机机体中部	主要清除压实雪
除雪推土机	在推土机前装各种除雪犁板，有履带式和轮胎式	清除较厚雪
扫雪机	工作装置为扫刷或扫刷加吹气	高速路、机场的新雪、薄雪
路面除冰机	工作装置有螺旋刀切削式和转子冲击式，底盘一般用装载机	压实雪、冻结雪、冰辙

续上表

名　　称	特　　点	适用范围
手扶式除雪机	无驾驶室	人行道及狭小地方的除雪
融雪车	在卡车上装有螺旋集雪装置燃烧加热装置、融雪槽等	街道除雪
消融剂撒布车	在卡车底盘上装有料仓、输送器、撒布圆盘等装置	撒布防止结冰和融雪的药剂或起防滑作用的砂子
装雪机	有斗式装雪机、皮带式装雪机螺旋式装雪机	必须把雪运走的地区
固定除雪装置	在特殊地段安装的永久性除雪装置	特殊地段

二、主要结构及工作原理

综合作用式除雪机将切削雪和抛雪两个工序交由一个工作装置来完成。该工作装置制成专门形状的切削转子、综合螺旋转子和综合铣刀转子。目前使用最广泛的是螺旋转子和铣刀转子式除雪机。犁式除雪机多由自卸汽车改装而成，适用于各种道路上密度较小的新降积雪。

1. 犁式除雪车

犁式除雪机就是把犁刀安装在拖拉机、卡车、装载机、推土机、平地机或专用底盘上的除雪机的总称。犁刀一般安装在车辆前部、中部或侧面，有单向犁、V 形犁、变向犁、刮雪刀及复合犁，工作装置的提升、降落靠液压控制。这种车结构简单，换装容易，机动灵活，效率高，适宜于清除新雪。犁式除雪车的外形如图 2-38 所示。图 2-39 为侧翼板式除雪车外形图。

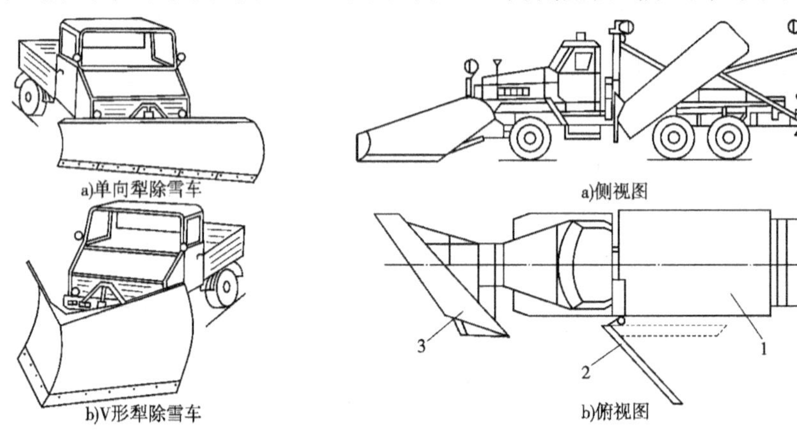

图 2-38　犁式除雪车的外形

图 2-39　侧翼板式除雪车外形图

1-车体；2-单向侧翼板；3-前置单向犁

犁式除雪车的基本工作装置为除雪犁，除雪犁主要由犁刃与导板两部分组成，如图 2-40 所示。

除雪平地机是自行式平地机用其刮刀来刮削积雪时的称谓。不过，为了扩大其除雪功能，除雪平地机一般还装有前置的 V 形犁或侧置的翼板。图 2-41 所示为除雪平地机进行除雪作业的工作简图。

2. 旋转除雪机

旋转除雪机就是把各种旋转除雪装置安装在汽车、拖拉机、装载机等工程车辆或专用底盘

上的除雪机的总称，其典型结构如图 2-42 所示。

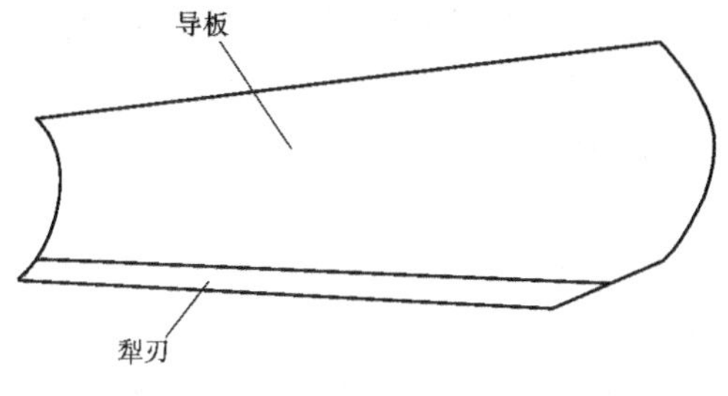

图 2-40　除雪犁

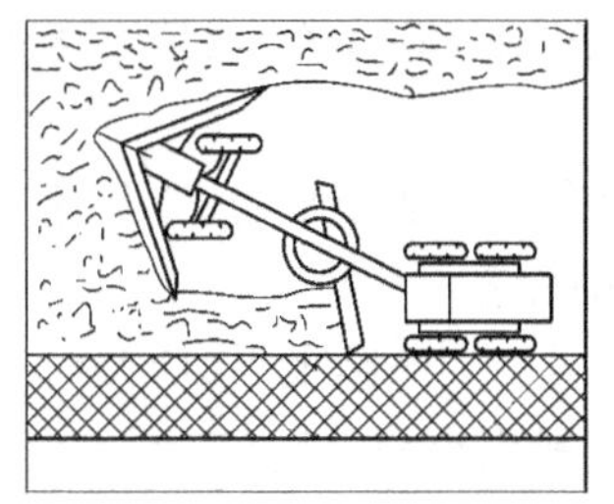

图 2-41　除雪平地机除雪作业简图

旋转除雪机主要由工作装置及底盘车辆组成。工作装置由集雪螺旋、抛雪风扇、抛雪筒及其连接装置组成。集雪螺旋主要完成积雪的切削、输送，其叶片一般布置为左右旋向，便于雪从两边向中间运动至抛雪风扇处。抛雪风扇叶片为辐射状，进入风扇的雪在高速旋转叶片离心力作用下，沿着叶片表面运动至风扇壳体顶部开口处抛出，由抛雪筒导向合适区域。

旋转除雪机多采用底盘车辆液压系统驱动工作装置的各部分，容易调整除雪速度，传动操作容易实现。

常见的几种旋转除雪机主要工作装置如图 2-43 ~ 图 2-45 所示。

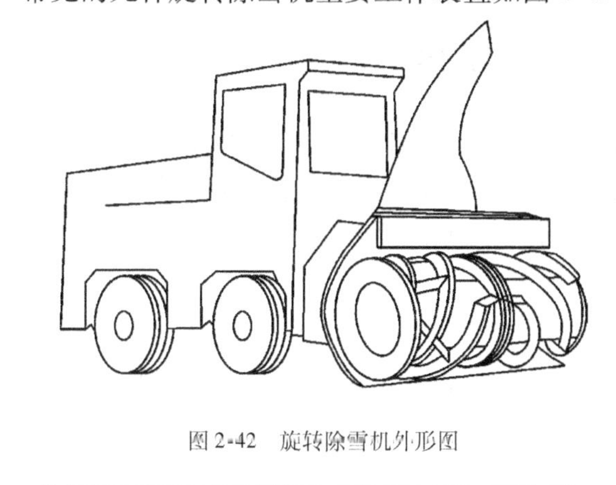

图 2-42　旋转除雪机外形图

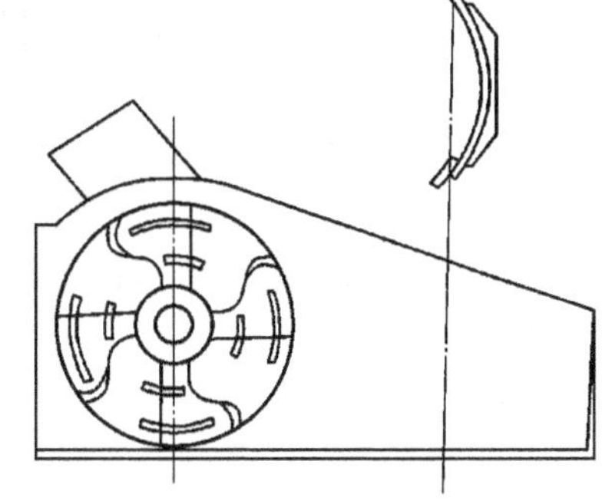

图 2-43　转子犁式装置

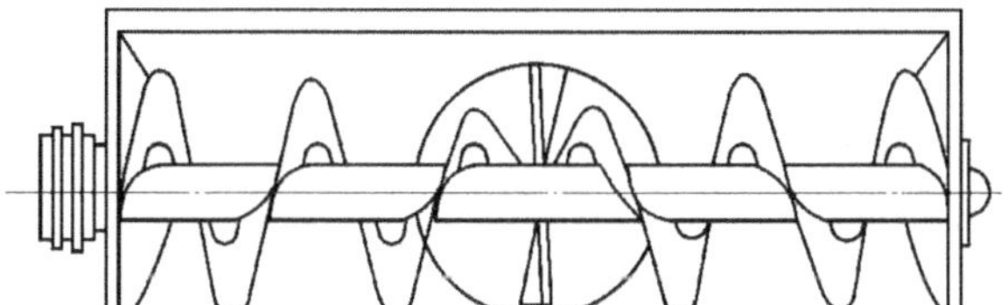

图 2-44　单螺旋转子装置

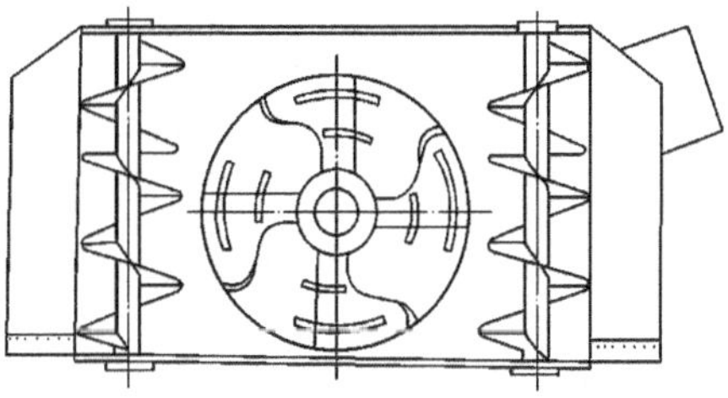

图 2-45　立轴螺旋转子装置

三、使用技术

1. 注意事项

（1）详细阅读除雪机使用说明书，了解各种机型的特点和技术要求；

（2）在使用除雪机作业前，先要了解除雪路段的雪质、厚度、硬度及路面障碍情况，安排好作业计划；

（3）使用前还要检查各系统的工作状态是否正常，有无松动及漏油情况；

（4）调整工作装置、雪橇及支撑轮，使工作装置底部与路面之间的间隙满足路面不平需要，这个间隙一般以1～2cm较为适宜；

(5)顶推拖挂式除雪车，要考虑牵引车的抗滑性能及雪雾对驾驶视野的影响，必要时安装防滑链；

(6)操作时要动作平稳，工作速度适当，以免损坏工作装置。

2. 维护保养

(1)除雪机工作结束后，应及时对除雪装置上的雪块、冰碴进行清理，尤其是轴承、转子叶片与壳体接触面更应及时清理，以免结冰损坏风扇叶片；

(2)除雪机应按时进行保养，除每班对各润滑点保养外，还要按保修规程每200h进行一次一级保养，600h进行一次二级保养，1800h进行一次三级保养。各级保养的内容与其他工程机械相似，本节不再赘述。

(3)除雪机闲置时，应对各部件进行防锈蚀处理，并将机器晾干后停放到库房内；

(4)除雪机停放在库房时，应使液压油温保持在一定范围内，从而保证液压系统随时可以进行工作；

(5)除雪机使用的液压油，不仅要考虑其黏度等级，还必须考虑油液黏度指数，相对来说黏度指数高的工作油所适应的温度范围大。

第六节 画线机械

道路画线机就是在公路、城市街道、机场、公园广场等路面上画出各种交通标志线的机械。道路标线现已成为交通设施的一个重要组成部分，它的鲜明完整会给司机和行人以良好的信号提示，可以有效地减少事故和提高车辆的通行率。道路标线还是调解和处理交通纠纷及交通事故的法律依据。

一、分类和特点

根据标线涂料的不同，适用不同标线涂料的机械分为三种：常温溶剂型、热溶剂型、热溶型。这里着重介绍前两种。

1. 常温溶剂画线机

它的特点是在常温下，依靠压缩空气或高压泵将漆雾化，然后通过喷枪嘴喷涂于地面。目前使用较多的是高压或无气喷涂画线机。该机喷涂的效果好，画出的标线整齐饱满，而且喷涂有力，附着力好，能喷涂高黏度的涂料，标线的寿命长。

2. 热溶剂型画线机

热溶型涂料不同于常温漆，它是由树脂、颜料、填充料和玻璃珠混合成的固体粉状材料，热至200℃的温度时才能溶化成液态，在其液化的状态下再利用专门的画线机滚涂、喷涂或刮涂。涂料至常温冷却后形成固化的标线，其涂层厚度可达2mm。同时，玻璃珠也被固化在漆线里。这种标线耐磨性、夜间反光性、快干性均优于液态常温漆和加热漆油漆。

二、高压无气喷涂画线机的主要结构及工作原理

高压无气喷涂画线机主要由高压无气涂料泵、涂料箱、电气自控系统和动力装置等组成。

高压喷涂泵有隔膜泵和柱塞泵两种形式，其动力装置根据作业方式不同也有差异，由内燃机直接驱动高压涂料泵而构成一套独立的可移式画线设备。由汽车底盘上原有动力，经机械取力或液压传动来驱动高压涂料泵，则可以组成专用画线车。

1. 高压隔膜泵

高压隔膜泵由偏心轴、柱塞、调压阀、涂料泵吸入阀、压出阀等组成，如图2-46所示。隔膜泵上方为涂料泵，当偏心轴1在汽油发动机或液压马达的直接驱动下转动，推动柱塞2上行压油，使油压力升高，高压油推动隔膜5向上凸起，当偏心向下时，柱塞由柱塞弹簧推向下行，油压降低，隔膜5在隔膜弹簧作用下向下凹回，隔膜泵的上下移动，使涂料泵腔内交替产生高压和负压，当涂料腔内为负压时，吸入阀6打开，压出阀7关闭，吸入涂料；当涂料泵腔内处于高压时，吸入阀6关闭，压出阀7打开，涂料经过滤器10，高压软管12，回转接头13，最后从喷枪口喷出。当打开放泄阀11时，泵失去压力，涂料回流涂料箱内。隔膜泵的工作压力一般为10～20MPa，流量一般为2～6L/min。

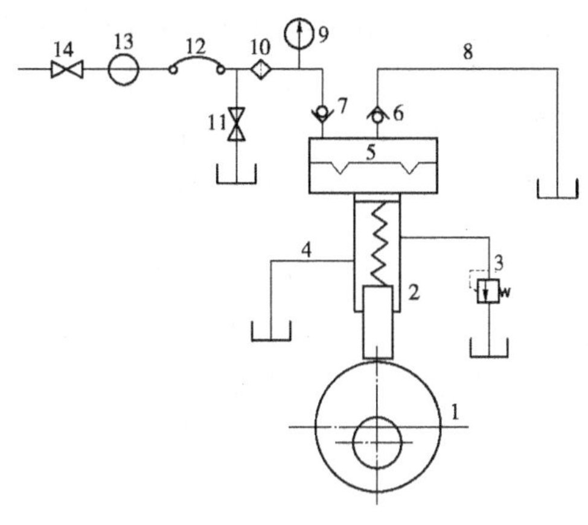

图2-46　高压隔膜泵原理图

1-偏心轴；2-柱塞；3-调压阀；4-吸油软管；5-隔膜；6-涂料泵吸入阀；7-涂料泵压出阀；8-涂料泵吸入管；9-压力表；10-过滤器；11-放泄阀；12-高压软管；13-枪回转接头；14-枪扳机

2. 高压柱塞泵

高压柱塞泵由于柱塞数目不同分为单柱塞和双柱塞泵两种形式。

(1)单柱塞泵

单柱塞泵由汽油机、减速器、蓄压器、安全阀、调整阀、喷枪、漆桶等组成，如图2-47所示。其工作原理为：汽油机带动减速箱，驱动柱塞式高压无气喷涂泵往复运动，把漆吸入泵内，增压至10～15MPa压入储能器内，然后通过高压软管使漆到达喷嘴，漆在空气中雾化后被均匀的涂在路面上。安全阀进一步保护系统不过压，当调压阀万一失灵，系统内的压力超过安全阀的标定值15MPa时，安全阀打开，系统卸压起到安全保护作用。单柱塞泵工作压力为10～20MPa。

(2)双柱塞泵

双联柱塞泵由汽油发动机、减速箱、偏心轴、柱塞泵、储能器、溢流阀、调压阀、涂料筒、喷枪等组成，如图2-48所示。

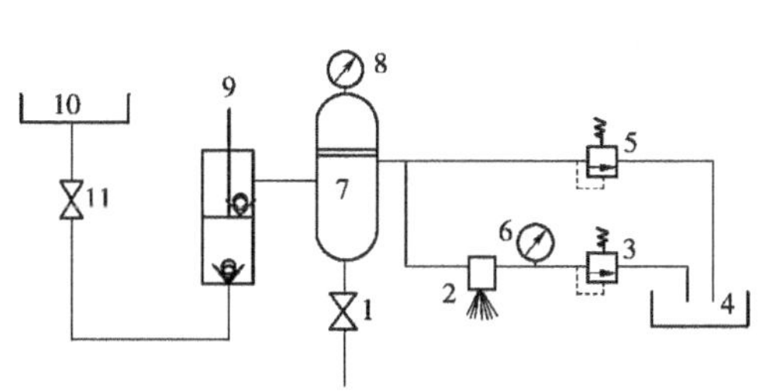

图2-47　单柱塞涂料泵原理图

1-针阀；2-喷枪；3-调压阀；4-漆桶；5-安全阀；6-压力表；7-蓄能器；8-压力表；9-漆泵；10-漆桶；11-节门

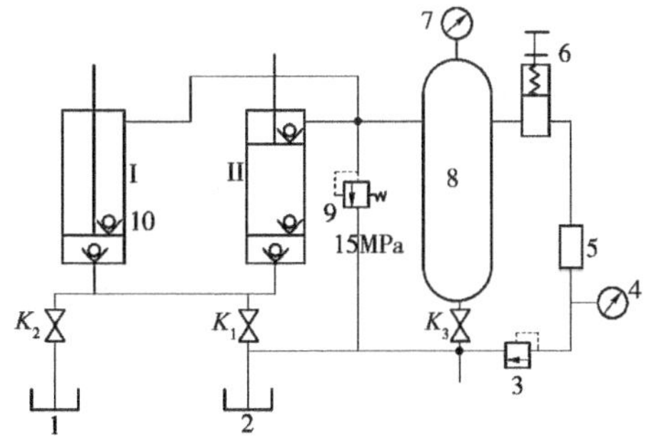

图2-48　双柱塞泵原理图

1-稀料筒；2-漆筒；3-调压阀；4-压力表；5-喷枪；6-停机安全阀；7-压力表；8-蓄能器；9-溢流阀；10-漆泵

双联柱塞泵的工作原理为:汽油发动机的动力经过减速器传递给偏心轴,两个工作相位差约155°的偏心轴分别驱动两个柱塞泵作往复运动,借助两组单向阀的启闭,将涂料吸入泵体压入蓄能器,然后通过喷枪喷出涂料。

调压阀用来维持喷枪的工作压力,为了保证喷枪工作时的压力稳定,作业前压力应预先调整好。正常条件下,泵系统内的最高压力由系统中溢流阀控制。当压力超过预调压力时,溢流阀打开,涂料流入涂料箱中,系统卸压。

另外,在系统管路中装有一个安全阀,它与汽油机熄火开关相连。涂料泵工作时,若溢流阀失灵或者系统管路堵塞时,系统压力将继续升高,当压力升高至20MPa时,安全阀动作,并带动发动机熄火开关关闭发动机。

3. 高压无气喷涂画线机喷涂量的确定

不同类型的高压无气喷涂画线机,其单位时间内喷涂量是不相同的。即使是同一台施工设备,也会因喷枪喷嘴的直径和几何形状,以及黏度的变化、施工速度的快慢而影响喷涂量。

一般常温漆的比重为1.5左右,每吨涂料600多升,常采用的标准施工规范如下:涂料用量0.27L/m^2,面积15cm×100cm,涂布量0.04L;面积20cm×100cm,涂布量0.054L。画线机喷涂量与施工速度的对应关系如表2-6所示。

施工速度与涂料喷涂量的对应关系　　表2-6

施工速度(km/h)	喷油量(15cm宽)(L/min)	施工速度(km/h)	喷油量(15cm宽)(L/min)	施工速度(km/h)	喷油量(15cm宽)(L/min)	施工速度(km/h)	喷油量(15cm宽)(L/min)
3.0	2.0	5.0	3.3	7.0	4.7	9.0	6.0
4.0	2.7	6.0	4.0	8.0	5.3		

注:表中参数是单画线的施工喷涂量,如果画线机具有喷涂双线的功能,其喷涂量应增加一倍。

4. 高压无气喷涂画线机简介

1)结构及工作原理

某KF-YLP-150型液压高压无气喷涂画线机结构如图2-49所示,其工作原理如图2-50所示。

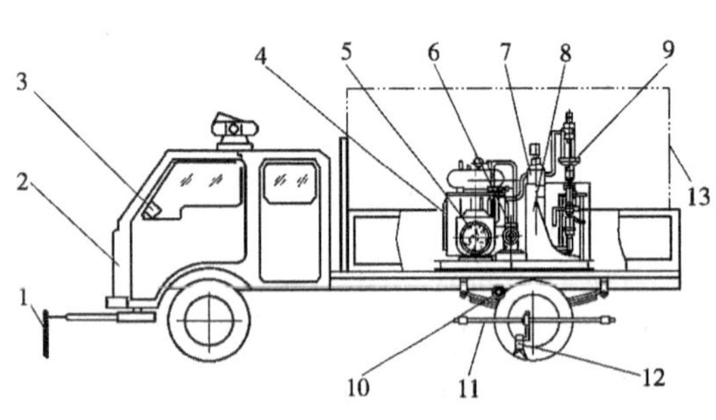

图2-49　KF-YLP-150型液压高压无气喷涂画线车结构图
1-前指针;2-汽车;3-电脑;4-油箱;5-汽油机;6-空压机;7-蓄能器;8-涂料桶;9-液压喷涂机;10-传感器;11-枪架;12-喷枪;13-防护顶棚

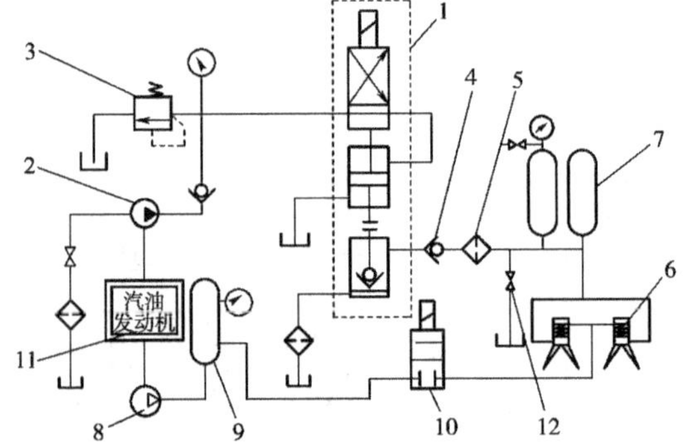

图2-50　KF-YLP-150型液压高压无气喷涂画线机原理图
1-液压喷涂机;2-齿轮泵;3-压力控制阀;4-单向阀;5-高压过滤器;6-喷枪;7-蓄能器;8-空气压缩机;9-储气罐;10-电磁开关;11-汽油机;12-放泄阀

液压喷涂机1由液压驱动装置(亦称液压直线马达)和涂料柱塞泵两部分组成。液压驱动装置由齿轮泵2、压力控制阀3、压力表及管路组成。涂料柱塞泵在液压驱动装置的带动下，通过往复运动完成吸排涂料的工作。排出的涂料经过单向阀4、高压过滤器5输送到喷枪，由喷枪、喷嘴完成喷涂功能。蓄能器7起到缓冲喷涂压力波动的作用。喷枪开关由气路控制，气动系统由空压机8、储气罐9、电磁开关10等组成。设备的动力由汽油发动机11提供。

2)使用及调试

(1)启动前准备

①检查设备各油路、气路、涂料管路及各管路接头是否处于良好的工作状态，有无松动渗漏。若有松动渗漏，要及时检修好。

②检查汽油机支架、空压机、液压喷涂机、涂料桶及联轴器等是否连接紧固。若有松动，要及时紧固。

③接好电气控制箱、传感器、汽油机启动连线。

④检查设备各油箱是否注油，汽油润滑油箱加满汽油，空压机加满润滑润滑油。

⑤检查涂料桶内是否有杂质。若有杂质，要及时清洗。

(2)启动时的注意事项

①汽油机启动前打开齿轮泵的吸油截止阀、涂料泵吸漆截止阀、空压机进气阀、液压管路的溢流阀、涂料管路的调压阀等，使系统全部泄压，处于零压状态后再启动汽油机。严禁带负载启动。

②旋转汽油机启动开关启动汽油机。启动后运转5min，观察有无噪声异响，如有异响停机检查，排除故障后再启动。

(3)调试

①调整汽油润滑油门，使汽油机工作转速在1500rad/min左右。

②喷涂机液压管路溢流阀工作压力调到5～7MPa(观察液压表读数)。

③调整柱塞泵调压阀，工作压力调至8～12MPa(观察电接点压力表读数)。

④关闭空压机进气阀，待空压机工作压力达到0.4～0.5MPa时，喷涂机便可正常工作。

注意：在满足喷涂工作压力的情况下，喷涂压力无需调至过高，这样有利于设备过载保护和延长设备的使用寿命。

⑤按标线宽度要求调整喷枪高度，试喷、达到标线宽度要求后，将喷枪及枪架紧固。

3)常见故障及排除

常见故障及排除如表2-7所示。

常见故障及排除　　表2-7

故障现象	故障原因	解决办法
液压驱动装置换向阀不换向	①定位钢球卡死； ②阀芯与阀套配合间隙过紧； ③活塞变形卡住缸套； ④阀芯、阀套损坏	①调整定位钢球； ②研磨阀芯与阀套； ③修整活塞； ④更换阀芯、阀套
液压系统压力不足	①液压表失灵； ②管路泄漏； ③活塞长期磨损间隙过大； ④齿轮泵损坏	①检修或更换液压表； ②紧固或更换管路密封圈； ③修整或更换活塞； ④检修或更换齿轮泵

续上表

故障现象	故障原因	解决办法
涂料管路压力不足	①管路内气体未排净； ②涂料少吸空； ③柱塞泵钢球关断不严； ④压力表失灵	①打开泄荷阀排气； ②涂料桶内加足涂料； ③清洗柱塞泵； ④修理或更换压力表
涂料管路漆压不稳	①喷枪嘴局部堵塞； ②高压过滤器过滤网堵塞； ③柱塞泵松动或V形密封圈损坏； ④泄荷阀失灵； ⑤吸漆管接头松动吸空； ⑥涂料黏度过大	①排除堵塞物； ②清洗高压过滤器过滤网； ③紧固柱塞泵更换V形密封圈； ④检修或更换泄荷阀； ⑤紧固吸漆管接头； ⑥稀释涂料
喷枪雾化不好，有虚边	①喷枪嘴磨损过大； ②喷涂压力过低； ③喷枪抢嘴局部堵塞； ④溢流阀失灵； ⑤单向阀失灵； ⑥涂料黏度过大	①更换喷枪嘴； ②调整喷涂工作压力； ③清洗喷枪嘴； ④检修或更换溢流阀； ⑤更换单向阀； ⑥稀释涂料
喷枪泄漏	①喷枪阀芯或阀座损坏； ②复位弹簧损坏或预紧力未调好； ③枪体顶部密封圈损坏	①更换喷枪阀芯或阀座； ②调整或更换复位弹簧； ③更换枪体顶部密封圈

三、热熔涂料施工机械的主要结构及工作原理

热溶型涂料施工机械品种繁多，样式各异，其主要功能是加热与涂敷，总体可分为涂料预热釜、涂敷机(车)及配套机械。现简介前两种。

1. 热熔预热釜

热熔预热釜的形式和种类很多，图2-51是一种液压传动热熔釜，该机主要由液压马达、液压控制集成块、温度表、齿条门、炉具、釜体等组成。

涂料预热釜的工作原理为：先将涂料倒入釜中，点燃釜体下部的液化气炉，对釜中的涂料进行加热，当涂料开始熔化时，启动釜体底部的搅拌器，使搅拌器进行搅拌，并不断加入新的涂料。当釜中涂料温度升到180℃时，便可出料进行施工。

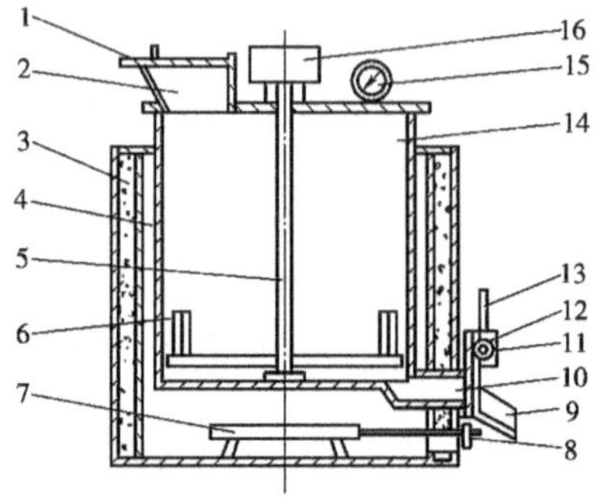

图2-51 热熔涂料预热釜

1-进料口盖；2-进料口；3-保温陶瓷棉；4-烟道；5-主轴；6-搅拌叶；7-加热炉盘；8-液化气入口；9-出料斗；10-出料导管；11-齿轮；12-齿条；13-出料手柄；14-内釜体；15-温度表；16-动力源

2. 手推式热熔涂料画线车

1)工作原理及结构

手推式热熔涂料画线车主要由熔料釜、后备箱、尾轮定位装置、涂料斗、玻璃珠撒布装置和车架等部分组成，如图2-52所示。其工作原理为：熔化状态的热熔涂料经过滤网倒入熔釜中，并由液化气火焰加热保温，经放料门流入涂料斗，料斗落地。通过料斗动作手柄，使滑动封料刀张开，同时扳动撒珠离合进给手柄，此时推动画线车前进，涂料在落地刀的限位下，就可画出标准线型的标

线和撒播玻璃微珠反光体,实现画线全过程。

①涂膜宽度(线宽)取决于料斗规格(两落地刀之间距离)。

②涂料流出量取决于滑动封料刀开口大小和推进速度的快慢。

③玻璃珠撒播靠离合手柄使转轴转动实现。撒播量通过调整玻璃珠箱的调整螺钉达到。

④标线的方位靠标尺和后轮定位器保证。

⑤用石油液化气火焰对釜底、釜门、料斗加热及对地面预热。

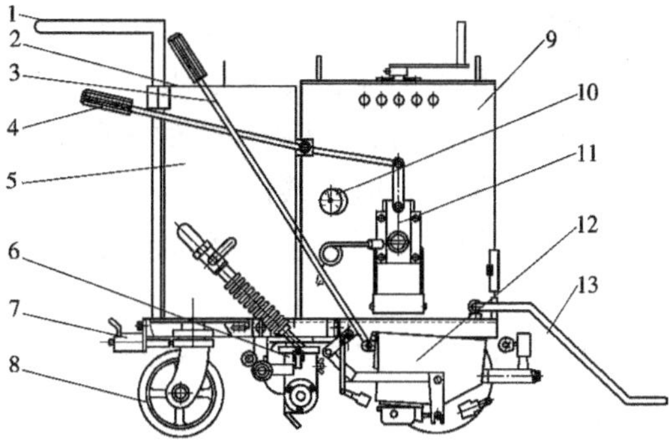

图 2-52　手推式热熔涂料画线车结构图

1-推车;2-玻璃珠箱;3-涂料斗手柄;4-出料门手柄;5-后备箱;6-撒珠器;7-后轮定位器;8-后轮;9-熔釜;10-温度表;11-出料门;12-涂料斗;13-标尺

2)使用技术

(1)施工前准备

①检查车体各部位是否处于正常状态,若有异常应及时调好。

②检查液化气管路及整个燃烧系统有否渗漏与堵塞,应保证安全工作。

③按涂膜厚度要求调整好封料刀和落地刀与地面的高度差(产品出厂时高度已调好,如果没有特殊要求,不要随意调整)。

④检查玻璃珠轴离合器控制手柄、釜门放料手柄、涂料斗开合手柄是否正常,保证其处于合适正确位置,动作协调可靠,符合画线要求。

⑤料斗吊架、标尺、后轮定位器等应调整准确。

⑥调整好玻璃珠箱调整螺钉,使之满足撒珠需要。

⑦以上调好后,使其均处于正确位置,即:出料门关闭,封料刀闭合,撒珠离合器啮合,燃气阀门关闭。

(2)施工操作程序(图 2-53)

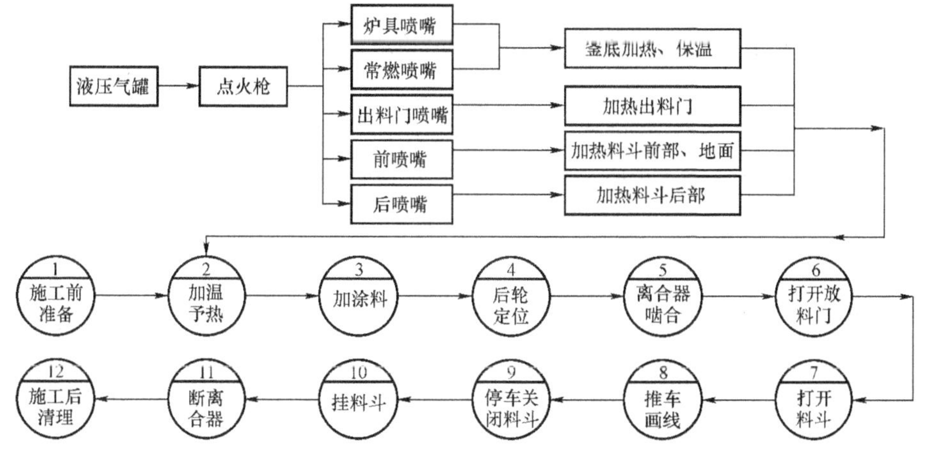

图 2-53　施工操作程序

(3)注意事项

①操作者戴好防护手套,以防烫伤。

②施工时要注意观察燃气系统的工作情况,要保持正常、可靠。

③熔釜应预热(5min 左右),再向釜内投料。涂料必须是熔化状态,并且经过过滤,除去漆皮和杂物。

④涂敷前要对涂料搅拌均匀。

⑤停止画线时,撒珠进给手柄一定要及时拨回原位,防止不作业时撒珠。

⑥离合器啮合时严禁拉倒车。

⑦每次施工最好把涂料全部涂完,再关闭料斗,少量剩料在下次施工时加热熔化后,方可投料使用。

⑧转动(或有相对运动)的部位应定期润滑保养,较长时间停用或施工前后均要进行保养。

3. 机动涂敷车

机动涂敷车具有施工省力、效率高、适应强等优点,但其造价昂贵,噪声大,对环境污染大,维修也较为复杂,目前使用得较少。大型机动涂敷车是将热熔釜和喷涂设备组合成一体,组装在移动底盘上,形成一台自行式画线机。常用的是压力喷涂式和双齿轮离心式两种结构,如图 2-54 和图 2-55 所示。

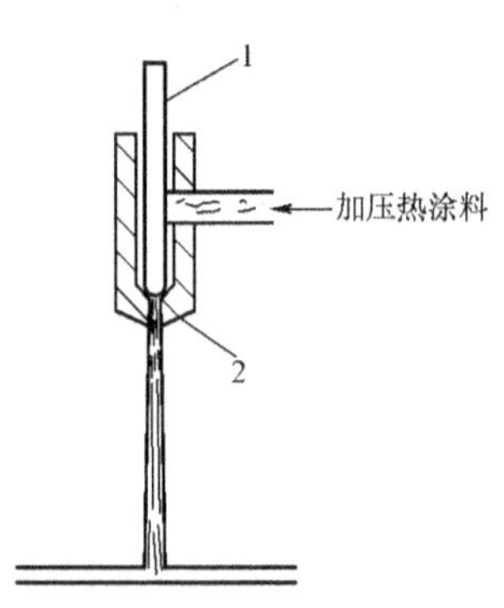

图 2-54　压力喷涂式结构原理图
1-枪栓针;2-喷嘴

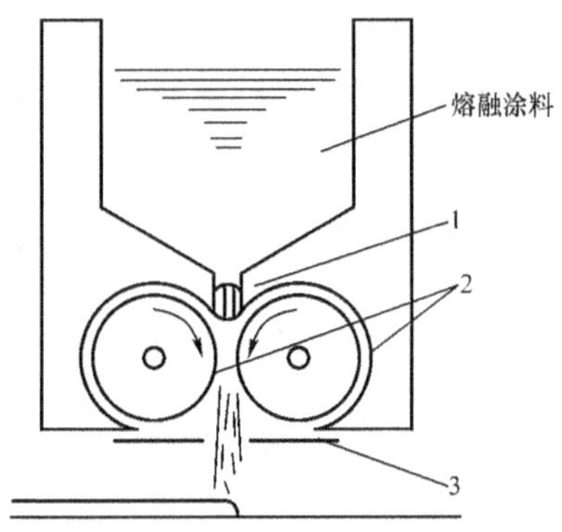

图 2-55　双齿轮离心式结构原理图
1-阀;2-双齿轮;3-快门(开关)

下面简要介绍某 KF-ZRHX-150 型多功能自走热熔画线车。

1)主要结构

车体主要由车架、前轮总成、后轮总成、车厢等构成。车上配置由热熔釜、涂料斗、玻璃珠罐、撒珠器、燃烧器自动控温、加热的燃气系统、由汽油机、空压机等组成的动力系统;配有液压行走、转向、搅拌系统;气动控制系统、PLC 微电脑自控画线系统及行车操纵系统等组成,如图 2-56 所示。

2)工作原理

汽油机通过斜盘变量液压泵,带动液压行走马达(变量马达)驱使主传动轴转动(后桥驱动),实现整车的前进、后退和调速。行走制动通过电磁换向阀,使液压系统的高压进行快速卸荷,实现制动。通过转向盘驱动液压转向器,使转向油缸作往复运动,带动转向连杆机构左右移动,实现车的转向。将涂料(溶化的涂料亦可)倒入热熔釜内,燃烧器点火加热熔釜的内套高温导热油,导热油对涂料进行加热或保温。加热温度由温控器自动控制。涂料的搅拌由手动换向阀控制液压搅拌马达带动熔釜的搅拌轴作正反向转动,通过搅拌叶实现对涂料的搅拌。发动机经皮带带动空压机工作,产生压缩空气,通过电磁阀控制相应气缸运动,完成釜门的开启和闭合、料斗的升降、涂料斗门的开合和凸起线刀的开合。空压机产生压缩空气,一部

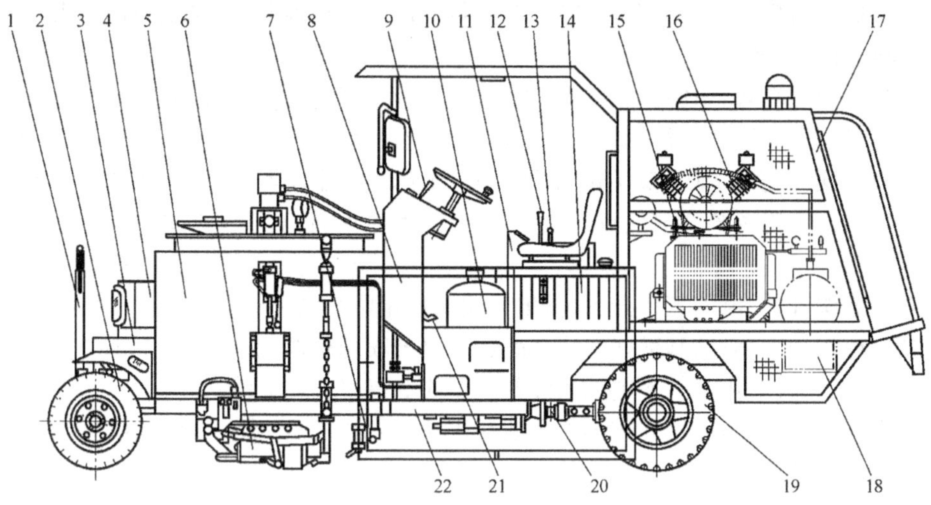

图 2-56　画线车结构图

1-前指针;2-前轮总成;3-燃烧器;4-前灯罩;5-热熔釜总成;6-涂料斗总成;7-撒珠器;8-操纵台总成;9-搅拌手柄;10-玻璃珠罐;11-电控箱;12-行走手柄;13-手油门拉线;14-液压油箱;15-汽油机;16-空压机;17-动力箱;18-蓄电池及开关;19-后轮总成;20-行走传动总成;21-离合及制动踏板;22-车架总成

分经减压后进入玻璃珠罐内,气压将玻璃微珠挤入撒珠器进口;另一部分直接进入喷枪入气口,在操纵开关控制下完成自动喷撒玻璃微珠过程。

3)操作程序

(1)操作前检查

①汽油润滑油箱要加足汽油(90#)。润滑油箱要加注润滑油。水箱加注冷却液。

②液压油箱油面高度在 1/3 ~ 1/2 处(油位线以上),如果不足,应添加液压油。

③空压润滑油箱要注满润滑油。

④检查蓄电池的搭铁极性,该车采用负极搭铁。

(2)空载启动检查(空载试验)

①启动汽油机运转,检查润滑油压力、水温、汽油量等仪表值是否正常,有无异常气味或噪声。若发现异常要及时排除。检查启动点火开关是否好用(不需要用脚踏加速踏板配合点火)。

②检查气动系统,空气压缩机运转正常,管路无泄漏。气动控制系统操作灵活、控制可靠;充气工作压力在 0.6MPa 左右。

③检查液压系统,对液压行走、液压转向和液压搅拌三项功能进行试运行。应达到规定工作压力和满足使用要求,液压管路无渗漏现象。

④检查燃气系统,燃气压力应调整在 3 ~ 5kPa 范围内。燃烧器启动正常,应自动点火,调控温度正常。燃气管路无泄漏,各阀门好用。

⑤检查电气控制系统。电控柜的微电脑控制和照明等系统,各电气开关控制有效,满足各系统功能要求。

⑥检查行走系统。要按汽车驾驶程序操作,检查加速踏板、制动器、离合、转向器及行驶等部分都应符合车辆行驶相应要求。

⑦涂料斗空载试验,打开工作开关,进行手动及自动控制,观察涂料斗的升降、斗门开合、凸起线刀的起落等情况。各项应满足画线要求。

⑧检查玻璃微珠系统。打开撒珠阀门,进行手动及自动控制,应满足撒珠要求。

(3)画线施工操作程序

①熔化涂料,向热熔釜内投放少量的涂料(釜内亦可加入已熔化的涂料)。启动燃烧器,按温控器设定温度对涂料进行加热。当加热到一定温度时要对涂料进行充分的搅拌,并可陆续添加涂料。建议先用220V交流电进行加热,施工时再用12V直流电进行加热或保温。

②开车至施工现场画线前应点燃涂料斗的前、后喷火嘴,对涂料斗进行预热。用点火枪加热釜门。

③打开电源开关、电脑工作开关,按电气说明设定画线线型。

④放好标尺,开车对准基准线,放下涂料斗,打开喷珠枪阀门。

⑤打开釜门,将熔化好的涂料放入涂料斗至4/5高时开始画线。

⑥操纵画线各控制开关,并与车的画线行进速度有机配合,通过PLC电脑自动控制,画出所设定的标准线型。

注意:画凸起线时要使用震荡涂料,并要更换凸起线涂料斗。

(4)液压系统操作程序

①启动汽油机,此时变量泵、齿轮泵的主轴转动,变量泵斜盘在中位。软轴手柄往前推动,画线车向前行走;软轴手柄往后推动,画线车向后倒退。手柄推拉角度的大小决定车的行走速度。

②如果需要停车,脚踏电磁阀开关板。

③车转向时,可手转动转向盘。

④如果需要涂料搅拌,可推动换向阀手柄离开中位,推或拉决定搅拌方向。搅拌速度可通过换向阀自身的溢流阀调整。顺时针转动压力增加、速度和扭矩增大;逆时针转动压力减小,速度和扭矩减小。调压后锁紧螺母。

四、画线机械保养

1. 例保

(1)检查燃油箱存油量,检查冷却水是否充足,不足时要及时补足。检查发动机运行情况,发动机应容易启动,无异常声响,运转正常。

(2)检查照明灯具、信号装置是否齐全有效,检查起动机、发电机、电气设备及各仪表工作是否正常,反应是否灵敏,示值是否正确。检查、清洁蓄电池。

(3)检查传动系统。离合器无打滑、发抖、发热现象,减速器油位适当,传动皮带不打滑(自行式画线机还需检查转向机构和行走机构)。

(4)检查加热装置。液化气充足,无泄漏,减压阀调定0.1~0.2MPa,燃烧盘和熔化桶清洁。

(5)检查供漆装置。漆路应无泄漏,检查喷枪喷嘴,工作时应雾化良好,无堵塞现象。检查高压泵、蓄压器。每日工作后清洗漆路系统。氯化橡胶类或丙烯酸类可免此工序。

(6)有供气装置的画线机要检查空气压缩机工作是否正常,气路系统有无漏气现象,排放储气筒内积油积水。

(7)检查画线机构,导向轮应转动灵活,不偏行。标志杆安装牢固,无变形。

(8)有液压系统的定期清洗液压油箱,更换液压油及滤清器滤芯,补充液压油。检查液压油泵、液压马达和其他液压元件,工作正常,无泄漏。

(9)清洁整机外部的尘土、油污及残漆,各部连接螺栓若有松动,应予以紧固。发现问题

的地方应查明原因，排除故障。

(10)按润滑表规定进行润滑。

2. 一保

(1)完成本级保养作业项目外的例保项目。

(2)清洗空气滤清器、燃油滤清器及加油口滤网，检查汽化器。清洗润滑油滤清器，检查润滑油循环指示器，必要时更换润滑油。清洗发动机散热片。检查风扇皮带张紧度。

(3)检查电气线路导线接头有无松动；检查电磁阀、分电器、火花塞；检查蓄电池。

(4)检查减速器、离合器、蜗轮箱、驱动桥的工作情况，密封件若有损坏，应予更换。

(5)有加热装置的应清除燃烧盘和各喷嘴上的积炭和污物。检查融化桶、搅拌轴和叶片，应无裂纹和明显变形，以及渗漏现象。各阀门应开闭正常。

(6)检查供漆装置的系统工作压力，保证其电路、气路正常工作，阀门操纵灵活，搅拌机构无卡滞现象。清洗油漆滤清器滤网，必要时予以更换。

(7)画线斗门应开启灵活，关门后无泄漏现象，否则，应予修复。

(8)按润滑表规定进行润滑。

3. 二保

(1)完成本级保养项目作业外的一保项目。

(2)检查发动机喷油压力，检测、调整喷油泵及供油提前角。检查调整气门间隙。紧固气缸盖进、排气歧管及消声气等螺栓。

(3)清洗发动机燃油箱及油管，更换空气滤清器滤芯。检查冷却管，必要时更换水泵水封。

(4)清除火花塞积炭，调整电极间隙。

(5)检查转向装置，万向节磨损严重时，予以调整或修复。更换减速器润滑油，检查传动轴。

(6)加热炉体应完好无损，出料门应无变形，关门后无滴漏现象，否则，应予修复。

(7)供漆装置各阀门应开启、关闭正常。管路连接牢固，密封良好。高压泵、压力调节器的密封件老化损坏，应予更换。检查清洗底漆桶。

(8)空气压缩机应工作正常，系统压力稳定。若气压波动，应检查排气阀门并进行研磨。检查气缸功能是否正常。清洗空气滤清器滤芯。

(9)检查画线操纵机构，若轴销磨损严重，应修理或更换。拆检导向轮，调整导向偏移。检查驻车制动器。

(10)按润滑表规定进行润滑。

第七节　清洗机械

路容美观、路线环境良好也是公路养护工作的内容之一。本节对公路清洗车及护栏清洗车作简要介绍。

一、高压清洗车

高压清洗车是一种用于水泥路面和沥青路面清洗的专用车辆，并具有喷雾降尘、路缘清洗等辅助功能。特别适用于城市道路、广场、公路、桥梁、公路遂道、大型仓库、港口码头的清洗作业。

高压清洗车的基本工作原理是:利用高压水泵产生 10MPa 的高压水,通过清洗架的特制喷嘴,在车辆的前方形成一道水帘,水帘像推铲一样将地面脏物推至指定点;或高压水经左(右)角喷喷出,清洗路缘、人行道及护栏隔离带;使用高压喷枪还可清洗路标、广告牌、高架桥等;使用喷雾系统,可通过喷嘴向空中喷雾,用于降尘和湿润空气。

由于采用了高水压、小流量工作方式,不仅能清洗地面的细小尘土和粘附物,而且清洗后的地面无水流痕迹,潮而不湿。一罐水能连续工作 76min,清洗路程可达到 10km 以上(按车速 8km/h)。

1. 结构与工作原理

某 ZLJ5150GOX 型高压清洗车由汽车底盘、水路系统、液压系统、电器系统、水箱、副车架等部分组成。其外形如图 2-57 所示。

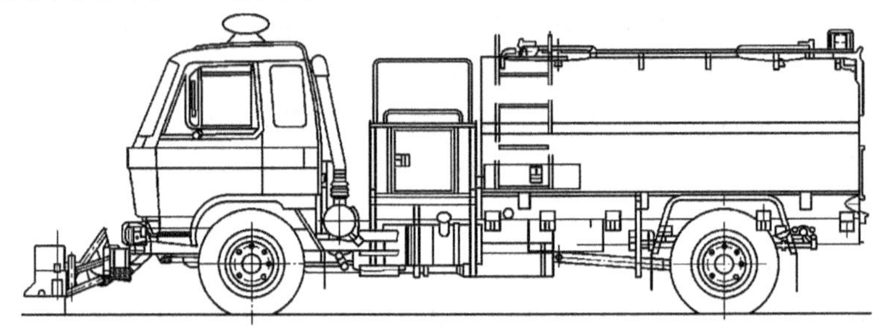

图 2-57 清洗车外形图

1)水路系统

水路系统原理如图 2-58 所示。水路系统由喷水架、喷雾、角喷装置、高压喷枪和相关的管路、接头等组成。水路系统装置安装在副车架上。水路系统是清洗车工作时的高压水源。由变速器取力器驱动液压油泵,向液压马达供油,由液压马达驱动高压水泵工作。

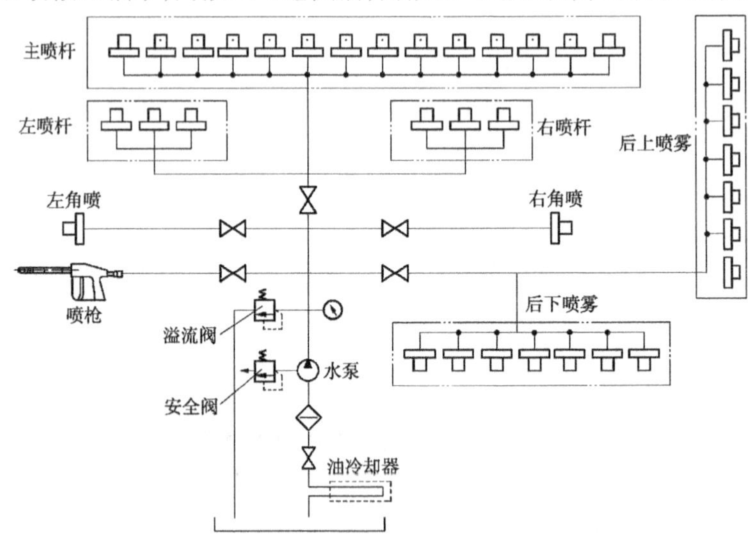

图 2-58 水路系统原理图

(1)高压水泵

高压水泵为进口柱塞式高压水泵,安装在副车架上,采用橡胶垫隔振。高压水泵由液压马达通过弹性联轴节直接驱动。

水泵最高使用转速为645rad/min。由发动机转速及水泵转速开关的高、低位控制。在电控箱上设有水泵转速表及水泵转速超速报警装置。

清洗作业时，规定用Ⅰ挡或Ⅱ挡车速，发动机转速规定为1500rad/min和1800rad/min两种转速（可用手油门控制）。当发动机选取1500rad/min工作时，应将水泵开关旋至“高”位（取力器双泵供油）；当发动机选取1800rad/min工作时，应将水泵转速开关旋至“低”位（单泵供油）。对应两种工况，水泵转速均为645rad/min。司机应随时监视发动机及水泵转速，当水泵超过规定转速时，应注意电控报警信号，并降低发动机转速，或将水泵转速开关旋至“低”位。

水路系统中设有安全阀及溢流阀双重保护，安全阀压力和溢流阀压力出厂时已经调好，一般情况下不要随便调整溢流阀压力。

水泵为飞溅式自润滑，为保证润滑要求，水泵最低工作转速应≥500rad/min。

换油时先从水泵安装位右侧下部放油塞处放尽旧油，再从水泵上面加油塞处加油至右侧中部透明油位视窗塞处（不允许拆卸油位视窗塞）。

（2）水路过滤器

在清洗车底盘大梁右侧装有水泵吸水过滤器，其滤网的过滤精度为80目，水滤外壳下部设有排污阀。加水时，适当打开水滤排污阀放出滤网外的污物。

每工作5个工作日，应拆下滤网清洗。如发现滤网有破损情况，必须立即更换。滤网安装面密封圈安装时必须压紧、保持密封。

在水罐加水口处设有“Y”形加水过滤器，能将自来水中的粗污物过滤。加水前，根据情况先放尽自来水栓中的沉积污物及铁锈后，再向水罐中加水。

加水过滤器为粗滤网式，可适时打开加水口球阀，利用水罐中的水向外冲洗滤网内的污物。必要时，还可拧开“Y”形水滤的螺盖，拆下滤网清洗。

（3）水路控制

为了保证水压，每次作业只能在主喷、左角喷、右角喷、喷雾、喷枪等中选择一种工作方式。水路的开、关采用电磁水阀控制，作业时，应先开水阀，后开水泵。

（4）冬季水路的放水与防冻

冬季结冰时，严禁使用。停用前应放尽水罐、水泵、水滤器、及油冷却器中的水。水可通过水罐前放水口及水滤下部放水阀放出，但油冷却器最下部铜管中的水，必须从其前端盖下部的专用放水螺塞中放出。放完水后，必须再运行水泵约5s以排出泵头中积存的水（将水位塞插线与铁外壳短接，即可无水启动水泵），再将各水阀依次打开，用专用吹气管（选购件）的快换阳接头插入车体上的喷枪快换阴接头内，再将气管另一端插入取力器气阀出气端的自动接头内（先按下自动接头的卡套，取下取力器气管），即可利用取力器气阀电开关控制吹气管吹气，吹尽管道及喷嘴中的残水。如果泵已被冻上或出现冰冻现象，绝对不允许运行水泵，除非整个系统已完全解冻，否则会损坏水泵及密封件。

2）水罐

水罐包括水罐体、顶盖、水泵供水管、水泵回水管、进排水装置、溢流管、过滤网、水标、水位报警器以及工具箱、挡泥板等。水罐是高压清洗车的主要结构件，它通过螺栓直接固定在汽车的大梁上。

水罐由钢板焊接制造，内表面经喷涂合金防腐处理，清洗水罐时，内表面不得用硬物摩擦和划伤。水罐内设有内置式溢流管，加满水后，水会从水罐的底部溢出。水罐前下部设有并联的两个水位报警塞，只要有一个水位塞正常，就能发出低水位报警电信号，并将水泵电路切断。

如水位报警误将有水报为无水时，即说明两个水位塞内部接线均已断路，应同时更换两个水位塞。如误将无水报为有水时（此种情况较少），一般是水位塞传感头铁芯与其外壳（与水罐连，为电源负极）之间沾有潮湿污物，造成通路（相当于有水介质导电），此时一般清洗干净即可。

3）清洗架

清洗架上安装有主喷杆及左、右伸缩喷杆。喷杆清洗宽度由伸缩油缸控制，从2.5～3.5m可任意调节。升降油缸控制清洗架的升降。清洗时，喷嘴离地高度以200mm左右为佳。喷嘴对地面垂直方向、向前的倾角一般为15°～20°较佳，可转动喷杆调节。

偏转油缸控制清洗架左、右偏转，左右最大偏转角各为30°。

左、右喷杆伸缩时，沿圆杆导轨滑动，应常从侧窗处清洗干净导轨表面的泥沙，并涂抹润滑脂，以免导轨卡滞。

各喷嘴安装时，扇形水面与喷杆轴线成约3°角，各扇形水面互相平行，以免水面互相干涉。应经常检查喷嘴是否通畅，若有堵塞，应及时疏通。

左、右伸缩杆安装有示宽灯，夜间作业时应保证示宽灯工作正常。

清洗架安装有罩壳及橡胶挡板，工作时，可以减少飞溅的水雾及泥沙。维护时，可拆下罩壳。

4）左、右角喷

角喷结构如图2-59所示。角喷最高工作压力为8MPa，可以根据需要选配2～8MPa压力范围的喷嘴，以满足不同工况要求。旋动接头1，可调节喷嘴对地面的倾角，旋动接头2可调节喷嘴扇形水面的方向。

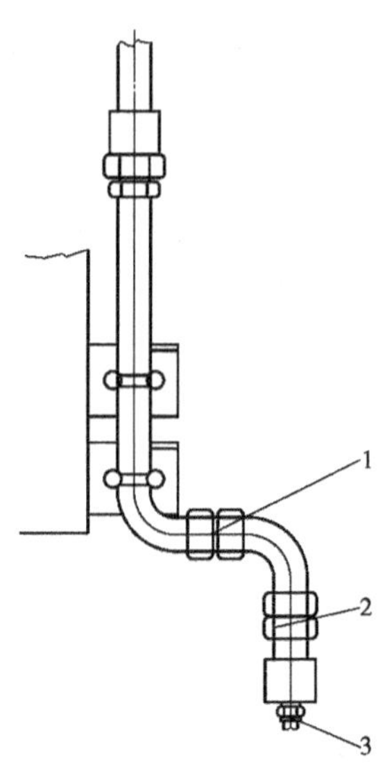

图2-59　角喷
1-接头1；2-接头2；3-喷嘴

低压角喷管可用于浇喷路边的花草。

5）喷雾系统

喷雾系统位于清洗车的后部，由上喷雾管与下喷雾管组成。应经常检查与保证各喷嘴的通畅。喷雾作业时应打开警灯及雾灯。

6）高压水枪

高压水枪有两种：一种为手持式喷枪，允许最高工作压力为7MPa（压力过高，反作用力过大，影响操作安全）；一种为平台支架式电控喷枪，允许最高工作压力9MPa（可根据需要选配5～9MPa不同压力的喷嘴）。

2. 使用技术

1）操作装置

清洗车的操作装置分为两部分：一部分在驾驶室内，行驶作业时操作；另一部分在驾驶室外，车停止时，在车下操作。

（1）驾驶室内的操作装置和仪表

清洗车驾驶室内的操作装置和电控及仪表由两部分组成。一部分为原汽车底盘的操作装置和仪表，包括转向盘、启动开关、离合器踏板、制动踏板及照明、音响、空调开关和仪表板等。另一部分为清洗作业用的操作装置和电控及仪表，包括电控箱、发动机手油门、取力器开关。

（2）驾驶室外的操作装置

①在副车架上布置有各种作业水路控制用手动高压球阀，作业时，先打开一路球阀。

②底盘两侧大梁中部，布置有高压喷枪接管的手动球阀及快换接头，使用喷枪时，应先将球阀打开。

③操作平台座椅旁布置有电控高压喷枪的电控开关盒，内有控制水泵开、关的旋钮开关。

2）新车的使用

为使清洗车达到应有的性能和延长使用寿命，新清洗车在使用初期必须进行磨合。汽车底盘行驶磨合里程为1000km，清洗车专用工作装置的磨合期为10h。磨合期内，发动机工作转速设定为1500rad/min，水泵转速开关旋至"高"位。

磨合时工作水压从低到高，顺序为：①除喷枪外，全部水阀开启，磨合1h；②清洗架加喷雾；③左角喷加右角喷；④喷雾。②～④各磨合3h。磨合期间，应注意检查各部分有无异常振动、噪声和漏油、漏水、漏气现象，各电控开关、电磁阀、仪表、传感器是否正常；磨合后，更换液压油，并清洗油滤器及水滤器，并排除磨合过程中出现的故障。

3）操作及注意事项

（1）出车前检查

①检查轮胎螺母、各紧固螺栓及销轴是否松动，检查轮胎外观及气压；检查清洗架、角喷外观及位置是否正常。

②检查整车有无漏油、漏水、漏气现象。

③检查燃油、冷却水、润滑油及制动液是否正常。

④检查液压油油位及油箱出油阀是否打开。

⑤检查水泵吸水管阀门是否打开。

⑥启动发动机，观察其运转是否正常；查看汽车仪表、气压、灯光、行车制动、手制动等是否正常。

⑦检查结束后，各电控开关置中位或关停位。

⑧将水罐加满水。

（2）作业操作

①清洗车行驶至作业路段后，车辆停驶，变速器处于空挡位置，拉起手制动杆。

②打开警示灯或警音。

③观察气压达到0.6MPa时，踏下离合器踏板，将取力器开关扳至"接入"位置，并确认取力器正常结合。

④如使用清洗架作业时，将清洗架的高度降至最低，偏转角调整到位，将左、右喷杆的伸缩宽度按需调整好，再将清洗水路高压球阀打开（其他水路阀关闭）；车辆起步，并根据选择的工作速度，将变速器挂至Ⅰ挡或Ⅱ挡，将发动机转速用手油门控制至1500rad/min时，将水泵转速开关旋至"高"位，清洗作业即开始；将发动机转速控制至1800rad/min时，将水泵转速开关旋至"低"位，清洗作业即开始。要停止清洗时，只要将水泵转速开关旋至"停"位即可。

⑤左、右角喷及喷雾作业操作相似进行。

⑥使用手持喷枪时，应停止作业。先连接好喷枪快换接头，打开水路球阀，将发动机转速控制至1400rad/min左右，操作者先将喷枪开关打开（握紧），再由驾驶室内操作人员将水泵转速开关旋至低位，喷枪即开始工作。停止工作时，应先将水泵转速开关旋至停位，再关闭喷枪。在水泵工作时，关闭手持喷枪的开关，将冲击水泵及安全阀，使安全阀冲开溢水，应尽量避免此种操作。当需用喷枪洗车时，为使压力降低，可同时将清洗架的水阀打开。

⑦平台支架式电控喷枪，由驾驶室内电控箱上的水泵转速开头和平台上小开关盒内的水泵转速串联控制，工作时，将发动机转速控制在1500rad/min，将水泵转速开关旋至“低”位，此时，再将平台上的水泵开关旋至“开”位，喷枪即开始工作。电控喷枪可在行驶中作业，喷枪设有支架及转动坐椅，松开转轴止动螺栓，即可拆下坐椅，以方便开启罩盖上盖。高速行驶时，坐椅严禁坐人。

⑧以上作业过程中，如需换挡或停车，应先将水泵转速开关旋至“停”位，即可按一般操作进行。

(3)操作注意事项

①出车前清洗架应处于中间最高提升位置，以预防碰撞。

②冬季作业前发动机应先在怠速、中速状态进行预热，发动机出水温度达55℃以上，方可投入全负荷运行。作业时，若水温超过92℃或润滑油压力警示灯亮，应停车冷却检查。

③液压油和液压油路的清洁直接关系到液压系统的正常工作与液压元件的寿命。因此液压系统油清洁度不能低于21/19，在抽取和更换油箱中的油液时，最好采用带过滤的加油机，使用时必须经常注意油箱中的油位，不能低于液位计的下限，还要特别注意油箱上回油过滤器的压力指示，当指针达到0.08MPa时，应及时更换回油滤油器的滤芯。夏季应注意油箱中的油温不要超过60℃。冬季要让油泵先空载运行一段时间，利用溢流阀加温，使温度达到10℃左右时再工作。

④作业中，如各种用电器(如前警灯、后警灯、警音、大灯、空调等)集中用电时，若出现发电机电压指针指向负向时，必须调整用电器使用情况，以免使蓄电池亏电。

3. 故障排除方法(表2-8)

清洗车故障与排除方法 表2-8

故障	原因	排除方法
液压系统油路漏油	①管接头松动； ②密封圈或组合垫损坏； ③油箱或管道有裂纹	①紧固松动的接头； ②更换密封圈或组成垫； ③拆卸洗净后补焊
液压系统工作压力过低或无压力	①电磁溢流阀调压过低或阀芯卡滞； ②液压油箱油面过低或吸油滤堵塞； ③电控线路松脱、接触不良或空开跳闸； ④液压泵损坏或内漏过大； ⑤取力器未挂上挡	①调整溢流压力或以手指推动阀芯往复运动数次，消除卡滞； ②添加液压油或清洗液压油滤； ③检修电控线路； ④检修或更换液压泵； ⑤排除挂不上挡原因(气压太低、气动活塞卡死)
液压系统发热严重	①冷却器进油电磁阀无电； ②液压油箱油面过低或液压油变质； ③合流泵溢流压力不当，溢流量大	①检查电路及油温感应塞； ②添加液压油或更换液压油； ③调整溢流压力
液压系统振动噪声大	①液压管路里有空气； ②管道或液压元件的定位紧固松动	①从液压泵进油路逐段松开管接头排气； ②紧固各元件和液压管道
清洗架升降、偏转及左右喷杆伸缩控制失灵	①电磁换向阀卡滞； ②溢流阀压力过低； ③电控线路接触不良； ④喷杆伸缩导轨卡滞	①用手指推动液压集成块上相对应的电磁换向阀的阀芯往复运动数次，消除卡滞； ②调整电磁溢流阀压力； ③检修电磁阀电控线路； ④清洗、涂润滑油

续上表

故　障	原　因	排除方法
作业警示灯不亮、警音不响	①电路接触不良或空开跳闸； ②警示灯泡烧坏	①消除接触不良，空开复位； ②更换灯泡
喷嘴不喷水	堵塞	疏通
清洗架提升后自动下降	①油缸内漏； ②液压锁漏	①更换油缸密封圈； ②修理或更换液压锁
降力器挂不上挡、变速器透气塞处漏压缩空气	①气压不足； ②取力器气缸活塞密封圆环损坏	①气压足时挂挡； ②更换密封圈
水泵转速表不指示	①传感塞间隙太近，已磨坏； ②传感塞间隙太大； ③传感器塞坏	①更换传感塞； ②调整间隙至1～1.5mm； ③更换
水位报警误报	水位传感头铁芯与外壳间沾有污物	更换或清洗

二、护栏清洗车

高速公路上，由于车辆废气的排放、运煤车掉煤和风沙的侵蚀等，使得路面设施如防护栏、导向桩、标志牌很不干净，严重影响了高速公路的路容路貌，影响了高速公路的环境美化。护栏清洗装置能方便、快捷、干净地清洗高速公路护栏等设施，使用灵活、安全可靠，能很好地满足高速公路护栏等设施的保洁需求。下面介绍 Muticar 护栏清洗装置的技术性能和使用性能。

1. Muticar 护栏清洗装置的技术性能

RPS-H 型护栏清洗装置适用于清洗防撞护栏、导向桩及标志牌。该装置采用全液压驱动、安装在主机上，通过手动或自动控制系统进行操作。液压马达直接驱动刷子转动，其转向及转速可以调节。刷子的喷水来自主机后的水箱，通过高压泵泵入水管中，再由喷嘴喷出。

(1)主要性能参数

RPS-H 型清洗护栏装置主要技术参数如表 2-9 所示。

RPS-H 型清洗护栏装置技术性能参数　　表 2-9

机器质量	230kg	最大油压	换算
重心到连接点距离(运行状态)	303mm	清洗护栏工作速度	2～4km/h
刷子直径	500mm	每一导向桩工作速度	约10s
刷子长度	550mm	输出功率	约15kW
旋转速度	350～650rad/min	刷洗高度	0～1500mm
喷水量	约6L/min	刷洗臂最大工作范围	900mm
工作电压	12～24V	水箱容积	1800L

(2)技术性能特点

①清洗作业时，其清洗装置的所有动作均可在驾驶室内的智能控制盘上操作，必要时可用手动操作。

②清洗非常灵活，刷子可以上下、左右、前后任意移动。刷子的转速、转向可以调节。刷子能靠近地面的清洗部位，但不与地面接触。

③清洗装置可靠性良好，刷子遇到障碍物时，它会自动上升越过障碍物。刷子可以根据负荷的变化，自动调整转速，负荷越大，转速越慢，但不会烧熔断丝或死机。

④若清洗装置挡住了车灯的正常照明路径，可启用该车配备的附加照明系统。

⑤清洗装置备有1800L大容量水箱，水通过高压喷射装置喷射到刷子和护栏上，起到了去尘、降温和冲洗的效果。

⑥刷子的刷毛是用抗高温树脂做成的，具有耐热、离水、去尘等作用。

2. 护栏清洗装置的结构

RPS-H型护栏清洗装置适用于清洗防撞护栏、导向桩及标志牌，其工作结构如图2-60所示。

RPS-H型护栏清洗装置的安装示意如图2-61所示。适当降低主机连接盘，将主机连接盘移至RPS-H型连接盘处，将主机接合头插进工作装置接合器里，适当提升主机连接盘，使接合头和接合器很好地接合在一起，然后将RPS-H型装置连接盘上的螺栓插入主机连接盘连接缝里，将连接螺钉拧紧即可。

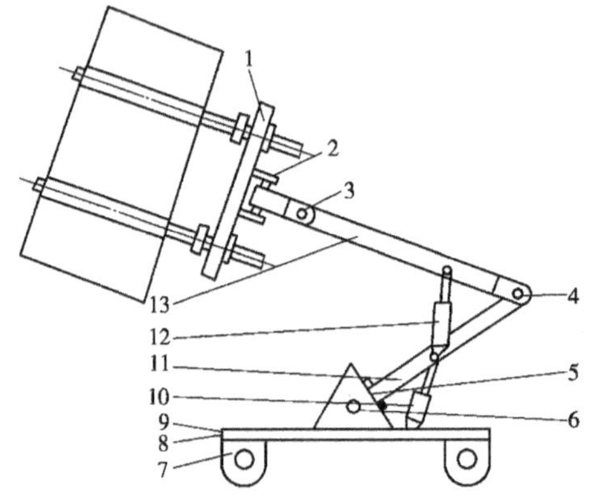

图2-60 护栏清洗装置工作结构图

1-液压驱动马达；2,5-垂直方向支点；3,4,6-水平方向支点；7-接合器；8-连接螺栓；9-连接盘；10-垂直拉伸油缸；11-动臂1；12-水平拉伸油缸；13-动臂2

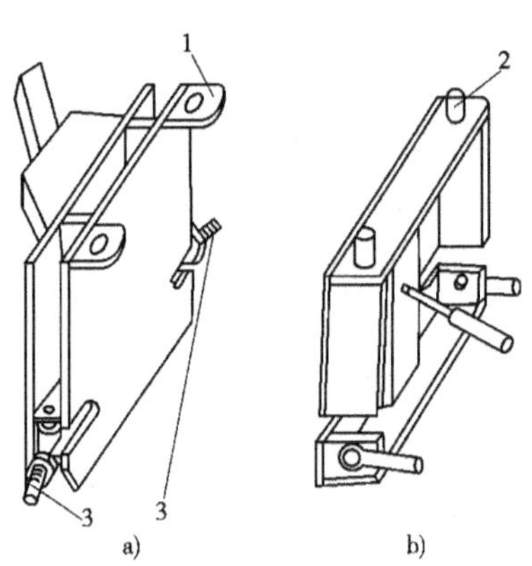

图2-61 RPS-H型护栏清洗装置安装示意图

a) RPS-H型连接盘；b) 主机连接盘

1-接合器；2-接合头；3-连接螺栓

3. 工作原理

(1)防撞护栏的清洗

抬高动臂11，并伸直动臂13(图2-60)，使刷子垂直向下放置，调整好喷嘴的喷射角度，在靠近护栏前，先打开刷子转动开关，然后一边转动，一边靠近，直至刷毛能刷到护栏的最凹处。正常情况下，车辆边行走边擦洗护栏，遇有特别脏的地方，放慢车速甚至可停下来，直到清洗干净为止。清洗示意图如图2-62所示。

在清洗过程中，要边喷水，边清洗。喷水嘴喷水主要起三方面作用：①降温作用。刷子高速转动，擦洗护栏，使刷毛与刷毛之间，刷毛与护栏之间摩擦起热，如不进行喷水降温，将使刷毛变形，损坏刷毛材料，影响清洗效果。②去尘作用。刷毛是用树脂做成的，光滑柔软，用水喷洗刷子，刷毛上的尘土会自动离去；刷子擦洗完护栏，护栏上仍留有擦起来但未离去的灰尘，用水喷洗护栏，灰尘就会随水流去。③压尘作用。喷水清洗，尘土不会飞扬，作业环境得到改善，清洗效果得到保证。

清洗防撞护栏时，喷水嘴的布置如图2-63a)所示。喷水嘴1、2从上端喷出，靠刷子离心力冲洗刷毛脏物，同时水又被甩到护栏板面上，溶解栏板面上的脏物，当然喷水也起降温作用。喷水嘴4、5分布于刷子两侧，主要起着清洗刷毛脏物和降温作用。喷水嘴3滞后于刷子，冲洗护栏板面中遗留下的脏物，刷光护栏板。

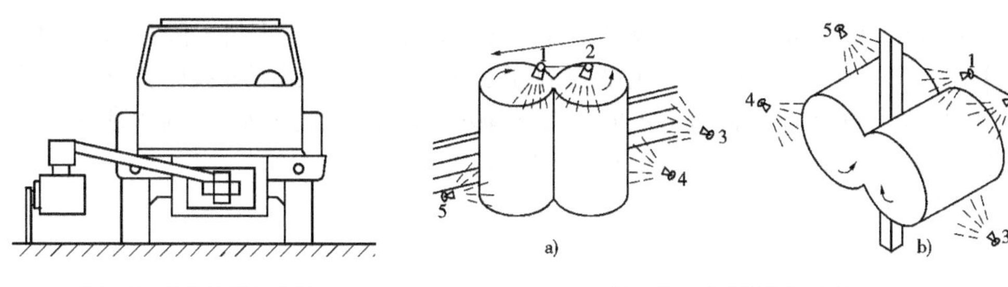

图 2-62　清洗护栏示意图

图 2-63　喷水嘴的布置图
1～5-喷嘴

(2)导向桩的清洗

伸直动臂 2,使刷子基本上处于水平位置,刷子向上抬高,使导向桩处于两刷之间,然后向下移动刷子,这样来回移动 3～4 次,导向桩即可擦洗干净。

清洗导向桩时,刷子的转向及喷水嘴的布置如图 2-63b)所示。喷水嘴 1、2 直接将水喷于两刷子的端面,其作用是浸湿刷子内部,靠离心力冲洗刷子,部分水飞溅到桩上。喷水嘴 3、4 分别布置在两刷的两侧,其作用是浸湿刷子表面和桩的接触部位,将桩上的脏物溶解,然后清洗干净。喷水嘴 5 位于桩的上部,直接对桩喷射,起到冲洗桩的目的。

(3)刷子的运输状态

RPS-H 护栏清洗装置在运输过程中,抬高动臂 1,缩回动臂 2,使刷子处于水平位置。同时为了增加离地间隙,刷子应垂直向上放置。若刷子挡住了灯光的照明路径,应打开附加照明系统。

4. 使用技术

(1)车辆行走速度与清洗效果的关系

在刷子转速一定的情况下,车辆行走速度越快,在单位面积护栏板上,刷子擦洗的次数越少,清洗效果越差。车辆行走过慢,虽然保证了清洗效果,却又影响生产率。所以行走速度应根据护栏的干净程度和刷子转速适当安排,一般推荐值为 2～4km/h。

(2)刷子与护栏距离的确定

在清洗护栏时,刷子要一边转动,一边接近护栏。刷子离护栏太近,由于阻力,刷子的转速会放慢甚至自动停下来,影响清洗效果;刷子离护栏太远,又可能触及不到护栏的凹处,所以一般情况下,要使刷毛触及到护栏最凹处。

(3)刷子的转向

一般情况下,在清洗作业时,两个刷子的刷毛要相互重叠一部分(2～3cm)。这样可使两个刷子形成一个整体,中间不留间隙,达到较好的清洗效果。刷子的转向可以调节,一般有以下 4 种情况(图 2-64)。

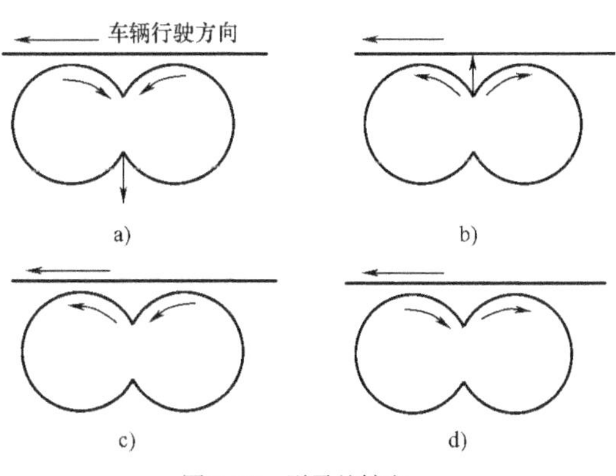

图 2-64　刷子的转向

图 2-64a)中两刷子转向相反,可使脏物(或脏水)沿着箭头方向甩出去。两刷子的刷毛在重叠处移动方向相同,可加快刷子的转速,两刷子两边各布置一个喷水嘴,这样的转向可将飞溅的水珠带到护栏板面上,节约用水,达到较好的清洗效果。图 2-64b)中两侧刷子的转向相反,使脏物(或脏水)沿着箭头方向甩向护栏板

面上，影响清洗效果。同时，这样的转向将两侧喷水嘴喷来的水甩到外侧，降低水的利用率，影响清洗效果。图 2-64c）和图 2-64d）中两侧刷子的转向相同，两侧刷子的刷毛在重叠处移动方向相反，内耗刷子的转速，降低清洗效果。刷子两边的喷水嘴喷出的水，一侧被甩向外侧，一侧被带向护栏板面，影响水的利用率，影响清洗效果。

5. 操作方法

（1）操作准备

①工作装置通过凸型爪可插入机器前部的插座里，插座装在一平板上，调节平板的高度可调整装置的位置，同时装置通过两螺钉拧到机器上（允许扭矩为 400N·m）。

②分别把电器部分，供水装置连接到机器上。

③检查机器是否有故障：

a. 上下移动转换部件，它控制着延伸臂 1、2 的开关；

b. 检查延伸臂传感元件，控制装置与地面的角度；

c. 两刷子重叠 3cm 左右；

d. 根据栏板、立柱的高度调节刷子位置。

（2）基本操作

控制杆向上为提升刷子，向下为落下刷子，向左为刷子收回，向右为刷子伸长。

操纵杆向下并按下“5F”按钮，自动清洗开始；操纵杆向上并按下“5F”按钮，自动清洗工作停止。

按旋转键可改变刷子的旋转方向；按 AUT 按钮可自动改变刷子的旋转方向。

（3）清洗立柱

彻底伸出工作臂，刷子水平工作，刷子轴与水平面有一夹角，工作时有两个从下喷向刷子的喷水嘴，左、右各有 1 个喷向刷子的喷水嘴，同时还有从上喷向立柱冲洗的喷嘴。

（4）清洗护栏

提升臂 1，彻底伸出臂 2，刷子竖向工作，工作时通过调节液压系统的控制阀来调整刷子转速，只有刷子在旋转过程中泵才起作用。如果选择了“自动 AUT”功能键，操作控制杆 3 可启动自动清洗工作。刷子换向旋转需要间隔 3s 的时间。

第三章 沥青路面养护机械

第一节 沥青路面综合养护车

沥青路面在使用过程中,不断承受着行车载荷的反复作用、气候的影响和沥青路面材料的物理化学变化。随着时间的推移,将产生坑槽、裂缝、涌包、沉陷、啃边、麻面、脱皮和松散等各种损坏,若不及时修补,这些损坏将迅速扩大,影响车辆的正常通行,并可能造成更大程度的损害。沥青路面综合养护车就是专门用于及时修补路面损害部分的专用车辆。图 3-1 所示为普通沥青路面综合养护车。

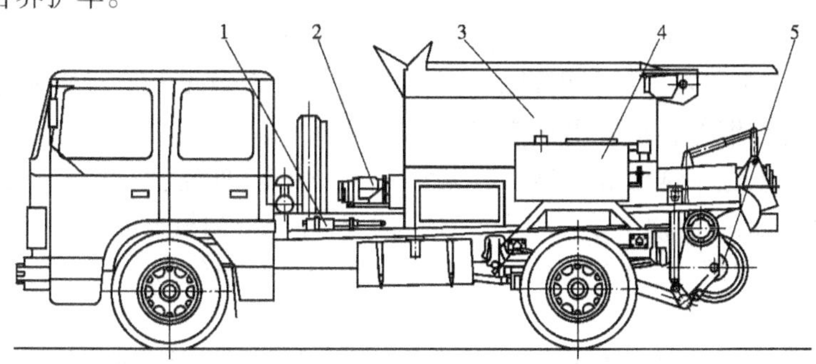

图 3-1 沥青路面综合养护车

1-液压冲击镐;2-螺旋输送器;3-料箱;4-液压系统;5-碾压系统

一、沥青路面综合养护机械的分类

沥青路面综合养护机械在新形势下的功能要求包括以下几个方面:快速转移、就地加热、旧料再生、路面铣刨、新料摊铺、路面压实。因此,沥青路面综合养护车出现以下几个发展方向:

(1)适用于道路预防性养护的综合养护机械有:

①汽车底盘 + 储料箱 + 手持式破碎、切割和压实机械 + 附件;

②汽车底盘 + 加热墙 + 储料箱(新料) + 手持式破碎和压实机械 + 附件;

③汽车底盘 + 加热墙 + 旧(冷)料再生和料储保温 + 手持式破碎和压实机械 + 附件。

(2)适用于道路大面积翻修的养护机械有:汽车底盘 + 铣刨 + 再生 + 摊铺 + 压实 + 附件。

附件是指组成这台综合养护车所需的动力系统、沥青及其喷洒系统、废料回收箱、水箱及其他在养护过程中所需要的相关部件。

二、沥青路面综合养护车的基本结构和主要工作装置

1. 基本结构

沥青路面综合养护车一般是由行走系统、动力系统、传动系统、装运和制备材料装置、作业机具、操纵及控制机构等组成。动力系统有发动机、发电机、空气压缩机、液压泵、液压马达、沥青泵及水泵等;装运和制备材料装置有沥青罐、混合料箱、油箱、水箱及拌和机等;作业机具主

要有破碎挖掘、压实、喷洒、清扫及加热等机具。

2. 主要工作装置

1）混合料箱

修补沥青路面的主要材料是沥青砂石混合料。因为日常维修路面所用的材料较少，加之在综合养护车上进行沥青与砂、石拌和不易控制，也使设备和传动系统变得复杂，所以国内外大多数沥青路面养护车上不设置混合料拌和设备，只设置混合料箱（图 3-2）。在上路进行养护作业前，将拌和好的沥青砂石混合料装进混合料箱，随车运到作业地点使用。

混合料箱由箱体、保温层、箱盖、卸料门及输料器等组成。混合料箱多为方形结构，其容量由整体设计确定。热拌沥青砂石混合料必须保持一定的使用温度，一般为 110～150℃。在环境温度 20℃时，要求 150℃的混合料，3h 内保持在 110℃以上，所以混合料必须有保温措施。箱体一般用 2～3mm 钢板焊接而成，在外侧用角钢、木条制成支撑框架，再用 1mm 左右的薄钢板包裹作为外壳并固定在框架上，箱体与外壳之间为 40～60mm 厚的性能良好的保温材料，要求每小时温降不大于 5℃。混合料箱的进料口及盖设置在顶部，有扣盖和拉盖两种形式，同样要有保温措施。扣盖有扣紧装置，拉盖有滑轨和锁紧装置。

混合料箱出料有斜面出料、倾斜出料和输送出料三种方式。斜面出料是将料箱底做成斜面，靠混合料自重下滑出料。倾斜出料是用液压油缸将混合料箱向后或侧面倾斜卸料。输送出料是用螺旋叶片将混合料堆推出料箱。

螺旋输送器从料箱中推出混合料。螺旋输料器由螺旋、外壳、出料口、动力和传力机构组成，如图 3-2 所示。螺旋由轴与装在轴上的叶片构成；外壳用钢板焊成，底部呈半圆形，并与箱体连在一起，设有保温层；动力装置由动力源、减速器及联轴器组成。

2）沥青罐

沥青罐要具有装运、加热、吸进、喷洒沥青的功能，大多由罐体、加热装置及沥青泵系统组成。按罐体形状不同，可分为圆形、椭圆形、方形三种；按喷洒沥青方式不同，可分为泵压式和气压式两种。因沥青容易凝结，易使各管道发生堵塞现象，因此，在灌装、加热和载运过程中，罐体内易产生内压力，所以泵压式沥青罐要经过耐压试验。沥青是一种感温性很强的黏性材料，用于修补沥青路面时必须达到要求的使用温度，一般为 160～180℃。为此，沥青罐要有保温措施，并应配有加热装置。沥青罐一般由内壳、罐盖保温层、外壳、加热装置、进出沥青管路、沥青泵、温度计量仪表和固定支架等组成，如图 3-3 所示。

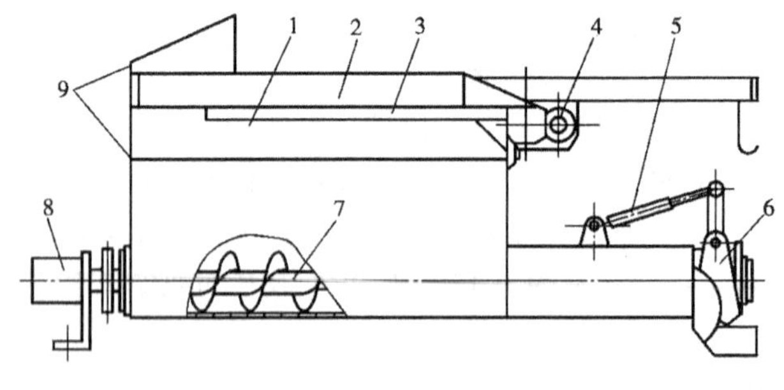

图 3-2　混合料箱

1-箱体；2-箱门；3-齿条；4-箱门马达；5-出料门液压缸；6-出料门；7-螺旋输送器；8-液压马达；9-外壳

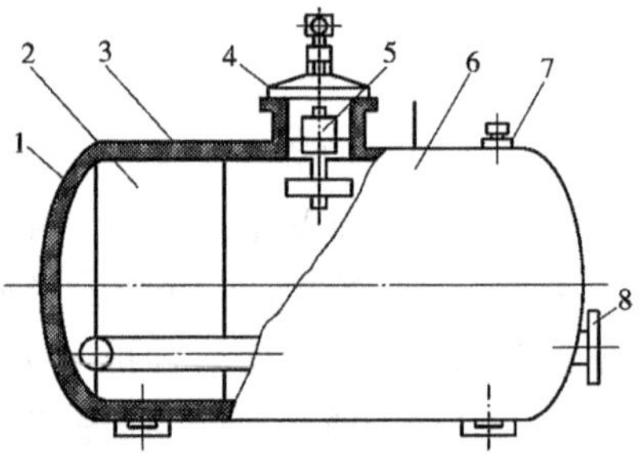

图 3-3　圆形沥青罐简图

1-封头；2-内壳；3-保温层；4-罐盖；5-温控及报警装置；6-外壳；7-进出总管；8-U 形火管

罐内壳和封头组成的罐体用钢板焊接而成。封头有凸形和平面形两种。凸形封头又有椭圆形、碟形、半球形、无折边球形等，一般采用碟形封头。由角钢和木条支撑的罐体与外壳之间

为保温层，保温层内填有保温材料，如玻璃棉、岩棉、珍珠岩等，其厚度根据保温要求而确定。罐盖设有扣紧装置，与罐口之间要有密封。

沥青罐加热有燃油加热、燃气加热、电加热三种方式，一般与路面加热选择同样的加热方式。

燃油加热装置是由浸在沥青中的U形火管、喷嘴、储气罐、燃料箱、空压机、管路、阀及仪表等组成。在燃油加热系统中设有手提式喷灯，用于沥青罐和沥青路面的局部加热。

燃气加热比较简单，其装置由燃气罐、管路、阀门、燃烧喷嘴等组成。在养护车上有电源的情况下，采用电加热较为方便。电加热是在罐内底部设电热管，如图3-4所示。

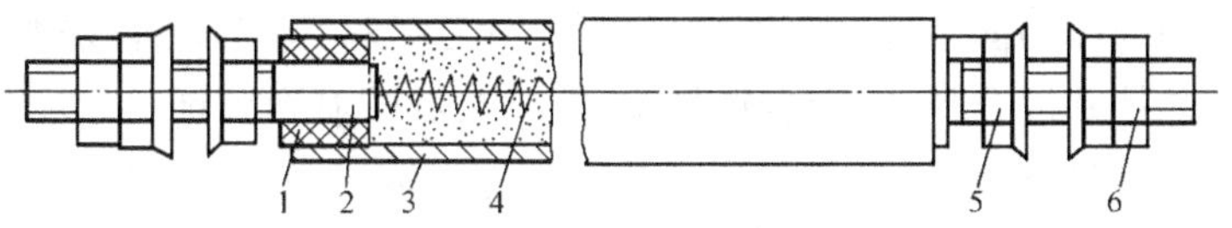

图3-4　电热管

1-绝缘子；2-引出杆；3-管壳；4-镍铬电阻丝；5，6-接线螺母

无论采用哪种加热方式，都必须保证安全，要设有足够的、性能良好的控制阀门、开关和指示仪表，所有管路、箱体和加热管不能有丝毫泄漏。

3）拌和装置

有的沥青路面养护车是现场拌制混合料，因而设有沥青、砂、石的拌和装置，以便作业时进行混合料拌和及旧料回收利用拌和。拌和装置按搅拌方式分为槽式、盘式和筒式三种。

盘式拌和装置主要由圆形盘、十字形架、铲状叶片、进料口、出料口及传动机构组成。通过传动机构驱动十字形架及拌片在圆形盘内转动，混合料在一定角度的拌片翻动下拌和，并在拌片和离心力推动下，使混合料翻到圆形盘边缘出口出料。有的盘式拌和装置在圆形盘底下设有燃油或燃气加热装置，结构简单，操作方便，如图3-5所示。

槽式拌和是一种单轴强制式拌和，主要由传动机构、拌和槽、槽盖、进出料口、转轴和固定轴上的叶片等部分组成，如图3-6所示。拌和槽上部为方形，下部为半圆形。利用叶片与转轴夹角和正反转可进行反复搅拌与推移出料。这种拌和方式适合冷拌工艺。

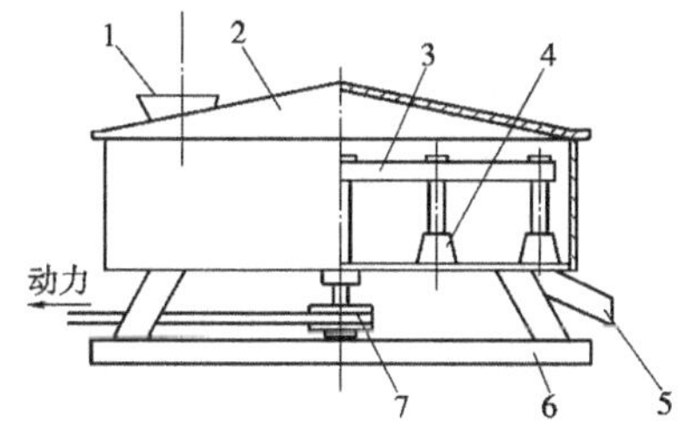

图3-5　盘式拌和装置

1-进料口；2-箱体；3-拌和架；4-拌片；5-出料口；6-机架；7-传动系统

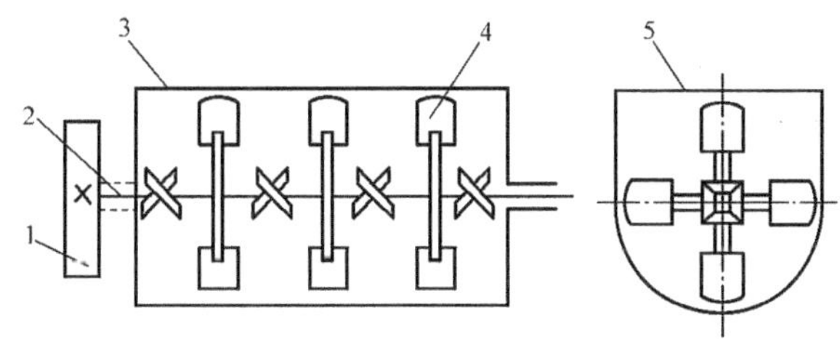

图3-6　槽式拌和装置

1-传动机构；2-拌轴；3-拌和槽；4-叶片；5-槽盖

筒式拌和是采用滚筒转动，通过筒内的叶片将砂、石与沥青拌和，主要由传动机构筒及固定在滚筒内壁上的叶片、进出料口、加热装置等组成，如图3-7所示。

筒式拌和一般采用间歇式拌和，以便于计量控制，正转拌和，反转出料。在拌和过程中，用喷灯加热装置进行加热。为了回收利用旧料，可将铲挖出来的沥青路面材料破碎后加进拌和装置内转动加热，并与新的砂、石、沥青料拌和，随即用来修补路面，其效益较好。

4)主要作业机具

(1)铲挖工具

养护沥青路面的铲挖作业量较大,就是将损坏的部分铲挖出去,成为一定形状、周边整齐的坑槽,以便填补新的路面材料。目前,沥青路面养护车所配备的铲挖工具是直接利用现有的风镐、液压镐、电镐等,这些铲挖机械在养护车上要有合适的安放、固定位置,便于取放。

(2)沥青喷洒系统

在沥青路面养护作业中,需要喷洒沥青的有:在铲挖整齐、清理干净的坑槽内填充混合料前,要向坑底和周边喷洒沥青,以增强新旧路面之间的黏结;损坏的路面需要进行局部罩面处理时,需向清扫干净的原路面表面喷洒沥青后,再撒砂石矿料;路面裂缝,需要进行喷灌沥青的封缝处理;养护车能拌和混合料,在混合料拌和过程中,需要喷洒沥青。

沥青喷洒系统主要由沥青泵、阀门、管路及喷头等组成,如图 3-8 所示。沥青喷洒系统中有两个三通阀,通过不同的阀位可向沥青罐中泵入沥青、向外喷洒沥青和使均匀加热的沥青在罐内循环。为了实现不同喷洒用途的需要,可改换不同的喷头。

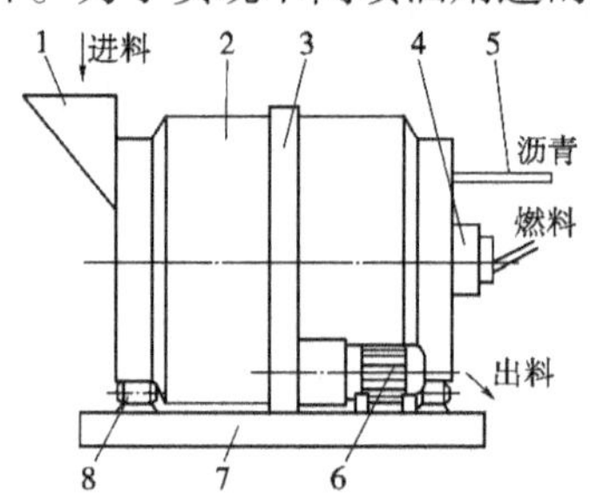

图 3-7 筒式拌和装置

1-进料门;2-筒体;3-齿圈;4-燃烧口;5-沥青进口;6-电动机及减速传动机构;7-支架;8-滚动支撑机构

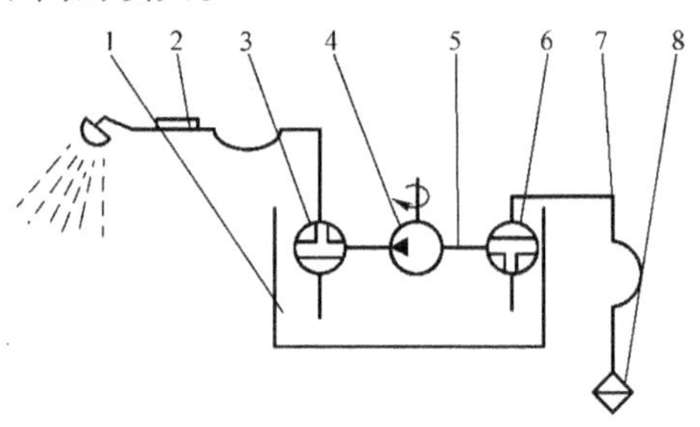

图 3-8 沥青喷洒系统

1-沥青罐;2-喷枪;3,6-三通旋阀;4-沥青泵;5-管路;7-吸入管;8-吸入器

(3)路面加热器

根据养护车的条件,配备相应的路面加热器。按热源分为燃气加热器、燃油加热器和电加热器三种;按沥青路面受热方式分为火焰直接加热和红外辐射加热;按加热器移动方式分为手提式和手推式路面加热器。图 3-9 所示为可调辐射距离的红外线路面加热器。

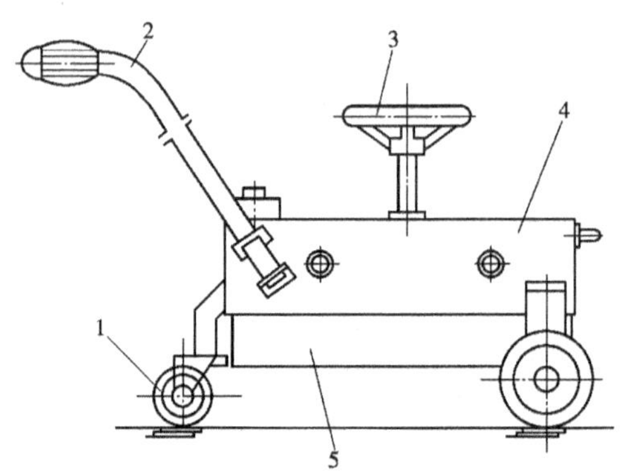

图 3-9 可调辐射距离的红外辐射路面加热器

1-行走轮;2-扶手;3-升降手轮;4-红外辐射箱;5-围裙

(4)压实机具

压实是养护车的基本功能,作业时必须有良好的压实效果,养护车上配备的一般是小型振动压实机具,有夯板和滚轮两类。目前,振动夯板有内燃式和电动式两种,是用动力驱动振子发生冲击与振动综合作用的板式夯实机械。

三、热墙式养护车使用技术及故障排除

以某公司生产的热墙式路面养护车为例(图 3-10),说明其运用技术及常见故障排除技术。

1. 出车前准备

每天出车前检查所有液位,并检查液化气压力表压力及各管路是否有渗漏,同时做好以下

工作。

(1)油箱加注：

①汽车油箱：夏季：0 号 ~ -10 号柴油；冬季：-10 号 ~ -20 号柴油。

②洗油箱：洗油或煤油（加满）。

③沥青箱：加入乳化沥青或热沥青。

④压路机汽油箱：按汽油机说明书加注。

⑤导热油箱：HD360（包括沥青箱及料仓的导热油）。

图 3-10　热墙式路面养护车外形图

(2)水箱加注：清水。

(3)润滑油加注：每班前用油枪润滑各个需要润滑的部位，尤其是墙体和废料斗的各转动及滑动部位。

2. 使用与操作

1)挂取力器

该车到达工地后，首先将发动机在怠速下运转，并且将变速杆置于中位，施加停车制动，将取力器手柄扳至接通位置，即已挂上取力器，使本车就绪于施工区域。

2)加热墙

打开液化石油气罐阀门，点火并且操作恒温器使液相气化。打开电控箱，转动墙倾斜旋钮，放下加热墙（在放下加热墙前，不允许进行墙的旋转、平移和升降的操作）。然后，开启燃气控制箱，启动汽油发动机，驱动鼓风机工作，运行 1 ~ 2min，观察空气压力表读数稳定在 400 ~ 600mmHg范围后，打开燃气总阀，按加热墙长明火自动点火按钮，观察点火针是否点燃长明火嘴，若没点燃，再次按动点火按钮，直至点燃墙长明火嘴（因管道内存有空气需要排尽）。根据需要按下加热墙各区燃气电磁阀开关，加热墙便可自动点火加热。液化气控制系统各阀（零压阀、调压器、通风阀等）出厂前已调整好（不得自行调整），可使混合气充分燃烧达到最佳状态。

如发现加热墙没有对正损坏的路面，可按动电控箱内相应按钮，使墙横移或旋转。若发现加热墙离损坏路面太低或太高，可使墙上升或下降。加热墙加热时间与次数，因公路等级不同、混合料厚度不同及季节不同而改变。根据修路加热深度的需要可加热 2 ~ 3 次，必须循环间歇加热，否则容易过烧。每次加热完要耙松加热面，加热程序结束后先关闭液化气罐供气总阀，但不要立即关闭各支路控制阀门，等管道内余气燃尽之后，再关闭各支路燃气阀门。鼓风机也应继续运行 2 ~ 3min，使加热墙冷却。

需要热料时，先打开出料口燃气阀，用火炬点燃出料口加热器，再打开料仓出料口保温门，点动输料机开关，确认出料口热料已软化后再启动输送机马达卸料。卸料后人工耙平，用压路机压实即可。

在工作中加热墙偶然发生故障而熄火或其他元器件漏气，该车配置的三个气敏传感器会发出报警信号，同时关闭燃气电磁阀，自动切断气源，保证加热墙工作安全。点燃加热墙时要求加热墙与地面夹角≤30°，且周围不许有易燃易爆物品，点火时加热墙对面严禁站人，以免发生危险。

3)料仓

(1)料仓容积 $3m^3$，转动料仓门的控制钮，料仓盖就可自动打开或关闭。料仓内无沥青拌和料时，应前往拌和站装料。其装料操作程序为：挂上取力器，使液压系统工作，操纵电控箱内旋钮打开料仓门，在料仓内壁上喷涂少量柴油，然后装料，装料完毕后将料仓门边缘处清理干净并且关闭料仓门，设定控制温度并点燃料仓加热器进行自动加热保温。

(2)料仓具备电加热和燃气加热两种方式。两种方式都是通过加热导热油再加热拌和料。可根据料仓存料多少，冷料/热料，加热还是保温及所处环境等不同情况，适当选择一种加热方式，也可两种方式同时进行。料仓点火失败，必须等待2min后，才能继续点火，避免残气爆燃。

(3)料仓温度由温控器自动控制，料仓温控指示灯亮时表示料仓处于加热状态。

该系统采用自动控温，装有闪光蜂鸣器，达到温度后便可自动切断供气系统(或断电)，当温度降到下临界点时，又可自动接通液化气，并且点燃加热器(或送电)继续加热。当温控器失灵，料仓温度过高，闪光蜂鸣器发出闪光和声音时，要立即切断气源或电源。料仓加热时必须有人值班监控。

4)沥青供应装置的使用

该装置包括沥青箱、沥青泵、液化气炉盘、导热油泵、洗油箱、管路及沥青枪等。沥青箱盛装乳化沥青或热沥青，沥青泵将乳化沥青或热沥青加压送至沥青枪进行喷洒或灌缝。

(1)沥青箱上料。可人工加冷料，也可向沥青箱加注热沥青。沥青箱容积210L，可根据需要投料。

(2)沥青加热。采用液化气炉盘加热导热油，以导热油为介质，通过导热油循环的传导热量再加热沥青，在沥青箱上部设有温度指示装置，要随时观察，以免沥青过烧。

(3)沥青系统操作(图3-11)：

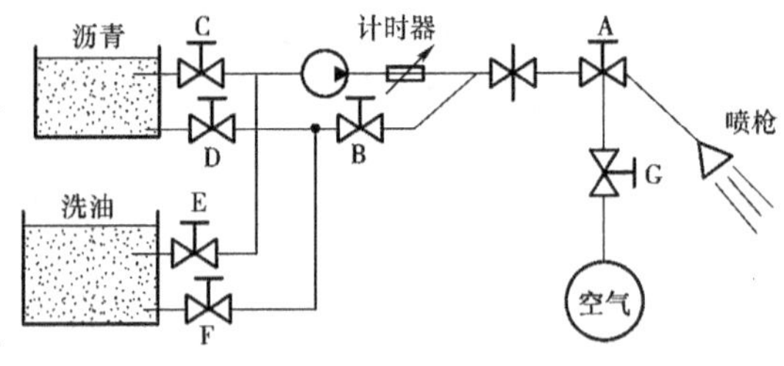

图3-11 热墙式路面养护车沥青供应装置工作示意图

①首先从车上取下沥青枪，接通沥青枪快速接头。

②打开沥青箱出油管上的A、C阀，关闭B、D阀。

③按面板指示启动沥青泵，便可输出所需要的热沥青。

④如果暂时停止供应沥青，需关闭A阀，打开B、D阀，沥青便可通过回油管流入沥青箱，进行待工循环。

⑤在工作结束后必须立即清洗沥青系统。操作时先关闭C、D阀门，启动沥青泵，打开E、A、B、F阀门，清洗并润滑喷洒系统，2min后关闭A阀门，便可循环清洗。

⑥最后，必须用压缩空气清扫沥青枪和橡胶管。操作时先关闭沥青泵，再打开空气阀门G，然后把T形阀门A转到空气管路即可。

5)路面压实

操纵车前保险杠处的按钮盒控制起落架卸下压路机，启动汽油机使压路机自走自振，往复几次便可将路面压实，工作完毕后再将压路机装到原处。

3.维护与保养

(1)施工后要对整车进行擦拭清洗，车体上不得有污物、残料等。

(2)每周对本车的紧固件进行严格的检查，发现松动应及时紧固。

(3)工作后本车必须进库，不得露天存放。

(4)若长期不使用，必须放空导热油箱、沥青箱及洗油箱等容器中的物质，放空后清洗干

净，关闭液化气罐及管路系统所有阀门，各润滑部位要注满润滑油，并用布盖好存放。

(5)沥青箱、洗油箱、导热油箱每使用2000h必须进行排污，排污后清洗干净。

(6)所有滤清装置，每工作500h必须卸下清洗。

(7)停放车库要通风干燥。

(8)电器系统：电器分为自动控制、安全保护、电源及照明警示三大部分。

①自动控制系统。采用DC24V电磁阀控制燃气、液压系统的全部运作，并设有可调的热墙加热程序自动控制、料仓自动点火及加热温度自动控制，充电与电瓶供电自动切换，还可加装热墙无线遥控系统。

②安全保护系统。为保障人身和设备安全，本车设有燃气泄漏自动报警并切断气源的装置；燃气超压及低压保护装置；料仓点火监视装置——在料仓熄火时自动关闭燃气阀门并发出警报。

③电源及照明系统。车用电池DC24V，可安全供电，并有照明、工作警示等设施，以保障作业的正常进行。

(9)液压系统：

①系统启动前：观察液位计，检查液压油位、油温是否正常，各元部件及紧固件是否紧固，换向阀应处于卸载状态。油位低于正常油标刻度2/3时，应补充过滤后的油液，加油时应注意油桶口、油箱口和油管必须清洁，加油后应保持油箱液位在规定范围内（即满刻度的90%）。

②系统运行：挂上取力器，使液压油泵空载运行10min后，系统才能正常工作，用电控箱内的旋钮或遥控盒上的按钮均可操作。电气系统发生故障时，还可用液压多路阀的手柄直接操作。

③停机：系统停止运行前应使泵卸载。系统长时间停用时，应将系统内油液放出，对系统做清污处理，重新使用前应向系统内加注新油。

4. KFM5150TYHRQ热墙式路面养护车故障与排除（表3-1）

KFM5150TYHRQ热墙式路面养护车故障与排除　　表3-1

序号	故障现象	可能存在的原因	排除方法
1	碾压滚提升机构不能工作	①机构有无异物卡死机件； ②机件润滑不良	①检查并排除； ②加注润滑油
2	料仓加热器加热保温效果不理想	①料仓温控器不准； ②温控器设置温度较低	①检查并校准温控器； ②正确调定设定温度
3	料仓螺旋输送机送料不畅	①沥青料温度太低； ②料仓口有冷沥青料； ③仓内沥青料悬空	①继续对沥青料加热； ②清除冷沥青料； ③将沥青料夯实
4	沥青泵不能启动	①空气开关未合上或因故跳闸； ②泵内有冷沥青	①合上空气开关或检查跳闸原因； ②加热冷沥青
5	没有沥青喷出	①闸门设置错误； ②管道内有硬化沥青	①正确设置闸门； ②清洗管道
6	清洗剂进入沥青箱或沥青进入清洗剂箱	①有关闸门设置错误； ②内循环有误	①正确设置有关闸门； ②按说明正确使用内循环

第二节　路面铣削机械

路面铣削机械是沥青路面养护施工机械的主要机种之一。这类机械主要用于公路、城镇道路、机场、货场、停车场等沥青混凝土面层的开挖翻修，可以高效地清除路面拥包、波浪，亦可开挖路面坑槽及沟槽，还可用于水泥混凝土路面的拉毛及面层错台的铣平。由于该设备工作效率高，施工工艺简单，铣削深度易于控制，操作方便灵活，机动性能好，铣削的旧料直接回收，因而被广泛地用于沥青路面的维修翻新施工中。

一、路面铣刨机的分类及特点

不同形式的路面铣刨机如图3-12所示，铣刨机可根据铣削形式、结构特点、铣削宽度进行分类。

(1)根据铣削形式可分为冷铣式和热铣式两种。冷铣式铣刨指在铣刨机在常温下直接对路面进行铣削。冷铣式铣刨机一般单独施工且使用较为普遍。热铣式铣刨机工作中先用铣刨机上附带的加热装置对沥青路面加热使之强度降低后再铣削，结构复杂且很少单独施工。近年来已将热铣刨机与路面再生机械结合，其工作原理和工作装置成为路面再生机械的一部分。热铣刨机作为单独机械设备被淘汰。

(2)根据铣削宽度的不同，铣刨机可分为小型、中型和大型三种。小型铣刨机的铣削宽度在0.3～1m，整机功率一般为140～200kW。中型铣刨机铣削宽度在1～2m，整机功率250～440kW。大型铣刨机铣削宽度在2m以上，整机功率在450kW以上。

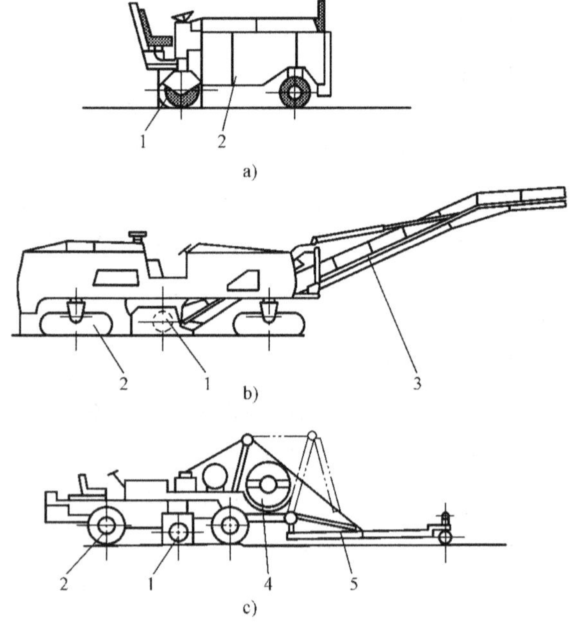

图3-12　路面铣削机械结构外形图

a)轮式铣刨机；b)履带式铣刨机；c)热铣式铣刨机

1-铣削装置；2-行走底盘；3-输料装置；4-集料装置；5-燃料箱

(3)根据行走装置的不同，铣刨机可分为轮式和履带式。轮式铣刨机机动性好，但由于受轮胎本身承压能力及轮胎与地面附着力的限制，一般只适用于铣削宽度1.3m以下的铣刨机。履带式用于铣削宽度1.5m以上的大中型铣刨机。

(4)按铣削转子的旋向不同，铣刨机可分为顺铣式和逆铣式两种。转子旋向与行走方向相同为顺铣式，反之则为逆铣式。由于逆铣方式的效率及整机稳定性较高，近年来各大中型铣刨机均采用逆铣方式。顺铣式仅在极少数小型简易铣刨机中采用。按铣削转子的位置可分为后悬式、中置式和与后桥同轴式三种。后悬式即铣削转子悬挂于后桥的尾部，这种悬挂方式大多数出现在早期以拖拉机改装的小型简易铣刨机或用路面拌和机扩展功能而形成的简易铣刨机中。与后桥同轴即铣削转子在铣刨机两个后轮之间与后桥同轴布置，这种悬挂方式一般用于铣削宽度1.3m以下的小型铣刨机中，优点是节省空间、结构简单，缺点是因空间布置问题只能配备后置式集料输料皮带。中置式即铣削转子布置在铣刨机前后桥之间，使整机的稳定

性提高并有助于前置式集料输料皮带的布置。虽然这种形式结构复杂，但作业过程中稳定性好，易于布置集料输料装置，机械传动路线短，因而现代大中型铣刨机广泛采用这种形式。

(5)按输料皮带的布置可分为前置式和后置式。输料皮带前置指输料皮带位于铣刨机前进方向的前端。输料皮带前置的优点是铣刨机施工时，载重车不用掉头就可在接料位置就位，沿前进方向缓行从输料皮带接收被铣削的废料，接料后不用掉头就可沿行车方向直接载运。缺点是铣刨废料先经过集料皮带装置再输送到输料皮带装置上，结构复杂、制造成本高。输料皮带位于铣刨机的后面，优点是可以省去集料皮带装置，缺点是铣刨机施工时接料汽车要在施工路段掉头一次并倒车缓行从输料皮带上接料，接料后又要掉头一次正向行驶，否则必须沿施工路段逆行。

二、路面铣刨机构造及工作原理

1. 路面冷铣刨机的总体构造

沥青路面冷铣刨机主要由发动机、机架、行驶系及驱动系统、铣削转子及驱动系统、液压系统、集料输料装置等组成，其外形及结构如图 3-13、图 3-14 所示。铣刨机虽规格型号不同，结构布置也略有区别，但主要工作原理基本相同。除此之外，为提高铣刨机的工作效率、铣刨精度和自动化程度，现代大中型铣刨机还配置了功率自动控制、铣刨深度自动控制、自动调平及计算机自动控制和故障诊断系统。

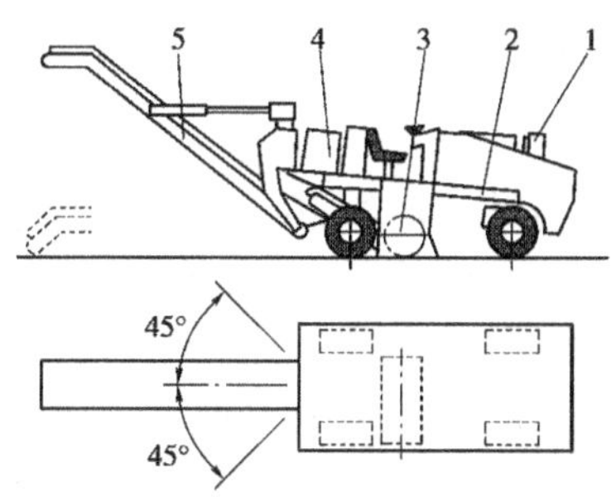

图 3-13　轮式沥青路面铣刨机结构示意图

1-发动机；2-底盘；3-铣刨装置；4-洒水装置；5-集料输料装置

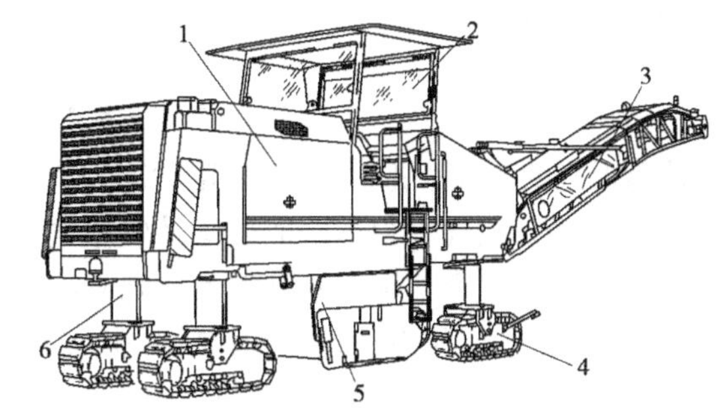

图 3-14　履带式沥青路面铣刨机外形图

1-发动机；2-驾驶室；3-集料输料装置；4-行驶系统；5-铣刨装置；6-支柱

2. 路面冷铣刨机主要装置和工作原理

(1)发动机

早期的路面铣刨机及近年仍然生产的一些简易小型铣刨机为突出体积小的特点而采用风冷式柴油机。为提高铣刨机的生产率并满足高等级公路维修需求，国内外近年来生产的铣刨机普遍采用大功率水冷柴油发动机，功率配置一般为每米铣刨宽度的整机发动机功率装备为 160 ~ 220kW。

(2)机架

机架是路面冷铣刨机整机的承重构件，同时为了铣刨机有足够的质量以减少铣刨时整机的振动，铣刨机机架一般用厚度 200 ~ 300mm 的钢板切割成型并焊接制造成整体式结构，使其具有足够的刚度、强度和质量。机架上直接焊接有发动机、水箱、驾驶台、液压支柱等各总成及各构件的固定支座。

一般铣刨转子的支承装置与机架固接，机架与履带(或车轮)之间采用液压油缸升降的支柱相连，支柱及升降油缸的数量与履带装置(或车轮)数量一致，一般为 4 个，国外一些铣刨机也有采用3个支柱及升降油缸与3条行驶履带相配。不论履带装置(或车轮)为3个或4个,每个支柱的高度可以独立调节。

(3)行走系统

路面冷铣刨机的行走系统包括行走轮系、转向系统和制动系统等。铣刨机的4个车轮(或4条履带装置)各自独立通过升降油缸悬挂于机架之上,均可独立升降,每个轮子(或履带装置)皆由各自独立的低速大扭矩液压马达驱动,液压马达的转速由变量液压泵输出的流量控制,使行驶和作业速度均为无级变速。铣刨作业时的行驶速度一般为0~30m/min,履带式铣刨机转移工地时的行驶速度为0~5km/h,轮胎式铣刨机转移工地时的行驶速度为0~10km/h。由于小型铣刨机的铣刨转子一般位于两个后轮之间并与后轮同轴,为了能够铣削路面边缘,大多数机型均将右后轮设计成可摆动式,如图3-15所示。当铣削路面边缘时,右后轮向前翻转180°,位于铣削转子的前方。

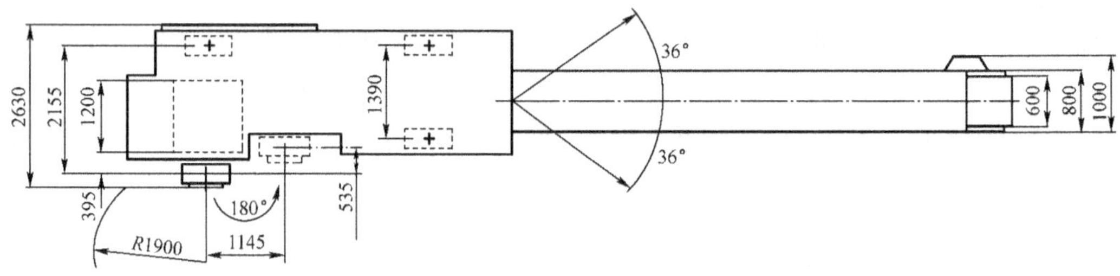

图3-15 W1200F型铣刨机俯视示意图

轮式铣刨机的车轮一般采用实心轮胎或在钢轮毂上浇铸一圈约10cm厚的耐磨橡胶构成,目的是避免空心充气轮胎承载能力低及轮胎气压波动引起铣刨深度误差的缺点。不论履带式或者轮式,由于4个车轮或履带由各自独立的液压马达驱动,通过比例控制的液压转向系统前后履带或车轮可单独驱动,使转向灵活、操作方便。制动过程通过液压驱动完成,此外配备常闭式制动摩擦盘作为附加制动装置及驻车制动装置。

(4)铣削转子总成

铣削转子是路面铣刨机的主要工作部件,可以说铣刨机所有其他装置都是为铣削转子高效精确切削路面而设置的。铣削转子由铣刨鼓、铣削刀基座、铣削上部刀座、铣削刀具等组成,图3-16所示为大中型铣刨机的铣削转子结构示意图。

铣刨鼓一般为直径500~900mm的圆筒,其外表面安装有铣削刀基座、铣削上部刀座、铣削刀具,内部装有传动轴和行星齿轮减速器(图3-17),采用行星齿轮减速器可获得较大的传动比;铣刨鼓通过法兰、轴承悬挂在机架上。如图3-16所示,铣削上部刀座上加工有圆孔,铣削刀具1插入圆孔中并用附于刀具上的弹性套轴向限位,铣削上部刀座插入基座4的矩形孔中并用定位螺栓3固定。铣削刀基座以人字形单头或多头螺旋线排列形式焊接在铣刨鼓外表面(图3-16之5,6)。基座、上部刀座和铣削刀具的这种螺旋线分布形式,使得铣刨转子工作时将铣削出的散料抛向左右对称螺旋线的中央部分,以使被切削下的散料集中成堆由集料输料装置运走。在基座和铣刨刀具之间用铣削上部刀座过渡是为了缓解金属材料耐磨性与可焊性的矛盾,因为基座直接焊接在铣刨鼓上,一旦磨损不易更换,通过上部刀座过渡后加大铣削刀具与基座的空间距离,避免基座接触未被铣削的路面,减少基座磨损并使机械制造加工工艺简化。

铣削转子内部结构及铣削刀具结构如图3-17~图3-19所示。

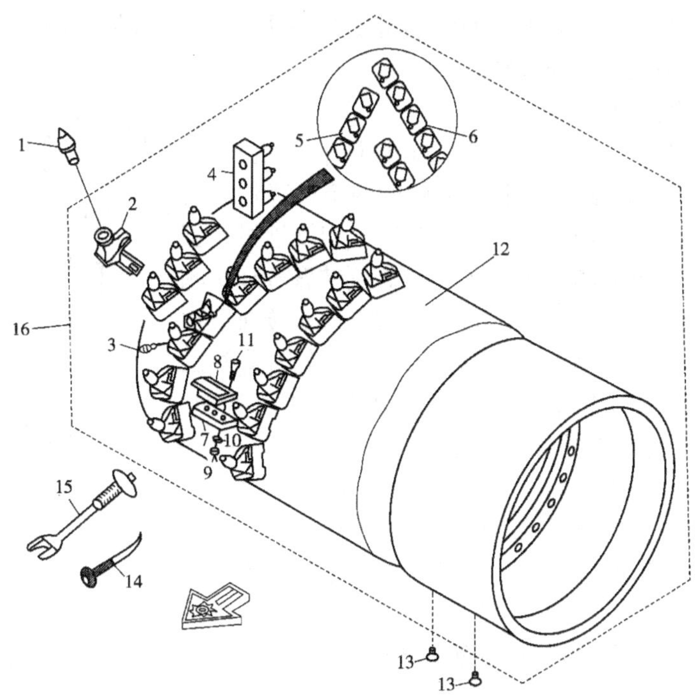

图 3-16　铣削转子结构示意图

1-铣削刀具;2-铣削上部刀座;3-定位螺栓;4-组合式刀具;5,6-铣削刀基座的布置;7,8-铣削刀基座;9-螺母;10-弹簧垫圈;11-连接螺栓;12-铣刨鼓;13-螺栓;14,15-拌和刀具;16-罩壳

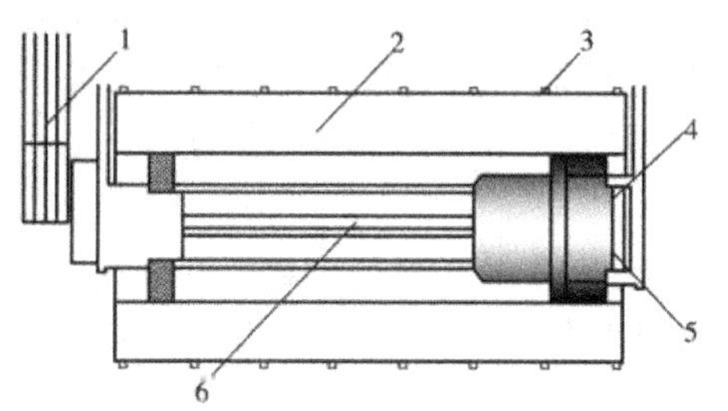

图 3-17　铣削转子内部结构示意图

1-三角形组合带;2-铣刨鼓;3-铣削刀具;4-支承架;5-行星减速器;6-传动轴

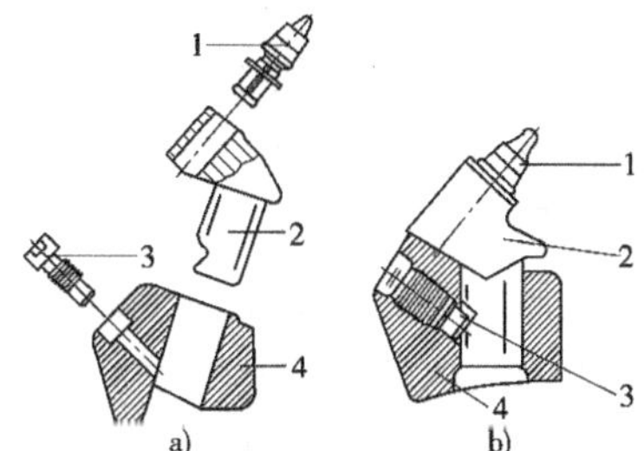

图 3-18　铣削刀具安装示意图

a)安装前;b)安装后

1-铣削刀具;2-铣削上部刀座;3-螺栓;4-铣削刀基座

铣削刀具由刀头 1、刀体 2、弹性套 3 组成(图 3-19)。刀头呈子弹头形结构,一般由高硬度、高耐磨的硬质合金材料制造;刀体由优质合金钢制成,刀头焊接到刀体上后再作特殊强化处理。由于刀头工作时直接与路面摩擦,为使其磨损均匀,刀体把柄外部装有弹性套。铣刨刀插入刀座后,弹性套的张力使弹性套与刀座内孔间过盈配合,使铣刨刀不致轴向松脱,而刀体与弹性套之间的间隙又可使刀体在路面对铣刨刀的非对称作用力下旋转,从而减少铣刨刀的偏磨,延长铣刨刀的使用寿命。

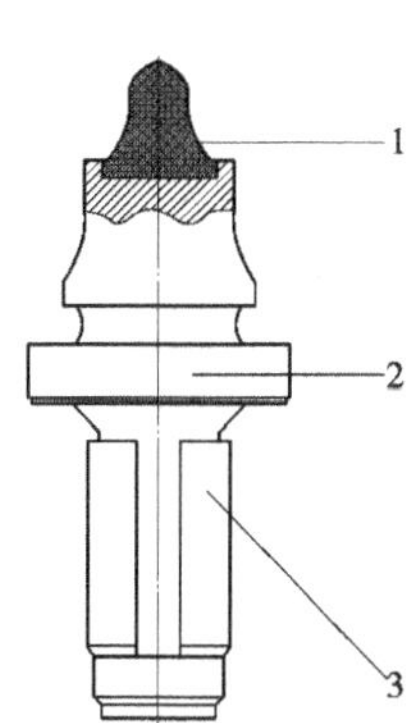

图 3-19　铣削刀具结构示意图

1-刀头;2-刀体;3-弹性套

(5)铣削转子驱动装置

①机械式驱动装置。机械式驱动装置中,发动机输出的动力通过离合器和三角形组合皮带传递到铣刨鼓内的传动轴上,经行星减速器减速后驱动铣削转子旋转铣削路面。

②液压式驱动装置。SF1300C 型铣刨机铣削转子液压系统动力路线为：发动机→分动箱→液压泵→液压马达→铣削鼓轴。

(6)铣刨装置升降机构

一般铣刨装置与车架固接，车架通过 4 个升降油缸与 4 个驱动轮(或履带式行走装置)相连，前轮的两个升降油缸为串联，而后轮的两个升降油缸为并联，SF1300C 型铣刨机铣刨装置升降机构液压系统如图 3-20 所示。该铣刨装置升降机构液压系统的工作过程是：当需要升起铣刨装置时，从转向泵送来的液压油经过多路换向阀 5 的下端油道进入后轮升降油缸 1 的大腔，则活塞下移，顶起车架，相应的铣刨装置上移升起。铣削作业中，后轮升降油缸的并联动作相当于两点支承车架，前轮两油缸的串联可确保这两个油缸在一升一降中始终处于同一水平状态。而一点支承车架，车架处于三点支承为一平面状态，保证了铣削深度的不变。同样，需要铣刨装置下降时，油缸小腔进油，活塞上移，车架带动铣刨装置下降，下降速度由节流阀来控制，液压锁可确保铣削装置处于某一位置。

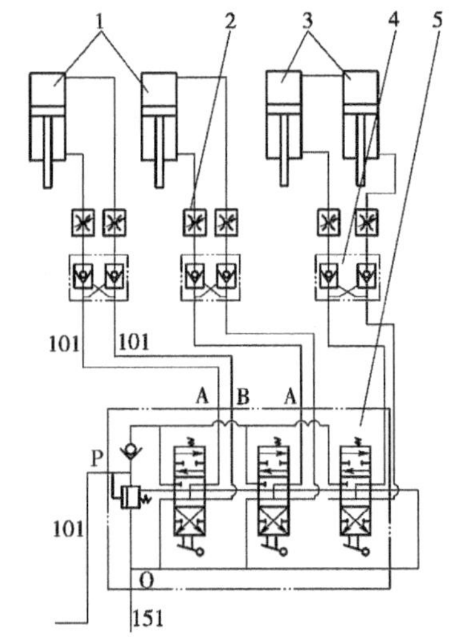

图 3-20 SF1300C 型铣刨机铣刨装置升降机构液压系统图

1-后轮升降油缸；2-单向节流阀；3-前轮升降油缸；4-液压锁；5-多路换向阀

(7)集料输料装置

大中型铣刨机都带有集料输料装置(图 3-14 之 3)，该装置的功能是将铣削出的散料收集并传送至配合铣刨机作业的载重汽车上。一般由于铣刨机结构布置的原因，整个装置分为集料和输料两部分组成，集料皮带的作用是从铣削转子罩壳内铣刨转子的前方收集散料输送给输料皮带，输料皮带的作用是将散料提升到一定高度直接卸到载重汽车上，输料皮带装置由液压油缸操纵可以左右摆动 45°，卸料高度可以调节，从而可适应不同的卸料位置。

(8)洒水系统

冷铣刨机洒水系统由水箱、水泵、水管、操纵调节阀及雾化喷嘴等组成。洒水的作用是减少作业时粉尘的扩散，同时冷却铣削刀，延长刀具的使用寿命。洒水系统工作过程为：水通过水箱→水泵→水管→操纵调节阀→水管→喷嘴，分别呈散状喷洒到铣削转子和集料输料皮带上。

3. 路面铣刨机自动控制与辅助液压系统

为了使铣刨机精确、高效地工作，除上述基本构件外，铣刨机还有自动调平控制、自动功率调节和各辅助液压调节系统。

(1)铣刨深度控制及自动调平控制

铣刨机能够通过铣削转子向下切削路面，其机理是通过调节机架与履带行走装置(或车轮)之间支柱油缸的伸缩量改变铣刨转子相对于路面的垂直距离，当铣削转子低于路面时，在铣刨机自重的作用下铣削转子上的铣削刀压入并在旋转中铣削路面。

铣刨机的铣削深度控制是指铣刨机根据路面一点预定铣刨机的铣削深度，即以机架与行走装置之间支柱油缸的伸缩量为设定值，当路面发生变化时铣刨机控制系统自动调节支柱油缸的伸缩量从而使铣削深度改变，铣削后的路面稳定在设定值的公差范围内。

自动调平是指以一段预定纵坡、横坡高程的基准线为基准，通过预先调节支柱油缸的伸缩量而设定铣刨深度，当路面凹凸不平而与纵坡、横坡基准之间的垂直距离发生变化时，铣刨机可自动调节每个支柱油缸的伸缩量，使铣削深度改变，从而使铣削后的路面达到与基准线一致

的纵坡、横坡要求。

图3-21a)所示为铣刨机机械式自动调平系统的工作原理图。在铣刨机左右侧板上各安装一只机械式传感器,侧板与未铣刨路面接触,两个传感器通过侧板以未铣刨的路面为检测点。

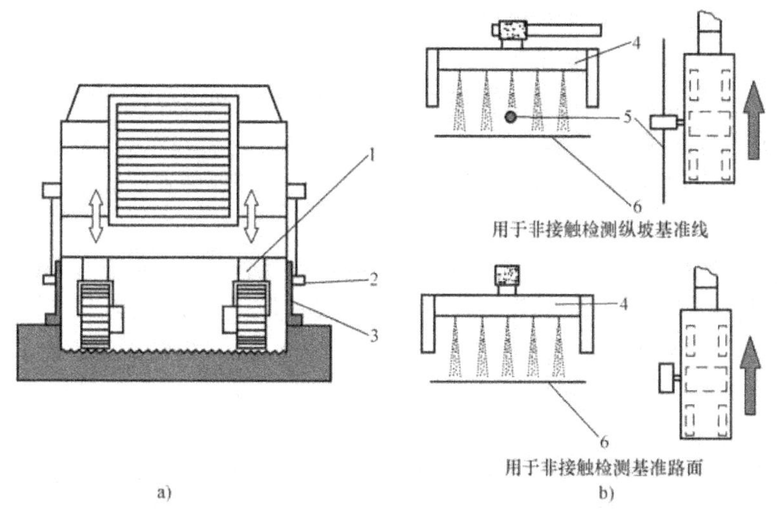

图3-21 铣刨机自动调平系统的工作原理示意图

a)机械传感器分别安装在左右侧挡板上;b)超声波传感检测纵坡基准线

1-支柱油缸;2-机械式纵坡传感;3-铣刨机侧挡板;4-超声波传感器;5-纵坡基准线绳;6-路面

虽然图3-21a)和图3-21b)所使用的传感器不同,但其输出到铣刨机电液比例控制系统的信号相同。值得一提的是,图3-21a)所示为使用左右两个纵坡传感器,由于铣刨机的每个支柱油缸可单独动作,根据两条直线决定平面的原理两个纵坡传感器可实现铣刨机的纵坡、横坡自动找平;图3-21b)所示为使用一个纵坡传感器不能实现横坡自动找平。若要实现纵坡、横坡找平,应使用两个纵坡传感器或一纵一横两个传感器。此外,图3-21a)中所示的两个纵坡传感器也可以采用两条预定高程的基准线为基准,以实现纵坡和横坡的自动找平。

(2)自动功率调节

自动功率调节是指被铣刨路面的硬度或铣削深度变化时,传感器感知发动机负荷的变化→液压功率调节器改变液压泵输出流量→行走马达转速变化→铣刨机行驶速度改变→铣转子对切削路面的厚度变化→发动机负荷恢复正常。

(3)辅助机构液压系统

铣刨机的液压系统中除行走驱动和铣削转子升降外,其余均为控制铣刨机各辅助机构的动作。这些辅助机构主要有:集料输料装置的提升和摆动;集料输料皮带的驱动;铣削转子罩壳尾门的开启与提升;水泵的驱动;驻车制动器的操纵;冷却风扇的驱动等。

三、路面铣刨机运用技术

(1)铣刨机在使用时应配套好相应的辅助作业机械。有自动收料装置的铣刨机只需要配备装料卡车即可,而无自动收料装置的铣刨机应另配小型装载机及装料卡车。

(2)铣刨机必须由专人操作,操作人员必须经过严格的技术培训,熟悉整机各系统性能及操作规程,以防发生机械设备故障和人员设备安全事故。

(3)铣刨机在使用前必须对各部件进行空运试验,在确认各部件运转正常且各部件无泄漏的情况下方可进入正常工作。

(4)按使用说明书的要求对发动机进行日常维护修养,并注意在正常技术条件下使用。作业过程中注意以下事项:

①一次铣削路面的最大切削深度不得超出铣刨机的限值;

②转移工作点或空驶前必须将铣刨转子提升离地面;

③铣削转子运转过程中严禁倒机;

④作业过程中铣刨机严重抖动或铣刨转子处发出异常声响时,可能铣到钢筋等坚硬物,应立即停机并提升铣削转子,进行检查;

⑤严禁在铣刨机卸料皮带装置上悬挂任何重物或利用卸料装置的提升摆动功能将铣刨机作起重工具使用;

⑥近距离自行转移工地时,输料皮带装置必须与机身成直线,不得左右偏斜;

⑦定期停机打开铣刨转子罩壳后挡板检查铣削刀具是否松动、脱落、折断或过度磨损,并及时更换,以免由于铣削刀具的缺损而引起铣刨转子损伤。

(5)铣刨机的液压系统应保持清洁,注意经常清洗或更换过滤装置,操作时若发现油压不正常,应立即停车检查。一般人员不得随意调整系统的油压。

(6)各运转部件应按说明书要求在工作前或工作结束后对其进行润滑保养。

(7)更换铣刨机铣削刀具的顺序是:

①操作总升降手柄,使铣刨鼓离开地面;

②使发动机停止运转;

③踏下离合器,使之分离;

④开启铣刨鼓后开启罩壳并将罩壳支撑;

⑤用冲子和手锤或用专用工具卸下损坏的铣削刀具;

⑥装上新的铣削刀具,关闭防护罩。

(8)对于轮式铣刨机,铣削转子设置在两后轮中间是为了能使铣刨机紧靠路边,完成道路边缘的铣刨工作,铣刨机的左右升降机构,能使右轮绕伸缩套筒轴线旋转180°露出铣刨鼓,平时右后轮置于外侧位置,用插销固定。当需进行路边缘铣刨作业时,操纵左右升降机构,让铣刨鼓支承到地面上,使后轮提升到最大高度,抽出插销后用手扳动右轮,使其转动180°后固定好,开动铣刨机使铣削转子靠向路缘石,即可对道路边缘进行铣刨作业。

四、路面铣削机械的安全操作

1. 工作前的安全检查

(1)施工现场区前后安全距离以内(不小于1km)是否摆放醒目的减速、道路标志及安全隔离物,是否有安全员配合。

(2)现场配合车辆、人员是否整齐有序,对配合作业工况是否有充分了解和把握。

(3)检查现场工作地形,确定设备施工方案。

(4)检查机组人员着装是否整齐,安全警示是否醒目齐全。

(5)检查设备安全警示、标志是否齐备健全。

(6)检查发动润滑油、防冻液、蓄电池电解液、液压油、燃油油位及品质。

(7)检查设备各部安全保护装置是否齐全有效。

(8)启动后,检查润滑油、液压油压力、蓄电池电压。

(9)打开电开关,检查灯具是否齐全。

2. 作业安全注意事项

(1)机械作业时,操作人员必须思想集中,更不允许酒后操作。不得马虎大意,擅离工作岗位。

(2)不准将设备交予非本机组人员及不懂得设备性能者操作。严禁无关人员进入机械作业区和操作带。

(3)禁止将手或其他物品放入正在运转中的工作部件内,以免卷入。

(4)加油必须在熄火状态下进行,加水时注意管道密封和压力,以免冷水流入高温运行的发动机缸体或电路部分;各种电气设备的检查维修一般应停电作业。

(5)冬天启动困难时,可加注开水或采用电子预热装置。禁止明火长时间烘烤油底壳;运行过程中随时检查发动机冷却液温度,若发现过热,及时检修冷却系统和燃油供给系等,切勿用冷水冲击缸体直接降温。

(6)工作过程中,随时检查刀具冷却水位、水压及喷洒状况,以免刀具过热磨损。

(7)工作时,传送带下禁止站人,以免卷入或被高速运动的飞石所击伤。

(8)辊筒在铣削坚硬路面时,经常因为强力将机器顶向后方,所以要特别注意辊筒的急速下刀操作。

(9)注意路面工作井盖或地下埋设物等障碍造成的潜在危险,以防本机突然转向偏移时,被夹、被卷、被击等不测事件发生。

(10)因为本机自重及接地压力较大,轴距、轮距均较小,故行车时必须选择好路线、地形,以免深陷或倾翻。

(11)用平板车装运时,爬板承重必须在19t以上,爬板倾斜度要在8°以内,不要将机体部分超出平板车宽度以外,铣削辊筒要放在枕木上,整个机体要用钢丝绳固定好。

3. 工作后的安全要求

(1)作业结束后,最好将机械驶出高速公路。

(2)选择平坦、坚实、安全地带停放机器,摆放安全警示标志,并做好必需的防压、防滑、防倾翻、防潮、防火、防盗、防撞等“七防”措施。

(3)重载作业后,应低速运行一段时间,然后怠速熄灭发动机,以免各工作元件烧坏。

(4)冬季天冷,应及时放掉刀具冷却水,以免冻裂散热器。若发动机不用防冻液,也应熄火一段时间后,缓缓放掉冷却水。

(5)抱死液压制动器,关掉电源总开关。

第三节　沥青洒布车

一、功用及分类

沥青洒布车是一种沥青路面机械。在采用沥青贯入法或沥青表面处治法铺筑、养护沥青(或渣油)路面(图3-22)时,沥青洒布车可用来运输和喷洒各种液态沥青(热态沥青、乳化沥青和渣油等),也可向就地破碎的土壤喷洒沥青结合料,以修建稳定土路面。

沥青洒布车可按用途、运行方式、喷洒方式及沥青泵的驱动方式等进行分类。

按用途可分为养路用和筑路用两种。养路工程使用的沥青洒布车储箱容量一般不超过400L,而筑路工程使用的沥青洒布车一般为1000L以上,有的高达6000L。

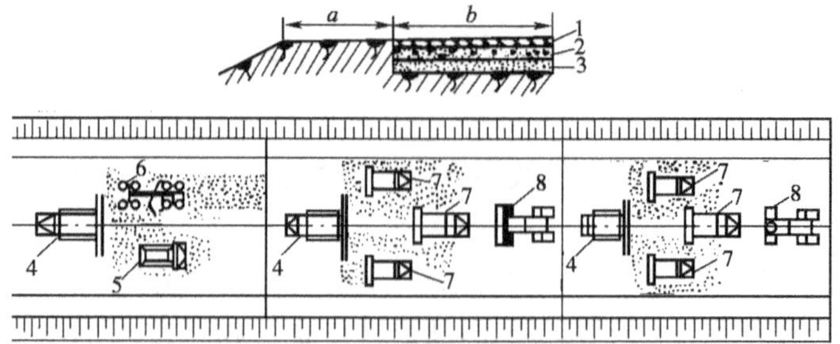

图 3-22　沥青路面表面处治

1-面层；2-基层；3-垫层；4-沥青洒布车；5-自卸车；6-平地机；7-石屑撒布车；8-压路机

按运行方式可分为自行式和拖式两种。自行式沥青洒布车的工作装置与操纵机构等安装在工程运输车(一般为载货汽车)或专用汽车底盘上。

按沥青泵的驱动方式可分为发动机驱动和人工手压驱动两种，后者又称为手动式沥青洒布车。目前，沥青泵的驱动方式均为机动的，手动的在国内外已基本淘汰。

按喷洒方式可分为泵压洒布和气压洒布两种。泵压洒布式是利用齿轮式沥青泵将沥青从沥青箱内吸出，并以一定压力将其从洒布管中喷出。气压洒布式是将空气压缩机制备的压缩空气，输入气密性和耐压性良好的沥青箱内，迫使沥青经洒布管喷洒出去。

二、结构工作原理

下面以筑养路工程中常见的自行式沥青洒布车为例，介绍其结构和工作原理。

自行式沥青洒布车是将整套的自动沥青洒布机构安装在载货汽车底盘上，并利用汽发动机的动力完成前述各项工作。自行式沥青洒布车多用于新建路面工程，尤其适用于工程量大或沥青熔化基地距筑路工地较远的施工中。自行式沥青洒布车如图 3-23 所示，主要由保温的沥青储箱，加热系统，传动系统，沥青循环—喷洒系统，操纵机构以及检查、计量仪表等组成。

1. 沥青储箱

沥青储箱俗称沥青罐，如图 3-24 所示，具有储存沥青及保温作用。它是用 3 ~ 5mm 厚的低碳钢板焊接而成的椭圆形封闭长筒容器，筒体外包有约 50mm 厚的玻璃棉隔热保温层，其外再包裹上薄铁皮保护外罩。

图 3-23　自行式沥青洒布车外形图

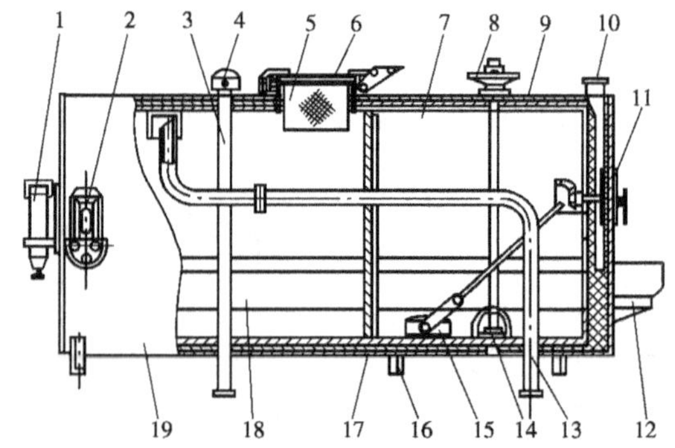

图 3-24　沥青储箱

1-灭火器；2-温度计；3-溢流管；4-排气盖；5-进料滤网；6-进料口盖；7-筒体；8-总阀门手轮；9-玻璃棉；10-排烟口；11-刻度盘；12-固定喷灯；13-进沥青管；14-总阀门；15-浮标；16-储箱固定架；17-隔板；18-加热火管；19-外罩

在沥青储箱内中部装有横隔板，用来减缓箱内液料振荡，并加强箱体的坚固性。横隔板的底部设有缺口，使沥青液料在箱底能自由流通。

进油管自沥青储箱的后端底部通入，一直向前延伸到沥青储箱的顶部，用来向储箱内吸入沥青液料。储箱顶的中部有带滤网的装料口，作为向储箱内直接倾注液态沥青之用，维修人员也可由此进入箱内进行检修工作。出油口位于箱底后部，设有总阀门，由箱顶上的总阀门手轮通过长杆来操纵其启闭。沥青出口的下面安装有主三通阀与沥青泵。

溢流管穿过沥青储箱底之外，超容量的液料可经它溢出箱外，同时起到通气的作用。

2. 加热系统

加热系统用来加热沥青储箱内的沥青，使其具有洒布时所需的工作温度。加热系统（图 3-25）由一个燃油箱、两个固定式喷燃器、一个手提式喷燃器、两个 U 形火管和带有过滤器的油管等组成。

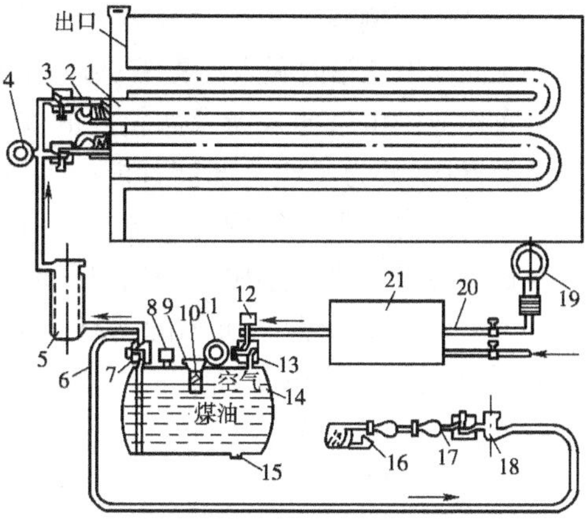

图 3-25 沥青洒布车的加热系统

1-火管；2-固定喷灯；3-喷灯开关；4-压力表；5-燃油过滤器；6-软管；7-燃油箱开关；8，12-安全阀；9-箱盖；10，18-滤网；11-燃油箱压力表；13-进气开关；14-燃油箱；15-放油塞；16-手提式喷灯；17-手提式喷灯开关；19-空压机；20-气管；21-储气筒

燃油箱（图 3-26）为一圆形筒，通常安装在沥青洒布车的右侧台板上。它由储气筒通入压缩空气，使燃油在压力（0.3～0.4MPa）下从出油管压出，再通过过滤器分别流向固定式和手提式喷燃器。每个喷燃器设有开关，以调节燃油量或停止供油。

固定式喷燃器（图 3-27）主要由喷嘴和喷管组成。喷管盘绕成螺旋状，其一端通过开关及油管连接在燃油箱上，另一端通过接头装有喷嘴。喷嘴外面的套管引导火焰向前喷射。螺旋管下面的油盆盛有煤油或柴油，为点燃之前预热喷管用。整个喷燃器用固定支架安装在加热火管的进口处。

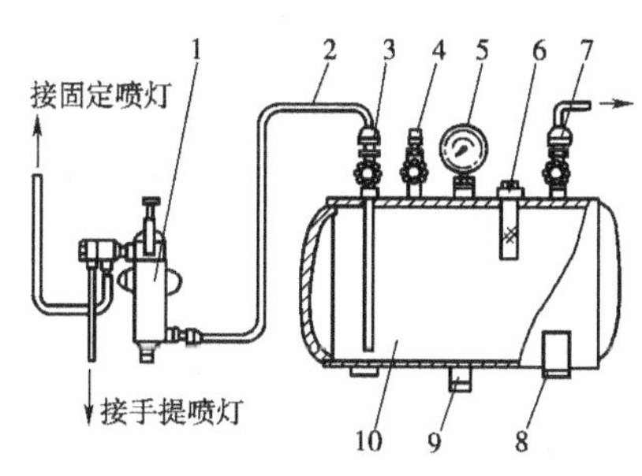

图 3-26 燃油箱

1-过滤器；2-出沥青管；3-出沥青开关；4-放气开关；5-气压表；6-加油口；7-进气开关；8-支架；9-放油塞；10-箱体

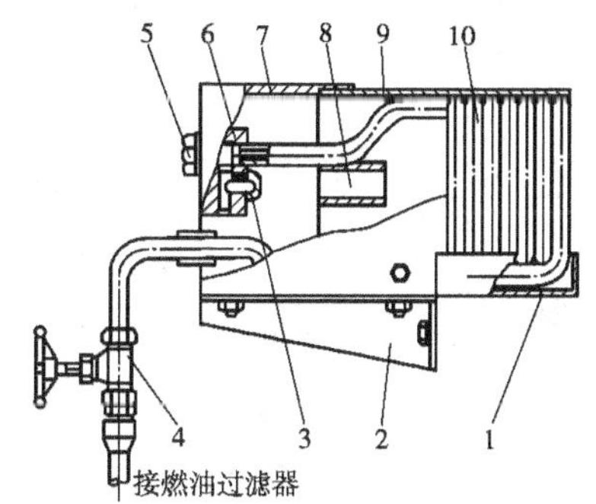

图 3-27 固定式喷燃器

1-油盆；2-支架；3-喷嘴；4-开关；5-螺钉；6-接头；7-后罩；8-套管；9-前罩；10-螺旋喷管

手提喷燃器在沥青洒布车作业前加热沥青泵与管路，使原来凝积的沥青熔化，保证各运动部件能正常运转。手提式喷燃器的结构与固定喷燃器的基本相似。

3. 传动系统

沥青洒布车的机械传动系统除了传递动力使车辆行驶外，还驱动沥青泵工作。

发动机的动力传到变速器后，经分动箱、万向传动轴后，驱动沥青泵。分动箱具有两个前进挡和一个倒挡。其中的两个前进挡用于按不同的洒布量进行沥青输送与洒布；倒挡用于沥青储箱吸料或洒布作业后将管路内的沥青抽回储箱内。分动箱的两个拨叉由设置在驾驶室内的一根专用变速杆操纵。

4. 循环—喷洒系统

循环—喷洒系统的作用有两个：一是通过沥青泵、循环管向沥青储箱内吸入沥青液；另一个是完成热沥青的洒布作业。由于伸入沥青储箱内的加热火管只是与部分沥青接触，为了使全部沥青能得到均匀加热，必须使储箱内沥青在循环管内不断流动。每次洒布作业结束时还需要吸空洒布管内的余料，以及传输沥青液。

通常使用的沥青洒布车的循环—喷洒系统，由沥青泵、带球节的循环—洒布管道和大小三通阀等三部分组成，如图3-28所示。

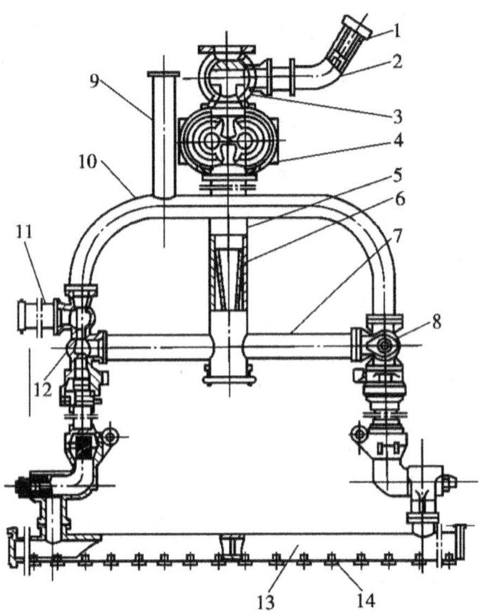

图3-28 循环—喷洒系统

1,6-滤网；2-加沥青管；3-沥青泵主三通阀；4-沥青泵；5-输油总管；7-横管；8-右横管小三通阀；9-进沥青管；10-循环管；11-转输时放沥青管；12-左横管小三通阀；13-洒布管；14-喷嘴

5. 操纵机构

沥青洒布车的操纵机构包括三通阀的拨动和洒布管的操纵两部分，如图3-29所示。前者在一项洒布作业中一拨动即可，后者则在洒布过程中要经常操作与调整。洒布管升降手轮（或液压驱动的调节器）可控制洒布管的上下位置，洒布管的喷洒角调整手柄可以使洒布管相对于路面作0°~90°范围内的转动。洒布管的左右摆动推杆根据需要可作左右方向的喷洒调整。

三、使用技术

沥青洒布车的正确使用，包括合理操作和正常维护，既是提高其生产率、洒布质量的关键，又是减少其故障、损坏，延长其使用寿命的重要保证。

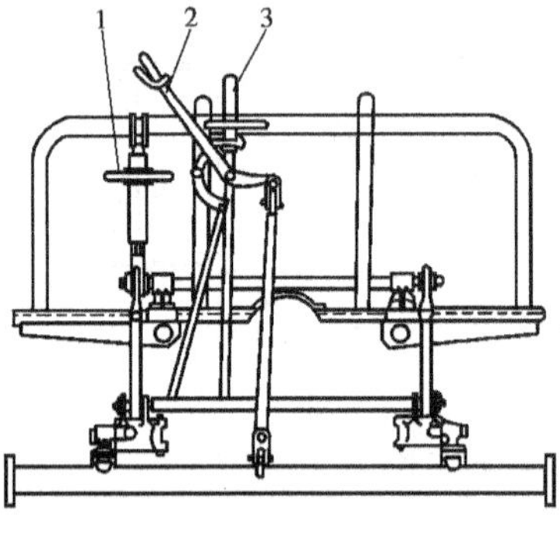

图3-29 沥青洒布车的操纵机构

1-洒布管升降手轮；2-洒布管喷洒角调整手柄；3-洒布管左右摆动推杆

1. 安全技术规程

由于沥青具有易燃的特性，沥青洒布作业通常是在气温高的情况下进行，沥青洒布车有时（指气温较低时）使用明火烘烤沥青泵等，所以沥青洒布车在使用过程中要特别预防火灾的发生。

（1）定期检查消防器具。

（2）禁止在点燃喷燃器时给沥青洒布车加注燃润料。

（3）沥青储箱的抽吸口和装料口未盖时禁止点燃喷燃器。

（4）点燃固定式喷燃器时应事先打开沥青储箱上的烟囱盖。沥青储箱内的沥青液面必须超过U形管的高度。

（5）洒布作业中禁止使用喷燃器。

（6）点燃手提式喷燃器时输油管的开关先部分打开，然后逐渐开大至全开，并禁止接近易燃品。

（7）供给喷燃器的压缩空气压力应限制在0.3~0.4MPa以下。

（8）喷燃器熄火后应关闭燃油箱的进气开关，并卸除燃油箱内的剩余压力。

（9）沥青洒布车应设置静电拖地链，重载行驶时要尽量避免紧急制动。

2. 提高洒布质量的技术措施

沥青必须适量、均匀地喷洒在路面上，尤其是表面处治作业，否则会影响路面的使用寿命。为提高沥青洒布质量，应采取如下技术措施。

(1)保持沥青在其工作温度范围内进行喷洒。

(2)调整好喷嘴的喷射角(20°～30°)和离地高度(25cm左右)，保证洒布宽度和毗邻喷雾的重叠量(横缝为10～15cm，纵缝为20～30cm)。

(3)喷雾角是靠一定压力来保证的，洒布时要保持沥青泵的转速恒定。为此，现代沥青洒布车的洒布管应做成全循环式，并配置卸压阀。

第四节　沥青灌缝机

沥青灌缝机是一种道路专用的养护机械，用来对路面裂缝(特别是单根式的纵向或横向裂缝)进行灌浆修补。一般采用全液压驱动，操作灵活，灌缝粘结效果好，外表美观整洁。

一、工作原理

沥青灌缝机灌缝作业可分为两步：一是用高压热空气吹烤喷枪(图3-30)，把加热后的压缩空气吹向裂缝，将裂缝里的杂物吹干净，又可加热裂缝两侧的沥青混凝土；二是灌缝机(图3-31)的热熔箱熔化沥青，用沥青喷射机将热沥青灌入缝中。

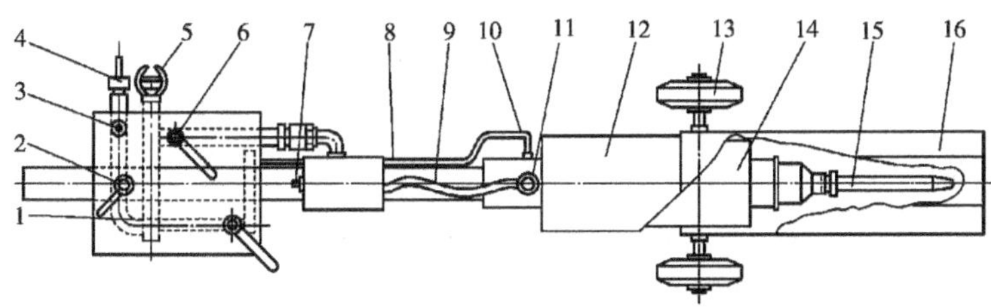

图3-30　高压热空气吹烤喷枪结构图

1-燃气控制阀；2-主控制阀；3-安全按钮；4-燃气管接头；5-空压机接头；6-空气控制阀；7-压力点火开关；8-热电偶引线；9-点火导管；10-热电偶；11-火花塞；12-保护罩；13-轮子；14-燃烧室；15-吹管；16-安全罩

1. 高压热空气吹烤喷枪工作原理

将空气压缩机、燃气储罐与高压热空气连接起来；打开燃气安全阀，调节燃气压力达到0.35MPa，同时启动空气压缩机并打开空压机安全阀；将燃气点火，调节压缩空气和燃气的压力，使火焰达到白热，但喷嘴处不能有火焰喷出；手推喷枪，沿着裂缝，给缝加热。

2. 灌缝机工作原理

给热熔箱添加一定数量的沥青块，盖好箱盖，然后点火给导热油加热，并启动导热油驱动电机，导热油循环；当沥青被加热到一定温度后会启动搅拌器驱动电机，对沥青材料进行搅拌；当沥青被加热到160～180℃时，用预热的补缝软管连接沥青泵和沥青喷枪，打开开

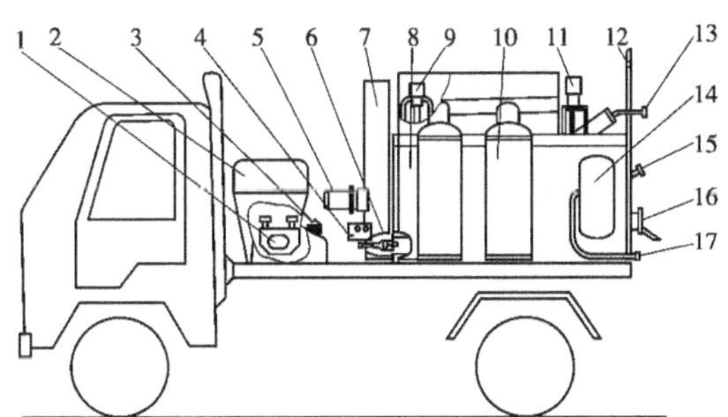

图3-31　灌缝机结构图

1-串联液压泵；2-发动机；3-空压机；4-点火控制箱；5-搅拌器驱动电机；6-燃烧器；7-烟囱；8-热熔箱；9-导热油循环驱动电机；10-燃气罐；11-沥青泵驱动电机；12-软管支架；13-沥青管接头；14-压缩空气储罐；15-导热油加入口；16-溢流口；17-压缩空气接口

关,用沥青喷枪沿着裂缝灌入沥青;补缝结束后,为避免沥青在沥青泵和补缝软管中凝结,要将沥青泵反转一段时间,并用压缩空气将补缝软管、沥青喷枪吹干净,然后将软管放在预热室中。

二、主要结构

1. 沥青热熔箱

沥青热熔箱是灌缝机的主要组成部分,它提供温度符合要求的沥青(沥青砂浆),内有桨叶式强制搅拌器及格栅式导热油盘管,以保证沥青均匀受热。导热油是由燃气式小型加热炉间接加热,温度可自动调节。为了保证沥青快速均匀熔化,在沥青达到 80 ~ 100℃时,启动搅拌器,对沥青材料进行搅拌。

2. 沥青喷枪

热沥青(沥青砂浆)在沥青泵作用下,通过沥青喷枪(图 3-32)灌入缝中。为提高粘结效果,该装置可作成双管循环回路,在喷嘴处有一个空腔滑靴熨斗,喷入缝中的沥青返回熨斗后温度降低,再由回路管吸回沥青热熔箱中,从而使缝中沥青与预热的缝壁良好粘合。同时由于熨斗的作用,缝口平坦且干净。

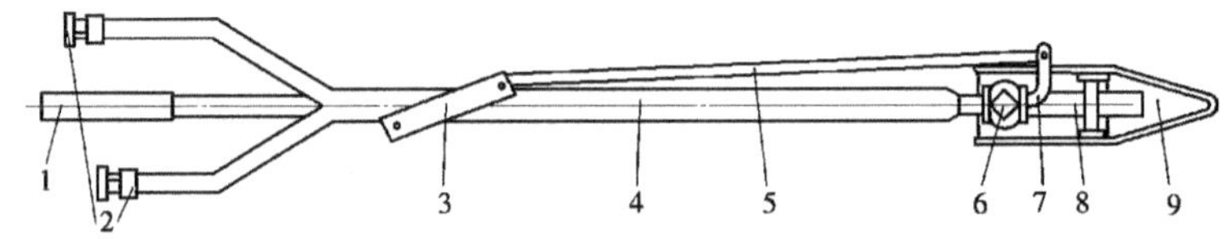

图 3-32　沥青喷枪结构图

1-把手;2-沥青管接头;3-转动手柄;4-双灌缝管;5-连杆;6-灌缝开关;7-杆件;8-喷管;9-熨斗

3. 点火加热系统

煤气点火系统是由煤气罐、自动点火系统、燃烧器组成的。自动点火系统有两个温度调节器,一个是调节导热油的温度,其最高温度在出厂时已调好,另一个是调节沥青的温度。当这两个调节器都调好后,燃烧器的火焰也保持恒定,燃烧器应固定在最佳燃烧点,以获得最佳燃烧效果。导热油管环绕在热熔箱的周围,对沥青进行间接加热,与热熔箱同时受热的还有沥青喷射软管和沥青泵。

4. 液压驱动系统

灌缝机配有独立的发动机,采用液压驱动方式给沥青搅拌器驱动电机、沥青泵驱动电机、导热油循环驱动电机提供动力。

三、使用技术

1. 填充

(1)加满熔油箱。

(2)连同自动燃烧器控制系统一起加热。

(3)把液化气接到工作装置上,打开液化气瓶。

(4)温度调节器调到“0”位。

(5)打开快停阀。

(6)压力调节器置于 0 ~ 0.15MPa 之间。

(7)在多次压下开关时,按下燃烧控制盒上的红色按钮保持 15 ~ 20s。

(8)调整温度调节器至所需温度。

(9)在加热时,保持机器的水平位置,为达到合适的加热点,其初添加的材料块不能太大,经过0.5h后再拌料,快速启动电机来开启热油循环泵。

2. 搅拌

(1)启动发动机。

(2)加入补缝材料,启动搅拌器。

(3)启动柴油机后,打开液压电机系统来开启搅拌器,电机系统由安全阀限制其过载。电机、齿轮、搅拌器及轴、叶片几乎不需要维修。当物料温度达到80~100℃时,打开控制阀。

3. 补缝

(1)预热灌缝软管,液化气管及管路接头。

(2)打开补缝泵。

(3)保证物料混合均匀,进行补缝工作。

(4)短时间制动,最多不超过2~3min。

(5)只能使用厂家配带的补缝软管及附属件。

4. 吹缝

使用空气压缩机产生的空气把缝吹干净。

四、安全技术规范

1. 作业安全注意事项

(1)运行期间不许加热。

(2)加热时开启烟囱盖。

(3)热沥青和热塑性材料会有自燃趋向,因此在操作过程中,必须由技术熟练的人员监督操作,同时应用恒温器控制燃烧装置。

(4)易燃物不准放在靠近机器工作部件的地方。

(5)注意不要让人站在不利排气的地方。

(6)添加油液到刻度线为止或大约加到容器容量的90%,只有当燃烧器关掉时才允许油箱的油排空。

(7)只有丙烷气压达到1.5MPa时,才可以开始操作。

(8)液化气瓶固定放置。

(9)不允许为了增加蒸气量而使用明火。

2. 作业后安全工作要求

(1)结束工作后,温度控制阀置"0"位。

(2)转换泵的方向,连接软管到储气瓶,并把补缝材料残留物吹干净。

(3)关闭燃烧器及液化瓶阀。

五、补缝辅助操作

一般来说,灌缝是整个路面补缝作业的一个环节,在灌缝前要根据缝的情况看看是否需要扩缝,在灌缝后酌情撒布石屑。对于一些小缝,在灌缝前先扩缝,其施工工艺为:用扩缝机将小缝扩展到深40mm、宽12mm的施工缝,然后用扫缝机将扩展后的小缝进行清扫,并将杂物清除干净。灌缝后应进行石屑撒布,其施工工艺为:用手推式撒布器将预热的石屑均匀地撒布在熨斗拖过的缝口上,从而完成一条裂缝的补修作业。

第五节　乳化沥青稀浆封层机

乳化沥青稀浆封层是指用适当级配的石屑与砂为集料，以乳化沥青为结合料，加入一定比例的粉料（水泥、石灰、粉煤灰、矿粉等）、添加剂、水乳液和水四种材料，经拌和制成均匀的稀浆混合料，并按要求的厚度及宽度均匀摊铺在路面上而成的沥青表面处治薄层。在水分蒸发干燥硬化成型后，乳化沥青稀浆封层的外观与细粒式沥青混凝土相似，具有耐磨、抗滑、防水、平整等技术特征，可用于沥青路面预防性养护技术中。乳化沥青稀浆封层机是完成稀浆封层施工的专用设备。稀浆封层机的特点是在常温状态下在路面现场拌和摊铺，因此能大大降低工人的劳动强度，加快施工速度，并节省资源和节省能源，适用于公路和城市道路部门对路面磨耗层进行周期性预防养护，以保持路面的技术性能和延长使用寿命。同时，稀浆封层机还可以对路面早期病害进行修复，以提高路面的防水能力，提高平整度及抗滑性能。

一、稀浆封层机的分类及用途

稀浆封层机可以根据机动性、作业方式、主要结构及拌和方式等进行分类。

1. 按机动性分类

稀浆封层机可以分为拖式稀浆封层机、半挂式稀浆封层机和自行式稀浆封层机三种。

拖式稀浆封层机选用略加改造的挂车安装各种装置，集料仓容积多为 2 ~ 4m^3，装有辅助发动机。工作时由拖拉机或运料车牵引，进行摊铺作业。这类稀浆封层机机动性较差，摊铺作业速度受牵引车车速的影响，故生产率较低，一般用于县乡道路或小型稀浆封层工程。

自行式稀浆封层机均采用载重车底盘，由底盘提供行驶和作业时所需的全部动力。行驶速度快，可自驶转移工地，机动性好，生产率高，对于坡道和弯道摊铺质量好，是国内外稀浆封层机采用的主要结构形式。

2. 按作业方式分类

稀浆封层机可以分为无前接料斗和有前接料斗两种。

无前接料斗式稀浆封层机是目前使用较多的一种机型。这类机型在施工前，需将各种材料装进车上的集料仓、水箱、乳化沥青箱等容器内，一车料摊铺完后需到料场再次添加各种原材料。

有前接料斗式稀浆封层机的前部设有受料斗。工作时，受料斗前面的推辊顶着自卸车的后胎，由封层机推着汽车一起行驶，同时受料斗接受自卸车卸下来的集料，由封层机前部的刮板提升机将集料输送到车上的料仓内。各种液体原料都配有输送泵，可从运液罐车上将液料抽进车上各液料储罐内。该车在装料时不中断摊铺作业，可以实现稀浆封层无横向接缝，生产率得到大大提高，特别适用于高等级公路和大型稀浆封层工程。

3. 按拌和方式分

按拌和方式的不同，稀浆封层机分为单轴螺旋式搅拌器和双轴桨叶式搅拌器。

单轴螺旋式搅拌器主要用于拌制普通型稀浆混合料，适用集料粒径在 3 ~ 5mm 内，可以保证稀浆混合料在大流量、短行程的条件下搅拌均匀；双轴桨叶式搅拌器可以拌制各种稀浆封层混合料，且特别适合于拌制聚合物改性乳化沥青稀浆混合料，用于高等级公路上的精细表面处治和填补车辙；双轴桨叶式搅拌器也可以拌制各种稀浆封层混合料。因此，这种类型的稀浆封层机使用范围较广。

二、主要结构及工作原理

根据稀浆封层施工工艺要求，稀浆封层机必须具有给料、拌和、摊铺和计量控制等功能，它能将集料、矿粉、水、乳化沥青按一定比例输送到拌和筒内，加入添加剂，经快速搅拌形成流动状态的乳化沥青稀浆混合料，通过分料器送入摊铺槽内，然后，均匀平坦地摊铺在路面上(图3-33)。因此，稀浆封层机的结构可分为两大部分：一是行驶底盘部分，这部分是机器的行走和承重部件，其功能是使机器能够按预定速度行驶，完成运输和作业的行驶任务，并在其上布置全套的作业装置；二是作业部分，这部分的功能是完成机器作业过程中的各种物料的存储、输送、搅拌、摊铺、控制、操作等。这部分主要由给料系统、拌和系统、动力传动系统和计量控制系统组成，如图3-34所示。

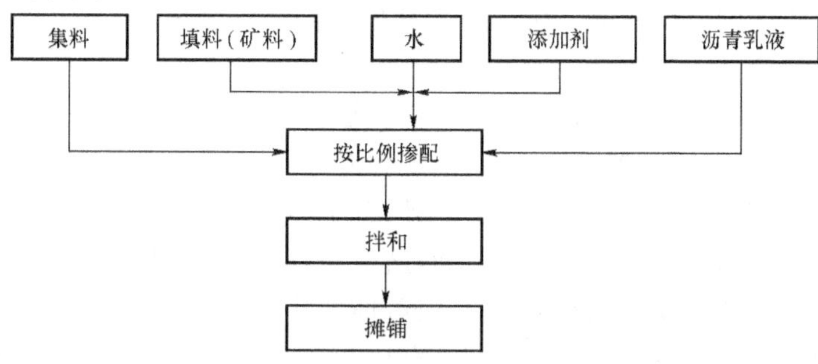

图3-33 稀浆封层施工工艺流程图

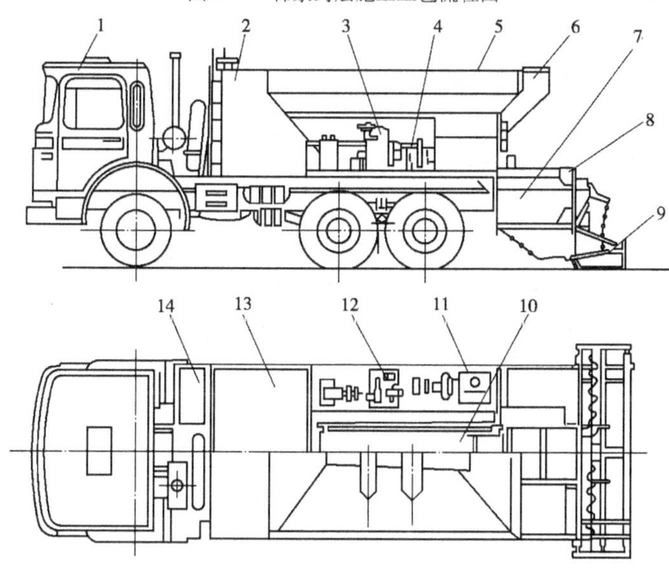

图3-34 稀浆封层机结构示意图

1-行驶系统;2-水箱;3-作业柴油机;4-机械传动系;5-集料仓;6-填料仓;7-搅拌器;8-操作台;9-摊铺器;10-皮带式运输机;11-添加剂箱;12-流量控制系统;13-乳液箱;14-柴油清洗装置

1. 底盘

稀浆封层机一般都是选用承载能力符合设计要求的卡车底盘并经过改制后为封层机的底盘，改制部分主要是增加一级换挡变速系统，使汽车的最低稳定行驶速度可达到1～4km/h范围，以满足摊铺的要求。

2. 给料系统

给料系统由集料给料装置、乳液供给装置、供水装置、填料供给装置、添加剂供给装置五部分组成。

(1)集料给料装置

集料给料装置由料斗、料门、集料输送机及驱动装置等组成，主要具有以下功能：①存储集料；②搅拌器输送集料；③调节集料的输送量。料斗由钢板焊成，通常做成倒置梯形形状，以便使全部集料能自行滑落到输送带上，斗壁上装有液压仓壁振动器，以消除集料起拱现象。出料闸门安装在料斗下方，通过螺旋机构使出料闸门上下移动，调节开启高度以改变带式输送机的供料量，辅助发动机的输出动力经过减速箱和机械换向传动直接驱动带式输送机，也有采用液压马达经减速机驱动。输送带需制成无接缝环形带。输送机后部装有张紧装置，用于调节输送机的正常张紧度和修正输送带跑偏量。集料输送机的作用是将集料从料中带出并对材料计量，其计量方式是通过调节料斗闸门开启高度的方法来改变集料体积量。

(2)乳液供给装置

乳液供给装置主要由乳液箱、乳液泵、三通阀、运转循环阀及一整套连接管路等组成。其主要功能是：存储乳液，向搅拌器输送乳液，实现乳液循环，对乳液箱进行装料。乳液箱一般布置在集料箱的右前方，形状因厂家不同各有差异，有矩形、立式圆柱形，也有采用卧式圆罐。当三通阀标记指向乳液箱和乳液泵时，乳液就通过管路和泵进入搅拌器中；当三通阀的标记指向乳液箱和外部大气时，就可以为乳液箱装料，或者抽出乳液箱中的乳液。

乳液泵应具有变量泵的功能，应能根据油石比要求调整泵的排量，一旦整机经过标定，乳液泵的流量就无需进行调节。乳液泵要具有夹套预热能力，可利用汽车的热水对其加热，以软化泵内可能破乳的沥青。

运转循环阀的作用：一是沟通乳液箱和搅拌器之间的管路，为搅拌器提供乳液；二是沟通乳液箱和乳液泵之间的管路，实现循环。

三通阀和运转循环阀也要有夹套保温功能，以软化阀内可能破乳的沥青使阀转动灵活。

(3)供水装置

供水装置主要由水箱、三通阀、水泵、主水管、主喷管、水阀等组成。

水箱用来存储水，同一车型其外形与乳液箱相同。水泵一般采用离心泵。通过三通阀的换向，可以使水泵抽出水箱的水，供向主水管，还可以为水箱装水。

主水管主要用于湿润封层前的路面，一是为搅拌器供水，二是为主喷管供水。主水管中间应设置供水量调节阀，主要用在封层机底部布置多排喷头。另外还应带有手持式单头喷水枪，用来补洒未被主喷管洒到的地方和冲刷摊铺槽等装置的表面污物。

(4)填料装置

填料装置主要由填料箱、螺旋送料器、填料疏松器及传动链轮等组成。

填料箱用来存储填料。螺旋送料器布置在填料箱底部，其作用是向搅拌器输送填料，填料疏松器则布置在箱中部，用来疏松填料箱内的填料。传动链轮一般布置在填料箱的右侧，用来驱动螺旋送料器和疏松器。而自动型的稀浆封层机则是采用液压马达来驱动螺旋送料器和疏松器。

(5)添加剂装置

添加剂装置主要由各添加剂箱、添加剂泵、转子流量计、阀门及管路组成。

添加剂箱和添加剂泵都需要采用耐腐蚀材料制成，转子流量计的作用是检测并显示添加剂泵的流量，以便对添加剂的流量进行精细的监控。添加剂通过管路直接排入搅拌器中。

给料系统是稀浆封层机最重要的部分，也是以上几种材料能否按配比要求制取稀浆混合

料的关键所在。

3. 拌和系统

拌和系统必须具有在短时间里将集料、填料、添加剂、水及乳液彻底均匀地搅拌成理想的稀浆混合料的功能,如图 3-35 所示。

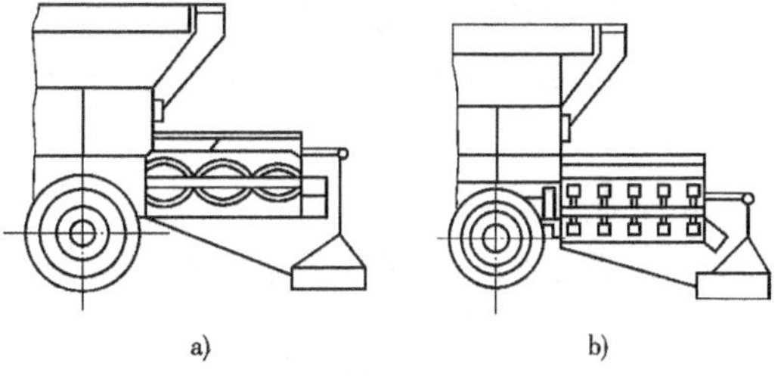

图 3-35 拌和系统简图

a)单轴螺旋式搅拌器;b)双轴桨叶式搅拌器

单轴螺旋式搅拌器由搅拌筒、出料门、底部闸门、分配器等组成。搅拌筒由筒壁、搅拌器、搅拌筒盖等组成,主要用来将筒内各种物料混合均匀,特殊结构形式的搅拌器可使物料在向后运动的总趋势下,夹杂着向前运动,以保证物料搅拌均匀。底部闸门水平布置在搅拌筒后部,开启此门可使搅拌筒内物料全部流出,以便在工作完毕后,清扫搅拌筒。出料门垂直布置在搅拌筒的后部,为使物料充分拌和,筒内物料应有一定存留,存留量由出料门开度来调节。分配器布置在出料门下方,左右移动分料口,可调整进入左右摊铺器中稀浆的多少,以满足摊铺工作的需要。

双轴桨叶式搅拌器由搅拌筒、出料槽和支承装置等组成。搅拌筒由筒壁、搅拌轴、联动齿轮、搅拌筒盖等组成。出料槽形式各异,橡胶槽型较多,用液压缸控制橡胶槽泄料的方向。

4. 摊铺系统

摊铺系统是一个独立的作业系统,它的作用是将稀浆均匀地摊铺到路面上,并按要求控制稀浆摊铺的宽度和厚度。它由摊铺箱、螺旋摊铺器、液压马达、封浆刮板、刮平胶板以及滑轨调节器等组成。摊铺箱由左右主框架组成并通过销轴连接,以便随路拱自行调拱。横向可以伸缩的摊铺箱能适应不同宽度的路面施工需要,摊铺宽度的调整范围一般在 2.5 ~ 4.5m 之间。

螺旋摊铺器起到再次拌和并将稀浆摊向两侧的作用,它由液压马达驱动,其旋转方向和转速分别可调。用于普遍稀浆的摊铺箱一般布置单排螺旋摊铺器(二轴),用于聚合物改性稀浆封层的摊铺器则需要两排以上的螺旋摊铺器(四轴),以增强搅拌强度和效果。图 3-36 为摊铺箱示意图。

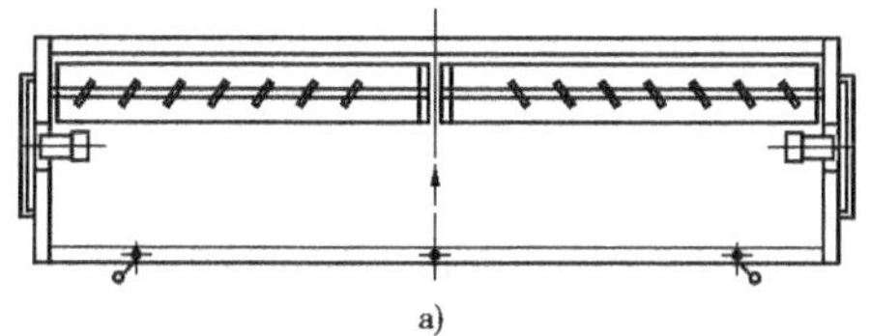

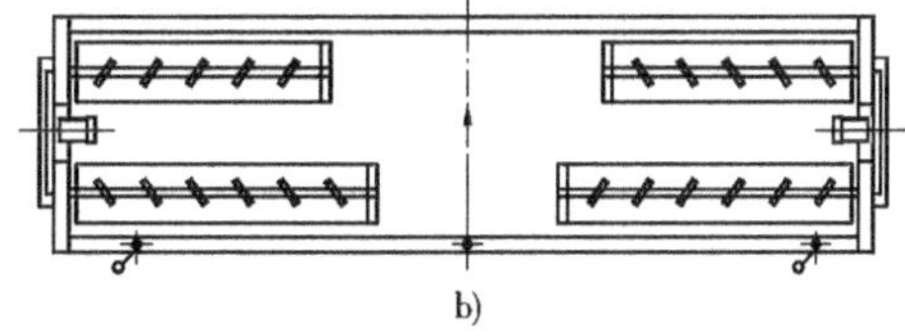

图 3-36 摊铺箱示意图

a)普通稀浆封层摊铺箱;b)聚合物改性稀浆封层摊铺箱

封浆刮板、刮平胶板以及滑轨调节器保证了摊铺箱向前移动时,稀浆混合料从压向地面的刮平胶板与地面之间形成的间隙流出。滑轨一般布置三个,通过螺旋机构可以控制封层的厚度。滑轨的另一个作用是支承摊铺箱的重力,减轻稀浆对刮平胶板的磨损。因此,滑轨底面应用硬质耐磨材料制成。

5. 动力传动系统

稀浆封层机的工作部分一般都是独立的动力系统,主要由燃油箱、发动机、主离合器、主减速器和通向各工作系统的传动装置等组成。发动机一般为电启动,主离合器的作用是在启动发动机时,切断发动机与传动系统之间的连接,实现空负荷启动。

稀浆封层机一般有两种传动形式:一种是机械传动形式,一种是液压传动形式。

机械传动形式主要由主减速器、链轮、链条、电磁离合器、蜗轮、蜗杆减速器等组成,通过一系列的机械结构,分别驱动搅拌器、带式输送机、乳液泵、添加剂泵、摊铺器搅拌器。填料搅拌器则是采用液压泵—液压马达驱动,以实现动力和运动的远距离传递。

液压传动形式则全部采用液压泵—液压马达形式来驱动搅拌器和带式输送机以及其他工作装置。

6. 控制操作系统

稀浆封层机一般应实现集中控制操作,即操作人员在平台上可以轻易地接触到所有控制器。这样操作者可将注意力集中到路面封层质量上,而不是开动机器上。

控制操作系统由电控部分和液压控制两部分组成。

电控部分包括发动机和电启动部分、作业系统的各种开关、电磁阀、指示灯及计量部分的计数器、压力表、转速显示仪表等。

液压控制部分主要用来完成部分作业装置动作要求,如搅拌器中出料门的开启高度调节,分配器的左右移动,摊铺器的上升或下降等,液控部分由液压主泵、换向阀、液压马达、液压缸等组成。

自动控制的封层机对各作业部分的动作实现程序控制,从而大大减少了操作人员的误动作,提高了摊铺质量。同时,自动控制的封层机还有一套手动控制装置,操作时可自由切换。

三、稀浆封层机运用技术

1. 稀浆封层机的计量标准

稀浆混合料的配比应根据道路状况、交通流量、气候变化情况以及对封层耐久性的要求进行设计,选择合理的封层结构。选择不同性质、不同粒径的集料,可制备粗、中、细三类稀浆混合料,形成粗粒式、中粒式和细粒式三种封层结构。细粒式封层结构为薄封层结构,铺层厚度约3mm,适合填补缝隙,封闭裂纹,修补路面侵蚀,防止路面渗水,提高路面抗滑能力。中粒式封层结构的铺层厚度为4~6mm,可填补路面龟裂缝隙,修复表面严重侵蚀,也可作为沥青路面的磨耗层或水泥混凝土路面的保护层,还可改善车辆的行驶性能。粗粒式封层结构的铺层厚度可达7~10mm,主要用作大交通流量的沥青路面磨耗层,也可用来修复路面的拱度和平整度。

混合料的加水量应根据集料的性质、湿度和混合料的配比,以及施工环境温度、风速和原路面状况等因素确定,并达到稀浆混合料的和易性、稠度、初凝时间、固化时间等技术标准的要求。

为了对材料进行精确计量,以得到精确的配比和高质量的稀浆混合料,就必须对稀浆封层机的给料系统进行标定。计量标定工作是在稀浆封层机初次使用前进行的,而后应每半年或一年进行一次复检标定,标定的基本原理是:固定发动机的输出转速,调节各料门或阀门的开度,得出单位时间各种材料在不同开度下的出料量,绘制成曲线。如集料标定,则固定皮带传动速度,测定在不同料门开度下单位时间的出料量。根据室内试验得出的配合比,在标定曲线图上找出相应所需料门开度,施工前将各材料斗门开度调整并固定,则施工中将按此配比供料。稀浆封层机的生产厂家一般都在产品使用说明书中提供机器的标定方法,使用时可以参考执行。

2. 稀浆封层机的操作与管理

稀浆封层施工应有固定的专业施工队伍,其中应包括司机、机修工、试验工、摊铺工、装料

工等工作人员。施工前应进行技术培训,使操作人员系统掌握稀浆封层机的各部分的性能及用途,并能熟练操作。同时,还需向施工人员就施工要求、质量标准等进行详细的技术交底。

施工前应检查稀浆封层机的油泵、水泵系统、油(乳液)、水管道、各控制阀门有无故障,还应对各部分进行分别启动和停机试验,检查运转是否正常。具有自动控制功能的封层机,应具有自动控制操作使其空转,检查各部部件的顺序联运情况。在稀浆封层机整体运转正常后才能进行施工作业。

3. 稀浆封层机的运用技术

(1)将稀浆封层机开至施工摊铺起点处,调整机前导向链轮,使其对准走向控制线,将摊铺槽调整到要求宽度并挂在封层机的尾部,摊铺槽与机尾保持平行。

(2)确认封层机上各种材料的输出刻度为设定刻度。

(3)分开封层机各传动离合器,启动发动机,并使其达到额定速度,接合发动机离合器,启动离合器传动轴。

(4)使用自动控制操作系统,则使用一个按钮,启动后所有材料几乎同时按设计出料量进入搅拌筒。

(5)接合输送带离合器,同时迅速打开水阀和乳液阀,使集料、乳液、水、水泥等同时按比例进入搅拌筒。待搅拌筒内的稀浆混合料达到半筒时,打开搅拌筒出口,使混合料流入摊铺槽内。此时,仔细观察稀浆混合的稠度,调节给水量,使稀浆混合料达到要求稠度。

(6)当稀浆混合料注满摊铺槽容积的2/3时,开动机器进行均匀的摊铺,同时打开封层机下部的喷水管,喷水湿润路面。

(7)当间断作业的封层机上的备用材料有一种用完时,应立即脱开输送离合器,并关闭乳液阀和水阀,待搅拌筒和摊铺槽内稀浆混合料全部摊铺完后,即停止前进。清理后,再重新上料摊铺。

(8)在乳化沥青稀浆封层中经常采用的填料有水泥、熟石灰和粉煤粉。这些粉料随其活性和用量的不同,可以调整级配,改善稀浆的和易性,加快稀浆封层的破乳,缩短稀浆封层中的成型时间。

(9)稀浆中水的来源有三部分:级配集料中的含水量;拌和时级配料预湿加水量;乳液中的含水量。这三部分总用水量的多少,与稀浆封层集料级配类型、路面状况和施工时气温相关。为保证稀浆混合料的最佳稠度和稳定性,根据不同的集料级配类型,总的含水量应控制在12%~20%。其中,级配集料的含水量加预湿水量占级配集料质量的6%~11%,乳液中的含水量为6%~9%。

(10)稀浆封层机作业时,操作人员应注意以下事项:

①观察稀浆混合料的稠度,及时调整水量和乳液用量。

②调节好拌和筒出料门的高度,使乳液筒存量保持在筒容量的1/3。

③根据左右摊铺槽内的浆存留情况,调节分料槽的倾斜方向和倾斜角。

④控制好牵引车速度,应能使摊铺槽内保持2/3的稀浆,以保证摊铺槽作业的连续性。

(11)稀浆封层机的操作要点:

①启动柴油机后使之中速运转。

②放下主离合器手柄,使主离合器接合,此时全部装置进入工作状态。接上集料及皮带输送机的离合器进入工作状态,当集料开始进入拌和筒时打开水路球阀,待5s左右转动乳液三通阀,使乳液喷入拌和筒。

③当稀浆为拌和筒容量的1/3左右时开启稀浆出料门，调节出料门开启高度，使稀浆存留量保持筒容量的1/3。

④根据摊铺槽内稀浆存留分布多少，调节分料槽的倾斜方向和角度，调节左右螺旋推进器，快速将稀浆推向两侧。

⑤每车料封层摊铺完毕的装料间隙，摘下摊铺槽，移到路边用水喷刷冲洗。

(12)施工完毕，关闭各总开关，提起摊铺箱，将车开到清理场，用摊铺机上备有的高压水冲洗搅拌筒和摊铺箱，尤其摊铺箱后的橡胶刮板必须冲洗干净，乳液输送泵和输送管道的冲洗，应先用水冲，之后用柴油注入乳液泵内。

4. 稀浆封层机长期停放期间的维修保养技术

(1)应按照发动机使用说明的规定，对封层机的底盘发动机和作业发动机进行日常保养，液压系统也应按液压有关规定进行日常保养。

(2)利用柴油清洗枪对封层机外部、搅拌器、摊铺器等沾有乳液的部分进行喷洗并用棉纱擦拭。乳液输送系统内的乳液要彻底放净，清洗过滤网，并用少量柴油对系统进行循环清洗。

(3)清除和清洗各种料斗、料箱内的所有物料。

(4)各运转件加油或脂润滑。

(5)水冷式发动机冷却系统若使用的不是防冻液，越冬前应将冷却水全部放净。

第六节　沥青路面就地再生机械

沥青路面就地再生机械是在道路维修养护施工现场对原有路面材料进行再加工，摊铺整形后使其路面恢复原有形态的机械设备。它适用于产生裂纹、车辙、各种变形、老化及磨耗的沥青路面修复工程。沥青路面就地再生机械按其施工工艺可分为热再生和冷再生两种。

一、沥青路面就地热再生机械

1. 概述

沥青路面就地热再生工艺(以下简称就地再生)是采用就地加热、翻松、搅拌、摊铺、压实等连续作业，一次成型新路面的施工方法。这种方法一般在路面的损坏程度还没有波及基层时采用。其主要特点是：

(1)旧路面混合料就地再生利用，不需要搬运废料过程及废弃物堆放场地。

(2)旧路面混合料100%再利用，可以节省新混合料的用量，经济效益显著。

(3)与其他维修方法相比，影响交通及沿途居民的程度小，施工结束即可开放交通。

(4)施工产生的振动、噪声比其他施工法小，在市区可以进行夜间作业。

(5)由于使用专用机组进行连续机械化施工，所以不适用于小型维修工程及难确保连续机械化施工的工程。

(6)这种再生方法是以路面面层为施工对象，当损坏波及到基层以下时，这种方法在原则上不适用。

(7)在现场加热旧路面，施工容易受气候的影响，寒冷季节一般不宜施工。

2. 施工方法

热再生的施工方式主要有复拌再生法和重铺再生法两种。复拌再生法主要是在需要改善旧混合料质量的路段上，包括加热、翻松、新旧混合料拌和、摊铺、碾压等工序。重铺再生法主要用在不要求改善旧混合料质量的维修路段，包括加热、翻松、摊铺，并在其铺层上重新铺上新

沥青混合料,而后碾压成型等工序。两种方法的作业流程如图 3-37 所示。

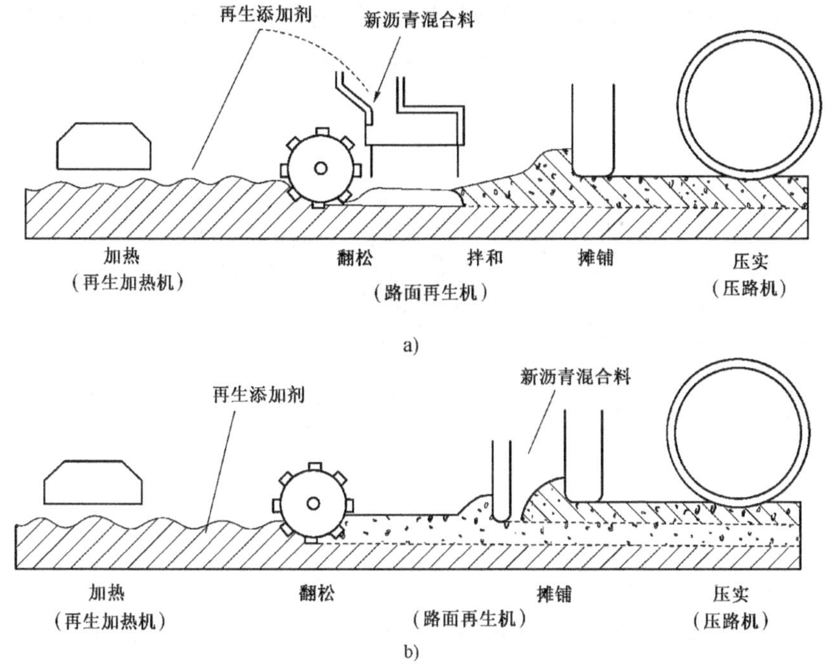

图 3-37 就地再生施工方法的作业流程图

a)复拌再生;b)重铺再生

复拌再生法可以改善集料级配、沥青含量及旧沥青针入度,达到改善路面结构综合性能指标的目的,并能够成型全断面均匀的再生面层,但在旧路面大坑处会产生集料级配不同的现象。重铺再生法由于最上层重铺的是新沥青混合料,即使局部路段的旧混合料发生变化,也能确保面层均一的外观质量;但使用再生添加剂只能改善旧沥青针入度,要通过改变集料级配及沥青含量来改善混合料的质量较为困难,且两铺层同时进行压实,较薄的上层很快被磨损而露出下层。

就地再生的施工机械设备有再生加热机、路面再生机、压路机等。路面就地再生机组如图 3-38 所示。

图 3-38 路面就地再生机组

3. 就地热再生施工机械的构造

1)路面再生加热机

路面再生加热机主要由燃烧系统、加热装置、燃料罐、液压系统、动力及传动系统、基础车等组成。它必须具有热效率高、加热温度可调节、足够的加热能力、路面的加热温度能满足施工要求、尽量不使沥青变质、有完善的安全保护系统等功能。再生加热机的分类如下。

(1)按结构分类

按结构不同,可分为集中燃烧式和分散燃烧式。

热风循环式是典型的集中燃烧式加热机(图 3-39),它采用一个大容量的喷燃器,并与加热装置分开,设有通风管道和箱罩。燃烧器燃烧产生的热量从通风管送到加热箱罩内均匀地加热路面。集中燃烧式加热温度控制方便,加热宽度通过液压伸缩装置控制加热箱罩的不同位置来调节。

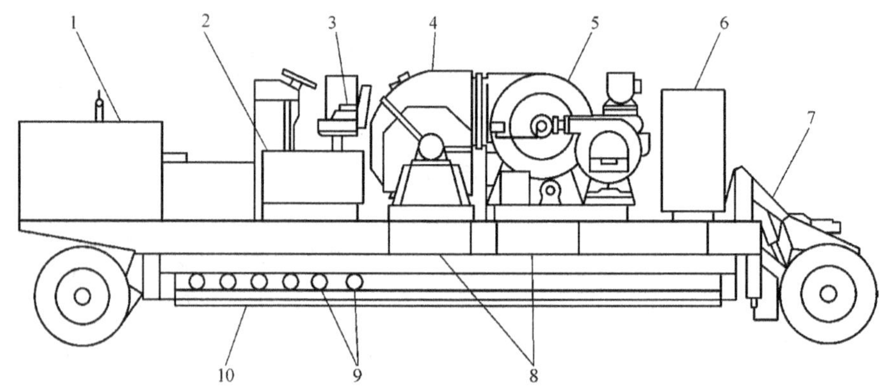

图 3-39　集中燃烧式加热机结构示意图

1-发动机;2-液压系统;3-座椅;4-风机;5-喷燃器;6-燃料箱;7-升降装置;8-风道;9-热风喷嘴;10-加热箱

分散燃烧式加热装置由若干加热箱组成,如图 3-40 所示。每个加热箱内装有多个(10 ~ 100 个)小容量燃烧器,直接加热路面。它结构简单,热量损失小,但不便于实现自动控制,加热宽度的调节采用拆去部分加热箱或折叠式结构来实现。

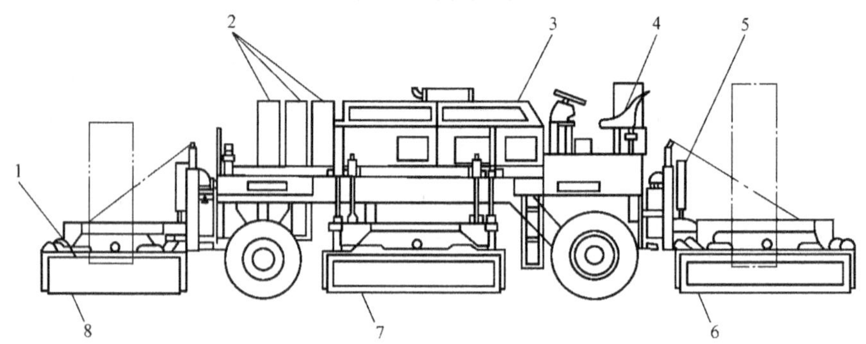

图 3-40　分散燃烧式加热机结构示意图

1-喷嘴;2-燃料箱;3-发动机;4-座椅;5-升降装置;6 ~ 8-加热箱

(2)按燃料及加热方式分类

按燃料及加热方式的不同,可分为红外线辐射式、热风循环式和红外线热风并用式。

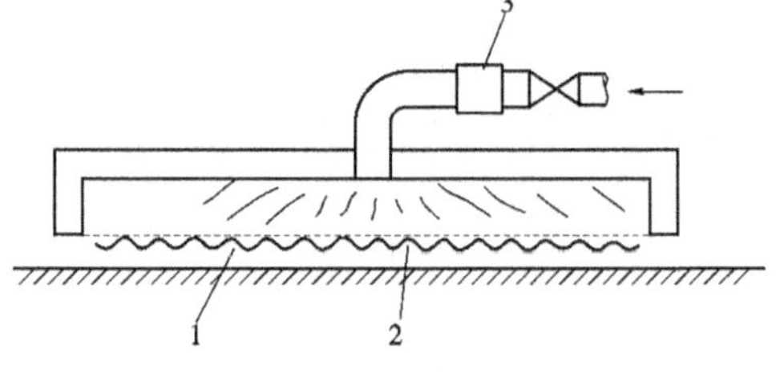

图 3-41　红外线辐射式加热装置

1-火焰面;2-金属网;3-进气管

①红外线辐射式加热器(图 3-41)。液化石油气与空气混合后进入燃烧器内燃烧,并加热金属网,金属网加热后所产生的红外线辐射到路面上进行加热。这种加热器对路面材料有较强的热穿透能力,既能有效地加热沥青路面的较深层部位,又不会使路面表层过热,因而具有加热均匀,热效率高等优点,但要求有较完善的安全防火、防爆措施。

②热风循环式加热器(图 3-42)。该加热器采用集中燃烧方式。以煤油为燃料的燃烧器

燃烧所产生的热风通过加热装置板上许多风嘴，高速喷向路面，对路面进行加热，循环风机把加热后的余气抽回到燃烧室再次加热，循环使用。由于热风可以循环使用，热效率高，节能效果显著。该加热器还可以通过温度传感器，在热风发生装置的出口处检测热风的温度，实现微机自动控制燃烧量。施工中可以根据路面加热情况随时调整热风温度，控制范围较广。

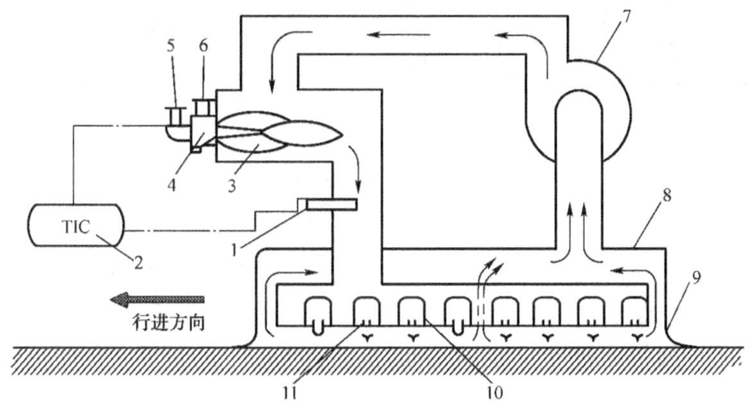

图 3-42　热风循环式加热装置

1-温度传感器；2-温度控制装置；3-热风发生装置；4-燃烧器；5-燃料；6-空气；7-循环风机；8-罩壳；9-裙部；10-风道；11-喷嘴

③红外线热风并用加热器。它以煤油为燃料。根据形状的不同有可分为圆筒形热发射板式和扁平框架式。圆筒形热发射板式加热器如图 3-43 所示，该加热器将燃烧器燃烧所产生的高温火焰吹到圆筒周围产生红外线，并通过顶部的反射板反射到路面上，对路面进行加热。其加热能力可通过调节燃烧器的实现压力及更换喷嘴进行调整，但调整范围比热风循环式加热器小一些。由于加热器箱罩内热空气压力高，可防止冷空气的侵入，并增大热风的排风量。

扁平框架式加热器如图 3-44 所示，燃烧的火焰散射在孔状的波纹板面上，应用热辐射和对流的原理对路面进行加热。此结构受热面积大，热辐射效果好。加热能力可通过调节压力进行控制，调节范围比热风循环式大。同圆筒形热反射板式加热器一样，因其内部热风压力高，既防止冷空气的侵入，又增大了排气量。

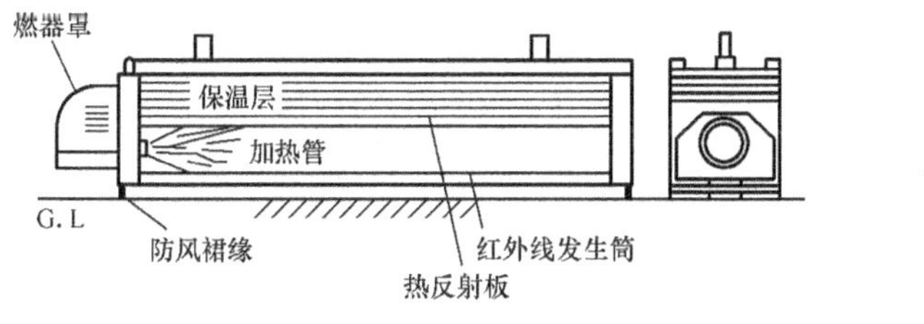

图 3-43　圆筒形反射板式加热器

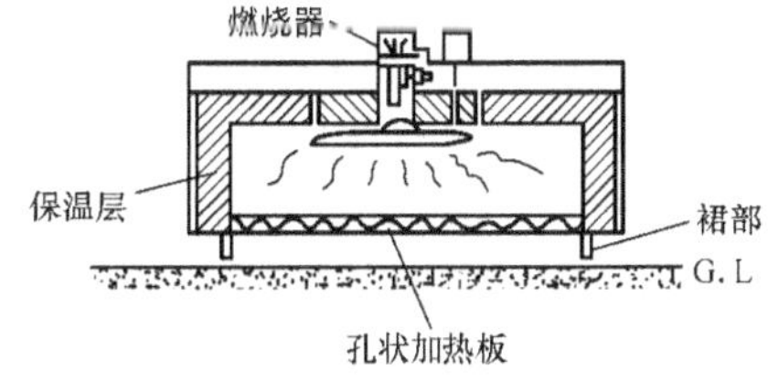

图 3-44　扁平框架式加热器

2）路面再生机

路面再生机按施工工艺不同可分为复拌机和重铺机。

（1）复拌机

复拌机的结构如图 3-45 所示，该机外形类似于沥青混合料摊铺机，主要由新混合料供给装置（料斗、刮板输送器）、辅助加热装置（远红外加热器）、添加剂洒布装置、翻松装置（可变宽度翻松器）、新旧混合料搅拌装置（搅拌器）、再生混合料摊铺装置（布料螺旋器）、熨平器、行走系统、动力及其传动装置、自动控制系统等组成。该机除具有普通沥青混合料摊铺机的功能外，还有加热、翻松旧路面和新旧沥青混合料的搅拌功能。作业时复拌机与加热机保持一定的距离并紧跟其后，运料货车把新混合料卸在接料斗中，复拌机在行进过程中一边把新混合料输送到搅拌器、一边在翻松旧路面的同时，将旧混合料收集到路中央，随后旧料进入搅拌器与新混合料搅拌成再生混合料，经熨平、压实后，形成新的路面面层。

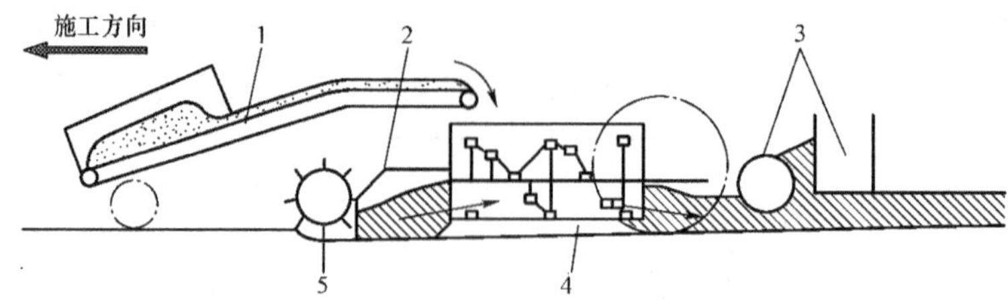

图 3-45　复拌机结构原理图

1-新料供给；2-集料；3-再生料摊铺；4-搅拌；5-翻松

复拌机的行走系统一般为全液压驱动的轮式行走系统，可实现无级调速，其工作速度为 0 ~ 15m/min，翻松切削器的作业宽度为 2.5 ~ 4m，通过液压缸实现无级调整作业宽度。翻松转子采用旋转向下铣削的作业方式，最大翻松厚度为 6cm。

(2)重铺机

重铺机的结构原理如图 3-46 所示，该机主要由新混合料供给装置、翻松装置、旧混合料摊铺装置、新混合料滩铺装置、行走装置、动力及其传动装置等组成。

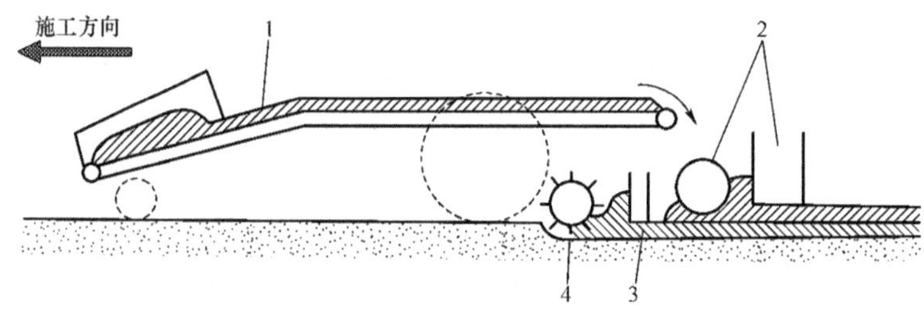

图 3-46　重铺机结构原理图

1-新料供给；2-新料摊铺；3-再生料摊铺；4-翻松搅拌

复拌机与重铺机在整体结构及施工工艺上差别不大，只是复拌机设置了搅拌装置，而重铺机设置了两组摊铺、熨平装置，一组为翻松材料摊铺、熨平装置，另一组为新沥青混合料摊铺、熨平装置。翻松材料摊铺装置设在翻松装置的后面，主要用于将翻松的材料摊铺整平。目前，一般复拌机都具有复拌、重铺两种功能。在进行重铺作业时，将复拌机的刮板给料器底板的专用出料口关闭，新沥青混合料不进入搅拌器，而直接输送到第二组摊铺、熨平装置前面，摊铺出新的沥青混凝土面层。

(3)路面再生机工作装置

①新混合料供给装置。该装置主要包括接料斗和刮板给料器等构件，具体结构与常规的沥青摊铺机的给料装置相同，这里不再赘述。

②翻松装置。翻松装置的结构必须具有良好的性能，确保足够的翻松深度，翻松宽度可无级调整，保证翻松后路面与再生混合料有良好的粘结性、翻松后路面平整度等要求。翻松装置可分为齿耙式和旋转滚筒式两种。

齿耙式翻松装置如图 3-47 所示，在平板上设置有纵、横间距一定，若干数量的钢制耙齿，各耙齿按人字形排列，齿高大于路面要求的翻松深度，由主机牵引进行翻松作业。特别是各耙齿的高低能独立调整，可以方便地回避路面检修井口等障碍物。

旋转滚筒式翻松装置如图 3-48 所示，是在滚筒外周按螺旋线形状安装特制的刀头，在驱

动滚筒旋转中进行翻松作业。根据滚筒的旋转方向分为正切与反切两种形式。

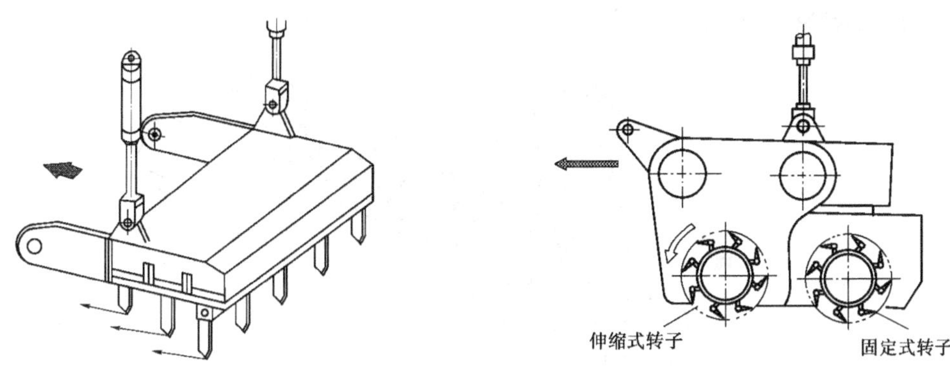

图 3-47　齿耙式翻松装置　　图 3-48　旋转滚筒式翻松装置

齿耙式、滚筒式翻松装置都是通过操纵液压油缸的升降来调整翻松深度的。目前复拌机多数采用旋转滚筒式翻松装置,主要原因是:旋转式比齿耙式的牵引阻力小;翻松的平整度高,能确保翻松到要求的宽度边缘;翻松器刀头因为是按螺旋线布置的,故具有翻松路面及收集翻松材料两种功能。

为适应不同宽度、深度路面及弯道的维修施工,翻松装置采用可无级调节宽度、自动控制翻松深度的结构。

③搅拌装置。搅拌装置主要是把翻松后的材料与新沥青混合料或再生添加剂进行拌和的装置。按搅拌方式的不同,可分为连续搅拌和间歇搅拌,连续搅拌装置又可分为纵卧轴强制式和横置双卧轴强制式两种。复拌机的搅拌装置多采用连续式的双卧轴强制式搅拌器。

④再生混合料摊铺装置。这里主要介绍重铺再生法的摊铺装置,它设有翻松材料摊铺、熨平装置和新沥青混合料摊铺装置、熨平装置。

翻松材料摊铺装置设在翻松装置后面,用于将翻松的材料摊铺整平。它有刮板式(图 3-49)和螺旋式(图 3-50)两种,结构上又可分为二节式和三节式,采用液压伸缩装置无级调整施工宽度,通过调节刮板或螺旋的高低位置来控制摊铺厚度。该装置只用于重铺再生法,复拌法不设该装置。

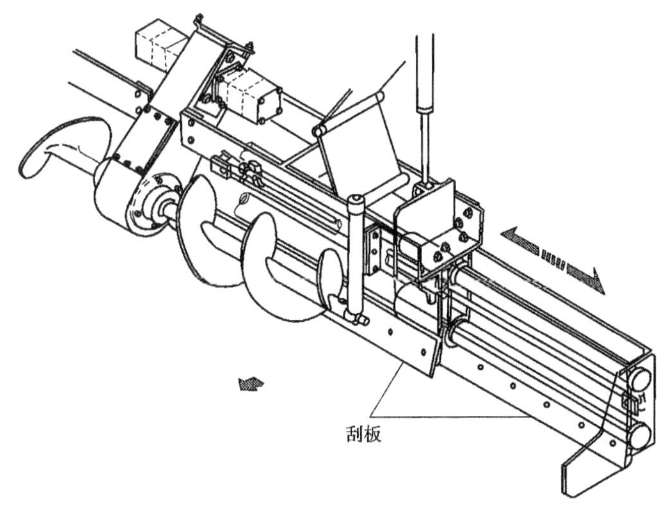

图 3-49　刮板式摊铺、熨平装置

新沥青混合料摊铺装置是最终的摊铺装置,重铺再生法、复拌再生法均设有此装置,结构形式和沥青混合料摊铺机完全相同。

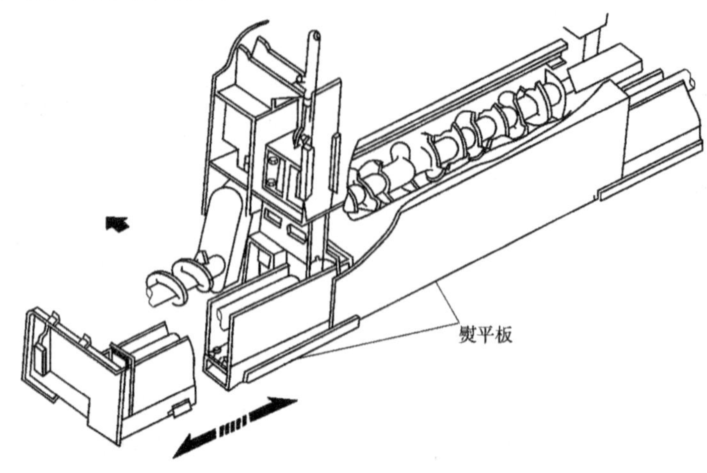

图 3-50　螺旋式摊铺、熨平装置

⑤再生添加剂供给装置。根据旧路面性质的不同,有时可通过增加添加剂将已老化的翻松材料恢复成接近新沥青混合料性质的再生混合料。

再生添加剂供给装置的结构原理如图 3-51 所示,该装置主要由添加剂罐、泵、管路、加热和控制系统等组成。控制系统主要用来控制添加剂的洒布量。

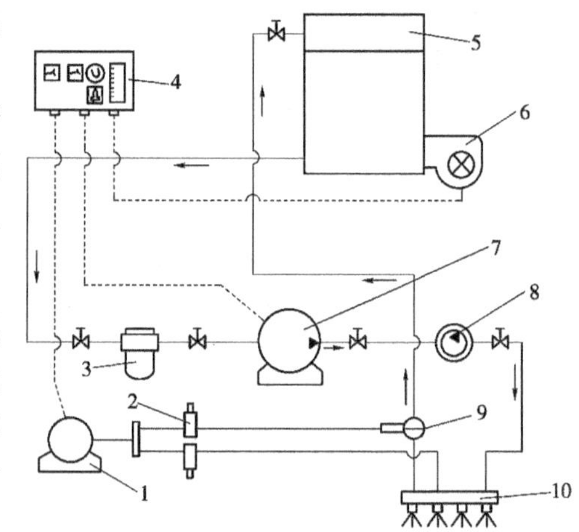

图 3-51　再生添加剂供给装置

1-空压机;2-阀;3-过滤器;4-控制器;5-添加剂罐;6-燃烧器;7-洒布泵;8-流量计;9-自动阀;10-洒布管

二、沥青路面就地冷再生机械

就地冷再生是将现有面层和部分基层材料混合在一起,添加乳化沥青或水泥和水,然后铺筑成一个均匀的路面层。若是全厚式沥青路面,在冷再生之前,应先铣削顶上的一层。这层铣削下来的材料应送到拌和厂,作为生产沥青混凝土的材料。

为了满足各类工程的需要,冷再生机可以使用各种粘结剂。根据需要,可以选用水泥、乳化沥青或二者的混合以及泡沫沥青等。具体采用哪一种粘结剂,要根据旧路面材料、新基层的技术要求而定。

1. 采用水泥进行就地冷再生

Wirtgen 冷再生机能破碎沥青面层和基层,并同时将它们混合在一起(加入粘结剂)。破碎后的沥青层材料可以作为再生混合料的集料,也可以回收在一起送入搅拌厂进行再生。如果现在路面中缺少细集料,在再生之前,先将细集料与水泥一起撒在旧路表面。水的喷洒量由自动控制器控制,它会根据前进速度、铣削深度和宽度、材料的密度自动调节供水量。

沥青面层的厚度是无关紧要的,2100DC-R 可以铣削至 30cm 深。但若想 100% 利用旧材料,就要先用冷铣削机将沥青面层材料铣削掉,送入搅拌厂进行再生。在设定铣削深度时,一定要考虑旧路面原有的排水能力,即在再生层下面必须有足够的原有路面材料,以能维持原有的排水功能。

采用水泥进行就地冷再生的施工顺序如下：

(1)撒布水泥。为了撒布均匀，水泥应由专门撒布车撒布。水泥的撒布量要根据材料试验确定。经验表明，撒布量是集料质量的3.5%～4.5%，Wirtgen的数据库可帮助确定这个数值。

(2)铣削和拌和。通过用2100DC-R再生机铣削和拌和工序，将现场材料与水泥和水均匀地拌和在一起。再生好的材料从再生机上破碎铲的缺口流出。

(3)铣削材料的摊铺。用平地机还是用再生机的整平板摊铺混合料，要根据路面坡度而定。如果坡度较大，就要使用平地机。在其他情况下，再生机的整平板可以铺筑出合乎要求的路面。最后碾压应采用适当重量级的轮胎或钢轮压路机。

2. 使用乳化沥青的就地冷再生

使用乳化沥青进行现场冷再生，一定要检查现场材料的稳定性。下列材料特性应通过试验室试验进行测试：级配；粘结剂的性质；乳化沥青的匹配性；最大密实度；混合料的力学性质。

阴离子和阳离子乳化沥青都能用作粘结剂。阴离子乳化剂加60%沥青是最常用的粘结剂。若采用阴离子乳化剂，应让水分首先蒸发。因此，用阴离子乳化沥青处理基层时，一定要让基层充分干燥。阴离子乳化剂的裂化是靠石料的化学性质激发，裂化时间可以在乳化剂生产时根据要求设定。在裂化过程中，水分被排斥，稀化的沥青在集料表层形成一粘结膜。

采用乳化沥青作粘结剂时，工作深度应当是12cm。这个经验值是根据欧洲的许多试验路得到的。与用水泥再生道路相反，用阳离子乳化沥青再生的道路可以在压实后马上开放道路，只要水分充分扩散就可以。

用乳化沥青再生的道路，需要加铺一个沥青磨耗层或封层。

3. 使用水泥和乳化沥青进行就地冷再生

就地冷再生的第三种方法是使用水泥加上乳化沥青(图3-52)。这种方法可以减少乳化沥青的用量，在当前乳化沥青价格高于水泥的时候，可以节省工程投资。另一方面，乳化沥青的加入可以减低水泥稳定层的刚性，因而减少反射裂缝。

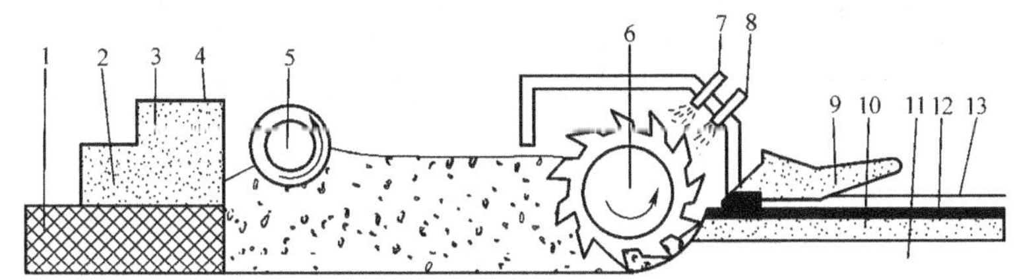

图3-52　使用水泥和乳化沥青进行道路再生的原理

1-稳定并预压实后的基层；2-振捣装置；3-变频振捣整平板；4-振捣器；5-分料螺旋；6-切削和拌和转子；7-乳化液喷嘴；8-水喷嘴；9-破碎器(强制破碎栅档)；10-带粘结料路面；11-不带粘结料路面；12-预先撒上的集料；13-预先撒上的水泥

4. 利用泡沫沥青进行就地冷再生

利用泡沫沥青对现有道路进行冷再生的特点是：仅使用一种粘结料而获得高质量的基层。与其他冷再生方法相比，该种工艺的经济性主要表现在其粘结料的成本相当低。

为了保证沥青材料能够均匀地分布于被再生材料上，先使沥青在WR2500再生机的沥青发泡系统内发泡，然后利用带16个喷嘴的喷洒杆将其喷洒在其拌和空间内的整个作业宽度上。

泡沫沥青技术特别适用于：

(1)提高非粘结砾石道路的等级。

(2)以泡沫沥青作为新粘接料，进行粘接层及部分非粘结基层的冷再生。

沥青的添加量按质量计为2%～4%。如果原有含水量不足以获得最佳压实效果，则所需水分可以通过另外的微机控制的喷洒系统添加。

冷再生加基层补强是可行的道路养护方法。冷再生是一种道路养护补强的方法，它充分地利用了现有路面结构中的材料。基层和面层的材料都被破碎，并加入稳定剂，因而，材料的承载能力将大大地增加。这种方法能在使用较小资金和新材料的情况下，很好地完成养护任务。

第七节　沥青改性设备及沥青乳化设备

一、沥青改性设备

1. 改性沥青的特点

改性沥青就是向沥青中加入改性剂，如丁苯橡胶（SBR）合成橡胶（SBS，即苯乙烯—丁二烯共聚物）、聚氯乙烯（PUC）、聚乙烯（LDPE），使沥青的路用性能得以改善，用改性沥青拌制的混合料所铺筑的沥青路面，在抗车辙性能、回弹模量、低温性能、水稳性、抗疲劳能力和使用寿命等方面都优于普通沥青路面。

2. 改性沥青的生产设备

改性沥青是由一整套沥青改性设备来生产的。这套设备主要包括沥青过滤、输送和计量系统、聚合物改性剂输送和计量系统、沥青和聚合物改性剂的溶混罐、胶体磨式研磨机及其传动系统、成品料储存罐、导热油加热系统、循环泵及其动力传动系统、机架和操纵控制系统等，如图3-53所示。这些装置通常是安装在一个拖式底盘上，可根据施工需要随时转移工地。

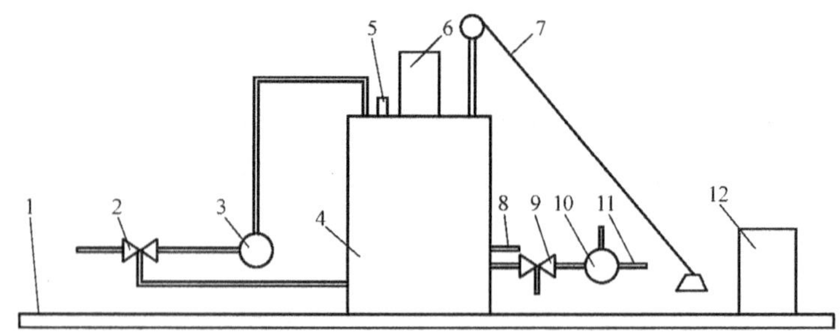

图3-53　MB系列改性沥青生产设备结构示意图

1-机架；2-手动三通阀门；3-进料沥青泵；4-搅拌罐；5-超声波液位计；6-搅拌器；7-改性沥青添加机构；8-导热油（蒸气）入口；9-沥青排放阀；10-出料沥青泵；11-导热油（蒸气）出口；12-控制柜

（1）胶体磨式研磨机

胶体磨式研磨机是用研磨的方式来细化改性沥青混合物的设备，以使沥青与改性剂很好地均匀混合。它是生产改性沥青的核心设备。

（2）成品料储存罐

成品料储存罐用于储存成品改性沥青，为保持改性沥青的温度，罐体设有保温层和导热油油管，以便进行加热。为了避免聚合物离析，储存罐内还装有桨叶式搅拌器，不停地进行搅拌。

（3）沥青和改性剂溶混罐

溶混罐为并列的搅拌罐，通过搅拌器将注入罐内计量好的基体沥青和聚合物改性剂进行搅拌溶混。罐外设有保温层，并用导热油进行加温。有的搅拌罐在内壁上下装有对称可变角度的导流板，以配合搅拌器使罐内的混合液体始终处于流动状态，避免产生沉积和离析现象。

（4）阀门管道循环系统

阀门管道循环系统将两个搅拌罐、研磨机和成品储存罐连接成为一个有机整体。打开循

环泵，通过开启和关闭相应的阀门，可使改性沥青混合物在搅拌罐和研磨机、搅拌罐和搅拌罐、研磨机和成品料储存罐之间循环流动。管道循环系统同样用导热油进行保温。

（5）操纵控制系统

沥青改性设备的操纵控制有自动和手动两套系统。其自动控制系统多采用可编程序控制器，因此自动化程度高。沥青改性设备的自动控制主要有以下几种功能：

①控制基体沥青由基体沥青罐泵入搅拌罐；

②对基体沥青及改性沥青进行称量；

③准确地控制循环泵、搅拌器和研磨机的启闭；

④控制改性沥青从储存罐中输出；

⑤控制所有闸阀的启闭。

此外，有的沥青改性设备还配有过量保护装置，以防止向搅拌罐装入过量的沥青而造成沥青溢出。改性沥青的加工生产，必须严格按照设计要求和工艺流程进行，研磨次数严格按规定确定，否则同样会出现不合格产品。例如按配方设计要求为磨制4遍，操作者可能为了产量或其他目的只磨制了3遍，产品必然不合格。这种不合格的改性沥青必然会降低混合料的质量，直接影响所修沥青路面的路用性能和使用寿命。

二、乳化沥青设备

乳化沥青设备是用来生产乳化沥青的，在乳化剂的作用下，利用机械力将沥青破碎成微小颗粒，通过搅拌使其均匀地分散在水中，形成稳定的乳状液即乳化沥青。乳化沥青主要用于公路、城市道路工程中作透层、粘结层及面层结合料。

1.乳化沥青设备的分类

（1）根据沥青和乳化剂水溶液进入乳化机时的状态不同，分为开式系统和闭式系统。

开式系统的乳化沥青设备如图3-54所示。在该系统中，沥青和乳化剂在自重的作用下，通过控制流量阀门流入乳化机的进料漏斗中。其优点是设备结构简单，缺点是易使空气混入乳化机中而产生气泡，使生产率大大下降。

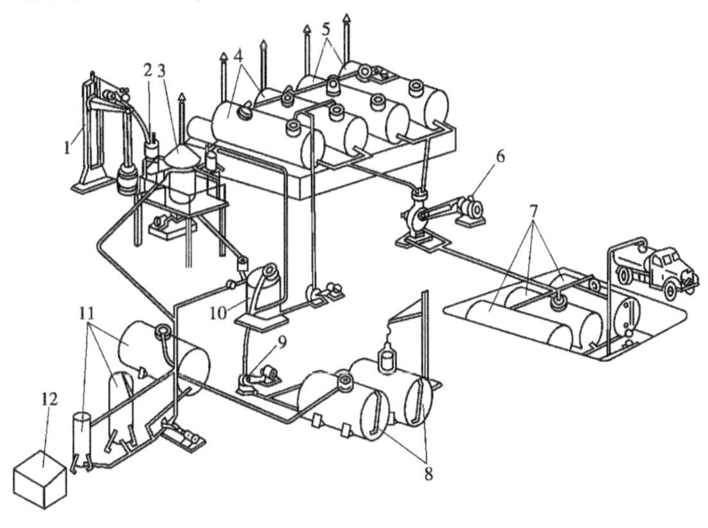

图3-54　开式系统的乳化沥青生产设备示意图

1-浓稠乳化剂供给泵；2-计量装置；3-掺配锅；4-乳化剂水溶液加热锅；5-沥青加热锅；6-乳化机；7-储存罐；8-添加剂罐；9-输送泵；10-带计量器的搅拌筒；11-软化水处理装置；12-软化剂容器

闭式系统的乳化沥青设备如图3-55所示。在该系统中,沥青和乳化剂分别用两个泵通过管路直接注入乳化机内,靠流量计指示流量。其优点是不易使空气混入乳化机,便于自动化控制,乳液质量和产量比较稳定。

(2)根据设备的布局及机动性,沥青乳化设备可分为移动式、组合式和固定式三种形式。

移动式沥青乳化设备将乳化剂掺配系统、乳化机、沥青输送泵和控制装置固定在一个专用拖式底盘上,可以及时转移施工地点。这种设备一般是中、小生产能力的设备,多用于工程分散、用量较少、频繁移动的公路工程。

组合式沥青乳化设备是将各主要装置分别安装在两个或两个以上的底盘架上,分别装车运输实现工地转移,依靠吊装机具将几个总成安装组合成工作状态。这种设备具有小、中、大的生产率,广泛应用于各种工程量的公路工程。

固定式沥青乳化设备一般布置在大型沥青储存库或炼油厂附近,一般不需要搬迁,形成一个有一定服务半径的沥青乳化生产基地。

2. 乳化沥青设备的生产工艺

乳化沥青生产过程一般分为沥青配制、乳化剂水溶液配制、沥青乳化和乳液储存4个主要工序。用机械分散法生产乳化沥青的工艺流程是:将水、乳化剂、外掺剂(稳定剂、酸等)混合到一起并加热到预定温度;然后将热沥青与乳化剂水溶液一起送入沥青乳化机,即可生产出乳化沥青。成品乳化沥青可放入储存罐内,以随时供施工之用,如图3-56所示。

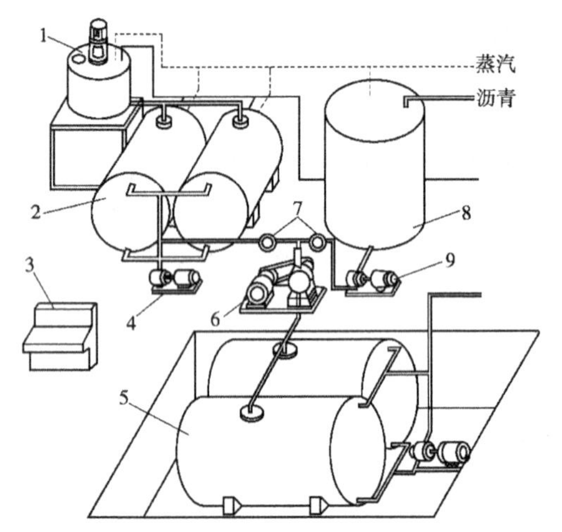

图3-55　闭式系统的乳化沥青生产设备示意图

1-乳化液掺配罐;2-乳化剂水溶液罐;3-电器控制柜;4-输送泵;5-乳液储存罐;6-乳化机;7-流量计;8-沥青罐;9-输送泵

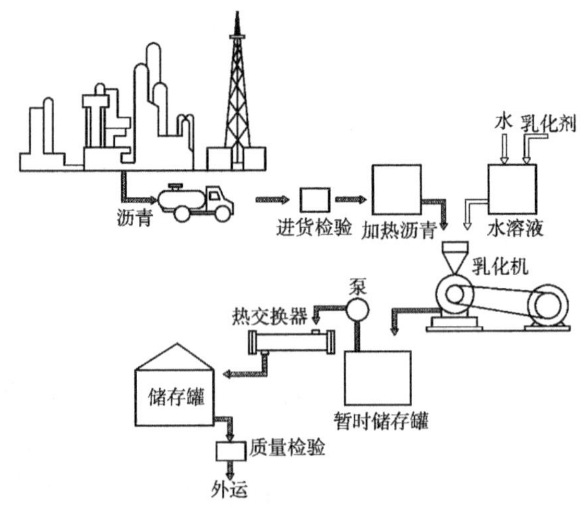

图3-56　乳化沥青设备生产工艺流程图

根据沥青乳化设备的工艺流程不同,乳化沥青设备的生产工艺可分为分批作业和连续作业两种形式。

分批作业的特点是乳化剂水溶液分批进入乳化机。乳化剂和水的掺配,预先在一个容器内完成,然后用泵将其输入乳化机中。一罐乳化剂水溶液用完后,再进行下一次掺配。整个生产流程是分批进行的,如图3-57所示。

连续作业的特点是,乳化剂水溶液连续不断地进乳化机中。这类设备还可分为以下三种形式。

(1)第一种设备,采用两个容器交替掺配乳化剂水溶液,分别连续地送入乳化机,如

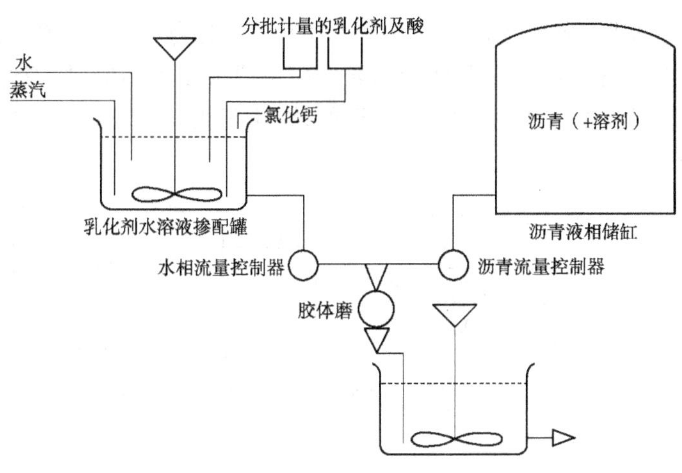

图 3-57　分批作业乳化沥青设备流程图

图3-58 所示。

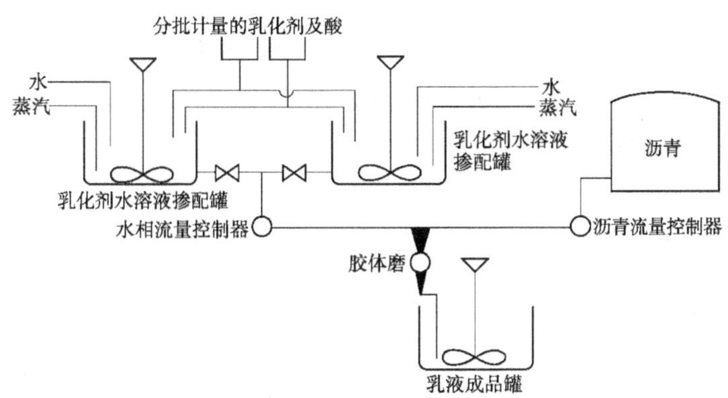

图 3-58　交替掺配连续式乳化沥青设备流程图

(2)第二种设备，采用一个储存罐，将分批掺配好的乳化剂水溶液泵入其中。生产时，从储存罐中抽取并送入乳化机，如图 3-59 所示。

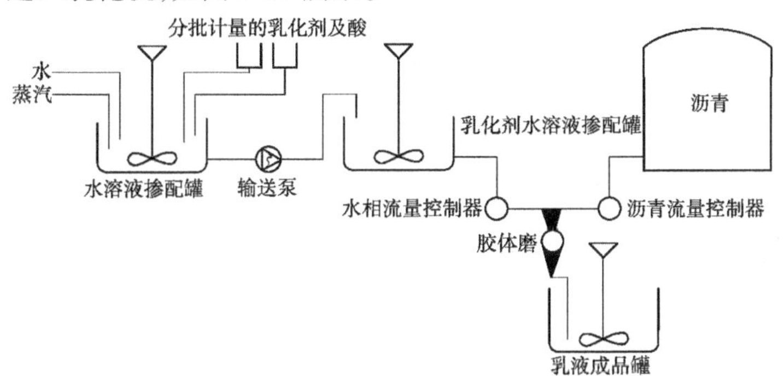

图 3-59　分批掺配连续式乳化沥青设备流程图

(3)第三种设备，将水、乳化剂和其他添加剂(酸、氯化钙)分别用计量泵送入乳化机中，乳化剂水溶液的掺配在管道中完成，如图 3-60 所示。这种设备自动化程度高，可实现连续大流量作业，且其设备体积可以大大减小。

3. 沥青乳化机结构特点

国产 AL-6000 型沥青乳化机构造如图 3-61 所示，其乳化沥青过程步骤为：沥青混合液进入乳化机中，首先受到进口处轴上加装的6个搅拌叶片的强力搅拌和混合，在离心力的作用下压向定子和转子的缝隙中。在定子和转子的表面前半段加工有凹槽，使液体通过时受到很大冲击和剪切，并形成漩涡运动，后半段为光滑表面，液体在此段完成均细化工作，最终形成高质量的沥青乳状液。

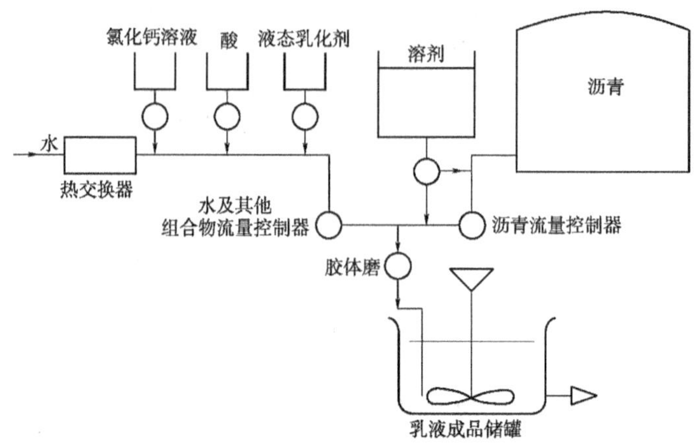

图3-60　连续式乳化沥青设备流程图

4. 沥青乳化设备运用技术

(1)操作注意事项

目前，国内沥青乳化设备没有统一标准，各厂家和生产单位的设备差异很大，但生产工艺基本相同。操作时的注意事项主要有以下几点：

①沥青乳化生产必须严格按照“生产工艺卡”进行。

②设备的操作必须指定专人负责，并且他应该熟悉和掌握设备操作要领。

③每次生产前检查各零部件及电器、线路等，确认其处于安全正常工作状态后方可开机。

④开机前，首先启动预热系统，当沥青泵和乳化机均能用手转动、轻松自如时，再启动乳化机和乳化剂水溶液泵。

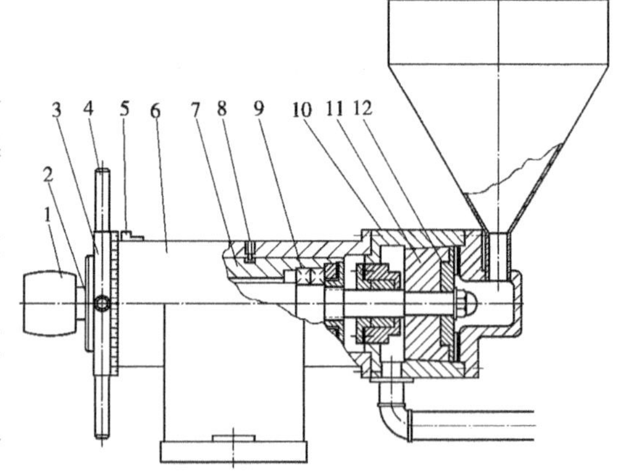

图3-61　AL-6000型乳化机的构造

1-轴；2-调节柄；3-刻度环；4-标线板；5-滑动套；6-壳体；7-定子壳；8-漏斗；9-端盖；10-叶轮；11-转子；12-定子

⑤沥青和乳化剂水溶液温度符合工艺要求。

⑥严格按“乳化剂使用说明”和“生产工艺卡”配制乳化剂水溶液。

⑦采用自动控制油水配比的设备，应该先开“手动挡”，待油水流量计显示和工作正常时，再拨回“自动挡”。

⑧生产结束时，停机顺序应是沥青泵→乳化剂水溶液泵→乳化机，同时应关闭沥青管道阀门和水溶液阀门。

⑨切实注意安全生产，操作人员不得擅自离岗。

(2)维修与保养技术要点

①乳化机和输送泵及其他电机、减速机，按其出厂说明书的规定进行日常保养。

②每班工作结束后，应清洗乳化机，没有保温设施和防腐设备的乳化设备，还应清洗沥青

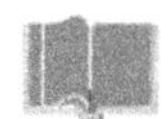

泵、乳化剂水溶液泵以及管道。

③沥青乳化机应定期检查定子与转子的配合间隙，当不能达到该机所规定的最小间隙时，应考虑更换定子和转子。

④用于控制流量的定量泵或流量计，应定期检查其精度，并及时进行调整和维护。

⑤每半年清除控制柜中的灰尘。微机部分应用吸尘器除尘，以免灰尘入机，损坏机件。

⑥设备长期停用，应放净罐中以及管道中的液体，保持清洁。各运动部件加注润滑油。

⑦室外温度出现低于－5℃的地区，沥青乳液储存罐不应存放乳液。储存罐剩余的乳液应及时排净，以免造成乳液破乳。

第八节　沥青混合料拌和设备

沥青混合料拌和设备是生产拌制各种沥青混合料的机械设备，适用于公路、城市道路、机场、码头、停车场、货场等工程部门。沥青混凝土拌和设备的功能是将不同粒径的集料和填料按规定的比例掺和在一起，用沥青作结合料，在规定的温度下拌和成均匀的混合料。常用的沥青混合料有沥青混凝土、沥青碎石、沥青砂等。沥青混凝土拌和设备是沥青路面施工的关键设备之一，其性能直接影响到所铺筑的沥青路面的质量。

一、分类

1. 按生产能力分类

沥青混合料拌和站按生产能力可以分为：小型拌和站、中型拌和站和大型拌和站。

（1）小型拌和站生产能力小于40t/h；

（2）中型拌和站的生产能力为50～120t/h；

（3）大型拌和站的生产能力为120～350t/h。

2. 按安装运输的方便性分类

沥青混合料拌和站按安装运输的方便程度分为：移动式、半移动式和固定式。

（1）移动式拌和站安装在一辆或几辆平板拖车上，运输时由牵引车拖行，到达施工地点后经过简单的拼装，即可投入生产。

（2）半移动式拌和站由若干个大的模块组成，拆开装在平板拖车上运输到达施工地点后，用吊车拼装起来即可投入使用。

（3）固定式拌和站一经建设，一般不可拆卸和搬运。

公路建设单位流动性大，公路修筑完成后，就要转移工作地点，去修筑另一条公路。移动式和半移动式拌和站特别适用于公路建设单位。固定式拌和站适用于大、中城市道路工程，工作量相对比较集中的地方使用，多建在城市周边，服务于整个城市的道路建设。

3. 按拌和工艺流程分类

按拌和工艺流程可分为连续式拌和站和间歇式拌和站。

二、沥青混合料拌和站的构造及特点

1. 间歇式沥青混合料拌和站构造

制备沥青混合料使用的沥青、集料和矿粉等原材料运到拌和站分别存放起来，沥青存放在沥青罐内，矿粉存放在矿粉储存筒仓内，集料分成不同粒径分堆存放在料场。由沥青拌和站将这些原材料生产出沥青混合料。

图3-62所示为大型间歇式沥青混合料拌和站的构造，其工作原理为：集料配料装置1用于矿料初步配和，皮带输送机2将配好的矿料送入加热烘干滚筒3，烘干筒的另一端有燃烧器4，燃烧器燃烧柴油或重油，向烘干筒内喷射高温气体，矿料在烘干筒内不断翻滚加热，矿料加热后由热矿料提升机5送至拌和楼上的振动筛分机6，经过筛分后各种粒径的石料重新分开，分别存放在热矿料储存仓7的各个料仓内，热矿料称量斗8以每一批沥青混合料需要的矿料为基数，分别称量需要的各种粒径矿料，按级配要求配合，矿粉储存在矿粉筒仓9内，矿粉称量斗10以分批混合料为基数称量出需要的矿粉，沥青保温罐11用于储存沥青，导热油加热装置12用于沥青加热，沥青称量桶13以该批混合料为基数，称量出需要的沥青，所有称量好的级配集料、矿粉、沥青为一批，在搅拌器14内搅拌均匀，生产出热拌沥青混合料，成品料仓17用于储存生产出来的热拌沥青混合料，消烟除尘装置15用于消除生产过程中出现的烟尘，操纵控制室18对整个拌和站进行控制。图3-63所示为间歇式沥青混合料拌和站生产工艺流程。

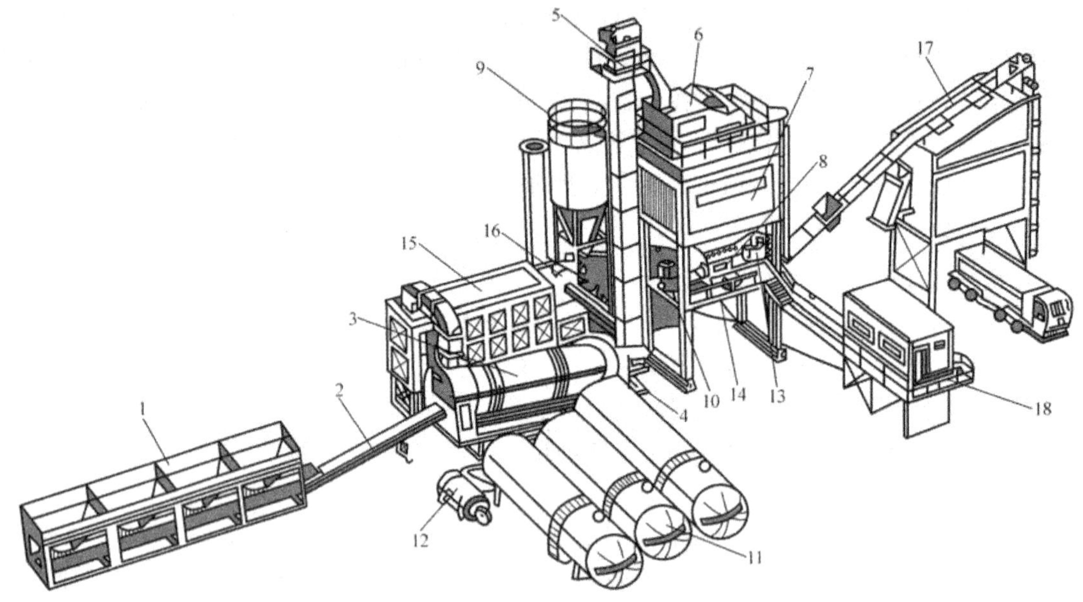

图3-62　大型间歇式沥青混合料拌和站构造

1-集料配料装置；2-皮带输送机；3-加热烘干滚筒；4-喷气式燃烧器；5-热矿料提升机；6-振动筛分机；7-热矿料储料仓；8-热矿料称量斗；9-矿粉筒仓；10-矿粉称量斗；11-沥青保温罐；12-导热油加热装置；13-沥青称量筒；14-搅拌器（矿粉称量斗的下面）；15-消烟除尘装置；16-鼓风机；17-成品料仓；18-操纵控制室

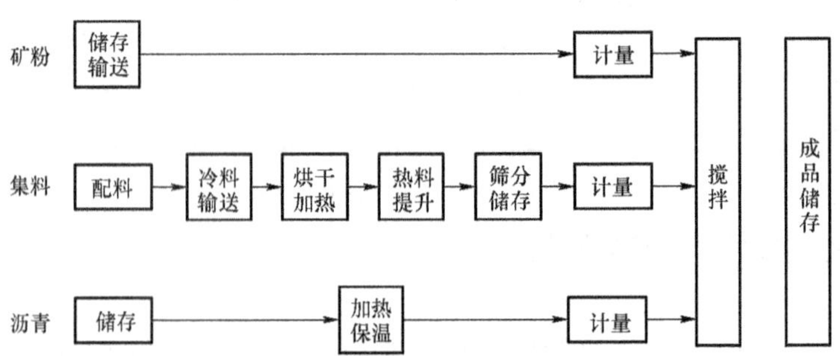

图3-63　间歇式沥青混合料拌和站生产工艺流程

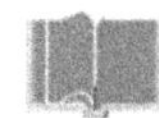

这种拌和设备矿料加热后，按粒径大小重新进行筛分。搅拌是在一个大的容器内进行强制搅拌，每种粒径的石料在投入搅拌器之前都要经过重新筛分，由电子计量斗秤逐一称量，按照级配需要配比，卸入搅拌容器内进行强制搅拌，然后加入沥青，继续搅拌直至均匀，制成沥青混合料后从搅拌器卸出。再次投料，进行下一批混合料的搅拌。因此，称这种工艺为间歇式拌和站。

使用间歇式沥青混合料拌和站，矿料粒径的偏差经过了重新筛分和配比，如果采石场供应的矿料粒径不准确，可以通过拌和设备自身进行重新校正，使矿料级配准确。再经过强制式搅拌器的拌和，使混合料搅拌均匀。目前我国使用的拌和设备大多数是间歇式拌和设备。

2．连续式沥青混合料拌和站构造

图 3-64 为连续式沥青混合料拌和站构造图，基本由集料配料机、矿粉仓、沥青罐、输送带、加热烘干筒、燃烧器、输送带、成品料仓等组成。

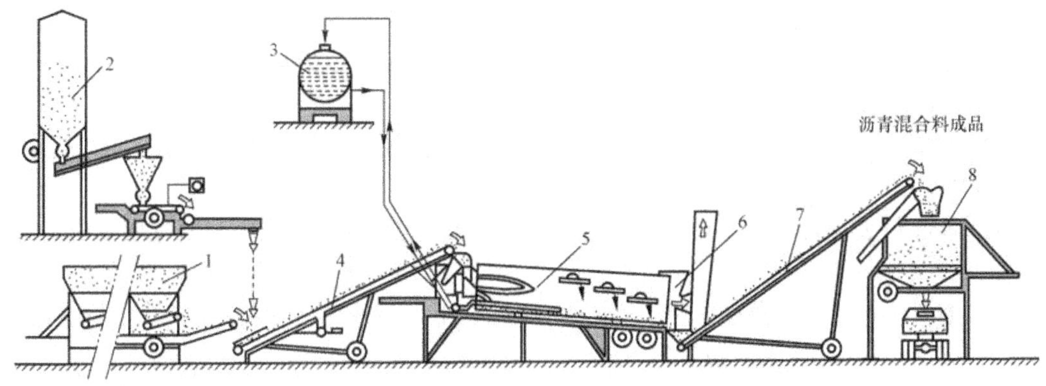

图 3-64　连续式沥青混合料拌和站

1-集料配料机；2-矿粉仓；3-沥青罐；4-输送带；5-加热烘干筒；6-燃烧器；7-输送带；8-成品料仓

连续式沥青混合料拌和站的特点是加热、拌和、掺入沥青都是在一个很长的加热烘干滚筒内一次完成，故也称滚筒式沥青混合料拌和站。生产工艺如图 3-65 所示，不同粒径的石料经过配料机按比例配合，加入矿粉，通过输送机连续不断地从一端送入加热烘干筒内，烘干筒不断转动，矿料在烘干筒内搅拌均匀，烘干筒的一端有燃烧器，向烘干筒内喷射高温气体，矿料在烘干筒内不断翻滚中搅拌、加热，然后喷入沥青，继续搅拌直至均匀，拌好后沥青混合料从加热烘干筒的另一端连续不断地输出，故称为连续式沥青混合料拌和站，拌好的沥青混合料暂时存放在成品料仓中，再由自卸车将沥青混合料运走。

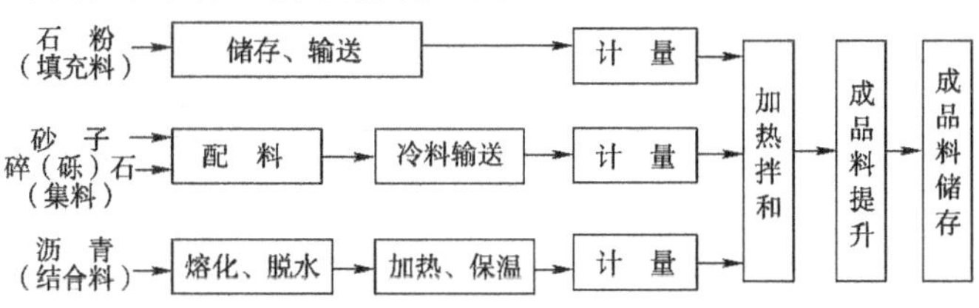

图 3-65　连续式沥青混合料拌和站生产工艺流程

连续式拌和站工艺流程短，生产效率高，但连续式拌和站对采石场提供矿料的粒径的准确度要求高，否则不能保证沥青混合料的级配。

三、沥青混合料拌和站使用技术

1. 作业前的要求

(1)生产加热用燃料、重油和柴油、点火用燃气的数量应能满足连续生产的要求。

(2)各个部位连接部件的螺栓应紧固,传动部件应能正常工作。

(3)各润滑点的润滑油、润滑脂应充足。

(4)传动链条、传动皮带和皮带输送机应完好,运转不跑偏,磨损不超过规定,张紧应适度。

(5)沥青、燃油、导热油和压缩空气供给系统应畅通,不能有漏沥青、漏油、漏气现象。

(6)检查导热油加热装置及导热油数量,根据不同季节和生产需要提前将导热油升至规定的温度。

(7)振动筛筛网规格应符合生产的规定,网面不能有破损,网面无石子、无杂物堵塞。

(8)成品料输料斗小车钢丝绳应完好,轨道应固定良好,行程限位开关应灵敏可靠。

(9)电源应符合设备的额定电压,检查各部开关、接触器、继电器、电动机、料位计、传感器电缆等电器应绝缘良好,工作正常。

(10)冷料输送带、热料提升机、各热料仓、各计量斗、搅拌器等应工作正常,不能漏料,工作前应将存料全部排净。

(11)热料仓门、矿料斗秤仓门、搅拌器的仓门和成品料仓的仓门开关应灵活,工作前应处于关闭状态。

(12)各部仪表、操作系统、计算机控制系统应工作正常,设定的级配和沥青用量应符合工程要求。

(13)沥青供给系统的温度应符合生产要求,确认正常后开启沥青泵使其自行循环。

(14)启动空压机,使之达到工作气压。

(15)巡视人员检查完毕确认正常后,机长鸣警铃,工作人员全部就位方可启动。

2. 注意事项

作业中要精力集中,严格遵守操作规程,各工作环节应配合紧密,并注意以下几点。

(1)启动时要按照该沥青拌和站规定的顺序启动,图3-66所示为某沥青拌和站的启动程序。启动后应先使机械空转,巡视人员检查各个部位有无异常,并将情况反馈给操作人员。

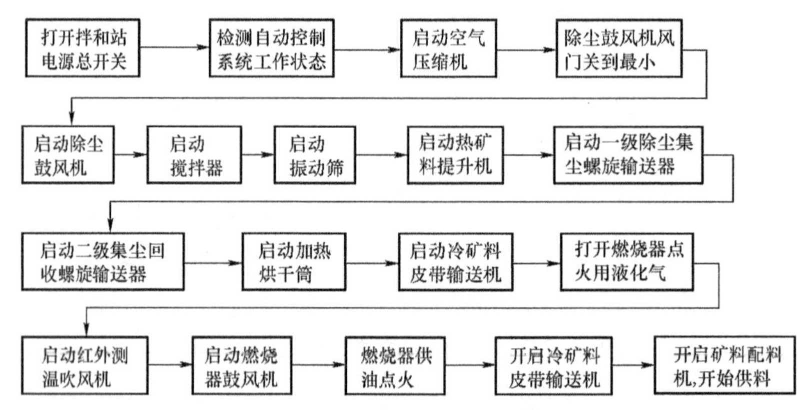

图3-66 沥青混合料拌和站启动顺序

(2)烘干筒要按规定的程序点火,根据生产要求调整燃烧器火焰的大小,达到规定的温度后方可投料生产。投料后还要观察温度变化,并及时调整。

(3)若点火失败,喷入烘干筒的燃油没有燃烧,应充分通风,直至燃油蒸发后方可再次点火。

(4)设备运行后应根据生产要求调整供料量,使其符合设计要求。

(5)观察混合料拌和质量,所有矿料都要裹覆沥青,不能有花白料,成品不能有滴油现象。

(6)各种材料的供料量达到规定的数值,各部位的温度达到生产要求后转入自动控制状态。

(7)待设备运转稳定后及时取沥青混合料试样送检。

(8)操作人员必须了解运输车的载重质量,卸料时保证满载,避免撒漏。

(9)经常检查控制仪表、显示器、指示灯的工作情况,巡视人员要检查设备的运转情况,以保证设备正常运转。检查材料的供应情况,使生产始终保持供料充足。

3. 作业后的注意事项

(1)紧急停车按钮只能在紧急情况下使用,严禁用它作为正常停车按钮。

(2)停车前先停止供料,逐渐关闭燃烧器,排干净烘干筒至搅拌器生产过程的热料。

(3)用剩余热料刷洗搅拌器。将残余沥青洗干净,然后排除。

(4)倒转沥青泵,将计量桶剩余的沥青抽回到沥青罐内。

(5)按规定的顺序停止设备。关机顺序如图3-67所示。

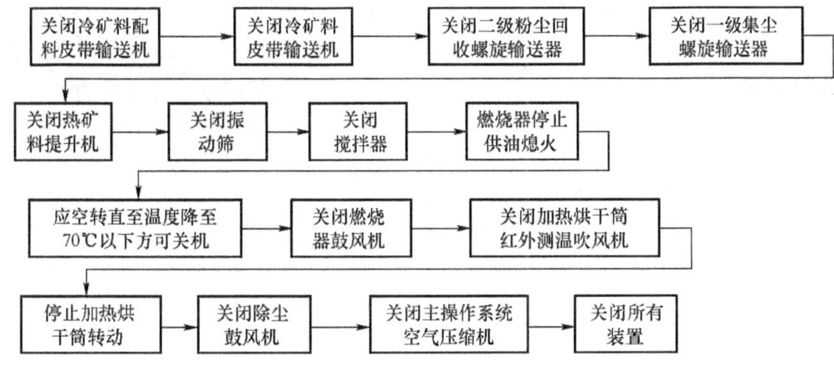

图3-67 沥青混合料拌和站关机顺序

(6)烘干筒的温度降至45~50℃方可停止烘干筒、鼓风机、除尘系统的运转,切断电源。

(7)设备每天要按规定进行保养,并对作业现场进行清理。

第九节 沥青混合料摊铺机

沥青混合料摊铺机是移动作业设备。沥青混合料拌和站生产的热拌沥青混合料运到路面施工现场后,卸在摊铺机接料斗内,随着摊铺机向前行驶,将沥青混合料均匀地摊铺在路面上,摊铺要达到预计的厚度、拱度和平整度要求,摊铺机还要对混合料进行初步的压实。摊铺完成后,由压路机压实,形成平整、均匀、坚实的沥青混合料路面。

一、沥青混合料摊铺机的分类

沥青混合料摊铺机发展至今已有很多品种,性能相当完善,可以适应各种施工情况的需求。摊铺机的分类方法有以下几种。

1. 按施工摊铺能力分类

沥青混合料摊铺机按施工摊铺能力分为大型摊铺机、中型摊铺机和小型摊铺机。

(1)大型摊铺机:最大摊铺宽度在9m以上,有些摊铺机的摊铺宽度可达16m;

(2)中型摊铺机:中型摊铺机摊铺宽度可达 5 ~ 8m;

(3)小型摊铺机:小型摊铺机摊铺宽度为 2 ~ 4m,有些超小型摊铺机的宽度只有 1.5m,可以在狭窄的社区街道进行铺筑。

2. 按行驶系统分类

沥青混合料摊铺机按行驶系统的结构分为履带式摊铺机和轮胎式摊铺机。

二、沥青混合料摊铺机的构造

1. 摊铺机总体构造

沥青混合料摊铺机的基本构造结构如图 3-68 和图 3-69 所示,主要包括动力装置、液压传动系统、行驶系统和工作装置。

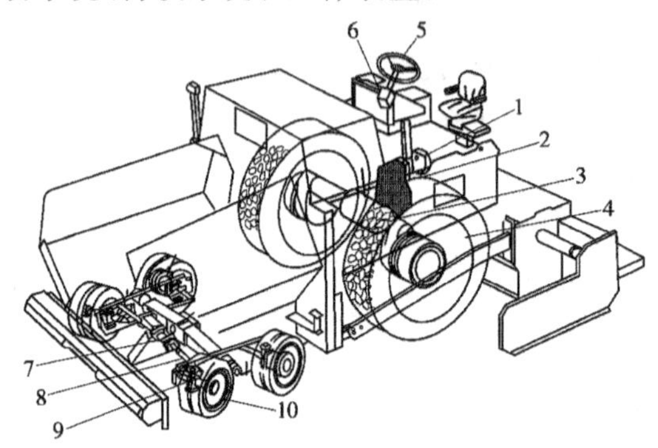

图 3-68 轮胎式摊铺机的构造

1-驱动马达;2-减速器;3-驱动桥;4-驱动轮;5-转向盘;6-转向阀;7-转向油缸;8-转向拉杆;9-转向轴;10-转向轮

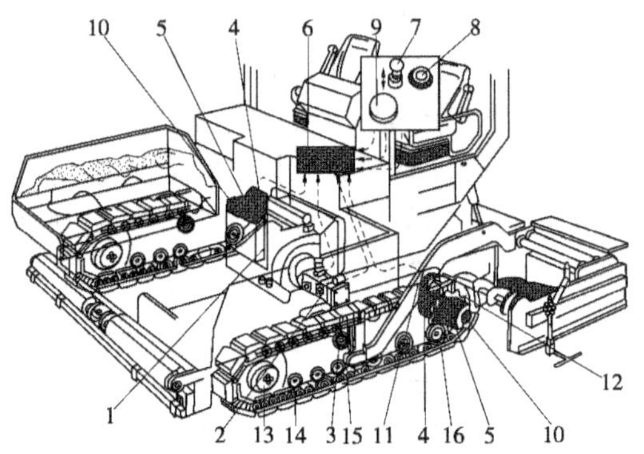

图 3-69 履带式摊铺机的构造

1-发动机;2-液压泵;3-液压泵控制阀;4-速度传感器;5-液压马达;6-电子驱动控制箱;7-前进、倒退控制杆;8-速度控制钮;9-转向控制钮;10-减速箱;11-弹簧载荷制动器;12-驱动齿轮;13-引导轮;14-支重轮;15-托链轮;16-履带

2. 发动机

摊铺机一般选用高速柴油机作为动力。由于摊铺机始终处在较高的环境温度下工作,目前摊铺机一般较多地选用风冷柴油机,以保证其工作可靠性。摊铺机应能稳定在选定的作业速度下连续工作。这一原则对选用发动机提出了更高的要求,即发动机应具有足够的持续功率和良好的外特性,发动机要与液压传动和机械传动有最佳的功率匹配。

3. 传动系统

摊铺机的传动系统主要包括行走传动和供料传动两大部分,另外还有控制系统及熨平装置的动力传动。老式摊铺机的传动系都为机械传动,新型的沥青混凝土摊铺机有液压—机械传动和全液压传动两种形式。

4. 前料斗

前料斗位于摊铺机的前端,如图 3-70 所示,用来接收自卸汽车卸下的沥青混凝土,各类型摊铺机料斗和结构形式基本相似,只是容量有所不同,其容量应满足在最大宽度和厚度摊铺时所需的混合料量。前料斗由左右斗板、铰轴、支座、起升油缸等组成,左右斗板之间有刮板输送器。运料车卸入前料斗的混合料由刮板输送器送到螺旋分料器前,随着摊机的前行作业,前料斗中部的混合料逐渐减少,此时需升起左右斗板,使两侧的混合料滑落移动到中部,以保证供料的连续性。

接料斗由带两个进料口的后壁、可折翻的两壁和前裙板等组成,两出进料口各由一个闸门

来调整开度,侧壁有外倾和垂直两种边板,它可由各自的液压缸顶起内翻,将剩余料卸在刮板输送器上。

在料斗前面有两个顶推辊,以便顶推汽车后轮接受卸料,推辊也有采用中央枢铰的,以保证推辊与汽车轮胎始终有良好的接触,还可减少汽车倒退卸料时的对准调车时间。

5. 刮板输送器

刮板输送器(图3-71)位于前料斗的底部,是摊铺机的供料机构。刮板输送器就是带有许多刮料板的链条传动装置,刮料板由两根链条同时驱动,并随链条的转动将前料斗内的混合料向后输送到螺旋分料器的前部。小型摊铺机设置一个刮板输送器,中大型摊铺机设置两个输送器,便于控制左右两边的供料量。刮板输送器的驱动方式有两种:机械式和液压式。在前料斗的后壁还设置有供料闸门,调节闸门高低可调节供料量。刮板输送器由驱动轴、张紧轮、刮板链、刮板等组成。

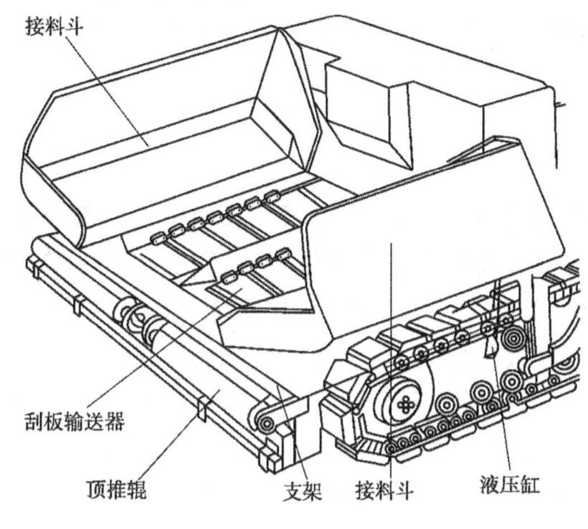

图3-70 顶推辊和接料斗

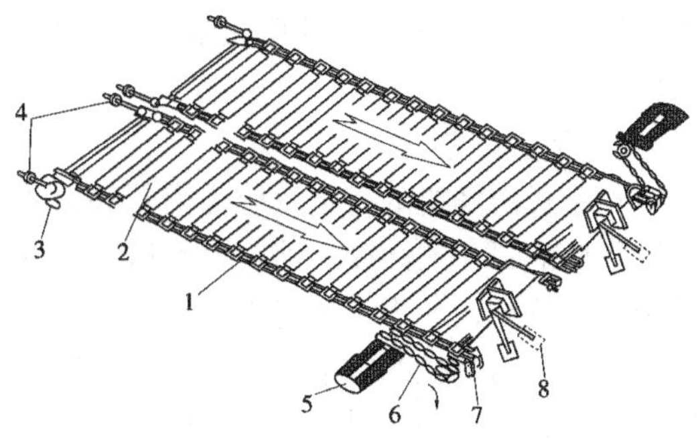

图3-71 刮板输送器

1-刮板链条;2-刮板;3-张紧轮;4-张紧度调整螺钉;5-液压马达;6-传动链轮;7-刮板链轮;8-料位开关

6. 螺旋分料器

螺旋分料器(图3-72)设在摊铺机后方摊铺室内。其功能是把刮板输送器输送到摊铺室中部的热混合料,左右横向输送到摊铺室。螺旋分料器是由两根大螺距、大直径叶片的螺杆组

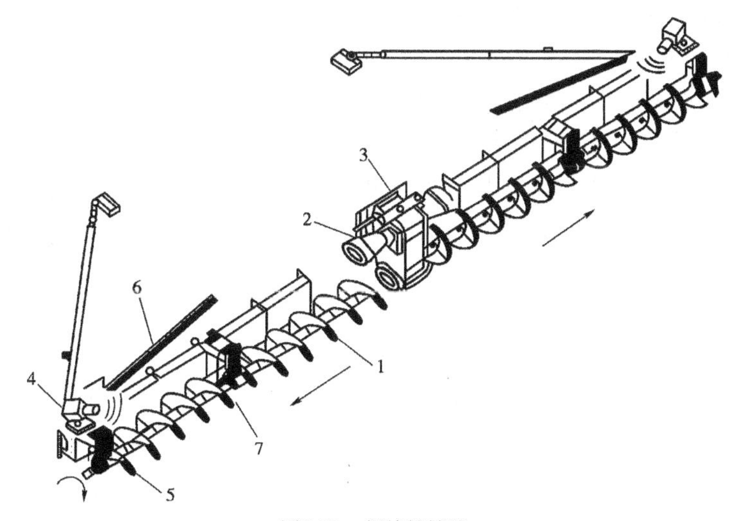

图3-72 螺旋摊铺器

1-螺旋叶片;2-液压马达;3-减速器及链条传动箱;4-红外线料位开关;5-加宽螺旋叶片;6-加固拉杆;7-螺旋摊铺器固定螺栓

成，其螺杆旋向相反，以使混合料由中部向两侧输送。为控制料位高度，左右两侧设有料位传感器。螺旋叶片采用耐磨材料制造，或进行表面硬化处理。左右两根螺旋轴固定在机架上，其内端装在后链轮或齿轮箱上，由左右两个传动链或锥齿轮分别驱动（液压传动的螺旋轴亦通过链传动或锥齿轮传动）。为适应不同摊铺厚度的需要，有的摊铺机螺旋分料器可调节离地高度。螺旋轴左右两侧各成独立系统，既可同时工作，又可单侧工作。螺旋分料器的驱动，老式为链传动，其旋转速度不能调节；新式为液压传动，无级变速，以适应摊铺宽度、速度和铺层厚度要求。螺旋分料器一般装配在机架后壁下方，也可作垂直方向高低位置调整，以便根据不同摊铺厚度提供均匀的热沥青混合料。

7. 机架

机架是摊铺机的骨架，一般为焊接结构件。机架与前后桥（轮胎式摊铺机）或驱动轮座、从动轮座、托链轮座（履带式摊铺机）无弹性悬挂，都采用刚性连接。摊铺机机架最前方设有顶推辊，其作用是顶推运料自卸车后轮胎，使自卸车和摊铺机同步前进，向料斗连续卸料。行进中顶推辊与自卸车后轮胎接触，并处于滚动状态。顶推辊的离地高度，应与汽车轮胎相适应。

8. 行走系统

轮胎式摊铺机的行走系统由前轮和后轮组成。前轮位于前料斗下部，采用铁心橡胶实心轮以降低前料斗的高度。前轮又是摊铺机的转向轮系，大型轮胎式摊铺机由于负荷较大，有的采用双前桥结构。为了改善大型轮胎式摊铺机的驱动性能，已出现前后桥双驱动的摊铺机。摊铺机的后轮为整机的驱动轮系，选用直径较大的充气或充液轮胎。前后轮一般固定于机架外侧，构成四支点结构，对地面不平度的适应性较差。为改善对地面的适应性，新机型的前桥采用铰接式结构，使行走系统成为三支点与地面接触，增加了摊铺机的稳定性和驱动性能。

履带式摊铺机的行走系统和一般工程机械的结构相同，但其履带为无刺型履带，履带板上黏附有橡胶板，以增加附着力和改善行走性能。

9. 工作装置

用螺旋分料器铺好的沥青混凝土，必须进行预压实，并按要求（厚度和路拱）进行整形和熨平，在自行式摊铺机上一般采用两种方法和装置来实现：一种是先用振捣梁进行预捣实，再用熨平装置整面和熨平；另一种是用振动熨平装置同时进行振实、整面和熨平。它们主要区别是，前者紧贴在熨平板前面有一根悬挂在偏心轴上的振捣梁，对混合料进行捣实，熨平板只起整面熨平作用，摊铺层密实度较低；后者则是用振捣梁捣实后在熨平板上装有振动器，通过熨平板本身的振动对铺层振实并整平，其摊铺层密实度较高，可减少压路机的压实遍数。

(1)振捣梁

振捣梁（图3-73）板梁结构，它有结构完全相同的左、右两侧。振捣梁的下前缘被切成一个斜面，这是对铺层起主要捣实作用的部分。当振捣梁随机械向前移动，同时又做上下运动时，梁的下斜面对其前面的松散混合料频频冲击，使之逐渐密实、厚度减小，让

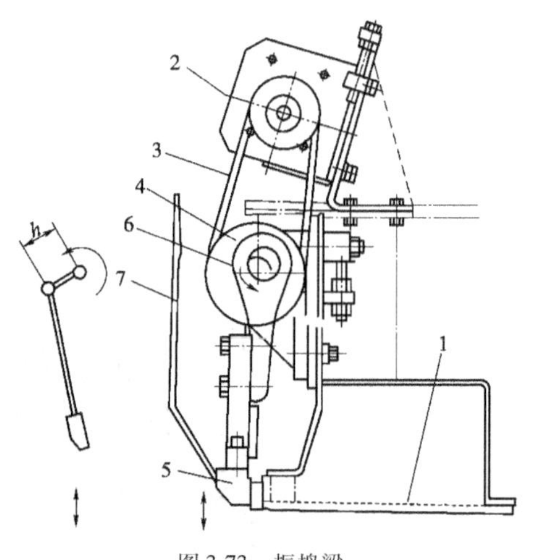

图3-73 振捣梁

1-熨平板；2-液压马达；3-皮带；4-驱动轴；5-振捣梁；6-轴承；7-挡板；h-偏心距离

熨平板随后越过，接着进行整形熨平。梁的水平底面对压实作用是次要的，它主要在确定铺层的高度和修整的作用，此外它还有将混合料中的较大颗粒碎石揉挤到铺层中间，不让它突出于表面的作用。

(2)熨平装置

熨平装置由熨平板、牵引臂、厚度调节器、路拱调节器和加热器等组成。振动熨平装置是在熨平板上面加装了振动器，使它同时起到振动压实和整面熨平的作用。熨平装置分为两种，一种是如图3-74所示的机械拼装式熨平板，一种是如图3-75所示的液压伸缩式熨平板。

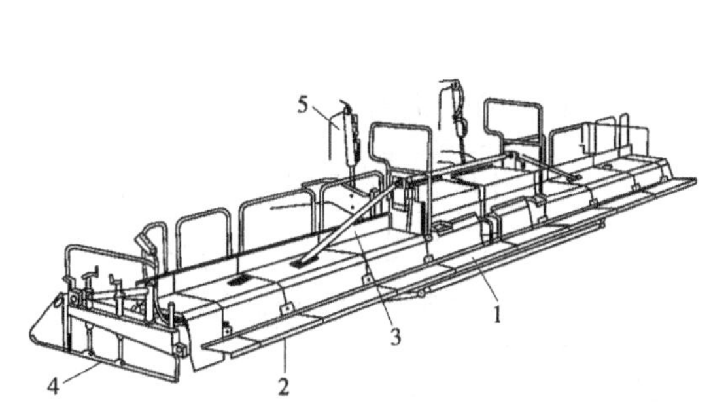

图3-74　机械拼装式熨平板

1-基本熨平板；2-加宽段熨平板；3-拉杆；4-挡料板；5-熨平板提升油缸

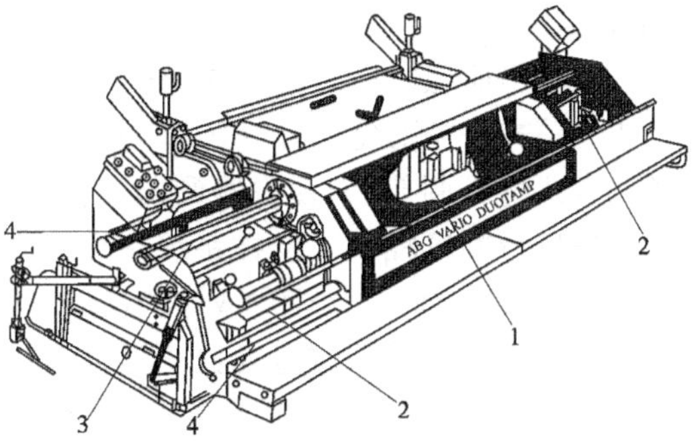

图3-75　液压伸缩式熨平板

1-主熨平板；2-液压伸缩熨平板；3-伸缩液压油缸；4-支撑滑杆

熨平板的内端装有螺杆式路拱调节器，它与厚度调节器配合，调整路面横截面形状。熨平板和振捣梁一起通过左、右两根牵引臂铰装在机架两侧专用的托架上或自动找平装置的液压缸上。厚度调节器在老式摊铺机上大多为螺杆调节器，新式为液压式，熨平板采用火焰或电加热。

(3)浮动熨平板的工作特性

浮动熨平工作装置是通过牵引臂的牵引点与机架铰接的，摊铺工作时作用在牵引臂后端的提升油缸处于浮动状态，因此该工作装置可以上下摆动，即为浮动熨平板。浮动熨平板由于其受力特点，具有以下三种特性：

①在工作过程中，如果摊铺机运行的路基表面是平整的，并且作用在熨平装置上的外力不发生变化，熨平板将以不变的工作倾角向前移动，此时摊铺的路面正好是平整的。反之，如果路基表面起伏不平，两牵引臂牵引铰点在摊铺过程中也会上下波动，使熨平板上下偏移；或者作用在熨平板上的外力发生变化(如供料数量、温度、粒度、摊铺机行走速度等发生变化)，则都将引起熨平板与路基基准之间的工作仰角的变化，从而造成铺层表面的不平整。

②当原有路基起伏变化的波长较短时，熨平板所移动的轨迹并不完全“再现”其变化的幅度，而使其趋于平缓。熨平板的浮动，对原有路基不平整度起到滤波作用。这一特性称为浮动熨平板的“自找平”特性。

③浮动熨平板将在摊铺过程中减少凹凸起伏颠簸，使其面层平顺。自找平式的浮动熨平板，能起到填充坑洼并减少凸起高度的作用，但其自找平能力的强弱，取决于熨平装置牵引臂的长短。牵引臂越长，自找平能力越强；牵引臂越短，自找平能力越弱。

(4)自动找平装置

为了提高路面的平整度和精确的横断面形状，在摊铺机上另外装设有一个纵坡调节器，一个横坡调节自控系统。它们的功能远远超过机械本身的找平能力,可使路面的质量符合规定要求。自动找平装置目前有以下四种形式。

电—机式,以电子元件作为检测装置(传感器和控制器),以伺服电机的机械动作为执行机构,它可以在牵引点和熨平板的厚度调节器两处进行调节。

电—液式,以电子元件作为检测装置,以液压元件作为执行机构,调节牵引点的高峰。

全液压式,整个系统全部采用液压元件。

激光式,以激光作为参数基准,以光敏元件作为转换器,最后借助了电子与液压元件来实现调节。

按照找平原理的不同,自动找平系统可分为以下 3 种。

①开关式自控系统。图 3-76 所示为电—液调节的开关式自动调平装置系统简图。它以开关的方式进行调节,不管检测到的偏差大小,均以恒速进行断续控制。该种系统存在着反应误差,因此必须设置一个调节“死区”(或称克阻尼作用的零区),传感器越过死区之后才有信号输出。为了提高系统的反应精确性,“死区”应尽量减少,但是系统是恒速调节的,如果“死区”范围很窄,调节容易冲过“死区”而出误差,即超调。超调需要反方向的修正,这样就会引起“死区”来回反复“搜索”零点,使系统发生振荡,由此而影响到路面的平整度。为了消除振荡的缺点,“死区”要足够宽,让系统在反向修正时可由最高值趋向于零,不再冲向另一边,但这一结果又降低了系统的精确度。所以,这种系统性能是不理想的,但其结构简单,价格低,可满足一般要求,因此仍有使用。

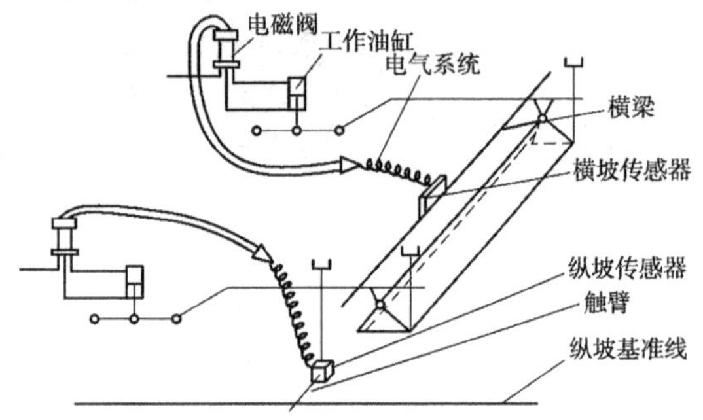

图 3-76　电—液调节的开关式自动调平装置系统简图

②比例式自控系统。图 3-77 所示为比例式自动调平装置系统示意图,它是根据偏差讯号的大小,以相应的快慢速度进行连续调节的,偏差为零时,调节速度也趋于零,因此不会产生超调而引起振荡现象。这种系统可使铺成的路面十分平整,但其结构精度要求高、造价高,所以使用较少。

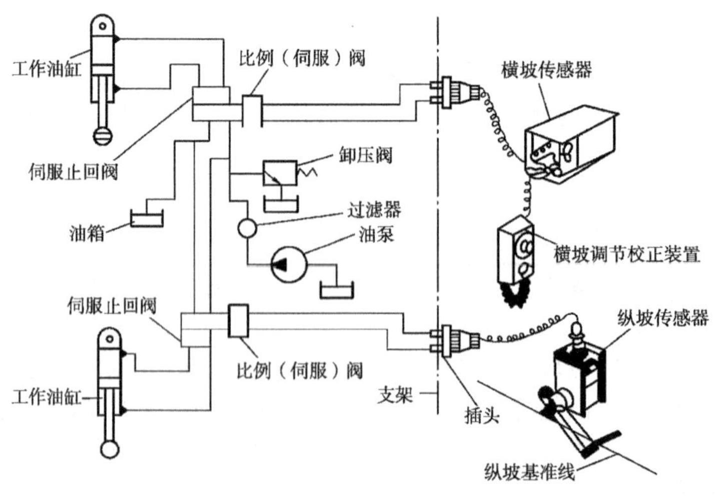

图 3-77　比例式自动调平装置系统示意图

③比例脉冲式自控系统。图3-78所示为比例脉冲式自动调平装置系统示意图，它是在开关自控系统的“恒速调节区”与“死区”之间设置“脉冲区”，脉冲信号根据偏差大小成比例的变化，其变化方式有改变脉冲宽度和频率两种，偏差讯号由传感器带进脉冲区后，调节器即根据信号大小，以不同宽度或频率的脉冲信号推动电磁阀，使油缸工作。这种系统兼备了前两种系统的优点，大大缩小了“死区”，精确度高，价格低而且耐用，目前被大量使用。

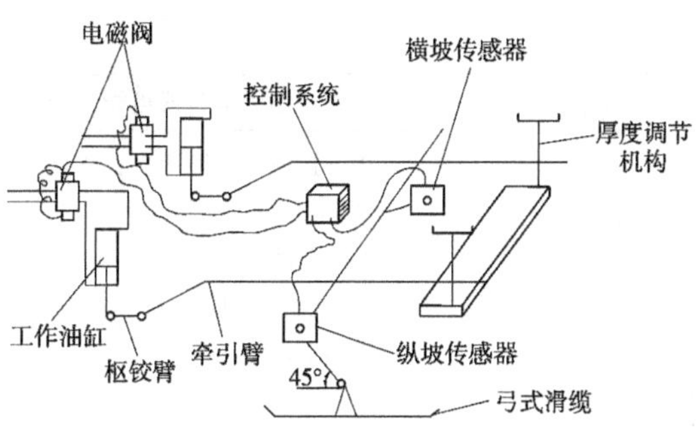

图3-78　比例脉冲式自动调平装置系统示意图

三、液压与电路系统典型故障分析

1. 电气故障排除(表3-2)

沥青混凝土摊铺机电气系统故障分析与排除　　表3-2

故障特征	故障部位或可能原因	排除方法
摊铺机所有工作点不工作(确定柴油机已经启动)	①紧停开关被锁住； ②熨平板控制盒未接上； ③熨平板控制盒的线路出现缺陷； ④保险熔断； ⑤PLC是否为0V输入； ⑥发动机车速过低； ⑦断路器QF跳闸	①提起紧停按钮，然后将复位按钮复位； ②将两个远程控制盒接上； ③检查线路； ④更换保险； ⑤检查液压系统的压力继电器和继电器是否完好，并检查相应电气线路； ⑥提高发动机转速至1500rad/min以上； ⑦将断路器QF复位
摊铺机不行走(工作在自动模式时)	①紧停开关被锁住； ②无稳压电源； ③速度电位器无输出； ④PLC无输出； ⑤模式转换开关坏； ⑥保险熔断	①提起紧停按钮，然后将复位按钮复位； ②检查稳压电源模块的输出端有无－10V和＋10V的输出； ③检查速度电位器是否正常； ④检查PLC有无输出(电流信号：＋0.2A～＋0.6A)； ⑤检查行驶系统模式转换开关及其接线是否正常； ⑥更换保险
摊铺机不行走(工作在手动模式时)	①保险熔断； ②速度电位器是否有信号输出	①更换保险； ②检查稳压电源、电位器是否正常及其连接是否脱落
摊铺机自动工作挡不能直线行驶	①速度传感器故障； ②转向电位器调节不正确； ③柴油发动机转速太低； ④行走速度太低	①检查传感器接线、插头有无松动；传感器红线端有无24V电压，白线端有无12V电压；检查传感器安装位置是否稳固，其齿顶与传感器间间隙是否为0.5～0.8mm。 ②检查转向微调是否在中位；检查手柄电位器微调电位器有无接线缺陷，必要时，排除接线错误，更换电位器。 ③提高发动机转速。 ④适当提高行走速度

续上表

故障特征	故障部位或可能原因	排除方法
摊铺机至行驶挡不起作用	①马达电磁线圈损坏; ②工作/行驶转换开关坏; ③线路故障; ④转换方式不正确; ⑤继电器损坏	①更换电磁阀线圈; ②更换开关; ③检查工作挡、行驶挡开关及其接线排除接线缺陷; ④将行走手柄回中位后,再进行转换; ⑤更换继电器
摊铺机不能原地转向	①操作程序出错; ②原地转向开关缺陷; ③线路故障	①正确操作程序为:将开关转至"自动"挡,将开关转至"行驶"挡,将行走手柄拉回中位,然后将原地转向开关拨向有箭头符号的一方,再转动转向电位器预选好速度,这时摊铺机仍是停止的,最后再根据操作者意愿进行左旋或右旋; ②更换开关; ③检查线路
摊铺机在手动模式时刚开始瞬间只有一边动作	行走泵线圈最低电流两边调整不相同	放大器出厂时已调整好,只是由于使用中出现偏差,可重新调整
熨平板只能提升,不能下降	①开关没打在中位; ②开关损坏; ③接线缺陷	①将开关打向中位; ②更换开关; ③检查线路
启动开关打到I位时,系统无反应	①启动开关端子线未插好; ②启动开关损坏; ③熔断器损坏	①插接好相应端子; ②更换启动开关; ③更换
启动马达不工作	①熔断器损坏; ②启动控制线路故障; ③启动开关损坏; ④行走手柄未置中位; ⑤启动马达损坏	①更换; ②检查线路; ③更换启动开关; ④行走手柄回中位; ⑤更换启动马达
仪表不工作或无夜视灯	①前大灯开关上的端子线未插好; ②相应的传感器损坏; ③相应的仪表损坏	①插接好相应端子; ②更换相应的传感器; ③更换相应的仪表
工作灯不亮	①相应的灯泡损坏; ②相应的开关损坏; ③相应的线路开路	①更换相应的灯泡; ②更换相应的开关; ③检修线路
PLC不能正常工作	①工作电源偏低或断路; ②PLC损坏	①万用表检查PLC各电源输入端的电压,并对电路板相应元件进行处理、更换; ②更换PLC
振捣器不工作	①保险损坏; ②开关损坏; ③放大板损坏; ④电位器损坏; ⑤线路故障	①更换保险; ②更换开关; ③更换放大板; ④更换电位器; ⑤检查线路

续上表

故障特征	故障部位或可能原因	排除方法
刮板输送链不工作	①保险损坏； ②开关损坏； ③料位控制器故障； ④线路故障； ⑤电源开关未接通	①更换保险； ②更换相应开关； ③检查料位控制器是否正常工作，若损坏就应更换； ④检查相关线路； ⑤将该部分的控制电源接通
螺旋分料器不工作	①超声波物料控制器的电源未接通； ②超声波物料控制器的灵敏度旋钮调得过小； ③电源开关未接通； ④线路故障	①检查有无24V电源，拧紧接线插头； ②慢慢调整该旋钮，直到有动作为止； ③将该部分的控制电源接通； ④检查相关线路

2. 液压系统故障排除（表3-3）

沥青混凝土摊铺机液压系统故障分析与排除　　表3-3

故障特征	故障部位或可能原因	排除方法
泵有噪声	①液压泵没有油。 ②油的黏度太高。 ③油泵在下列点带入空气。 a. 在液压泵的轴处； b. 吸油管松动或有损坏； c. 油层太高； d. 油将空气带入油箱（回油管在油面上方回油）。 ④液压泵有磨损。 ⑤油压太高	①检查吸油管路是否有损坏或收缩。 ②换油，调节油的黏度及油温。 ③更换轴的油封，拧紧接头或更换吸油管路，添加干净的液压油，将回油路延长低于油面，尽量远离吸油管。 ④维修或更换液压泵。 ⑤调节油的压力
没有压力	①油面太低； ②溢流阀损坏； ③液压泵故障，转轴或转子断裂	①添加干净的油； ②维修或更换溢流阀； ③维修或更换液压泵
无压力或压力不稳	①工作压力太低； ②压力调节阀有泄漏； ③液压油通过经常有故障的阀门或油缸或多或少地流回油箱	①检查压力调节阀； ②维修阀门； ③维修油缸或阀门
溢流阀有噪声	①流量过大； ②阀头及阀座有污质或残渣	①按实际油量安装大一些的阀门； ②维修阀门
系统中有空气 油中有气泡	①吸油管路漏油； ②吸油管路的阻黏太大； ③回油管在油面上方回油，能造成气泡； ④不正确的油类型	①拧紧或更换油管； ②清洗过滤器和吸油管路或用较大直径的油管更换，检查接头处； ③将回油管路从吸油路移开，并在必要时加长回油管路； ④换成正确类型的液压油
系统过热	①油冷却器被阻塞； ②油黏度过大； ③部件不正常的内部泄漏； ④改变运行的条件； ⑤油泵阀门或马达过载	①清洗油冷却器； ②换成正确的液压油； ③维修或更换故障部件； ④在必要时建立额外的冷却系统； ⑤减少负载或用更大一些的部件更换

续上表

故障特征	故障部位或可能原因	排除方法
马达的转速小于额定值	①油泵有磨损； ②油泵的转速太低； ③马达磨损； ④油温太高（导致马达、阀等内部的泄漏过大）、环境的温度太高； ⑤油管的直径太小； ⑥油泵有空腔； ⑦溢流阀的设定压力太低； ⑧控制阀有泄漏； ⑨马达过载； ⑩快速接头未拧到位	①维修或更换油泵； ②调节油泵转速，提高发动机转速； ③维修或更换马达； ④安装油冷却器或增大现有冷却器或油箱的容量，在必要时将油换成较高黏度的液压油； ⑤用直径较大的油管； ⑥排气； ⑦调节到正确的压力； ⑧维修阀门； ⑨消除过载原因或换成大一号的马达； ⑩拧紧快速接头
马达不转	①快速接头未接到位； ②马达的阀芯被滑套卡住； ③万向轴或阀芯断裂（轴和换向阀断成两截）； ④工作压力太低； ⑤马达中有沙子、钢渣等杂质	①拧紧快速接头，接到位即可； ②更换整个轴及滑套； ③更换万向轴或整个套及滑套，消除造成端裂的外部载荷； ④在许可范围内调节溢流阀的设定压力，在必要时更换大扭矩马达； ⑤清洗马达，冲洗整个系统，更新有故障的部件，用更好的过滤器

3. 行驶系统典型故障（表3-4）

沥青混凝土摊铺机行驶系统故障分析与排除 表3-4

故障特征	故障部位或可能原因	排除方法
行驶无力	①发动机功率不够； ②液压泵、液压马达磨损	①检修发动机； ②由专业人员排除
液压系统中进入空气	①液压油箱中油量不够； ②吸油管不密封	①检查油位，加注新油； ②检查吸油管，拧紧其连接元件
行驶时，前进正常，后退无力	泵内部控制阀失灵	由专业人员排除
停车制动失灵	摩擦片磨损严重或损坏	由专业人员调整摩擦片间隙或更大摩擦片
行走速度异常	①发动润滑油门操纵机构松脱； ②发动机转速不适	①重新调整油门操纵机构； ②调定合适转速
传动系统有较大的冲击声或转动不灵活	①轴承过度磨损； ②润滑油脂不足	①更换轴承； ②加足润滑油脂
行驶不动	①压力继电器损坏； ②紧急制动电磁阀损坏； ③电路故障	①更换； ②更换； ③维修或更换
行驶困难	①制动电磁阀损坏； ②减速机损坏	①更换可修复； ②更换

4. 螺旋布料电液系统典型故障排除（表3-5）

沥青混凝土摊铺机其他系统故障分析与排除　　表3-5

故障特征	故障部位或可能原因	排除方法
刮板不能工作	①刮板轴承间隙过大或过度磨损； ②螺栓松动； ③定位销松动； ④通道板固定螺栓松动、脱落导致料导板与刮板动作干涉，刮板不能工作	①加注润滑脂或更换轴承； ②重新拧紧螺栓； ③重新打紧定位销或配上合适的销钉； ④检查通道板固定螺栓，拧紧或更换高强度螺钉
液压泵效率低	①密封件磨损严重； ②元件磨损严重	①检查并更换新密封件； ②拆检并更换新元件
燃烧系统故障	①燃烧气体压力低； ②点不着火或火势不够大； ③气管、接头密封不严密	①调整压力； ②检查点火接头，清除堵塞物； ③更换接头或密封件
找平系统故障	①油缸无力，内泄严重； ②外部漏油； ③找平仪不起作用	①检查活塞处密封情况，更换密封圈； ②更换密封圈； ③检查电气线路或更换相应的找平仪
螺旋卡死	①螺旋叶片磨损或打断； ②轴承缺润滑油卡死； ③分料箱传动链条磨损； ④传动轴磨损	①更换； ②加注润滑油或更换轴承； ③调整链条或更换； ④更换
照明灯不亮或很暗	①灯泡烧坏； ②导线损坏； ③电瓶电量不足	①更换灯泡； ②检修导线； ③给电瓶充电

四、摊铺机的操作技术

1. 摊铺机操作人员的配备和分工

沥青混合料摊铺机一般由2~3人操作。

(1)主司机

一名主司机坐在主操作台上驾驶摊铺机前进，摊铺机各工作装置的控制钮在操作台上，主司机是摊铺机作业的核心，可对摊铺机进行全面控制，负责指挥机组人员和配合人员进行摊铺作业。司机要观察接料斗内混合料数量，保证摊铺混合料的供应。

(2)副司机

熨平板的两侧各有一个副控制台，由1~2名副司机控制，副司机站在熨平板的两侧监视熨平板摊铺情况，可根据摊铺厚度的需要，随时利用副控制台上的控制电钮调整熨平板的升降，观察熨平板处混合料的供料量，可操纵螺旋摊铺器使熨平板前的混合料充足。根据摊铺宽度的需要，调整液压伸缩熨平板的伸出或缩回，适应摊铺宽度的变化。副司机责任是保证摊铺质量。

2. 摊铺机操作注意事项

1)作业前的准备

(1)作业前要了解施工技术和质量要求，制订摊铺方案。

(2)根据摊铺宽度的要求，安装相应宽度的熨平板、螺旋分料器等，调整摊铺机工作装置的各个部位，使其符合施工要求。

(3)摊铺机上所有的安全防护装置必须配备齐全，熨平板、螺旋分料器接长后应将防护罩、踏板安装齐备。

(4)驾驶台和熨平板的脚踏板应保持整洁,不能有油污和混合料,不得堆放杂物等。

(5)驾驶台要保持视野开阔,应清除摊铺机周围一切有碍工作的障碍物。

(6)发动机启动前应对摊铺机各个部位进行全面检查:

①检查各部螺栓连接应紧固;

②检查传动链条、传动皮带应完好,张紧度应适当;

③检查各部液压系统不得漏油;

④检查电器系统导线绝缘应良好,连接应牢固;

⑤履带式摊铺机检查履带松紧应适度,轮胎式摊铺机检查轮胎气压应达到规定的气压;

⑥使用燃气加热熨平板时要检查燃气装置各阀门、管路不应漏气;

⑦电加热摊铺机要仔细检查连接导线,应绝缘完好,没有漏电现象。

(7)启动前应将个操纵杆置于空挡位置,液压控制阀置于不供油位置,电器开关置于断开位置。

(8)启动发动机时油门应置于适中的位置,启动后要观察指示仪表和指示灯是否正常,倾听各部位有无异常声音,确认正常后方可空载运转,应怠速运转10min,使发动机温度达到5℃以上,液压油温度上升,达到最佳流动状态。

(9)铺筑沥青混合料时熨平板应进行预热,熨平板加热温度应接近铺筑的热拌沥青混合料的温度,一般需要加热10~20min,视环境温度而定,加热时要特别观察振捣梁上粘附的沥青,待其完全融化,振捣梁可以运转自如后方可停止加热。加热时间不应过长,防止熨平板过热变形。

(10)燃气喷嘴加热应使用专用的点火器具点燃,防止操作人员烧伤。预热时要加强观察,若火焰熄灭,应及时点燃;若经过多次都不能点燃,应将阀门关闭,找出原因,排除故障,待弥漫的未燃烧的可燃气体排净后,方可重新通气点燃。

(11)使用电加热摊铺机,应将发动机调到额定转速,然后接通预热开关。

(12)作业前应空载运转,检查接料斗、刮板输送器、螺旋输料器、振捣梁、振动器、熨平板伸缩机构等,应工作良好。自动、手动控制应有效,操作应灵敏,方可正式投入使用。

(13)自动调平装置应安装正确,检查纵坡、横坡控制器应动作灵敏,工作正常。

(14)作业前,应使用喷雾器向接料斗、推滚、刮板输料器、螺旋输料器及熨平板等可能粘有沥青混合料部位喷洒柴油,但严禁在熨平板预热时喷洒柴油。

2)作业中的要求

(1)按照作业要求,合理选择摊铺机摊铺速度和工作装置的运转参数。

(2)摊铺机接受自卸车卸料时,自卸车应挂空挡,并解除制动,应使摊铺机推着自卸车前进,两者协调同步行进,防止自卸车撞击摊铺机。

(3)作业时应使输料装置工作协调,随时进行修正,使熨平板前混合料充足。

(4)作业速度一经选定,要保持稳定,并尽可能减少停车启动次数,保持摊铺机连续均衡作业。

(5)司机在驾驶台操作摊铺机作业时严禁离开,无关人员不得在作业中上、下摊铺机或在驾驶台上停留。

(6)摊铺过程中要经常对摊铺机的行驶速度、供料能力、螺旋摊铺器的匹配情况进行检查。

(7)要随时检查摊铺厚度、平整度,使其符合设计要求。

(8)因故停止摊铺时间较长时应用加热装置保温,防止熨平板冷却。

(9)一般底面层和中面层使用设定高程的调平基准,表面层使用平均梁基准。

(10)用路缘石、相邻的车道、地面作基准时,传感器必须用滑撬作跟踪件。

(11)使用纵坡、横坡联合控制作业时,摊铺宽度不宜超过5m,大于5m时最好使用双侧纵坡控制方法。

(12)作业时应随时观察传感器摆臂始终搭在基准线上,避免脱落。

(13)在弯道作业时,主司机要观察转弯量,避免急剧转弯,熨平板端面与路缘石间距应适当放大,可大于10cm,避免转向时与路缘石碰撞。如果道路有横向坡度,要控制摊铺层的厚度增量。使用纵坡、横坡配合控制自动找平时,要提前计算好横坡的坡度,并在路面上标记出坡度记号,作业时要由专人操纵横坡设定器,按照标定的数值连续稳定地转动设定器。

(14)铺筑的道路有纵向坡度时,为了保证行驶速度的稳定,应由低处向高处摊铺。如果必须进行下坡摊铺作业时,要与运料自卸车司机紧密配合,使行进速度稳定。

(15)在横向大坡道上作业时,由于混合料自动流向下坡一侧,应将下坡侧熨平板接长。为了防止混合料自动流向下坡一侧,可在左右两侧使用相同螺旋方向的叶片。

(16)摊铺机在较大的坡道上工作时,横坡度应小于15% ~20%,为防止摊铺机倾翻,必要时可使用一台重型拖拉机或推土机用钢丝绳与摊铺机连接,在坡顶上与摊铺机平行等速行驶。

3)摊铺机转移工作地点行驶时的注意事项

(1)行驶时应将熨平板收缩至最窄的宽度,将熨平板升到最高的位置,并用挂钩挂好。

(2)应将接料斗折起至最窄的位置,用挂钩挂好。

(3)摊铺机不得长距离行驶,特别是履带式摊铺机行驶距离不应超过1km。

(4)轮式摊铺机的差速装置,应在地面附着力不足时使用,结合或分离差速器时须停车。在结合差速器时,只允许直行,不得转向。

4)作业后的要求

(1)将自动调平装置拆下来,擦拭干净,收入保存箱内。

(2)摊铺机驶离工作地点,使工作装置继续运转,将混合料完全排出,对工作装置进行清洁,清除残余混合料,使之运转自如,转动灵活。在运动的部位喷洒柴油,防止粘连。

(3)擦拭液压伸缩熨平板的导向柱表面和油缸活塞杆表面。

(4)清洁工作应在作业场地以外进行,防止混合料掉在沥青路面上污染路面,防止柴油污染腐蚀路面。

(5)用柴油清洗时禁止明火接近。

(6)按照保养规程的规定进行保养作业。

(7)摊铺机应停放在不妨碍交通的地方,摊铺机停稳,拉紧驻车制动器,司机方可离去,应有专人看守,防止机械及机械上的零件被盗,保证安全。

第十节　稳定土拌和设备

稳定土拌和设备分为路拌设备和厂拌设备两类。目前以厂拌设备为主。

一、稳定土路拌设备

稳定土拌和机又称路拌机,是一种旋转式加工稳定土材料的拌和设备。它是将土壤粉碎与稳定剂(如石灰、水泥、沥青、乳化沥青或其他化学剂等)均匀地拌和,用以修筑道路、机场、城市建筑等设施的基层拌和施工,亦可用于土壤拌和及旧路面翻新的破碎作业。以上这种施工的工艺方法叫做路拌法。

路拌法的施工由于就地取材,施工简便,成本低廉,有厂拌法不可取代的优点。现场施工经验表明,对灰土(石灰、土壤)、灰砂(水泥、砂)小颗粒等稳定材料,经过性能良好的拌和机1~2次拌和作业,一般都可以达到质量要求。

稳定土拌和机适用于四级以下公路稳定土层的施工与养护,其外形如图3-79所示。

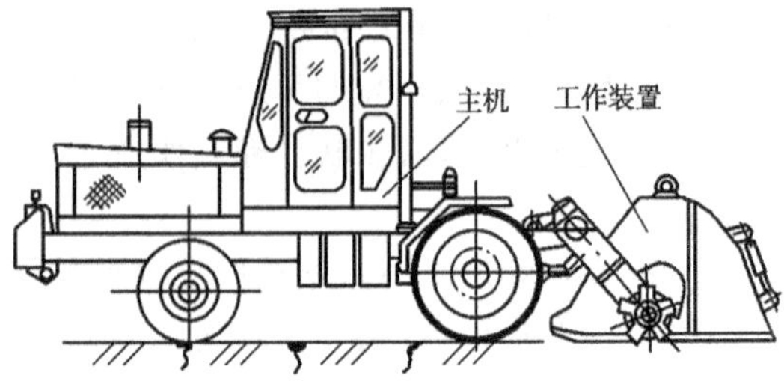

图3-79 稳定土拌和机外形图

二、稳定土厂拌设备

稳定土厂拌设备是路面工程机械的主要机种之一,是专门用于拌制以水硬性材料为结合剂稳定混合料的搅拌机组。由于这项工作是在固定场地集中进行,因而厂拌设备较路拌机(路拌稳定土拌和机)有其明显的优点。厂拌设备具有材料的级配准确、拌和均匀、节省材料、便于使用微机进行自动控制等优点,保证了稳定土材料的质量,因而在公路建设、城市道路及货场、机场等需要稳定土材料的工程中得到了广泛的应用。

1. 稳定土厂拌设备的生产工艺流程

稳定土厂拌设备的总体组成及布置,如图3-80所示。

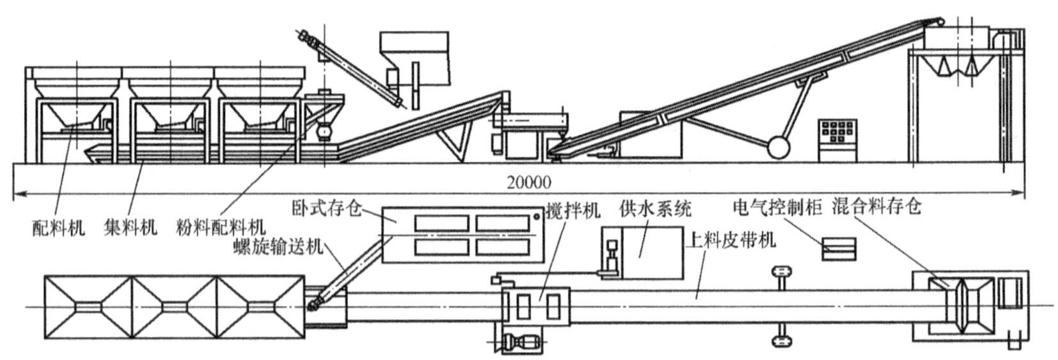

图3-80 稳定土厂拌设备简图

稳定土厂拌设备主要用来拌制水泥稳定土、石灰稳定土、石灰工业废渣稳定土。这里的水泥稳定土和石灰稳定土都是一个广义的名称,它既包括各种稳定细粒土(如塑性指数不同的各种黏性土、砂和石屑等),也包括各种稳定中粒土和粗粒土(如砂砾土、碎石土、级配砂砾、级配碎石等)。厂拌设备拌制各类稳定土时的工艺流程基本相同。以水泥稳定碎石底基层为例,其生产工艺流程如图3-81所示。

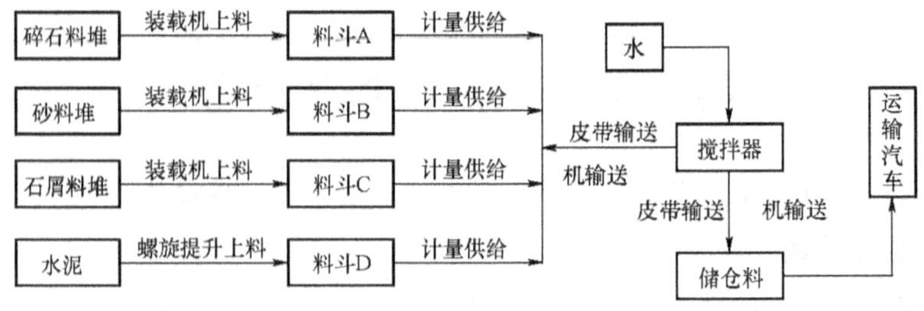

图3-81 稳定土厂拌设备的生产工艺流程图

2. 主要设备的结构及工作原理

(1)配料机组

配料机组是由几个料斗和相对应的配料机、水平集料皮带输送机、机架等组成,如图3-82所示。各种选定物料采用装载机装入料斗中,经皮带式给料机计量后输出,送至皮带集料机上。各料斗的计料量可以调节,斗门开启高度适用于粗调,精调由调速电机来调节皮带速度达到。

每个配料机都是一个完整独立的部分,可根据需要进行组配。配料机由料斗、料门配料皮带输送机和驱动装置等组成,如图3-83所示。

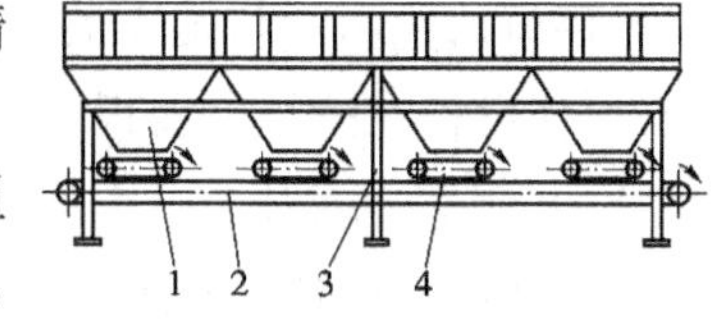

图3-82 配料机组结构示意图

1-料斗;2-水平集料皮带;3-机架;4-配料机

(2)粉料配料机

该部分是由一个小料斗和一个调速计料皮带机所组成。由螺旋输送机输入生石灰粉或水泥在斗内下降,经皮带给料机按调定的比例计量给出,送至皮带集料机上。仓壁的上方各安置了一个料位器,以保证料量变化稳定,保证配料精度。图3-84为稳定土厂拌设备的粉料配料机。

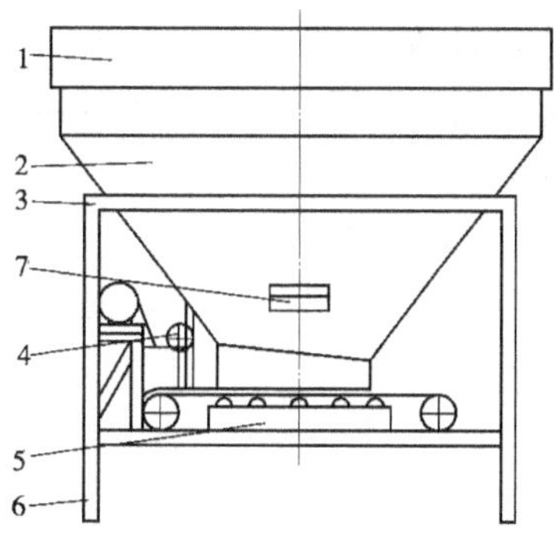

图3-83 稳定土厂拌设备配料机

1-加高舷板;2-料斗;3-斗架;4-斗门调节器;5-集料皮带机;6-加高支腿;7-振荡器

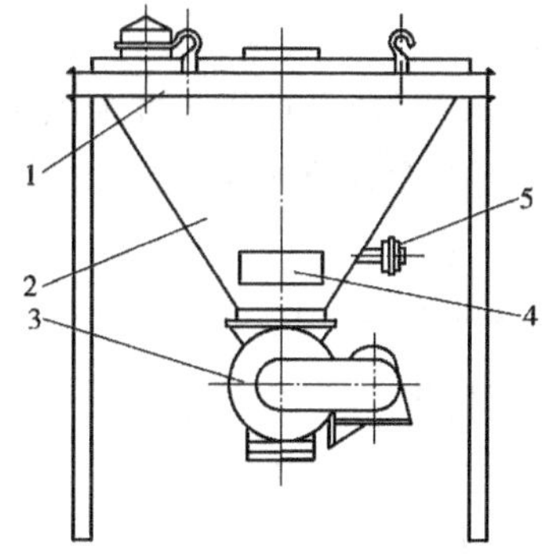

图3-84 稳定土厂拌设备的粉料配料机

1-粉料斗架;2-斗体;3-叶轮给料机;4-振动器;5-旋塞式料位器

粉料计量装置可分为容积式和称量计量两种方式。容积计量大都采用叶轮给料器,用改变叶轮速度的方法来调节粉料的输出量。这种方法国内外采用的比较普遍,计量可靠且简单。而称量计量一般采用螺旋秤、减量秤等方法连续动态称量,并反馈控制给料器的转速,以调节粉料的输入量。

(3)集料机

集料机是一个水平斜槽式皮带输送机(图3-85),由内装式电动滚筒驱动,将配料机、粉料配料机计量给出的各种散料送至搅拌机拌和,皮带宽度大约为800mm,带速在2m/s左右。

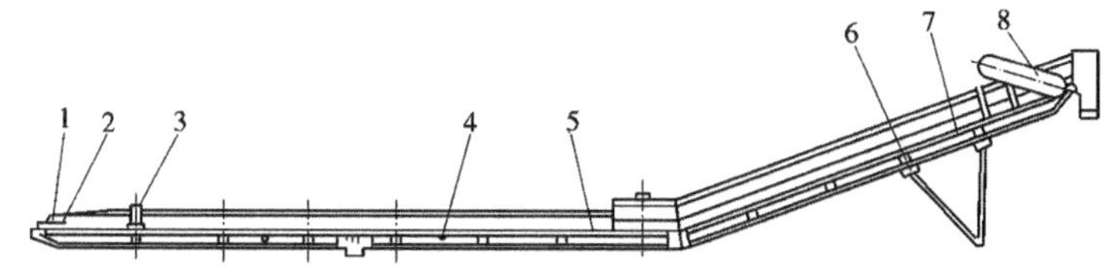

图3-85 集料皮带示意图

1-自清洗改向滚筒;2-张紧总成;3-上托轮;4-下托轮;5-机架;6-支撑;7-罩壳;8-驱动总称

(4)电控柜及控制室

稳定土厂拌设备的控制系统形式主要有计算机集中控制和常规电气元件控制两种，现今大部分都采用计算机集中控制。凡自动控制型稳定土厂拌设备的控制系统一般都设有自动控制和手动控制两套控制装置，操作时可以相互切换。

任何形式的控制系统都必须遵守工艺路线中各设备启动和停止程序。为了确保操作安全，搅拌设备在搅拌器盖板上装有位置开关，盖板打开时，整个设备不可启动工作。

(5)搅拌机总成

搅拌机是厂拌设备中的关键性部件，其中双卧轴式强制连续式具有适应性较强、体积小、效率高、生产能力大等优点，是常用的结构形式之一。图3-86就是这种搅拌机的结构示意图。搅拌机是由驱动电动机、减速机、链轮链条及搅拌器所组成。搅拌器是由W形的滚筒、两根搅拌轴和32片叶浆所组成。叶浆倾角可以因不同物料而作相应调整。两搅拌轴以相反方向旋转，各种物料在叶浆的强烈搅拌下，一方面相互掺和，另一方面向出料口推进。当物料达到出料口端时，已经搅拌得十分均匀。强制拌和生产效率高、拌和效果好。

(6)供水系统

供水系统是由水箱、水泵及电机、三通、节流阀，流量计等零部件所组成，如图3-87所示。通过观察玻璃转子流量计指示并配以调节手动节流阀达到控制混合料含水量的目的。系统在搅拌机入口上方设有液体喷头，供水精度可达到±0.5%。

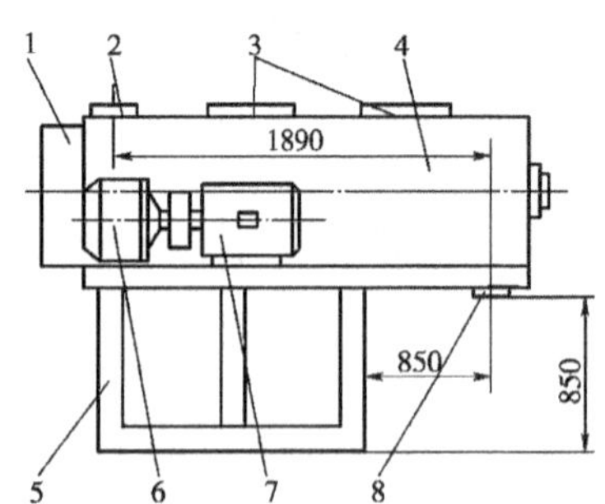

图3-86 搅拌机结构示意图

1-传动系;2-进料口;3-观察口;4-搅拌缸;5-机架;6-减速机;7-电动机;8-出料口

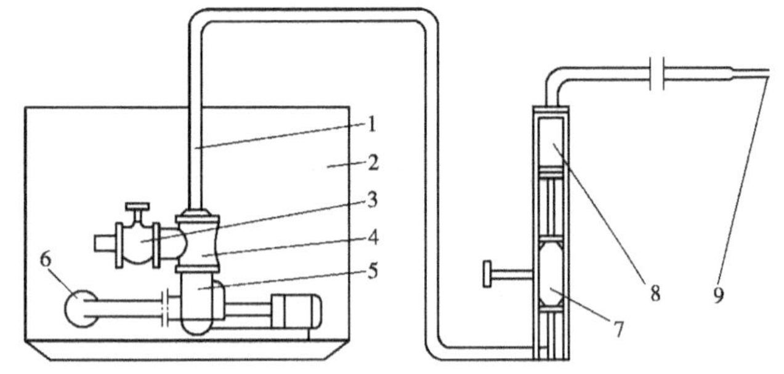

图3-87 WCB200型稳定土厂拌设备供水系统

1-出水管;2-水箱;3-回水阀;4-三通;5-水泵;6-旋塞阀;7-供水阀;8-流量计;9-喷水管

(7)结合料储存仓

储存仓可分为立式和卧式两种。

①卧式储存仓由本体、上料口、出料口，除尘透气孔、上下料位器和支脚等组成如图3-88所示，其作用是用以储存稳定剂。由散装水泥运输车运来的石灰粉或水泥泵入储存仓内，或由顶部的进料口用皮带机、装载机或人工装入，物料靠重力下降至底部。通过螺旋机构水平推出后，送入倾斜的螺旋输料机内。为减少仓壁对螺旋的压力，在仓底部水平螺旋的上方设有承压装置。在仓体的壁上装有数个仓壁振动器，防止粉料起拱，保证供料的连续性。

②立式储存仓在给料系统、工作过程，计量方式等都与卧式储存仓基本相同，如图3-89所示。

(8)混合料储存仓

混合料储存仓(又称储料斗)是一个独立的部分，其作用是将成品料暂存起来，以供车辆运输。

混合料储存仓的形式是多种多样的,安装位置及高低布置各有异同,一般均固定在设定的基础上。它由立柱、料斗及斗门开启机构组成,钢结构件立柱的上端连接着料斗,料斗的下部设有电动推杆,操纵出料门(图3-90)。

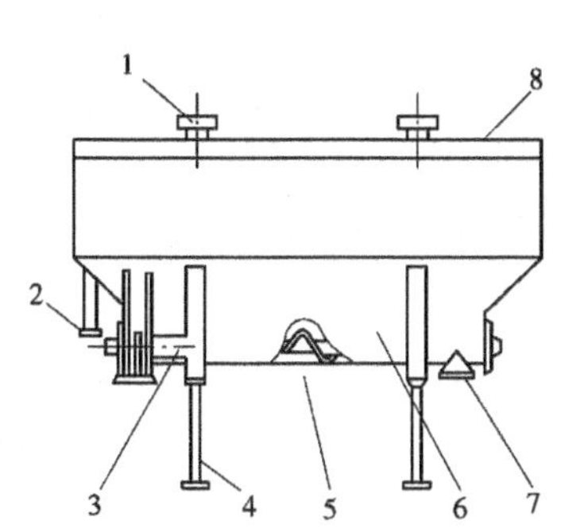

图3-88　卧式储料仓给料系统示意图
1-除尘罩;2-进料口;3-电机减速器;4-支腿;5-螺旋轴;6-仓体;7-出料口;8-活动上盖

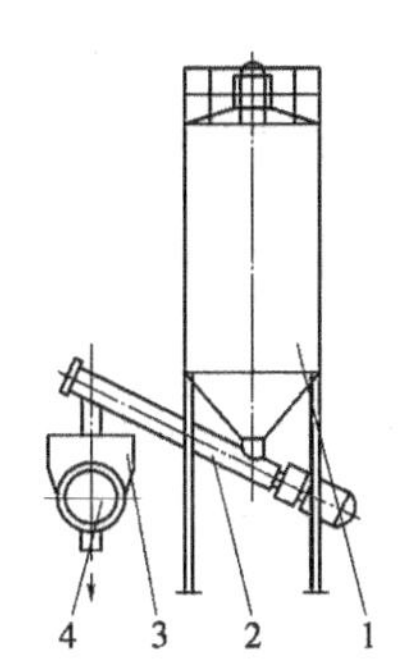

图3-89　立式储存仓给料系统示意图
1-立式储存仓;2-螺旋输送器;3-小料仓;4-计量装置

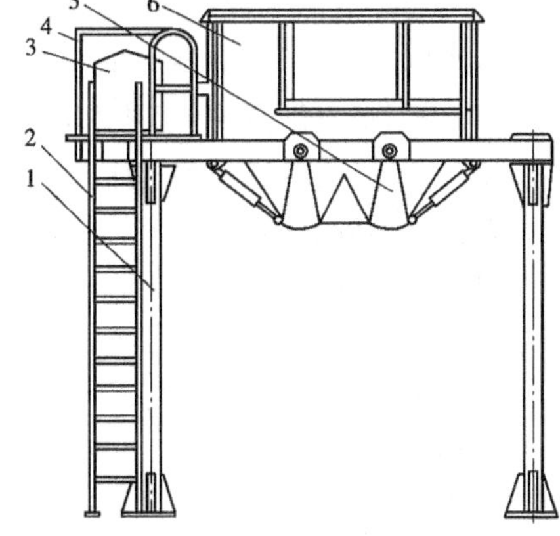

图3-90　混合料储存仓结构示意图
1-立柱;2-爬梯;3-液压装置;4-栏杆;5-斗门;6-仓体

3.操作注意事项

目前,稳定土厂拌设备在高等级路面工程施工中得到广泛应用,为工程质量的提高起了功不可没的作用。但由于该设备是近几年来逐步发展起来的,对许多施工单位而言,由于对该设备的结构特性、使用方法等了解不够,使设备在使用过程中经常出现这样那样的人为故障或造成多处人为隐患。本节根据工程施工中经常遇到的一些问题,提出一些对策和措施,以供参考。

(1)使用、安装前要详细阅读设备使用说明书,明确各部件的结构特性、功能及控制方式。

(2)设备的安装地基要选在开阔处,以便缩短装载机的上料周期,同时也可保证成品料运输车辆掉头方便、互不干扰。

(3)预制地基时,要保证其平整度和各要求尺寸,以使设备安装牢固。地基质量的好坏会影响到设备的正常使用和有效寿命。

(4)根据场地大小、配料斗结构形式、原始物料的堆放和装载机的配置情况,来确定料斗的上料侧位一侧上料或两侧同时上料。

(5)为方便装载机的上料,在料斗上料侧宜设置上料坡墩,其与料斗间应保留一个能自由出入的巡视通道,以便于设备运行中的巡视、维修和保养。同时,在上料坡墩和料斗间搭设防护栅栏,以避免装载机上料时撒落的物料堆积后,对集料胶带输送机的正常运行带来不利影响。

(6)电源配置要适当。发电机容量或变压器容量要以一定的比例因子配置,使其大于设备的装机容量,并要达到设备所要求的电压值,以维持设备持续运转。

(7)设备安装就位进行调试前,应对各部件的连接可靠性、转动灵活性及润滑油脂的加注情况逐项进行详查,然后按照先单机点动、手动,再整套设备手动、自动的顺序进行运转调试,同时用转速表校核调速电机的转速并加以修正,以保证调速表显示值与实际转速值相吻合。

(8)设备(试)运行过程中,若出现异常振动、噪声和无规律的摩擦声时,应立即停止运行,弄清原因，并采取相应措施。

(9)设备正常运行中，应配备专门的巡视人员进行设备运行状况、物料的配给及供料状况的巡视工作，发现问题及时解决或通知操作人员进行停机处理。

(10)设备投入正常运转时，生产率要从小到大缓慢提高，并持续一定时间，而不能一步达到设备的生产率，以使设备安全地度过磨合期。

(11)根据运输车辆的多少和距离的远近及成品料的摊铺能力来确定设备的生产率，并逐步加以调整，使设备成品料的生产和车辆的运输能力达到最佳状态，避免待车或待料现象的发生和设备的频繁启闭。

(12)设备正常运行中若短时间内不生产，应保留搅拌机正常运转，并切断其余电器元件的运行。

(13)根据设备的实际生产情况，在确定了配料斗的生产率后，计算调速电机的转速时，配料斗出料口开启高度既要大于物料直径，保证顺畅出料，同时又要尽可能保证调速电机的转速避开低速区，使其在中高速区运行，以延长其使用寿命，保证配料精度。

(14)对于受外界气候影响较大、易于潮湿结块或变质的物料，应避免物料在配料斗中长期放置。在计划进行长时间停机前，该种物料要有计划地往配料斗内添加，最好用完后再行停机。

(15)根据物料的种类、物料附着配料斗内壁的程度和下料的实际情况，通过调整振动电机的偏心块来调整其振动力的大小。在配料过程中，根据实际情况对料斗进行间歇式振动。

(16)当设备生产率提高到一定数值后，含量比高的物料配料量可能超过单个配料斗的生产率，此时该种物料可由多个配料斗来承担配料量或降低整套设备的生产率，以使配料量保持在配料斗所允许的生产率范围内。

(17)对于同一种物料由多个配料斗承担配料量时，即使一个配料斗单独工作也能满足配比要求时，该多个配料斗也应同时工作。总的配料量按实际情况可平均承担或另行分配，但必须同时运行。

(18)在粉料配给系统中，叶轮配料机或螺旋配料机对粉料中的杂质较敏感，对其中的杂质要做到及时有效地剔除，以免加速配料机的磨损，影响配料精度。

(19)配料斗内的栅栏是用于剔除物料中超限值物料的，故当设备运行一段时间后应及时进行清理，以防超限值的块状物阻碍物料的正常通过，造成漏空或栅栏的塌落。对于配备破拱装置的配料斗，其内的栅栏还具有安全保护作用，不得任意拆除。

(20)设备中的胶带输送机不允许超载运行，并且载荷要力求均匀。运行中，确保胶带位于驱动滚筒与张紧滚筒的中间位置，以使胶带磨损均匀。

(21)胶带输送机中的卸料器橡胶刮板与胶带的接触长度应不小于胶带宽度的85%，运行磨损后，应予以更换，并保证其间的良好接触。

(22)输送胶带运行一段时间后，因张力或天气的变化而发生塑性变形，引起输送胶带与驱动滚筒间的打滑，降低设备生产率。此时，可采取加松香粉或加胶带打滑油的方法来增大胶带与滚筒间的摩擦力，也可适当调节其张紧装置，使输送胶带与滚筒间产生足够的摩擦力，以适应生产的需求。输送胶带张紧到一定程度后，应进行适当裁截，重新打皮带扣连接。

(23)在胶带输送机的使用过程中，因地基塌陷、机架承载变形、物料冲击、安装及制造等多种因素的影响，有可能发生胶带跑偏现象。若因托辊组轴线同胶带中心线不垂直所致，此时可把胶带跑偏方向上的托辊往胶带前进的方向上移动一点，一般移动几组托辊即可得以纠正；

若因滚筒中心与胶带中心不垂直所致,可通过张紧机构来调整滚筒位置,以纠偏胶带。当然胶带跑偏的原因有很多种,上述两种纠偏方法可与胶带张紧力的调整配合使用,以期达到快速纠偏的目的。

(24)由胶带输送机或螺旋输送机来承担物料转移时,其进出口应包扎严紧,以减少对环境的污染。特别是粉料口,还应具有防水功能,以免雨水进入后造成粉料板结,堵塞粉料进出口或卡死螺旋输送机,影响设备的正常运行。

(25)对于传动系统中的张紧装置,特别是对由链条驱动的搅拌机传动系统,要做到定时紧固、检修,以防张紧装置失效而损坏设备。

(26)每工作班次停机结束时,要对胶带输送机进行清洗,以清除其上的粘附物,防止因粘附物板结对胶带使用带来不利的影响。对搅拌机则要清除仓内的残留物并进行冲洗,以免粘附物板结而磨损叶片,增加电机负荷,影响使用。

(27)加注及更换电动滚筒和减速机油液时,要严格按其说明书进行。运行过程中,要注意其油液液面的变化,及时补充油液。

(28)减速机或电动滚筒发生漏油现象时,要及时更换密封垫或密封圈,以保证其油量充足。

(29)对电动滚筒外表面要及时清除粘附物,以保证其良好的散热性能。

(30)搅拌机仓体上的观察筛网或盖破损时,要及时修复,以免物料飞出伤人。

(31)各部件链轮罩不得随意碰撞和拆除,以免意外事件的发生。

(32)在保养或维修设备时,要切断控制柜的总电源,并挂出警示牌,以免造成人身伤亡或设备的损坏。

(33)设备运行后,对各润滑点要按说明书定时加注润滑油或润滑脂,以保证润滑良好。

第四章　水泥路面维修机械

第一节　水泥混凝土搅拌输送车

水泥混凝土搅拌输送车(混凝土罐车)是一种用于长距离输送混凝土的机械设备。它是在汽车底盘上安装一套带搅拌机构、倾斜卸料机构等设备的工程车,兼有载运和搅拌混凝土的双重功能,可以在运送混凝土的同时对其进行搅拌,以保证混凝土经运输到施工现场后,仍不致产生离析现象。

水泥混凝土搅拌输送车的外形如图4-1所示。

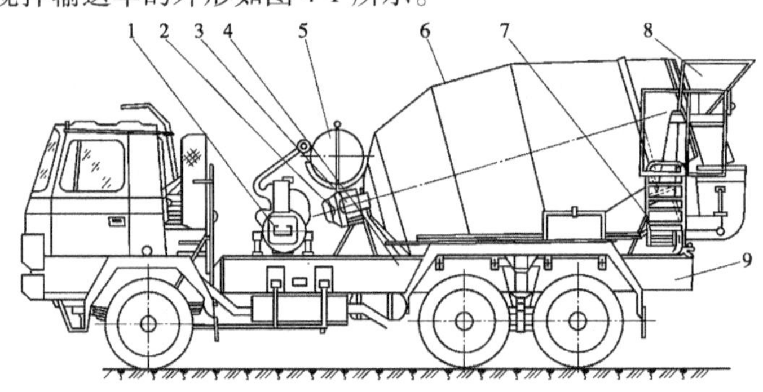

图4-1　混凝土搅拌输送车

1-泵连接组件;2-减速机总成;3-液压系统;4-机架;5-供水系统;6-搅拌筒;7-操纵系统;8-进出料装置;9-底盘车

一、分类

1. 按运载底盘结构形式分类

按运载底盘结构形式的不同,可分为普通载货汽车底盘的搅拌输送车和专用半挂式底盘的搅拌输送车。

2. 按搅拌装置传动形式分类

按混凝土搅拌装置传动形式,可分为机械传动的混凝土搅拌输送车和液压传动的混凝土搅拌输送车。

二、主要结构与工作原理

混凝土搅拌输送车一般由汽车底盘、进出料装置、搅拌筒、搅拌筒驱动装置、给水装置和操纵系统等六部分组成。

1. 汽车底盘

混凝土搅拌输送车的汽车底盘,除搅拌筒容量很大的专用输送车为降低其质心而采用半拖挂式专用底盘外,一般都利用现有的汽车底盘或改装的汽车底盘。

2. 进出料装置

进出料装置(装卸料装置)由料斗、料槽及调节机构组成,如图4-2所示。

3. 搅拌筒

搅拌筒是装运混凝土的容器,又是搅拌的工作装置。搅拌筒内壁焊有两条螺旋带形的叶片,担负着进料、拌料和卸料三项任务。搅拌筒通过支承装置斜置于机架上,并可绕其轴线转动。搅拌筒的后上方有一筒口,可通过进出料装置进料或卸料。搅拌筒正转时叶片起装料或搅拌作用,反转时则起卸料作用。搅拌筒的内部结构如图4-3所示。

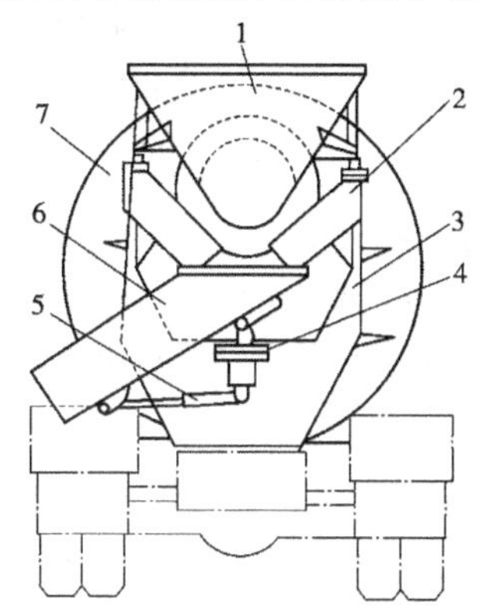

图4-2　装卸料装置

1-进料斗;2-主卸料槽;3-支架;4-调节转盘;5-调节杆;6-副卸料槽;7-搅拌筒

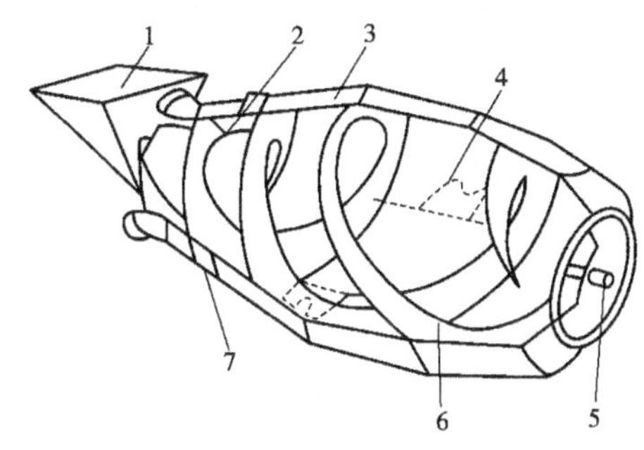

图4-3　搅拌筒的内部结构

1-加料斗;2-进料导管;3-壳体;4-辅助搅拌叶片;5-链轮;6-中心轴;7-带状螺旋叶片

4. 搅拌筒驱动装置

搅拌筒驱动装置有机械式和液压式两种,因操作方便,并容易实现无级调速,所以液压传动的搅拌输送车的使用量不断增加。搅拌筒驱动动力的引出方式有两种:当搅拌装置采用液压传动共用发动机形式时,搅拌筒的驱动力可自汽车发动机曲轴前端或后轮端引出,也可以从汽车底盘传动系统中的分动箱或专门的动力输出轴引出;当搅拌装置设专用发动机时,动力一般由专用发动机的曲轴输出端引出。搅拌筒驱动装置的动力引出形式如图4-4所示。搅拌筒的液压驱动装置一般由液压泵、液压马达、齿轮减速箱、传动链等组成(图4-5)。

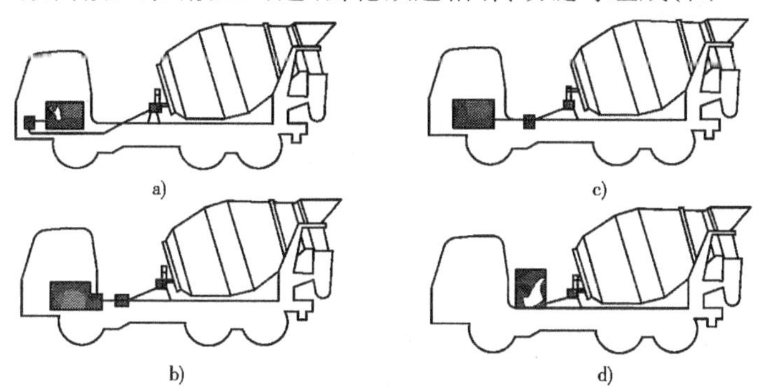

图4-4　驱动装置的动力引出形式

a)汽车发动机前端取力;b)汽车发动机飞轮端取力;c)汽车分动箱或专设动力输出轴上取力;d)专用发动机的曲轴输出端取力

5. 给水装置

混凝土搅拌输送车的给水装置(供水装置),除了供给搅拌用水外,还可清洗搅拌筒和进料漏斗。给水装置一般由水泵、水箱和管路系统组成。图4-6所示的给水装置,由水泵向水箱内加水,并向水箱内引入气压使压力水进入搅拌筒内,另有一个开关及软管、喷嘴用以冲洗料槽及整机外部。

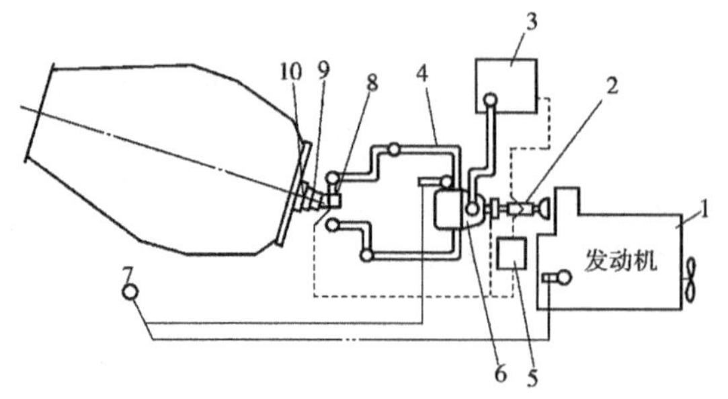

图 4-5　机械—液压传动系统示意图

1-发动机；2-驱动轴；3-油箱；4-配管；5-油液冷却器；6-油泵；7-后部控制柄；8-马达；9-行星减速器；10-球铰接轴

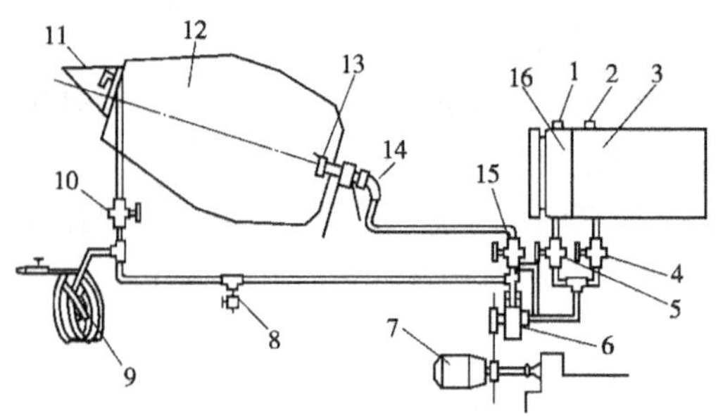

图 4-6　供水系统

1-"E"盖；2-"F"盖；3-搅拌水箱；4-"A"阀；5-"B"阀；6-水泵；7-发动机；8-排水龙头；9-清洗水管；10-"D"阀；11-装料斗；12-钟式喷嘴；13-搅拌筒；14-球形接头；15-"C"阀；16-清洗水水箱

6. 操纵系统

操纵系统如属液压传动形式时，搅拌筒的正转、反转、停转由司机座位旁的一根操纵杆进行操作。在搅拌输送车的后部一侧亦有一根操纵手柄，也可进行上述操作，与驾驶室内的操纵手柄实现联动。

三、搅拌输送技术

(1)混凝土必须能在最短的时间内均匀、无离析地排出，且出料干净，以满足施工的要求。

(2)混凝土搅拌输送时，通常的搅拌转速为 2 ~ 4rad/min，整个输送过程中搅拌筒的总转数应控制在 300 转以内。

(3)若采用干料自行搅拌混凝土时，搅拌速度一般为 6 ~ 18rad/min，搅拌转数应从混合料和水加入搅拌筒起，直至搅拌结束控制在 70 ~ 100 转。

(4)搅拌输送因途中失水，到工地后需加水搅拌时，搅拌筒应以 6 ~ 18rad/min 的速度搅拌，并另外再转动至少 30 转。

四、安全操作注意事项

(1)新车开始使用时，必须进行全面检查和试车，一切正常后，方可正式使用。

(2)输送混凝土的容量、质量及坍落度应符合规定。

(3)运输车在露天场地停放时，装料前要先将搅拌筒反转，把筒内的积水(或雨水)和杂物卸出，以保证运送混凝土的质量。

(4)在出料斗、卸料主溜灰槽旁工作时，要配带防护用品。不要接近料斗和搅拌口，也不要向内窥视，更不得用手去摸旋转的搅拌筒。

(5)在公路上行驶时，加长用的副溜灰槽，必须翻转放置在卸料主溜灰槽上，并用挂钩挂牢，再转至与车身垂直部位，用锁紧装置把卸料主溜灰槽和加长副溜灰槽一起锁紧在机架上，防止由于不固定而摆动，造成伤人事故和影响其他车辆的通行。

(6)运输车穿越桥梁、洞口、库房等设施时，必须注意通过高度的尺寸及路面承受的压力，以免损坏运输车。

(7)工作装置连续运转时间不应超过 8h。

(8)交货时，如发现水分蒸发，坍落度偏低，不能满足用户要求时，可适当向筒内加水，然后以 12 ~ 14rad/min 的速度旋转 30 转后再卸料。

(9)运输车在空载运行及在运送混凝土过程中，搅拌筒不得停止转动，以免滚道、滚轮局

部碰损或混凝土产生离析现象。

(10)水箱的水量要经常加满,以备急用。

(11)水箱加水前,注水管插到进水接头上,同时关闭水泵球阀。

(12)冬季停放时,水箱及供水系统里,不得有剩余水。

(13)卸料主溜灰槽、加长用的副溜灰槽,是否需要一起使用,由具体工作位置的要求来决定。

(14)满载混凝土的搅拌筒正转时,如要反转,必须操纵手柄使正转停稳后,再操纵手柄反转。严禁正转过程中操纵手柄使其反转。

(15)根据路面上的坡度不同,混凝土在搅拌筒内形状也各不相同。司机应根据所行走路面坡度情况合理装料,避免在路上洒料,污染环境。公称搅动容积是以12°坍落度为标准,混凝土坍落度超过该数值上坡,装载容积应适当减小。

(16)搅拌筒重心较高,并微偏向右(车后看),当搅拌筒满载旋转时这种偏向会增加,故该车转弯时要很小心。特别是车向左转时,要更加注意,不要使搅拌筒的转速超过3rad/min。路面不平时车速还应降得更低。

(17)严禁运输车满载高速急转弯。

(18)非操作人员,禁止操作。

(19)下班后,必须将整车及进料斗、搅拌筒内外、出料溜灰槽等清洗干净,并把车门锁好,转动锁紧手柄,锁牢油门手柄和伺服手柄后方可离开。

五、维护和保养技术

(1)运输车发车前,必须全面进行检查,各部件是否正常可靠,螺栓连接是否紧固,操作是否灵活。

(2)各润滑部位应及时加润滑油脂,以保证部件运转灵活,加油处必须保持干净。

(3)对液压油泵、液压马达、减速机等元件,必须遵循产品使用说明书的要求进行操作、保养与维修。

(4)液压系统管路是否密封紧密牢固,是否有磨损,是否有漏油现象等,如有应及时检查排除。

(5)定期检查搅拌叶片的磨损情况,做到及时修补。

(6)齿轮箱的工作与保养:

发动机的一开始转速不允许过高,转速应慢慢增加,开始2min内,滚筒转速不宜超过18rad/min。过高的发动机转速容易损坏齿轮箱。按不同的使用期限,应对减速机作以下例行养护。

①油品:齿轮箱使用的齿轮油包括以下几种。

MOBIL-LUBRITE80-90(美孚);

SHELL-SPIRAX80-90(壳牌);

BP-MULTIGEAR80-90(英国石油);

DASTROL-LMM或同一等级的N320齿轮油。

②换油:首期使用,工作500h后换油,以后为每工作1500h换一次油。只要满一年,不管工作了多少个小时,都必须换油。

③建议:在油温为60℃左右放油。每次换完油后,需检查连接螺栓的紧固情况。每周检查一次油位,并用力矩扳手重新紧固一下与齿轮箱连接的所有螺栓。

④重要注意事项:首期工作50h后,需用力矩扳手(法兰盘螺栓扭矩为275N·m,底座螺栓扭矩为550N·m)紧固螺栓。

(7)下班时,搅拌筒、进出料装置和车身外表面,要用水清洗干净,防止混凝土凝结在筒壁和叶片等地方上,如发现局部有混凝土凝结硬块时,要马上清除,但不得损坏器件。

(8)人进入搅拌筒检修时,发动机必须熄火,并将启动钥匙交给进入搅拌筒检修人员保管,以确保人身安全。

(9)运输车冬季不用时,应放尽水箱内及清洗管路中的积水,可打开车尾部球阀。

(10)底盘使用及维护保养详见底盘使用维护说明书。

六、常见故障及排除方法(表4-1)

水泥混凝土搅拌输送车常见故障及排除方法表　　表4-1

常见故障		故障原因	排除方法
进料斗堵塞		进料时搅拌不均匀,出现"生料"或放料过快	用工具捣通或控制放料速度
搅拌筒不能转动		液压管路损坏	修理或更换管路
		操纵装置失灵	修理或更换操纵装置
		液压油泵发生故障	检修液压油泵,若混凝土已装入搅拌筒时,采用以下措施: (1)到指定维修站点进行维修; (2)送厂家进行维修; (3)厂家来人进行维修
搅拌筒转动不出料		混凝土坍落度太低	加适量清水,搅拌筒以搅拌速度30rad/min旋转,然后出料
		叶片磨损严重	修复或更换
搅拌筒上下跳动		滚道和托轮磨损不均	修复或更换
噪声	油泵吸空	吸油滤油器堵塞	更换新滤油器
	油液生泡沫	油量不足	补油
		空气滤清器堵塞	清洗或更换
	油温过高	冷却器故障	检修冷却器
液压不足	油泵磨损	油脏	清洗、更换液压油或修理油泵
流量太小	吸油口处噪声大	吸油滤油器失效	更换新滤油器
	漏油	机件磨损; 接头松动;管壁磨损	修理或更换

第二节　水泥混凝土泵车

把混凝土泵和布料杆安装在汽车底盘上,即成为混凝土泵车。混凝土泵车是在载重汽车底盘上进行改造而成的。它是在底盘之上安装有运动和动力传动装置、泵送和搅拌装置、布料装置以及其他一些辅助装置。混凝土通过布料装置,可送到一定的高度与距离。它的机动性好,布料灵活,使用方便,适合于大型基础工程和零星分散工程的混凝土输送。

一、分类

从机动性上可分为汽车式混凝土泵（车泵）、车架泵（不带活动臂架）、拖式混凝土泵。从动力形式上可分为电动式和内燃机式。

从泵送形式上，目前国内普遍采用的有斜置闸板阀和“S”管阀式；前者的优点是对混凝土中集料直径要求较宽（40mm），售价较低，缺点是闸板阀需不间断润滑，泵送高度约100m；后者无润滑系统，集料要求严格（不大于33mm），泵送高度可达150m以上，售价一般较高。

二、结构与工作原理

1. 总体结构

混凝土泵车的基本结构组成如图4-7所示。泵车通过动力分动箱将发动机的动力传给液压泵，液压泵推动活塞带动混凝土泵工作。然后利用泵车上的布料杆和输送管，将混凝土输送到一定的高度和距离。在作业中，混凝土泵车的发动机除了驱动泵车行驶外，同时也用来驱动泵送机构、搅拌机构及布料机构等工作装置。其外形结构如图4-8所示，主要由汽车底盘、回转机构、布料装置、混凝土泵和支腿等组成。

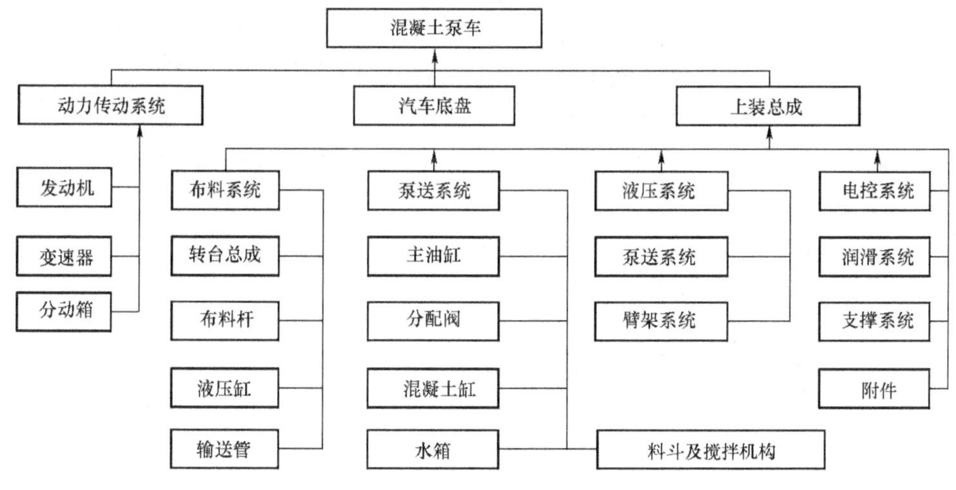

图4-7 混凝土泵车总体结构

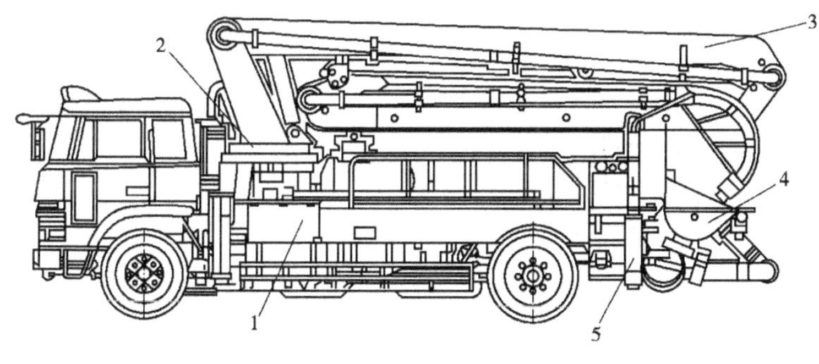

图4-8 混凝土泵车外形构造

1-汽车底盘；2-回转机构；3-布料装置；4-混凝土泵；5-支腿

2. 泵车底盘

混凝土泵车一般是用载货汽车底盘或专用底盘改装而成。泵车所有的工作装置几乎全部安装在底盘上，它既要满足各个工作装置的运动传递、空间配置，又要能够承受所有装置带来的负载，还要保证泵车工作的稳定性要求。泵车底盘应能满足整个动力传动系统的功率需求，并通过合理的分配和安置各工作装置，使其能够承受住机体的重力及工作载荷和附加载荷的作用。

3. 取力装置

混凝土泵的驱动通常采用图 4-9 所示的取力装置。混凝土泵车的动力来源于汽车发动机。发动机通过变速器和分动箱驱动混凝土油泵、搅拌器油泵和作业机构油泵工作。变速器通过万向节与分动箱连接，分动箱又通过万向节分别与混凝土油泵、搅拌系统油泵和臂架系统油泵相连接。

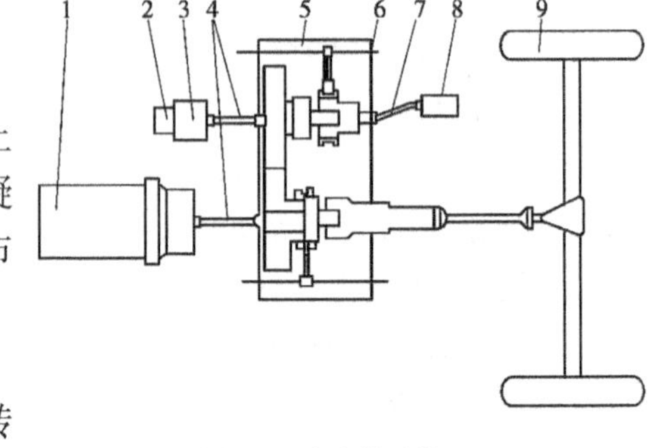

图 4-9　取力传动装置

1-发动机和变速器；2-搅拌系统油泵；3-主油泵；4,7-万向节；5-分动箱；6-拉杆；8-臂架油泵；9-后桥

4. 混凝土泵

混凝土泵装在汽车底盘的尾部上，以便于混凝土搅拌车向泵的料斗卸料，混凝土泵的结构与拖式混凝土泵结构和工作原理基本相同。汽车底盘上装有布料装置，臂架为“回折”形三节折叠臂。

5. 布料装置

布料装置伸展状态如图 4-10 所示。主要由回转装置 1、变幅液压缸 2、第一节臂架 3、二节臂调节液压缸 4、第二节臂架 5、第三节臂调节液压缸 6、第三节臂架 7、软管 8、输送管 9、混凝土泵 10 和输送管 11 等组成。三节臂架相互铰接，各节臂的折叠靠各自的油缸 2、4、6 来完成；输送管 9 附着在各段臂架上，拐弯处用密封可靠的回转接头连接；整个臂架安装在回转装置 1 的转台上，可作 360°全回转。臂端软管 8 可摆动，可使浇灌口达到如图 4-11 所示的空间中的任意位置。图 4-12 为布料杆不工作时的几种收回折叠形式。

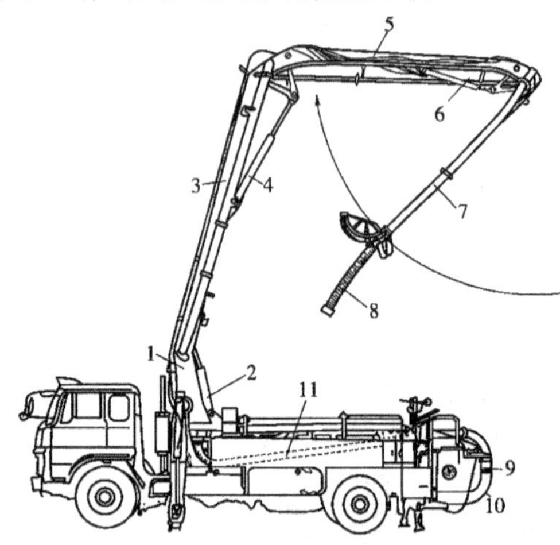

图 4-10　混凝土泵车的布料杆伸展状态与工作状态

1-回转装置；2-变幅液压缸；3-第一节臂架；4-第二节臂调节液压缸；5-第二节臂架；6-第三节调节液压缸；7-第三节臂架；8-软管；9-输送管；10-混凝土泵；11-输送管

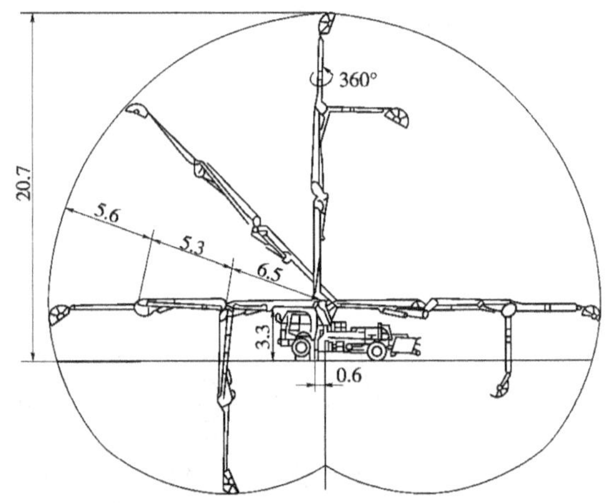

图 4-11　布料装置工作范围包络图(尺寸单位：m)

三、使用技术

混凝土泵车已推广使用在混凝土浇筑施工中，该设备技术的先进性和维修保养的复杂性，因此对其使用、维护和管理人员的要求比较高。为了确保混凝土泵车在工作时能达到规定的

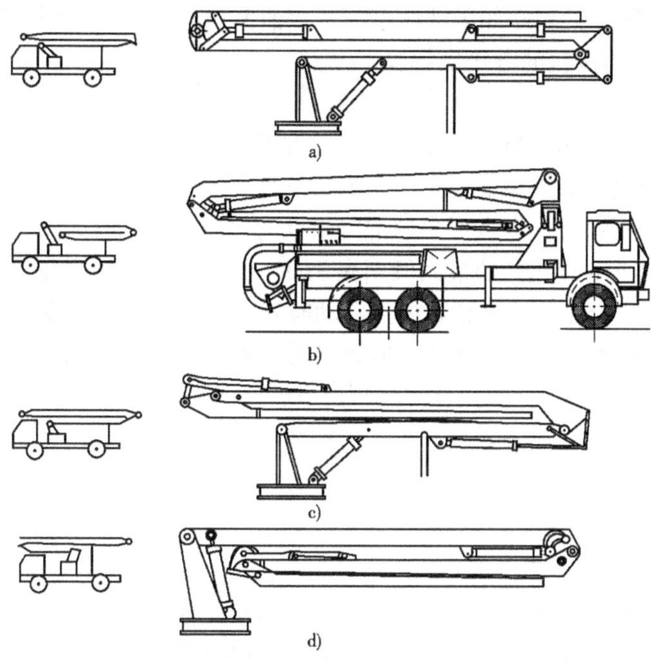

图 4-12　臂架种折叠形式

a)，d)"Z"折形；b)，c)卷折折形

技术状态、降低维修成本、提高使用的可靠性和寿命，必须认真执行其使用规程。

1. 安全操作规程

为了确保混凝土泵车作业的安全性，避免造成人身或设备事故，必须严格遵守下列安全操作规程。

(1)场地选择。应尽可能远离高压线等障碍物。

(2)作业前的检查。操作台的电源开关应位于"关"的位置；混凝土排量手柄及搅拌装置换向手柄应处于中位。

(3)支腿操作。混凝土泵车应水平放置，支撑地面应平坦、坚实，保证工作过程中不下陷。支腿能稳定可靠地支撑整机，并能可靠地锁住。

(4)臂架操作。臂架由折叠状态伸展或收回时，必须按照规定顺序进行。臂架的回转操作必须在臂架完全离开臂架托架后进行。在处于暴风雨状态或风力达到 8 级或 8 级以上时(风速 16 ~ 17m/s)，不得使用臂架。臂架绝对不能用于起重作业。

(5)泵送作业。当开始或停止泵送时，应与在末端软管处的操作人员取得联系；末端软管的弯曲半径不得小于 1m，而且不准弯折；在拆卸堵塞管道之前，应反泵 2 ~ 3 次，待确认管道内没有剩余压力后再进行拆卸。

(6)作业后的检查。臂架应完全收回在臂架支架上；支腿也应完全收回，并插入锁销。操作台的电源开关应处于"关"的位置。

(7)蓄能器内只能充入氮气，不能充入氧气、氢气等易燃、易爆的危险气体。

(8)紧急关闭按钮。混凝土泵车上有一系列紧急关闭按钮，分别设置在支腿控制阀、有线和无线遥控系统及控制箱上。如遇有紧急情况，只需按下其中的某一个紧急关闭按钮就可关闭机器。如果紧急关闭按钮发生故障，在突发危险情况时就不能迅速关闭机器。因此，在每次开始工作之前，必须检查紧急关闭按钮的功能。当紧急关闭按钮被按下时，机器的电动系统立即被切断,导致电磁阀等关闭。如果液压系统产生泄漏,会造成如布料杆下沉等故障现象,此情况不能用按紧急关闭按钮的方法来解决。

2. 使用注意事项

(1)混凝土泵车的操作人员须经专业培训后方可上岗操作。

(2)所泵送的混凝土应满足混凝土泵车的可泵性要求。

(3)混凝土泵车泵送工作要点可参照混凝土泵的使用说明。

(4)整机水平放置时所允许的最大倾斜角为3°,更大的水平倾斜角会使布料的转向齿轮超载,并危及机器的稳定性。如果布料杆在移动时其中的某一个支腿或几个支腿曾经离过地,就必须重新设定支腿,直至所有的支腿都能始终可靠的支撑在地面上。

(5)为保证布料杆泵送工作处于最佳状态,应做到:

①将1节臂提起45°;

②将布料杆回转180°;

③将2节臂伸展90°;

④伸展3、4、5节臂并呈水平位置。

(6)泵送停止5min以上时,必须将末端软管内的混凝土排出。否则由于末端软管内的混凝土脱水,再次泵送作业时混凝土就会猛烈的喷出,向四处喷溅,末端软管很容易受损。

(7)为了改变臂架或混凝土泵车的位置而需要折叠、伸展或收回布料杆时,要先反泵1~2次后再动作,这样可防止在动作时输送管道内的混凝土落下或喷溅。

四、常见故障及排除

混凝土泵车的故障主要包括:液压系统故障、料管故障、换向系统故障、混凝土缸与活塞磨损、电气系统故障、底盘故障等,其原因及排除方法如表4-2所示。

混凝土泵车的故障及排除表 表4-2

常见故障	故障原因	排除方法
混凝土缸活塞不启动	①混凝土泵未开启; ②液压油量少; ③蓄能器无压力; ④过滤器堵塞; ⑤液压油油温过低; ⑥主油泵未处于运行状态; ⑦发动机转速过低; ⑧活塞处于极限位置; ⑨紧急关闭按钮处于关闭状态	①启动发动机,接通取力装置,让指示灯亮,使混凝土泵车处于启动状态; ②加注液压油到规定的位置; ③关闭蓄能器卸荷阀; ④更换或清洗滤芯; ⑤怠速运转,使液压油升温; ⑥打开混凝土排量手柄; ⑦提高发动机转速; ⑧按下反向泵送开关或切换开关; ⑨打开紧急关闭按钮
输送量不足	①主液压泵未充分运行; ②混凝土泵活塞或缸体磨损严重	①调节混凝土排量手柄,加大排量; ②更换混凝土泵活塞或缸体
混凝土缸不能换向	①缺少液压油; ②熔断器烧断; ③感应开关失灵; ④液压换向阀卡紧; ⑤电磁换向阀线圈烧断	①加注液压油到规定位置; ②更换熔断器; ③更换发光二极管; ④清除卡在液压换向阀阀芯中的异物; ⑤更换换向阀

续上表

常见故障	故障原因	排除方法
分配阀不能换向	蓄能器压力不足或蓄能器油路不充压	检查蓄能器压力,关闭蓄能器卸荷阀
分配换向速度慢	蓄能器皮囊破损	更换蓄能器皮囊
混凝土缸的行程变短	①行程调整阀关闭不严; ②闭合油路的安全阀调整压力偏低; ③闭合油路的安全阀阀座上有裂纹或杂质; ④主液压缸磨损严重	①将行程调整阀完全关闭; ②调整压力到规定值; ③更换阀座或清除杂质; ④更换主液压缸
搅拌器不动作	① 安全阀调整压力低; ②搅拌液压马达损坏	①调整压力到规定值; ②更换液压马达
液压油过高	①缺少液压油; ②水槽内冷却水过少; ③水槽内冷却水过热; ④持续在大排量、高压下泵送; ⑤堵塞后造成压力过高; ⑥臂架泵未处于卸荷状态; ⑦冷却器安全阀调整压力偏低; ⑧冷却器散热片上的灰尘过多或风扇停转; ⑨液压油黏度低	①加注液压油到规定位置; ②加满冷却水; ③更换冷却水; ④降低输送速度; ⑤正反向泵送、排除堵塞; ⑥让臂架泵处于卸荷状态; ⑦调整压力到规定值; ⑧清洗冷却器、启动风扇; ⑨提高液压油黏度
臂架液压缸自行回缩	平衡阀的单向阀或安全阀阀座上有裂纹或杂质	更换阀座或清除杂质
臂架操作失灵	①紧急关闭按钮处于关闭状态; ②电磁阀电路的熔断器烧断	①打开紧急关闭按钮; ②更换熔断器或采用手动操作
发动机转速自发性降低	①气路系统中有泄漏; ②无线电信号干扰,产生紧急关闭脉冲	①检查气路系统泄漏处,紧固气路管接头; ②移动发射器的位置或通过频道选择器变换频道,采用有线遥控系统
无线遥控系统失灵	接收器或发射器内的熔断器烧毁	更换熔断器

第三节　水泥混凝土振捣器

用混凝土拌和机拌和好的混凝土浇筑构件时,必须排除其中气泡,进行捣固,使混凝土密实结合,消除混凝土的蜂窝麻面等现象,以提高其强度,保证混凝土构件的质量。混凝土振捣器就是机械化捣实混凝土的机具。

一、混凝土振捣器的类型、结构原理及特点

1. 按传递振动的方法分类

按传递振动的方法来分，有内部振捣器、外部振捣器和表面振捣器三种。

内部振捣器又称插入式振捣器(图4-13)。工作时振动头1插入混凝土内部，将其振动波直接传给混凝土。这种振捣器多用于振压厚度较大的混凝土层，如桥墩、桥台基础及基桩等。它的优点是质量小，移动方便，所以使用很广泛。

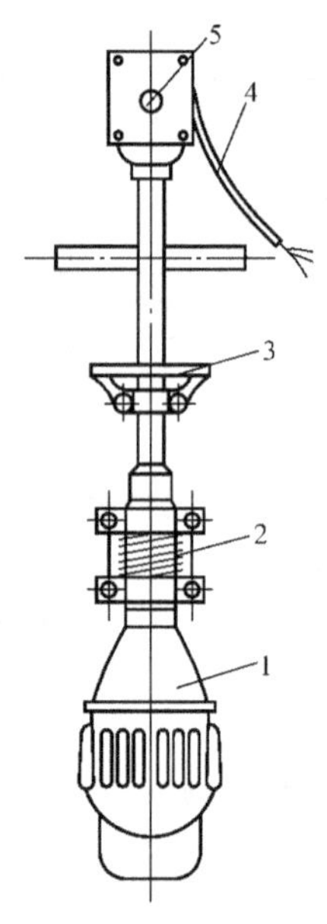

图4-13 插入式振捣器
1-振动头；2-减振器；3-手把盘；4-橡皮电缆；5-操纵开关

外部振捣器又称附着式振捣器(图4-14)，是一台具有振动作用的电动机。在该机的底面安装上特制的底板，工作时底板附着在模板上，振捣器产生的振动波通过底板与模板间接地传给混凝土。这种振捣器多用于薄壳构件、空心板梁、拱肋、T形梁等的施工。

表面振捣器又称振动台(图4-15)，是直接放在混凝土表面上，振捣器2产生的振动波通过与之固定的振捣底板1传给混凝土。由于振动波是从混凝土表面传入，故称表面振捣器。工作时，由两人握住振捣器的手柄，根据工作需要进行拖移。它适用于厚度不大的混凝土路面和桥面等工程的施工。

2. 按振捣器的动力来源分类

按振捣器的动力来源来分，有电动式、内燃式和风动式三种，以电动式应用最广。

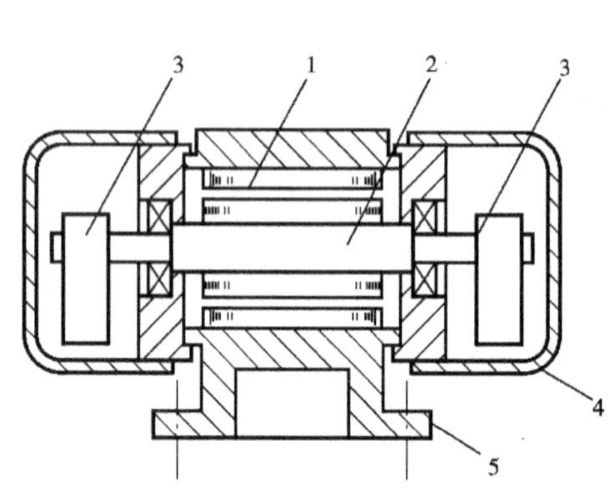

图4-14 外部振捣器结构图
1-电动机；2-电机轴；3-偏心块；4-护罩；5-固定基座

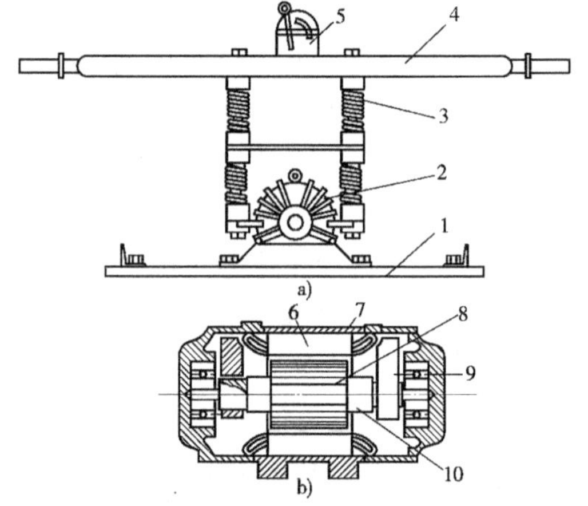

图4-15 表面振捣器结构图
a)外形；b)电机振子
1-振捣底板；2-振捣器；3-缓冲弹簧；4-手柄；5-开关；6-定子；7-机壳；8-转子；9-转轴；10-轴承

3. 按振捣器的振动频率分类

按振捣器的振动频率来分，有低频式、中频式和高频式三种。

低频式的振动频率为25～50Hz(1500～3000rad/min)；中频式为83～133Hz(5000～8000rad/min)；高频式为167Hz(10000rad/min)以上。

4. 按振捣器产生振动的原理分类

按振捣器产生振动的原理来分，有偏心式和行星式两种。其振动结构和工作原理如图4-16所示。

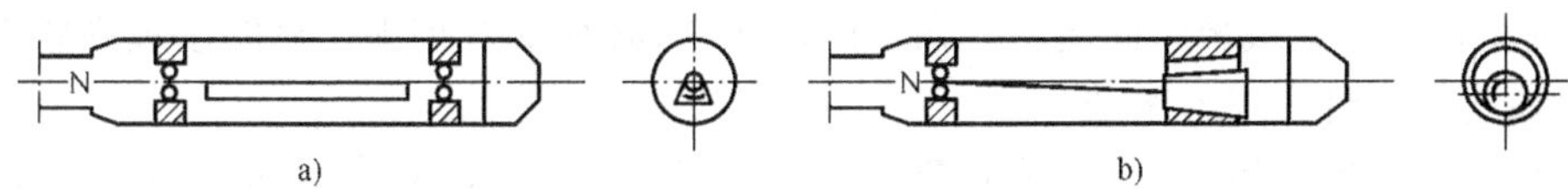

图 4-16 振捣器振动原理示意图
a)偏心式;b)行星式

偏心式的振动原理如图 4-16a)所示。它利用振动棒中心安装的具有偏心的转轴,在作高速旋转时所产生的离心力通过轴承传递给振动棒壳体,从而使振动棒产生圆周振动。

行星式的振动原理如图 4-16b)所示。它是利用振动棒中一端空悬的转轴,在它旋转时,其下垂端的圆锥部分沿棒壳内的圆锥面滚动,从而形成滚动体的行星运动以驱动棒体产生圆周振动。

二、插入式振捣器使用注意事项

(1)插入式振捣器的电动机通电后旋转时,若软轴不转,则电动机转向不对,任意调换两相电源线即可;若软轴转动振棒不起振,可摇晃棒头或将棒头磕地面,即可起振。

(2)作业中应使用振动棒自然沉入混凝土,一般应垂直插入,并插到下层尚未初凝层中 5~10cm,以促使上下层相互胶合。

(3)插入式振捣器振捣时,除了做到快插慢拔外,振动棒各插点间距应均匀。不要忽远忽近,一般间距不应超过振动棒有效作用半径的 1.5 倍。

(4)振动棒在混凝土内振捣的时间,一般每插点振捣 20~30s,以混凝土不再显著下沉,不再出现气泡,表面泛出水泥浆和外观均匀为止。在振捣时应将振动棒上下抽动 5~10cm,使混凝土振捣均匀;棒体插入混凝土的深度不应超过棒长的 2/3~3/4,以免因振动棒体不易拔出而导致保护软管损坏;不许将保护软管插入混凝土中,以防沙浆侵蚀保护软管及沙浆渗入软管而损坏机件。

(5)使用插入式振捣器时,应避免将振动棒触及钢筋、芯管及预埋件,不得采取振动棒振动钢筋的方法来促使混凝土振密,以免因振动使钢筋位置变动、降低钢筋与混凝土之间的黏结力。

(6)振捣器作业时,保护软管弯曲半径应大于规定数值,软管不得有断裂。钢丝软轴使用 200h 后应更换。若软管使用过久,长度变长时应及时进行修复或换新。

(7)振捣器在使用中若温度过高,应停机冷却检查,是机件故障,要及时修理。冬季低温下,振捣器作业前应缓慢加温,待棒内的润滑油解冻后,再投入作业。

(8)操作人员应注意用电安全,在穿戴好胶鞋和绝缘橡皮手套后方能操作插入式振捣器进行作业。

(9)振捣器作业完毕,应将振捣器电动机、保护软管、振动棒刷干净,按规定要求进行润滑保养工作;振捣器存放时,不要堆压软管,应平直放好,以免变形,应防止电动机受潮。

三、混凝土振动台使用注意事项

(1)应将振动台安装在牢固的基础上,地脚螺栓应有足够强度并拧紧,同时在基础中间必须留有地下坑道,以便经常调整与维修。

(2)使用前要进行检查和试运转,检查机件是否完好,所有坚固件,特别是轴承座螺栓、偏心块螺栓、电动机和齿轮箱螺栓等,必须紧固牢靠。

(3)振动台不宜空载长时间运转。在生产作业中,必须安置牢固可靠的模板锁紧夹具,以保证模板和混凝土台面一起振动。

(4)齿轮箱中的齿轮因受高速重载荷,故应润滑和冷却良好;箱内油面应保持在规定的水平面上,工作时温高不得超过70℃。

(5)振动台所有轴承应经常检查并定期拆洗更换润滑脂,使轴承润滑良好,并应注意检查轴承温度,当有过热现象时应立即设法消除。

(6)电动机接地应良好可靠,电源线和线接头应绝缘良好,不得有破损漏电现象。

(7)振动台面应经常保持清洁平整,以便与钢模接触良好。因台面在高频重载下振动,容易产生裂纹,必须注意检查,及时修补。每班作业完毕应及时清洗干净。

第四节　水泥混凝土搅拌机

水泥混凝土搅拌机是将水泥、砂石、水及添加剂等按一定的比例配合进行搅拌,生产出符合质量要求的成品混凝土的机械设备。它是水泥混凝土路面小修保养必备的机械设备,在道路、桥梁、房屋建筑等方面也得到最为广泛的应用。

一、混凝土搅拌机的类型、特点和型号

(1)按作业方式分有循环作业式和连续作业式两种。

循环作业式的供料、搅拌、卸料三道工序是按一定的时间间隔,周期性地进行,即按份拌制。由于拌制的各种物料都经过准确的称量,故搅拌质量好。目前,大多采用此种类型的作业方式。

连续作业式的上述三道工序是在一个较长的筒体内连续进行的。虽然其生产率较循环作业式高,但由于各料的配合比、搅拌时间难以控制,故搅拌质量差。目前使用较少。

(2)按搅拌方式分有自落式搅拌、强制式搅拌两种。

自落式搅拌机就是把混合料放在一个旋转的搅拌鼓内,随着搅拌鼓的旋转,鼓内的叶片把混合料提升到一定的高度,然后靠自重自由撒落下来。这样周而复始地进行,直至搅拌均匀为止。这种搅拌机一般拌制塑性和半塑性混凝土。

强制式搅拌机是搅拌鼓不动,而由鼓内旋转轴上均置的叶片强制搅拌。这种搅拌机拌制质量好,生产效率高,但动力消耗大,且叶片磨损快,一般适用于拌制干硬性混凝土。

(3)按装置方式分有固定式和移动式两种。

固定式搅拌机是安装在预先准备好的基础上,整机不能移动。它的体积大,生产效率高,多用于拌和楼或搅拌站。

移动式搅拌机本身有行驶车轮,且体积小,质量小,故机动性能好,应用于中小型临时工程。

(4)按出料方式分有为倾翻式和非倾翻式两种。

倾翻式靠搅拌鼓倾翻卸料,而非倾翻式靠搅拌鼓反转卸料。

(5)按搅拌鼓的形状不同,有梨式、鼓筒式、双锥式、圆盘立轴式和圆槽卧轴式五种。前三种系自落式搅拌;后两种为强制式搅拌,目前国内较少使用。

(6)按搅拌容量分有大型(出料容量1000~3000L)、中型(出料容量300~500L)和小型(出料容量50~250L)。

各搅拌机的分类如表4-3所示。

搅拌机分类表　　表4-3

自落式				强制式		
倾翻出料		不倾翻出料		竖轴式		卧轴式
单口	双口	斜槽出料	反转出料	涡浆式	行星式	双槽式

常用搅拌机的机型分类及使用范围如表4-4所示。

各类搅拌机的特点及适用范围表　　表4-4

类型	特点及适用范围
周期性	周期性进行装料、搅拌、出料。结构简单可靠,容易控制配合比及拌和质量,使用广泛
连续式	连续进行装料、搅拌、出料,生产率高。主要用于混凝土使用量很大的工程
自落式	由搅拌筒内壁固定叶片将物料带到一定高度,然后自由落下,周而复始,使其获得均匀搅拌。最适宜拌制塑性和半塑性混凝土
强制式	筒内物料由旋转轴上的叶片或刮板的强制作用而获得充分的拌和。拌和时间短、生产率高。适宜于拌制干硬性混凝土
固定式	通过机架底脚螺栓与基础固定。多装在拌和楼或搅拌站上使用
移动式	装有行走机构,可随时施运转移。应用于中小型临时工程
倾翻式	靠拌筒倾倒出料
非倾翻式	靠拌筒反转出料
梨式	拌筒可绕纵轴旋转搅拌,又可绕横轴回转装料、卸料。一般用于试验室小型搅拌机
锥式	多用于大中型搅拌机
鼓筒式	多用于中小型搅拌机
槽式	多为强制式。有单槽单搅拌轴和双槽双搅拌轴等,国内较少使用
盘式	一种周期性垂直强制搅拌机,国内较少采用

二、水泥混凝土搅拌机的主要结构与工作原理

水泥混凝土搅拌机主要由上料系统、搅拌机构、供水系统等三大部分组成,总体结构如图4-17所示。

1. 上料系统

上料系统如图4-18所示,它是将按一定混合比配制的集料送上搅拌筒的装置,由料斗、道轨、卷扬机和限位装置组成。卷扬机驱动钢丝绳牵引料斗在轨道上运动,实现上料功能。使用中应注意调整并保持两根钢丝绳的长度一致,否则料斗会偏斜、脱轨。道轨应保持平直,不能翘曲,以防料斗卡滞。

2. 搅拌机构

搅拌机构由搅拌筒、托轮及传动系统组成。

搅拌筒是搅拌机的工作部件,如图4-19所示,筒体内焊有两组高低叶片,每组又有两对高低叶片,分别与搅拌筒轴线成一定的夹角。搅拌时,拌筒旋转,叶片既能使物料作提升下落运动,又

能使物料作轴向位移。当混凝土搅拌好后，按下出料键，搅拌筒反向旋转，混凝土即可排出。

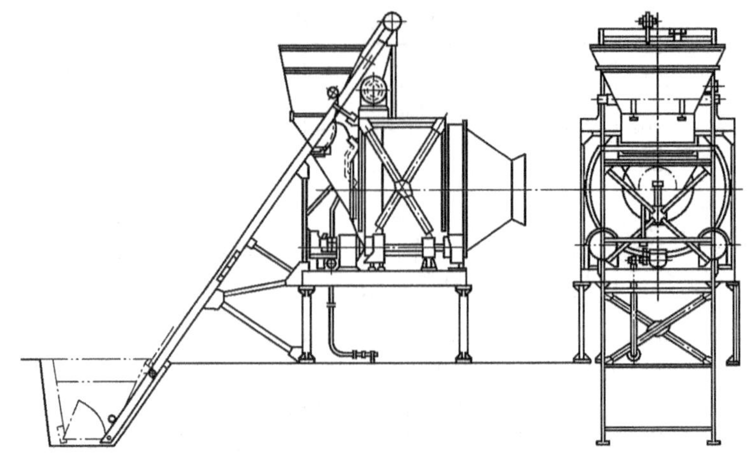

图 4-17　JZ750 混凝土搅拌机外形图

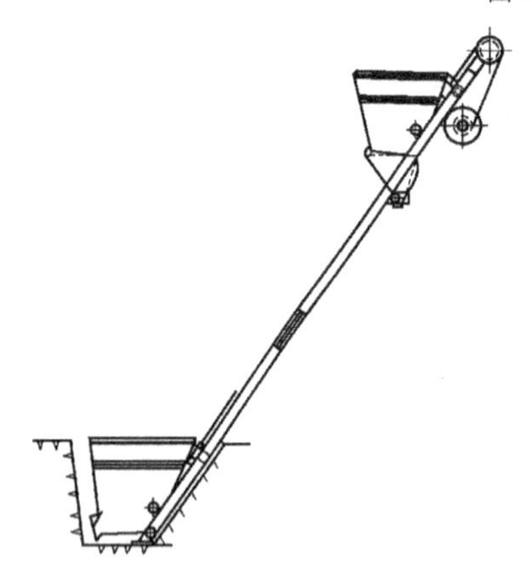

图 4-18　上料系统

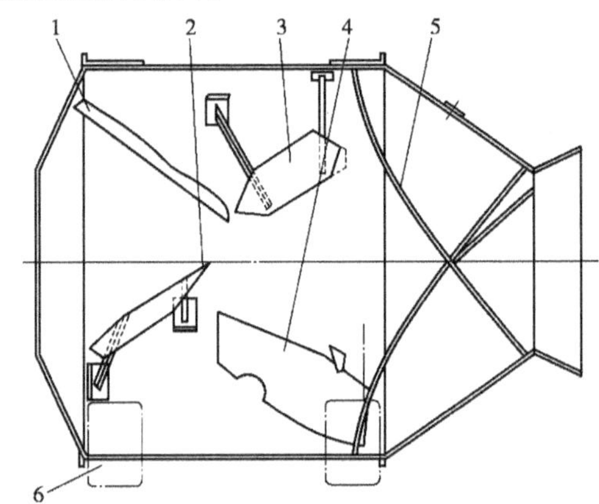

图 4-19　搅拌筒

1-低叶片 I；2-高叶片 I；3-高叶片 II；4-低叶片 II；5-出料叶片；6-托轮

搅拌筒由四个橡胶托轮支承。其旋转由两台电动机经减速器减速后与搅拌筒上的大齿圈啮合而实现，改变电动机的旋转方向，则可使搅拌筒正反转工作。

3. 供水系统

供水系统的结构组成如图 4-20 所示。电动机通电，水泵即泵水至搅拌筒内。搅拌混凝土时，根据水泥、砂、石料的混合配比情况来确定所需的用水量。该搅拌机是通过控制箱内的时间继电器来控制电动机的通电时间的，以此确定供水量。在搅拌中，若要停止供水，可按下控制箱中的停止按钮，切断水泵电动机的电源。供水系统中还设有清洗搅拌筒的装置，由冲洗管 3 及球阀 4 构成。

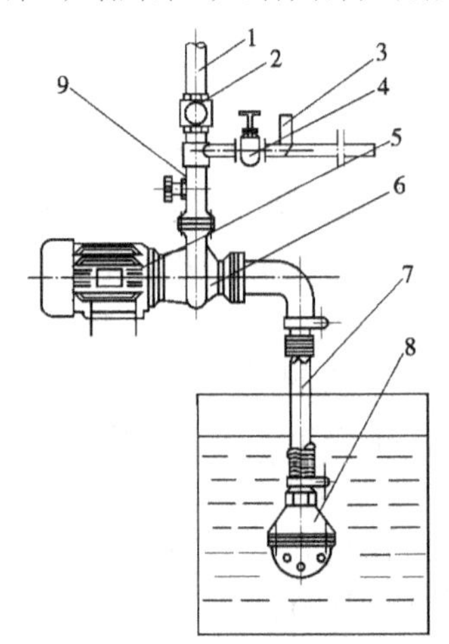

图 4-20　供水系统

1-出水管；2-球阀；3-冲洗管；4-球阀；5-电动机；6-水泵；7-吸水管；8-底阀；9-节流管

三、使用注意事项

(1)操作人员应熟悉设备的主要结构，各部件的功能、特点、操作要领和维护常识，掌握正确的操作和维护方法。

(2)设备在启动运转前要认真细致地检查各运动件,保证其完好后方能启动设备。

(3)使用时,为了减少粘灌现象,在向料斗加入物料时,顺序应为集料→水泥 + 砂子(或砂子 + 水泥 + 集料)。

(4)搅拌混合料时,不能超过设备的最大搅拌定量,以免超载和影响混凝土质量。

(5)停止工作前须在搅拌筒内放入一定量的水和石子,搅拌转动 5 ~ 10min 后放出,以清除搅拌筒内的积物。

(6)设备在运转过程中,不得进行检修和润滑。

(7)检修设备时,应将料斗插销固定,防止提升的料斗下落伤人。

(8)经常检查橡胶托轮、搅拌叶片的磨损情况,必要时应维修更换。

(9)经常检查各运动件的润滑情况,必要时应加注润滑油。

第五节　水泥混凝土摊铺机

水泥混凝土摊铺机是修筑水泥混凝土路面的主要施工机械,其功能是把已经搅拌好的水泥混凝土,均匀而平整地摊铺在路基上,再经振捣和光整表面等工序,使之形成符合标准规范要求的混凝土路面。

一、分类及特点

水泥混凝土摊铺机按其运行方式的不同,分为轨道式摊铺机和滑模式摊铺机两种。

轨道式摊铺机又称为固定模板式摊铺机(图 4-21),它采用固定模板作铺筑作业。

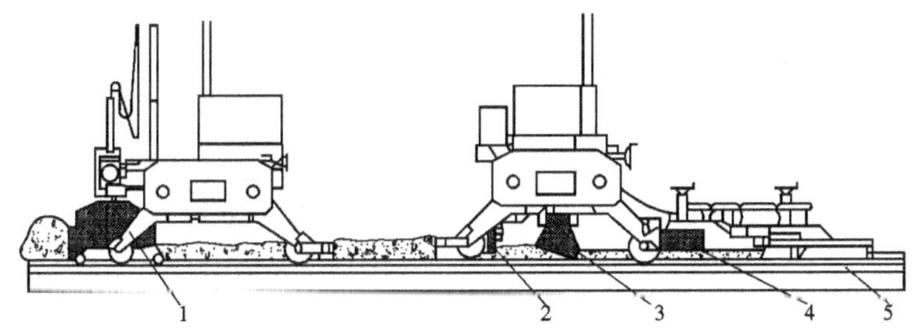

图 4-21　轨道式混凝土摊铺机

1-摊铺器;2-刮平板;3-振捣装置;4-修光器;5-轨道

滑模式摊铺机是一种自动化程度高、技术性能先进的施工机械,一般由动力传动系统、机架、行走机构、自动控制系统、工作执行机构、喷水系统等组成。滑模式摊铺机与轨道式摊铺机相比有以下优点:

(1)滑模式摊铺机采用全液压传动,操纵控制系统先进,只需 1 ~2 人即可完成施工作业。

(2)摊铺路面时,路拱、纵坡、横坡和弯道均可通过调整成型模板和导引机构自动实现。整个路面可以全幅施工、一次成型。

(3)生产准备工作简单,无需铺设模板和轨道。

(4)但滑模式摊铺机结构复杂,操纵技术难度大,对操纵员的技术水平要求较高。同时对所用混凝土的级配和坍落度等技术指标要求比较严格。

二、滑模式水泥混凝土摊铺机结构及工作原理

下面以从美国 CMI 公司引进的 SF350 型滑模式水泥混凝土摊铺机为例,介绍其结构及工作原理,它的外形结构如图 4-22 所示。

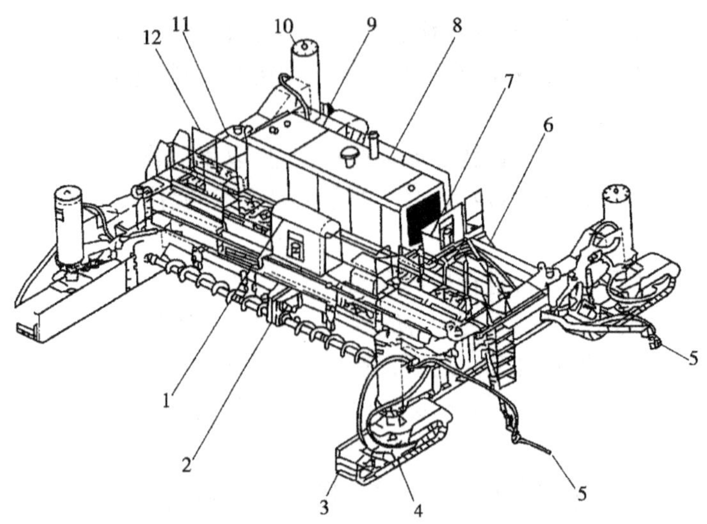

图4-22　SF350型摊铺机外形

1-控制室;2-螺旋摊铺机总成;3-履带总成;4-转向传感器总成;5-调平传感器总成;6-伸缩式机架;7-扶梯;8-发动机;9-油箱;10-支腿立柱;11-端梁;12-走台扶梯

该机为四履带滑模式摊铺机,主要由动力传动系统、主机架系统、四条履带支腿总成系统、螺旋布料器系统、虚方控制系统、振动系统、捣实系统、成型模板系统(含侧模板和超铺控制板)、浮动模板系统、边模板系统、自动找平控制系统和自动转向系统组成。

1. 动力传动系统

摊铺机由一台型号为8-V四冲程增压柴油机(32B8)、功率为186kW(250马力)的卡特彼勒柴油发动机驱动。动力传动路线如下:

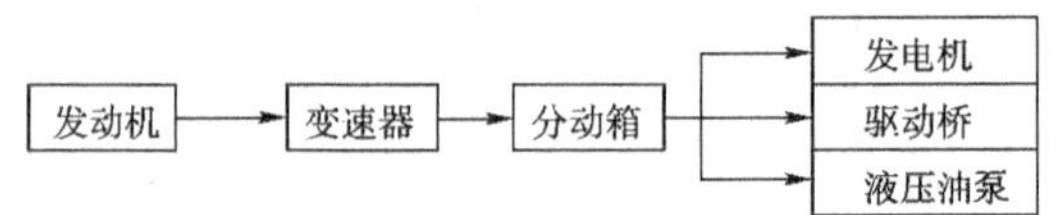

2. 主机架

主机架由厚钢板焊接成箱形结构。它主要由两根大梁和加强梁组成,机架的加宽和收缩(图4-23)由两个液压缸控制。主机架可在四根方形支腿上(图4-24)升降,以改变摊铺厚度;也用于将机架及工作装置升离地面,以满足摊铺机的转移。主机架支腿支撑在四条履带上,不但可以使机架升降,而且还可以绕各自转轴转动,以满足摊铺作业的要求。

3. 螺旋摊铺器(布料器)

螺旋布料器与传统的布料器相似,当要加宽摊铺机的宽度时,螺旋布料器可根据实际摊铺的需要而加长,加长节分别为0.25m、0.5m、1m,由螺栓连接,拆装较方便。两个液压马达分别驱动左、右摊铺螺旋进行正、反转,可实现从中间向两边分料,也可从两边向中间集料。由于采用液压马达驱动,可实现无级调速。可根据前方堆料的多少随意调节转速和转向,以使布料达到最佳效果。图4-25是螺旋布料器结构图。

4. 虚方控制板

虚方控制板用来控制混凝土进入成型模板的数量。进料过多,水泥混凝土浆料停留在振动框里,难以进入成型模板内,影响表面光滑;进料过少,摊铺厚度得不到保证。

虚方控制板由三块液压缸控制的料板组成。该板最大升降高度为200mm,既可以整体升降,也可以单独左边、右边或中间升降,升降量从刻度尺直接显示出来,司机可根据振动框内的

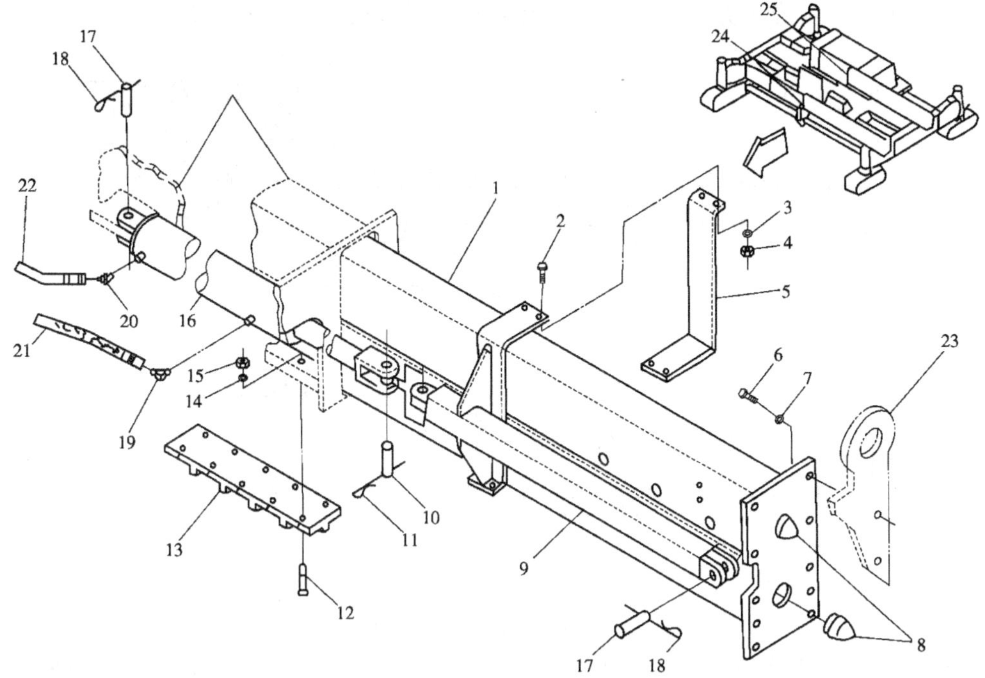

图 4-23 主机架伸缩系统结构

1-伸缩梁;2,4,6-六角螺栓;3,7,14-防松垫片;5-支撑架;8-导向销;9-支持架;10,17-销;11,18-开口销;12-螺栓;13-主机架固定装置;15-螺母;16-油缸总成;19,20-油管弯头;21,22-液压油管系统;23-尾架;24-后伸缩套;25-前伸缩套

混凝土浆料的多少来调整虚方控制板的高低。实践证明,虚方控制板调整到高于成形模板100mm时效果较为理想。

5. 振捣系统

振捣系统由振动棒和捣实板组成。振动棒的作用是对水泥混凝土料进行振实,保证一定的密实度。捣实板的作用是将振动棒振动过的水泥混凝土料捣实,把表面上的粗粒压入混凝土中,然后再由成型模板成形。

(1)振动棒

振动棒共有18根,每根振动棒由相对独立的液压系统控制,振动频率及深度位置均可调。摊铺机振动棒可整体垂直升降,也可单独升降。振动棒的结构及固定如图4-26所示。

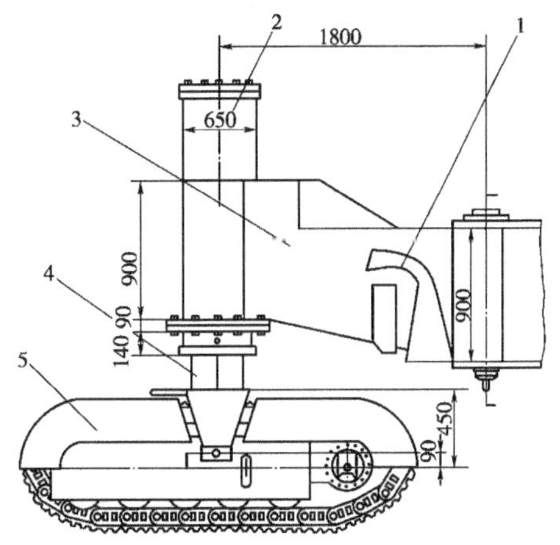

图 4-24 履带与支腿总成结构图

1-油路支撑;2-支腿;3-连接箱体;4-支柱;5-履带

振动棒的工作原理是利用液压马达驱动偏心轴高速转动,偏心轴产生离心力作为激振力。在激振力作用下,水泥混凝土中颗粒产生强振动,并克服彼此间摩擦力挤紧、挤实。

(2)捣实板

振动过的混凝土,经捣实板捣实,然后进入成型模板,以达到表面光滑。

捣实板由三节组成,如图4-27所示为中间一节捣实板的结构。捣实板的长度及运动频率、摆幅、高低都可调整。捣实频率由捣实开关控制,可以在0~137次/min内变化,摆幅、高低调整为机械式。实践证明，捣实板工作高度比成型模板低 8～12mm 时较好。

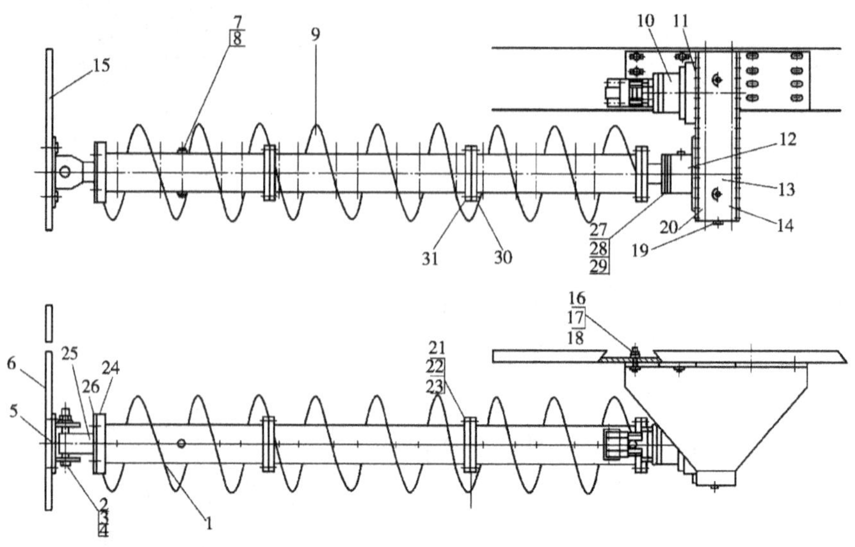

图 4-25　螺旋布料器结构图

1-叶片轴；2，3，4-螺栓组（M40）；5-连接板；6-侧模板；7，8-螺栓组（M20）；9-叶片；10-马达；11-变速器总成；12-链箱壳体；13-轴承箱；14-传动链；15-支撑板；16，17，18-螺栓组（M20）；19-螺塞；20-链箱盖；21，22，23-螺栓组（M12）；24-端盖；25-心轴；26，27，28-螺栓组（M18）；29-盖板；30-连接件；31-螺栓（M20）

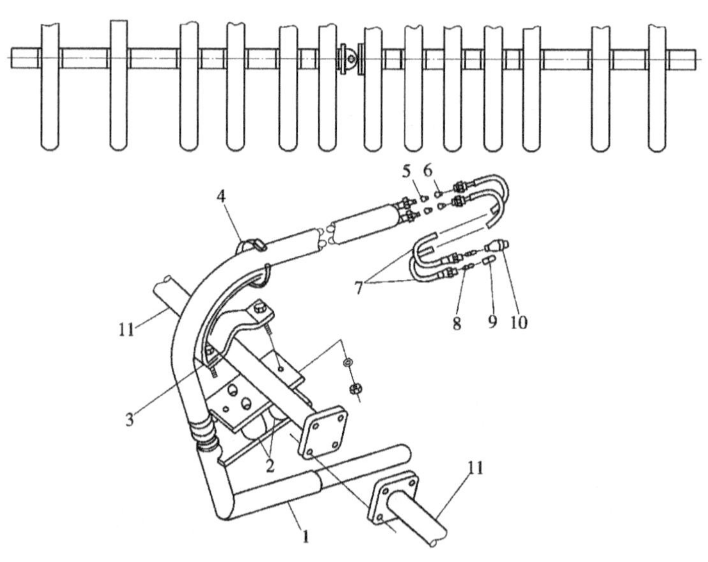

图 4-26　振动棒结构及固定图

1-振动棒总成；2-橡皮绝缘套；3-压板夹子；4-支架板；5-直管接头；6-管接头；7-软管；8-管接头；9-快速分离插头；10-快速分离弯套；11-支撑横梁

6. 成型模板

经捣实后的混凝土进入成型模板，使路面挤压成形。其基本部分是一个带路拱系统的中间单元和两个外侧调坍落度部分，路拱调节装置按路面设计要求调节路拱。在弯道上作业时也可调整单边坡，同时可通过增加标准组件长度，以调整摊铺宽度。成型模板主要由路拱调节装置、成型顶模板、超铺板、侧模板等组成，如图 4-28 所示。

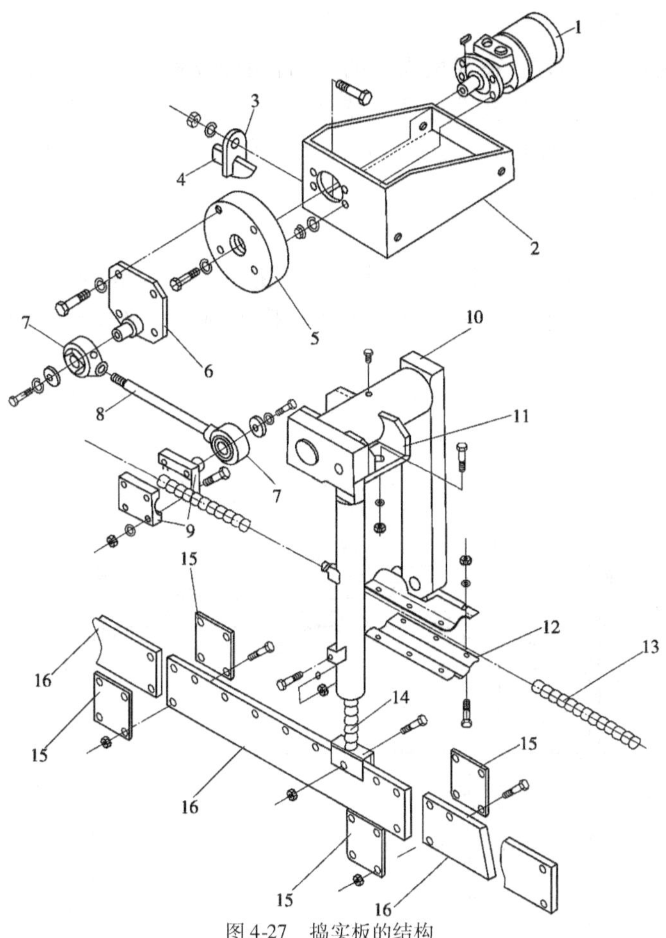

图 4-27　捣实板的结构

1-液压马达;2-装配套;3-马达托架;4-成型盘;5-偏心轮;6-凸轮轴;7-悬杆支座;8-主动杆;9-主动压板;10-双臂摇杆;11-支撑架;12-夹板;13-振捣板驱动棒;14-调整杆;15-装配衬垫;16-捣实板

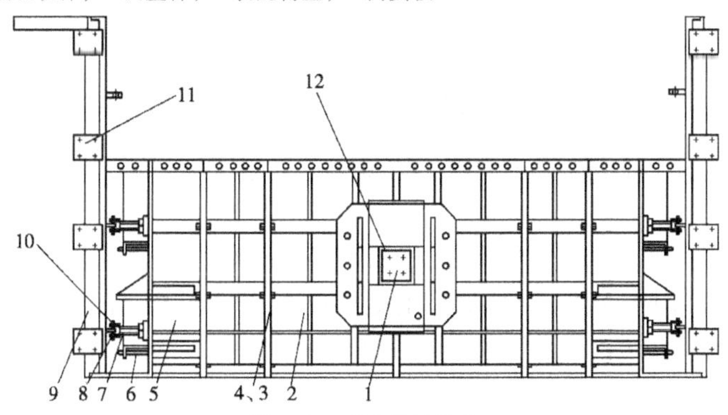

图 4-28　成型模板总成

1-路拱调节装置总成;2-成型顶模板;3-螺栓;4-螺母;5-超铺板;6-圆柱销;7-调节螺杆;8-圆锥销;9-侧模板;10-开口销;11-螺栓;12-螺栓

成型模板可以根据施工要求调整成喇叭口、内八字形、仰角及路拱等。

(1)喇叭口的调整

成型模板与左、右两侧模板,可调整成前宽后窄的喇叭形,使更多的水泥混凝土进入,并受到挤压,增加混凝土的密实度。

（2）内八字形的调整

为减少水泥混凝土的坍边，在成型模板的左、右两侧设置一块超铺板，它与侧模板组合，可调整成前侧模端上窄下宽，后侧模端上窄下宽，外边缘略高，向内收成内八字形。当摊铺机过后，由于水泥混凝土的收缩作用，上边缘高的部分坍落，消除了内八字形，使两侧边上、下轮廓线正好成直角，从而保证施工质量。

（3）仰角调整

成型模板可根据施工需要调整仰角，目的是让更多的水泥混凝土进入模板并进行挤压。实践证明，一般仰角调整控制在 5mm 之内（即成型模板前后水平高差）为好。

（4）路拱的调整

路拱调整系统设在成型模板中部单元，通过液压装置改变成型模板的拱度或使拱度消失（图 4-29）。

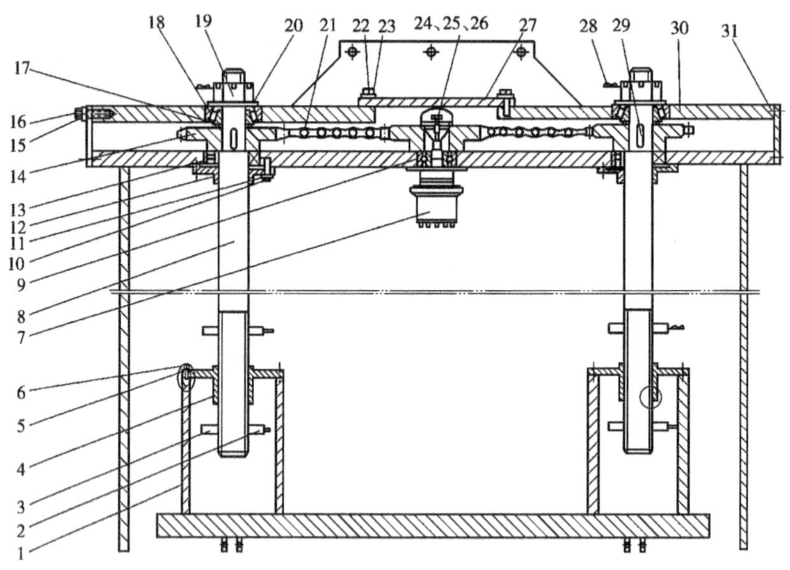

图 4-29　路拱调节装置结构简图

1-路拱下端总成；2-开口销；3-限位销；4-梯形螺母；5-弹簧垫片；6-螺栓；7-液压马达；8-螺旋轴；9-单列向心轴承；10-螺栓；11-弹簧垫片；12-轴承盖；13-圆锥滚子轴承；14-链轮；15-垫圈；16-螺栓；17-挡圈；18-圆锥滚子轴承；19-六角螺母；20-垫圈；21-滚子链；22-螺栓；23-垫圈；24-螺钉；25-标准弹簧垫圈；26-轴承挡圈；27-链箱盖；28-开口销；29-键；30-顶盖；31-端盖

当在弯道作业时，通过液压装置来改变路面模板一侧的拱度，以使中央路拱逐渐消失，直至成单边坡。这种使路面模板随着机器的前进不断变平的过程，是由司机通过液压装置来控制实现的。驶出弯道后，司机再将路拱恢复到原设定值。

（5）侧模板的调整

左、右侧模板分别装有四个液压油缸：两个用来控制模板的升降，可整体升降，也可单独升降前端或后端；另外两个油缸用来控制侧模板的压入或移出，也可前后独自操作，改变摊铺宽度。

7. 浮动抹光板

在成型模板的后端，有一块钢性结构的弹性悬挂浮动模板，用来进行第二次平整。它以较小的变形在混凝土表面上进行修整，起抹光作用，使路面的平整度能满足施工要求。

浮动抹光板与成型板一样，可调整成相应的路拱，其两端也可进行超铺调整（图 4-30）。

8. 拖布

拖布装在浮动模板后面，主要作用是消除气泡，形成路面的粗糙度。拖布的长度与混凝土路面接触段在 1m 内效果最好。要注意每次工作前把拖布湿润透，工作完毕后要清洗拖布，防止凝结的小水泥点破坏路面的平整度。

9. 清洗系统

清洗系统采用液压水泵，其功能有两个：一是提供加压水以清洗机器，如对模板、机身、布料器等部件进行清洗；二是在需要的时候给混凝土拌和加水。

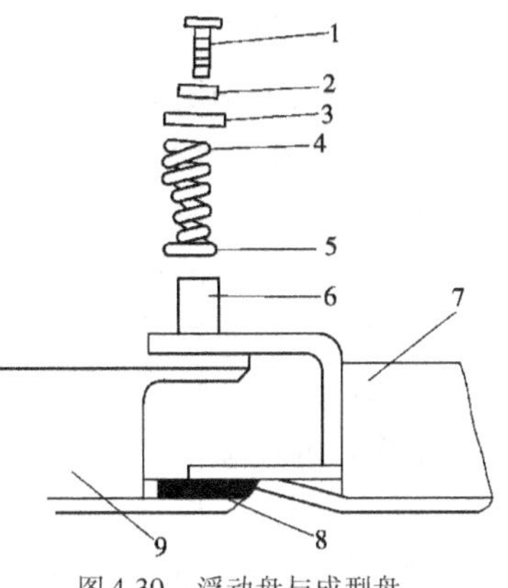

图 4-30　浮动盘与成型盘

1-六角螺栓；2-垫圈；3-垫片；4-弹簧；5-垫片；6-凸缘；7-浮动盘；8-弹性端盖；9-成型盘

10. 调平与转向系统

在所需铺筑的水泥混凝土路面的一侧，按照路面施工的高程要求，预先拉设一根尼龙绳，作为摊铺机调平和转向的基准线。尼龙绳由拉线桩支承，拉线桩用 1m 长的圆钢制成。拉线桩之间的间距一般为 5～10m，最长不超过 15m。尼龙绳通过一组绞盘拉紧。摊铺机的调平与转向由液压控制系统自动实现。液压控制系统是由水平传感器、方向传感器（液压随动器）及液压系统等组成的。

三、滑模式摊铺机的摊铺工艺

摊铺工艺流程为：螺旋布料器→虚方控制板→振动棒→捣实板→成型模板→自动磨光机→拖布（图 4-31）。上述工艺过程基本上完成了铺筑作业，拉毛、喷洒养生剂、切缝等由其他机械完成。

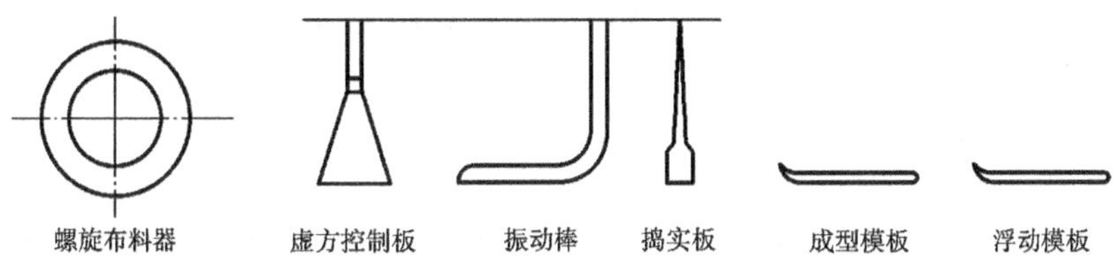

图 4-31　滑模式水泥混凝土摊铺机摊铺工艺图

四、水泥混凝土摊铺机使用注意事项

（1）水泥混凝土摊铺机必须由专人管理和使用。所有上机人员必须接受培训，以了解摊铺机的结构组成、技术性能、操作要领、维护常识等。

（2）配套机械选配要适当。如选择水泥混凝土搅拌设备应考虑搅拌设备的生产能力与摊铺机的工作能力相匹配，避免因停机而影响施工质量。同时搅拌的水泥混凝土质量应符合施工规范的要求。选择运输水泥混凝土的车辆，应防止水泥混凝土在运输途中产生离析现象（在条件许可的情况下，应选搅拌运输车运送水泥混凝土）。

（3）做好作业前的准备工作：

①了解有关施工技术及要求，有针对性地进行安装、调试，如安装基准线、调整成型模板等。

②检查机器各部分所用油料是否充足。

③检查液压系统。

④清除机械周围的所有障碍物及其他有可能危及安全的不利因素。

⑤摊铺机启动前将各操纵杆置于空挡位置，各电磁阀开关处于断开位置。

⑥按说明书的规定要求启动发动机。

⑦检查各仪表、灯光、信号装置等是否正常。

⑧摊铺机上的所有安全防护设施必须配备齐全。

(4)摊铺作业要求:

①发动机启动后先怠速运行一段时间,确认各部件工作正常后方可进入摊铺状态。

②根据拌和料的坍落度,选择合适的工作速度及振动频率进行摊铺。

③操纵螺旋布料器,使摊铺机前的积料左、右均衡。

④作业时,应协调好摊铺机各机构的工作,并进行调整,尽可能地减少停机及启动次数,保持摊铺作业的连续性。

⑤禁止用摊铺机牵引其他机械。

(5)摊铺作业后的要求:

①每天工作结束后,对摊铺机的各作业机构进行彻底清洗,清除残留在机器任何部位的水泥混凝土残留物。

②认真做好各运动件的润滑保养工作。

③尽可能地选择平坦的地方作为停放地点,并要求整个机架摆放水平。

④施工全部结束时,应入库按规定进行保养和修理。

⑤长时间停机后再启动时,应细致检查各机构或装置是否正常。

五、水泥混凝土摊铺机的维修和保养

对于摊铺机来讲,无论是轨道式或是滑模式,在产品使用说明书中都载有有关技术参数、使用和维修保养的内容,其目的是为了充分发挥设备功能,延长使用寿命。但由于各类设备及特点不完全一样,所以其维修保养规程也各有异同。总地来讲,是大同小异,可以相互参考及借鉴。本节主要强调水泥混凝土摊铺机几个方面的维修和保养要求及通常摊铺机维修和保养的种类、方法和要求的原则意见。

1. 水泥混凝土摊铺机维修和保养中的注意事项

(1)水泥混凝土摊铺机是机电合一的综合性机械,各部分的机件要协调一致,相互配合,且技术状况良好。由于摊铺机工作场所比较恶劣,平时要加强设备的清洁保养,尤其那些技术要求较高的设施就更应该定期进行清洁、加润滑油及调整等工作。

(2)水泥是快速凝结的物质,在未凝固之前又容易粘到机件上去,如果这些残余物不及时除去,在某些部位可能给设备带来危害,甚至损坏设备,影响正常的工作。这在工作中要特别加以注意。

(3)在水泥混凝土摊铺机中,目前液压技术的应用比较普遍,所以液压部分的维修和保养显得特别重要。比如:系统压力偏低、马达内泄、溢流阀失效、滤清器堵塞、单向阀关不严以及系统漏油等等,应分析故障的特点,找出故障原因,尽快予以解决。

2. 水泥混凝土摊铺机保养的种类和方法

(1)走合期的保养:新的设备在初始工作以后有一个磨合期,这个期间的主要保养工作是调整间隙,清洁滤清器,换润滑油,并紧固各连接部位。

(2)等级保养。等级保养分为一级、二级和三级保养。一级保养主要是以紧固、润滑为中心,并排除机械在工作一定时间后出现的某些薄弱环节,保证机器正常运转。二级保养主要以检查、调整为中心,对机械进行全面检查和调整,一般不作整体解体工作,保证在较长时间内有良好的机械性能。三级保养是总成解体清洗,检查和调整,同时对一些易损件要加以更换,并附带有一些修理的业务。

第六节　水泥路面破碎机械

破碎机是维修水泥混凝土路面的重要机具。破碎水泥混凝土路面的设备有落锤式破碎机,液压、电动、气动冲击镐,切缝机等。

一、落锤式水泥路面破碎机

落锤式水泥路面破碎机是目前广泛使用的破碎机械。中小型落锤式破碎机除了可以破坏水泥路面外,还可用来在水泥混凝土上开沟、剥离表层,也可用于打桩、夯实路基等作业。落锤式水泥混凝土破碎机的结构外形如图 4-32 所示。

1. 主要构件结构及工作原理

落锤式水泥混凝土破碎机主要由提升架、液压控制系统、平移导轨及重锤等部分组成。

(1)提升架

提升架为焊接件,其结构如图 4-33 所示。提升架顶端的滑轮 1 用来改变钢丝绳的方向,以便将重锤提起。当需要固定重锤时,利用插销座 8 上的销孔和重锤上的销孔,通过插销使重锤与导轨固定在一起。提升油缸连同滑轮组安装在提升缸座 4 上。当需要提升架左右摆动时,可通过摆动油缸的动作来完成。摆动油缸的一端装在摆动耳环 3 上。另一端装在拖板的相应销孔上,摆动轴 5 是提升架左右摆动的转动中心。

(2)提升油缸总成

提升油缸总成的结构如图 4-34 所示。提升油缸 2 固定在定滑轮组 5 的支架上。动滑轮组 1 装在活塞杆的顶端。钢丝绳 3 的一端用楔 4 固定于定滑轮架的侧边,另一端通过滑轮组、

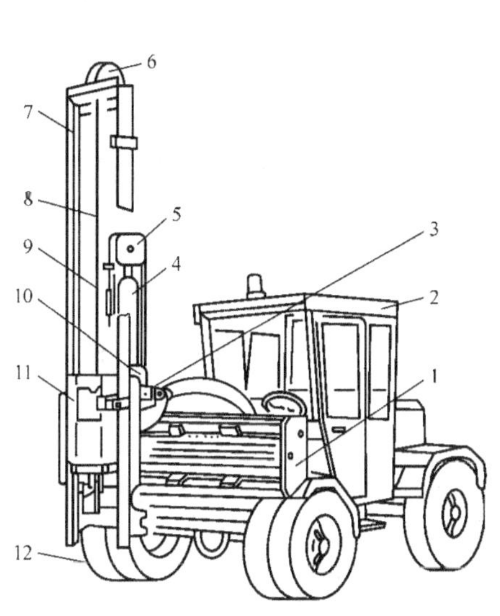

图 4-32　落锤式水泥混凝土破碎机的结构外形简图

1-平移导轨;2-驾驶室;3-摆动油缸;4-提升油缸;5-动滑轮组;6-提升滑轮;7-提升架;8-钢丝绳;9-油缸导向机构;10-定滑轮组;11-重锤;12-底盘

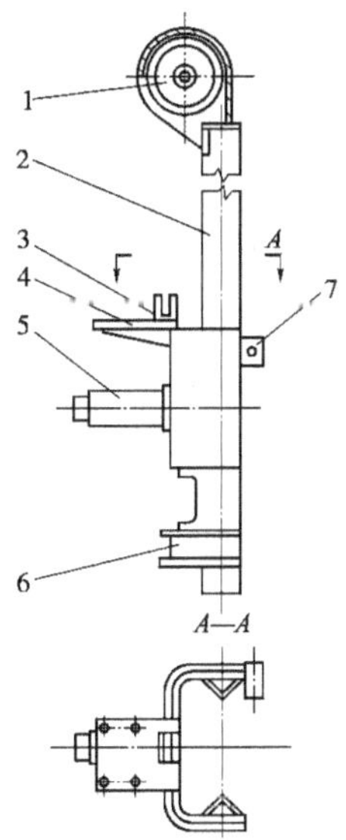

图 4-33　提升架结构图

1-滑轮;2-提升导轨;3-摆动缸耳环;4-提升缸座;5-U 形连板;6-加强板;7-插销座

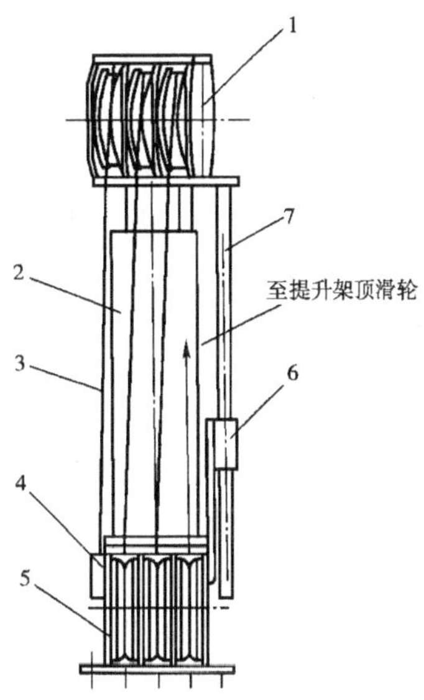

图 4-34　提升油缸总成的结构图

1-动滑轮组;2-提升油缸;3-钢丝绳;4-楔与楔套;5-定滑轮组;6-导向套;7-导向杆

提升架与重锤相连。由6个滑轮组成的滑轮机构形成一个行程放大作用的机构，这样，油缸的行程仅为重锤行程的1/6。导向杆7的上端固定于动滑轮组的侧边，它的下端可在固定于动滑轮座上的导向套6内滑动。

(3)拖板与平移导轨

拖板总成的结构如图4-35所示。它由拖板15、摆轴座1、上滑座2、下滑座14等组成。提升架的摆动轴装在摆轴座1中间。在上下滑座2与14上，各装有两块衬板3，拖板及提升架等横移时，衬板3相对于上下导轨6、11滑动。

拖板总成与提升装置用链条10牵引作水平移动。链条的布置如图4-35所示。主动链轮8由马达驱动，当链轮8顺时针(按箭头方向)旋转时，拖板向左移动，反之向右移动。链条的这种布置形式主要是起到减速的作用。

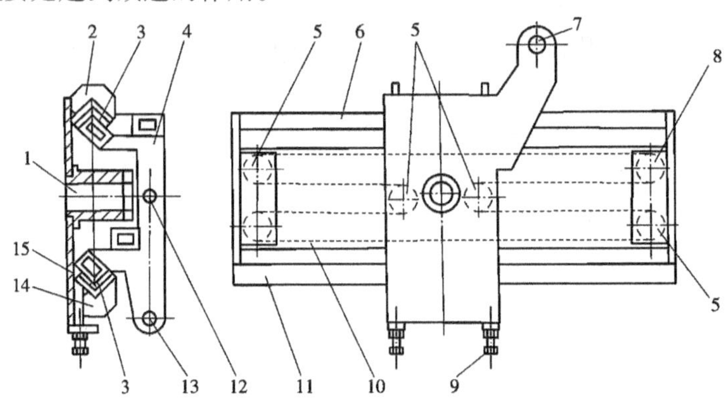

图4-35　拖板与平移导轨

1-摆轴座;2-上滑座;3-衬板;4-举升架;5-从动链轮;6-上导轨;7-摆动缸销孔;8-主动链孔;9-调节螺栓;10-链条;11-下导轨;12-举升缸销孔;13-安装销孔;14-下滑座;15-拖板

拖板上的孔7为摆动油缸销孔。调节螺栓9可使下滑座14上下移动，以调节拖板总成与平移导轨之间的间隙。

平移导轨总成是由上导轨6、下导轨11、举升架4以及其他连接件组成。导轨总成通过孔13铰接在车架上。孔12为举升油缸孔。工作时，举升油缸将整个工作装置竖起来；运输行走时，举升油缸将工作装置放倒，如图4-36所示。

(4)重锤

重锤为铸铁件，其两边有滑槽，以便在提升架导轨中间滑动。重锤下面有夹头，用来夹持各种刀具。重锤的动作原理如图4-37所示。

2. 使用注意事项

(1)作业时提升架一般应与工作面垂直，需要击打时，重锤开始不要提得太高，待凿出工作面后方可重打，以减少提升架的侧向冲击。

(2)应经常清理粘结在滑动导轨上的杂物，并应在滑动导轨上涂抹润滑油。

(3)在运输行驶状态或有人在重锤下进行人工作业时，要用安全销将锤固定。

(4)进行破碎作业时，地面上的工作人员应远离作业点，以确保安全。

二、水泥混凝土路面切割机

1. 高压水射流切缝机

高压水切割又称水刀和水射流，它是将普通的水经过多级增压后所产生的高压强(380MPa)水流，再通过一个极细的红宝石喷嘴(ϕ0.1～0.35mm)，以每秒近千米的速度喷射

切割。

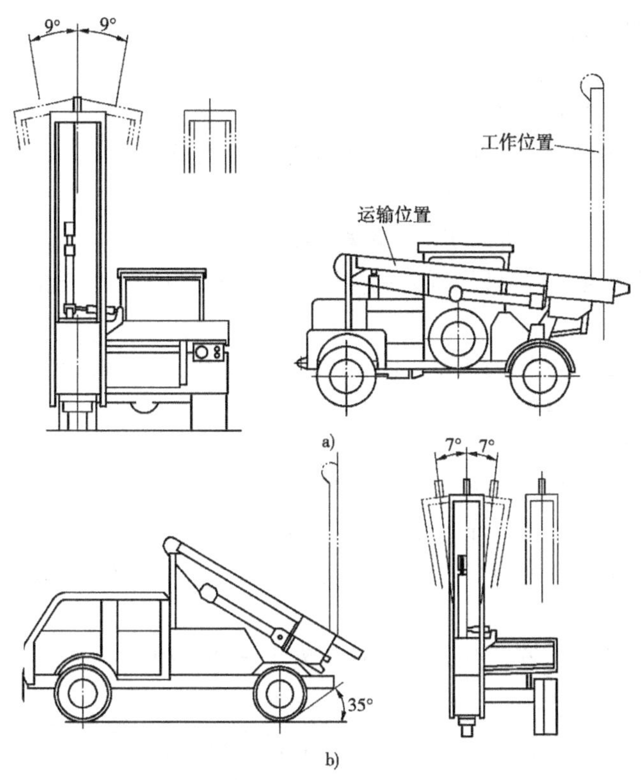

图 4-36　破碎机工作装置放置示意图

a）工作装置前置式；b）工作装置后置式

1）高压水射流切缝机的作用

水切割的用途主要有三个：一是切割非可燃性材料，如大理石、磁砖、玻璃、水泥制品等材料，这是热切割无法加工的材料；二是切割可燃性材料，如钢板、塑料、布料、聚氨酯、木材、皮革、橡胶等；三是切割易燃易爆材料，如弹药和易燃易爆环境内的切割，这是其他加工方法无法取代的。

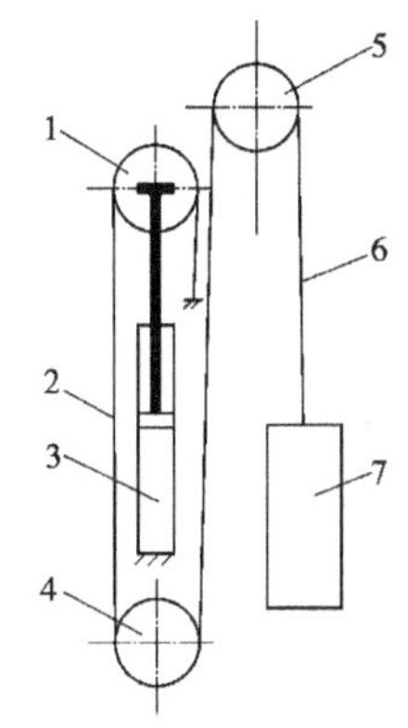

图 4-37　重锤动作原理简图

1-动滑轮；2，6-钢丝绳；3-提升油缸；4，5-定滑轮；7-重锤

2）高压水射流切缝机的类型

从水质上分，超高压水切割有两种形式：一是纯水切割，其割缝为 0.1～1.1mm；二是加磨料切割，其割缝为 0.8～1.8mm。

从结构形式上分，可有多种形式，如：2～3 个数控轴的龙门式结构和悬臂式结构，这种结构多用于切割板材；5～6 个数控轴的机器人结构，这种结构多用于切割汽车内饰件和轿车的内衬等。

3）高压水射流切割机原理

高压水射流切割的原理（图 4-38）是利用机械手段将水加到高压（一般 100MPa 以上，有的可达 700～1000MPa）状态，再经过小孔节流，使水的压力势能转变为射流功能，其流速可达 900m/s，利用这种高压水射流进行切割。磨料射流则是让高压水射流经过一个混合管，在混合管内向水射流添加磨料（铁砂、砂子等），使其形成磨料射流。由于磨料的质量大，在射流中被高速水流加速后，会产生

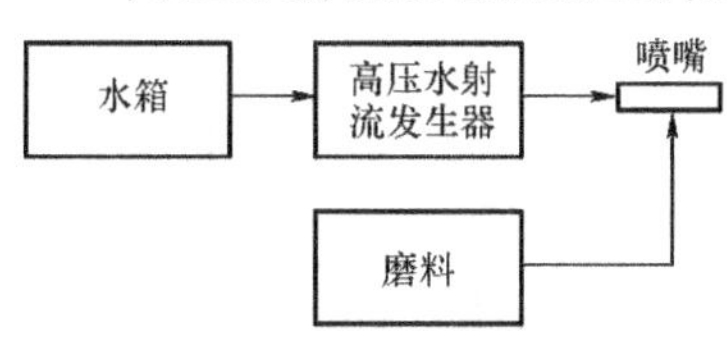

图 4-38　高压水射流切割的原理示意图

更强的切削效果。

4)高压水切割机的特点

(1)不存在刀具变钝问题,永远"锋利";

(2)可以切割各种金属、非金属材料;

(3)切缝窄,节省材料,这一点在贵重材料加工中尤为重要;

(4)无灰尘,噪声小,不污染环境;

(5)切割温度低,无火花,可以切削易燃材料;

(6)在切割钢筋混凝土时,只要压力调整适当,可以做到只切割凝固的水泥,而保持其中钢筋完好;

(7)与冲击破碎比较,利用高压水拆除坏混凝土时,不会在保留部分中产生裂纹。

5)高压水切割机的结构组成

(1)高压水射流发生器

高压水射流发生器有连续细射发生器和高压水脉冲射流发生器两种类型。

①连续细射发生器。这种发生器采用高压泵或增压器连续不断地向喷嘴输送高压水。用这种装置可以连续不断地切割,但压力难以达到很高,一般为100~1000MPa。利用这种装置可以破坏路面。

②高压水脉冲射流发生器。图4-39是这类发生器的一种原理图。具有一定压力的水由进口进入压力腔,使大活塞3向右移动,并压缩右腔气体、储存能量。当大活塞右移到极限位置时,气体压力升高到一定程度。压力腔的进水口关闭、出水口打开使活塞卸压,于是右侧气体迅速膨胀,推动活塞加速向左运动。当小活塞2进入高压缸后,关闭高压腔右端水口,并且对高压腔中的水进行冲击,冲击力加上气压力使高压腔中的水形成一股高压脉冲由喷嘴射出。这种原理可产生1000MPa的高压。

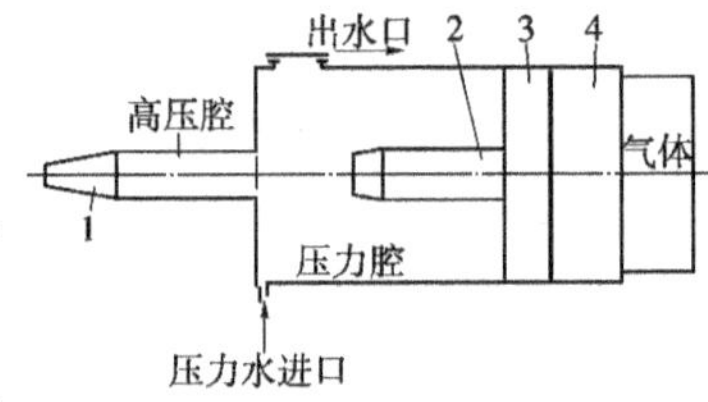

图4-39　高压水脉冲射流发生器原理图

1-出水器;2-小活塞;3-大活塞;4-缸体

(2)高压水射流切割机喷嘴

通常,喷嘴用蓝宝石制作。当水射流压力较低时,也可用淬火钢或不锈钢制作。喷嘴直径大多数在11mm以下,切割混凝土的喷嘴直径一般在1.5mm左右。

6)高压水射流切割机安全操作规程

高压水射流切割时的主要安全技术问题是防止高压水射流及其飞溅水珠的冲击、噪声及触电等。

(1)高压水射流对人体的危害及防止

高压水射流具有很大的冲击力,直接喷射到人体上将造成很大的伤害。即使是采用水射流进行冲洗或剥离加工,压力为25MPa左右的水射流也能贯穿人体;而切割加工所用的水压力高达196~294MPa,这种高压水射流很容易切断人骨。另外,如果反冲飞散出的水珠射入人眼,也会使眼睛受到损伤。因此,必须防止高压水射喷射到人体上,可以采取以下安全措施。

①在高压水射流切割区的周围应设置隔离屏,以防止加工过程中人体遭受喷出的水射流及飞散的水珠冲击作用;

②检查或更换切割喷嘴时,必须把高压水的压力释放到安全程度,否则不可进行操作,以免发生事故;

③操作人员至少要戴防护镜，最好戴防护面罩。

(2)噪声

高压水射流加工时，水射流的流速可达 100 ~ 600m/s，在空气中喷出会产生很大的噪声。

7)常见故障及排除

(1)高压水射流切割缺陷、原因和消除措施(表 4-5)

高压水射流切割缺陷及其原因和消除措施表　　表 4-5

切割缺陷	原　因	措　施
切口上缘呈圆角	喷嘴高度偏大	减小喷嘴高度
	喷嘴磨损	更换新喷嘴
	喷嘴组合不当	调整喷嘴组合
	磨料供给量过大	检查并减小磨料供给量
切割面倾斜角大	切割速度过快	减小切割速度
	喷嘴高度偏大	减小喷嘴高度
	喷嘴一侧磨损	更换新喷嘴
	水压力低	检查并提高水压力
	磨料供给量小	检查并增大磨料供给量
切割面粗糙	切割速度过快	减小切割速度
	水压力低	检查并提高水压力
	磨料供给量小	检查并增大磨料供给量
	喷嘴一侧磨损	更换新喷嘴
	工件振动	改进支撑工件的方式
产生缺口	水压力波动大	对水压力泵进行调整
	割枪驱动装置不良	对割枪驱动装置进行修理
	磨料的流动性不良	消除磨料流的脉动
	工件固定不良	改进支撑工件的方式
切口宽度大	喷嘴孔径偏大	减小喷嘴孔径
	喷嘴磨损或损坏	更换新喷嘴
切口割斜或单侧割斜面倾斜角异常大	喷嘴一侧磨损	更换新喷嘴
	水喷嘴与磨料喷嘴不同心	调整使之同心
	割头倾斜	把割头调整到垂直位置

(2)高压水射流切割操作时常见的故障、原因及排除措施(表 4-6)

高压水射流切割操作时常见的故障、原因及排除措施表　　表 4-6

故　障	原　因	排除措施
纯水型水射流无透明区	喷嘴被异物堵塞	清洗喷嘴
	喷嘴磨损	更换喷嘴
加磨料型水射流扩散	磨料供给量过多	减少磨料供给量
	喷嘴组合不恰当	使喷嘴组合最佳

续上表

故　障	原　因	排除措施
磨料不流动	磨料供给量过多	减少磨料供给量
	磨料供给系统水湿	干燥供给管等
磨料供给发生脉动	磨料供给量过多	减少磨料供给量
	磨料堵塞在混合室	清洗混合室
	磨料输送管过长	缩短管子
水射流与轴线不对称	水喷嘴不良	更换水喷嘴
	磨料喷嘴不良	更换磨料喷嘴
打孔时水逆流	喷嘴高度小	适当增大喷嘴高度
兼用型喷嘴端部漏水	喷嘴密封部不良	更换密封垫等
	启闭阀不良	维修启闭阀

8)高压水射流切割设备维护

设备的维护保养对顺利进行日常的切割作业、提高设备运转率及加工质量都有很大的作用,同时也是保证操作人员安全所必需的。

高压水射流切割设备的检修通常分为日常检修、季度检修及年度检修三种类型。

(1)日常检修

日常检修指在切割操作开始之前对设备进行必要的检修,主要项目有:

①高压水泵动作的声音是否正常;

②高压水泵、蓄压器及高压水管路有无漏水(包括高压管有否劣化和破损);

③油量和油温(在增压器工作时测量);

④有无漏油现象;

⑤喷嘴部位有无漏水(包括喷射孔有无漏水现象);

⑥高压水射流形态和声音。

(2)季度检修

每三个月应对切割设备作一次检修,主要项目有:

①清洗和更换各种过滤器;

②检查工作油的污染度和特性值是否良好,若不正常,则更换新油;

③检查软管有否发生松弛或鼓起;

④检查高压水喷嘴有无附着物或损伤,并作检修或更换。

(3)年度检修

年度检修的范围较大,项目也较多,主要项目有:

①油箱内表面的锈蚀状况;

②工作油的劣化程度;

③更换通气元件;

④油冷却器的污染状况;

⑤单向阀阀心与阀座的接触面的状态;

⑥高压水发生器的活塞漏油状况;

⑦活塞杆的磨损和损伤状况;

⑧高压缸内面的损伤状况。

在对切割设备进行维护及检修之前，维修人员应详细阅读并参照使用说明书中的维护保护内容。另外，特别是在进行年度检修时需将设备拆解，应由具有专业知识和技能的人员进行，最好请设备生产厂派员协助或委托给设备生产厂进行检修。

2. 圆锯片式切缝机

圆锯片式混凝土路面切缝机用于混凝土路面纵、横伸缩缝的加工以及养护作业中旧水泥路面的破坏。

1）圆锯片式切缝机的组成及原理

混凝土切缝机由手扶可移的机架、小型风冷内燃机、圆锯片和浇水装置等组成，以内燃机动力带动圆锯片，圆锯片用螺丝帽紧固在转轴上。锯片切割的深度是由液压系统来控制的，最大深度可达 170mm。备有 254mm、305mm、356mm、407mm、457mm 等尺寸的圆锯片，以供切割不同深度时使用。使用切割机切割时，必须在混凝土凝固后进行。此种方法的切缝几何尺寸正确，相邻板块表面平整、生产率高，使用时必须利用洒水箱洒水。

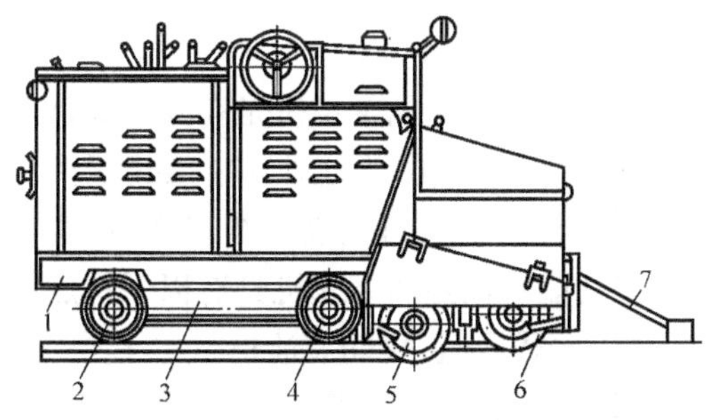

图 4-40　双片切削圆盘式切缝机

1-上机架；2-从动轮；3-下机架；4-主动轮；5-后切盘；6-前切盘；7-运行方向指示器

切割机还有双片切削圆盘结构的形式，有时亦有 4 片、8 片和 16 片的切削圆盘。当更换小能力的刀具时，切削圆盘数的增加可以相对地提高作业的生产率。

切缝机还有自行式的，它由可放下的运行方向指示器、机架、传动装置、切盘提升下降装置和车轮等组成。此外，在机体上备有冷却切盘用的喷水装置。图 4-40 所示是一种双片切削圆盘式切缝机，为自行式机械，可用于两级阶梯缝的切割。前切盘具有较大的厚度，切制给定深度为一半的缝槽，后切盘较薄，切制缝槽的剩余部分。

为了在新铺的混凝土上切缝，可以采用平面或圆盘振动刀和条状锥形振动刀，振动圆盘刀应用于纵向缝的切割。在凝固的混凝土上切缝时，可以得到很好的外表面，并具有精确几何形状和相邻板块侧面精确接合的伸缩缝。与此配合，应采用直径为 250 ~ 300mm、转速为 2200 ~ 3000rad/min 的碳化硅或金刚石制圆片式切削刀具。

2）圆锯片式切缝机使用技术

（1）作业前的准备

①内燃机部分，按通用操作规程的有关规定执行。

②详细了解施工技术、质量要求，选择与之相适应的刀具规格，并检查刀片是否完好。

③紧固刀片夹板螺母，检查各连接部位和安全罩是否正常完好。

④启动机器，检查刀片旋向及转动是否平稳，行走机构有无跑偏现象。

⑤校准切削“0”位。

（2）作业中的要求

①使用金刚石刀片，切缝前应先打开冷却水。切缝时，如冷却水中断应立刻停止切缝。启用新刀片时，需在耐火砖上带水开刀。

②将刀片对准切缝线，使刀片缓缓切入，注意刻度指示的切深，达到标定值后，应检查切缝深度是否符合要求。

③切缝机沿导轨或标定直线行走，当遇有较大切削阻力时，应立即升起刀片检查处理，恢

复切缝时应稍后于退出位置。

④切缝过程中,操作人员应站在刀片侧面。

⑤切缝机停放或转移时,刀片应置于最高位置;长途运输时,必须将刀片卸下。

(3)作业后的要求

①作业完毕,应及时做好清洁工作,并放于通风干燥处。

②长期不用时,应拆下刀片并悬挂放置。

③按规定做好维修保养工作。

第七节　多功能水泥路面维修机

一、概述

多功能水泥路面维修机是在专用底盘上,安装一台发动机,由发动机带动液压泵,由液压泵向各种专用工具提供动力源,其主要配置液压搅拌筒、液压镐、液压切缝机、液压振捣器以及液压破碎机等工作装置,可完成破碎、凿毛、夯实、挖坑、抓料、钻孔等10多种工作的多功能机械。

多功能水泥路面维修机具有以下特点:

(1)轮式底盘、机动灵活;

(2)多用途的工作臂,可以进行破碎、凿毛、夯实、挖坑、抓料、钻孔等10多种工作,如图4-41所示;

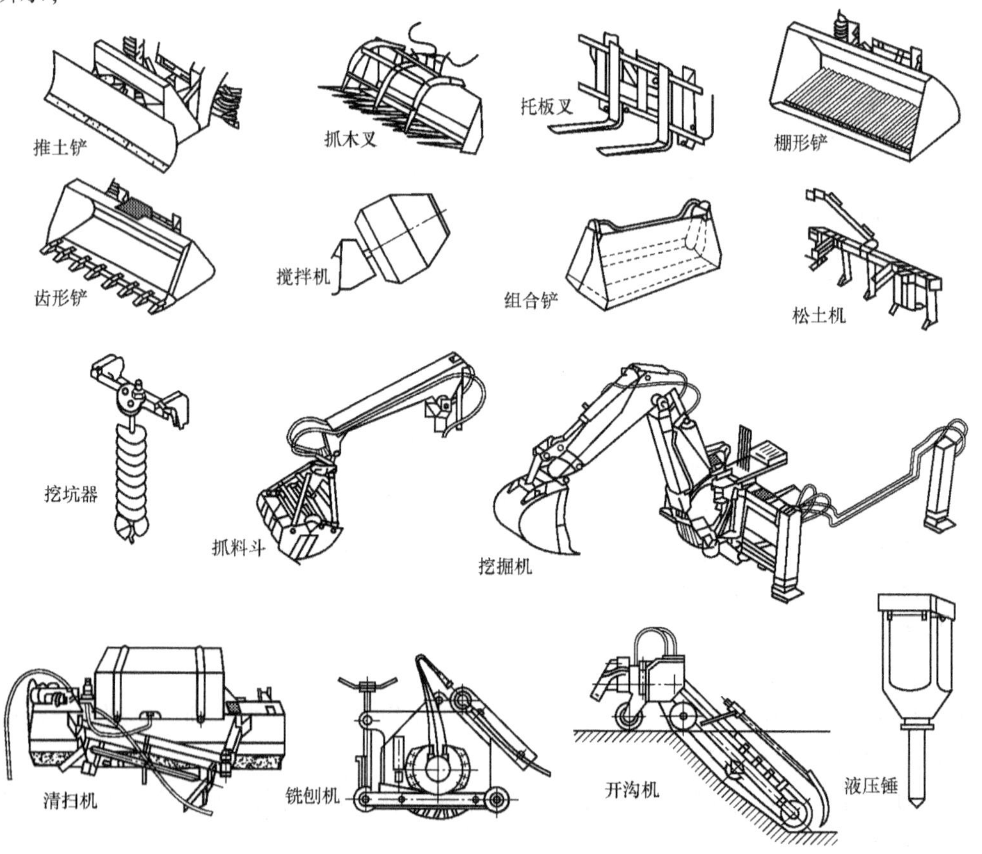

图4-41　多功能水泥路面维修机辅具

(3)可以输出动力,驱动其他维修机具;

(4)多功能工程机不仅可用于水泥路面的维修施工,还可用于其他路面的施工使用,图4-42所示为某ZLY10W工程机械的作业功能;

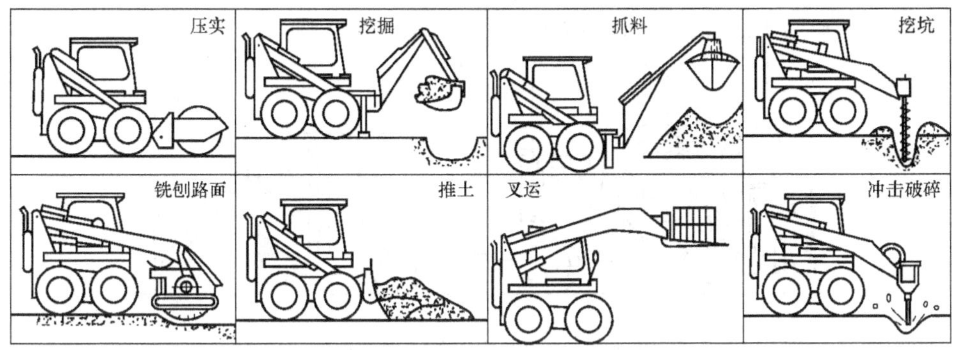

图4-42　ZLY10W工程机械的作业功能

(5)多功能水泥路面维修机能将水泥路面的部分材料回收利用,适用于较远距离、小面积施工。

二、分类、特点及用途

多功能水泥路面维修机分为汽车底盘维修车和工程机械底盘维修车两类。

1. 汽车底盘维修车

汽车底盘式多功能水泥维修车作业装置分为前置和后置两种,如图4-43所示。

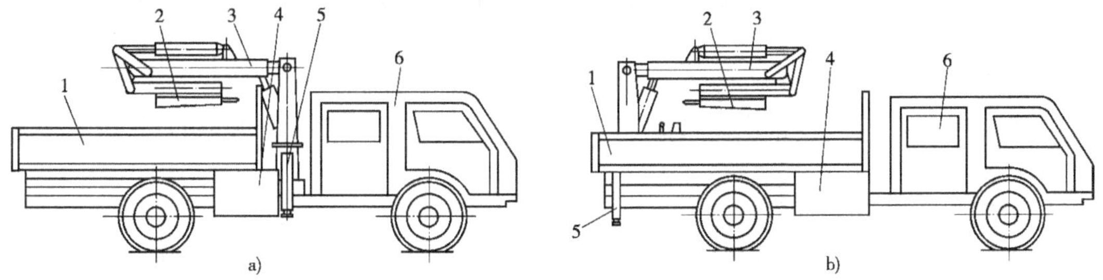

图4-43　以汽车底盘为基础的水泥路面维修车

a)工作臂前置式;b)工作臂后置式

1-车箱;2-工作头;3-工作臂;4-液压油箱;5-支腿;6-基础车

(1)工作臂前置式水泥路面维修车的工作臂位于驾驶室与车厢之间,其负荷由前后两车桥共同承担,车架受力好。由于这个位置离变速器的取力口近,液压管道短,所以只能在车辆的左右两侧进行作业,占用车道宽,对交通影响较大。

(2)工作臂后置式水泥路面维修车的工作臂位于多功能水泥路面维修车后部,维修作业可以在车的后面进行,占用车道窄,因而对交通影响小,比较安全,利用工作臂还可以在后面的挂车上装卸货物。但这种形式汽车车架受力状况偏载,工作时稳定性差,一般应对车架进行加强。这种结构的液压管路较长,液压动力损耗相对大一些。

2. 工程机械底盘维修车

这种修补车是一种多功能综合养护车,如图4-44所示。它可以完成水泥混凝土路面的中小面

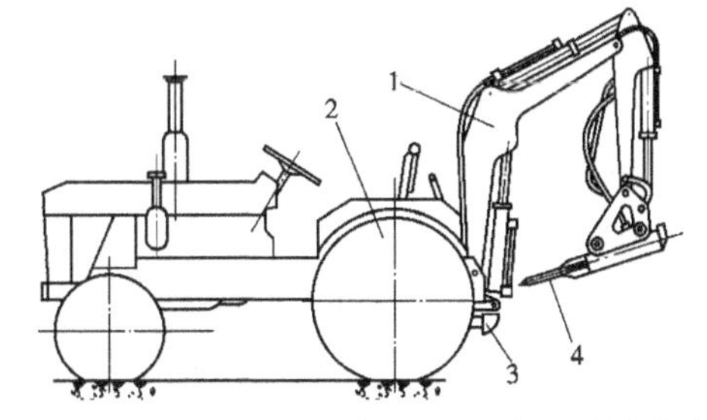

图4-44　以工程机械底盘为基础水泥路多功能维修车

1-拖拉机;2-工作臂;3-支腿;4-工作头

积的换层工作,具有破碎、发电、切割、拌和、振捣、夯实等功能,其缺点是行驶速度低。

三、结构组成及其工作原理

下面以某 SDW70-1 型水泥混凝土路面修补车为例,介绍其主要组成机构及工作原理。整车主要由主车和辅助车组成,总体构造如图 4-45 所示。

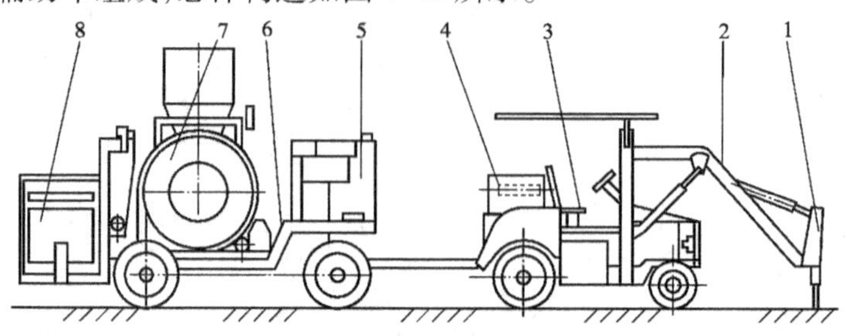

图 4-45 水泥混凝土路多功能维修车

1-工作头;2-工作大臂;3-主车;4-发电机;5-切割机;6-辅助车;7-搅拌机;8-振捣棒与夯实机

主车由发动机、变速器、转向桥、驱动桥、车架、工作大臂、液压锤、发电机等组成,主要完成牵引、破碎、发电等工作。辅助车为一拖式底盘车,其上配有切割机、搅拌机、振捣棒、夯实机。

1. 液压锤

工作的第一道工序,将需维修路面进行破碎,然后清理切边。

2. 切割机

切割机的主要工作是将水泥混凝土路面已损毁的部分与未损毁的部分切割开来。切割厚度一般为 20 ~ 24cm。

3. 搅拌机

该车选用 JZC200 型双锥反出料自落式搅拌机。其作用是拌和水泥与砂石料,以填补需修路面。

4. 夯实机及振捣棒

夯实机采用小型 HC70D 电动夯实机,用以对开挖路面部分的路基进行夯实。

振捣棒选用电动插入式振捣器。对浇筑的水泥混凝土捣实。

5. 发电机

发电机的作用是将发动机的能量转化为电能,供切割机、搅拌机、振捣棒、夯实机工作。

四、作业程序

作业时先用拖车上的切割机将损坏的路面切割开,用主车工作大臂夹持液压冲击镐破碎损坏的路面并清理干净,然后利用拖车上的夯实机夯实路基,将搅拌机拌和的水泥混凝土浇注在补坑内并抹平,再用振捣器振捣密实。

五、使用与维护

1. 安全操作规程

(1)该类型设备的作业系统均为液压系统,因此操作人员一定要经过培训,方可操作,以免高压油外泄伤人。

(2)定期对发动机进行保养。

(3)使用前认真检查液压系统各控制阀是否在正常位置,非工作阀门一定要关闭。

(4)使用后应立即拆下各种作业机具,并关闭控制阀门,将作业机具放置各自定位处,以防损坏。

(5)经常检查液压表工作是否正常,油压是否在限定的安全范围内,以保证工作时能正常使用。

(6)完成作业后,一定要把各构件,尤其是作业装置机器清理干净,防止水泥附着,损坏机件。

2. 维修保养技术

1)例保

(1)检查发动机运行情况,发动机应运转正常,无异常声响和烟。否则,应查明原因,排除故障。清洁检查滤清器,检查油箱、油管、管接头是否漏油,检查冷却系统是否漏水,若有渗漏应予排除。

(2)检查燃油箱油量,检查冷却水是否充足,不足时要及时补足。检查油底壳润滑油油位是否在油标尺上下刻度线之间。检查进排气管连接处是否漏气。

(3)检查启动机、发电机、电气设备及各仪表工作是否正常,反应是否灵敏,示值是否正确。检查照明灯具,警示装置及各指示仪表是否安全有效。检查清洁蓄电池。

(4)检查转向系统,转向操纵应轻便灵活,复位良好,无漏油现象。

(5)检查传动系统,离合器应接合平稳,分离彻底,无打滑、发抖、发热现象。变速器、分动箱及驱动桥的油位应适当,工作正常,无异响过热现象。传动皮带不打滑,传动轴无振动异响现象。

(6)检查轮胎,气压不足时按规定气压进行充气,嵌入胎隙间的石块杂物及胎面刺入物应及时清除,轮胎螺栓若有松动应按规定力矩拧紧。

(7)检查制动器,制动器及驻车制动器应灵敏、平稳、有效、可靠,无漏气、漏油现象。

(8)定期清洗液压油箱,更换液压油及滤清器滤芯,补充液压油。检查液压油泵、液压马达和其他液压元件,工作正常,无泄漏。

(9)检查工作装置,各活动部件应转动灵活,性能可靠。沥青泵应工作正常,每次抽吸完沥青后,应对沥青泵进行清洗。清除撒布管内残留的沥青及其他杂物,保持管道畅通。每天工作后,清除夯机外部的泥沙和附着物。

(10)清洁整机外部的尘土、油污及残漆,各部连接螺栓若有松动,应予以紧固。发现问题的地方应查明原因,排除故障。

(11)按润滑表规定进行润滑。

2)一级保养

(1)完成本级保养作业项目外的例保项目。

(2)紧固各管路接头,检查风扇皮带张紧度。检查油底壳润滑油,清洗检查冷却系统。

(3)清洗空气滤清器、燃油滤清器、液压油滤清器、清洁滤网和油箱盖,必要时更换滤芯。清洗散热片与润滑油冷却器。

(4)检查进排气管和消声器连接情况,若螺丝松动,应按规定力矩拧紧。

(5)检查发电机、启动机皮带张紧度,检查电路系统接线柱及导线有无松动、烧蚀,予以紧固和修复。检查调整磁电机白金间隙。检查蓄电池。

(6)补足转向器、变速器及后桥油量,清洗通气塞。转向器、传动轴应工作正常,无异响或振动现象。否则,应查明原因,排除故障。

(7)检查行走机构,轮毂及轴承盖连接螺栓若有松动,应予紧固。

(8)检查工作装置,振动滚橡胶减振块若有损坏,予以更换,每工作 100 小时,清除拌料箱、沥青箱一次。检查冲击夯及电动破碎器。

(9)按润滑表规定进行润滑。

3)二级保养

(1)完成本级保养项目作业外的一保项目。

(2)检查调整气门间隙。检查发动机喷油压力及供油提前角。按规定力矩紧固气缸盖的进、排气歧管及消声器等螺栓。

(3)清洗发动机燃油箱及油管,更换润滑油。检查更换水泵水封,冷却管若有渗漏应予排除。

(4)检查电气控制柜,各节点应接触良好,开关,插座等电器元件如有损坏,应予更换。拆检启动机及发电机,清洁表面污物,更换磨损过量的零件。检查蓄电池。

(5)检查转向装置,调整转向盘自由转动量,转向应灵活、平顺、可靠,无卡滞及摆头现象。

(6)检查变速器操纵机构,检查调整驱动桥、减速器。检查离合器分离间隙及踏板自由行程;更换各减速器润滑油。

(7)按规定的轮胎换位顺序对前后轮进行调换。检查钢板弹簧组件,检查减振器,若有漏油,应予检修或更换。

(8)检查行车制动器和驻车制动器,制动应灵敏、平稳、可靠,无漏油现象。

(9)清洗检查液压油箱滤油器,检查液压油泵、液压马达、液压油缸、液压阀等液压元件及液压管路,排除异响、过热及渗漏等现象。检查液压油质,必要时更换液压油。

(10)检查振动滚电动机绝缘情况,彻底清洗检查拌料箱,检查沥青洒布系统,若有损坏,应予修理或更换。

(11)按润滑表规定进行润滑。

4)三级保养

(1)完成本级保养作业项目外的二级保养项目。

(2)检查喷油泵、调速器和油水分离器。测量气缸压力,检查气门组件,必要时可研磨气门,清除气缸盖积炭,检查有无裂缝。检查活塞、曲轴组件,更换损坏的活塞环和其他零件。更换空气滤清器及燃油滤清器滤芯。

(3)清洗水箱,检查冷却系统和散热管,更换老化的胶管和水封。

(4)检查清洗启动机和发动机,检查电气控制柜,检查电气设备和蓄电池。若有损坏,老化破损等现象,应予修理或更换。

(5)清洗检查转向器各零部件,磨损严重时,予以修复或更换。

(6)检查变速器各部件及操纵机构,检查驱动桥、传动轴,若有损坏,应予修理或更换。检查离合器,必要时更换新摩擦片。

(7)检查车架及前、后钢板弹簧,若有损坏,应予修理或更换。

(8)更换制动液,排放制动系统的空气。检查制动泵及管路、管接头,若有漏油等现象,应予排除。制动摩擦片磨损严重时,应予更换。

(9)清洗液压油箱和液压管路,更换液压油。检查液压油泵、液压油缸、换向阀等液压元件,其元件应工作正常,无异响、过热及渗漏现象。

(10)检查工作装置各电动机,检查铲斗、动臂、油缸及纵、横梁,若有变形、损坏,应予校正修复或更换。

(11)检查机身各部件,如有松动、变形和损坏,应予修复,检查机身各连接处连接螺栓,若有缺损松动,应补齐拧紧。对局部脱漆部位进行除锈补漆。

(12)按润滑表规定进行润滑。

第五章　公路检测设备

公路检测设备能对公路质量做出科学评价，及时发现问题，防患于未然，对于公路养护及管理工作有着十分重要的意义。本章简要介绍常用公路检测设备。

第一节　路面检测设备

一、连续式平整度仪

连续式平整度仪也称测平车，测量的是路面不平度的标准差，用字母 σ 表示。测量时使用小型汽车牵引着连续式平整度仪，可以在行进中连续测量路面的平整度。

1. 测平原理

连续式平整度仪测量原理与 3m 直尺的测量原理基本相同。连续式平整度仪由行走小车部分和测量部分组，如图 5-1 所示。

行走小车有前架 6 和后架 10，中间用纵梁 9 将前架和后架连接，每个车架各有 4 个轮子 1，小车共有 8 个轮子，每个轮通过减振弹簧与车架连接，这样行走时 4 个轮子随地面不平起伏时，车架中心点的起伏为 4 个轮子起伏的平均值。纵梁 9 将前后架连接，使前后车架中心点的距离恰好为 3m，相当于长度是 3m 的直尺的长度。

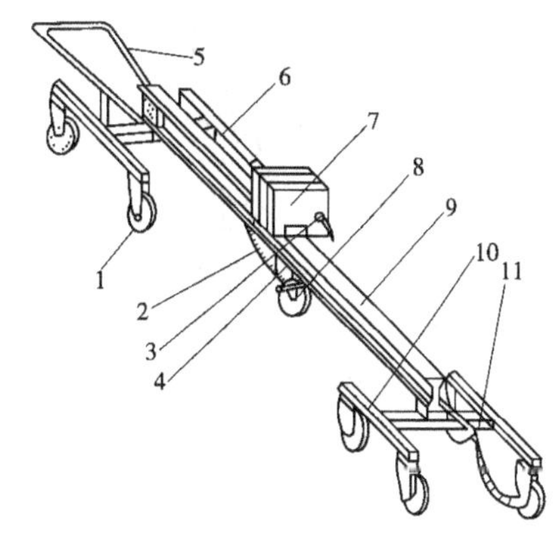

图 5-1　连续式平整度仪

1-轮子；2-拉簧；3-离合器；4-测量架；5-牵引架；6-前架；7-记录计；8-测定轮；9-纵梁；10-后架；11-软轴

测量部分包括测定轮 8 和记录计 7。测定轮 8 通过测量架安装在纵梁的中心部位，行走时当地面出现不平，测定轮上下移动时就会带动测量架上下移动，移动量由位移传感器测得，将信号传给记录计 7，相当于用 3m 的直尺测量间隙，平整度仪行进距离由后轮测得，通过软轴 11 传给记录计 7，测定轮上下位移量和行走距离信号传送到检测记录计后，通过电脑自动计算出测量结果，用平整度仪测量平整度得出的数值为标准差，用字母 σ 表示，单位为毫米（mm）。平整度仪可以通过显示、记录、打印或绘图等方式将测量结果输出。

整度仪行驶测量时，每一个计算区段长度为 100m，输出一次测量结果。

2. 测量位置的选择

应距车辆分道线 80 ~ 100cm 处，沿道路纵向测量，测量前将测量部位的地面清扫干净。

3. 测量方法

（1）按要求选择测试路段。

（2）检查记录计和传感器的线路是否连接牢固，传感器工作是否灵敏。

（3）将牵引汽车停在测量路段上，平整度仪牵引架挂在汽车后面的挂钩上，放下测定轮，打开记录计电源开关，开动汽车沿测定路段行驶，测量人员跟随平整度仪一同前进，检查测量情况。

(4)牵引平整度仪的速度应保持匀速,不能停车,速度宜为5km/h,最大不得超过12km/h,行驶100m后,记录计自动将结果输出。

(5)连续式平整度仪只能用于施工完成后检测平整度,用于对道路整体平整度进行综合评定。检查路面的平整度可以在下雨之后,观察路面积水情况,平整的路面地面应没有积水,这是检查路面平整度最直观、简便的方法。

二、路面取芯钻机

道路沥青混合料面层的厚度可用钻孔取样的方法测量。路面取芯钻机外形如图5-2所示,由支架和钻机组成,钻头为空心钻头,内径为100mm。取样前,根据需要在钻头上标注预计钻孔深度,将支架支稳,钻头保持垂直,开动钻机,钻头要用水冷却,适当对钻机施加向下的压力,待达到预计深度后,即可停机,仔细地取出样芯。清除样芯表面的灰土,找出上下层的分界面,测量分界点的厚度,应沿圆周测量4个点,4个点的位置应选择十字交叉的方向,取4个点的平均值,该平均值即为路面沥青混合料面层的厚度。

三、手提摆式摩擦系数测定仪

摆式摩擦系数测定仪用于测量路面抗滑值(表示路面在潮湿状态下的抗滑能力),图5-3所示为手提式摆式摩擦系数测定仪,仪器的台架1上有一个可以摆动的摆锤2,摆锤上有一个标准橡胶块3,摆动摆锤时橡胶块与路面产生摩擦,模拟橡胶轮胎在该路面上制动时的制动效果。

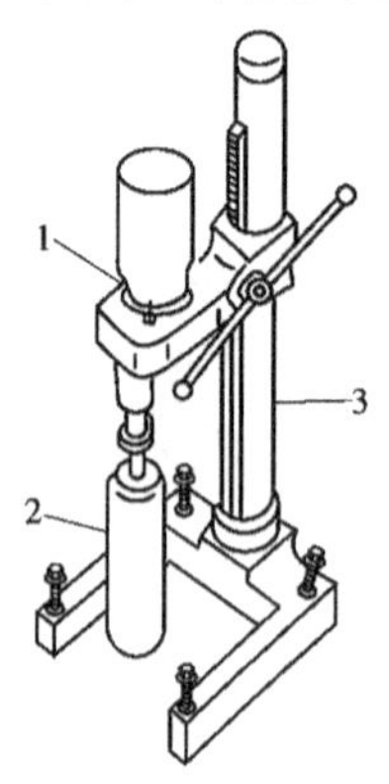

图5-2 路面取芯钻机

1-电钻;2-空心钻头;3-支架

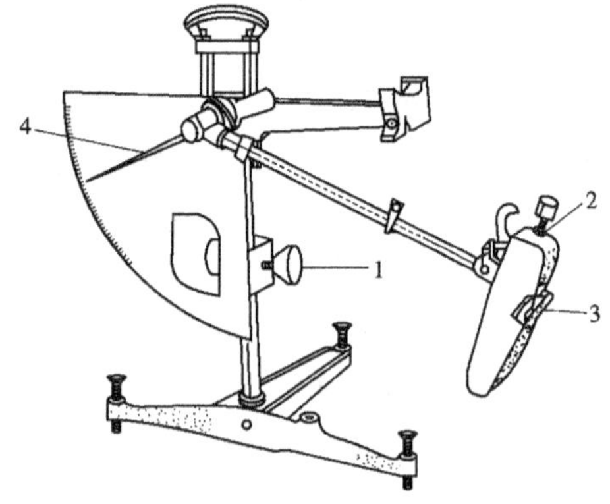

图5-3 手提式摆式摩擦系数测定仪

1-台架;2-摆锤;3-标准橡胶块;4-指针

测量前,将手提式摆式摩擦系数测定仪放在地面上,地面上洒上水,将摆锤抬到最高位置,并固定住。测量时,解除固定,摆锤在自重的作用下向下摆动,摆锤上的橡胶块在与地面接触时产生摩擦,摩擦消耗动能,摩擦力越大,消耗的动能就越多,摆动的摆角越小。摆式仪指针4显示的摆角即为抗滑值,也称摆值,用字母F表示,以BPN为单位。

四、摩擦系数测定车

摩擦系数测定车用于测定路面横向摩擦系数(表示道路潮湿状态下的横向附着能力,表征下雨天该车辆在该道路上行驶、转弯时的车轮横向抗滑能力)。

摩擦系数测定车是一部汽车。如图5-4所示,车上有一个标准试验轮,试验轮与测定车行驶方向成一定角度,标准角度为20°,试验轮与测定车的连接部位安装有测力装置,可测量试验轮的受力,试验轮的前面有向地面上洒水的喷水装置。

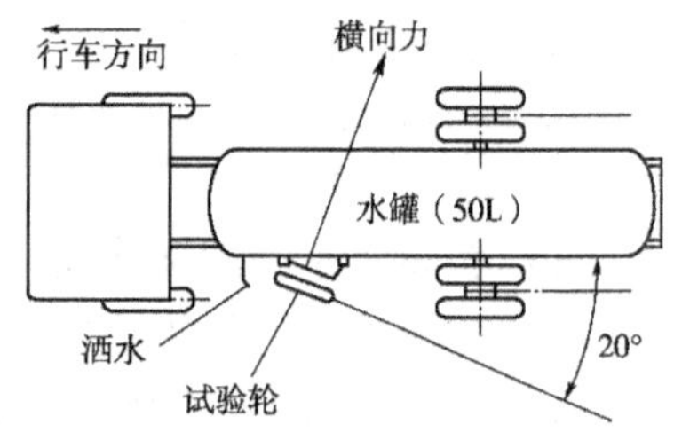

图5-4 摩擦系数测定车

测量时测定车以一定速度行驶，标准车速为50km/h。到达被测路段后，喷水装置向路面洒水，放下试验轮，试验轮向前滚动，由于试验轮以20°角滚动，必然产生横向力，路面横间摩擦系数为轮胎与潮湿路面之间的摩擦阻力与接触面积的比值，用字母SFC表示，该参数无量纲。

五、路面渗水仪

路面渗水仪用于测量路面渗水系数(反映路面防水性能)。路面渗水仪形状及尺寸如图5-5所示，上部盛水量筒由透明有机玻璃制成，容积600mL，上有刻度，在100mL处有粗标线，下方通过10mm的细管与底座连接，中间有开关。底座下方开口内径150mm，外径165mm。仪器附压重铁圈两个，每个铁圈质量约5kg。

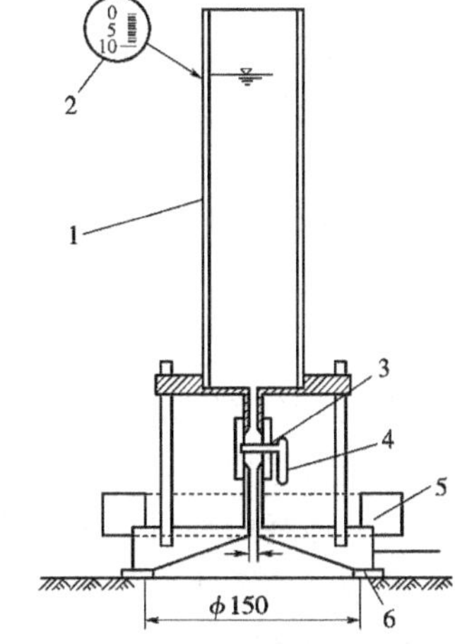

图5-5　路面渗水仪

1-透明有机玻璃桶；2-刻度；3-水管；4-阀门；5-底座；6-密封材料

测量方法为：

(1)在路面上选择测试位置，用扫帚将路面清扫干净。

(2)用粉笔比照测试仪底座大小画好直径约165mm的圆圈记号。

(3)将密封材料沿画好的圆圈薄薄地抹上一层，呈圆环状，内圈恰好为150mm，边抹边用手压紧，使密封材料嵌满缝隙，且牢牢地粘在路面上，将组合好的渗水试验仪底座放在涂抹密封材料圈上，用力压紧，再压上重铁圈，防止水从密封材料圈处流出。

(4)将渗水试验仪安装好，关闭水管下方的阀门。

(5)水筒装满水，水中点几滴红墨水，使水变成淡红色，向仪器的上方量筒中注入淡红色的水，直至注满，总容量为600mL。

(6)准备好秒表。迅速将阀门打开，水开始从水管下部流出，待水面下降至100mL处，立即开动秒表，每隔60s，读记仪器管的刻度一次。如果水面下降速度很慢，从水面下降100mL开始，测得3min的渗水量即可停止。若试验时水面下降至一定程度后就基本保持不动，说明路面基本不透水或根本不透水，则在报告中注明。

六、弯沉仪

1. 路面弯沉仪(贝克曼梁)

路面在车辆载荷的作用下会产生变形，车辆离开后恢复原状。测量标准轴重的汽车通过道路时车轮位置产生的垂直变形或变形后回弹值，可以表现出路面的刚度和承载能力。直接测量变形称为总弯沉，测量变形后的回弹量为回弹弯沉。

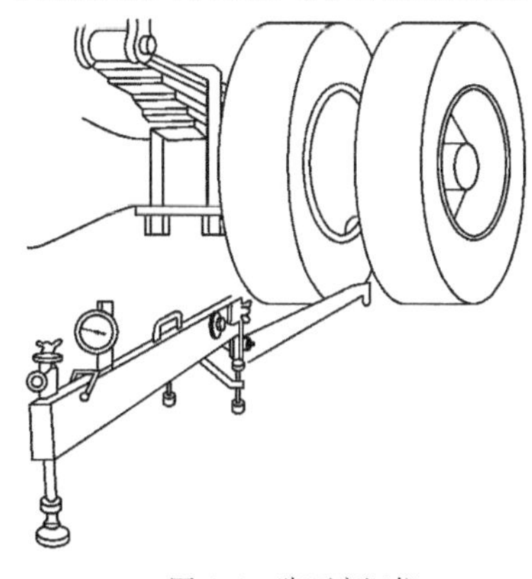

图5-6　路面弯沉仪

1)测量设备

(1)标准轴重汽车

回弹弯沉测量时使用的标准轴重的汽车为双轴、后轴为4轮的载重汽车。测量弯沉是汽车后轴对地面施加载荷时测得的变形。高速公路、一级公路及二级公路使用的汽车后轴总质量为10t，其他等级公路使用的汽车后轴总质量为6t。

(2)路面弯沉仪

测量路面弯沉值需要使用路面弯沉仪，也称贝克曼梁，如图5-6所示。路面弯沉仪的长度有3.6m和5.4m两种，用铝合金制成，采用杠杆原理将车轮对地面压缩变形传递到外面，杠杆前臂和后臂的比值为2∶1，变形量用百分表测量。弯沉仪上有水准泡，测量时，用水准泡可以将弯沉仪调成水平。将弯沉仪放置在标准轴重车轮的间隙处。

2）测量方法

测量某处弯沉值时，将载重汽车开至被测位置，一侧后轮正好压在被测位置，将贝克曼梁置于后轮双轮的空隙处，沿车辆行驶方向放置，观察百分表，读取初值 L_1。将车辆慢慢移出，地面产生回弹，读取回弹后百分表显示的数值 L_2。则弯沉值 L 的计算式为：

$$L=(L_1-L_2)\times 2$$

使用3.6m长的路面弯沉仪测量时，要对前支点的下沉进行修正。

2. 落锤式弯沉仪

落锤式弯沉仪（Falling Weight Deflectometer，简称FWD）模拟行车作用的冲击荷载下的弯沉测量，计算机自动采集数据，速度快，精度高。近年来，采用落锤式弯沉仪（FWD）测定路面的动态弯沉，并用来反算路面的回弹模量。这种设备特别适用于高等级公路路面和机场的弯沉量测和承载能力评定。落锤式弯沉仪是目前国际上最先进的路面强度无损检测设备之一（图5-7为车载落锤式弯沉仪）。

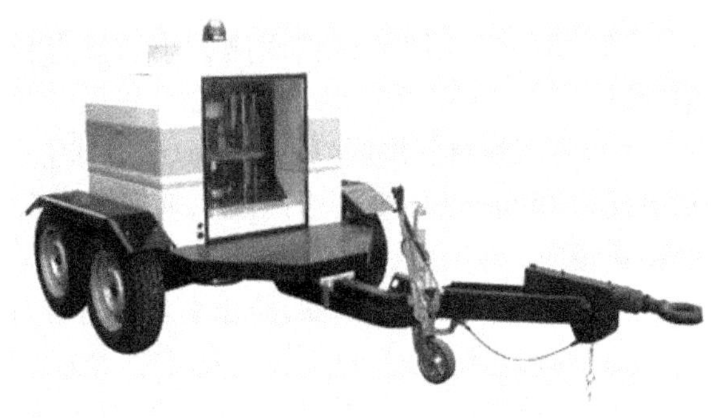
图5-7　车载落锤式弯沉仪

1）与常规检测手段的比较

（1）常规检测方法

我国现行的路面弯沉常规检测手段是贝克曼梁法，基本原理是杠杆原理。在规定的标准轴载作用下，路基或路面表面轮隙位置产生垂直变形值（回弹弯沉），利用载重汽车加载，人工读取百分表的读数，以此来测量路基或路面表面的回弹弯沉值。存在的主要问题有：

①以人工操作为主，工作强度大，效率低，可靠性差。

②支点变形，影响检测结果，很难测准对支点变形的修正。

③仅测得静态汽车荷载作用下路基路面单点（最大）回弹弯沉值。

④没有反映路面结构在行车荷载作用下的动力特性和整个弯沉盆形状。

⑤不适用于对路网进行大范围长期跟踪观测。

（2）FWD的特点

①FWD是非破坏性路面试验设备，无需钻孔取样，从而避免了对路面的破坏。

②FWD是动态测试系统，直接在路面上模拟运动着的汽车轮载，避免了传统静态弯沉测试系统的缺陷，能够反映出路面受荷载作用下的实际变形情况。

③应用广泛：目前FWD主要用于路面弯沉盆检测、路面接缝传荷效率检测和刚性路面板脱空检测三个方面。

④测试精度高，系统误差仅为±2%。

⑤可靠性好。

⑥对环境条件要求相对较低。

⑦测试方便，速度快，全套系统由微机控制，完成一测点大约只需40s。

⑧对交通干扰小。

(3)落锤式弯沉仪的工作原理

落锤式弯沉仪通过计算机系统控制下的液压系统启动落锤装置，使一定质量的落锤从一定高度自由落下，冲击力作用于承载板上并传递到路面，从而对路面施加脉冲荷载，导致路面表面产生瞬时变形，分布于距测点不同距离的传感器检测结构层表面的变形，记录系统将信号传输至计算机，即测定在动态荷载作用下产生的动态弯沉及弯沉盆。测试数据可用于反算路面结构层模量，从而比较科学地评价路面的承载能力。

(4)主要设备

落锤式弯沉仪分为拖车式和内置式。拖车式便于维修与存放，而内置式则较小巧、灵便。

①荷载发生装置：包括落锤和直径300mm的4分式扇形承载板。

②弯沉检测装置：由5～7个高精度传感器组成。

③运算及控制装置。

④牵引装置：牵引FWD并安装运算及控制装置等的车辆。

(5)使用技术要点

①通过调节锤重和落高来调整冲击荷载大小。例如，我国路面设计标准轴载为zz-100，落锤质量应选为5t，因为承载板直径为30cm，对路面的压强恰为0.7MPa。

②检测时，拖车式落锤弯沉仪牵引速度最大可达80km/h。根据我国的实际情况，牵引速度以50km/h左右为宜。内置式落锤弯沉仪最高时速大于100km/h，每小时可测65点。

③传感器分布位置：1个位于承载板中心，其余布置在传感器支架上。路面结构不同，弯沉影响半径亦不同。路基或柔性基层沥青路面传感器分布在距荷载中心2.5m范围内即可。目前，我国高等级公路大多采用半刚性基层沥青路面结构，弯沉影响半径已达3～5m，传感器分布范围应布置在距荷载中心3～4m范围内，以量测路面弯沉盆形状。

④每一测点重复测定不少于3次，舍去第一个测定值，取以后几次测定值的平均值作为计算依据，因为第一次测定的结果往往不稳定。

弯沉检测装置操作方式为计算机控制下的自动测量，所有测试数据均可显示在屏幕上或打印出来或存储在软盘上；可输出作用荷载、弯沉(盆)、路表温度及测点间距等；可打印弯沉平均值、标准差、变异系数及代表弯沉值等数据。

应当注意，落锤式弯沉仪所测弯沉为动态总弯沉，与贝克曼梁所测的静态回弹弯沉不同。可通过对比试验，得到两者之间的相关关系，并据此将落锤式弯沉仪所测弯沉值换算为贝克曼梁的静态回弹弯沉值。

七、公路雷达检测仪

公路雷达检测仪是针对当前国内道路建设中质量检测和养护管理的现状，研制生产出的一种道路专用探地雷达。它的最大特点是可以进行公路测厚、隧道工程检验评定及动态监控，是目前国际上一项比较成熟的探测技术。利用这种探测设备，可以像现代化医院中用的“B超”、“CT”一样，给公路做一次透视诊断，方便地检测公路的综合质量状况(包括施工质量、使用受损和自然变迁等情况)，及时发现病灶，确保公路的建设质量，提高公路的建设和养护水平(图5-8为车载式探地雷达)。

图5-8　车载式探地雷达

1. 组成及特点

路用探地雷达系统主要由天线、发射机、接收机和显示器等部分组成。天线,将电磁波定向辐射入路面系统;发射机,产生正弦型脉冲、高频电磁波;接收机(包括信号处理机),捕捉反射信号,然后将这些信号传递给信号处理机对信号进行处理。一旦回波被捕获,下一个脉冲波将产生并辐射入媒介中。

探地雷达检测法的特点:

(1)可实现无损和连续检测,经济、高效。

(2)操作简便,使用者经过2~3天培训就能掌握。探测结果显示直观,探测时,主机显示器实时成像,操作人员可直接从屏幕上判读探测结果,现场也可打印成图。

(3)测量精度高,测试速度快。无载波电磁脉冲技术与高频聚能天线的组合使检测工作完全避开了人为因素,能有效地探测出道路的分层结构和内部变化,在车载工作方式下,测试速度大大提高。

(4)提供的天线小车上安装了测距装置,并可通过放置不同天线,完成不同的探测任务。如900M高频天线可用于公路面基层厚度检测,500M天线可用于基层下存在缺陷的探测检测,方便灵活。

(5)测点密度不受限制,便于点测和普查。用户可以连续普查某一段路面的质量,也可随时对道路的异常区域进行重点探测和分析。

2. 基本原理

探地雷达工作时,在雷达主机控制下,脉冲源产生周期性的毫微秒信号,并直接反馈给发射天线,经由发射天线耦合到地下的信号在传播路径上遇到介质的非均匀体(面)时,产生反射信号。位于地面上的接收天线在接收到地下回波后,直接传输到接收机,信号在接收机经过整形和放大等处理后,经电缆传输到雷达主机,经处理后,传输到微机。在微机中对信号依照幅度大小进行编码,并以伪彩色电平图/灰色电平图或波形堆积图的方式显示出来,经事后处理,可用来判断地下目标的深度、大小和方位等特性参数。

3. 应用范围

(1)公路建设前期可利用道路探地雷达对地质基础进行勘察探测,确定地质结构,划分出不良地质体,如流沙、暗河、软弱地基等。

(2)道路建设阶段及竣工验收阶段可对道路各结构层的厚度进行探测,系统可自动将道路的桩号、位置与探测的路面厚度值对应起来,并依据《公路工程质量检验评定标准》对道路的厚度进行分段评价或整体评估,形成评估表。

(3)道路投入使用后,应用道路探测雷达可进行道路状态的日常维护监察、阶段性路基质量普查、路基内隐性灾害或病害(如裂缝、下陷、脱空、变形)探测,及时发现路面下的问题,防患于未然。

八、多功能道路测试车

多功能道路检测车是一套模块化的数据采集平台,由一辆特别改装的汽车底盘和各种数据采集子系统组成,用于路面各种数据的采集与分析。现以加拿大路得威公司ARAN多功能道路测试车(图5-9)为例简要介绍。

1. 多功能路面测试车数据采集系统的组成

多功能路面检测车数据采集平台由多个子系统组成,包括:道路全景路况摄像系统、计算机定标录像及测量平台、全自动裂缝探测及识别系统、激光扫描车辙测量系统、GPS全球定位

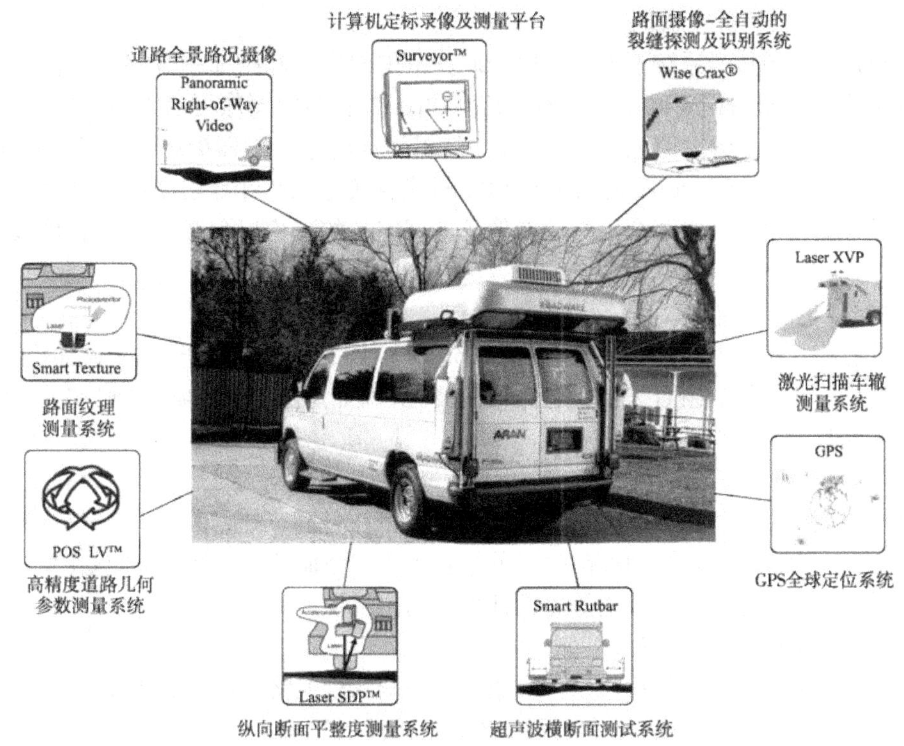

图 5-9 ARAN 多功能道路测试车

系统、路线距离定位系统、超声波横断面测试系统、纵断面平整度测量系统、高精度道路几何参数测量系统和路面纹理测量系统等。

2. 多功能路面测试车各个子系统功能

(1)路线距离定位系统

距离测量仪(DMI)使用一个后轮驱动的光学轴编码器,测量多功能道路检测车已行驶的里程或路线距离。它是检测车测得的最基本,也是最重要的测试结果。所有的测量数据都必须精确定位其在路上的位置。ARAN 子系统采用距离作为测量的基准,它与车速无关。这一特性使 ARAN 检测车可以在不同的速度下行驶,并可靠地采集数据,不会因为速度的改变而使数据不可靠。DMI 与陀螺子系统和 GPS 子系统一起使用,还可测量速度的变化以精确确定检测车在地理空间中的位置,为 CAD 和 GIS 地图应用软件提供了地理坐标。

(2)横断面和纵断面激光测量系统

多功能路面测试车采用激光横断面测量系统 LaserXVP 和纵断面测量系统 LaserSDP 来测量路面车辙和平整度。横断面测量系统 Laser XVP 使用两个扫描激光传感器来精确测量道路的横断面以计算车辙的深度,并可以消除检测车偏离车道对车辙值的影响。LaserXVP 使用两个同步的、基于激光传感器的设备来测量 4m 宽车道的横断面。纵断面测量系统 Laser SDP 使用高速激光传感器和加速度计来采集道路断面数据并实时计算平整度指数。

(3)路面纹理测量系统

纹理数据是量度路面排水和抗滑性能的一个重要指标。Smart Texture 子系统是一套车载的模块,使用高频激光传感器来测量路面宏观纹理的平均断面深度。

(4)全球卫星定位系统(GPS)

GPS 用来提供道路设施的位置坐标,并用 CAD 或地理信息系统(GIS)制作地图。

(5)道路全景数字摄像系统

道路全景数字摄像子系统能够采集整个调查范围内道路和路面的数字图像,可生成道路路况录像,6 台摄像机可同时同步记录不同角度的图像,拍摄的图像可以为用户提供一次实质上的现场之旅,也可用于路面病害分类评级和编辑路产清单。路面摄像系统可以把 100% 的车道宽度(4.3m)的数字路面平面图像以 JEPG 格式直接记录在计算机硬盘中,以便进行病害分析。数字存储被设定为对每个采集的图像都进行完整的备份以免数据丢失和再采集,浪费时间。

(6)高精度道路几何参数测量系统

高精度道路几何参数测量系统(Smart Geometrics)是一套车载的子系统,它采用一种取得专利的控制算法和软件的组合来测量道路的横坡、横断面、垂直线形(坡度)和水平线形(弯道半径),用于精确计算道路的几何参数。

(7)全自动裂缝探测及识别系统

全自动裂缝探测及识别系统可对车载高速摄像机在各种车速(最高可达 80km/h)下摄制的录像进行自动识别,评价路面状况,生成的报告可描述路面裂纹的类型、严重程度、范围和位置,并生成裂缝图供使用,有助于消除路面评价时的主观性。

(8)激光扫描车辙测量系统

激光扫描车辙测量系统使用两个扫描激光器精确测量道路的横断面和车辙。与道路几何参数测量系统一起使用时,能够采集适用于数字地形模型的断面。

第二节 桥梁检测车

高速公路中有各种桥梁,虽然桥梁的长度不太长,但其可靠性不仅关系到车辆、行人的安全,更关系到道路的通畅。为了确保桥梁长期使用的安全可靠,对其进行定期检测维护和损坏时快速修复是非常重要的。另外,许多桥梁底部铺设有电力、通信线缆及各种气液输送管道,这些设施也需要予以维护及检修。桥梁检测车就是一种移动方便,展开迅速,使用灵活,可将人员及必要的工具和仪器输送至桥梁底面进行检查、修理作业的工程设备。

一、MOOG 桥梁检测车

MOOG 桥梁检测车由 BENZ 公司制造的发动机、底盘与 MBI150-1.7S 型桥梁检测空中作业平台组合而成。由于它是采用车载式设计,具有灵活的机动性。同时,它操作简便,安全迅速,适用于对桥梁进行检查和轻度的维修保养工作。

1. 结构及工作原理

MOOG 桥梁检测车行走和工作状态如图 5-10 所示。

1)底盘部分

桥梁检测车的车架采用先进的悬挂系统,共有三对气囊,采用气囊减振安全可靠。有两对支重轮与车架相连接,在正常行驶状态下,两对支重轮悬空,在进行桥梁检测时,通过车架起落操作,可将支重轮落地,从而使整车的重力平均分配到每个轮子上,降低车轮对桥面的压力。

放下车架时,两对支重轮着地,与车架相连的两对驱动滚轮紧紧地压实在主车的行驶轮胎上。在桥检作业时,操作人员通过液压马达来驱动这两对驱动滚轮,从而推动主车行驶轮胎转动,实现全车前后移动;在工作平台移到合适位置后,这两对驱动滚轮可实现停车制动。

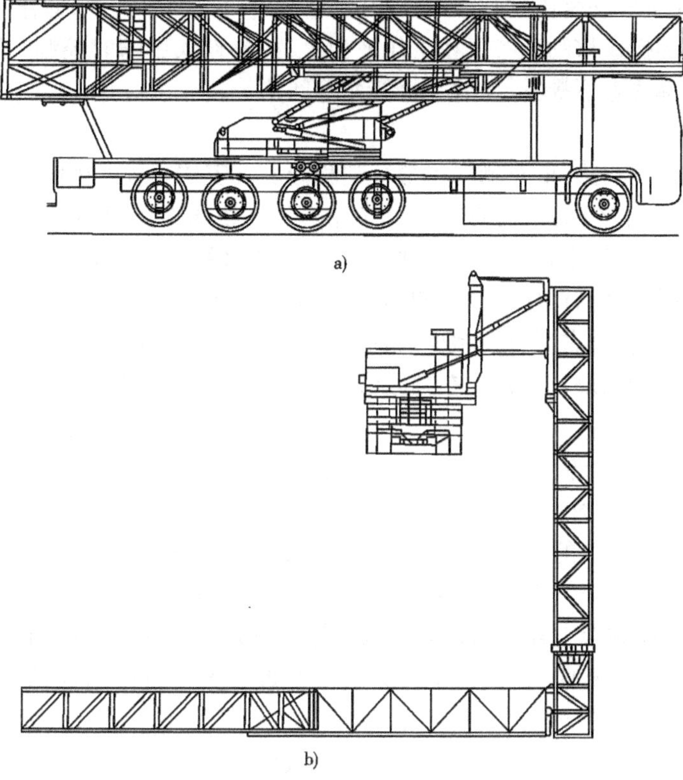

图 5-10 MOOG 桥梁检测车行走和工作状态示意图

a) 行走状态；b) 工作状态

2）工作装置部分

桥梁检测车的主体工作装置由底座、四边形连接举升机构、升降塔、作业平台构成。

（1）底座是由一对大小齿轮组成的，利用小齿轮驱动大齿轮，使工作装置整体旋转，从而使工作装置从桥梁的两侧均可下桥。

（2）四边形连接举升机构是由垂直框架、水平连接臂、导向轨道支架构成的平行四边形机构。通过水平连接臂液压缸举升工作装置，通过垂直框架液压缸使工作装置侧转下桥。这种机构可使水平连杆臂在上、下 30°范围内倾斜，以适应不同高度的桥梁护栏。

（3）升降塔为桁架结构，由上下两部分组成。升降塔下部的工作平台相对于上部可在 0～180°范围内转动。升降塔的升降是通过提升液压缸顺着导向轨道上下移动的。

（4）作业平台为两节伸缩式桁架结构，平台上设有脚手架，以便操作人员接近难以接近的地方。

3）应急操作系统

桥梁检测车配有应急操作系统，它由发电机、汽油发动机、液压泵、液压控制阀等组成。当发动机或液压系统出现故障时，液压系统就被紧急关闭。此后，启动应急系统可收回工作装置。

4）液压系统

液压系统可分为三部分：安装操作系统、车辆驱动系统、作业平台操作系统。安装操作是指将作业平台送至桥下的一系列动作。它的操作手柄都集中在车后的控制柜内，其基本回路有：作业平台折叠、底盘旋转、垂直框架升降、四边形连接举升机构升降、工作装置行走时支承等回路。作业时车辆驱动是由驾驶室内控制的，它只有一个基本回路，即作业时的主车往复行走回路；作业平台的操作移动则布置在工作平台上，由操作人手随时控制，其基本回路有作业平台平面旋转、升降塔上下提升、伸缩平台伸缩等回路。

5）操作装置

桥梁检测车的行驶与一般车辆的正常行驶相同。其工作装置的操作分为桥上操作和桥下操作两部分。桥上操作包括车辆的停放、车架的下降、整体工作架的安装以及整车的前后移动。桥下操作主要指工作平台的上下运动、左右转动以及平台长度的变动。

驾驶室内的操作装置有 PTO 开关、转向盘、前进/后退操纵手柄、车架升降遥控板、安全开关以及扬声器。在车辆的右后方控制柜内有一个控制台和四个操纵手柄。升降塔底部有一个控制台、三个操纵手柄以及扬声器。在驾驶台左后方柜内有应急操作使用的发电机、电动机、电磁阀以及两个张紧装置。

PTO 开关也就是动力输出开关。它的主要功用就在于为工作装置提供动力。转向盘与前进/后退操纵手柄配合使用可实现桥梁检测车的前后移动。车架升降遥控板的功用在于可以通过使用遥控板上的对应按钮来实现车架的起落，以适应正常行驶或进行桥梁检测的需要。后方控制柜的控制台上有两个开关，一个是电源开关，另一个则是桥上操作与桥下操作选择开关。控制台上还有警示灯开关、安全开关及远程熄火或启动按钮。四个手柄分别操作相应的四个电磁阀，以实现工作架的安装或回升。升降塔底部的控制台上有一个开关，目的在于使操作人员选择工作平台的运动或整车的前后移动，两者不能同时进行。另外，控制台上也有安全开关和远程熄灭或启动按钮。三个操纵手柄分别操作三个相应的电磁阀，以实现工作平台的各种运动。驾驶室内的扬声器和升降塔底部的扬声器为桥上操作人员及时联系提供了方便。发电机和电动机以及两个张紧装置，仅供主工作系统出现故障或升降塔底部过载保护装置保护以后，对工作平台进行回收时使用。所有的安全开关及功能都是相同的，即为了保证设备操作人员的安全，按下安全按钮，液压系统将停止工作，同时红色灯变亮。

2. 使用技术

1）作业前准备

（1）在进行桥梁检测工作之前，首先要按照施工要求设置施工标志、减速标志及安全隔离墩等辅助物，其次是按照日常保养规范对设备的技术状况进行检查。

（2）将车辆沿行驶方向停好，根据实际情况确定主车距护栏的合适距离，距桥梁防护栏一般应小于 1m。

（3）按下箭头的按钮，放出压缩空气气泵中的部分空气，车架下部与车架相连的两对支重轮胎及液压滚子随之下降，最后两对支重轮胎着地，两对液压滚子紧紧压实在后轮上，这样可将整车的重力通过车轮分配到桥面上。

（4）踩下离合器，接通 PTO 开关，松开离合器。

（5）安装好警示灯，打开后方控制柜，将钥匙插入电门开口，打开电门，打开警示灯开关。

（6）锁好后方控制柜，沿扶梯下行至工作平台上，将“驱动/操作”位打至“操作”位，即可根据实际需要调整工作平台的高度、长度、位置，将开关灯打至“驱动”位，即可通过驾驶室内的“前进/后退”操纵手柄实现整车的前后慢行，实现对整跨桥梁的检测工作。

（7）整个桥梁检测工作结束后，对工作架进行回收时的操作顺序与安装时恰好相反。必须注意将下方工作平台收回至起始位置。

(8)对桥梁进行检测时,首先要按照规定完成对工作架的安装:进行检测时,对车辆的行驶方向来说,一般由该跨的起始桥台开始前行至该跨的另一桥桥台,再倒回10m左右,以便工作平台能转出桥底,再前行12m左右,将平台转入桥底,从而开始对下一跨的检测工作。

2)作业过程操作要求

(1)车辆停放时,距离桥梁护栏的距离不应过远。

(2)车架下降时,所有的轮胎必须全部着地,两对液压驱动滚子紧压在轮胎上,以便将压力完全分配到桥面上。

(3)在对工作装置进行安装作业时,必须注意到周围的车辆及桥梁或其他构造物,绝对不允许工作架与其发生碰撞。

(4)进行桥检作业时,应随时注意观察附近有无障碍物、空中有无高压线等可能妨碍作业的因素。

(5)操纵液压系统时,应做到用力均匀,避免人为造成液压系统冲击。

(6)本设备仅使用于检测桥梁,在桥上做轻度的维修、清洁或油漆工作。

(7)不可用本设备提升或运送人及重物,或当作起重设备来使用。

(8)不可在桥检车工作平台上高空跳跃。

(9)使用设备时必须遵循操作规程,遵守检查及保养规程。

(10)该设备最少应配备两名操作人员。

(11)液压系统必须由具有液压知识或经验的人员进行操作。

(12)在高压供电线附近工作时,必须保持安全距离,例如电压大于380V时,该距离至少为10m。

(13)一旦设备接触到电线,应采取以下措施:

①不要离开设备;

②如果可能,将设备驶离危险区域;

③不要接触桥的扶手或其他部分;

④取得附近地区的专业救护;

⑤警告其他驶近的车辆或通过的行人;

⑥通知电线所属的单位断电。

(14)桥梁检测车的操作只允许在风速小于14m/s时使用。

(15)不允许在燃油箱或液压箱附近抽烟。

(16)出车前必须对车辆技术状况进行检查,严禁设备带病作业。

(17)出车前对工作装置的各个开关、过载保护装置进行检查。

(18)操作人员应穿戴醒目的安全标志工作服。

(19)施工现场必须按照高速公路施工要求,在前后安全距离以内(不少于100m)摆放醒目减速标志牌及安全隔离物。

(20)进行作业前必须将后方控制柜锁紧并拔出钥匙。

(21)桥梁检测车一般只允许白天进行工作,如没有足够的灯光照明严禁夜间施工。

(22)如果进行高处的装配工作,必须系上安全带,使用特别设计的梯子,所有的扶手、梯子、导轨上不得有灰尘。

(23)挂在提升装置上用于更换的零件及一些大型装配件必须固定好,并用有足够提升能力的装置及悬挂系统。不得使用桥检车的升降塔或下方工作平台进行起吊作业。

(24)作业时,平台下工作范围内严禁站人。

(25)在整个作业过程中,必须密切注意桥上的交通情况和桥梁附近的建筑物。

(26)桥上操作人员和桥下操作人员应充分利用对讲系统进行密切联系,发出信号指令后必须经确认后,方可操作。

3)作业后的安全注意事项

(1)作业完毕后,应对桥下工作台进行回收,回收必须回到原始位置。

(2)将升降塔用螺栓锁住,并用弹簧锁固定。

(3)运输前位于辅助稳定支架内起升塔上部的支撑点必须正确支好。

(4)收回平台时,桥检车下方平台上不能有任何人或物体。

(5)工作完毕后对车辆进行清洁工作时,在连接及螺纹部位不得使用强力洗涤剂。

二、QJ20 型桥梁检测车

1. 基本结构

该车由底盘、副车架、支腿、回转座、三节可伸缩折叠臂、工作斗、液压动力系统、电控箱等组成。其行驶状态外形结构如图 5-11 所示,展开工作状态如图 5-12 所示。

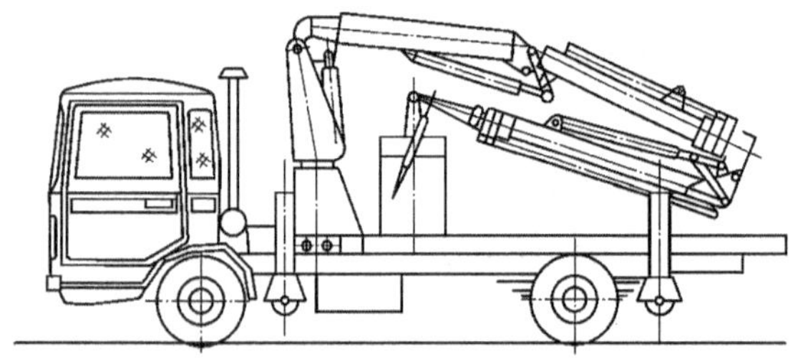

图 5-11 行驶状态外形结构示意图

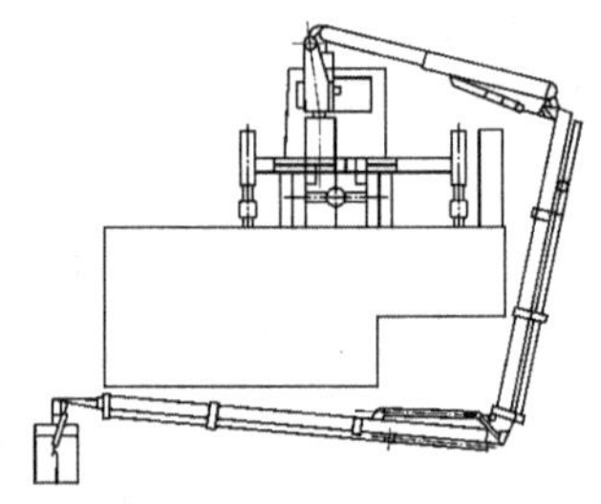

图 5-12 展开工作状态示意图

该车工作部分设置在行驶和操纵性能良好的通用汽车底盘上,底盘选用东风 EQⅢ6H 型平头载重汽车底盘。支腿形式为 H 形,且左、右支腿横梁互相嵌套,与并置式横梁相比,具有占空间少、支撑稳定性好的优点。支腿下部为直径 350mm 的滚轮,可使车辆在行驶状态下进行作业。左右支腿伸展可分别操纵控制,设备在工作时可将支腿调至不同的位置,以尽可能减少对桥面交通的影响,并可适应桥梁不同的构造特性。回转座用四个液压缸通过齿轮齿条机构驱动。三节伸缩臂中,第一节为单级伸缩臂,第二、三级为两级伸缩臂。臂部的伸缩、折叠变幅均为液压缸驱动,其中第二、三级臂的变幅部分采用了四连杆行程放大结构。臂架在转场行驶和停放状态下三节臂各自收缩至极限后,自内折叠,落在设于副车架的支撑座上。回转座中心线在底盘纵轴线向左偏移 300mm 处,这样在车辆向右侧展开工作时,可大大增加稳定性。工作斗吊挂在臂架末端,其姿态以重力方式自动实现调平。工作斗用复合材料制成,在保证耐用性和足够的刚度、强度的基础上,尽可能减小自重。工作斗上设有液压阻尼缸。工作斗运动有两套操纵装置:一套位于底盘左下方,由桥上人员操纵;另一套为有线远控箱,可设在工作斗内,由桥底检修人员操作。车上设有应急手动液压泵,可在液压泵或底盘发动机出现故障时将工作斗由桥底收回。车上不设副发动机,所需动力取自底盘动力装置,该车液压动力系统采用单定量泵开式循环油路,上车臂架部分的伸缩和变幅有运动速度控制系统采用单定量泵开式循环油路。

该车在工作斗内及臂架上设有若干传感器,当与桥梁及其他物体发生接触时,可及时地发

出报警信号，以免发生意外。

2. 性能特点

(1)臂架运用折叠加伸缩结构，既减小了转场和存放状态下的外形尺寸，有良好的可达性和使用灵活性，还可以使设备按最佳路线进行展开，减少了发生倾覆的可能性，增大了对桥梁的适应能力。

(2)检测车可在支腿接地状态下低速行驶，使设备在确保安全稳定的前提下，具备了动态工作特性。在稳定性允许的情况下，两侧支腿不对称伸展可缩小占道量，降低对交通的影响。

(3)工作斗吊叉与提耳间设有液力阻尼、锁定缸，可以大大减缓工作斗在展开、伸缩过程中的摆动，也可避免工作状态下由钻孔、锤击等导致的晃动。

(4)采用双路操作控制装置提高了设备的使用灵活性。

(5)该车还可作崖壁作业车使用。这种状态下最大作业深度为11m。

(6)该车经过适当改装，增加一些附具后，还可作为起重机、高空作业车用。另外，将底盘以外的其余部分都做成独立的部件，可在工作间隙拆除，换上普通车厢即成为运输车辆，增加了设备的使用灵活性，减少存放时底盘的自然损耗，将上车部分放置在火车平车上，可对铁路桥梁进行检测。

第六章　压实机械

第一节　概　　述

压实机械是一种利用机械自重、振动或冲击的方法，对被压实材料重复加载，排除其内部的空气和水分，使之达到一定密实度和平整度的作业机械。它广泛应用于公路、铁路路基、机场跑道、堤坝及建筑物基础等基本建设工程的压实作业。

一、压实机械的类型

现代压实机械种类繁多，不同的压实机械，其压实功能和适应范围也不相同。按压实机械工作机构的作用原理、行走方式、碾压轮的形状，压实机械可分为不同的类别和形式。通常，按照压实力作用原理划分类型，如图 6-1 所示。

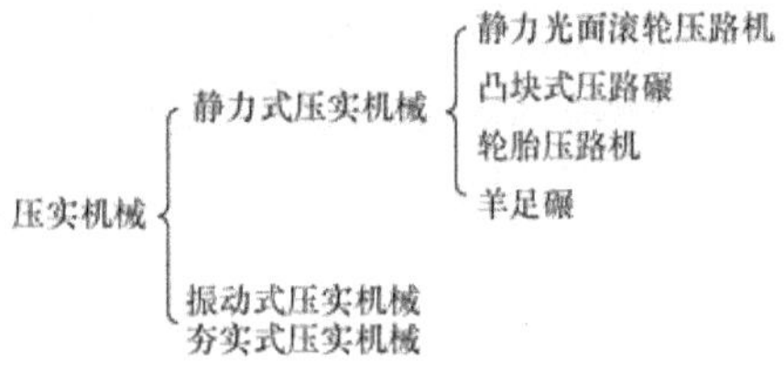

- 压实机械
  - 静力式压实机械
    - 静力光面滚轮压路机
    - 凸块式压路碾
    - 轮胎压路机
    - 羊足碾
  - 振动式压实机械
  - 夯实式压实机械

图 6-1　压实机械的分类

国产压实机械的分类和型号见表 6-1。

压实机械的分类和代号　　表 6-1

类别	种别	形式	特性	代号	代号含义	主参数	
						名称	单位
压实机械	光轮压路机 Y(压)	拖式		Y	拖式压路机(简称平碾)	加载后质量	t
		两轮自行式	Y(液)	Y 2YY	两轮压路机(简称压路机) 液压(转向)压路机(简称压路机)	结构质量 加载后质量	t
		三轮自行式	Y(液)	3Y 3YY	三轮压路机(简称压路机) 三轮液压(转向)压路机(简称压路机)	结构质量 加载后质量	t
	羊角压路机 YJ(压、角)	拖式 自行式	T(拖)	YJT YJ	拖式羊角压路机(简称羊角碾) 自行式羊角压路机(简称羊角碾)	加载总质量	t
	轮胎压路机 YL(压、轮)	拖式 自行式	T(拖)	YLT YL	拖式轮胎压路机(简称轮胎碾) 自行式轮胎压路机(简称轮胎碾)	加载总质量	t
	振动压路机 YZ(压、振)	拖式 自行式 手扶式	T(拖) Z(振) S(手扶)	YZT YZ YZJ YZS	拖式振动压路机 自行式振动碾 铰接式振动压路机 手扶式振动压路机	结构质量	t
	振动夯实机 H(夯)	振动式 Z(振)	R(燃)	HZ HZR	振动夯实机 内燃振动夯实机	结构质量	kg
	夯实机 H(夯)	蛙式 W(蛙) 爆炸式 B(爆) 多头式 D(多)		HW HB HD	蛙式夯实机 爆炸夯实机 多头夯实机	结构质量	kg

二、压实机械的工作原理

压实是通过对被压材料的重复加载，克服其材料之间的黏聚力和内摩擦力，排出气体和水分，迫使材料颗粒之间产生位移，相互楔紧，增加密实度，以达到必需的强度、稳固性和平整度的要求，以便车辆在行驶时，在动载荷的作用下和雨水、风雪的侵蚀下而不致破坏，从而保证运输车辆的正常运行。另外，还可以保证对堤坝、建筑物基础等的压实要求。选用压实机械时，一方面除了要考虑被压实材料的性质、含水量、铺层厚度、环境温度和施工条件外，另一方面还应考虑配套设备的生产能力，以提高其经济效益和社会效益。

现根据压实机械的不同类型，将压实原理分别介绍如下：

1. 静力式压路机的压实原理

如图 6-2 所示是压实原理示意图。静力作用压实机械是利用机械自身重力产生的静滚压力作用，迫使被压实材料产生永久性变形而达到压实的目的。随着碾压次数的增多，材料的密实度增加。为了进一步提高被压材料的密实度，必须用较重的滚轮来碾压。静力式压实机械应用于土方、砾石、碎石和沥青混凝土路面的压实作业中。静力压实机械由于受机械自重的限制，其压实深度和密实度受到一定的局限。静力压实机械的特点是循环延续时间长，材料应力状态的变化速度不大，但应力较大。

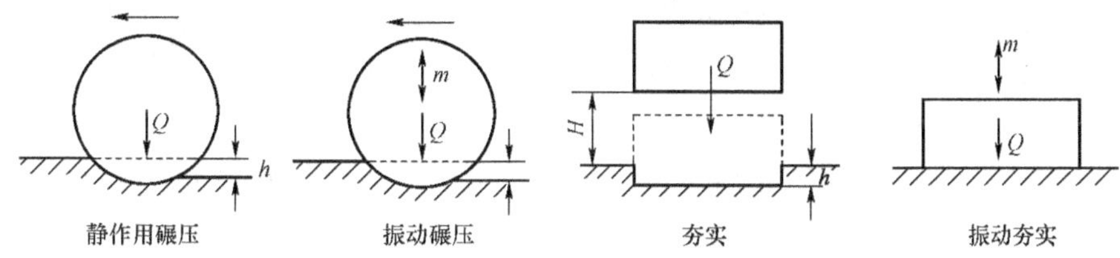

图 6-2　压实原理示意图

Q-静作用力；m-振动力；H-落下高度

2. 振动压路机的压实原理

振动压实的工作原理（图 6-2）是利用固定在质量为 m 的物体上的振动器所产生的激振力，迫使被压实材料作垂直强迫振动，急剧减小土壤颗粒间的内摩擦力，使颗粒靠近，密实度增加，从而达到压实的目的。振动压实的特点是其表面应力不大，过程时间短，加载频率大，同时还可以根据不同的铺筑材料和铺层厚度，合理选择振动频率和振幅，以提高压实效果，减少碾压遍数。振动压实机械可广泛用于黏性小的砂土、土石填方、沥青混合料和水泥混凝土混合料等的压实。

3. 夯实机械的压实原理

夯实机械的工作原理（图 6-2）是利用一块质量为 m 的物体，从一定高度 H 处落下，冲击被压材料而使之被压实。其特点是使材料产生的应力变化速度很大。特别适用于对黏性土壤、砂质黏土和灰土的压实。主要用于作业量不大及狭小场地的压实作业，特别对路肩、GBM 工程和道路维修养护工程等的压实作业。

4. 振荡压实机械的压实原理

随着振动压实技术的发展，20 世纪 80 年代瑞典等国又研制了振荡压路机。该机采用土力学土壤交变剪应力的原理，在碾轮内对称安装并同步旋转的激振偏心块（轴），使碾滚承受交变扭矩，对地面持续作用，形成前后方向的振荡波，使被压实材料产生交变剪应变。在这种水平激振力和滚轮垂直静载的共同作用下，实现对被压实材料在水平和垂直两个方向的压实。

振荡压实和振动压实原理的区别如图6-3所示，振荡压路机消除了振动压实因垂直振动和冲击给操作者和机械本身带来的危害，改善了工作条件，降低了能源消耗。正因为这种压路机所产生的激振力主要是沿行驶方向发生的，因此，特别适宜于建筑物群间的压实。

5. 轮胎压路机的压实原理

轮胎压路机是通过特制的充气轮胎，利用机械自重的静作用力压实铺层材料的压实机械。轮胎压路机的轮胎是由耐热、耐油橡胶制成的光面滚或细花纹工作胎面的充气轮胎。由于充气轮胎的弹性变形，轮胎压路机工作时除有静力压实作用外，还产生揉压作用（剪切压实效应），易使液相和气相物（水和空气等）从铺层材料中排出。

轮胎压路机对铺层的压实作用不同于光面钢轮压路机。装有特制宽基轮胎的压路机，轮胎踏面与铺层的接触面为矩形，而光钢轮与铺层的接触面为一窄条。图6-4所示为充气轮胎和光面钢压轮工作时铺层中的压实力分布。

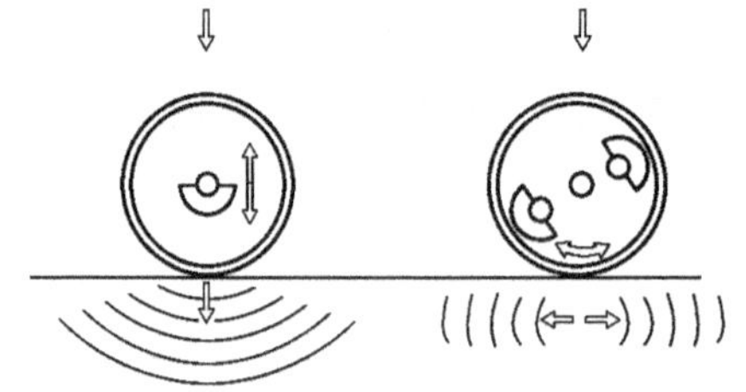

图6-3　振荡压实和振动压实原理图

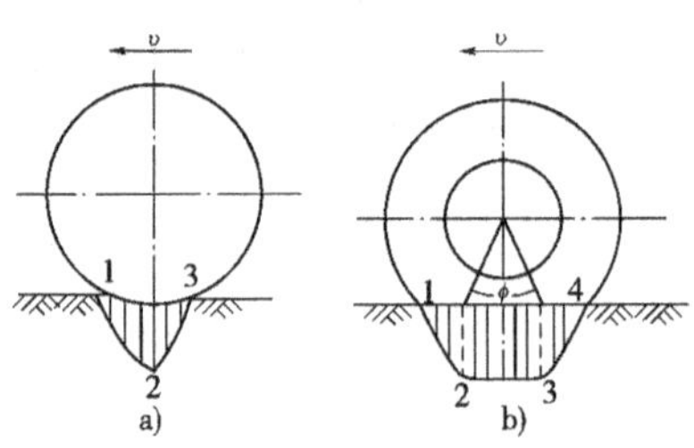

图6-4　铺层压实力分布图

a）光面钢压轮；b）充气轮胎滚压轮

第二节　静力光面滚轮压路机

一、用途、分类及编号

静力光面滚轮压路机对被压材料的压实是依靠本身的重力来实现的。它可以用来压实路基、路面、机场和其他各类工程的地基等。其工作过程是沿着工作面前进与后退反复地滚动，使被压实材料达到足够的承载力和平整的表面。

自行式光面滚压路机的分类如图6-5所示。

自行式光轮压路机根据滚轮和轮轴数目主要分为二轮二轴式和三轮二轴式，如图6-6所示。二轮压路机主要用于路面压实，三轮压路机一般质量较大，主要用于路基压实。

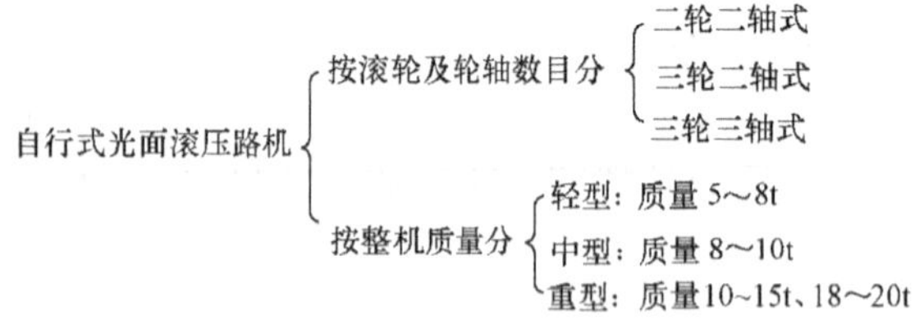

图6-5　自行式光面滚压路机的分类图

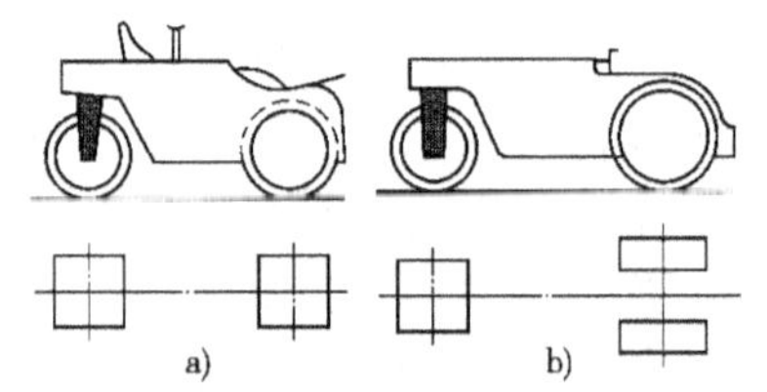

图6-6　压路机按滚轮数和轴数分类

a）二轮二轴式；b）三轮二轴式

静力光面滚压路机的型号编制如图6-7所示。例3Y12/15表示最小工作质量为12t、最大工作质量为15t的三轮光轮压路机。目前许多生产厂家对各类工程机械自行编制型号。

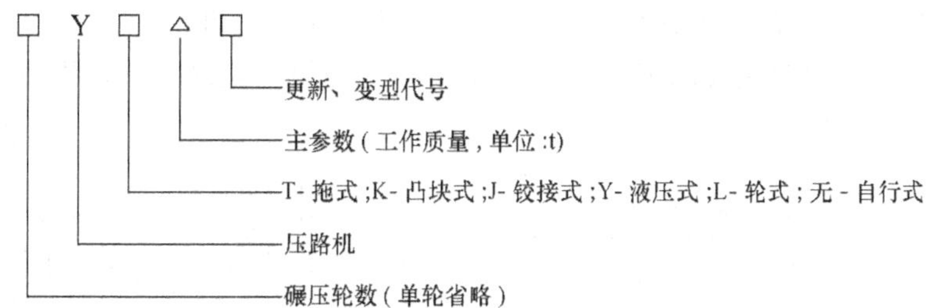

图6-7　静力光面滚压路机的型号编制方法

二、静力光面滚压路机的结构

1. 基本构造

三轮二轴式光轮压路机结构如图6-8所示,由动力装置、传动系统、操纵系统、行驶滚轮、机架和驾驶室等部分组成。发动机(多采用柴油机)作为其动力装置,安装在机架的前部。机架由型钢和钢板焊接而成,分别支承在前后轮轴上。前轮为方向轮,后轮为驱动轮。

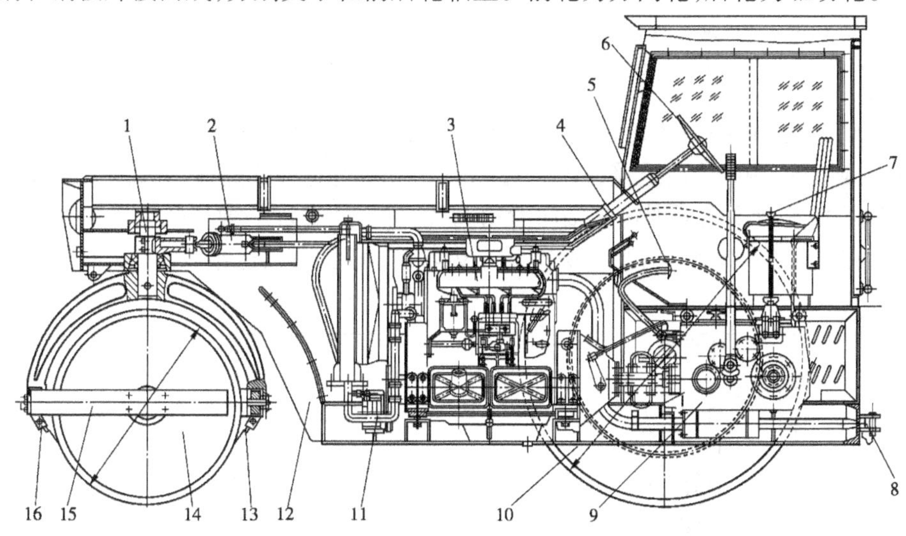

图6-8　3Y12/15型压路机的结构

1-转向立轴轴承座;2-转向油缸;3-发动机;4-液压转向器;5-变速操纵杆;6-差速锁手柄;7-换向操纵手柄;8-后牵引座;9-变速器;10-驱动轮;11-液压油泵;12-机身和机架;13-"门"形架;14-方向轮;15-框架;16-刮泥板

2. 传动系统

图6-9为3Y12/15型压路机的传动系统,主要由主离合器4、变速机构5、换向机构6、差速机构7、末级传动机构8等组成。发动机3输出的动力经主离合器4传至变速器5,变速后(三个挡位)的动力通过变速器第二轴末端的锥形驱动齿轮带动换向机构6,然后通过横轴中部的圆柱齿轮带动差速器7,最终经侧传动齿轮8和9传至驱动轮10使之旋转。

三轮压路机的传动系统中都装置有一个带差速锁的差速器7。差速器的作用是在压路机转向或行驶在高低不平、松实不均的路段时,能使两个驱动压轮在相同的时间内滚过不相同的距离,从而实现驱动压轮无滑移滚动,避免机件损坏和保证压实质量。差速锁是使两驱动压轮联锁(失去差速作用),以便当一边驱动轮因地面打滑时,而另一边不打滑的驱动轮仍能使压路机行驶。

差速器主要有齿轮式和牙嵌式两种结构形式,国产压路机主要采用齿轮式差速器。图6-10为3Y12/15型压路机圆柱行星齿轮式差速器。差速器两半壳内装着8个圆柱直齿行星齿轮2,4个为一组,分别与两个差速齿轮1啮合,并且不同组的相邻两个行星齿轮为一对,相互啮合。差速齿轮1是两个相同的圆柱直齿轮,各自通过花键与差速半轴5相连接。

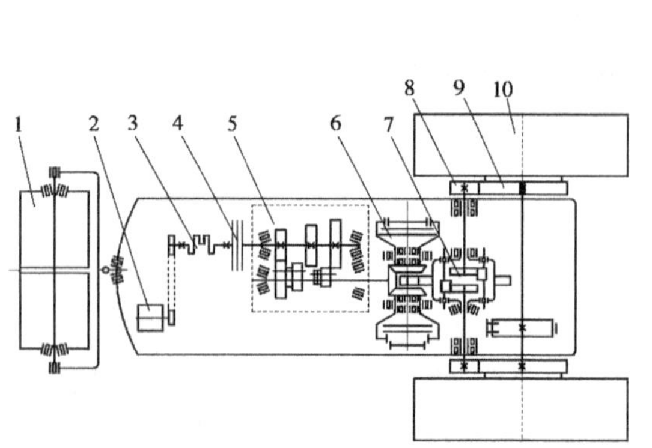

图6-9　3Y12/15型压路机传动系统图

1-导向轮;2-电动机;3-发动机;4-主离合器;5-变速器;6-换向机构;7-差速器;8-侧传动小齿轮;9-侧传动大齿轮;10-驱动轮

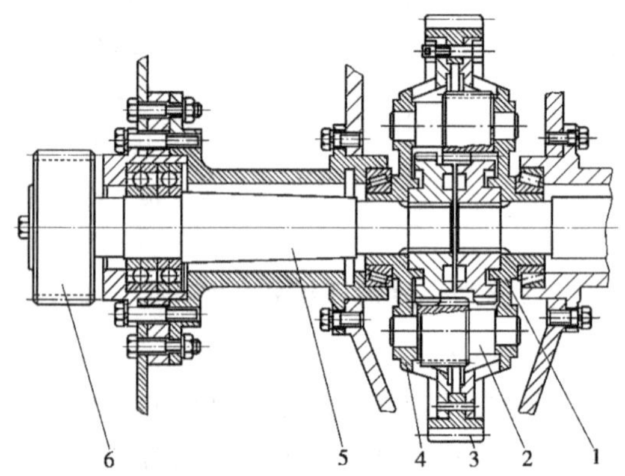

图6-10　3Y12/15型压路机差速器

1-差速齿轮;2-行星齿轮;3-差速器齿圈;4-差速器壳体;5-差速半轴;6-末级传动小齿轮

3Y12/15型压路机的差速锁装置在末级传动大齿圈处,如图6-11所示。末级传动左侧大齿圈1与连接齿轮3啮合,而连接齿轮3则以平键与驱动轮轴4连接。右侧大齿圈处滑装着锁定齿轮7,可沿轴套8上的滑键9轴向滑动,而轴套8又通过平键与驱动轮轴4相连接。末级传动大齿圈固装在驱动轮内侧,末级传动小齿轮11固装在差速半轴上,动力经差速器传给末级传动机构。

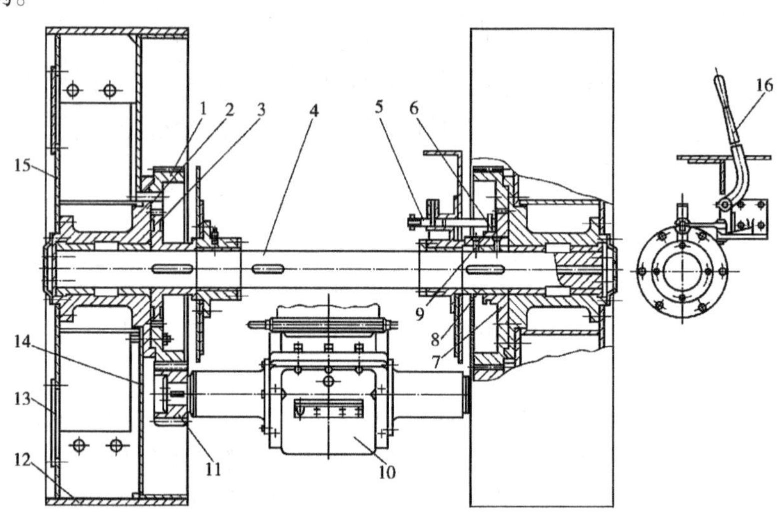

图6-11　3Y12/15型压路机末级传动机构、差速锁及驱动轮

1-末级传动大齿圈;2-轮毂;3-连接齿轮;4-驱动轮轴;5-拨叉轴;6-拨叉;7-锁定齿轮;8-轴套;9-滑键;10-变速器;11-末级传动小齿轮;12-轮圈;13-盖板;14-内轮辐;15-外轮辐;16-差速锁操纵手柄

Y12/15型压路机的换向机构由主动部分、从动部分和操纵机构等组成,如图6-12所示。其主动部分由锥形齿轮1、离合器壳7和主动齿片8等组成。两个大锥形齿轮1通过滚柱轴承支承在横轴3上,它与变速器输出轴上的小锥形齿轮常啮合。离合器外壳7用花键装在大锥形齿轮的轮毂上,并通过滚珠轴承支承在变速器壳体两侧的端盖5上。两面铆有摩擦衬片的主动齿片,以外齿与离合器壳的内齿相啮合,同时还可轴向移动。从动部分由驱动小齿轮17、

固定压盘 15、中间压盘 14 和后压盘 13 等组成。驱动小齿轮 17 装在横轴 3 上，轴套 9 装在横轴 3 外端的花键上，固定压盘 15 以螺纹形式与轴套连接，中间压盘 14 与后压盘 13 以花键形式与轴套 9 相连接，也可沿轴向移动。操纵机构由压爪 10、可调节的压爪架 12 和分离轴承 11 等组成。

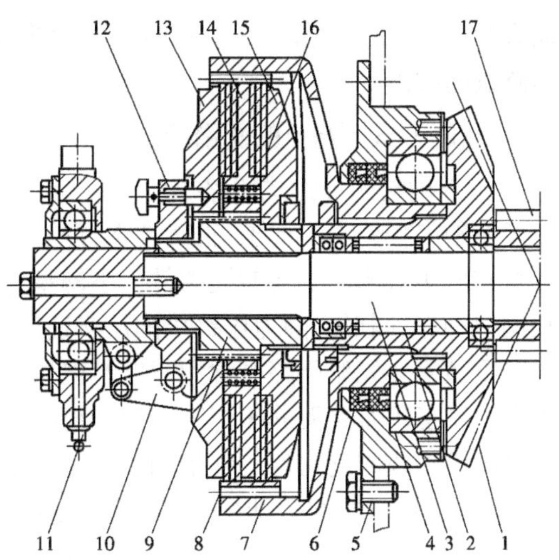

图 6-12　3Y12/15 型压路机换向机构

1-从动锥齿轮；2-滚柱轴承；3-横轴；4-滚珠轴承；5-端盖；6-油封；7-离合器外壳；8-离合器主动片；9-离合器轴套；10-压抓；11-离合器分离轴承；12-压抓架；13-活动后压盘；14-中间压盘；15-固定压盘；16-分离弹簧；17-圆柱小驱动齿轮

3. 工作装置

压路机的碾压轮既是压路机实施碾压作业的工作装置，也是自行式压路机的行走装置。方向轮受转向机构控制，引导压路机转向和实施部分压实功能，其机构形式主要有框架式和无框架式两种。图 6-13 为 3Y12/15 型压路机无框架式方向轮结构简图，它由滚轮 11、轮轴 8、Π 形架 6 和转向立轴 3 等组成。因为滚轮较宽，为了便于转向，一般都制成相同的左右两个部分，分别通过两个轴承支承在前轮轴 8 上，可以单独自由旋转，互不干扰。轮轴 8 直接用轴盖、螺栓固装在 Π 形架 6 上，Π 形架上部用横销 4 与立轴 3 铰接。立轴靠轴承支承，立轴上端固装着与转向油缸连接的转向臂 1。

图 6-14 所示为 3Y12/15 型压路机所采用的摆线转子泵液压操纵随动系统，由转阀式转向器 1、转向油缸 2、齿轮油泵 6 和油箱 4 等组成。当转动转向盘时，油泵来的压力油进入转向器 1，并进入油缸 2 的左腔或右腔，使车轮向左或向右偏转。当压路机直线行驶时，油泵来的压力油通过转向器直接回油箱。当发动机熄火或液压系统出现故障时，转动转向盘即可驱动转向器，压力油被输入油缸的左腔或右腔，完成所需转向。但此时不再是液力转向，而是人力转向。

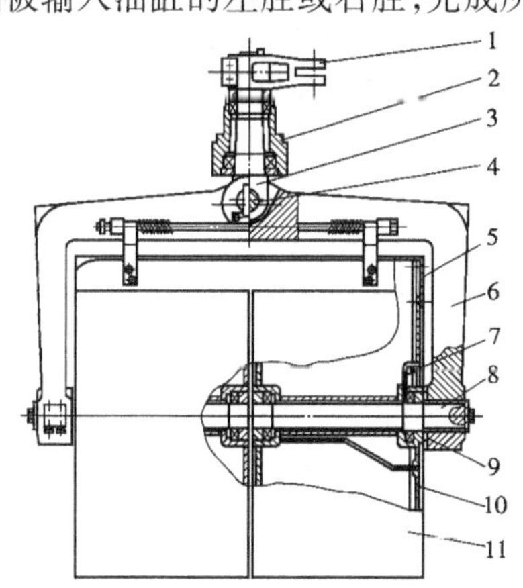

图 6-13　3Y12/15 型压路机无框架式方向轮

1-转向臂；2-转向立轴轴承座；3-立轴；4-横销；5-封盖；6-Π 形架；7-油管；8-轮轴；9-挡环；10-轮辐；11-轮圈

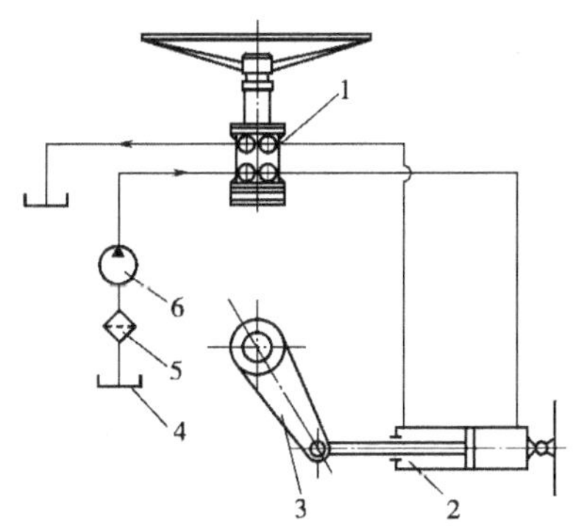

图 6-14　3Y12/15 型压路机全液压转向系统

1-转向器；2-转向油缸；3-转向臂；4-油箱；5-滤油器；6-油泵

驱动轮的功用是驱动压路机运行，并承担压路机的主要压实功能。图 6-11 所示 3Y12/15 型压路机的驱动轮由轮圈 12、内轮辐 14、外轮辐 15、轮毂 2 及齿圈 1 等组成。轮圈 12 和内外轮辐 14、15 由钢板焊成，轮轴 4 的两端支承在两个驱动轮的轮毂 2 上。在轮毂的内端装着从动大齿圈1。在外轮辐15上有两个装沙孔,用盖板13封着,可向轮内添加配重砂,用来调节压路机的质量。

三、静力式压路机的使用技术

1. 正确选用静力式压路机

根据工程施工的要求,正确地选择静力式压路机的种类、规格及压实作业参数是保证压实质量和压实效率的重要前提条件。不同型号的静力式压路机对各种施工条件的适应性也不尽相同,掌握不同形式静力压路机的压实适应性,是合理选购和使用压路机的重要依据。

重型静碾光轮压路机常用于路基垫层和路基的施工之中,而中型的多用于路面,轻型的仅用在小型工程及路面养护施工。静碾光轮压路机对黏性薄层土壤的压实尚为有效,但对含水量高的黏土或粒度均匀的砂土则压实效果不佳。

(1)根据机械配套情况正确选用压路机,筑路机械配套情况是选用压路机的重要因素。一般而言,机械化施工程度高,则应选用压实功能大,作业效率高的压路机;机械化施工程度低,则可选用相应功能且经济的压路机,以免浪费压路机的压实功能。静力式压路机通常用在机械化施工程度较低的压实作业中。

(2)根据压实作业项目正确选用静力式压路机。压实作业项目不同,选用的压路机种类规格也应不同。

一般进行路基压实作业时,多选用压实功能大的重型和超重型静力式压路机。可供选择的机型有3Y10/12、3Y12/15、3Y18/20等。

进行路面压实作业时,为使表层密实平整,多选用中型两轮静力式压路机。可供选择的机型有2Y6/8、2Y8/10等。

进行路面基层压实作业时,可选用重型静压式压路机。可供选择的机型主要有3Y10/12、3Y12/15等。

若进行人行道、园林道路、小面积修补、边角地段及桥涵填方等压实作业,则可选用轻型或小型压路机。可供选择的机型主要有2Y3/4及各种小型振动压路机等。

(3)根据土壤和材料特性正确选用压路机。铺筑路基和路面所使用的土壤与材料的压实特性对压路机的选用有一定限制。表6-2所示为根据铺筑层土壤和材料的压实特性建议选用压路机的种类。

压路机选用参考表 表6-2

压路机种类	土壤或材料类型					
	黏土	砂土Ⅰ	砂土Ⅱ	混合土	碎石	块石
静光轮	-	1	+	+	1	-
轮胎轮	1	1	+	+	-	-
振动轮	1	-	+	+	+	-
羊足轮(凸块轮)	+	-	1	1	-	-
说 明	压实效果理想(+);压实效果一般(1);压实效果不理想(-)					

(4)根据铺筑层含水量正确选用压路机。铺筑层土壤或材料的含水量是影响压路机压实效果的重要因素。土壤在最佳含水量状态下才能很好地被压实。若土壤或材料的实际含水量比最佳含水量低3%~5%以下,而施工现场又不易补充水分,则可选用超重型静力式压路机和重型振动压路机进行压实作业。可供选择的机型主要有3Y12/15、3Y15/20及一些振动压

路机等。若土壤或材料的实际含水量比最佳含水量高2%～3%，则不宜用振动压路机进行振动压实。若实际含水量比最佳含水量高3%以上，则需要采取适当措施，降低含水量后才可进行压实作业。

2. 正确选择压实作业参数

静压式压路机的作业参数主要有单位线荷载、最大接触应力、碾压速度、碾压遍数及压实厚度等。正确地选择以上参数，对于保证压实质量和作业效率非常重要。碾压速度、碾压遍数及压实厚度等是需要掌握的主要参数。

(1)碾压速度

压路机进行初压作业时，静光轮压路机适宜的碾压速度为1.5～2km/h。随着碾压遍数增加，压路机进行复压和终压作业时，静光轮压路机碾压速度可增加到2～4km/h。

(2)碾压遍数

碾压遍数是指相邻碾压轮迹相重叠0.2～0.3m，依次将铺筑层全宽压完为一遍，而在同一地点如此碾压的往返次数，称为碾压遍数。碾压遍数的确定主要是以压实达到规定的压实度为准。一般压实路基和路面基层时，需要碾压6～8遍；压实石料铺筑层时，需要碾压6～8遍；压实沥青混合料时，需要碾压8～12遍。

(3)压实厚度

根据压路机作用力最佳作用深度，各类型压路机均规定有适宜的压实厚度(表6-3)。压实厚度小，施工效率低，压实层表面易产生裂纹或波浪；压实厚度大，则铺筑层深部不易被压实。

几种类型压路机适宜的压实厚度 表6-3

压路机类型	适宜的压实厚度(cm)	碾压遍数	适宜土壤种类
8～10t 静光轮压路机	15～20	8～12	非黏性土
12～15t 静光轮压路机	20～25	6～8	非黏性土
18～20t 静光轮压路机	20～25	6～8	非黏性土

3. 静力式压路基使用的注意事项

选用静力式压路机碾压路基和沥青混凝土路面时，还必须注意以下使用方法。

(1)减少弯道压实对压实质量的影响

自行式静力压路机在碾压过程中，其转向角度不宜过大，转向速度不宜过快，应尽量避免碾压轮搓移被压层材料，影响压实质量。采用铰接式静力压路机压实作业，弯道压实时串联式压路机的前后轮迹重合，三轮压路机的前后压轮也会搭接重合，轮迹间不会出现漏压空白，这样可以减轻被压表层搓移的程度。

(2)避免被压表面出现凹痕、波浪和裂纹

在压实作业过程中，压路机不能在同一碾压断面上停留时间过长，也不能多次停留在同一断向上，否则会产生局部凹痕。

如果在碾压过程中发现被压层表面出现规律性波浪起伏现象，很可能是因压路机选型不当而造成的。若改用全轮驱动压路机或三轮三轴式压路机，则可消除规律性波浪起伏现象。全轮驱动压路机的前后压轮都可将碾轮前的被压材料楔紧在碾轮下，提高被压表层的平整度。从动压轮本身无动力，而是靠机架推动进行滚压，碾滚前存在拥土现象，容易形成弓形微坡，甚至产生裂纹。这就是单轮驱动压路机容易造成路面规律性波浪起伏现象的根本原因。

严格控制铺层材料的含水量，使之处于最佳含水量状态，是提高压实质量的前提。若含水量过低，则应适量补充洒水后再碾压；若含水量偏高，则应通过翻晒蒸发后进行压实。含水量过低是造成被压层表面出现细小裂纹的原因。

(3)碾压沥青混凝土路面的防粘、防硬化措施

沥青路面系高温铺筑材料,粘结性强,温降后容易硬化、固结,难以压实。根据沥青混合料的压实特性,碾压沥青混凝土路面时,压路机应尾随摊铺机之后,严格按规定的压实作业参数和碾压温度进行压实。同时应在光轮表面涂刷防粘剂,以防压轮粘结沥青混合料,影响表面压实质量。

沥青混凝土摊铺机和压路机是沥青路面的配套施工作业机械,摊铺机所完成的摊铺路段,压路机必须当即跟随摊铺机完成压实作业的全部工序,不得延误碾压时间,更不得进行隔夜碾压,以避免沥青混合料固结硬化,影响路面的压实度和平整度。

四、作业时注意事项及维修保养

1. 作业时注意事项

(1)作业或行驶中紧急制动时,必须先踏下主离合器踏板以切断动力,然后再踏制动踏板,否则易损坏制动器;解除时,应先松制动踏板,然后再松主离合器踏板以恢复行驶。

(2)对于带差速锁死装置的压路机,在正常作业时应将差速锁死装置置于差速位置,以便于机器转向,并可避免损坏路面;当机器陷入泥坑或有较大石块阻住后轮使后轮打滑时,可将差速锁死装置置于锁死位置,以帮助机器克服后轮打滑并越过障碍。

(3)上坡前换挡变速时必须停机,下坡时应挂低速挡。

(4)高速行驶时严禁急转弯。

(5)几台压路机联合作业时,其间距应大于3m,以免发生碰撞或造成转向困难。

(6)应避免远距离行驶;需要远距离转场时,应用其他车辆运载。

2. 维修保养

(1)变速器的维修保养

变速器必须按期添油和换油,变速器润滑油采用60%齿轮油及40%润滑油混合配成,齿轮油应根据地区季节的不同,使用合乎要求的油料,冬季用“冬”用齿轮油,夏季用“夏”用齿轮油。

压路机每工作50~60h,检查油位,不足时添油,每工作400~500h换一次油。

变速器内部每年至少要用煤油清洗一次,在清洗之前将箱内润滑油放出,用煤油将箱内的污油和杂物清洗放掉,再灌注新润滑油。

要注意检查变速器各密封处是否漏油,如果密封损坏应立即更换;注意检查变速器与机架连接的螺钉,勿使其松动脱落。

应经常检查变速操纵机构的定位装置是否能使变速齿轮保持在一定的位置。若有问题,应及时调整和修理好,否则定位装置失灵,将会引起变速机构的跳挡事故。

(2)液压系统的维修保养

①经常检查油泵转动皮带的松紧程度,避免因皮带过紧而使油泵轴断裂,如果过松则易产生皮带打滑,油泵转速降低,使油量不足。

②每天应检查液压系统是否漏油及油面工作状况。

③在液压系统油箱加油时,应注意过滤,以免杂质和污物混入油内。过滤器的滤芯应定期清洗。

④压路机每工作1000h须更换液压油,灌入新油以前应用煤油清洗液压系统各部件。

⑤各油路管道应定期进行吹洗,以免油路堵塞。各密封填料应定期检查,发现漏油应及时更换。

第三节 轮胎式压路机

一、概述

1. 用途

轮胎压路机是通过特制的充气轮胎，利用机械自重静作用力压实铺层材料的压实机械。轮胎压路机的轮胎是由耐热、耐油橡胶制成的光面滚或细花纹工作胎面的充气轮胎。由于充气轮胎的弹性变形，轮胎压路机工作时除有静力压实作用外，还产生揉压作用（剪切压实效应），易使液相和气相物（水和空气）从铺层材料中排出。

轮胎压路机可通过增加压重和调节轮胎充气压力来调节轮胎接地比压，从而在较大范围内改善了轮胎压路机对不同工况的适应性，扩大了轮胎压路机的使用范围，促使轮胎压路机迅速发展。由于具有独特的压实性能，轮胎压路机不仅能有效压实非黏性土、少黏性土和最佳含水量的黏性土，而且光面轮胎压路机还可有效压实沥青混凝土和黑色碎石粒料路面，广泛用于机场跑道、堤坝、路基和路面等基础设施工程的压实作业。

2. 分类

轮胎压路机可分为拖式、半拖式和自行式三种形式。拖式轮胎压路机为双轴式，即所有轮胎分别安装在前后两根轴上；半拖式轮胎压路机为单轴式，所有轮胎都装在一根轴上。现在常用的是自行式轮胎压路机（通常简称为轮胎压路机），按质量可分为轻型（10～16t）、中型（20～25t）和重型（30t 以上）。如图 6-15 所示是轮胎压路机的外形图。

3. 轮胎压路机的特点

充气轮胎的一大特点是可以改变轮胎内的气压，以限制对铺层压实材料表面的最大压应力作用，从而提高压实效果。在相同重力负荷下，充气轮胎的最大压应力比光面钢轮小，铺层材料表面的承载力因而也比较小，这样可使下层材料得到较好的压实。

图 6-15 轮胎压路机的外形图

轮胎压路机对沥青混凝土和黑色碎石粒料路面有着独特的综合压实效果，具有光面钢轮不具备的弹性压实特性。特制的充气轮胎除了给铺筑层施加垂直压实力外，同时还沿压路机的行驶方向和机械的横向产生水平压实力，实现全方位压实，沿各个方向挤压和推移被压材料颗粒，提高垂直和水平密实度，对高温高黏性的沥青混合料也如此。轮胎压路机利用橡胶充气轮胎的弹性柔曲特性，对整个被压层起到“揉搓作用”，轮胎表面可通过柔曲变形挤压被压层凹部，进行封密性压实，提高压实表面和内层的密实性。在碾压沥青路面时，柔性轮胎不是像光面钢轮那样将沥青混合料向前推，而是在沥青混合料上形成最初的接触点，施加较大的垂直压实力，从而避免了钢轮碾压时经常产生的裂缝现象，提高了路面压实的封闭性和密实度的均匀性。

除上述特点外，现代轮胎压路机还具有以下几个特点：

（1）采用液力机械传动和液压传动。液力机械传动效率高，液压传动速度调节范围大。

（2）在机械上设有轮胎悬挂装置。这样，可使每个轮胎负荷均匀，并且在不平整地面碾压时能保持机架的水平和负荷的均匀。

（3）在终传动方面，采用全齿轮传动，差速器上装有自动锁紧装置，常采用牙嵌式闭锁差速器。

（4）采用轮胎气压集中调压装置，可以得到较好的碾压效果，机械通过性能也大为提高。

(5)采用压力喷雾洒水系统。

(6)压路机质量增加,采用大功率发动机和全轮驱动形式。

(7)采用铰接式机架,折腰转向,保证了机械的机动性,又减少了对铺层的横向剪力,可提高压实质量。

(8)采用宽基轮胎,宽基轮胎的断面高度与宽度之比为0.65左右(普通轮胎为0.95~1),宽基轮胎的接地压力比较均匀。

二、自行式轮胎压路机的结构

1. 基本构造

自行式轮胎压路机由发动机、底盘和特制轮胎所组成,构造如图6-16所示。底盘包括机架、传动系统、操纵系统、洒水装置和电器设备等。

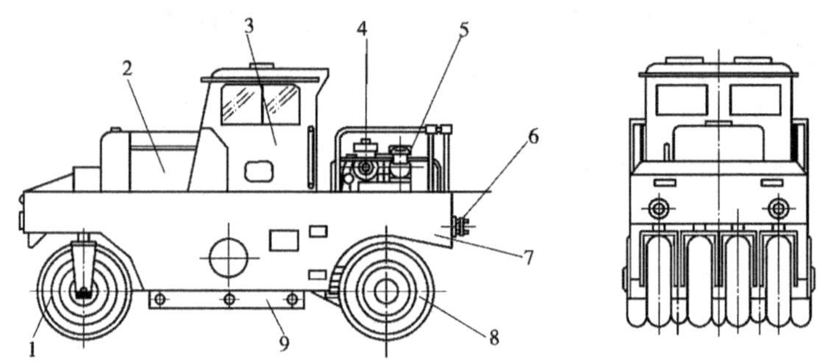

图6-16 YL16型自行式轮胎压路机

1-方向轮;2-发动机;3-驾驶室;4-汽油机;5-水泵;6-拖挂装置;7-机架;8-驱动轮;9-配重铁

2. 传动系统

图6-17为YL16型轮胎压路机的传动系统图,其组成基本与前述光轮压路机相似,只是最终传动采用链传动的形式。发动机3输出的动力经由离合器4、变速器5、换向机构7、差速器8、左右半轴、左右链轮10等的传动,最后驱动后轮11。

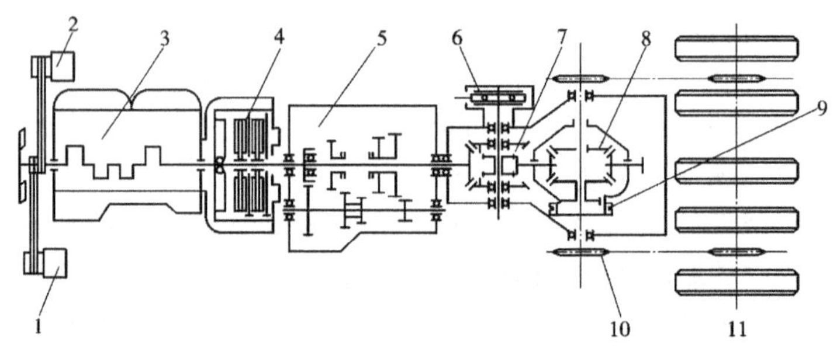

图6-17 YL16轮胎压路机传动系统简图

1-油泵;2-气泵;3-发动机;4-离合器;5-变速器;6-手制动器;7-换向机构;8-差速器;9-差速锁止装置;10-左驱动链轮;11-轮胎

3. 工作装置

轮胎压路机的工作装置是充气轮胎,因此对轮胎及其悬挂装置提出了特殊要求,所采用的轮胎都是特制的宽基轮胎,其踏面宽度是普通轮胎的1.5倍左右,压力分布均匀,从而保证了对沥青面层的压实,不会出现裂纹。压路机轮胎前后错开排列,有的前三后四,有的前四后五或前五后六,前、后轮迹相互叉开,由后轮压实前轮的漏压部分。轮胎是由耐热、耐油橡胶制成的无花纹的光面轮胎(压路面)或有细花纹的轮胎(专压基础),轮胎气压可以根据压实材料和

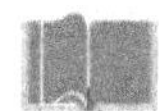

施工要求加以调整。

由于轮胎压路机用多轮胎支承，所以必须用悬挂装置保证每个轮胎负荷均匀，在不平整的铺层上还能保持机架的水平。悬挂装置有液压悬挂和机械摇摆两种。图6-18为机械摇摆式悬挂装置机构简图。

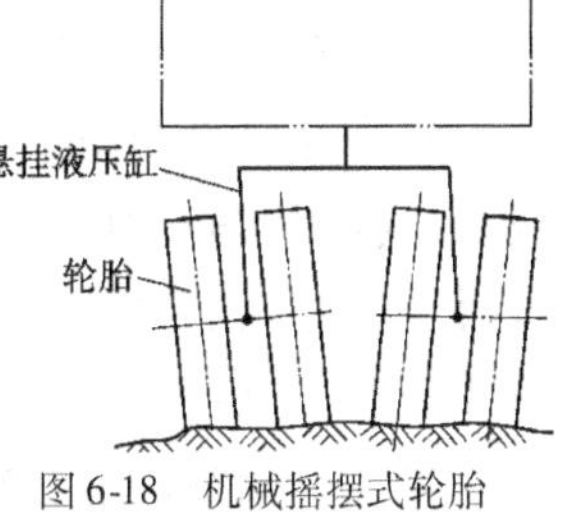

图6-18 机械摇摆式轮胎悬挂装置机构简图

YL16轮胎压路机采用机械摇摆悬挂装置，如图6-19所示为YL16轮胎压路机的前轮（方向轮）共有4个轮子，分成可以上下摇摆的两组，通过摆动轴8铰装在前后框架9上，再通过立轴4、叉脚5、轴承3和立轴壳2与机架连接。在立轴4的上端固装着转向臂1，转向臂的另一端与转向油缸的活塞杆端相铰接。两组轮胎可绕各自的摆动轴8上下摆动，其摆动量由螺栓11来调整，当不需要摆动时，可用销子10将其锁死。

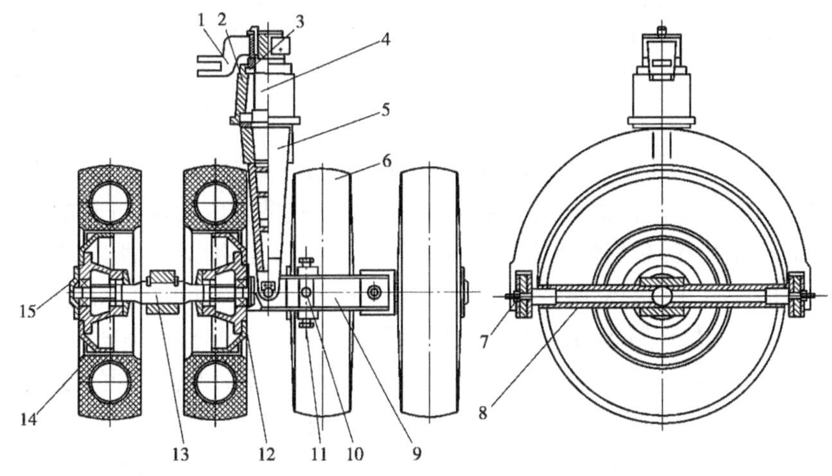

图6-19 YL16轮胎压路机的方向轮

1-转向臂；2-转向立轴壳；3，12-轴承；4-转向立轴；5-叉脚；6-轮胎；7-固定螺母；8-摆动轴；9-框架；10-销子；11-螺栓；13-轮轴；14-轮辋；15-轮毂

YL16轮胎压路机共有5个后轮（驱动轮），分左右两组，如图6-20所示。左边二个车轮的轮轴是由两根短轴2、4组成的，其间靠联轴器连接在一起。右边两个车轮共用一根短轴。每

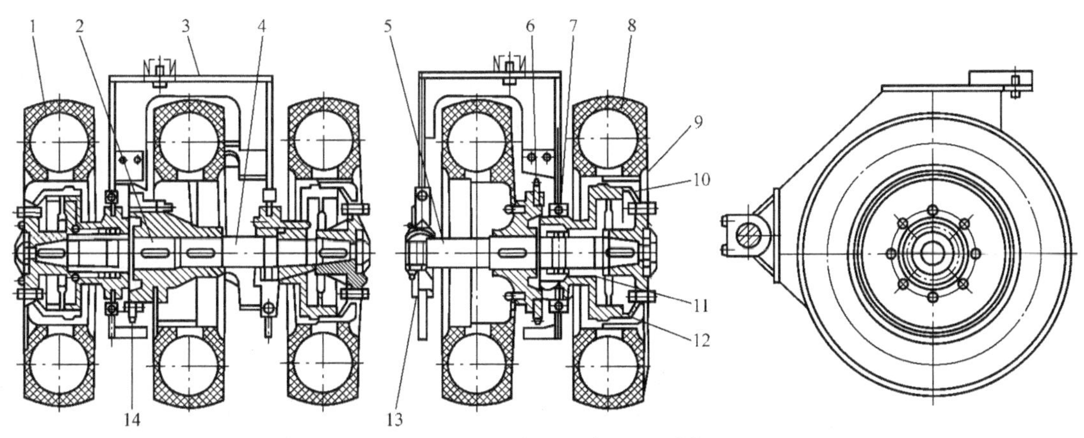

图6-20 YL16轮胎压路机的驱动轮

1-左驱动轮组；2-左半轴；3-支架；4-右半轴；5-右驱动轮轴；6-链轮；7，11，13-轴承；8-右驱动轮组；9-制动鼓；10，12-制动蹄片；14-链轮

个后轮都用平键装在轮轴上。左、右轮轴分别通过滚珠轴承装在各自的支架3上，支架则和机身连接。左右侧两个车轮和中间车轮装有制动器。

集中充气系统由空气压缩机、空气滤清装置、储气罐、控制阀、管路、气门和操纵系统等组成，其简图如图6-21所示。空气压缩机必须有足够大的排量，储气罐也应有足够大的储气量，才能保证在尽可能短的时间内，完成轮胎的充气任务。

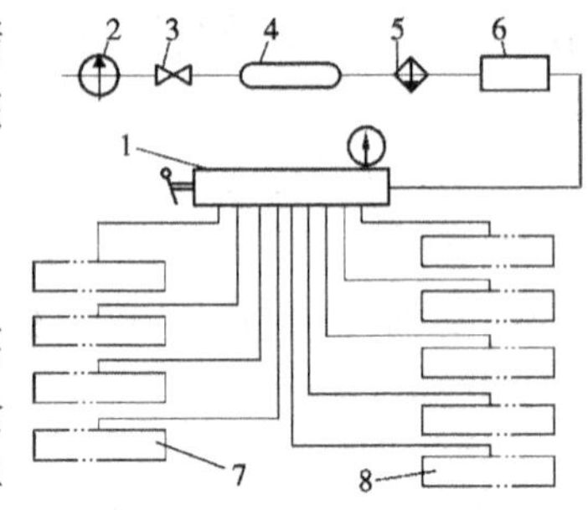

图6-21　集中充气系统示意图

1-操纵阀；2-空气压缩机；3-开关；4-储气罐；5-水分离器；6-控制阀；7-前轮；8-后轮

三、自行式轮胎压路机的实用技术

自行式轮胎压路机以其独特的柔性压实作用特别适合压实较均匀的砂质土壤和沥青混凝土路面。改变轮胎压路机充气轮胎的负荷(增减压重)和调节充气压力，可以调整轮胎压轮的平均接地比压，扩大了轮胎压路机的压实作业范围。由于轮胎压路机采用橡胶充气轮胎作碾压轮，故不能碾压有尖锐棱角的碎石和块料，以免扎坏或割伤压轮。

1. 轮胎压路机的使用特点

轮胎压路机可以进行各种料层基础的压实工作；对自行式轮胎压路机来说，还可以进行沥青混合料面层的压实。在备有集中充气装置的轮胎压路机进行压实作业时，轮胎负荷与充气压力之间存在的函数关系，对某种状态的土或材料都具有最佳的匹配。所以，为了充分利用和发挥轮胎压路机的优良性能，必须要熟悉轮胎压路机的使用特点，并能熟练地进行驾驶操作。

轮胎压路机是一种静作用压路机，在进行压实作业时，与光轮压路机类同。轮胎压路机结构先进，性能好，它的优点有：两个参数(气压和质量)可以改变，用以满足不同的使用要求；采用三点支承式悬挂系统，轮压均匀，压实质量好；轮胎弹性可产生揉压作用，使铺层材料在各方向上位移，表面结构密实均匀；宽基轮胎给物料的垂直力大，切向力很小，可得到无裂纹的密实表面；轮胎与铺层的接触表面呈矩形，被压材料上的任一点处于压实力的作用时间长，影响深度大。

选用轮胎压路机进行压实施工作业，必须根据被压铺层材料的松软程度、含水量多少、沥青混合料铺层温度高低，合理调整轮胎接地比压(改变轮胎负荷和调节轮胎气压)，才能提高压层的密实度和平整度，避免产生轮辙，获得最佳的压实效果。现以法国生产的C788型轮胎压路机为例，说明它的使用情况(表6-4)。

轮胎压路机的运用说明　　表6-4

使用情况			轮胎负荷(kN)	轮胎气压(MPa)	接地面积(cm^2)	接地压力(MPa)	工作情况
轮胎气压变化	每个轮胎负荷不变	最小	12	0.15	620	0.185	①这是地面受压很小的情况，应用在松软、很潮湿的黏性土或厚层在0.2m以上的软铺层，热料的最高温度在90℃以上时比较合适
				1	225	0.507	②是地面受压力很大的情况(接地比压0.5MPa)，易产生轮辙，在工程上不常用，最好装上压重使用
		最大	26	1	404	0.635	③用在滚压很硬的填料层时，能很快地压出平整的表面，获得要求的压实度
				0.3	808	0.317	④轮胎气压很低，每个轮胎负荷很大，在工程上应用都得到满意的效果

续上表

使用情况	轮胎负荷(kN)	轮胎气压(MPa)	接地面积(cm^2)	接地压力(MPa)	工作情况
气压和负荷都不得变化	12	0.37	385	0.3	⑤工程上不常用
	17	0.35	570		⑥轮胎接地宽度大,下层土松软时,可获得好的压实效果
	26	0.26	860		⑦这种情况比第⑤种工况的压实效果要提高50%,是一种很好的工作参数匹配,能压实下层土
最大负荷时用最小的气压	21	0.15	980	0.215	⑧最大质量15t(指C788标准型,不加压重时全车重,每个轮胎负荷150/7=21.4kN),轮胎气压为0.15MPa,进行大面积面层滚压,可使表面光整;在同一工地上滚压砂石基础时允许使用0.15MPa气压,滚压面层时用0.5MPa气压
轮胎的充气压力低时,在危险地区不要转弯,工作时用低速,不要用作转场行走					

转场行驶时									
轮胎负荷(kN)	12	14	16	18	20	22	24	26	27
许可最小气压(MPa)	0.16	0.19	0.23	0.27	0.3	0.35	0.4	0.45	0.48

轮胎的充气压力要保证其在铺层上有足够的接触面积。根据铺层厚薄决定轮胎的荷重。

在重负荷工作时,充气压力要相应增高。当轮胎通过后,在铺层上不应有2cm以上的轮辙。

2. 对轮胎压路机的使用要求

轮胎压路机虽然有优于静光轮压路机的碾压特点,但其结构复杂,价格高,使用费用高,调整困难。因此,对轮胎压路机的使用和保养要求如下:

(1)不能碾压有尖锐棱角的碎石块。

(2)当碾压热铺沥青混合料时,应在工艺规定的混合料温度下进行碾压作业。为了防止碾压轮粘带沥青混合料,要向轮面涂刷少量柴油或其他防粘剂,但由于这些油剂有腐蚀橡胶轮胎的作用,应尽可能少用或不用。

(3)调整平均接地比压,使轮胎压路机有较宽的适用范围。可通过试验和经验进行粗略调整,使平均接地压力适应最佳碾压效果的施工作业要求。

(4)当轮胎压路机具有整体转向的转向压轮时,为避免转向搓移压实层材料,在碾压过程中,不应转向角度过大和转向速度过快。

(5)碾压时,各碾压轮的气压保持一致,其相对值不应大于10~20Pa。

(6)终压时,可以将转向压轮定位销插入销孔中,锁死摆动,使压实层具有平整的表面。

(7)轮胎压路机处于运输工况转场行驶时,轮胎气压应处于高压状态,保持在0.6~0.65MPa之间。胎压过低会降低轮胎使用寿命。

(8)轮胎压路机在使用过程中,由于各个轮胎的气压不完全一致,将导致轴承松旷及支承框架变形,引起轮胎偏磨。当轮胎非对称磨损后,轮胎压路机将会出现附加晃动或振动等现象,影响压实质量。故轮胎压路机在工作500~600h或半年后,应对称调换各个轮胎的安装位置,使轮胎磨损趋于均匀。

(9)压实工程施工结束,如果轮胎压路机需要长时间停置,应将机身顶起,减少轮胎长期静态受压变形。

(10)为了保持轮胎压路机的压实性能,使之经常处于良好的技术状况,应按轮胎压路机的使用保养说明书的要求和规定,经常进行检查,及时进行技术保养和维修。

3. 国产轮胎压路机使用的经验数据

国内一些工程施工单位,根据多年的施工经验,为轮胎压路机的合理使用积累了一些经验数据,如表6-5所示,可供有关工程技术人员借鉴和参考。

国内一些工程施工单位轮胎压路机经验数据 表6-5

序号	土类名称	黏粒含量(%)	轮胎碾质量(t)	轮胎内压力(MPa)	铺层厚度(cm)	碾压遍数(遍)	压实平均干密度(g/cm^3)
1	粉质黏土	28~42	23	0.70	20	14	10.6*
2	重粉质壤土	20	11	0.60	20	6~9	1.74*
3	重粉质壤土 重粉质壤土	23~35 23~35	30 21	0.80~0.85 0.75~0.80	35~40 30~35	8~12 11	1.66~1.88* 1.66~1.80*
4	风化砂	—	8	0.21	50	8~12	1.77~1.82*
5	重粉质壤土	23	20	0.55~0.60	30	6	1.70
6	砂砾料	—	15	0.20~0.30	50~70	6	1.72~2.07

注:表中有*号者为实验值。

四、维修保养要点

(1)每班应检查各连接部分的紧固零件是否有松脱现象,检查轮胎气压,检查轴承是否发热,若有问题,应立即处理。

(2)经常检查液压系统油箱是否需要加液压油,各油管接头有否漏油现象。

(3)按润滑表要求,对各润滑部位加注润滑油。

(4)经常检查和调整滚压轮轴向间隙。当压路机工作半年后,应调换各滚压轮的安装位置,使轮胎磨损趋于均匀。

(5)压路机在自行运输时,轮胎气压应保持在0.6~0.65MPa之间,行驶距离不宜过远。

(6)应经常检查和维护制动机构。

(7)如压路机长期停放,应将机身架起,减小轮胎受压变形。久经停放,再度使用时应检查各部位润滑油是否变质,如果不能用,应将废油放掉,另换新油。

第四节 振动压路机

一、概述

1. 用途、分类及编号

振动压路机是公路工程施工与养护的重要设备之一,它主要用于公路、铁路、机场、港口、建筑等工程施工中。用于压实各种土壤(多为非黏性土)、碎石料、各种沥青混凝土等。在公路施工与养护中,多用在路基、路面的压实,是筑路施工中不可缺少的压实设备。

振动压路机可以按照结构质量、结构形式、行驶方式、传动方式、振动轮数、振动激励方式等进行分类,具体分类如图 6-22 所示。

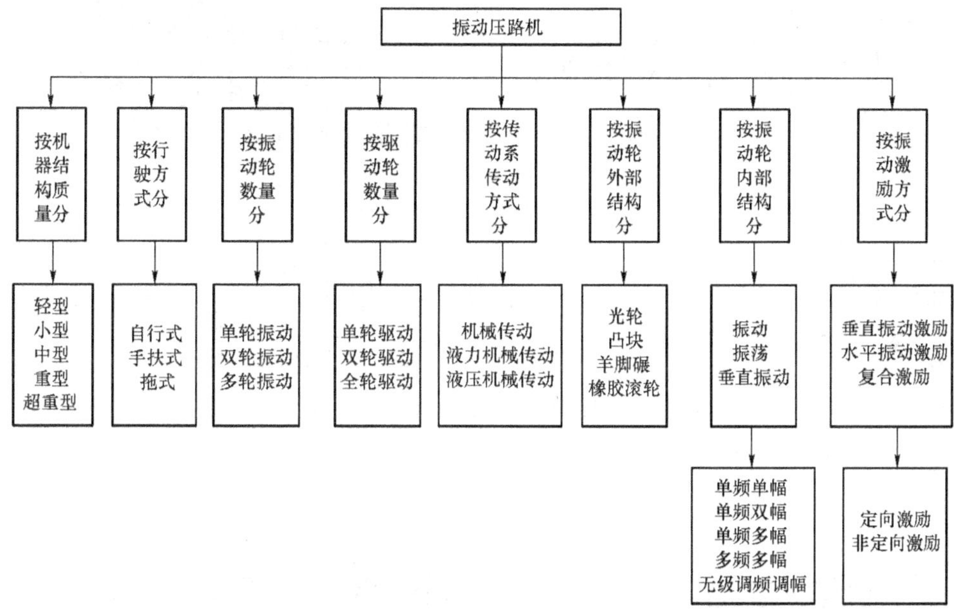

图 6-22 振动压路机分类

此外,按振动压路机其他主要结构特点,还有一些分类方法。根据振动压路机结构形式的分类如表 6-6 所示。

振动压路机分类 表 6-6

自行式振动压路机	轮胎驱动光轮振动压路机 轮胎驱动凸块振动压路机 钢轮轮胎组合振动压路机 两轮串联振动压路机 两轮并联振动压路机 四轮振动压路机	手扶式振动压路机	手扶式单轮振动压路机 手扶式双轮整体式振动压路机 手扶式双轮铰接式振动压路机
拖式振动压路机	拖式光轮振动压路机 拖式凸块振动压路机 拖式羊足振动压路机 拖式格栅振动压路机	新型振动压路机	振荡压路机 垂直振荡压路机

常见几种形式振动压路机结构外形如图 6-23 ~ 图 6-28 所示。

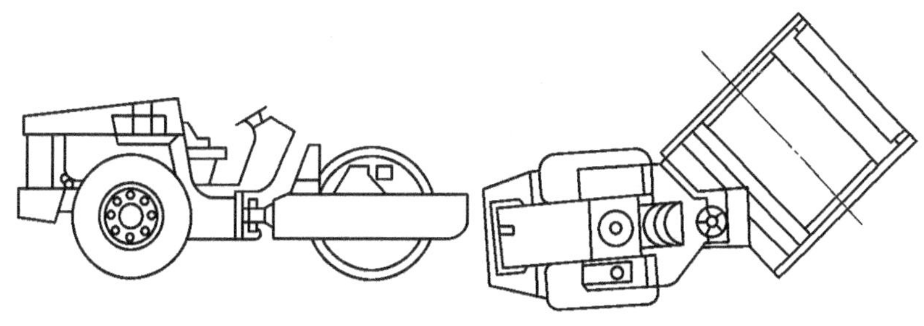

图 6-23 轮胎驱动光轮振动压路机

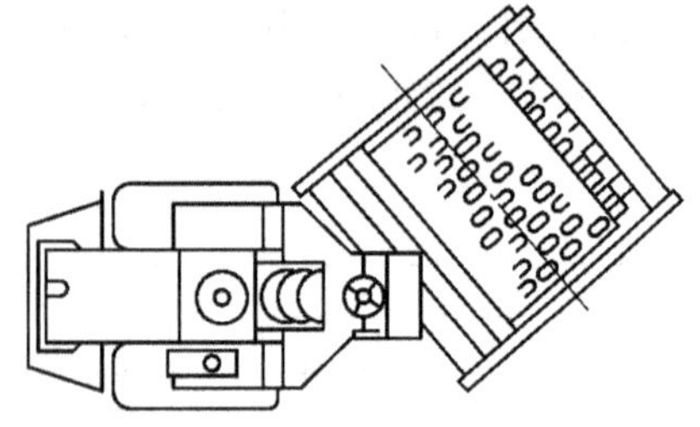

图 6-24　轮胎驱动凸块振动压路机

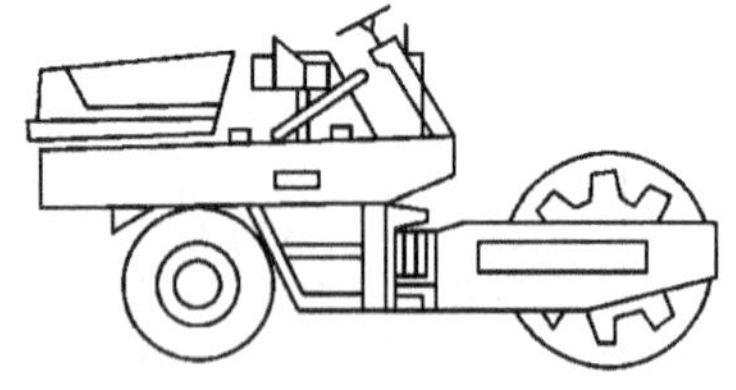
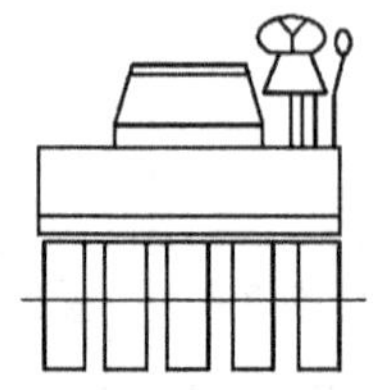

图 6-25　组合振动压路机

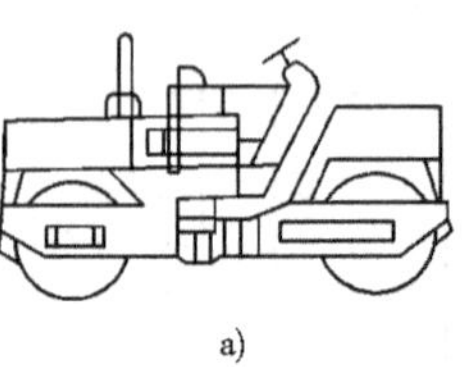
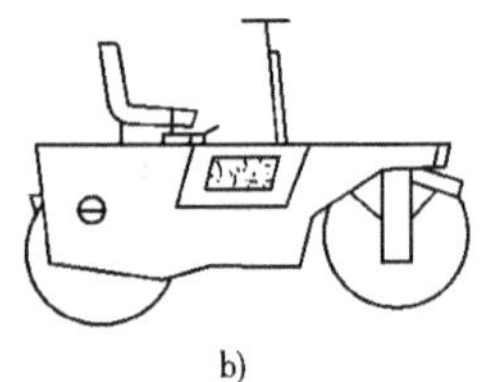

图 6-26　两轮串联振动压路机
a）铰接车架；b）整体车架

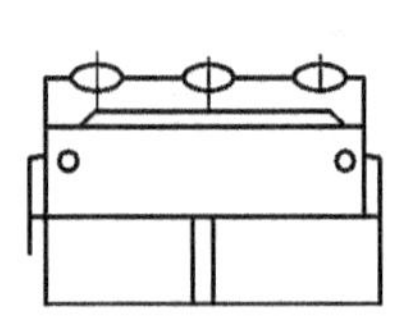
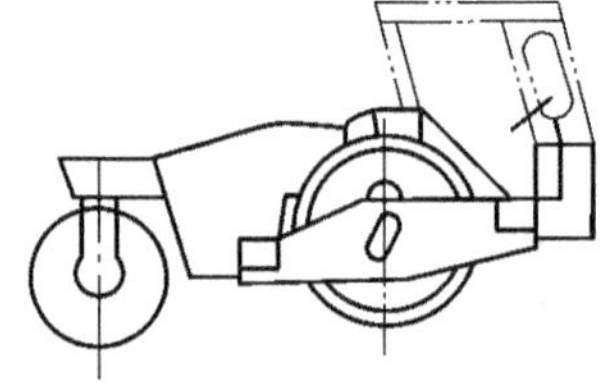
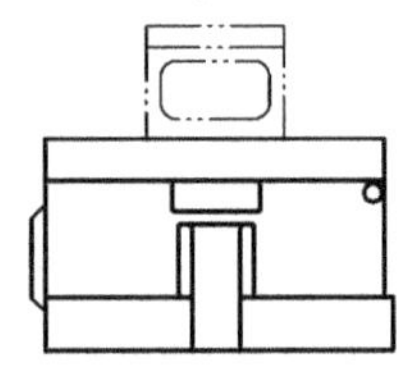

图 6-27　两轮并联振动压路机

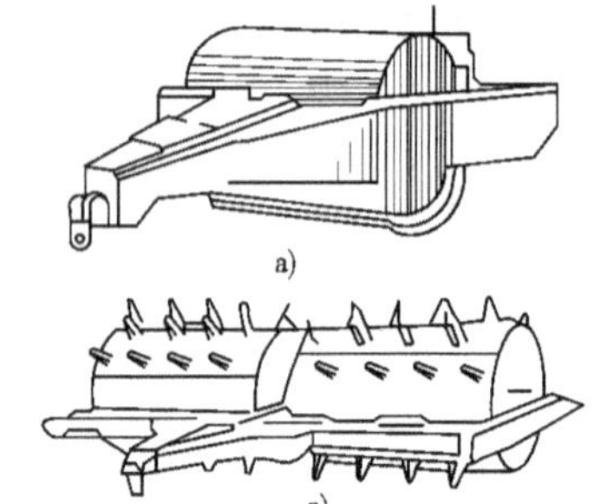
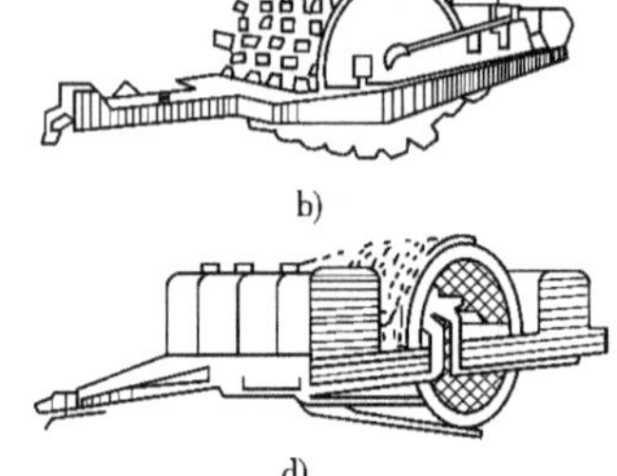

图 6-28　拖式振动压路机
a）拖式光轮振动压路机；b）拖式凸块振动压路机；c）拖式羊足振动压路机；d）拖式格栅振动压路机

振动压路机按结构质量分类情况及其适用范围如表 6-7 所示。

振动压路机结构质量分类表　　表 6-7

项目类别	结构质量（t）	发动机功率（kW）	适用范围
轻型	<1	<10	狭窄地带和小型工程
小型	1~4	12~34	用于修补工作、内槽填土等
中型	5~8	40~65	基层、底基层和面层
重型	10~14	78~110	用于街道、公路、机场等
超重型	16~25	120~188	筑堤，用于公路、土坝等

振动压路机的型号编制如图 6-29 所示。

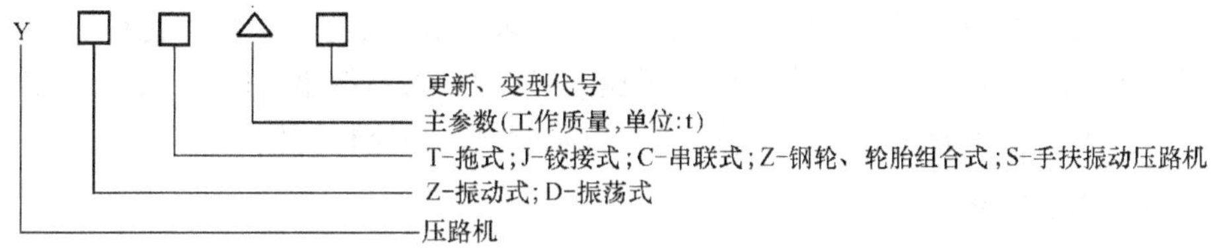

图6-29　振动压路机的型号编制

例如YZ18表示工作质量为18t的轮胎驱动光轮振动压路机;YZK表示轮胎驱动凸块振动压路机;YZT表示拖式光轮振动压路机,YZT△K表示拖式凸块振动压路机,YZT△Y表示拖式羊足振动压路机,YZT△G表示拖式格栅振动压路机。

2. 特点及适用范围

相对静力式压路机和轮胎压路机而言,振动压路机在结构、压实机理、使用性能和碾压特性上都与之有较大的差异。振动压路机具有以下一些特点和使用特性。

(1)振动压路机的结构特点

各类振动压路机在碾压钢轮内都装有激振装置,振动压路机压实作业时,启动激振器,激振装置将产生振动干扰力。在干扰力的作用下,振动轮将产生一定振幅和频率的振动,形成组合压实力作用在被压材料上。静力式压路机和轮胎压路机则无诱发压实力的工作机构,完全依靠结构质量产生的静压力进行压实作业。

振动压路机的激振器是由振动轴和安装在其上的一组偏心块组成,激振装置工作时,振动轴可单独驱动偏心块高速旋转,此时偏心块产生的离心力即形成对压路机—土体振动系统的干扰力,振动轮在此干扰力的作用下产生强迫振动。在振动轮强迫振动过程中,所产生的振动压力波迅速向土层深处传递,迫使被压材料与振动轮一起产生强迫振动,这就构成了“压路机—土体”的振动系统。

振动轮的激振器安装形式不同,则振动压路机的振动方式也不同。不同的振动方式有着不同的振动特性。同时,由于振动器的结构不同,其实用价值也不相同。

(2)振动压路机的性能特点

振动压路机是一种利用静作用力和激振器诱发的振动干扰力所形成的组合压实力来压实土壤的,其振动干扰力具有冲击压力波的传播特性,影响深度大,具有良好的深层碾压特性。相对于利用机械静作用力压实的压实机械,振动压路机的压实性能和碾压特性具有以下一些特点:

①在相同结构质量的前提下,振动压路机压实效果好,压实后的密实度高,稳定性好。

②振动压路机的压实生产率高。当所要求的压实度相同时,压实遍数可相对减少。

③应用振动压路机压实沥青混凝土路面时,由于振动作用,可使混合料中的粘结剂沥青与砂石、矿粉等集料充分渗透、揉合,提高路面的耐磨性。

④碾压高温沥青路面材料时,其压实温度允许比静力压实偏低,而且能获得同样的压实效果。

⑤由于激振装置的振动作用,振动压路机还可用来压实干硬性水泥混凝土(RCC材料)。

⑥应用具有机载压实度计的振动压路机压实作业时,司机可及时发现压实薄弱点,随时采取补救措施,消除质量隐患。

⑦可压实静力压路机难以压实的大粒径块石填方,并使之相互楔紧。

⑧在达到相同压实效果的前提下,振动压路机的结构质量只需为静力压路机的一半,其发动机功率也可降低30%左右。

⑨合理调节振动压路机的振频和振幅,既可获得良好的深层碾压特性,又可改善表层碾压

特性,扩大了振动压路机的碾压范围。但振动压实作业时,不仅会产生噪声污染,而且危及周边地面建筑和地下构筑物的安全,容易诱发机械故障,危害人体健康。因此,在人口密集地方、危房区、装有精密仪器的建筑物和桥梁附近,则应限制振动压路机的使用。

二、振动压路机的结构

1. 基本构造

自行式振动压路机主要由动力装置、传动系统、振动装置、行走装置和驾驶操纵等部分组成。

图 6-30 所示为某 YZ18 型振动压路机总体结构。该机采用全液压控制、双轮驱动、单钢轮、自行式结构,属于超重型压路机。振动轮和驱动轮部分通过中心铰接架铰接在一起,车架是压路机的主骨架,其上装有发动机、行驶和振动及转向系统等各种装置。

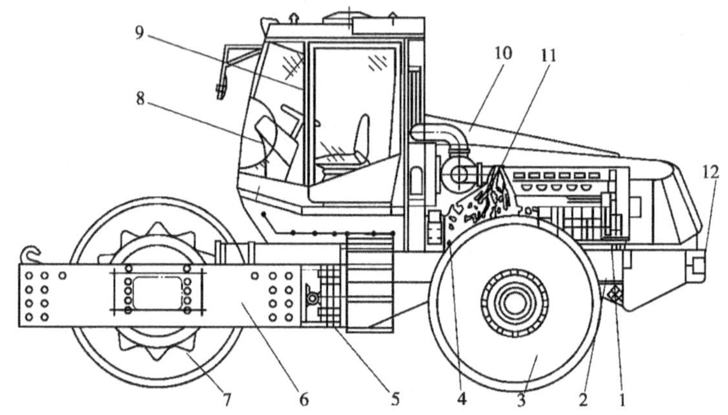

图 6-30　某 YZ18 型压路机总体结构

1-发动机;2-后车架;3-后桥;4-液压系统;5-中心铰接架;6-前车架;7-振动轮;8-操纵系统;9-驾驶室;10-覆盖件;11-空调系统;12-电气系统

图 6-31 所示为 YZC12 型振动压路机总体结构。该机采用全液压传动、双轮驱动、双轮振动、自行式结构。前后车架通过中心铰接架连接在一起,采用铰接式转向方式。动力系统装在后车架上,其他系统的主要部件均装在前车架上。

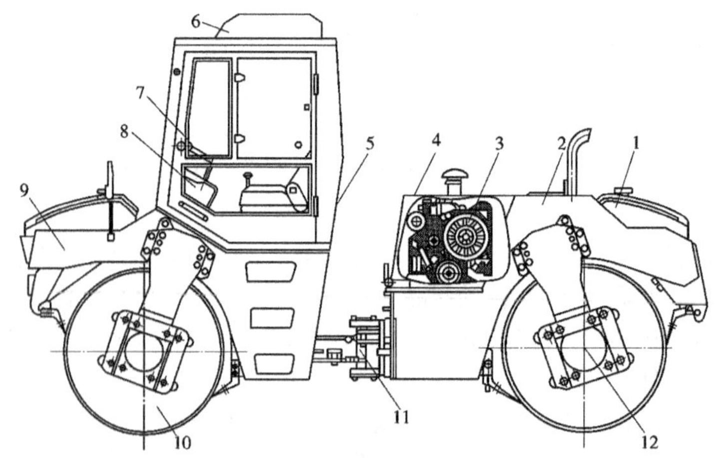

图 6-31　某 YZC12 型压路机总体结构

1-洒水系统;2-后车架;3-发动机;4-机罩;5-驾驶室;6-空调系统;7-操纵台;8-电气系统;9-前车架;10-振动轮;11-中心铰接架;12-液压系统

2. 传动系统

振动压路机传动系统分为机械传动和液压传动两大类。采用机械传动的压路机，发动机动力通过离合器、变速器、差速器、轮边减速器，最后到达驱动轮。

图 6-32 所示为 YZ10B 型压路机的行走机械传动系统。动力由发动机 1 两端输出，前端输出动力经传动轴和副齿轮箱 8 带动双联齿轮泵 9，分别驱动振动液压马达和液压转向系统；后端输出动力经主离合器 2 传至变速器 3，经减速后将动力传到左、右末级减速主动小齿轮 6，再经侧传动齿轮 5 驱动轮胎行走。

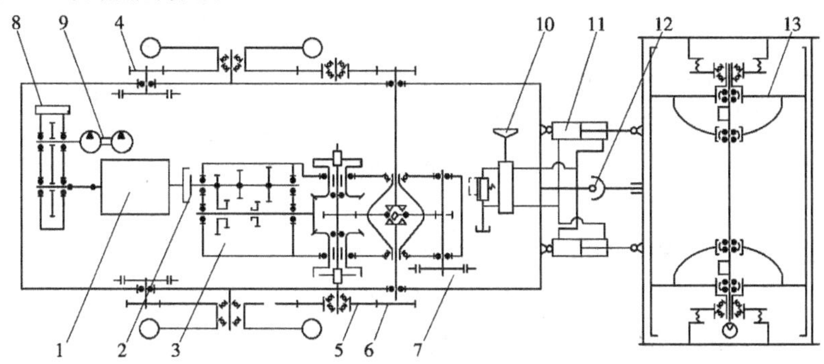

图 6-32　YZ10B 型振动压路机传动系统

1-发动机；2-主离合器；3-变速器；4-脚制动；5-侧传动齿轮；6-末级减速主动小齿轮；7-手制动；8-副齿轮箱；9-双联油泵；10-方向器和转向阀；11-转向油缸；12-铰接转向节；13-振动轮

采用液压传动的压路机省去了变速器传动系统，使系统布置更加灵活、紧凑。YZ18 型压路机传动系统如图 6-33 所示。行走系统由轴向柱塞泵 2、马达 5、变速器 4、传动轴、驱动桥 11 和振动轮轮边减速器 12 组成。振动系统由轴向柱塞泵 10、马达 7 和偏心调幅机构组成。转向系统由双联齿轮泵 3、全液压转向器 9 和转向油缸组成。发动机动力通过分动箱 1 带动轴向柱塞泵 2、转向双联齿轮泵 3 和轴向柱塞泵 10，并经相应液压马达将动力传给振动轮、转向和行走系统。

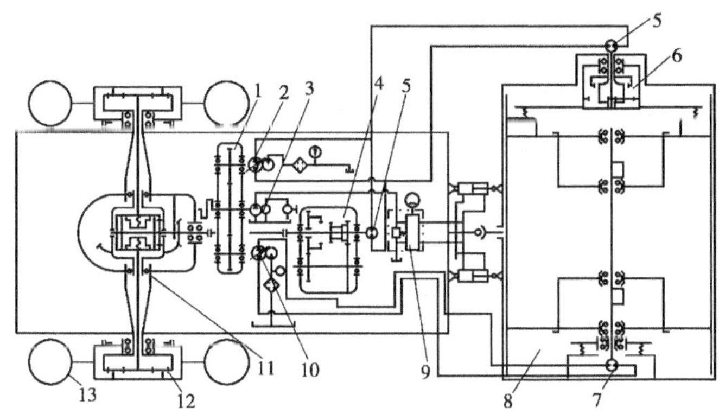

图 6-33　YZ18 型振动压路机传动系统

1-分动箱；2-行走驱动轴向柱塞泵；3-转向及风扇用双联齿轮泵；4-变速器；5-行走驱动定量马达；6-行星减速器；7-振动驱动定量马达；8-振动轮；9-液压转向器；10-振动驱动变量泵；11-驱动桥；12-轮边行星减速器；13-轮胎

3. 振动轮

振动轮是振动压路机的重要部件，通过振动轮的变频变幅来完成压实工作。图 6-34 为某 YZ18C 型压路机振动轮总成结构，由振动轮体 1，偏心轴 6，调幅装置 7，减振块 2、3，振动轮行走马达 9，振动马达 4，左右连接支架 5、8 等组成。振动轮体采用钢板卷制对接而成。机器的振动是通过振动马达带动振动轴高速旋转而产生的，改变振动马达的旋转方向就可以改变振幅。

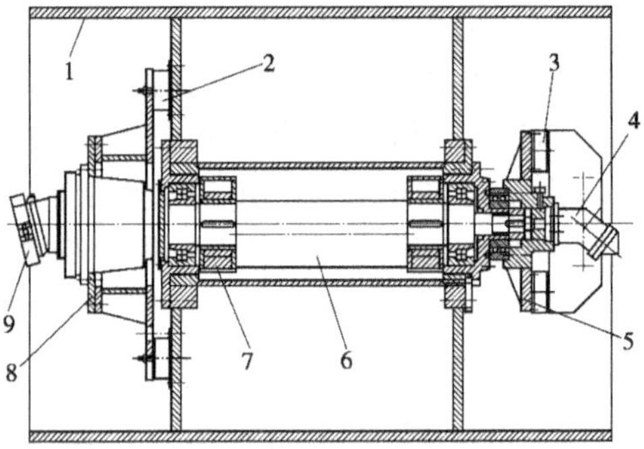

调幅装置是一个密封的圆柱形焊接结构件,其原理如图 6-35 所示。主要由活动偏心块 1、固定偏心块 4 和挡销 3 组成。通过改变振动马达旋转方向就可以改变振动轴的旋转方向。借助挡销的作用,使固定偏心块与活动偏心块相叠加或相抵消,以此改变振动轴的偏心距,从而实现高振幅和低振幅,达到调节振幅的目的。

图 6-34　YZ18C 型振动压路机振动轮

1-滚筒;2,3-减振块;4-振动马达;5-右连接支架;6-偏心轴;7-调幅机构;8-左连接支架;9-振动轮行走马达

4. 液压系统

随着液压技术的不断发展和液压元件可靠性的不断提高,振动压路机已逐渐采用全液压传动技术。其液压系统由三部分组成:液压行走、液压振动和液压转向。

(1)轮胎驱动振动压路机的液压行走系统

图 6-36 是典型的轮胎驱动振动压路机后轮驱动的液压传动系统原理简图。钢轮(振动轮)是从动轮。发动机 1 的动力经分动箱 2 传给液压泵 3 和马达 4 组成的闭式液压传动系统,再经变速器 7、驱动桥 6 驱动行走轮胎 5。这种闭式液压传动系统具有传动效率高,可靠性好,技术、结构成熟的优点,在压路机和其他牵引工程机械上得到了广泛的应用。

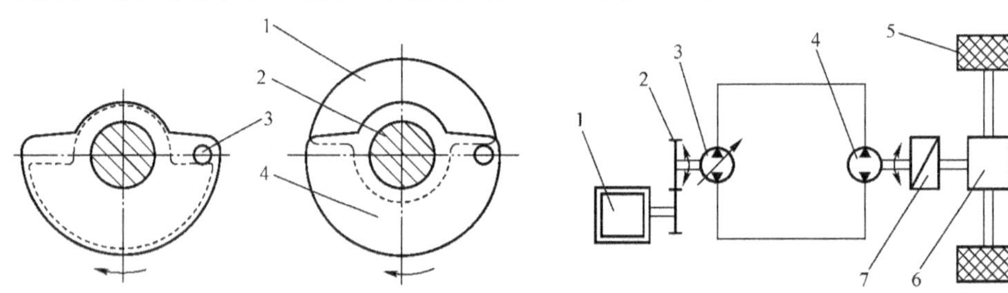

图 6-35　正反转调幅机构示意图

1-活动偏心块;2-振动轴;3-挡销;4-固定偏心块

图 6-36　轮胎驱动压路机液压行走系统原理图

1-发动机;2-分动箱;3-泵;4-马达;5-轮胎;6-驱动桥;7-变速器

(2)双轮串联振动压路机的液压驱动系统

双轮串联振动压路机一般都采用全轮驱动和全轮振动。全轮振动的目的是充分发挥机器本身的结构功能,提高压实生产率。采用全轮驱动的原因则是串联振动压路机主要用于压实沥青路面,不能允许从动轮的推拥作用而影响路面的平整度;另外钢轮的附着能力不如轮胎,单轮驱动限制了作业性能和范围。

图 6-37 为双轮串联振动压路机的液压驱动系统原理简图。由双向变量泵 3 带动两个液压马达 2 和 4,通过行星减速器 1、5 直接驱动前后轮转动。

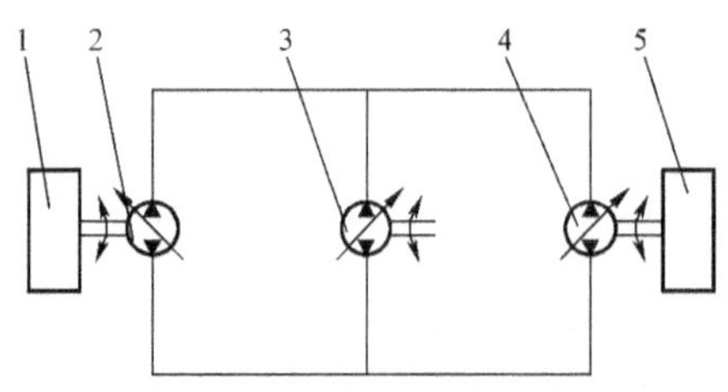

图 6-37　双轮串联压路机液压行走系统原理图

1-减速器;2-马达;3-泵;4-马达;5-减速器

(3)液压振动、转向系统

振动压路机液压振动系统主要是完成振动轮的起振功能,主要有定量泵和定量马达组成的开式液压油路及变量泵和定量马达组成的闭式油路两种组合形式。图 6-38 所示是典型的开式回路液压系统,由定量泵 4、安全阀 3、换向阀 2、定量马达 1 和冷却器 5 等组成。一般安全阀和换向阀组装在一起,称为振动阀。这种定量开式

系统具有元件易选、成本低、可靠性好等优点,因而获得了广泛的应用。

图6-39所示是泵控制闭式液压系统。通常由变量泵1(带补油泵等)、组合阀4、马达3、冷却器2、蓄能器5等组成,具有结构简单、容积效率高等特点,应用广泛。

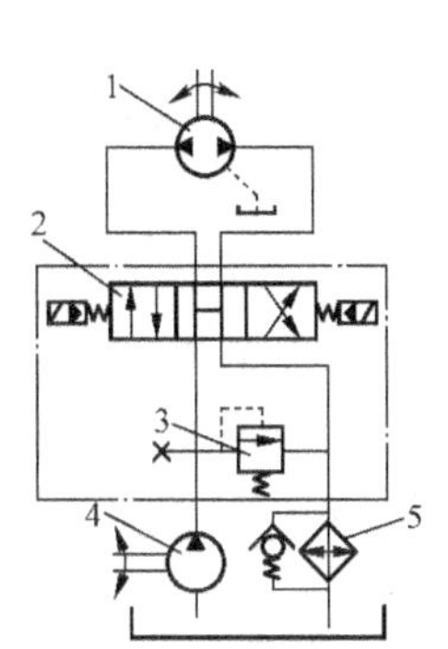

图6-38 阀控制开式液压系统
1-定量马达;2-换向阀;3-安全阀;4-定量泵;5-冷却器

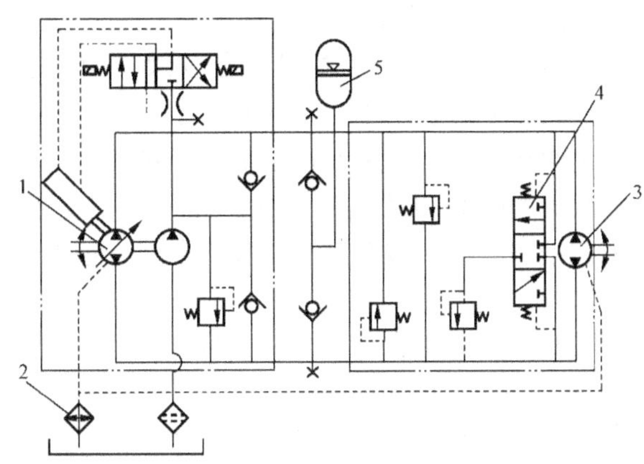

图6-39 泵控制闭式液压系统
1-变量泵;2-冷却器;3-定量马达;4-组合阀;5-蓄能器

三、手扶式振动压路机

手扶式振动压路机主要形式如图6-40所示。

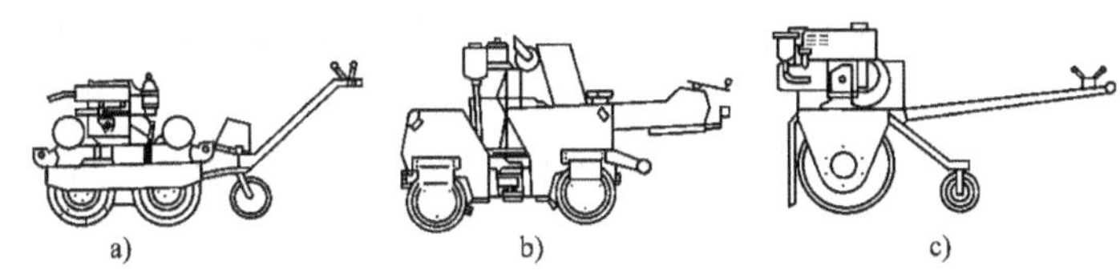

图6-40 手扶式振动压路机
a)双轮整体式;b)双轮铰接式;c)单轮式

手扶式振动压路机振动轮结构与自行式压路机振动轮结构大致相似,振动轮的激振器结构多采用偏心块式。

四、振荡压路机

YD型振荡压路机总体结构、机械传动部件、液压系统等均与YZ型振动压路机或YZC型振动压路机相类似,其特点在于压实滚轮采用振荡轮,其结构如图6-41所示。

振荡轮总体结构与振动轮相同,区别在于滚筒内安装了三根轴,其中一根是中心轴,另两根为偏心轴。振荡马达通过花键套将动力传给中心轴,借助同步齿形带传动,动力驱动偏心轴旋转。两根偏心轴同步旋转产生相互平行的偏心力形成交变转矩,使滚筒产生振荡运动。

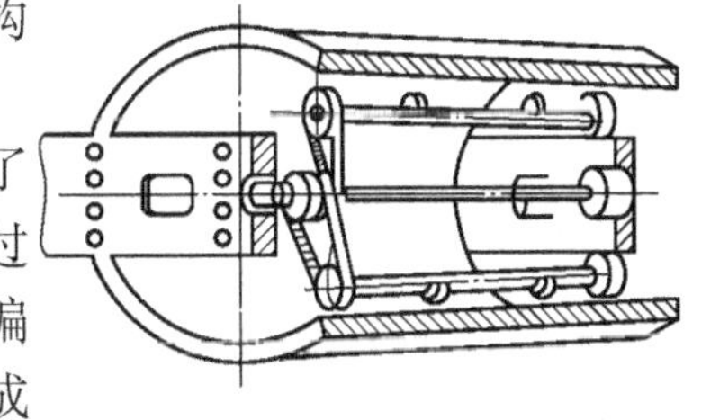

图6-41 振荡轮结构

五、振动压实机应用技术

1. 土方振动压实应用技术

(1)压实层厚的确定

压实土层的密实度随深度递减,表面5cm的密实度最高。填土分层的压实厚度和压实遍数与压实机械类型、土的种类和压实度要求有关,应通过试验路来确定。同样质量的振动压路机要比光轮静碾压路机的压实有效深度大1.5~2.5倍。如果压实遍数超过10遍仍达不到压实度要求,则继续增加遍数的效果很小,不如减小压实层厚。

(2)碾压方法的确定

碾压前,检查土的含水量是否合适,如果不合适,不要急于碾压,而是要采取处理措施,过湿就摊铺晾晒,过干则洒水润湿。开始时宜用慢速,最大速度不宜超过4km/h。碾压时直线段由两边向中间,小半径曲线段由内侧向外侧,纵向进退式进行。横向接头对振动压路机一般重叠0.4~0.5m,对三轮压路机一般重叠后轮宽的1/2;前后相邻两区段(碾压区段之前的平整预压区段与其后的检验区段)宜纵向重叠1~5m,应达到无漏压、无死角,确保碾压均匀。

采用振动压路机碾压时,第一遍应不振动静压,然后先慢后快,由弱振至强振。

(3)碾压速度的确定

压路机行驶速度过慢则影响生产率,行驶过快则对土的接触时间过短,压实效果较差。一般光轮静碾压路机的最佳速度为2~5km/h,振动压路机为3~6km/h。对压实度要求高以及铺土层较厚时,行驶速度更要慢些。碾压开始宜用慢速,随着土层的逐步密实,速度逐步提高。

(4)碾压技巧

压实时单位压力不应超过土的强度极限,否则土体将会遭到破坏。开始时土体较疏松,强度低,故宜先轻压,随着土体密度增加,再逐步提高压强。所以,推运摊铺土料时,应力求机械车辆均匀分布行驶在整个路堤宽度内,以便填土得到均匀预压。否则要采用轻型光轮压路机(6~8t)进行预压。正式碾压时,应用振动压路机,第一遍应静压,然后由弱振至强振。

碾压时,在直线路段和大半径曲线路段,应先压边缘,后压中间;小半径曲线地段因有较大的超高,碾压顺序宜先低(内侧)后高(外侧)。

路堤边缘往往压实不到,仍处于松散状态,雨后容易滑塌,故两侧可采取多填宽度40~50cm,压实工作完成后再按设计宽度和坡度予以刷齐整平,也可以采用卷扬机牵引的小型振动压路机从坡脚向上碾压,或采用人工拍实。坡度不陡于1∶1.75时,可用履带式推土机从下向上压实。

(5)碾压机械的选择

压实质量要求高的路基,宜选用压实效果较高的碾压机械,如重型轮胎压路机和振动压路机。

砾石基层和底基层长期以来采用振动压实,且已成为一种标准压实法。

采用振动碾压各种不同类型的碎石路基层(贯入式碎石路面、含有细屑的碎石填方等),已经成为近似强制性的规定。有时,采用静作用格栅式压路机把由细碎石组成的基层材料放在道路表面上轧碎,而凸块式振动压路机也具有同样用途。

底基层的压实介于路堤和基层压实范围之间。底基层主要由粒状类型的土壤所组成,用重型振动压路机压实这种半粘结性底基层材料可取得良好的效果。用中等重型振动压路机能有效地压实铺层厚度约为0.5m含有少量细屑的砾石或砂的底基层材料。碎石的底基层一般是用中等重型振动压路机来压实,其铺层厚度大约可达0.8m,能得到一个很稳定的道路基层。变幅对基层压实很有价值。大振幅能有效地压实基层的底部,而较小的振幅适合于压实表层。

2. 沥青路面振动压实应用技术

沥青路面施工压实的目的是提高沥青混合料的强度、稳定性以及疲劳特性。压实工作的主要内容包括碾压机械的选型与组合，压实温度、速度、遍数、压实方式的确定及特殊路段的压实（弯道与陡坡等）。

1）普通沥青路面振动压实的应用技术

振动压路机可用于初期碾压、补充碾压及整平碾压，因其振动滚轮所具有的加速度作用使混合料中的颗粒可以尽可能地聚集在一起，从而获得超过常规静力式光轮压路机和轮胎压路机所能达到的密实度，在较短的时间和有限的碾压次数内达到最佳压实效果。

（1）碾压温度

碾压温度的高低，直接影响沥青混合料的压实质量。混合料温度较高时，可用较少的碾压遍数，获得较高的密实度和较好的压实效果；而温度较低时，碾压工作变得较为困难，且易产生很难消除的轨迹，造成路面不平整。因此，在实际施工中，要求在摊铺完毕后及时进行碾压。

一般来说，沥青混合料的最佳压实温度为 110 ~ 120℃之间，最高不超过 160℃。所谓碾压最佳温度是指在材料允许的温度范围内，沥青混合料能够支承压路机而不产生水平推移，且压实阻力较小的温度。

摊铺机后面的碾压作业段长度，由混合料的种类和压实温度来确定。一般来说，压路机尽可能靠近摊铺机进行碾压。达到了密实度后，再以最少的碾压遍数进行表面修整时，压路机离摊铺机远一点。

若碾压时混合料温度过高，会引起压路机两旁混合料隆起，碾轮后的摊铺层裂纹，碾轮上粘起沥青混合料（尽管用水喷洒），前轮推料等问题。而碾压温度过低时（50 ~ 70℃），由于混合料的黏性增大，导致压实无效，或起副作用。研究表明：当沥青混合料的摊铺初始温度每提高 10℃，则碾压时间就可缩短近 16%；而最低碾压温度每降低 10℃，碾压时间需延长近 30%。可见沥青混合料温度较高时，有利于缩短碾压时间，加快施工速度。

压实质量与压实温度有直接关系，而摊铺后混合料温度是在不断变化的，特别是摊铺后 4 ~ 15min内，温度损失最大（1 ~ 5℃/min），因此必须掌握好有效的压实效果，适时碾压。有效压实时间的长短与混合料的冷却速度、压实厚度等因素有密切关系。

（2）碾压层的厚度

路基、路面底基层和基层（除外用沥青做结合料的基层）的压实规律是碾压层厚不容易达到高的压实度，碾压层薄容易达到高的压实度。沥青面层的压实恰恰与其相反，碾压层厚比薄更容易达到高密实度。其原因是薄层沥青混合料的温度降低得快，较低的温度明显降低沥青混合料的压实效果。

（3）选择合理的压实速度与遍数

合理的压实速度，对减少碾压时间，提高作业效率有十分重要的意义。在施工中，保持适当的恒定碾压速度是非常必要的。一般速度控制在 2 ~ 4km/h，轮胎压路机可适当提高，但不超过 5km/h。速度过低，会使摊铺与压实工序间断，影响压实质量，从而可能需要增加压实遍数来提高压实度；碾压速度过快，会产生推移、横向裂纹等。

选择碾压速度的基本原则是：在保证沥青混合料碾压质量的前提下，最大限度地提高碾压速度，从而减少碾压遍数，提高工作效率。

（4）选择合理的振频和振幅

目前，越来越多的振动压路机被用来碾压沥青混合料，为了获得最佳的碾压效果，合理地选择振频和振幅是非常重要的。

2)改性沥青路面(SMA路面)振动压实应用技术

改性沥青混合料的压实工艺,除了提高碾压温度外,与普通沥青混合料没有太大的区别,对压实机具也没有特别要求。在高温下碾压显得特别重要,温度降到一定程度时,碾压将会显得无能为力。尤其是改性沥青和SMA一般都在表面层使用,厚度比较薄,混合料稳定温降较快,尤其要注意不能在温度下降以后才碾压。工程上一般掌握的碾压成型的最低温度为130℃。

对SMA路面,压实工艺既特别有讲究,又特别简单,主要是掌握的问题。

(1)SMA必须采用刚性碾碾压,不容许采用轮胎压路机碾压。

(2)碾压SMA必须密切注意压实度的变化,目前任何压实度的监测方法都是事后,还无法指导压实过程。所以只能通过严格控制碾压遍数的方法控制压实度。一般初压用10t钢碾紧跟在摊铺机后面压1~2遍,复压用刚性碾静压3~4遍,或振动压路机振动碾压2~3遍,最后用较宽的刚性碾终压一遍即可。

(3)SMA的碾压八字方针:“紧跟、慢压、高频、低幅”,即压路机必须紧跟在摊铺机后面碾压,摊铺的混合料温度有多高,哪怕在180℃以上都不怕,只有在高温条件下碾压才能取得良好的效果。切忌在较低温度下翻来覆去地压,压实度不容易达到,石料的棱角都压掉了,石料还可能压碎,这种事倍功半的做法一定要避免。一般要求的碾压速度不能超过4~5km/h,高频和低幅的碾压对提高SMA的压实度,防止石料损伤,保持石料有良好的棱角性和嵌挤作用很重要。大振幅碾压很容易造成碾压过度,使石料压碎,或者玛蹄脂上浮,得不到挽救。这几点也是保证SMA路面的平整度的重要关键性因素。

3. 水泥混凝土路面及RCC材料振动压实应用技术

使用振动压路机压实干硬性混凝土已经有了很成功的经验。RCC混合料的压实主要由振动压路机来完成。在振动压路机压实之后,采用轮胎压路机可以改善RCC路面的表面结构,它将使某些细料到达表面,以闭塞任何孔隙、裂缝或表面的撕裂等。

振动压路机适宜的静线压力为200~300N/cm。戴纳帕克的CA15、CC42、CA25和三一重工集团公司的YZ18C型等振动压路机,无论在试验或在实际工作中,都获得了良好的效果。这些型号的压路机适宜于压实的铺层厚度在200~350mm之间。为避免出现表面开裂,采用振动轮是主动轮的振动压路机是有利的。静线压力为500N/cm的重型振动压路机,能压实更厚的铺层。

振动平板压实机或较小型的振动压路机,例如:双轮压路机,可以压实浇灌于钢板桩附近的混凝土和混凝土建筑物。

RCC的强度和许多其他性质取决于达到的密实度。在所有情况下密实度的减少将使强度大幅度降低。此外密实度还影响到路面的抗冻融性、抗渗透性及抗磨蚀性等增加路面稳定性的因素。

4. 严寒季节振动压实应用技术

冰冻土壤很难压实,因为冻土中孔隙的冰使土颗粒坚固地结合在一起。当温度降到0℃以下时,填方材料则渐渐变硬因而压实也越来越困难,在冬天压实可供选择的主要方案有以下几种。

(1)干土和岩石填方的压实

完全干燥的原始岩类填方、碎石或粗砾石,是最适合于冬天压实的材料。但是,就是这种材料,雨雪后也有冰冻的危险。因此,在第二层铺设之前应尽可能地清除表面积雪。另一种可行办法是在表面上撒盐,使积雪融化。因而,冬季建造的填石路堤其沉陷量难免要稍大于冰点

以上建设的道路。

(2)不冻土的快速压实

在冬天对不冻土方的快速压实时，假定土方能从取土坑冰冻表面之下挖掘出来进行压实，移来的不冻土填方要立刻运输到现场，如果温度在0℃以下，经平整后应尽可能快速地压实。

用具有高速和良好机动性的自行式振动压路机进行快速压实，比拖式压路机或重型静碾压路机较为有利。这种方法适用于低含水量粒状材料的基层和底基层的压实。

(3)填土方法

在温度低于0℃时，填充薄的铺层常常会使填方几乎全部冰冻。冬天在许多情况下，最好采用厚铺层。通常冰冻填方材料有大部分很少受结冰的影响，因而可以减少压实厚铺层下部的不利条件。在一定场合下，用振动羊足压路机和凸块式压路机能够轧碎冰冻块料，特别是压实粒状土壤可以取得良好效果。

(4)待夏季压实

在气温低且冰冻很深的严冬情况下，使填方材料不冻结是不可能的。当路堤填方中含有冰冻土时，难免沉陷较大，所以路堤应该铺设较高的路拱。适宜的加高量为路堤高度的20%～30%。低路堤比高路堤需要有更大的加高百分数。到夏季时将路堤表面整平，然后用重型振动压路机压实。建议用振动部分静质量10t的振动压路机碾压8～10遍。路堤平面的平整和压实应待路堤填方完全解冻后进行。

像路堤一样，在冬季也应选择这种方法防止铺设基层和底基层。道路的面层通常要等到路堤建后的第二个夏天铺设。这样，虽然施工时间加长，但从实际经验来看，对于道路的质量和减少长期沉陷有好处。

六、作业时注意事项及主要部件的维修保养

1. 作业时注意事项

(1)变换行驶速度时，必须先分离主离合器或换向离合器，才可扳动变速手柄进行换挡。

(2)变换行驶方向时，须先将换向手柄由前进(后退)位置扳至中位，待机器停稳后再将手柄扳至后退(前进)位置。不可一次扳到位，以免因突然变换行驶方向而损坏机件。

(3)作业行驶中，若发现换向离合器或起振离合器有打滑现象，应立即停机，并分离主离合器；须对换向离合器或起振离合器进行检查、调整及排除故障。不可加大油门、试图以高转速大功率来勉强行驶，否则将烧毁离合器片。

(4)压实松散物料时，应先经过1～2次静压后再进行振动碾压。

(5)压路机的起振或停振，应在运行中进行，以免损坏路面。严禁在硬质路面上起振，以免损坏减振装置或其他机件。

(6)在平整路面上作近距离转场时可用高速挡，但若距离较远，则须用其他运输工具载运。

(7)上、下坡时应提前换好低速挡，禁止以高速上、下坡。

(8)进行高速碾压作业时，禁止开动起振装置。

2. 振动轮及减振系统保养维修要点

(1)振动压路机每工作50h，必须检查振动轮振动轴轴承润滑油油位，正确的油位面在每种压路机的使用说明书中有具体的规定，油面位置一般应达到观察孔中间的位置。如检查出润滑油太少，应按使用说明书规定加足油，但也不宜加得太多，因为润滑油太少或太多都有可能使振动轴承发热。

(2)振动压路机每工作1000h，应更换振动轴轴承润滑油。可将压路机开到小坡度路段，

使放油塞转到最低位置,卸下放油塞,将油放到一个容器中,然后将压路机开到水平路段,使振动轮处于使用说明书中所规定的位置,然后加注润滑油。

(3)振动压路机每工作50h,必须检查橡胶减振器和紧固螺栓使用情况。如紧固螺栓松动,应立即拧紧。当橡胶减振块裂纹深度超过15~25mm时,必须更换;如果在振动轮同一端25%以上橡胶减振块有裂纹,应立即更换所有橡胶减振块。

(4)检查振动马达端是否漏油,若发现漏油,应找出原因。如果是振动马达轴端密封失效或振动轴密封失效,应更换密封元件。

第五节　冲击式压路机

冲击式压路机是20世纪90年代才实际投入使用的,它是一种不同于传统的静碾压实、振动压实和打夯机压实原理的新型压实设备,特别适用于湿陷性黄土压实和大面积深填土石方的压实工作。

冲击式压路机由牵引车和压实装置两部分组成,中间通过十字缓冲连接组件相连,如图6-42所示。

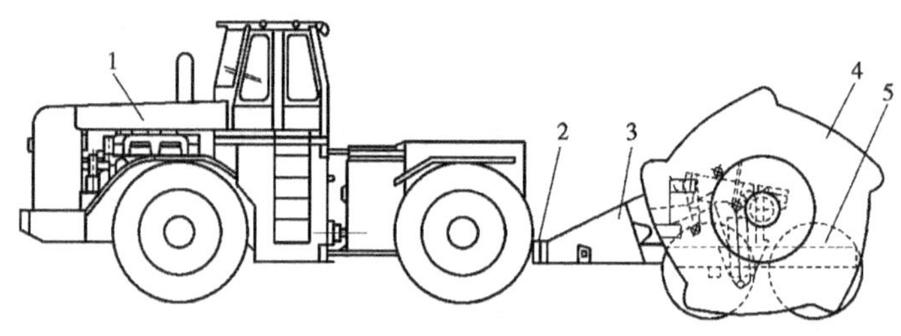

图6-42　5YCT18型压路机结构图

1-牵引车;2-十字缓冲连接组件;3-机架;4-五边压实轮;5-机架行走轮胎

5YCT18冲击式压路机牵引车分前、后车架,中间用转向铰连接作为液压油缸转向机构的回转中心。前车架放置发动机、液力变速器、前轿及驾驶室等部件。

如图6-43所示,3YCT25压实装置主要由压实轮组件7、机架2、连杆架8、行走车轮5、连接头1、防转器9和液压油缸6等组成。由摆杆、限位橡胶块和缓冲液压油缸等部分组成的缓冲机构是为了防止和减少冲击轮对机架的冲击。冲击轮(压实轮)是工作部件,为2个由几段曲线组成的非圆柱形滚筒,分布于机架两侧,中间通过轮轴相连,滚筒用厚钢板焊接而成。由提升油缸、防转器、连杆架、行走轮胎等组成的提升机构和行走机构,主要是用来短途转移和更换施工场地。当提升液压缸伸长时,两个冲击轮离开地面,这时全部重力由4个行走轮胎承担,在牵引车的拖动下实现场地转移。防转器是为了防止在工地短途转移时冲击轮自由转动。

通过十字连接装置将压实装置与牵引车相连接,连接装置由牵引板、十字接头、销轴、牵引轴、法兰盘和缓冲橡胶套组成,可缓冲冲击轮对牵引车的冲击,并在牵引过程中改善其受力状况,可保证牵引车与压实装置之间具有3个转动自由度。

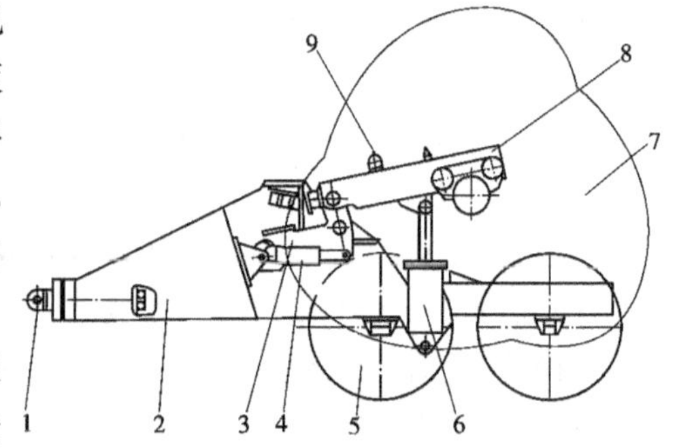

图6-43　3YCT25压实装置

1-连接头;2-机架;3-摆杆;4-油缸;5-行走轮胎;6-提升油缸;7-三线压实轮组件;8-连杆架;9-防转器

当牵引车拖动压实轮向前滚动时，压实轮重心离地面的高度上下交替变化，产生的势能和动能集中向前、向下碾压，形成巨大的冲击波，通过多边弧形轮子连续均匀地冲击地面，使土体均匀致密。

第六节　压路机实用技术与维护

一、压路机的基本操作

1. 压路机的基本操作内容及步骤

压路机的基本操作内容及步骤如表6-8所示。

压路机的基本操作内容及步骤　　表6-8

项　目	操作步骤
驾驶前的准备	①安全驾驶常识、设备使用说明书的学习。 ②机况检查。 ③周围环境检查和周围障碍物的清除。 ④启动发动机并使其进入正常运转状态。 注意：启动发动机时，必须将换向杆置于中间位置
起步行驶	①加大节气门至柴油机转速为2400rad/min。 ②试转动转向盘，检查转向功能是否正常。 ③松开手制动，同时手制动信号熄灭。 ④将变速杆放到所需位置。 ⑤检查压路机前后两轮处及路面上是否有障碍物，然后根据行驶所需方向，向前或向后扳动换向操纵杆，压路机起步行驶。 ⑥检查制动系统是否可靠。 ⑦行驶过程中要检查各仪表指示值是否正常。油压报警灯、滤清器报警灯不应发亮。液压油油温表指示在65～80℃之间，最高不超过85℃，发动润滑油温表的指针应在绿色区域。若指针在红色区域，表明发动机过热，必须停机
振动行驶	机械静止时不能开起振动。轮子振动时切勿改变其振幅，只能在关掉振动开关且稍微等几分钟后，才能转动振幅选择器。 ①压路机在运动时，操作振动开关进行振动，即：先行驶，后起振，先停振，后停驶。 ②当需要改变压路机前后行进方向时，应先断开振动开关（有的机型能自动实现此过程），使振动停止，当方向改变后继续行驶时，再接通振动
制动和停车	①正常情况下制动压路机应使用静液压制动装置，即将换向操纵杆放在中间位置，静压制动使压路机减速而停止（靠液压马达制动）。 ②在危急情况下制动压路机使用行车制动（有的压路机设有紧急制动开关）。在制动过程中，要牢牢掌握转向盘，等机械停稳后松开紧急制动。 ③当压路机停车后，特别是停在坡道上时必须拉紧驻车制动，对压路机实行制动的具体操作如下： a. 操作振动开关停止振动； b. 将换向操纵杆定到中间位置，使压路机停止； c. 按下节气门使发动机在800～1000rad/min的转速下运转几分钟； d. 拉起停车拉钮，使发动机熄火； e. 将电锁转至关闭位置，拉紧驻车制动

2. 压路机的基本作业方法

(1)压路机压实运行程序

①道路碾压程序。压路机压实作业时应以路基或路面中心线为目标，从左右两边线开始

逐趟压向中心线(压路机在纵向长度运行一次为一趟),直至压路机的主轮压到中心线为止,最后在路中加压那些主轮仍未按要求压到的地方。

②坡度碾压程序。自低向高处压实。

③大面积压实方法。自高处向低处压实。

④每次碾压重叠量。二轮二轴:25 ~ 30cm,其碾压程序如图 6-44 所示;三轮二轴:1/3 ~1/2压实轮宽度;三轮三轴:1/3 压实轮宽度,其碾压程序如图 6-45 所示。

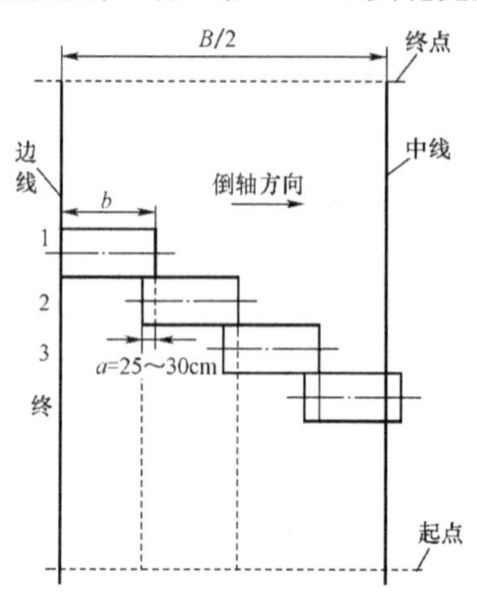

图 6-44　二轮压路机碾压程序

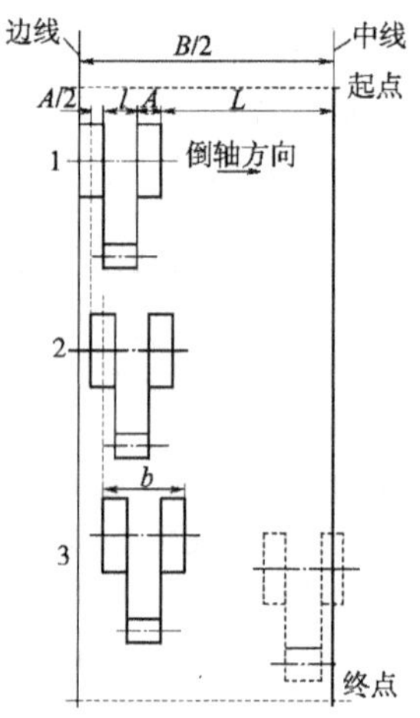

图 6-45　三轮压路机碾压程序

(2)压路机的调车方法

使用压路机进行压实作业时,为进行下一个压实循环而进行的压路机横向移位叫倒轴。压路机的调车换向必须在碾压段以外进行。

①换向前调车。指压路机碾压运行到接近路段外时,在一定的距离内将压路机按主轮重叠宽度的要求向左或右移动,以达到倒轴的目的。具体做法是(以向左倒轴为例):在压路机接近路段终点时,向左打转向盘,待压路机向左侧移到规定距离后,向右回转转向盘,直到车身回正后,再向左移动转向盘将转向轮回正。停车之后,车身和转向轮都已经处于直线行驶状态。操纵换挡,起步直线行驶再开始压实作业,即完成了倒轴调车,如图 6-46 所示。

②换向后调车。换向后调车是指压路机运行至本压实路段外时,先停车变换方向后再经过 3 次调整转向盘使压路机至倒轴位置,如图 6-47 所示。

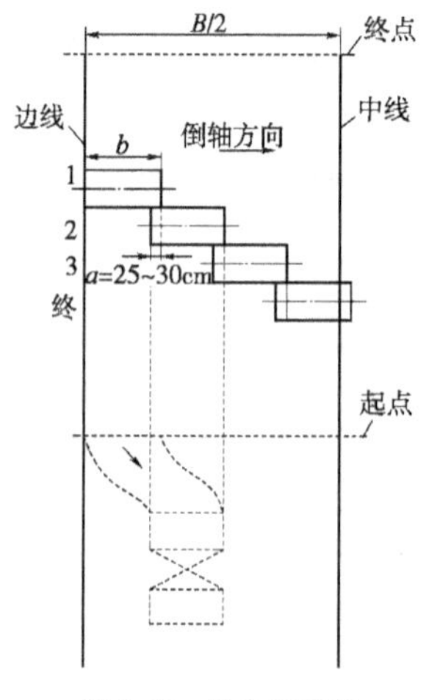

图 6-46　换向前调车

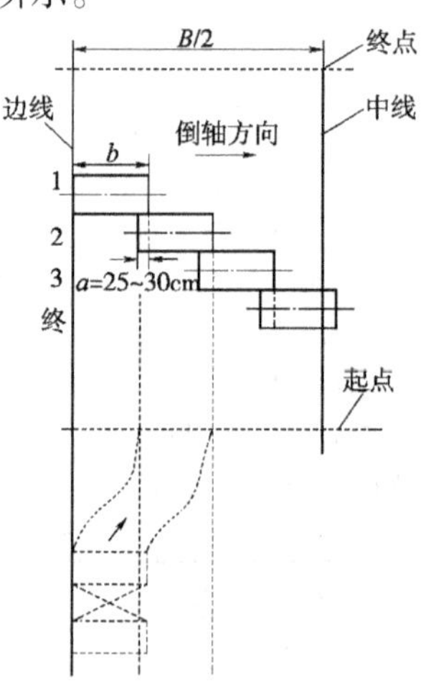

图 6-47　换向后调车

注意：这两种调车方法都存在一个共同的问题，就是如何确定调车工作段的长度。实际作业时，要视具体情况定。距离过大则碾压效率低；过短则转弯半径过小，对接触面（压路机轮与路面接触面）产生过大的挤压，影响施工质量。一般来讲，碾压路基时，其距离可短些；碾压路面时，其距离应长些。总的原则是：在不影响施工质量的情况下，其距离尽可能短些，以提高工作效率。

二、压路机的施工技术

1. 路基碾压作业

碾压原则：先两边，后中间；先轻后重，先慢后快，先静后动。

路基的碾压一般有路基土方的碾压、底基层石灰土的碾压和基层水泥稳定砂砾碾压等。高等级筑路施工中，上述筑路材料的碾压工艺流程（铺层厚度、压实机型、碾压顺序和遍数）均经试验确定，一般工序是先用10～15t中型压路机静碾压两遍，然后用中型振动压路机（自重10t，激振力25t）振动压实两遍，最后用重型振动压路机（自重18t，激振41t）振压两遍即可达到密实度。碾压时，碾压速度控制在3km/h之内，防止压实表面出现推移起皮现象，尤其是在最后碾压过程中。

2. 沥青混凝土铺砌层的碾压作业

（1）沥青混凝土铺砌层的碾压原则

①开始第一遍碾压的最佳温度石油沥青为120～150℃之间（渣油沥青为90～110℃）。若碾压温度过高，材料会在滚轮前受到挤压，出现沿滚筒边缘膨胀产生横向裂纹和粘附于滚筒上的现象，如图6-48所示。

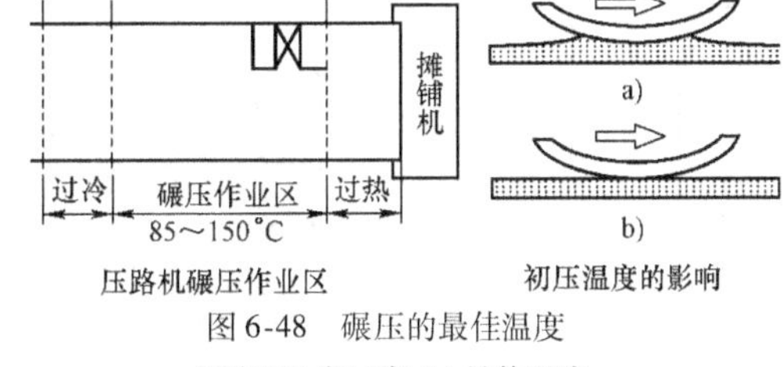

图6-48　碾压的最佳温度

a）碾压温度过高；b）最佳温度

②压路机要尽量靠近摊铺机碾压，并采取先轻后重的施压方法，以确保在混合料冷却到低于所需最低温度前达到密实度要求。

③保持碾压速度恒定，热料面层上不要任意停车；转向或起步时应缓慢，这样可以把压痕减到最小。

④在碾压新铺混合料时，操作人员应先将驱动轮驶入新鲜混合料场，以减少波纹和断裂现象，如图6-49所示。

⑤振动压路机转移、换向或停驶时要断开振源，等到压实作业时再接通。

⑥碾压时变更碾道（倒轴调车）要在碾压区较冷的一端进行；要避免在热沥青料层上停机；压路机停放时要与行驶方向形成一定角度（图6-50）。

（2）常规碾压方法

①普通碾压方法。压路机以与道路中心线平行的方向行驶，从路边缘开始逐渐移向路中，每一次的碾压应与前一次的碾压带重叠10～20cm。

②交替碾压方法。同普通碾压方法基本相同，压路机也是从路边开始向中心线移动，不同的是碾压带重叠宽度为压路机滚轮宽度的50%。此种方法可减少混合料的推挤或出现波纹等碾压缺陷。

碾压施工中，采取何种方法、何种参数进行碾压，一般都由施工技术人员指定。在碾压过程中，为了确保正常的碾压温度范围，每碾压一次要向摊铺机靠近一次，这样可防止在整个铺层宽度上相同地段换向造成压痕（图6-51）。在路拱或横坡上进行碾压，压路机一定要从最低边开始压，直到最高边结束，其目的是为保证压路机以压实后的材料作为支承边。

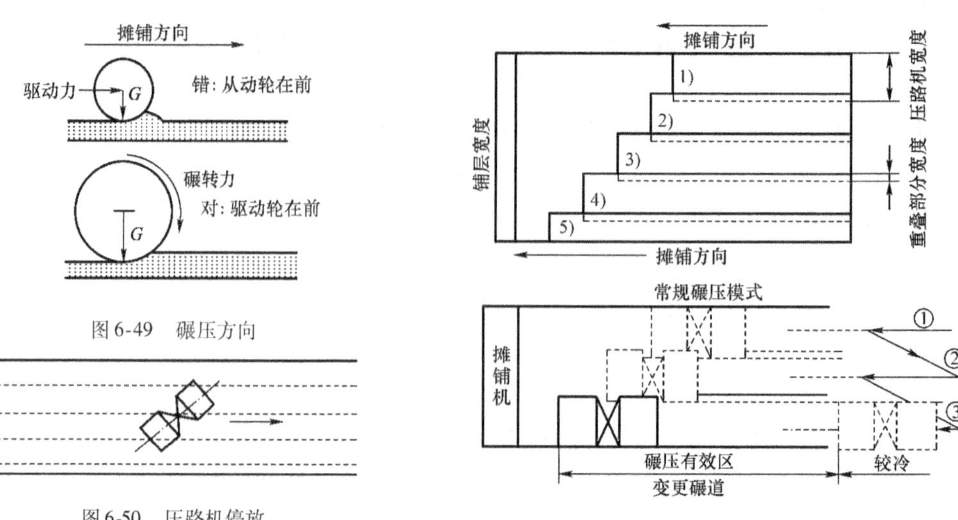

图6-49 碾压方向

图6-50 压路机停放

图6-51 碾压模式

(3)接缝的碾压

①横向接缝。进行横向接缝碾压应在开始时断开振动机构，此时压路机的大部分重力支承在旧料上，只有压路机主轮轮宽的100～200mm位于新料上，然后压路机逐步横移，直到全部轮宽进入新料，快要完成进入新料时方可接通振动机构，可采用搭板使压路机驶离铺层(图6-52)。

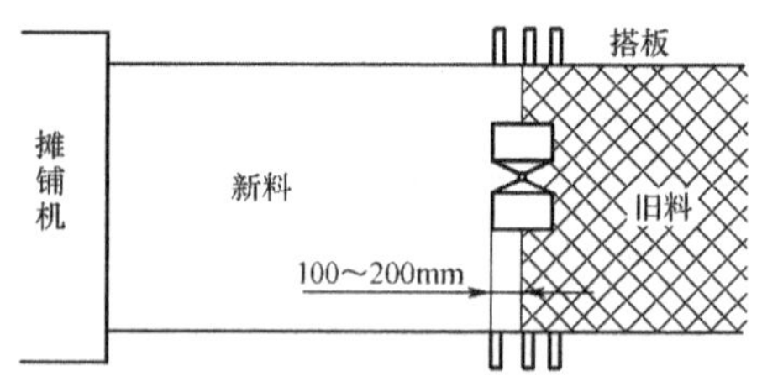

图6-52 横向接缝的碾压

②纵向接缝的碾压。热料层与冷料层接缝的碾压可采用不同类型的压路机，其相应碾压方法也不同，但压路机的碾压速度都应该较低，其纵接缝处理工艺如图6-53所示。

如果采用静光轮压路机碾压，则在碾压开始时应将压路机的大部分支承在冷料层上，只将车轮一侧的100～200mm压在热料上进行碾压，并逐渐压向热料。如果采用振动压路机进行碾压，必须使压路机尽可能多地位于热沥青层上，只有100～200mm的轮宽压在冷料层上，然后进行振动碾压。

热料层与热料层接缝的碾压方法是：首先压实离中心结合缝两边约200mm以外的地方，然后压实中间剩余下来的混合料带，如图6-54所示。

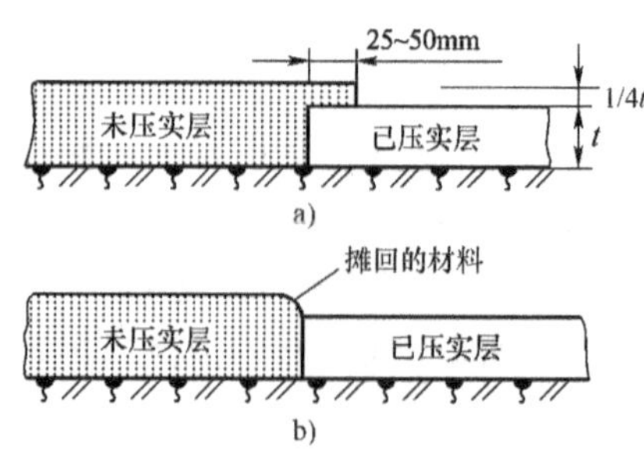

图6-53 分车道摊铺纵向接缝的处理工艺

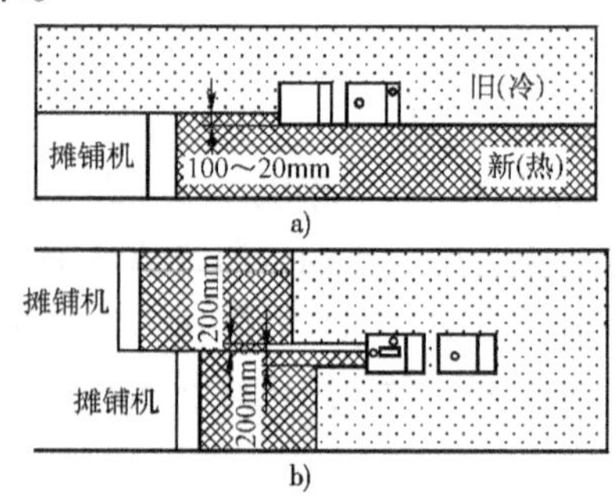

图6-54 纵向接缝的压实

a)热料与冷料纵向接缝的压实方法；b)热料层与热料层纵向接缝的压实方法

(4)弯道及交叉路口的碾压(图6-55)。

碾压弯道或交叉路口时,容易在铺层料上产生剪切力,剪切力会导致材料产生位移,因此可采用下列方法碾压。

①从弯道内侧或较低的一边开始碾压,以利于形成一个良好的支承面。

②尽可能直线碾压,避免在弯道上换向。

③可采用缺角式碾压,并逐一转换压道。

④不要在没有压实的混合料上换向。

⑤转向应与速度配合,行驶很慢时不应较快转向。

⑥尽可能采用振动碾压以减少剪切力。

(5)坡道的碾压(图6-56)

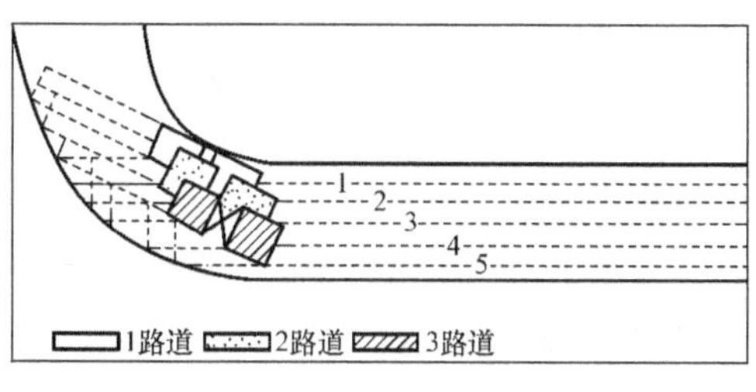

图6-55　弯道碾压

图6-56　坡道的碾压

上坡碾压时压路机的驱动轮应在后面(串联式压路机),以承受坡道传递的驱动力,前轮起预压作用,使混合料能够承受驱动轮产生的剪切力。压路机起步、停车和加速都要平稳,避免速度过高或过低;此外先用静力预压,等到混合料温度降到接近下限(120℃)时,才能使用振动压实。下坡碾压时驱动轮应在后面,此外还应避免压路机的突然变速或制动,在很陡的坡上应先使用轻型压路机预压。

(6)消除路面横向波纹和纵向轮迹的方法

当沥青混凝土铺砌层达到压实标准后,应立即改用静力压实方式碾压2~4遍,以提高路面表层的密实度,同时清除路面表面的轮压痕迹。

为了有效地消除路面的横向波纹和纵向轮迹,可采用压路机斜向运行方案,即碾压方向与路面纵向中线成15°角左右夹角碾压1~2遍(图6-57);也可用轮胎压路机将轮胎升降机构锁定,更换适当的配重或用三轮三轴式光面静力压路机碾压,均可有效地消除微小裂纹和波纹缺陷。

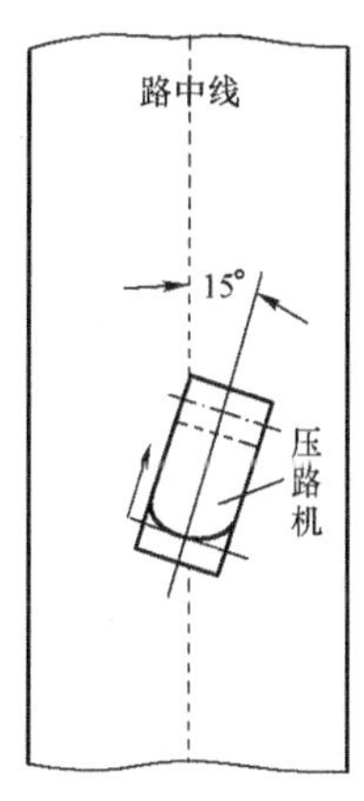

图6-57　消除路面轮迹的方法

三、压路机的维护和故障排除

1. 压路机的维护

周期性检查及维护是使压路机安全高效运行和延长使用寿命的基本保障,它能对各种故障、缺陷及时发现和修理,从而避免进一步发展成重大故障,造成压路机严重损伤。检查和维护分为压路机的例行维护(每天作业前、后的检查和维护)、200工作小时维护、600工作小时维护、1800工作小时维修和维护,如表6-9~表6-12所示。

例行维护　表6-9

部　位	作业项目	技术要求及说明
液压系统	①检查液压油箱油位	把机器开到水平地段，从油箱上的液位表检查油位，若油位低于液位时，应用手油泵将油泵入油箱中，使油位达到液位表的标记位置
	②检查液压油箱、液压管路和管接头	消除渗漏现象。液压软管若有老化、损坏时，应予以更换
	③检查液压油泵、液压马达及油缸液压油泵、液压马达	应工作正常，无异响，油缸应无渗漏。否则，应查明原因，排除故障
	④检查液压油油温观察液压油温表	油温应不高于85℃。否则，查明原因，排除故障
转向系统	①检查转向性能	转向动作应平稳可靠，转向装置无卡滞及内泄现象，消除漏油
	②检查转向油缸	每50工作小时，润滑转向油缸连接件（销轴、销套）一次
制动系统	检查制动性能	制动应灵敏、平稳、有效，必要时进行调整
传动系统	①检查传动轴	每50工作小时，润滑传动轴万向节一次
	②检查前、后机架连接的铰接头	每50工作小时向铰接头加注润滑脂一次
	③检查分动器、变速器、后桥及轮边减速装置	分动器、变速器、后桥及轮边减速装置均应工作正常，无漏油现象
前轮（振动轮）	①检查前轮减速器（CA25D、CA25PD）	首次使用50工作小时后，应更换润滑油一次
	②检查前轮油位	每50工作小时检查一次前轮油位。油位应达到液位表中间位置。不足时，予以加足
	③检查前轮减振器橡胶块	每50工作小时进行一次检查，减振器应无裂纹及损坏，固定螺栓若有松动，应予以紧固。当发现减振器橡胶块有3～25mm深的裂纹时，应予以更换
	④检查前轮刮泥板	刮泥板口离前轮的距离为10mm，必要时应进行调整
	⑤清洁前轮	每班工作结束后，应清除前轮外表面上粘附的泥土、油污
后轮	①检查轮胎及紧固螺母	轮胎外表面应无异物扎入或嵌入，螺母若有松动，应用550N·m的力矩予以拧紧
	②检查轮胎气压	每50工作小时进行一次检查。充气气压应在0.1～0.15MPa范围内，不足时予以充足
整机	①清洁整机外部	清除整机外部粘附的泥土、油污；保持整机外观整洁
	②检查外部连接螺栓	螺栓若有松动，应予以拧紧或更换
	③检查整机泄漏情况	整机应无漏油、漏电现象
	④润滑	按润滑表规定进行

200 工作小时维护　　表 6-10

部　位	作 业 项 目	技术要求及说明
完成本级维护作业项目之外的例保项目		
液压系统	①检查液压油冷却器	每 100 工作小时检查一次,确保空气能自由地流过冷却器。冷却器上若粘有油污及其他污物,应予以清除
	②检查液压油滤清器	更换滤清器
	③检查液压油箱	排放油箱中的水及沉淀物
转向系统	检查转向盘、转向器、转向油缸等转向机构	转向盘、转向器、转向油缸等转向机构应操纵轻便灵活,无卡滞、内泄及外漏现象
制动系统	①检查制动总泵中制动液液位及管接头	制动液液位应达到加油口底沿,不足时,应加足。管路、管接头若有松动,应予以紧固,消除渗漏
	②检查制动器	制动器功能应良好,制动性能可靠,制动鼓不发热。否则,应调整制动器
	③检查驻车制动器	必要时,按顺时针方向转动操纵杆上的旋钮,可调节制动器,调整至制动器操纵杆刚好完全拉出时为宜
传动系统	①检查变速器、分动器、后桥壳、轮边减速器的油位	变速器、分动器、后桥壳中的油位应与检查螺塞孔下沿齐平;轮边减速器端盖上的油位标记处于水平位置时,油位应与检查螺塞孔下沿齐平。润滑油不足时,应予以加足
	②检查传动轴	传动轴若有异响,应查明原因,排除故障。连接螺栓若有松动,应予以紧固
前轮	检查前轮减速器油位	每 100 工作小时进行检查。将机器开到水平地段,使加油螺塞转到前轮最高位置,拧下油位检查螺塞,油位应与检查螺塞孔下沿齐平,油不足时,应予以加足
后轮	检查轮胎胎面	胎面若有不正常磨损,应查明原因,进行检修
整机	润滑	按润滑表规定执行

600 工作小时维护　　表 6-11

部　位	作 业 项 目	技术要求及说明
完成本级维护作业项目之外的一级维护项目		
液压系统	①更换液压油箱通气孔滤网	每 500 ~ 1000 工作小时应更换滤网,在尘埃浓度大的场所工作时,每 500 工作小时应更换滤网
	②检查液压转向油缸密封情况	目检,如有油液外漏或内泄,应卸下油缸,更换橡胶密封元件
	③检查液压油	从油箱底部采油样进行化验分析,若达不到规定要求,应更换液压油。换油前,必须清洗液压油箱(在不具备化验手段时,也可将油样滴在滤纸上,若呈现出均匀的淡黄色痕迹时,表明油清洁;若油滴中心留有暗斑,则表明油已不清洁或老化变质,应当换油)。目检油样,油呈混浊状时,则表明油已失效,不能继续使用
转向系统	检查转向功能	发动机熄火时,左、右转动转向盘,仍有转向
制动系统	①检查行车制动器	检查制动摩擦片磨损情况,必要时要更换摩擦片,调整制动器
	②检查制动总泵及分泵、管路及管接头	制动总泵及分泵不得有渗漏现象,制动功能应正常。管路若有损坏,应予以更换。管接头若有松动,应予以紧固,消除渗漏现象

续上表

部　位	作 业 项 目	技术要求及说明
传动系统	①检查分动器、变速器、后桥及轮边减速器	工作时,应无异响或过热现象,消除漏油
	②拆检传动轴	拆洗检查传动轴,润滑万向节及传动轴花键
整机	润滑	按润滑表规定执行

1800 工作小时维护　　表 6-12

部　位	作 业 项 目	技术要求及说明
完成本级维护作业项目之外的二级维护项目		
液压系统	①更换液压油箱中的液压油	在液压油处于热态时,放净油箱内的旧油及沉淀物,清洗液压油箱,换入新液压油。在拆装盖板时,要严防杂物进入油箱;装复盖板时,应涂以密封剂,保证密封良好。加注新油时,利用手摇泵通过滤清器将油泵入油箱,启动发动机使液压油充满液压系统之后再检查油位,油不足时,应予以加足
	②检查液压油泵及液压马达	在额定工作压力下,液压油泵及液压马达工作时,不应有异响或渗漏现象
	③检查液压油缸	在额定工作压力下,液压油缸工作时应无爬行及漏油现象
	④检查液压系统的额定压力	液压系统额定工作压力转向系统为 14MPa;振动系统为 14MPa;驱动进给压力为 1.2～1.5MPa;驱动支路压力为 35MPa
转向系统	检查转向系统的油压	当转向盘转到极限位置时,转向系统的油压应小于 14 MPa。但应注意,在检测时,转向盘不应有极限位置停留
制动系统	①检查制动总泵及分泵	清洗、检修制动总泵及分泵。活塞与缸壁磨损严重时,应予以修复或更换,零部件如有损坏,皮碗及皮圈如有发胀或变形时,应予以更换
	②检查制动器	制动摩擦片若磨损严重,应予以更换;利用调整凸轮以调整制动器;当机器在行驶时进行制动,制动器应工作正常,制动鼓无过热现象
	③检查制动踏板自由行程	若制动踏板自由行程大于原设计规定值时,应查明原因,进行调整或检修
	④检查制动性能	机器在平坦道路上行驶时,急踩制动踏板,制动应能立即生效,松开制动踏板后,应能立即起步行驶,无拖滞及跑偏、侧移等现象
传动系统	更换分动器、变速器、后桥、轮边减速器润滑油	放净箱体内的旧油,清洗油箱。如齿轮磨损严重,轴承松旷或严重磨损,应予以更换,其他零件如损坏,也应予以更换。加注规定牌号的新润滑油到规定的油位高度,消除漏油现象
前轮	①更换前轮润滑油	每 1000 工作小时进行。将机器开到小坡度路面,使放油螺塞(也称加油螺塞)转到最低位置,拆下螺塞,放净旧油,再把机器升到水平地段,使螺塞转到最高位置,从螺塞孔加注规定牌号的新润滑油,油位应达到观察孔 1/2 高度位置
	②更换前轮减速箱中的润滑油	每 1000 工作小时进行。将机器开到水平地段,使油位螺塞转到最低位置,拆下螺塞,放净旧油后,再使加油螺塞转到最高位置,从加油螺塞孔加注规定牌号的新润滑油,油位应与油位螺塞下沿齐平

续上表

部　位	作 业 项 目	技术要求及说明
整机	①检查机身	铆、焊在机身上的所有部件必须牢固，不开焊、不脱铆、不变形，若有脱焊、脱铆，应补焊、补铆。部件若有变形，应予以校正
	②检查紧固各部连接螺栓	对各部包括发动机、转向机构、制动及前轮等的连接螺栓进行检查紧固
	③润滑	按润滑表规定进行

2. 压路机常见故障排除

压路机常见故障排除方法如表6-13所示。

压路机常见故障排除方法　　表6-13

现　象	原　因	排 除 方 法
系统在任何方向都不能动	液压系统流量过低	检查油箱油面，若油少就添加；检查系统是否漏油，若漏油，修理
	泵的控制连杆有故障	检查全部连接处，在泵的控制阀连接处可以进行调整，但不允许移动控制阀的连接臂来适应连接拉杆
	联轴器没有连接好	检查分动箱与泵的花键套以及马达轴与变速器之间的花键套是否滑动和损坏
	补油压力低或为零	①接压力表（0～4MPa）检查： a. 在泵的补油溢流阀压力检测口上接压力表，此时操纵杆推到中位，当发动机转速为1500～1800rad/min，压力表显示压力应为1.2～1.5 MPa。 b. 在马达后部阀块上接压力表，此后，缓慢地向前或向后移动手柄，马达补油压为1.1～1.24 MPa，假如补油压力高于或低于上述值，应停机查找原因。 ②补油压力低，可能存在如下原因： a. 补油泵上的补油压力阀或马达后部阀块压力阀损坏或失灵。 b. 滤清器或补油泵的进油管道堵塞。 c. 补油泵驱动轴折断。 d. 补油泵、变量泵或马达内部损坏。 e. 供油温度低
	补油压力低和波动	①进入空气，也是系统产生噪声的原因。检查全部接头，特别是进油管和滤清器处，找出进入空气的地方，把漏气的接头和接点拧紧。 ②检查泵和马达补油溢流阀是否失灵： a. 将泵操作杆推到中位，然后检测泵的补油压力。如果其补油压力低，则检修泵的补油溢流阀；如果泵的补油压力正常，则检修马达补油溢流阀。 b. 将泵操纵缓慢向前或向后推，检查马达补油溢流阀，若压力太低，则检修。 ③泵或马达内部损坏
	单向阀有故障	检查两个单向阀接触是否良好，阀座是否有腐蚀。若有上述情况，应更换单向阀
	高压安全阀有故障	①检查高压安全阀的密封弹簧及阀座的技术状况。 ②在集成阀块上接上0～60 MPa的压力表测量系统压力。该值与外负荷有关，当压路机被顶起空运转时，压力不低于3～4 MPa。若过低，检查高压安全阀，当顶住驱动轮和振动轮时，推动操纵杆标定值35 MPa，否则检修此阀；把压路机开放到橡胶轮胎上，在发动机额定转速下，开启振动驱动压力约为35 MPa，振动压力约为14 MPa（取决于土壤状况）

续上表

现　象	原　因	排除方法
系统只能一方向操作	控制连杆有故障	检查全部连接处,并进行调整
	高压安全阀有故障	同前
	一个单向阀有故障	同前
	变量控制阀有故障	拆除操纵杆,用手控制操纵阀上的摇杆前后移动,假如移动没有阻力,并能自动回位,应当拆下控制阀,检查是否有零件损坏,操作轴是否弯曲
系统过热(油温超过80℃)	油面低	重新加油
	油冷却器堵塞	清洗冷却器的空气通路
	滤清器或吸油管堵塞	清洗或更换滤清器,检查吸油管
	内部泄漏(经常发生自动改变速度的现象)	①在高压安全阀上装上压力表检查两个方向的工作压力,如果一个方向有工作压力,而另一个方向没有工作压力,则说明在这边的高压滤流阀泄漏,需拆开重新检查。 ②泵或马达(或两者)内部磨损
系统噪声	空气进入系统	①油箱的油面低。 ②在油箱、泵、补油泵之间的吸油管及滤清器的某一点有泄漏,使空气进入系统,空气进入系统一个很明显的标志就是在油箱中出现相当数量的泡沫。 ③回油管口没有浸没于油箱的油中
行走过程中出现自动变速现象	系统中有空气	同前
	补油压力低	同前
	操纵阀进油口堵塞或操纵进油路堵塞	拆开检查,并用干净空气吹净进油口及管道
	泵或马达内部磨损或损坏	表现为: ①补油压力很低或为零,进油压力也可能波动得很快。 ②在向前和向后时,工作压力很低,严重时将引起整个压路机减速或停车,补油压力比正常低,也可能在达到最高工作压力后降为零。 ③铜屑和碎末进入油和滤清器。 ④发出噪声
离合器,发热乃至冒烟	离合器分离不彻底或打滑	压盘与离合器片接触不均,造成压紧力不足,应予以调整;离合器摩擦片磨损过甚或表面烧结;摩擦表面沾有油污,应用汽油清洗;离合器操纵机构拉杆长短不合适,应调整各拉杆的松动部位,消除空余行程
	摩擦片变形	应校正或更换
	通风散热不畅	应疏通离合器箱体的散热孔道
	长时间过载工作	应变换工况或停机降温
振动式压路机变速器挂不上挡	主离合器分离不彻底	换挡时动力不能完全切断,造成换挡困难。应重新检查并调整主离合器
	轴承磨损过甚	主、从动轴之间的平行度降低,齿轮不能正确啮合,应更换轴承
	齿轮磨损严重	主、被动齿轮啮合困难,应检修并成对更换损坏的齿轮
	拨叉磨损过甚	换挡时拨叉行程不够,滑动齿轮不能到达啮合位置,应焊修或更换拨叉

续上表

现　象	原　因	排除方法
振动式压路机制动不灵或发热	制动器分离间隙过小	应按使用要求予以调整
	制动带摩擦片磨损过甚或断裂损坏	应更换制动带
	制动带摩擦表面沾有油污	应用汽油清洗并晾干
	制动传递系统松旷，空余行程过多	应检查并紧固松动处，消除空余行程
	制动器积垢过多，散热不良	应清除脏物，疏通通气孔道
振动式压路机转向困难	转向油泵供油不足	应检修油泵或油泵传动机构
	转向油路漏油	应检修管路和管接头
	控制阀漏油过多	应更换阀柱，使阀的配合间隙符合要求
	转向油缸内泄严重	主要是活塞或皮碗损坏，应及时更换
	调压阀控制压力过低	应调整调压阀内的弹簧压力，使转向油压符合标准
压路机行驶自动跑偏	换向阀的阀芯弹簧弹力变小或转向操纵机构有机械性卡滞	将换向阀与操纵机构的拉杆连接处拆断，如果拆断后滑阀在弹簧的作用下能自动回到中间位置，说明转向操纵机构有卡滞，应进而查明原因并对症排除。否则，是换向阀有故障，应将换向阀拆开查明，并予以排除
	压路机行驶时的滚动阻力两侧不等	观察压路机的左右行驶阻力，如果在压路机的左右行驶阻力不等时压路机跑偏，但在平路上行驶不跑偏，说明压路机跑偏是左右行驶阻力不等所引起
	转向操纵机构的拉杆有效长度调整不当	将换向阀与操纵机构的拉杆连接处拆断，使滑阀在弹簧的作用下能自动回到中间位置，同时也将操纵杆置于中间位置，此时拧转拉杆端的连接叉，使之连接销孔与滑阀连接销孔相重合即可
振动轮不振动	电磁阀的电源电路断路或电磁线圈损坏	另用一根导线，一端搭接在电源，另一端触动电磁阀线圈火线接柱，若电磁阀动作或振动轮起振，说明电源电路中断，应逐段回退检查，查出后予以排除
	换向阀故障	如果通过上述搭接振动轮还不振动，再将电磁阀拆下用手推动滑阀，其振动轮起振，说明电磁阀线圈损坏，也可用根带电的导线与电磁阀火线接柱刮火，若无火花，说明电磁线圈断路或线圈的搭铁线断路。若出现小蓝色火花，说明电磁线圈正常，但仍不振动，可能是滑阀被机械杂质卡死所致，应进一步查明，并对症排除
液压传动振动系统的振动频率上不去	油泵传动轴松动	应重新紧固
	振动油泵供油不足	应检修齿轮泵
	滤油器局部堵塞	应清洗或更换滤芯
	振动液压系统漏油	应检修损坏的管接头或油管
	安全阀控制压力过低	应重新调整
	振动齿轮马达磨损，转速过低	应检修或更换马达
	柴油机动力不足	应检修柴油机

续上表

现　象	原　因	排 除 方 法
机械传动振动系统的振动频率上不去	振动机构传动皮带太松	应重新调整皮带的松紧度
	张紧弹簧弱力太弱	应更换弹簧
	调频装置损坏	应检修
	柴油机动力不足	应检修柴油机

第七节　夯实机械

一、夯实机械用途、分类及型号

夯实机械是一种利用冲击或高频振动能量产生压实力来完成压实作业的轻便型压实设备,是除压路机以外的另一类压实机械。现代夯实机械分类情况如图6-58所示。自由落锤式夯实机械属于重级类。这种机型具有很高的打击能量,夯实板重力10～30kN,提升高度1.0～2.5m,在夯实板自重作用下夯击土壤;夯击频率比较低,它取决于夯锤的提升高度。

重型机械夯、内燃爆炸夯、蒸汽锤夯和振动夯等属于中级类。这类夯实机械一般做成拖式、半拖式以及轮式或履带式牵引车悬挂的装置;也可悬挂在挖掘机动臂上或做成专用的自移式夯实机。

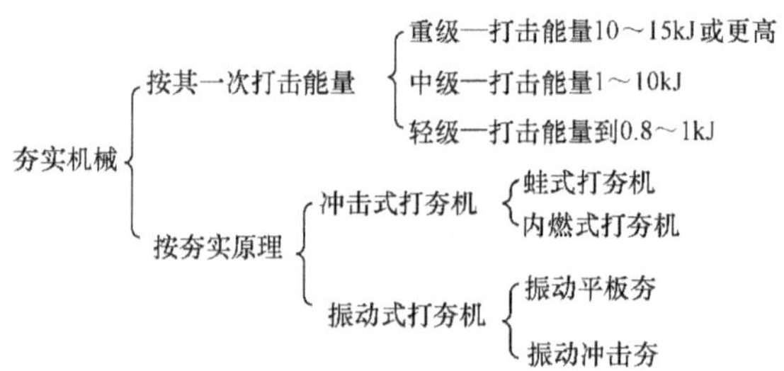

图6-58　夯实机械分类

各种手扶式夯实机属于轻级类,其中包括内燃机驱动、电机驱动和压缩空气驱动等。这种质量轻和外形尺寸小的夯实机适用于沟槽、基坑回填土的夯实,特别适用于墙角等狭窄地带以及小面积的土方夯实工作。

夯实机械的型号编制如图6-59所示。

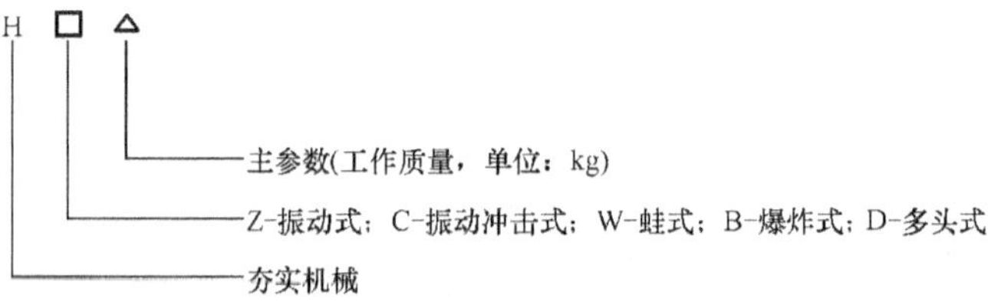

图6-59　夯实机械的型号编制方法

例如,HC70表示工作质量为70kg的振动冲击夯。

振动式打夯机是一种利用机械本身产生的高频振动来密实土壤的打夯机,它没有冲击式打夯机那样大的跳起高度(最大振幅仅为16mm左右),但却有相当高的振动频率(可达200Hz)。因此它密实土壤是靠高频振动效应来进行的。在我国,振动式打夯机的主要形式是各种规格(主参数为机质量,以kg表示)的振动平板夯(平板振动夯),有内燃机驱动和电动机

驱动的两种。振动式打夯机适用于颗粒性土壤(砂性土壤等)的夯实。振动平板夯与被压材料的接触为一平面,在工作量不大的工程中,尤其在狭窄地段工作时,得到广泛的使用。

振动平板夯按其质量可以分为:轻型(1~2t)、中型(2~4t)和重型(4~8t);按其结构原理可分为单质量和双质量(图6-60)。单质量的平板夯,全部质量参加了振动运动;而双质量的平板夯仅下部振动,弹簧上部不振动,但对土壤有静压力。

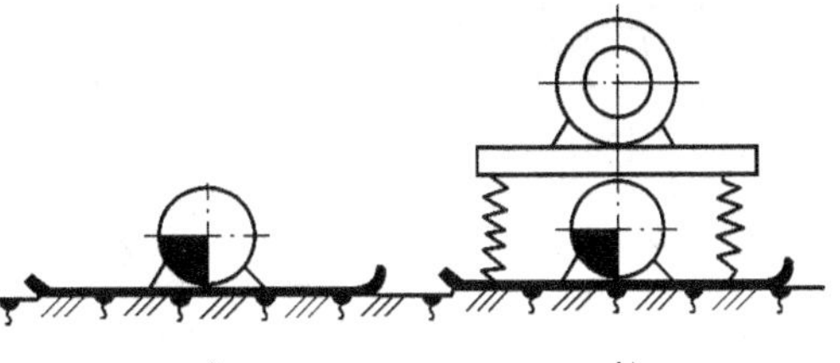

图6-60　振动平板夯结构原理图

a)单质量;b)双质量

动平板夯机动灵活,操作轻便,对大型压实机械无法进入的场地和死角,应用振动平板夯进行压实十分有效。由于夯实底板的侧面与底面垂直,故压实的贴边性好,特别适合沥青路面维修、市政园林狭窄场地的压实,也可用于GBM工程的压实作业。

美国、德国、日本和瑞典等发达国家的夯实机械领先世界水平,品种繁多,规格齐全,机型更新快,并已广泛用于道路维修、管道与电缆沟回填等建筑工程。近10年来,我国的夯实机械也有较大的发展,并制定了相关标准。夯实机械的组、型划分及其代号如表6-14所示。

夯实机械的组、型划分表　　表6-14

机　种	形　式	特　性	代号含义	主参数(单位)
打夯机(H)	内燃冲击式(N或B)	缸内燃气直接驱动	HN(HB)-内燃式打夯机(爆炸夯)	机质量(kg)
	多头式(D)	电驱动和内燃机驱动	HD-多头打夯机	机质量(kg)
振动打夯机(H)	振动式(Z)	电驱动	H Z-振动夯实机	机质量(kg)
	内燃振动式(Z)	内燃机驱动(R)	HZR-内燃振动夯实机	机质量(kg)

二、几种典型夯实机械的结构及工作原理

1. 蛙式打夯机

蛙式打夯机的构造如图6-61所示,它是由夯头1、夯架2、三角带3、8、底盘4、传动轴架5、电动机6、扶手和三角带轮等组成。电动机通过两级传动驱动偏心块旋转,产生离心力使夯头夯实地面和夯机向前移动。工作原理如图6-62所示。

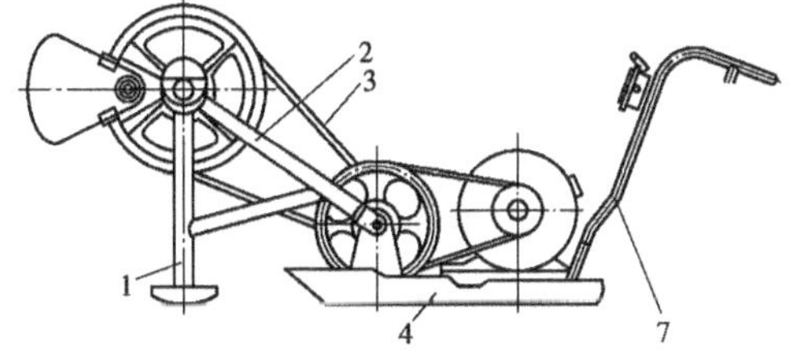

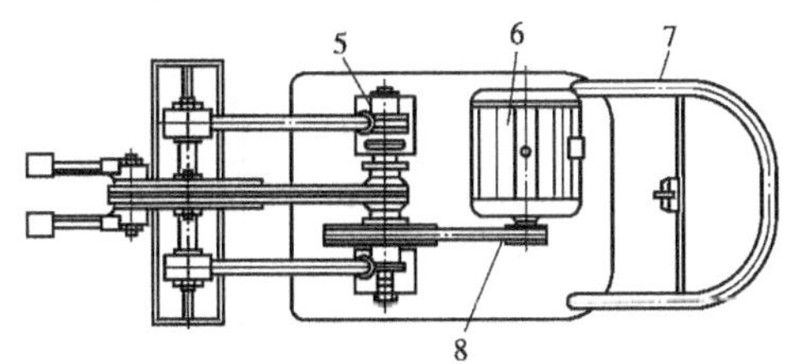

图6-61　蛙夯外形构造图

1-夯头;2-夯架;3,8-三角带;4-底盘;5-传动轴架;6-电动机;7-扶手

2. 振动冲击夯实机

振动冲击夯的工作原理是由发动机(电机)带动曲柄连杆机构运动,产生上下往复作用力,使夯实机跳离地面。在曲柄连杆机构作用力和夯实机重力作用下,夯板往复冲击被压实材料,达到夯实的目的。

振动冲击夯分为内燃式和电动式两种形式。前者的动力是内燃发动机,后者动力是电动机。它们都是由发动机(电机)、激振装置、缸筒和夯板等组成。

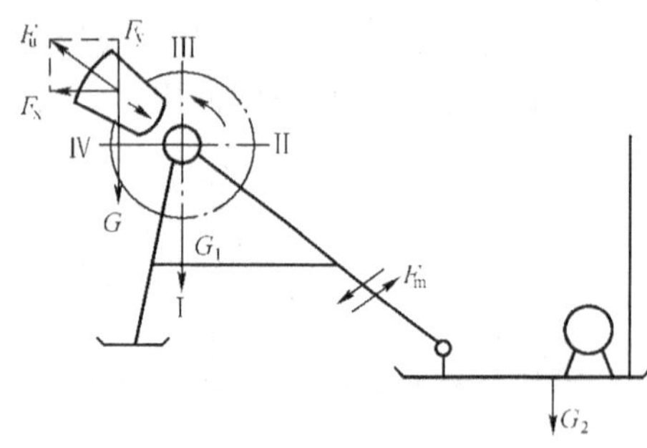

图 6-62 电动蛙夯打夯机工作原理图

G-偏心块重力；G_1-带轮及前轴部件质量；G_2-托盘总质量

图 6-63 所示为 HD60 型快速冲击夯，是一种电动式振动冲击夯，主要由电动机 1、减速器 4、曲柄连杆机构 5、6、活塞 9、弹簧 10、夯板 12 和操纵机构等组成。电动机动力经减速器 4 传给大齿轮，使安装在大齿轮轴上的曲柄 5、连杆 6 运动，带动活塞 9 作上下往复运动，在弹簧力（压缩和伸张）作用下，使机器和夯板跳动，对被压材料产生高频冲击振动作用。

内燃式振动冲击夯结构与电动式振动冲击夯基本相类似，仅动力装置为内燃机，内燃式打夯机直接利用燃料在机体的气缸内燃烧爆炸产生冲击力来进行夯实作业。内燃式打夯机又称爆炸夯，通常由燃油供给系统、点火系统、配气机构、操纵机构和缸体、缸盖、上下活塞、夯轴、夯锤、夯板等组成。图 6-64 所示为内燃式打夯机的结构简图。

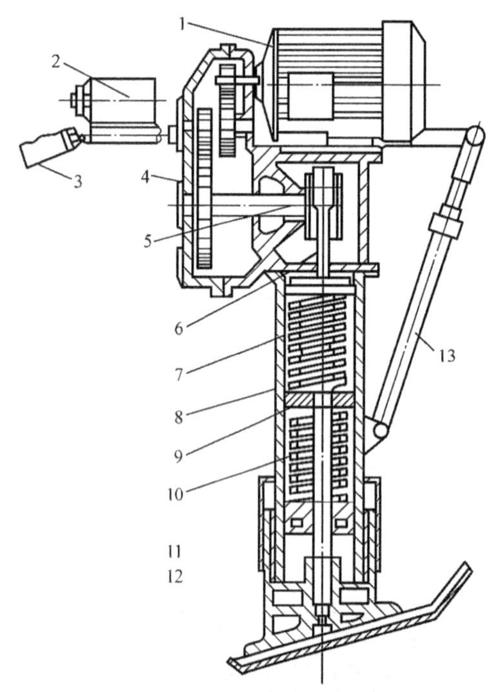

图 6-63 HD60-型电动式快速冲击夯结构

1-电动机；2-电气开关；3-操纵手柄；4-减速器；5-曲柄；6-连杆；7-内套筒；8-机体；9-滑套活塞；10-螺旋弹簧组；11-底座；12-夯板；13-减振器支承器

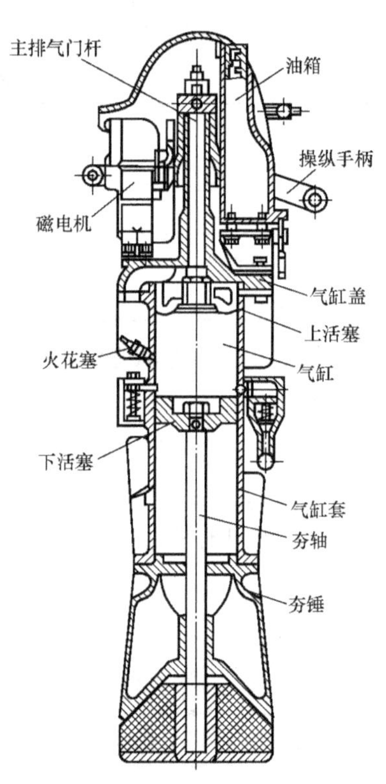

图 6-64 内燃式打夯机结构简图

3. 振动平板夯实机

振动平板夯分非定向和定向两种形式，其结构简图如图 6-65 所示。它是由发动机、夯板、激振器、弹簧悬挂系统等组成。动力由发动机经皮带传给偏心块式激振器，由激振器产生的偏心力矩带动夯板以一定的振幅和激振力振实被压材料。非定向振动平板夯是靠激振器产生的水平分力自动前移，定向振动平板夯是靠两个激振器壳体中心（两激振器中心）所处位置的不同，使振动平板原地垂直振动或在总离心力的水平分力作用下水平移动。

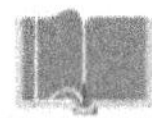

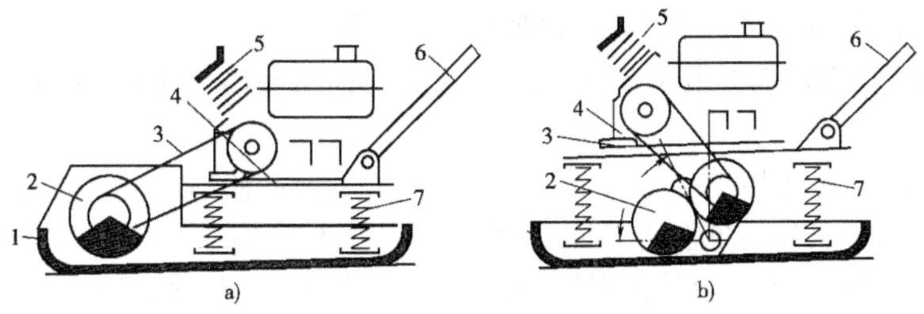

图6-65 振动平板夯结构原理图

a)非定向振动式;b)定向振动式

1-夯板;2-激振器;3-V形皮带;4-发动机底架;5-操纵手柄;6-扶手;7-弹簧悬挂系统

三、夯实机械的使用技术

1. 蛙式打夯机的使用要点

(1)操作前应检查电路是否符合使用要求,地线是否接好。特别要检查偏心块和皮带轮是否安装牢固,工作是否可靠。

(2)操作人员都应戴上绝缘手套,穿上橡胶绝缘鞋,以防触电。操作作业时,应将电线尾随打夯机移动,并保持3~4m的松余量不得扭结。

(3)蛙式打夯机不得在冻土、坚石和砖石混合料上夯实作业。

(4)夯实作业结束后,应切断电源,卷好电线。

2. 振动平板夯的使用要点

振动平板夯使用前的准备工作,可参照其他形式打夯机进行。

当工作中,发现振动频率下降、轴承过热、机械走偏等现象时,应及时停机,检查偏心振动轴和轴承等部件,偏心块必须牢固地连接在转轴上,轴亦不得有弯曲,轴承不能松旷,否则必须进行校正或更换。夯板、支撑台板、减振弹簧均不得有变形、裂纹等缺陷,必要时应予平整、补焊、甚至更换。

电动式振动平板夯,可在1000~1500工作小时后进行一次全面保养,更换齿轮箱内的润滑油,其传动轴和万向节的润滑油可在50~100工作小时后进行。

3. 内燃冲击式打夯机的使用要求与方法

(1)使用之前可用附备的专用装载小车将打夯机送到施工地点附近。

(2)将打夯机立放在平整的地面上,按启动方式上下按动(或提拉)手柄将机械作“空车”运动,并检查运动是否灵活,连接件有无松动,缸内是否有金属撞击声等。当气门杆锁销脱落,使气门掉入气缸内,或内弹簧折断、缩短使弹簧呈浮动状况时,均可听到金属撞击声或摩擦声。这时必须拆检打夯机,进行必要的修理,否则会造成机械事故。

(3)当“空车”检查无误后,可加注按一定比例混合配制的燃油,并擦净机身上的油渍,将机械移动到夯实地点,摆正停稳,即可进行启动工作。

(4)HB-80型打夯机用专用启动手柄启动,HB-120型打夯机可按压操纵手柄启动。当活塞上下移动2~3次,使燃油形成的混合气进入气缸。对于HB-80型打夯机,只要按动点火开关就能启动;对于HB-120型打夯机,因操纵手柄联动着磁电机外凸轮,每按压一次手柄均可使磁电机运转而产生电流,缸内火花塞即可发火,从而能自然启动。

(5)开始启动或启动后的工作中,都要特别注意打夯机的起跳和夯击,以免误伤操作者的头部和脚部。

(6)每次夯击后缸内燃气要放出,因而总有一响“嘭”声,这是机械的自然现象,无需紧张,只要谨慎操作，即可很快地掌握其性能，自如地进行工作。

(7)在工作中当需移动夯击位置时，只需将打夯机向需要移动的方位倾斜，即可使其向前自行跳进。

(8)内燃式打夯机使用的燃油是汽油与润滑油的混合物，使用时按照使用说明比例混合，当工作时间较长或在炎热的夏季使用时，润滑油比例可适当提高。在汽油中加入润滑油的目的是为了润滑气缸壁，切不可直接使用汽油，否则会造成缸壁的迅速磨损。

(9)工作间歇时应擦净由于振动流落到机身和场地上的燃油，操作时亦不得引入火种，混配燃油或加油时不得吸烟，以免引起火灾。

(10)在使用中还要注意防止水分浸入，保管中亦要防止受潮，如须长期停放，应拆卸保养并涂以防锈油脂后再组装起来存放。

第七章　土石方机械

土石方机械包括推土机、装载机、挖掘机、铲运机、平地机、凿岩机以及石料破碎、筛分等机械，它们是工程机械中用途最广泛的一大类机械，也是公路建设特别是高等级公路建设中土石方工程的主要施工机械。同时，土石方机械还广泛应用于铁路、水利、矿山、港口、机场、农田及国防等工程建设中，在国民经济建设中起着重要的作用。在公路路基工程中，土石方机械担负着土石方的铲装、填挖、运输、整平等作业。它具有施工速度快、作业质量高、生产效率高等优点，是现代公路建设中不可缺少的机种。

土石方机械的作业对象是各种土、砂、石等物料。在进行施工作业时，机械承受负荷重，外载变化波动大，工作场地条件差，环境比较恶劣。因此，要求土石方机械具有良好的低速作业性、足够的牵引力、整机的高可靠性和较高的作业生产能力。

由于现代工程的大型化，土石方机械继续向大型化方向发展，以适应巨大工程机械化施工的需要；同时为满足市政建设、环保和窄小场地以及小型土石方工程的要求，小型、多功能、机动性好的机种也得到进一步的发展。现代计算机、电子和激光等技术的发展以及在土石方机械上的应用，将大大提高土石方机械的自动控制和智能化程度。同时，省力操纵、安全防护、降低噪声、提高可靠性及驾驶人员的舒适性等，将是土石方机械今后继续发展的方向。

第一节　推　土　机

推土机是以工业拖拉机或专用牵引车为主机，前端装有推土装置，依靠主机的顶推力，对土石方或散状物料进行切削或搬运的铲土运输机械。

推土机在建筑、筑路、采矿、油田、水电、港口、农林及国防等各类工程中，均获得十分广泛的应用。它担负着切削、推运、开挖、填积、回填、平整、疏松、压实等多种繁重的土石方作业，是各类工程施工中必不可少的关键设备。此外，大型推土机加装松土器后还可以进行土石的劈松作业；加装多齿松土器可用于劈开较薄的硬土、冻土等；加装单齿松土器除能疏松硬土、冻土外，还可以耙松具有风化和有裂缝或节理发达的岩石。

推土机的作业对象主要是：各级土、砂石料及风化岩石等。

一、分类、特点及适用范围（表 7-1）

推土机的分类、特点及适用范　　表 7-1

分类形式	分　类	特点及适用范围
按发动机功率分	小型	发动机功率小于 44kW
	中型	发动机功率为 59 ~ 103kW
	大型	发动机功率大于 118 ~ 235kW
	特大型	发动机功率大于 235kW

续上表

分类形式	分　类	特点及适用范围
按行走机构分	履带式	此类推土机与地面接触的行走部件为履带。由于具有附着牵引力大、接地比压低、爬坡能力强以及能胜任较为险恶的工作环境等优点，因此，它是推土机的代表机种
	轮胎式	此类推土机与地面接触的行走部件为轮胎，具有行驶速度高、作业循环时间短、运输转移不损坏路面、机动性好等优点
按用途分	普通型	此类推土机具有通用性，广泛地应用于各类土石方工程中，主机为通用的工业拖拉机
	专用型	此类推土机适用于特定工况，具有专一性能，属此类推土机的有：湿地推土机、水陆两用推土机、水下推土机、爆破推土机、船舱推土机、军用快速推土机等
按铲刀形式分	直铲式	也称固定式。此类推土机的铲刀与底盘的纵向轴线构成直角；铲刀的切削角是可调的。对于重型推土机，铲刀还具有绕底盘的纵向轴线旋转一定角度的能力。一般来说，特大型与小型推土机采用直铲式的居多，因为它的经济性和坚固性较好
	角铲式	也称回转式。此类推土机铲刀，除了能调节切削角度外，还可在水平方向上，回转一定角度（一般为 125°）。角铲式推土机作业时，可实现侧向卸土，应用范围较广，多用于中型推土机上
按传动方式分	机械传动式	此类推土机的传动系，全部由机械零部件所组成。机械传动式推土机，具有制造简单、工作可靠、传动效率高等优点，但操作笨重、发动机容易熄火、作业效率较低
	液力机械传动式	此类推土机的传动系，由液力变矩器、动力换挡变速器等液力与机构相配合的零部件组成，具有操纵灵便、发动机不易熄火、可不停车换挡作业效率高等优点，但制造成本较高、工地修理较难。它仍是目前产品发展的主要方向
	全液压传动式	此类推土机，除工作装置采用液压操纵外，其行走装置的驱动也采用了液压马达。它具有结构紧凑、操作轻便、可原地转向、机动灵活等优点，但制造成本高、维修较难。由于液压马达等元件制造难度较大，目前在国内的发展尚受一定限制
	电气传动式	此类推土机的工作装置、行走机构均采用电动机作动力。它具有结构简单、工作可靠、作业效率高、污染少等优点，但受电源、电缆的限制，使用受到局限。一般用于露天矿、矿井作业为多
按铲刀操纵方式分	钢绳式	铲刀升降由钢绳操纵。它简单可靠、维修方便，但不能强制切土，影响性能，所以发展受到一定限制
	液压式	铲刀在液压油缸作用下升降，它可实现强制切土，作业性能较好，有取代钢绳式的趋势

推土机的型号用字母 T 表示，L 表示轮式，Y 表示液压式，后面的数字表示功率。

二、推土机的构造

推土机是由发动机、底盘、工作装置、液压系统和电气系统等组成（图 7-1）。推土机用的发动机多为柴油机，常布置在其前端，通过减振装置固定在机架上。底盘部分包括离合器（变矩器）、变速器、后桥、行走装置和机架等。底盘的作用是支承整机质量并将动力传给行走机构和液压操纵机构。主离合器装在柴油机和变速器之间，用来平稳地接合和分离动力，变速器和后桥用来改变推土机的行走速度、方向和牵

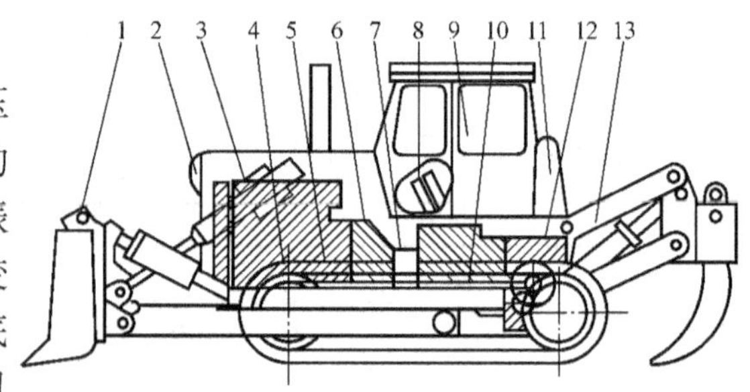

图 7-1　推土机的组成

1-推土铲；2-电气系统；3-发动机；4-行走装置；5-机架；6-主离合器；7-万向节；8-操纵机构；9-驾驶室；10-变速器；11-柴油箱；12-后桥；13-松土器

引力。行走装置是支承机体并使推土机行走的机构。机架是整机的骨架，用来安装发动机、底盘和工作装置，使全机成为一个整体。电气系统包括发动机的电启动部分和全机的照明系统、控制系统和发电机等。除此之外，推土机还有燃油箱、液压油箱和驾驶室等外部设备。

推土机的推土铲主要有直铲式和回转式两种。

1. 直铲式工作装置

如图 7-2 所示，推土铲刀用来切削和推运土壤，撑杆用来改变铲土角，顶推梁是推刀的支承，用来安装铲刀和传递主机的牵引力。

2. 回转式工作装置

如图 7-3 所示，推架制成整体梁，前端处与推土铲刀的后背中部铰接，通过改变各拉杆长度，推土铲刀除了可以在水平向左或向右作 20° ~30° 回转安装外，还可以在垂直平面相对水平面转动 0° ~9°角安装；推土铲刀的切削角还能在 44° ~72°之间进行调整。

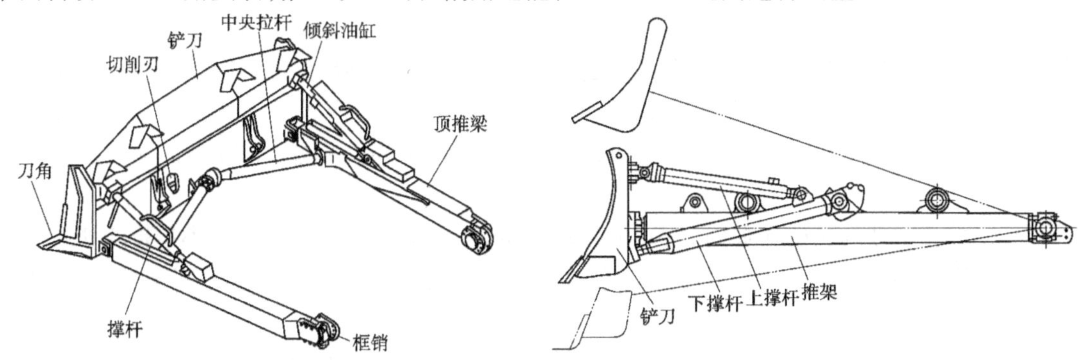

图 7-2　直铲推土机工作装置　　　图 7-3　回转式推土机工作装置

推土机的工作装置除上述的推土装置外，还有松土器、耙齿、刮平铲等，用以扩大推土机的工作范围。

三、推土机的驾驶

1. 推土机的操作规程

(1)作业前的准备

①了解作业区的地势和土壤种类，测定危险点及选定最佳的施工方案。

②如果作业区有巨块石头或大坑时，应预先清除或填平。

③启动前，应将所有的控制杆置于“中间”或“固定”位置。

④履带推土机的履带松紧要适度，且左右均匀。轮胎推土机轮胎气压必须符合要求，且各轮胎气压应保持一致。

⑤检查燃油、润滑油和水及其系统，其量必须符合要求，其系统不得有泄漏。

⑥进行保修或加油时，必须关闭发动机，推土机铲及松土器必须放下，制动锁要在“锁住”状态。

⑦检查电气系统、操作系统及工作装置，各部分必须处于良好的工作状态，必要时进行调整；并检查各仪表工作是否正常。

⑧发动机传动部分有胶带连接的推土机，不得用其他机械推拉启动，以免打坏锁轴。

(2)作业与行驶要求

①除驾驶室外，机上其他地方禁止乘人；行驶中任何人不得上下推土机。

②行驶时，铲刀离地面 40 ~50cm。

③严禁在运转中、在斜坡上进行紧固、保养润滑和修理推土机。

④上下斜坡时，先选择最合适的斜坡运行速度，应直接向上或向下行驶，不得横向或对角线行驶，下坡时禁止空挡滑行或高速行驶；下陡坡时应放下推土铲与地面接触倒退下坡；避免在斜坡上转弯掉头，轮胎式推土机不能在坡度较大的场地作业。

⑤在坡地上工作时，若发动机熄火，应立即用三角木将推土机履带楔后，将离合器置于脱开位置，变速杆置于空挡位置，方能启动发动机，以防推土机溜坡。

⑥工作中司机需要离开机器时，必须将操纵杆置于空挡位置，将推土机铲刀放下并将机器制动和关闭发动机后方可离开。

⑦在危险或视线受限的地方，一定要下机检视，确认能安全作业后方可继续工作，严禁推土机在倾斜状态下爬过障碍物；爬过障碍物时不得分离主离合器。

⑧避免突然启动、加速或停止；避免高速行驶或急转弯。

⑨填沟或回填土时，禁止推土机铲刀超出沟槽边缘，可用一铲一铲的方法填土，并换好倒车挡后才能提升推土机铲倒车；在深沟、陡坡施工现场作业时，应有专人指挥，以确保安全。

⑩多台推土机联合作业时，前后距离应大于8m，左右距离应大于1.5m；若工程需要并铲作业时，必须用机械性能良好、机型相同的推土机，司机必须技术熟练，雾天作业时必须打开车灯。

⑪在垂直边坡的沟槽作业时，对于大型推土机，沟槽深度不得大于2m，小型推土机沟槽深度不得大于1.5m。若超过上述规定时，必须按规定放安全装置或采取其他安全措施后，方可进行施工。

⑫轮胎式推土机用于除冰、除雪作业时，轮胎要加防滑链；用于清除石料作业时要加戴轮胎保护链。

⑬清除高过机体的建筑物、树木或电线杆时，应根据电线杆的结构、埋入深度和土质情况，使其周围保持一定的土堆；电压超过380V的高压线，其保留土堆大小应征得电业部门或电业专业人员的同意。

⑭在爆破现场作业时，爆破前必须把推土机开到安全地带。进入现场，操作人员必须了解现场有无瞎炮等情况，确认安全后方可将推土机开入现场继续施工。

⑮若必须要在推土铲下作业，则首先要将推土铲升到所需位置，先锁好分配器，锁住安全销，并用垫木将推土机垫牢固后，方可进行作业。

⑯履带推土机长距离转移时，必须用平板车装运；装运时变速杆应处于空挡位置，制动杆、安全锁杆必须置于锁住位置，并用垫木将履带楔紧，用强度足够的铁丝将机体固定。

⑰履带推土机不准在沥青路面上行驶。必须通过时应铺设道木，垂直通过，禁止转向。

⑱倒车时，应特别注意块石或其他障碍物，防止碰坏油底壳。

(3)作业后的要求

①推土机应停放在平坦、坚实安全、不妨碍交通的地方，冬季应选择背风朝阳的地方，将发动机朝阳，铲刀放下着地。

②熄火前应将发动机怠速5min，将变速杆置于空挡位置，将制动杆、安全锁杆置于锁住位置。

③按规定对推土机进行保养。

2. 驾驶

(1)起步

启动发动机，并进入正常运转；起步前检查踏板是否松开；按推土机需要后退或前进，将换向杆推向前或拉向后；将变速杆移至所需要速度的位置；将燃油控制杆向上拉至适应于推土机工作的转速；缓缓地拉动主离合器操纵杆，当推土机开始行走时将主离合器操纵杆向后拉至最后位置，使主离合器完全接合。

（2）变速

将主离合器操纵杆推向前方；移动变速杆经过中间位置至所需要速度的位置；缓缓地拉动主离合器操纵杆，待推土机开始起步后，再将操纵杆迅速向后拉至接合位置，使其完全接合，以防止摩擦片早期磨损。

（3）换方向

将主离合器操纵杆向前推进，并稍加用力以便完全松开离合器，使主离合器主轴完全停止运转；移动换向杆至需要的位置（换向杆向后拉推土机前进，向前则后退）；缓缓地拉动主合器操纵杆，待推土机开始起步后迅速将离合器操纵杆向后拉过死点，使离合器完全接合。

（4）转向

拉动转向离合器操纵杆，当向左转向时拉左杆，向右转向时拉右杆；当推土机需要急转弯时，除了分离转向离合器外，还应踏下相应的制动踏板，并且要用低速小油门；不使用制动器时，不应将脚放在制动踏板上；转弯完毕后，应先放松制动踏板，再放松转向离合器操纵杆；高速行驶时或在石子路面上、黏土路面上不能急转向。

（5）行驶

陡坡上行驶：推土机坡行角度纵向不能大于30°，横向不能大于25°。一般情况下，应避免大角度坡行和横向大角度坡行。必须在陡坡上行驶时，应避免变速，以防意外。避免在陡坡斜向行驶，尤其是冰雪斜坡，以防侧滑翻车。

前进下坡：推土机在陡坡中下坡时，应将推土机铲刀接触地面并倒车下行，用低速挡小油门，降低发动机转速，切勿分离主离合器空挡下行，否则会加速行驶而超过正常行驶速度；应缓慢地踩下制动踏板，防止发动机转速超限。推土机在下坡时转向，操作过程与一般情况下的转向操纵过程相同。但由于坡上推土机有因为本身质量而产生下滑的趋势，所以，拉转向操纵手柄与踩下制动踏板之间的时间间隔不宜太长。拉动离合器操纵杆时，推土机转向与前进时的转向相反（即拉左杆向右转向，拉右杆向左转向）。

前进上坡：推土机在陡坡上前进上坡时，柴油润滑油门操纵杆应放到大开度的位置上，应用Ⅰ挡缓慢行驶。不宜急转弯，不能将铲刀举得过高，一般高出地面40cm对机械稳定最为适宜；不能倾斜爬越障碍物，绝对禁止推土机横着斜坡行驶，不能分离主离合器。

（6）停机、熄火

将主离合器操纵杆推到“分离”位置，然后将油门操纵杆推到怠速低转位置，再将变速杆放在空挡位置并将铲刀落到地面。紧急情况下停车时，应将主离合器操纵杆向前推到“分离”位置，同时踏死制动踏板，然后将油门操纵杆向下推到低速位置，并将变速杆放在空挡位置。在坡上放时，为了防止由于机身自重下滑，必须将制动踏板踩死，将掣子扳到锁紧位置，主离合器手柄仍保持接合。上坡状态可将变速杆放在前进一挡，下坡状态变速杆放在后退一挡位置。在气温低于0℃停车时，应打开水箱盖及所有放水阀门放完积水，以免冻坏发动机，但加防冻液的除外。

四、推土机的基本作业方法

推土机的基本作业是铲土、运土、卸土和空回四个工作过程组成一个作业循环（图7-4）。

铲运土主要有以下几种作业方法。

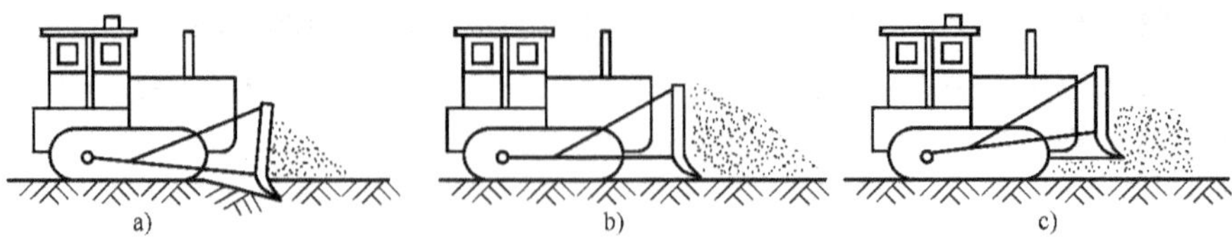

图 7-4 推土机基本作业

a)铲土行程;b)运土行程;c)卸土行程

1. 波浪式铲土法

图 7-5 为推土机波浪式铲土法示意图。其优点是可使发动机功率得到充分发挥并缩短铲土时间和距离,缺点是空回时产生颠簸。

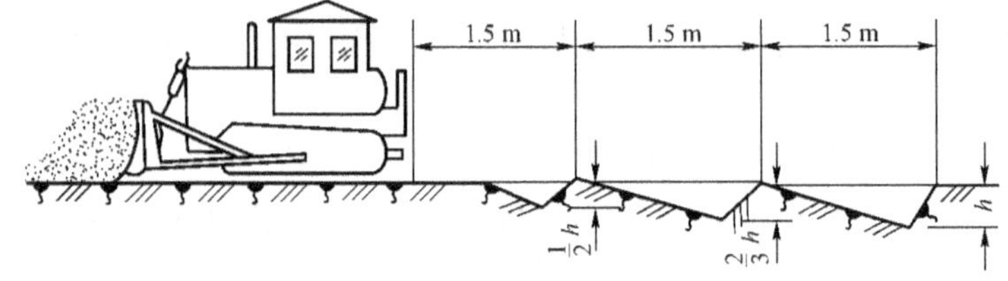

图 7-5 波浪式铲土法

2. 接力式推土法

在取土场较长而土质较硬的场地作业时,可自近而远分段将土推送成堆,然后再由远而近地将各段土堆一次推送到卸土地。

3. 槽式推土法

在运送土壤时,为了尽可能减少运土损失,可在一个固定作业线上多次推运,使之形成一条土槽,或者利用铲刀两端外漏的土壤形成土埂而产生的土槽推运,可以增加一次推运土壤的体积,提高生产率。

4. 并列推土法

两台以上同类型推土机并列起来同步推运土壤,可以减少运土损失,两铲刀间隔以 15 ~ 20cm 为宜。必须掌握好每台推土机的运行速度和方向,避免碰车。

5. 下坡推土法

利用下坡时推土机重力的分力,加速铲土过程和增大运土量以提高作业效率。一般坡度不宜超过 20°。

五、推土机的施工技术

1. 填筑路堤

推土机填筑路堤的作业方式一般为直接填筑。施工方法主要有两种:横向填筑与纵向填筑。在平原地区多采用横向填筑,而在丘陵和山区多采用纵向填筑。

(1)横向填筑路堤

这种作业方式是推土机在路堤的两侧或一侧取土,向路堤依次移送土壤。单台或多台推土机施工时,最好采用分段进行,这样可以增大工作面,分段距离一般以 20 ~ 40m 为宜,每段也可以按班组的能力划分。

在一侧取土时,每段一台推土机,作业线路可采用“穿梭”法进行,如图 7-6 所示。在施工中,推土机推满土后,可向路堤直送到路堤坡脚,卸土后按原推土路线退回到挖土始点。这样

在同一线路中按沟槽运土法送 2 ~ 3 刀就可挖到 0. 7 ~ 0. 8m。此后推土机作小转弯倒退,以便向一侧移位,仍按同法推邻侧的土壤。以此类推地向一侧转移,直至一段路堤完工。然后推土机反向侧移,推平取土坑所遗留的各条土埂。

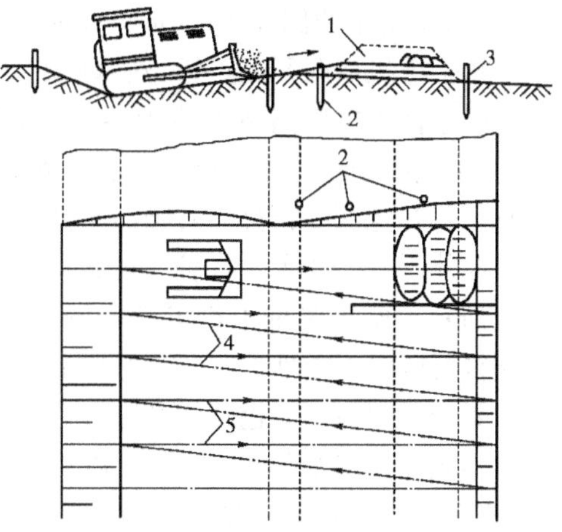

图 7-6 推土机从一侧取土坑取土填筑路堤

1-路堤;2-标定桩;3-间距为 10m 的高标杆;4,5-推土机“穿梭”作业运行线

当推土机由两侧取土坑推土时,每段最好用两台并以同样的作业法,面对路堤中心线推土,但双方一定要推过中心线一些,并注意路堤中心线的压实,图 7-7 所示为从两侧取土时作业线路图。当路堤填高时,应分层有序地进行,一般每层厚度为 20 ~ 30cm,并分层压实。

当推土机单机推土填筑路堤高度超过 1m 时,应设置推土机进出坡道,如图 7-8 所示。通道的坡度应不大于 1: 2. 5,宽度应与工作面宽度相同,长度为 5 ~ 6m。当采用综合机械化施工时,路堤填筑高度超过 1m 后,多用铲运机完成。

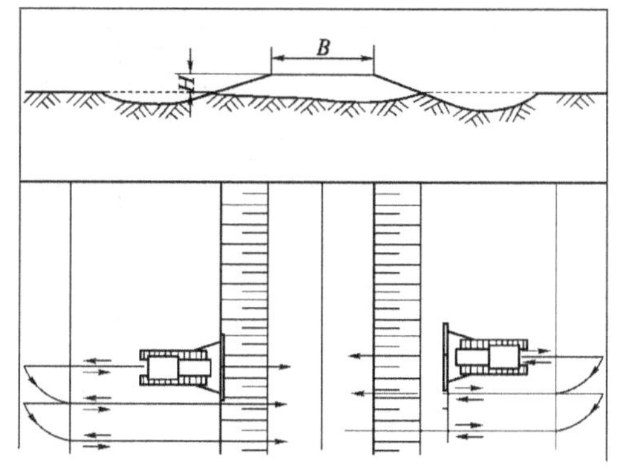

图 7-7 推土机从两侧取土坑取土填筑路堤作业线路

B-路基宽;H-路基高

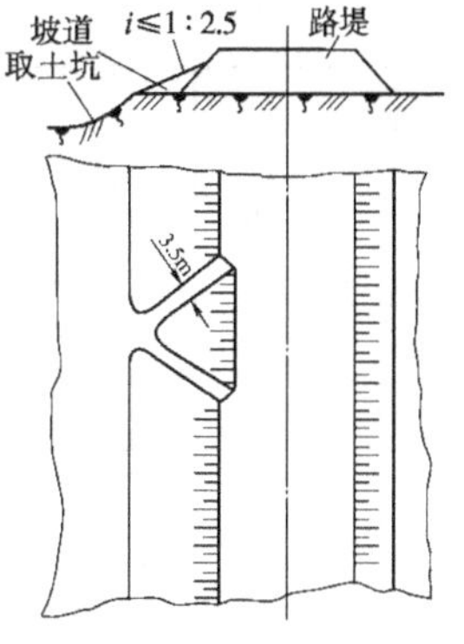

图 7-8 推土机作业坡道设置

(2)纵向填筑路堤

这种作业方法多用于移挖作填工程,其开挖深度与填筑高度可按设计高程规定,不受其他限制,只要挖方的土壤性质适用于填筑路堤即可。这种施工方法最经济,但应注意开挖部分的坡度不能大于 1: 2,开挖中应随时注意复核路基高程和宽度,避免出现超挖和欠挖。在填土过程中,应根据施工地段的施工条件,分层填筑、分层压实。纵向填筑作业法,如图 7-9 所示。

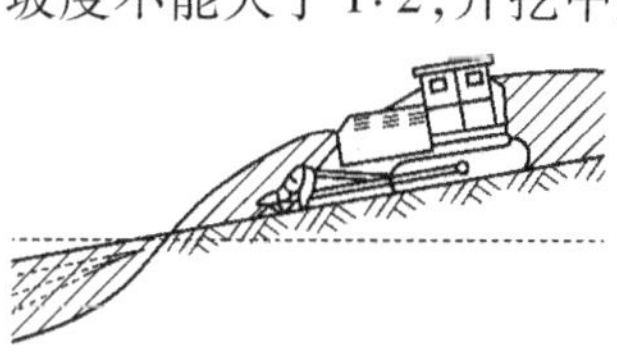

图 7-9 推土机纵向移挖作业填筑路堤作业法

(3)综合作业法填筑路堤

这种作业法实际上是横向纵向联合作业。将路堤沿线路 60 ~ 80m分为若干段,在每段的中部设一横向送土道,采用横向填筑法,将土壤由通道送到路堤上,再由推土机纵向推送散土,分层填筑,分层压实,如图 7-10 所示。

2. 开挖路堑

用推土机开挖路堑有两种施工情况:一种是在平地上挖浅路堑;另一种是在山坡上开挖路堑或移挖作填开挖路堑。

(1)平地上两侧弃土,横向开挖路堑

用推土机横向开挖路堑,其深度在2m以内为宜,如图7-11所示。开始推土机以路堑中线为界,向两侧横向按“穿梭”作业法进行,将路堑中挖出的土送至两侧弃土堆,最后再进行专门的清理与平整。若开挖深度超过2m,则需与其他机械配合施工。

此外,对上述施工作业,推土机也可用环形作业施工,如图7-12所示。施工时推土机可按椭圆形后螺旋形路线运行,这种运行路线可以对弃土堆进行分层平整和压实。

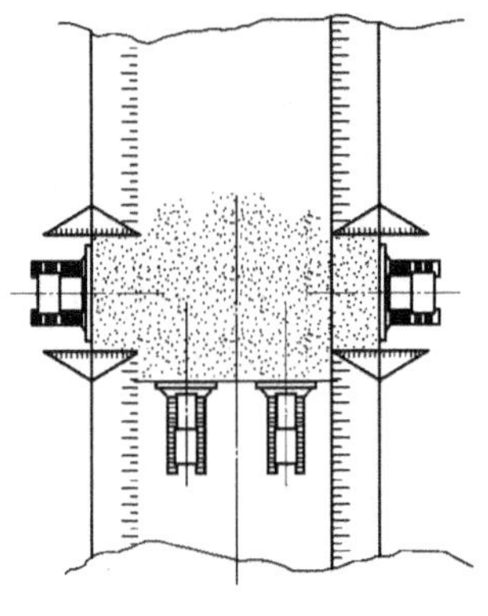
图7-10 推土机横向纵向联合作业填筑路堤

不论采用何种开挖路堑和施工作业方法,都应注意排水问题,绝对不允许使路堑的中部下凹,以免积水。在整个路堑的开挖段上,应做出排水方向的坡度以利排水。在接近挖至规定断面时,应随时复核路基的高程和宽度,以免出现超挖或欠挖。在挖出路堑的粗略外形后,多采用平地机来整修边坡和边沟。

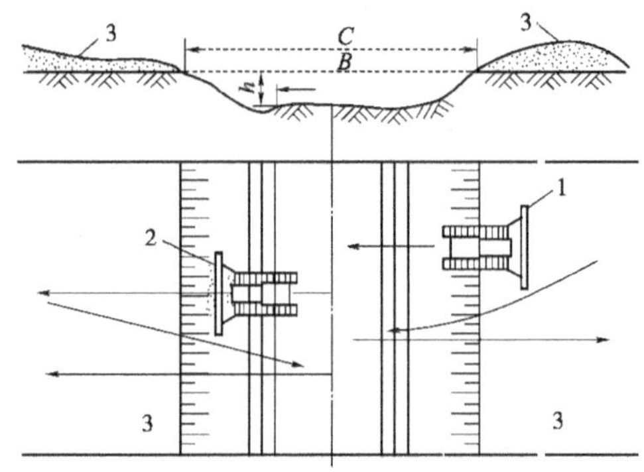

图7-11 推土机在平地横向开挖路堑施工作业图

1,2-两台推土机采用“穿梭”作业法;3-弃土堆

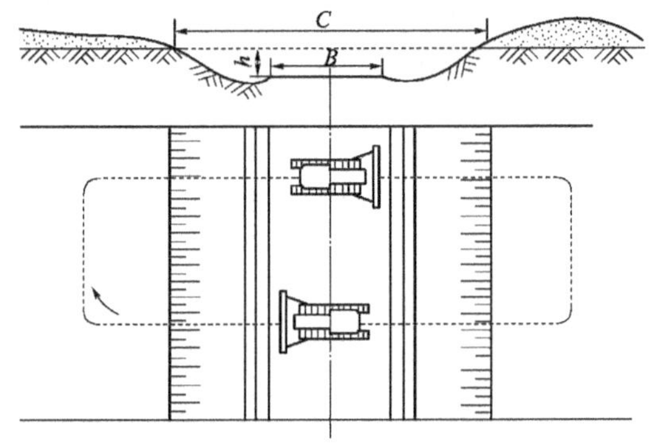

图7-12 推土机环行作业法开挖路堑施工作业图

(2)纵向开挖山坡路堑

①开挖傍山半路堑。一般多用回转推土机进行,开挖时先由路堑边坡上部开始,沿路中线行驶,渐次由上而下,分段分层将土送至坡下填筑路堤处。由于推土机沿山边施工,要特别注意安全。推土机应在坚实稳定的土壤上行驶,填土时应保持道路内侧低于外侧,行驶纵坡度不要超过推土机的最大爬坡角。

推土机的平面角应根据土壤的性质来调整。在一、二级土壤上施工时,可调至60°;三、四级土壤上可调至45°。推土时用铲刀的右角切入土壤,使被切下的土壤沿刀身向外送出。推土机开挖山边半路堑时,如果山坡坡度不大(25°以下),也可用直铲推土机,但在下坡送土时,最好铲土数次后,将土壤堆成堆,最后再将土壤一起推送到边坡前沿。这样不但可以提高生产率,而且也较安全。

②开挖深路堑。开挖深路堑运土填筑路堤施工时,应首先做好准备工作。要在开挖路堑的原地面线顶端各点和填挖相间的零点,都立起小标杆,同时挖平小丘,使推土机可以进入施工现场,如果推土机能够沿斜坡驶至最高点时,则可以由路堑的顶点开始,逐层开挖推送至路堤处。开挖时可用1~2台推土机沿路中心线的平行线进行纵向堆填,如图7-13a)所示。等路堑挖至其深度的一半时,再用1~2台推土机,横向分层推削路堑斜坡,如图7-13b)所示。由斜坡上往下推的土壤仍由下面的推土机送到填土区,直到路堑与路堤全部完成为止。

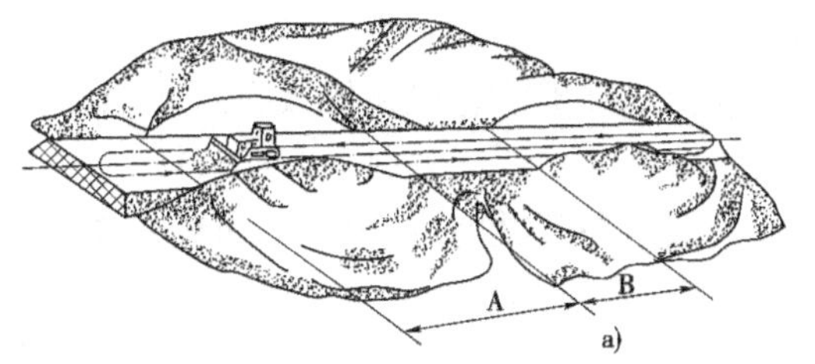

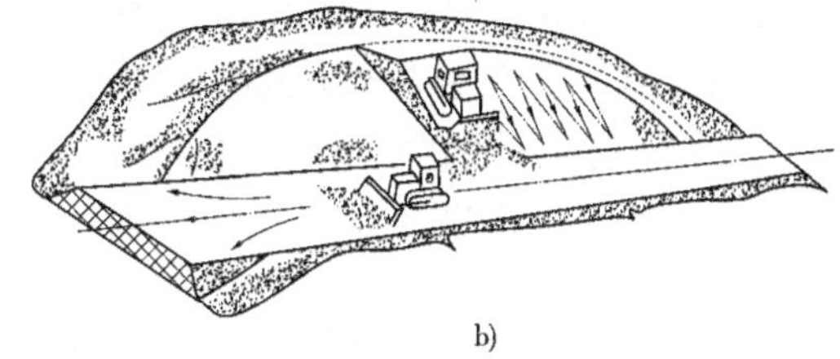

图 7-13 推土机深挖路堑作业

a)推土机纵向推填;b)纵向横向协作推填

A-挖方区;B-填方区

这种深路堑的开挖顺序,如图 7-14 所示。而且每层可按沟槽推土法开挖,并尽量利用地形做到下坡推土。

3. 推土机其他辅助作业

推土机不但可以从事大土方量的工程施工,而且也可以从事其他辅助作业(图 7-15),如平整场地和回填土作业在平整场地时,应选用回转推土机,在一、二级土壤上施工,平面角可调至 60°。开始平整时,推土机应从已经平整过的相当于设计高程的平坦部位开始,绝对不能在不平的位置处开始平整,否则当推到较远距离时,很容易形成一个斜面。若平整场地较大,最好分若干小区,再在各小区中选定高程,放平推土机再进行平整。如果场地是松散土壤,不平度也较小,也可用直铲推土机,将铲刀送放在地面上,以倒驶的方法施平。总之,在场地平整中,不论前进还是倒驶拖平,均应随时注意分块比平,以便随时纠正。

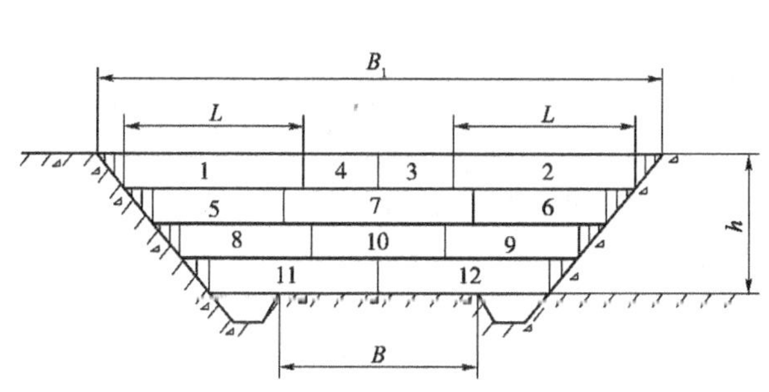

图 7-14 推土机开挖路堑运行顺序横断面图

图 7-15 推土机助推和拖挂作业

推土机进行涵洞回填时,应选用回转推土机。回填时从涵洞的两侧交替推土,并尽可能地分层进行,以免压裂涵管。如用直铲推土机回填时,推土机驶离卸土位置时不要提升铲刀,应顺势后拖,顺便摊平土堆。当涵洞上面填土高过 1m 后,方可在涵洞上行驶。

六、推土机的保养技术

1. 技术维护

(1)维护的注意事项

做好机械的维修和维护,这对延长机械使用寿命,保证人机安全,提高工作效率,增加经济效益,都具有很大的作用。驾驶维修人员,除熟知“安全操作规程”提及的有关要求以外,还必须遵守以下事项。

①维修维护的工作人员,必须熟练掌握机械的结构、性能、卸装程序、技术要求、注意事项等知识。

②对维修维护难度大的项目，最好向生产厂家咨询。

③日常维护通常在启动机械前和每天工作完后进行。维护前将机械停放在水平地面上，并放下铲刀，锁定闭锁机构，然后进行维护。

④不停止发动机进行维护时，必须有两人合作，一人坐在驾驶室内，另一人进行维护。当心身体不要触及运动零件。

⑤维护前，对维修部位的周围应彻底清扫和刷洗，特别对注油口、滤清器、油嘴、箱体盖周围要清洗干净，以防尘土等物浸入油液内。

⑥切记液压油路内存有高压，加油、放油或进行检查和维护时，首先要释放掉压力。释放压力的步骤如下：把铲刀和松土器落到地面，熄灭发动机，将液压系统的操纵杆连续拨到每一个挡位 2 ~ 3 次，然后慢慢地拧松加油盖或管接头。

⑦更换润滑油之前，开动机械将油温升到 30 ~ 40°C 后再将油放出。

⑧要用干净的油和油脂。检查或更换油时，不要在尘土飞扬的场所进行。

⑨不能穿雨衣或在雨中处理电器系统。

⑩检查或加冷却水时，当心热水喷出伤人。

⑪润滑油滤芯或粗滤清器更换后，要把空气从油路中排出。

⑫绝不可将加油口的粗滤器取出后加油。

⑬检修齿轮箱时，要防止扳手、螺母等物掉进箱体内，否则会造成很大麻烦。

⑭油料要远离火源，不要用火把代替灯光照明。

⑮更换“O”形圈，衬垫或其他密封件时，要严格清洗零件表面，并要细心安装。

(2)例行维护(表 7-2)

例 行 维 护 表 7-2

作 业 项 目	技术要求及说明
检查液压油箱油面	将机械停放在水平位置，发动机停转约 5min 后，油面应在油标检视孔规定的范围内。测量不足时，应加入规定牌号的液压油至规定的油面高度
检查各液压油泵、液压阀和液压油缸	液压油泵、液压阀、液压油缸应工作正常，无异响。消除渗漏现象，各液压阀应工作灵敏、可靠
检查液压油管及管接头	油管及管接头若有松动，应予紧固，排除漏油现象；液压软管若有裂损、老化，应予以更换
检查推土铲刀角、刀片	刀角、刀片磨损严重者，应予以更换
检查松土器刀齿护套	松土器刀齿护套磨损严重或断裂时，应予以更换

(3)一级维护(每 200 工作小时进行，表 7-3)

一 级 维 护 表 7-3

作 业 项 目	技术要求及说明
完成例行维护项目	见表 7-2
液压油箱	新机或经大修后的机械首次使用 200 工作小时应更换液压油及滤清器滤芯
液压滤清器	清洗滤清器滤芯。纸质滤芯需更换
检查推土装置各铰接处、油缸球接头、油缸支承支架等处	检查并进行润滑。各零部件磨损严重时，应予以更换
检查松土器	对松土器各铰接处及油缸活塞顶端铰接处进行润滑

(4)二级维护(每 600 工作小时进行，表 7-4)

二级维护　表 7-4

作业项目	技术要求及说明
完成一级维护项目	见表 7-3
检查工作液压油的质量	检查油质，根据需要更换液压油
检查液压系统的密封性	若有渗漏，应予排除
检查液压油缸	油缸若有内泄漏，应拆检、清洗各零部件，更换橡胶密封件及其他损坏的零部件
检查各液压系统的工作情况	工作时，各液压系统应工作正常，若不能满足使用需要时，应查明原因，排除故障。若系统中有噪声或管路中有振动时，应排放空气

(5)三级维护(每 1800 工作小时进行，表 7-5)

三级维护　表 7-5

作业项目	技术要求及说明
完成二级维护项目	见表 7-4
液压系统	更换液压油，清洗滤清器滤芯，滤芯若有损坏，应予以更换；检查液压阀及油缸；在额定工作压力下，液压油泵、液压阀、液压油缸应工作正常，无异响，无漏油现象
检查铲刀的工作情况	必要时根据土质及工况，对推土装置进行调整
检查工作装置各部位	焊缝若有开焊，应进行补焊；销轴、销套磨损严重时，应予以更换。刀片磨损至高度为 215mm 时，应予以更换或翻转使用到高度为 175mm 时再换新；刀角磨损超限时，应予以更换
检查松土器	松土器各铰接处销轴、销套磨损超限时，应予以更换；松土器齿齿端磨损至 235mm，护套磨损至 90mm 时，应予以更换

七、推土机常见故障及排除(表 7-6)

推土机常见故障及排除　表 7-6

故障	原因	排除方法
主离合器打滑	摩擦片间隙过大	调整间隙，若摩擦片磨损超过原厚度 1/3 时，应更换摩擦片
	离合器摩擦片沾油	清洗、更换油封
	压盘弹簧性能减弱	进行修复或更换
主离合器分离不彻底或不能分离	钢片翘曲或飞轮表面不平	校正修复
	前轴承因缺油咬死	更换轴承，定期加油
	压脚调整不当或磨损严重	重新调整或更换压脚
主离合器发抖	离合器套失圆太大	进行修复
	松放圈固定螺栓松动	紧固固定螺栓
主离合器操纵杆沉重	调整盘调整过量	松回调整盘，重新调整
	油量不足使助力器失灵	补充油量
液力变矩器过热	油冷却器堵塞	清洗或更换
	齿轮泵磨损，油循环不足	更换齿轮泵
变速器挂挡困难	联锁机构调整不当	重新调整
	惯性制动失灵	调整
	齿轮或花键轴磨损	修复，严重时更换

续上表

故　障	原　因	排除方法
变速杆挂挡后不起步	液力变矩器和变速器的油压不上升	检查修理
	液压管路有空气或漏油	排除空气，紧固管路接头
	变速器滤清器堵塞	清洗滤清器
中央传动啮合异常	齿轮啮合不正常或轴承损坏	调整齿轮间隙，更换轴承
	大圆锥齿轮紧固螺栓松动或第二轴上齿轮轮毂磨损	紧固螺栓或旋紧第二轴前锁紧螺母后用开口销锁牢
转向离合器打滑使推土机跑遍	操纵杆没有自由行程	调整后到达规定
	离合器片沾油或磨损过大	清洗或更换
操纵杆拉到底不转变	操纵杆与增力器间隙过大	调整
	主从动片翘曲，分离不开	校平或更换
推土机不能急转弯	制动带沾油或磨损过度	清洗或更换
	制动带间隙或操纵杆自由行程过大	调整至规定值
液压转向离合器不分离	转向油压、油量不足	清洗滤清器，补充油量
	活塞上密封损坏、漏油	更换密封环
制动器失灵	制动摩擦片沾油或磨损过度	清洗或更换
	踏板行程过大	调整
引导轮、支重轮、托带轮漏油	浮动油封及O形圈损坏	更换
	装备不当或加油过量	重新装配，适量加油
驱动轮漏油	接触面磨损或有裂纹	更换或重新研磨
	装配不当或油封损坏	重新装配，更换油封
引导轮、支重轮、托带轮过度磨损	三轮的中心不在一条直线上	校正中心
	台车架变形，斜撑轴磨损	校正修理，调整轴封
履带经常脱出	履带太松	调整履带张力
	支重轮、引导轮的凸缘磨损	修理或更换
	三轮中心未对准	校正中心
液压操纵系统油温过高	油量不足	添加至规定量
	滤清器滤网堵塞	清洗滤清器
	分配器阀上、下弹簧装反	重新装配
液压操纵系统作用慢或不起作用	油箱油量过多或过少	使油量达到规定值
	油路中吸入空气	排除空气，拧紧油管接头
	油箱加油口空气堵塞	清洗通气孔及填料
铲刀提升缓慢或不能提升	油箱中油量不足	加油至规定油面
	分配器回油阀卡住或阀的配合面上沾有污物	用木棒轻敲回油阀盖，或取出清洗阀座后重新装回
	安全阀漏油关闭压力过低	检查、调整压力
	操纵阀卡住	检查修理
安全阀不起作用	安全阀有杂物夹住或堵塞	检查并清理
	弹簧失效或调整不当	更换或重新调整

第二节　平　地　机

一、平地机的用途和分类

平地机是一种装有以铲土刮刀为主,配有其他多种辅助作业装置,进行土的切削、刮送和整平作业的工程机械。它可以进行砂、砾石路面,路基路面的整形和维修,表层土或草皮的剥离,挖沟,修刮边坡等整平作业,还可完成材料的混合、回填、推移、摊平作业。平地机配以辅助装置,可以进一步提高其工作能力,扩大其使用范围。因此,平地机是一种效能高、作业精度好、用途广泛的施工机械,被广泛用于公路、铁路、机场、停车场等大面积场地的整平作业。

平地机按行走车轮数目分为四轮式和六轮式两种。四轮式用于轻型平地机,六轮式用于大中型平地机。

平地机按转向方式分为前轮转向式、全轮转向式和铰接转向式三种。

平地机还可按车轮对数或轴数进行分类,其表示方法为:车轮总对数(或轴数)×驱动轮对数(或轴数)×转向轮对数(或轴数)。六轮的有3×2×1(前轮转向,中后轮驱动),3×3×1(前轮转向,全轮驱动),3×3×3(全轮转向,全轮驱动);四轮的有2×1×1(前轮转向,后轮驱动),2×2×2(全轮转向,全轮驱动)。平地机驱动轮数越多,在工作中所产生的附着牵引力越大,转向轮数越多,机械的转弯半径越小。所以上述几种形式中以3×3×3型性能最好,大中型自行式平地机多采用这种形式,且大多采用铰接式机架,具有更小的转弯半径,其机动灵活性也更好。

平地机还可控刮刀长度或发动机功率分为轻、中、重型三种。

平地机按工作装置(刮刀)和行走装置的操作方法,可分为机械操纵和液压操纵两种。目前,平地机多采用液压操纵。

平地机机型编号的第一个字母为P,Y表示液压式,后面的数字表示发动机功率。

二、平地机的组成及工作原理

平地机主要由发动机、传动系统、制动系统、车架、行走转向装置、工作装置、操纵及电器系统等组成。图7-16所示为平地机外形图。

1. 发动机

平地机的发动机一般采用柴油发动机,有风冷、水冷两种,且多数都采用了废气涡轮增压技术;有些平地机采用专用柴油发动机,这种发动机可以较好地适应施工中的恶劣工况。

2. 传动系统

传动系统一般由主离合器液力变矩器、变速器、后桥传动及平衡箱串联传动装置组成(图7-17)。

其动力传递路线为:发动机飞轮→主离合器→(液力变矩器)→变速器→后桥传动→平衡串联传动箱→车轮。

3. 行走装置

行走装置的形式主要为轮式,其驱动形式有后轮和全轮驱动两种。采用全轮驱动时,前轮驱动力可由变速器输出,通过万向节传动轴传至前桥,或采用液压传动方式将动力传至前桥。

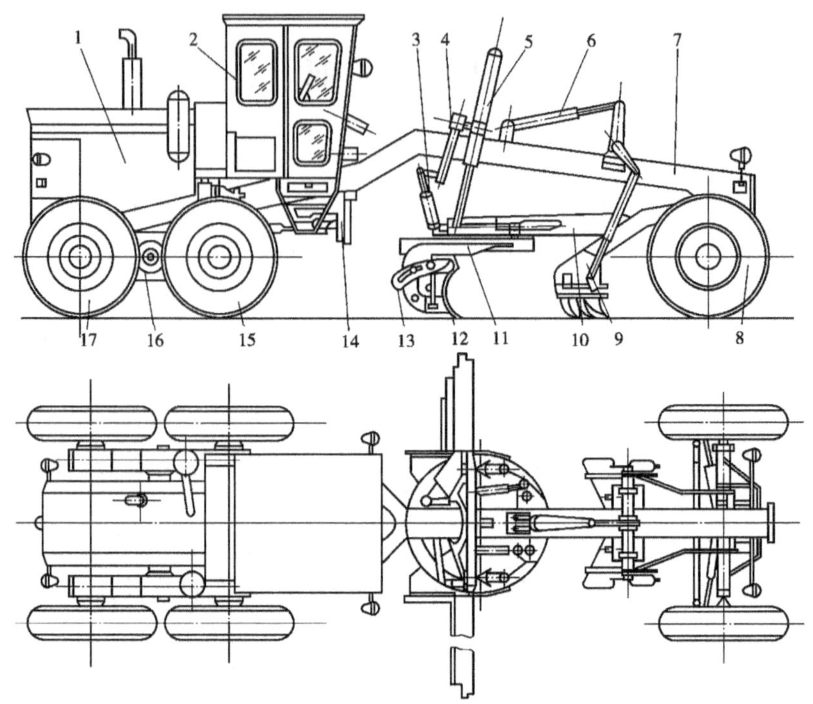

图 7-16　平地机外形图

1-发动机;2-驾驶室;3-牵引架引出油缸;4-摆架机构;5-升降油缸;6-松土器收放油缸;7-车架;8-前轮;9-松土器;10-牵引架;11-回转圈;12-刮刀;13-角位器;14-传动系统;15-中轮;16-平衡箱;17-后轮

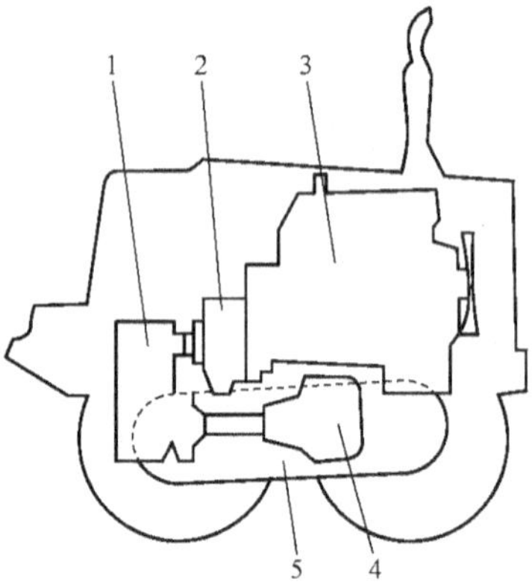

图 7-17　传动系统布置图

1-变速器;2-主离合器、变矩器;3-发动机;4-后桥;5-串联箱

4. 转向装置

转向装置有前轮转向、全轮转向及铰接式转向三种形式。

5. 车架

平地机的车架为一个支持在前桥和后桥上的弓形梁架。车架上安装了发动机,主传动装置、驾驶室及工作装置等。在车架的中间弓背处装有油缸支架,上面安装刮刀升降油缸和牵引架引出油缸。车架有整体式和铰接式两种形式。铰接式车架分为前车架和后车架,前、后车架以铰销连接,并以液压油缸控制车架的转角。铰接式车架提高了机器的灵活性,减小了转弯半径,机器可以折身前进作业,增强了平地机的作业适应性。

6. 工作装置

工作装置分为主要工作装置和辅助工作装置。刮刀是平地机的主要工作装置,图 7-18 为刮土工作装置示意图。

刮刀 7 安装在支承架上,并由刮土板侧向移动油缸 9 实现侧向移动。刮土板可由切削角调节油缸实现绕其轴向转动的动作,以此改变其切削角。每次调整后用角位移器紧固螺母锁固。角位移器 6 与回转圈 10 焊接在一起,回转圈 10 安装在牵引架 2 上,它们之间能相对转动,回转圈 10 有内齿圈,由与之相啮合的回转驱动装置 3 驱动(或者由油缸直接驱动),实现回转。牵引架 2 通过球铰与机架相连接,牵引架 2 在升降油缸 1 和 12 及牵引架引出油缸 11(倾斜油缸)的联合作用下,能达到作业所需的工作位置。

辅助工作装置有松土器、推土铲、除雪犁等。它们主要是配合刮刀作业，其中松土器（图7-19）俗称耙子，由其收放油缸1实现松土动作，推土铲和除雪犁等为选装装置。

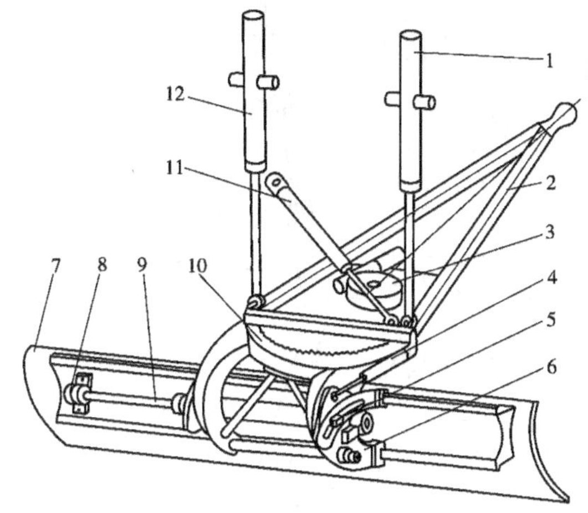

图7-18　刮土工作装置

1-右升降油缸；2-牵引架；3-回转驱动装置；4-切削角调节油缸；5-角位器紧固螺母；6-角位器；7-刮刀；8-油缸头铰接支座；9-刮土侧移油缸；10-回转圈；11-牵引架引出油缸；12-左升降油缸

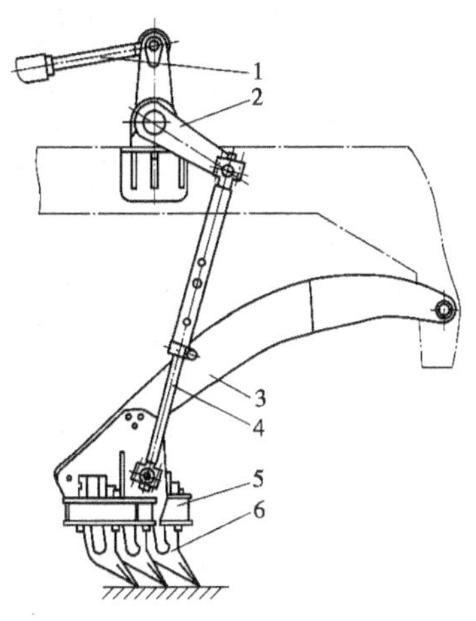

图7-19　松土器

1-耙子收放油缸；2-摇臂机构；3-拉杆；4-伸缩杆；5-耙子体；6-耙齿

7. 液压操纵的前轮倾斜机构

液压操纵的前轮倾斜机构（图7-20）由前桥梁1、转向节座3、倾斜拉杆和油缸4组成。前桥梁与转向节座铰接，而转向节座与倾斜拉杆端铰连，它们形成一个四连杆机构。油缸体与前桥梁铰连，活塞杆与拉杆端铰连，活塞杆的伸缩即可使左右前轮同向倾斜。

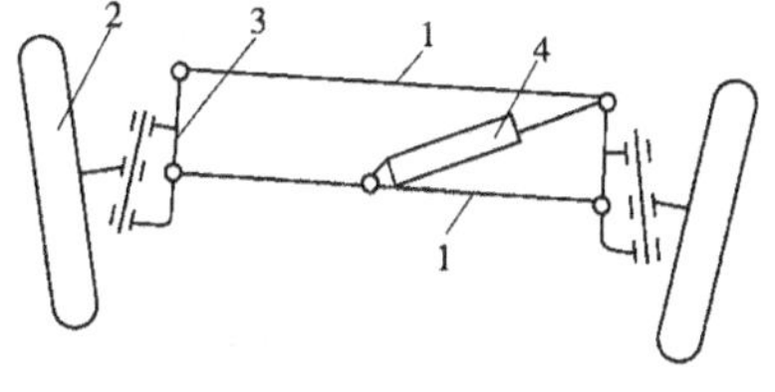

图7-20　液压操纵的前轮倾斜机构示意图

1-前桥梁；2-转向指轴；3-转向节座；4-油缸

8. 操纵系统

平地机各操纵杆位置布置如图7-21所示。

三、平地机的驾驶

1. 平地机驾驶前的准备

（1）驾驶前应认真学习平地机安全操作规程。

（2）严格按照安全操作规程对机械进行检查和准备。

2. 平地机的行驶

（1）首先将铲刀、推土板提起，铲刀应置在两轮之间，并尽可能提高离地间隙。

（2）将变速器杆置于“前进”或“后退”上的第一或第二挡位置。

（3）鸣笛，放开手制动，踩下加速踏板，平地机即开始行走。

（4）平地机行驶时，应注意观察变矩器油温表，变矩器油温应在60～80℃之间，温度超过80℃时应立即减小节气门，变换挡位，减速行驶，待温度下降后，再恢复原行驶速度。

（5）陡坡一般采用一挡速度，平缓或中等坡度用二挡速度。

（6）公路行驶时，最好将铰接转向锁定（图7-22），方法为：

①拧松螺母，将锁定杆移向左侧，并移到头；

②拧紧螺母。

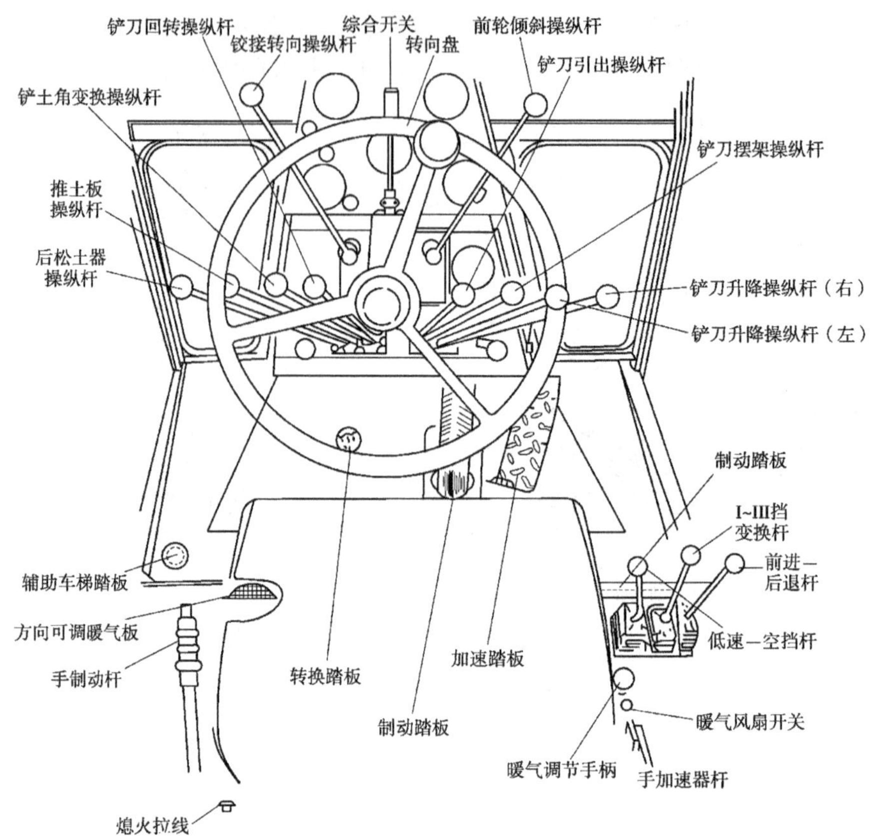

图 7-21　平地机各操纵杆位置布置图

(7)起步必须用低挡,然后逐挡加速,减速必须逐挡递减,并在各挡停留一定时间,不允许高档直接降到低挡。

(8)前进与后退转换时,必须在中间空挡停留一定时间,避免冲击给传动系统带来峰值负荷。

3. 平地机的熄火与驻车

(1)向后拉住发动机熄火手柄,直到发动机熄火,并使发动机空运转 1 ~ 2min。

(2)拉紧手制动。

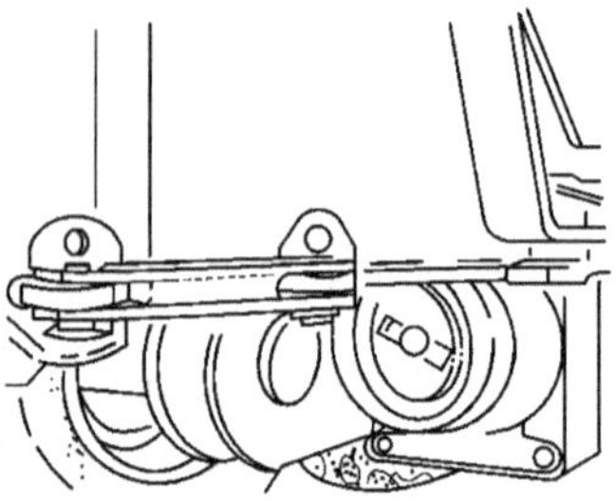

图 7-22　转向锁定

(3)将工作装置置于地面。

(4)取下启动钥匙,关掉电源总开关,锁住驾驶室门。

四、平地机基本作业

平地机常用的四大基本功能,即铲土侧移、刮土侧移、刮土直移、机外刮土。

1. 刮刀刀角铲土侧移

这种作业方法适用于开挖边沟,并利用开挖的土修整路基断面或填筑低路堤。作业时,应先根据土壤的性质调整好刮刀的铲土角和平面角,平地机以低速挡前进将刮刀的前端下降,后端升起,形成较大的倾斜角切土,如图 7-23a)所示。被铲起的土壤沿刀身外移,铺于左右轮之间。在运行过程中,根据刮刀阻力大小,可适当调整切土深度,每次调整量不宜太大,以免开挖后的边沟产生波浪形纵断面,给下一个行程作业造成困难。

为了便于掌握平地机的方向，刮刀的前置端应正对前轮之后，遇到特殊情况，也可将刮刀前端置于机身外。但必须注意，此时刮出的土壤也应卸于前轮内侧，如图 7-23b）所示，避免后轮压上，影响平地机的牵引力的发挥。

2. 刮刀刮土侧移

这种操作方法适用于侧向移土修筑路堤、平整场地、回填沟渠、路拌和摊铺路面材料等作业。

作业前应根据施工对象要求和土壤条件，调整好刮刀的平面角和铲土角。作业时，平地机以 2 挡速度前进，将刮刀的两端同时下放，使其切入土中或其他材料中。被刮起的物料即沿刀身平面侧移，卸在一端形成土埂。根据刮刀侧向引伸的位置，土埂可以位于机械的外侧，如图 7-24a）所示；或位于机械的两轮之间亦可，如图 7-24b）所示。使用全轮转向的平地机在弯道上作业是十分方便的，因为前后轮可根据弯道的情况配合转向，从而提高作业效率，如图 7-25 所示。刮刀可以全回转的平地机，为了提高作业效率，可将刮刀前的齿耙卸下，当刮刀回转 180°，平地机后退时，刮刀仍然可以作业，如图 7-26 所示。这种方法，特别适用于狭长工地，采用“穿梭”式往复作业。平地机刮刀刮土侧移，特别适用于大面积场地的平整作业。只要将刮刀位于不同的平面角，平地机往返几次作业，就可以把土壤刮得相当平整。

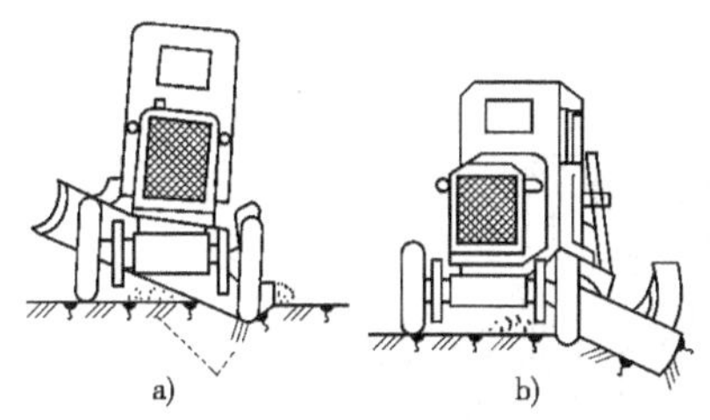

图 7-23　平地机刮刀刀角铲土侧移

a）刮刀一端倾斜，铲土侧移；b）刮刀侧伸下倾，铲土侧移

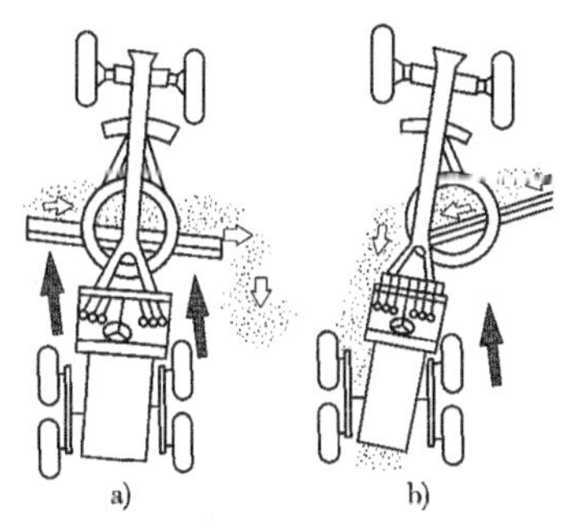

图 7-24　平地机刮刀刮土侧移作业

a）机外卸土；b）机内卸土

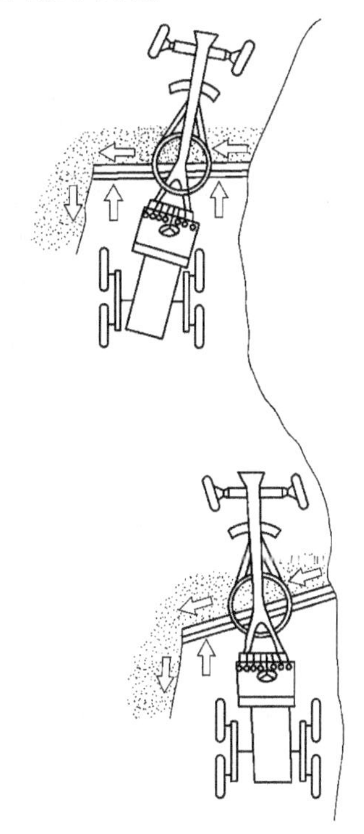

图 7-25　全轮转向平地机在弯道作业

3. 刮土直移

这种作业适用于修整不平度较小的场地，在路基施工中可用于路拱的修整和材料的整平。

作业前首先调整刮刀的铲土角，为了增大刀身的高度，一般铲土角为 60° ~ 70°。再将刮刀平置（平面角为 90°），平地机用 1、2 挡前进后，将刮刀两端等量下降，使之少量切入土中。被刮起的土壤积在刀身前，并且大部分随刀向前推送，少量的土从刮刀的两端溢出。溢出的土可在最后阶段将刮刀切入标准高度后，以快速前进的方法将其全部铺散，如图 7-27 所示。

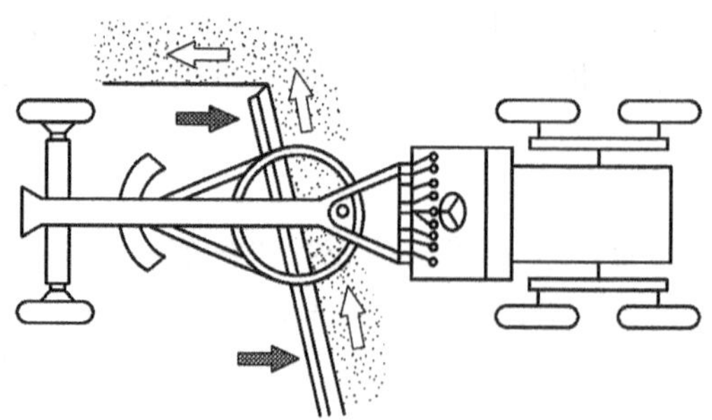
图 7-26　刮刀全回转平地机倒退作业

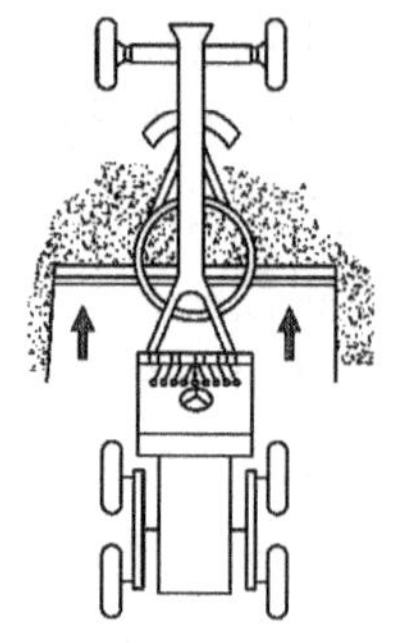
图 7-27　平地机刮土直移作业

4. 机外刮土

这种作业主要用于修筑路堤、路堑边坡、边沟边坡等。

作业时，首先将刮刀倾斜于机外，再将刮刀的上端向前倾，平地机以 1 挡前进；放下刮刀切入土中，被刮下的土壤即沿刀身卸于两轮之间，然后再用刮刀将土运走。

当刷边沟的边坡时，如图 7-28a）所示，刮刀的平面角应小些。刷路堑边坡时，平面角应大些，如图 7-28b）所示。

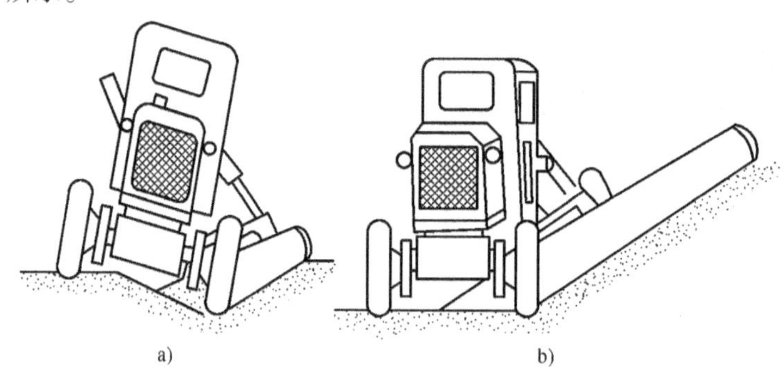

图 7-28　平地机机外刮土刷坡作业
a）刷边沟边坡；b）刷路堑边坡

从上述各种作业中可以看出，平地机刮刀的各种角度调整是比较频繁而费时的，特别是刮刀上下升降控制切土深度。而带有自动找平装置的平地机，可以按照施工对象的要求，沿着一条基准线自动调整刮刀高度。这样不但提高了生产率，而且保证了工程质量。

五、平地机的施工技术

平地机之所以能有多种辅助作业能力，是由于它的刮土板能在空间完成 6 个自由度参数的运动，即沿空间坐标轴 X、Y、Z 的移动和转动。这 6 种动作可以单独进行，也可以组合进行。它的主要施工方法以下几种。

1. 平地作业

（1）正铲平整作业：刮土板垂直于平地机的纵向轴线，平地机直线前进完成平整作业。刮土板以较小的入土深度和最大切削宽度状态工作，如图 7-29a）所示。

（2）刮土和移土作业：平地机斜身直行时，将刮土板置于与前进方向某一角度，则刮起的土被移至一侧，如图 7-29b）所示。这一作业方式也可用于大量筑路材料的搅拌作业。由于刮土板可在不同方向上作不同程度的回转，所以可以根据作业需要，作不同程度的选择。

（3）将牵引架侧摆，同时引出刮土板，可对机器侧边较远地方加以平整，如图 7-29c）所示。

(4)借助铲刀回转180°,平地机可在不需掉头的进退行驶状态下实现往返作业。这一情况多半在机器无余地掉头或掉头虽有可能但较困难时采用。对于熟练的平地机司机,在进行大面积平整作业时,为了提高作业效率,也往往采用这种方法,因为回转刮土板180°所需的时间,较机器掉头所花时间要短,如图7-29d)所示。

(5)如果被平整的平面的边界是不规则的曲线(边界有曲线障碍物)。司机可以通过同时操纵转向和将刮土板的引入或伸出,机动灵活地沿曲折的边界进行作业,如图7-29e)所示。

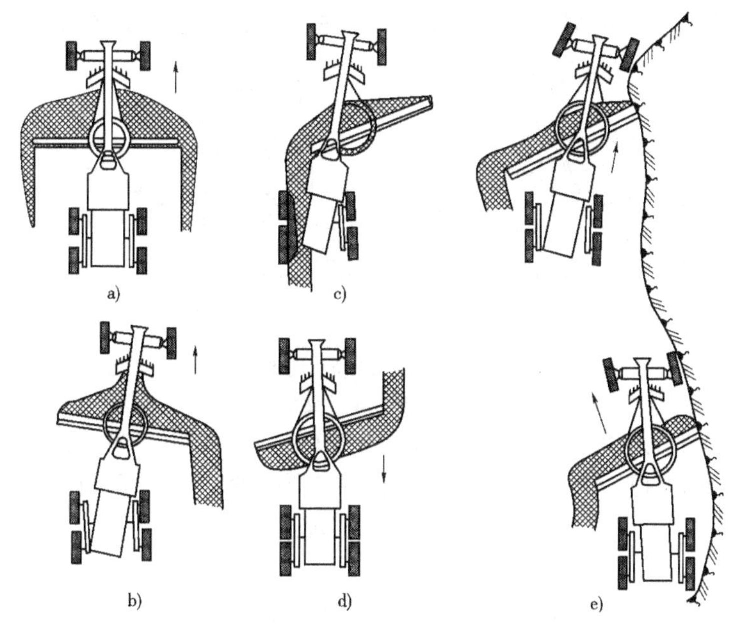

图7-29　平地作业

a)直线平地;b)斜身刮土和移土;c)斜身直行移土;d)退行平地;e)曲折边界平地

2. 刷坡作业

刷坡是一种对斜坡表面的平整作业。需要修刷的坡面有路堤坡、路堑坡、取土坑和边沟坡等。在刷坡时,平地机的刮刀要侧向伸出,并调成与坡面相适应的倾角,平地机以1挡行驶,为使其行驶稳定,前轮应向反刮刀侧伸方向倾斜。

路堤坡的修刷如图7-30所示。当路堤坡高于平地机刮刀所能修刷的范围时(坡面长度应小于刮刀长度),可用一台平地机在路堤上沿路堤边缘环形行驶,如图7-30a)所示。如果路堤

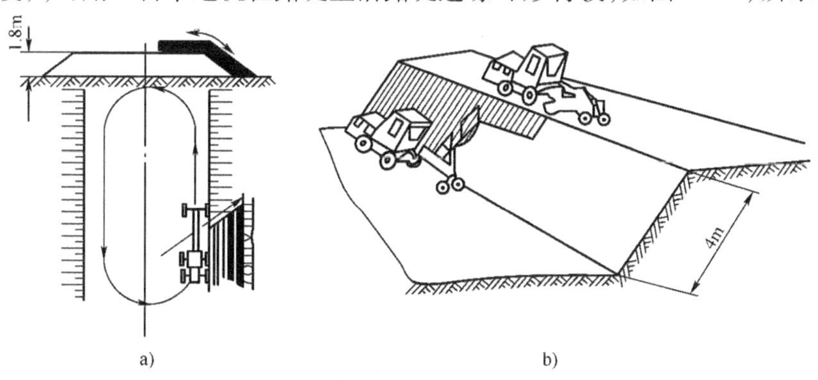

图7-30　平地机修刷路堤边坡

a)单机刷坡;b)双机刷坡

较高，一台平地机无法修刷全坡时，则可用两台平地机联合作业，如图7-30b)所示。一台平地机在路堤上向下刮土，另一台平地机在路基边缘沿取土坑向上刮土。开始时，在路堤上的平地机应先行一步(先行10m以上)，然后堤下的平地机再开始工作。这样不会因堤上平地机工作时所刮下的土壤散落而影响在堤下的平地机的工作，同时也便于堤下平地机司机按照堤上平地机所刮成的边坡斜度为标准，把两个平面连成一个斜面。若修刷边坡与修整路型结合进行时，可装用下弯的刷坡刀，平地机沿路堤边驶过，即可同时修整路堤和修刷坡面。

路堑坡面的修刷如图7-31所示。先将刮刀倾斜于机侧，然后使刮刀上端朝前，平地机以1挡前驶，并放刀切土，于是被刮下的土壤顺刀卸于左右车轮之间，然后再将此土移走。

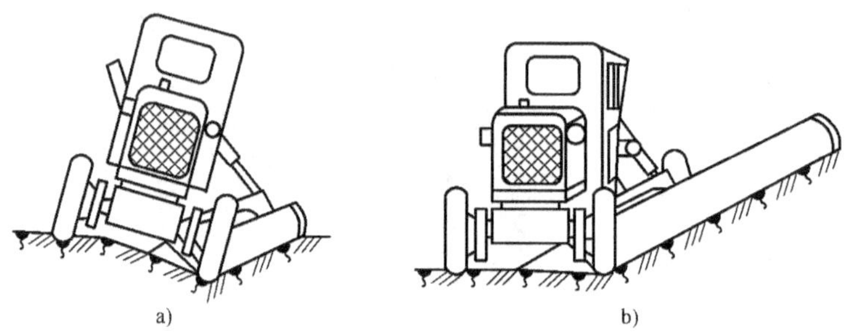

图7-31　平地机修刷路堑边坡和边沟边坡

a)刷边沟边坡；b)刷路堑边坡

在刷路堑边坡时刮土角应大一些；刷边沟边坡时刮土角应小一些。若要修刷90°陡坡时，应将平地机刮刀倾角调整90°。为达到此目的，首先要改变刮刀升降机构的支承位置，然后靠刮刀的倾斜、侧伸和升降三个机构的协调工作来实现。

3. 填筑路堤

利用平地机来填筑路堤时，其堤高在0.5m以内，则效率最高；堤高为0.5~0.8m时，效率较低。用平地机来填筑路堤时，只适合于路侧取土坑取土，然后把土移送到路线上堆成路堤。平地机堆土方法有散堆铺垫、半挤紧铺垫和挤紧铺垫三种，在施工中根据具体的施工要求，采用不同的堆土方法。

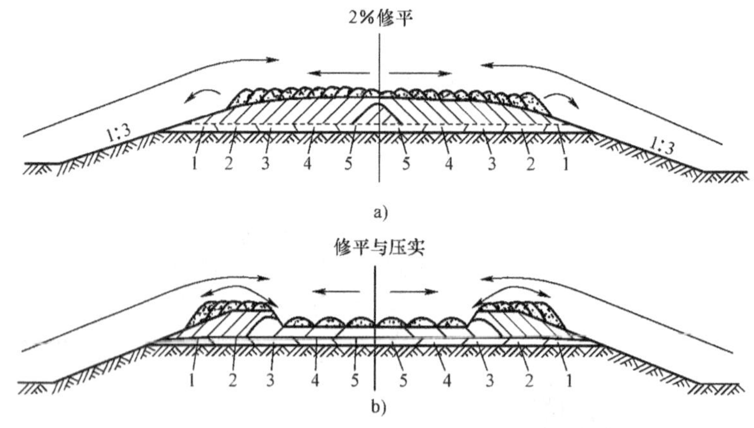

图7-32　平地机从两侧取土填筑路堤

a)面层用挤紧推土法；b)面层用半挤紧和挤紧推土法

两侧取土填筑路堤的施工方法如图7-32所示。路堤底层(第一层)采用散堆或半挤紧堆土方法，从路边向路中心逐次铺垫，每移送一层土堆后应及时修平。面层(第二层)从路中心

向路边缘逐次铺垫，其堆土方法可以采用挤紧堆土，如图 7-32a）所示；或先采用半挤紧方法，靠路边的最后数列土堆则用挤紧方法，如图 7-32b）所示；最后，修平堤面和坡面。在堆筑过程中，每推一层土后应用压路机进行压实。

平地机在横坡上填筑半路堤的施工方法如图 7-33 所示。平地机司机先将挖掘处的表层草皮、杂物除去，然后按施工员标出的挖掘次序进行作业。挖掘方法有两种，一种是从上到下，按矩形断面分层进行，如图 7-33a）所示；另一种是从下挖掘，如图 7-33b）所示。采用前一种方法时，平地机在移送土壤时，其稳定性较好。若是全回转式刮刀，则可进、退都进行挖掘，以提高功效。采用第二种方法时，平地机以刮刀刀角从斜坡的底部挖进，让其上层土壤自动塌下，然后把塌下的土壤移送到填方处，因而挖掘土壤和清理塌下土壤要交替进行。在工作中，平地机刮刀要适当侧伸，前轮要相应倾斜。

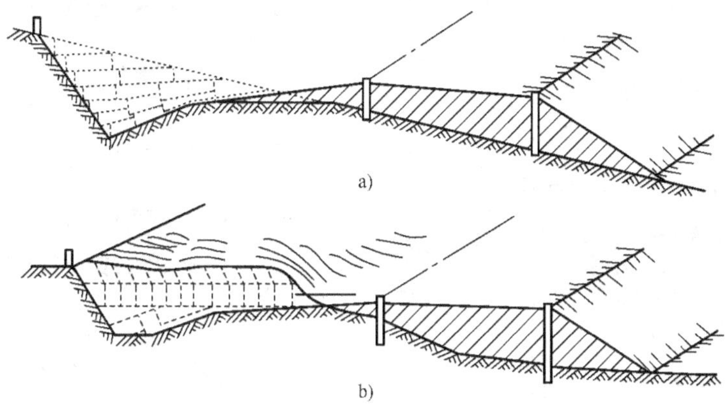

图 7-33　平地机在横坡上堆筑半路堤

a）自上而下挖掘法；b）下部挖掘法

4. 修整路型

平地机修整路型的施工作业内容就是按路基路堑规定的横断面图的要求开挖边沟，并将边沟内所挖出的土壤移送到路基上，然后修成路拱。在施工之前，应由技术人员根据路基宽度、边沟的大小、土壤性质以及机械类型绘制出施工图，说明平地机所需各工序的行程数和施工程序，并规定刮刀的调整位置及车轮的位置等。平地机司机必须按施工图施工。平地机修整路拱时的某施工程序如图 7-34 所示。从图中可以看出，平地机的全部工作行程为 18 次，包括 5 次铲挖，1 次用刮刀铲挖和 9 次移送及平整工作。

5. 路拌路面材料

在修筑碎石路面、加固土路面和路面的稳定土层施工中，除了采用专用路拌机械外，也可用平地机的刮刀进行拌和作业。

在路基上拌和路面材料有三种方法，如图 7-35 所示。

当土壤和拌和料（石灰或水泥）分层摊铺在路基上施工时，施工顺序是：首先用平地机齿耙把土壤耙松，并用刮刀刮平，再在其上摊铺结合料，用刮刀刮平，然后开始拌和。第一次先将料向外刮。第一行程，平地机先用刮刀沿路槽中线铲入，将土与结合料向外刮送，刮送时刮刀一定要触及硬土层，此时被铲除的土与结合料就在路肩上列成一堆。第二行程，刮刀沿路槽中线铲入，又把土和结合料堆向路肩另一边，形成第二土堆。所需铲刮次数视路槽宽度而定，这是第一次。第二次拌和是将各列土堆依次向路槽中心刮回，以后各次拌和依次类推，直到拌和均匀为止。最后，用大平面角刮刀将拌和材料刮平并修成路拱，如图 7-35a）所示。

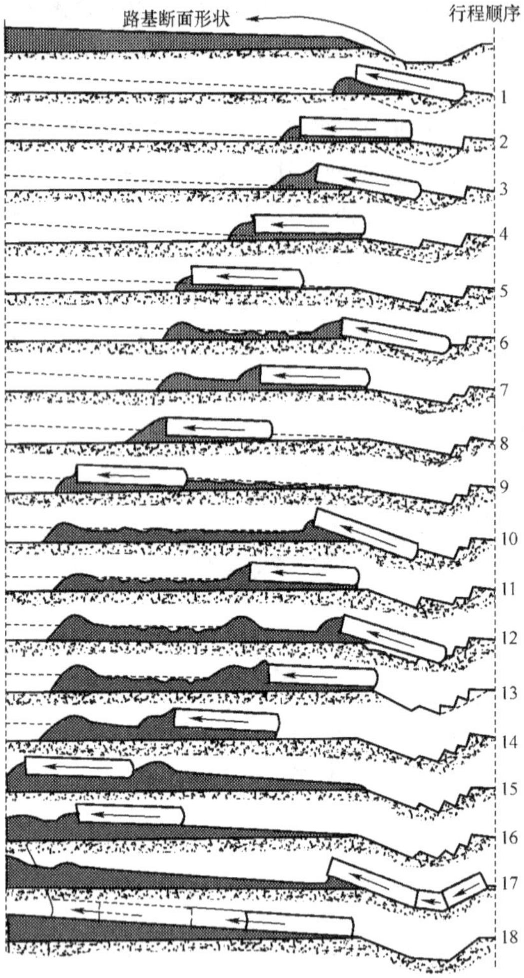

图 7-34　平地机修整路型的施工程序图

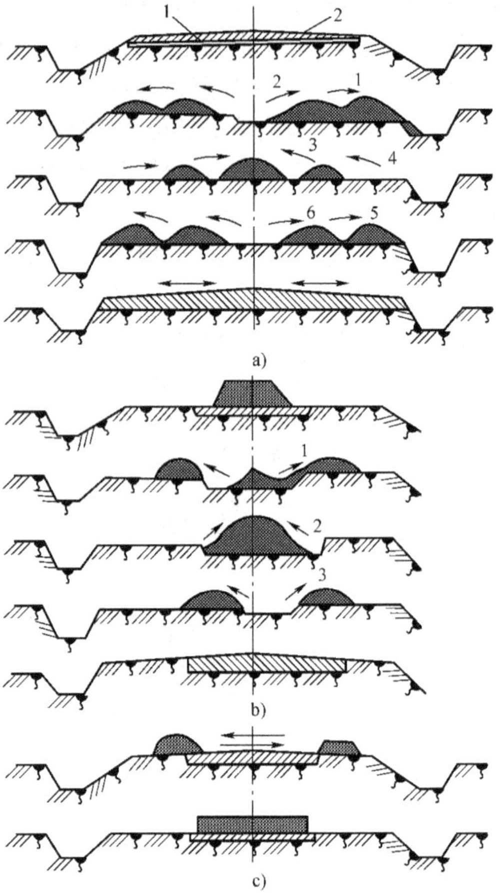

图 7-35　平地机路拌材料顺序示意图

a)结合料摊铺在路基上拌和；b)结合料堆置在路基中线上拌和；c)结合料堆置在两侧路肩上拌和

当结合料堆置在路基中线上时，其拌和方法应先将路基中部的土翻松，再将结合料堆置在已翻松的土上。然后用刮刀将土壤和结合料向两边铲开，这样一次就能完成初拌和的效果。

此后和上述相同，向内外交替刮拌，直至拌和均匀为止，再将路面修成一定拱度，如图 7-35b)所示。

当结合料堆置在两侧路肩时，由于两种材料成长条堆形状，应首先将一侧材料刮至路基中间铺平，再将另一侧的材料刮入，铺在第一层材料上。然后按照在路基上拌和土壤和结合料的方式进行拌合和铺平，如图 7-35c)所示。

六、平地机保养技术

以 PY180 型平地机为例(见表 7-7、表 7-8、表 7-9、表 7-10)，介绍平地机的保养。

1. 例行维护(每班进行，表 7-7)

例 行 维 护　　表 7-7

作 业 项 目	技术要求及说明
检查液压系统工作情况	液压系统应工作正常、无异响；消除渗漏油现象
检查液压管路及管接头	管路及管接头若有松动，应予以紧固，液压软管若有损坏、开裂，应予以更换

续上表

作业项目	技术要求及说明
检查刮刀	刮刀刃磨损严重时,应予以更换
检查回转盘	回转盘应工作正常,无异响
检查牵引架球头与球盖	球头与球盖松旷时,应予以调整
检查松土器松土齿护套	松土齿护套磨损严重或断裂时,应予以更换
润滑回转盘及刮刀导轨	每50工作小时润滑回转刮刀转盘及导轨一次

2. 一级维护(每200工作小时进行,表7-8)

一级维护　表7-8

作业项目	技术要求及说明
完成例行维护项目	见表7-7
检查液压油箱油量	油量不足时,应予以加足
检查各液压系统工作情况	启动发动机,操纵各操纵杆,各液压系统应工作正常,无异响、过热、振动、噪声等异常现象,否则应查明原因,排除故障
清洁液压油箱、液压马达、液压油缸等的外部	除去外部尘土、油污,消除渗漏现象
更换液压油和滤清器滤芯(走合期)	新机或大修后第一次使用200工作小时,更换液压油和滤清器滤芯
检查牵引架、刮刀装置及松土器	对牵引架、刮刀装置及松土器等各球头处、销轴销套处进行润滑

3. 二级维护(每600工作小时进行,表7-9)

二级维护　表7-9

作业项目	技术要求及说明
完成一级维护项目	见表7-8
检查刮刀装置	刮刀体滑槽板磨损严重时,应予以更换;回转圈与导轨及托板之间的位置间隙应符合技术要求
检查工作装置的工作情况	刮刀的升、降、回转、侧伸等均应操纵轻便灵活,工作正常

4. 三级维护(每1800工作小时进行,表7-10)

三级维护　表7-10

作业项目	技术要求及说明
完成二级维护项目	见表7-9
更换液压油	更换液压油,加注新润滑油到规定的油面高度
更换液压油滤清器滤芯	卸下滤清器,清洗壳体,更换滤清器滤芯
检查液压油泵、液压马达、液压阀、油缸等	在额定工作压力下,液压马达应无异响、过热及渗漏现象。油缸应无内漏外泄及爬行现象
更换回转盘处润滑油	按规定注新油
检查牵引架前球头处连接螺栓、螺母	螺栓、螺母若有松动,应予以紧固

七、平地机常见故障诊断与排除(表7-11)

平地机常见故障诊断与排除　　表7-11

故障现象		故障原因	排除方法
动力换挡变速器	操纵压力突然为零	压力表坏或连接管坏； 操纵阀纸垫坏； 操纵阀阀芯卡死	更换压力表或清洗连接管路； 更换纸垫； 清洗操纵阀或更换操纵阀
	某一挡压力低或行驶困难或不工作	该挡电磁阀坏或卡死； 操纵阀纸垫坏； 该挡离合器有故障； 操纵阀卡死	更换电磁阀或清洗电磁阀； 更换纸垫； 检查离合器并排除故障； 检查操纵阀
	变矩器油温过高	进口压力太大； 变速器润滑油少； 冷却器或风扇故障； 高速行驶或超负荷	检查压力异常原因并排除； 补充润滑油； 检查冷却系统并排除故障； 降低车速或工作负荷
	变速器油位突然升高	通气孔堵塞； 双联液压油泵轴头油封损坏； 转向液压泵轴头油封损坏	清洗通气孔； 更换轴头油封； 同上
	变矩器壳体方孔甩油	变矩器坏甩变矩器油； 发动机曲轴端漏甩润滑油	更换变矩器油封； 更换发动润滑油封
制动系统	制动指示灯不灭	压力继电器坏； 电路故障； 制动系统有故障	更换继电器； 检查电路并排除故障； 检查制动系统并排除故障
	停车制动失灵	停车制动器表面有油污； 停车制动空行程太大	清洗油污； 调整
转向系统	转向操纵费力	转向系统压力过低； 流量太小，油位过低； 转向器油液内漏严重	调整安全阀压力； 检查油泵，加足油； 修理、更换
	前轮摆振	转向油缸或拉杆轴承磨损； 前轮前束不正确	更换轴承； 调整
作业装置	作业装置操纵失灵	油泵损坏； 安全阀卡住、泄漏	换泵； 修理
	作业装置不能保持确定位置	油缸活塞密封圈损坏内漏； 锁阀失灵	换密封圈； 修理
	刮刀作业时颤动	刮刀滑道配合间隙过大； 回转圈支承间隙过大	调整； 调整
	刮刀不能回转	驱动马达损坏； 回转支承滑道卡住	清洗； 修理
	刮刀不能侧伸	刮刀导向装置阻塞； 中央回转接头漏油	清洗； 修理
液压系统	系统压力不足或完全无压力	泵严重磨损，内漏严重； 油温过高，引起油黏度下降； 溢流阀工作不正常或堵塞； 弹簧失效	更换； 降低油温； 修理； 更换

第三节 装 载 机

装载机是一种广泛用于公路、铁路、矿山、建筑、水电、港口等工程的土石方施工机械,它主要用来铲、装、卸、运土与砂石一类散状物料,也可对岩石、硬土进行轻度铲掘作业。如果换用不同工作装置,还可以扩大其使用范围,完成推土、起重、装卸其他物料的工作。在公路,特别是高等级公路施工中,它主要用于路基工程的填挖、沥青和水泥混凝土料场的集料和装料等作业。由于它具有作业速度快、效率高、操作轻便等优点,因而装载机在国内外得到迅速发展,成为公路建设中土石方施工机械的主要机种之一。

装载机的作业对象主要是:各种土壤、砂石料、灰料及其他筑路用散粒状物料等。

一、分类、特点及适用范围(表 7-12)

装载机分类、特点及适用范围　　表 7-12

分类形式	分　类	特点及适用范围
发动机功率	小型	功率小于 74kW
	中型	功率为 74 ~ 147kW 之间
	大型	功率为 147 ~ 515kW 之间
	特大型	功率大于 515kW
传动形式	机械传动	结构简单,制造容易,成本低,使用与维修均较容易;传动系冲击振动大,功率利用率低;仅小型装载机采用
	液力机械传动	传动系冲击振动小,传动件寿命高,车速随外载自动调节,操作方便,减少司机疲劳;大中型装载机多采用
	液压传动	无级调速,操作简单;启动性差,液压元件寿命较短;仅小型装载机上采用
	电传动	无级调速,工作可靠,维修简单;设备质量大,费用高;大型装载机上采用行走系结构
行走系结构	轮胎式装载机 ①铰接式 ②整体式车架装载机	质量小,速度快,机动灵活,效率高,不易损坏路面;接地比压大,通过性差,稳定性差,对场地和物料块度有一定要求;应用范围广泛。 ①转弯半径小、纵向稳定性好,生产率高。不但适用路面,而且可用于井下物料的装载运输作业。 ②车架是一个整体,转向方式有后轮转向、全轮转向、前轮转向及差速转向;仅在小型全液压驱动和大型电动装载机上采用
	履带式装载机	接地比压小,通过性好,重心低,稳定性好,附着性能好,牵引力大,切入力大;速度低,灵活机动性差,制造成本高,行走时易损路面,转移场地需拖运;用在工程量大、作业点集中、路面条件差的场合
装载方式	前卸式	前端铲装卸载,结构简单,工作可靠,视野好;适用于各种作业场地,应用广泛
	回转式	工作装置安装在可回转 90° ~ 360° 的转台上,侧面卸载不需调车,作业效率高;结构复杂,质量大,成本高,侧稳性差;适用狭小的场地作业
	后卸式	前端装料,后端卸料,作业效率高;作业安全性差,应用不广泛

国产装载机型号标注方法如图 7-36 所示。

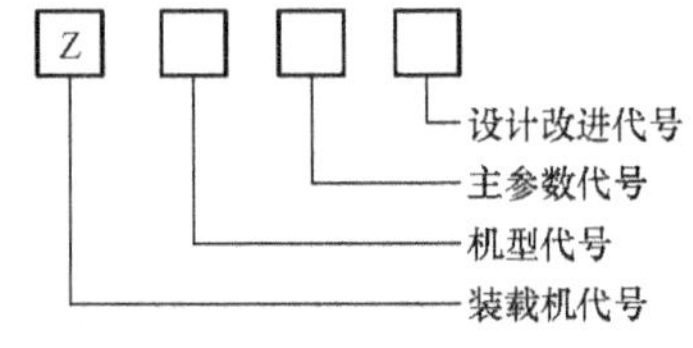

图 7-36 装载机型号标注

机型代号中 L 为轮胎式,Y 为液压式,J 为铰接式,D 为井下装载机。主参数代号表示铲斗额定装载能力。如 ZL-50 表示铲斗装载能力为 5t 轮胎式装载机。有些生产厂家自行编制型号。

二、轮式装载机的结构

轮式装载机由工作装置、行走装置、发动机、传动系统、转向制动系统、液压系统、操纵系统和辅助系统组成,如图 7-37 所示。

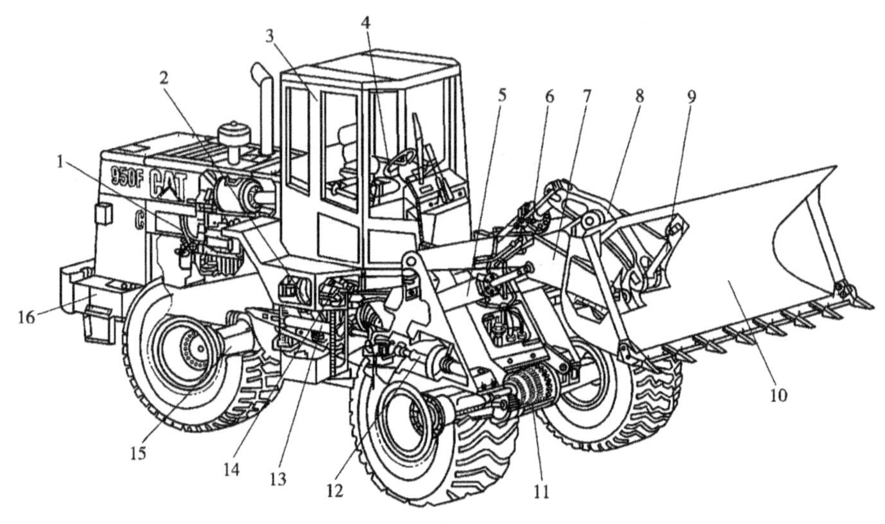

图 7-37 轮式装载机总体结构

1-发动机;2-变矩器;3-驾驶室;4-操纵系统;5-动臂油缸;6-转斗油缸;7-动臂;8-摇臂;9-连杆;10-铲斗;11-前驱动桥;12-传动轴;13-转向油缸;14-变速器;15-后驱动桥;16-车架

工作装置由动臂 7、动臂油缸 5、铲斗 10、连杆 9、转斗油缸 6 及摇臂 8 组成。动臂和动臂油缸铰接在前车架上,动臂油缸的伸或缩使工作装置举升或下降,从而使铲斗举起或放下。转斗油缸的伸或缩使摇臂前或后摆动,再通过连杆 9 控制铲斗的上翻收斗或下翻卸料。

由于作业的要求,在装载机的工作装置设计中,应保证铲斗的举升平移和下降放平,这是装载机工作装置的一个重要特性。这样就可减少操作程序,提高生产率。

(1)铲斗举升平移。当铲斗油缸全伸使铲斗上翻收斗后,在动臂举升的全过程中,转斗油缸全伸的长度不变,铲斗平移(铲斗在空间移动),旋转角度不大于 15°。

(2)铲斗下降放平。当动臂处于最大举升高度、铲斗下翻卸料(铲斗斗底与水平线夹角为 45°)时,转斗油缸保持不变,当动臂油缸收缩,动臂放置最低位置时,铲斗能够自动放平处于铲掘位置,从而使铲斗卸料后,不必操纵铲斗油缸,只要操纵动臂油缸使动臂放下,铲斗就可自动处于铲掘位置。

工作装置运动的具体步骤是:铲斗在地面由铲掘位置收斗(收斗角为 α)→动臂举升铲斗至最高位置→铲斗下翻卸料(斗底与水平线夹角 $\beta = 45°$)→动臂下降至最低位置→铲斗自动放平,如图 7-38 所示。

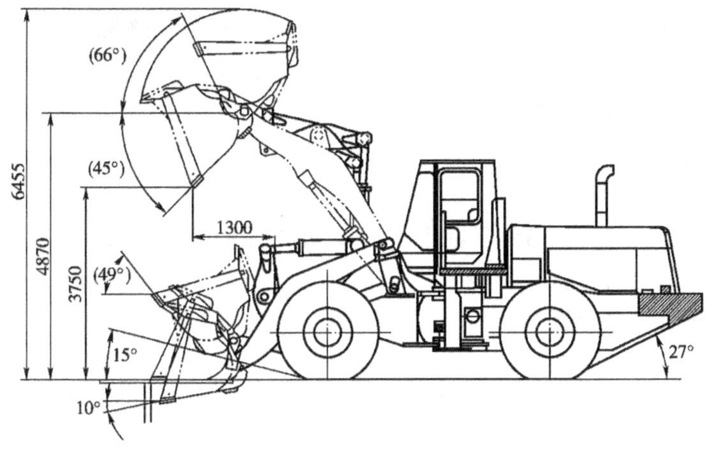

图 7-38　装载机主要工作尺寸

三、装载机的驾驶

1. 装载机操作规程

(1)作业前的准备

①机械在发动前,先将变速杆置于浮动位置,然后再启动发动机。

②作业前,先无负荷运转 3～5min,检查各部是否完好,确认一切正常后再开始作业。

③检查轮胎的完好情况及气压是否符合规定标准。

④作业前,检查作业场地周围有无障碍物和危险品,并将施工场地进行平整,便于机械出入。

(2)作业和行驶要求

①除驾驶室外,机上其他地方严禁乘人。

②装载时铲斗的装料角度不宜过大,以免增加装料阻力。

③装料时应低速进行,不得采用加大油门、高速将铲斗插入料堆的方式进行。

④装载时驱动轮若有打滑现象,应微升铲斗再装料。若打滑现象严重,应使用防滑链。

⑤向车上卸料时,必须将铲斗提升到不会触及车箱挡板的高度,严禁铲斗碰撞车箱,严禁将铲斗从驾驶室顶上越过。

⑥装载机不能在坡度较大的场地上作业。

⑦在装载作业中,应经常注意液力变矩器油温情况,当油温超过正常油温时,应停机降温后再作业。

⑧下坡时,应采用制动减速,不可踩离合器踏板,以防切断动力发生溜车事故。

⑨行驶中,在不妨碍通过性能的前提下,铲斗应尽可能降低高度。

⑩通过桥涵时,应先注意交通标志所限定的载重吨位及行驶速度,应避免在桥上变速、制动和停车。

⑪涉水时,应在发动机正常有力、转向机构灵活可靠的情况下进行,并应对河流的水深、流速及河床情况了解后再通过,涉水深度不得超过发动润滑油底壳。

⑫涉水后应立即停机检查,若发现因涉水造成制动失灵,则应进行连续制动,利用制动的发热蒸发掉制动器内的水分,以尽快使制动器恢复正常。

⑬操作人员离开驾驶室时,必须将铲斗落地。

(3)作业后要求

①装载机应停放在平坦、安全、不妨碍交通的地方,并将铲斗落地。

②停机前,发动机应怠速运转5min,切忌突然停车熄火。

③按规定对装载机进行例保。

2. 装载机的驾驶操作

(1)起步

启动发动机并使其进入正常运转状态。起步前观察车前后左右情况并按喇叭进行警鸣,确定脚制动和转向灯制动灯正常后,将变速杆挂入适当挡位,放松手制动并缓缓踏下油门踏板,稳握转向盘,使车徐徐起步。

(2)变速

ZL系列装载机采用行星式动力换挡变速器,通过液压系统控制两个前进挡和一个后退挡。低速挡扭力大速度慢,适宜起步、上坡和作业使用。高速挡适用于运距较长或道路平坦情况下使用。

行驶时,铲斗抬起,斗底面距地面40~50cm,并根据路况,及时调整转向盘,保持正确的行驶方向,通过控制油门踏板和换挡调整车速。

(3)动臂升降

司机根据作业要求,操纵动臂操纵手柄,向后拉动臂上升,向前推动臂下降,继续向前推动臂浮动(随地面高低及自重浮动);动臂手柄处于中间位置,动臂停止动作。

(4)铲斗下翻转与上翻转

操纵铲斗操纵手柄从中间位置向前推,铲斗下翻转,向后拉铲斗上翻转;放松此杆则自动回中位,铲斗自动停止翻转。

(5)停车

踏下制动踏板,使装载机慢慢停车,拉动手制动,将变速杆置于空挡。将铲斗平放在地面上并逐渐降低发动机转速至700~1000rad/min,运转几分钟,拉动发动机熄火拉钮,使发动机熄火,然后断开电源总开关。坡道上停车应在轮胎一侧垫上止停物。

四、装载机的基本操作方法

1. 装载机的工作过程

装载机的工作过程由铲装、转运、卸料和返回四个过程构成,并习惯地称之为一个工作循环,如图7-39所示。

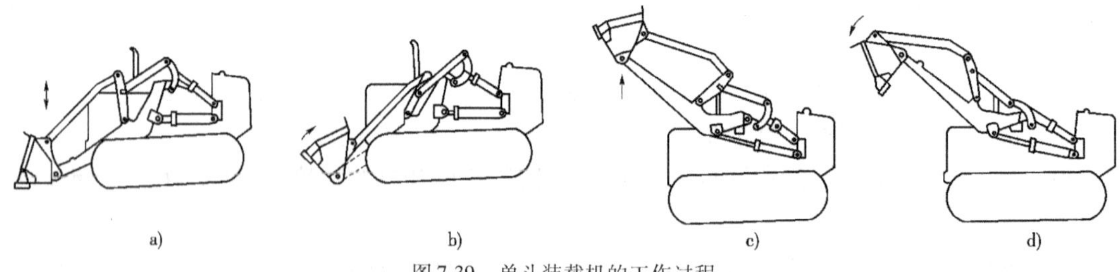

图7-39 单斗装载机的工作过程

a)铲装;b)收斗;c)升斗;d)卸料

(1)铲装过程:首先将铲斗的斗口朝前,并平放到地面上,机械前进,铲斗插入料堆,斗口装满物料。然后,将斗收起,使斗口朝上,完成铲装过程。

(2)转运过程:用动臂将斗升起,机械倒退,转驶至卸料处。

(3)卸料过程:先使铲斗对准停止在运料车厢的上空,然后将斗向前倾翻,物料即卸于车厢内。

(4)返回过程:将铲斗翻转成水平位置,机械驶至装料处,放下铲斗,准备再次铲装。

2. 铲装作业

(1)对松散物料的铲装作业

首先将铲斗放到水平位置,并下放至与地面接触,然后以一挡、二挡速度前进,使铲斗斗齿插入料堆中,此后,边前进边收斗,待铲斗装满后,将动臂升到运输位置(离地约50cm),再驶离工作面。如果装满有困难时,可操纵铲斗上下颤动或稍举动臂。其装载过程如图7-40所示。

图7-40　铲装松散物料的作业

(2)铲装停机面以下物料作业

铲装时应先放下铲斗并转动,使其与地面成一定的铲土角,然后前进,使铲斗切入土中,切土深度一般保持在150~200mm,直至铲斗装满,然后将铲斗举升到运输位置,再驶离工作面运至卸料处。铲斗下切的铲土角为10°~30°。对于难铲的土壤,可操纵动臂使铲斗颤动,或者稍改变一下切入角度。其装载过程如图7-41所示。

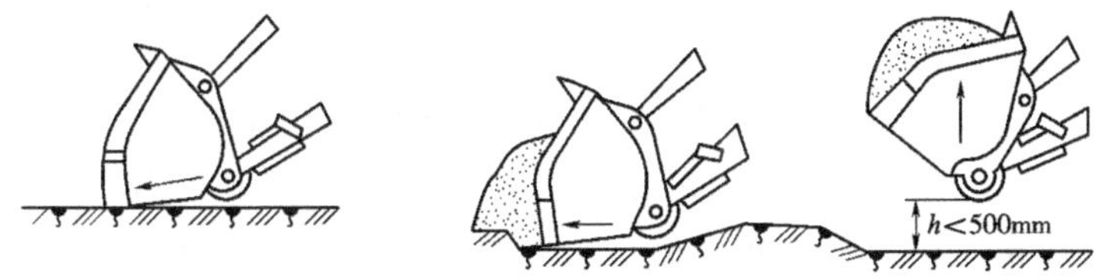

图7-41　铲装停机面以下物料作业

(3)铲装土丘时作业

装载机铲装土丘时,可采用分层铲装或分段铲装法。分层铲装时,装载机向工作面前进,随着铲斗插入工作面,逐渐提升铲斗,或者随后收斗直至装满,或者装满后收斗,然后驶离工作面。开始作业前,应使铲斗稍稍前倾。这种方法由于插入不深,而且插入后又有提升动作的配合,所以插入阻力小,作业比较平稳。由于铲装面较长,可以得到较高的充满系数,如图7-42所示。

如果土壤较硬,也可采取分段铲装法。这种方法的特点是铲斗依次进行插入动作和提升动作。作业过程是铲斗稍稍前倾,从坡角插入,待插入一定深度后,提升铲斗。当发动机转速降低时,切断离合器,使发动机恢复转速。在恢复转速过程中,铲斗将继续上升并装一部分土,转速恢复后,接着进行第二次插入。这样逐段反复,直至装满铲斗或升到高出工作面为止,如图7-43所示。

3. 装卸作业

装载机驶向自卸车或指定货场,并对准车箱或货台,逐渐将动臂提升到一定高度(使铲斗前翻不致碰到车箱或货台),操纵铲斗手柄前倾卸料(适当控制手柄,以达到逐渐卸料的目的)。卸料时要求动作轻缓,以便减轻物料对自卸车的冲击。如果物料粘附在铲斗中,可往复扳动操纵手柄,让铲斗振动,使物料脱落。卸料完毕后,收斗倒车,然后使动臂下降进行下一个作业循环。

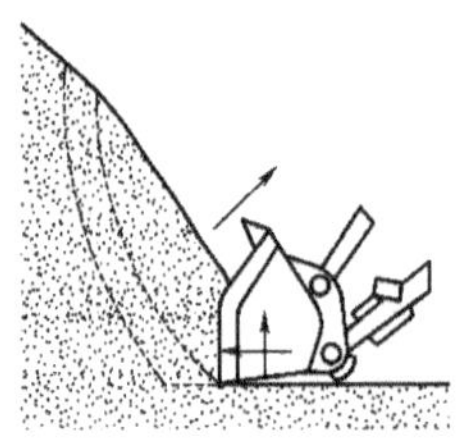
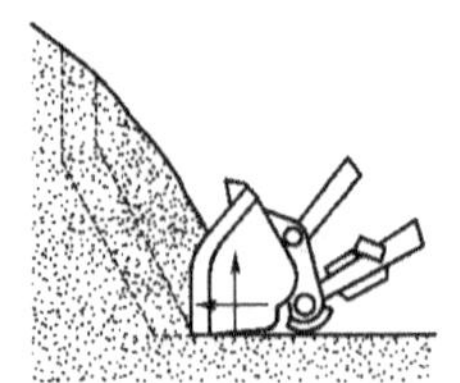

图 7-42　铲装机分层作业

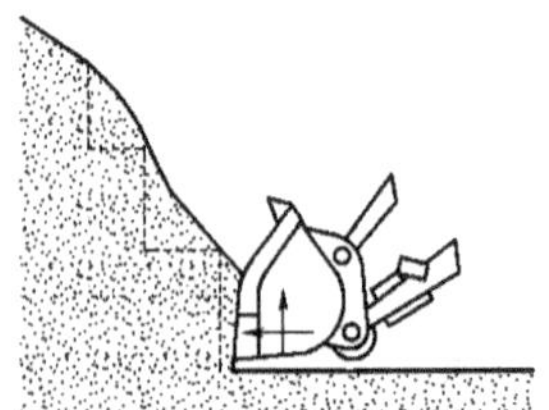

图 7-43　铲装机分段作业

4. 其他作业

装载机还可以进行推土作业、刮平作业、拖平作业等,分别如图 7-44 ~ 图 7-46 所示。

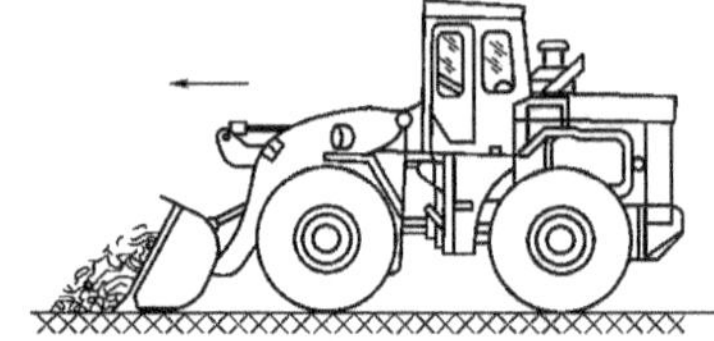

图 7-44　推土作业

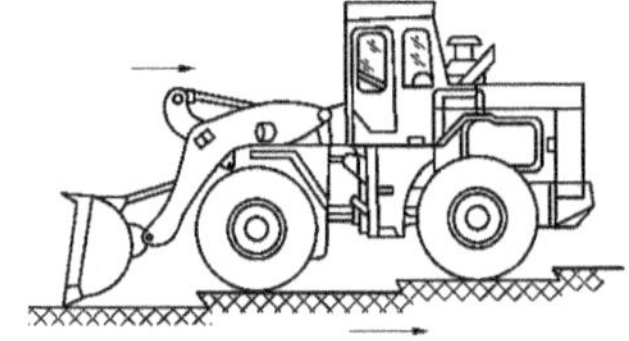

图 7-45　刮平作业

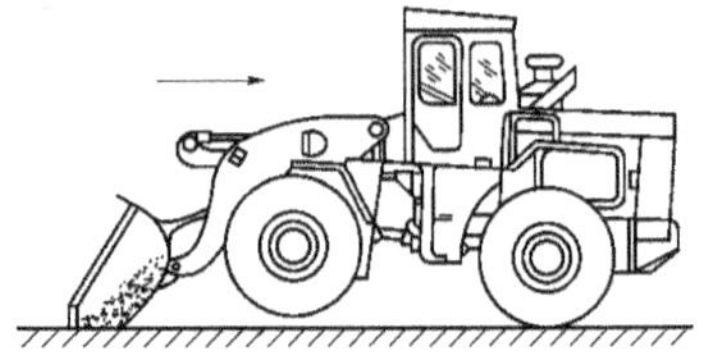

图 7-46　拖平作业

五、施工技术

装载机生产率在很大程度上与其作业方式有关。常用的作业方式有如下 4 种(图 7-47)。

1. V 形作业法

自卸运输车与工作面呈 50° ~ 55°布置,如图 7-47a)所示,而装载机的工作过程则根据本身结构形式而有所不同。装满斗后,倒车驶离工作面,并掉头 50° ~ 55°,垂直于自卸车,然后驶向自卸车卸载。卸载后装载机倒车驶离自卸车,然后掉头转向料堆,进行下一个作业循环。V 形作业法作业循环时间短,在许多场合得到广泛应用。

2. I 形作业法

自卸车平行工作面适时地作往复前进和后退,如图 7-47b)所示,而装载机穿梭式地垂直于工作面前进和后退,所以该作业法又称穿梭式作业法。装载机装满斗后直线后退,同时举升铲斗到卸载高度,自卸车后退到与装载机垂直位置,然后装载机驶向自卸车并卸载。装载机卸载后自卸车向前行驶一段距离,以保证装载机驶向工作面进行下一个作业循环,直至自卸车装满为止。I 形作业法省去了装载机的掉头时间,对于不易转向的履带式及整体车架轮式装载机比较适用,但增加了自卸车前进、后退的次数。因此,采用这种作业方式的装载机,作业循环时间取决于与其配合作业的自卸车司机的操作熟练程度。

3. L 形作业法

自卸车垂直于工作面,如图 7-47c)所示,但距离工作面较远。装载机铲装物料后倒退并掉头 90°,然后驶向自卸车卸载。空载的装载机后退并掉转 90°,然后驶向料堆进行下一次铲装。这种作业方式运距较短,作业场地较宽时装载机可同时与两台自卸车配合工作。

4. T 形作业法

自卸车平行于工作面,如图 7-47d)所示,但距离工作面较远。装载机铲装物料后倒退并

掉转 90°，然后再相反方向掉转 90°驶向自卸车。

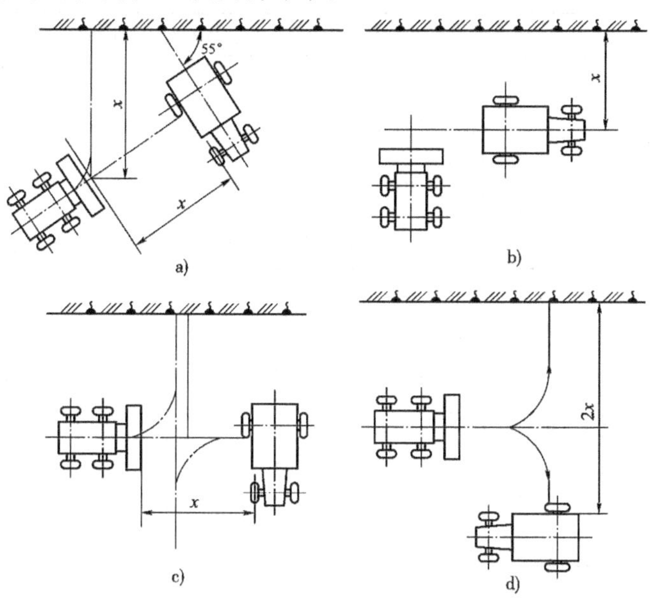

图 7-47　装卸机作业方式

a)V 形作业法；b)I 形作业法；c)L 形作业法；d)T 形作业法

六、装载机的保养与维修

装载机的保养与维修可参照《筑养路机械保养规程》或相应机型的使用维修说明书的规定执行，并严格遵守各种规定和使用要求，以保证装载机的正常、安全、可靠地运转。

以 ZL40 和 ZL50 型装载机为例说明其保养与维修，参见表 7-13 ~ 表 7-16。

例 行 保 养　　表 7-13

作 业 项 目	技术要求及说明
1. 发动机	参照第一章
2. 电气设备及仪表	
①检查各指示仪表、指示灯、各灯具及照明设备；	①各指示仪表应反应灵敏，示值正确。工作时，水温、机油温度不超过 90℃，变矩器油温不超过 110℃，机油压力正常，指示灯、各灯具应工作正常，照明设备齐全有效。
②检查启动机、发电机；	②启动机、发电机应工作正常。
③检查蓄电池	③清除蓄电池外表所粘附的污物，疏通通气孔
3. 传动系统	
①检查液力变矩器、变速器；	①应工作正常，无异响及过热现象，否则，应找出原因，排除故障。每 50 工作小时检查油量，油位应位于上、下油位开关之间，在启动发动机前，尤其应该注意检查，打开油位开关，若无油溢出，则应加油至油位开关有油溢出时为止，方可启动。
②检查传动轴；	②工作时，传动轴应无异响，连接螺栓若有松动，应予紧固。
③检查液力变矩器、变速器油冷却系统；	③消除渗漏油现象，油路应畅通无阻。
④检查驱动桥、轮边减速器	④应工作正常，无异响或漏油现象。否则，应查明原因，排除故障

续上表

作 业 项 目	技术要求及说明
4. 转向系统 检查转向性能	 转向动作应轻便、灵活、平顺、可靠,消除渗漏油现象,清除转向装置上粘附的泥土及油污
5. 行走机构 检查轮胎及轮辋固定螺栓、螺母	 轮胎外表应无异物扎入或嵌入,胎压正常,固定螺栓、螺母若有松动,应予紧固
6. 制动系统 ①检查制动性能; ②检查制动系统密封性; ③检查制动气压; ④检查制动加力器油量; ⑤检查储气筒及油水分离器; ⑥检查驻车制动器	 ①制动应灵敏、平稳、可靠。 ②制动系统应无漏气、渗漏油现象;各管接头若有松动,应予紧固。 ③观察气压表,制动气压应为0.68~0.70MPa。 ④每50工作小时检查,油量不足时,应添加。 ⑤排放储气筒及油水分离器中的积水及油污。 ⑥制动器应制动有效,安全可靠
7. 液压系统 ①检查液压工作油箱油面; ②检查液压油泵、液压阀、液压油缸; ③检查液压系统密封性	 ①油量不足时,应予添加。 ②工作时,液压油泵应工作正常,无异响;各液压阀应灵敏,工作可靠,油缸无内泄外漏现象。否则,应查明原因,排除故障。 ③消除渗漏现象。管接头若有松动,应予紧固
8. 工作装置 ①润滑各润滑点; ②检查工作装置的工作情况	 ①加注润滑脂,进行润滑。 ②工作装置(铲斗、摇臂、动臂、动臂油缸等)各活动部件应转动灵活,工作正常
9. 整机 ①清洁整机外部; ②检查各操纵杆; ③检查整机外部连接螺栓、螺母; ④检查各零部件; ⑤检查整机泄漏情况; ⑥润滑	 ①清除整机外部粘附的泥土、油污、杂物,清洁驾驶室内、外部。 ②各操纵杆应操纵灵活,到位准确,定位可靠。 ③螺栓、螺母若有松动,应予紧固;若缺损,应予补充。 ④零部件若有损坏,应予修复或更换;若有松动,应予紧固。 ⑤机器应无漏油、漏水、漏气、漏电现象。否则,应查明原因,予以排除。 ⑥按润滑表规定执行

一级保养(每200工作小时进行) 表7-14

作 业 项 目	技术要求及说明
1. 完成本级保养作业项目外的例保项目	见表7-13
2. 发动机	(略)
3. 电气设备及仪表 ①检查启动机、发电机; ②检查蓄电池;	 ①紧固件应连接牢固,导线接触良好,清除外部污物。 ②(略)

续上表

作业项目	技术要求及说明
4. 传动系统 ①检查变矩器、变速器油冷却系统； ②检查前、后桥油位	①清洗滤油器滤芯，除去污物；散热器若有渗漏，应予消除。 ②油量不足时，应从左、右轮毂注油孔加油。油位应与桥壳油位螺孔下沿齐平
5. 转向系统 检查方向机、随动杆等的固定螺栓	固定螺栓若有松动，应予紧固
6. 行走机构 检测轮胎气压	气压应为0.28～0.301MPa，不足时充气
7. 制动系统 ①检查制动盘固定螺栓； ②检查油水分离器； ③检查储气筒内气压	①螺栓若有松动，应予紧固。 ②排放油水分离器中的油污。当制动气路中的气压超过0.9MPa时，应调整油水分离器上的压力控制阀。 ③停车后，30min内储气筒内气压下降不超过98kPa。否则，应查明原因，排除故障
8. 工作装置 检查工作装置（铲斗、动臂、播臂、拉杆）及固定螺栓	检查各部件的焊缝有无开焊或变形，如果有，应及时修理。固定螺栓若有松动，应予紧固，损坏的零部件应予修复或更换
9. 整机 ①检查前、后车架及副车架； ②润滑	①各部件焊缝若有开裂应予补焊。若有变形损坏，应予修复。固定螺栓若有松动，应予紧固。 ②按润滑表规定执行

润　滑　表　　表7-15

润滑部位	润滑点数	润滑周期（工作小时）	油脂种类
①工作装置	14	3	3号或4号
②前传动轴	3	50	钙基润滑脂
③后传动轴	3	50	（GB491）
④转向油缸销轴	4	50	
⑤转向随动杆	2	50	
⑥动臂油缸销轴	2	50	
⑦转斗油缸后销轴	2	50	
⑧车架铰接销	2	50	
⑨副车架销	2	50	
⑩发动机油底壳	1	600	14号柴油机油 11号柴油机油* （SY115-71）

续上表

润滑部位	润滑点数	润滑周期(工作小时)	油脂种类
⑪变矩器、变速器	1	1200	上炼8号液力传动油
⑫前、后驱动桥	2	1200	20号或30号齿轮油(SYB1103-62s) 90号普通车辆齿轮油
⑬方向机	1	1200	HL-30齿轮油
⑭轮边减速器	2	1200	HL-20*齿轮油
⑮制动助力器	2	1200	201合成制动液
⑯液压油油箱	1	1200	N68HM液压油(上稠50-1)
⑰燃油箱	1	视需	0号或10号轻柴油

注:标有"*"号者为冬季用油。

装载机常见故障和排除方法　　表7-16

故障现象	故障原因、特征	排除方法
柴油机启动不能行驶	①未挂上挡; ②变速器油位过低; ③变速操纵阀的制动阀杆不能复位; ④变速油泵损坏或油封渗漏	①重新推到挡位或检查挡位的准确性; ②补充新油; ③拆检制动阀杆,找出不能复位的原因; ④更换油泵或油封
驱动力不足	①变矩器出口油压低,变矩器调压阀失效; ②发动机转速不够; ③离合器打滑; ④变矩器油温过高	①检查变速器油位,清洗油底壳油滤及出口油滤; ②按"变矩器油压油温检查"一项,检查柴油机转速; ③检查离合器变速油压及活塞油封; ④当变速矩器油温超过120°C应停车冷却
变速压力过低	①减压阀组失灵; ②油滤堵塞,油泵失效; ③离合器油封严重漏油	①找出原因进行检修; ②清洗油滤,更换油泵; ③更换油封
变矩器油温过高	①变速器油位过高或过低; ②离合打滑	①按要求注油; ②检查离合器油压
转向盘空行程过大	①齿条螺母与扇轮间隙过大; ②随动杆、万向节间隙过大或调整不当	①按要求进行调整; ②按要求进行调整
转向力矩不足	①转向泵磨损流量不足; ②安全阀压力过低; ③转向阀严重内漏	①检查或更换转向泵; ②应调节其压力:ZL50为13.7MPa,ZL40为9.8MPa; ③进行检修或更换
脚制动力不足	①制动总泵或分泵漏油; ②制动液压管路中有气; ③压缩空气压力低; ④加力器皮碗磨损	①更换皮碗或矩形密封; ②进行放气; ③检查空压机、控制阀及管路密封性; ④更换皮碗
脚制动后挂不上挡	①气制动阀踏板限位螺钉调整不当; ②气制动阀不能彻底复位,变速压力表不指示; ③气制动阀活塞卡住,解除制动后不能回气制动阀杆卡住	①重新调整踏板限位螺钉,使气制动阀能彻底复位; ②清洗检修活塞; ③拆检制动阀杆

续上表

故障现象	故障原因、特征	排除方法
动臂提升或转斗不足	①安全阀调整不当,系统压力偏低; ②吸油管及滤清器堵塞; ③齿轮泵严重内漏; ④管路或油缸内漏	①系统工作压力应调为:ZL50 为 15.7MPa ZL40 为 14.7MPa; ②清洗换油; ③更换齿轮泵; ④按自然沉降检查系统密封性,新机该值为 10mm/min
停车后储气缸压力迅速下降	①气制动阀进气阀门被脏物卡住或损坏; ②管路接头松动或管路破裂; ③压力控制器止回阀不密封	①连续踏几次制动踏板,用空气吹掉阀门上的脏物,若阀门损坏应更换; ②扭紧接头,更变导管; ③检查不密封原因,必要时更换
空气压力表上升缓慢	①管路接头松动; ②空压机工作不正常; ③油水分离器放油螺塞未关紧; ④气制动阀故障	①扭紧接头; ②检查空压机工作情况; ③重新关紧; ④检查清洗内部

第四节　挖　掘　机

一、用途及工作对象

挖掘机是工程机械中的一个主要机种,是土石方施工工程中的主要机械设备之一。各种类型与功能的挖掘机械,在国民经济建设的许多行业,如工业与民用建筑、交通运输、水利电力工程、农田改造、矿山采掘以及现代化军事工程等的机械化施工中被广泛地采用。据统计,工程施工中有 60% 以上的土石方量是靠挖掘机来完成的。在各类工程施工中,挖掘机主要用于完成下列工作。

(1)开挖建筑物或厂房基础;

(2)挖掘土料,剥离采矿场覆盖层;

(3)采石场、隧道内、地下厂房和堆料场中的装载作业;

(4)开挖沟渠、运河和疏浚水道;

(5)更换工作装置后可进行混凝土浇筑、起重、安装、打桩、夯土等作业。

二、分类及型号编制

1. 分类

挖掘机根据其作用特征分类如图 7-48 所示。按行走装置有履带式和轮胎式(图 7-49)两种。其中,机械式单斗挖掘机主要工作装置形式如图 7-50 所示;液压式单斗挖掘机主要工作装置形式如图 7-51 所示。

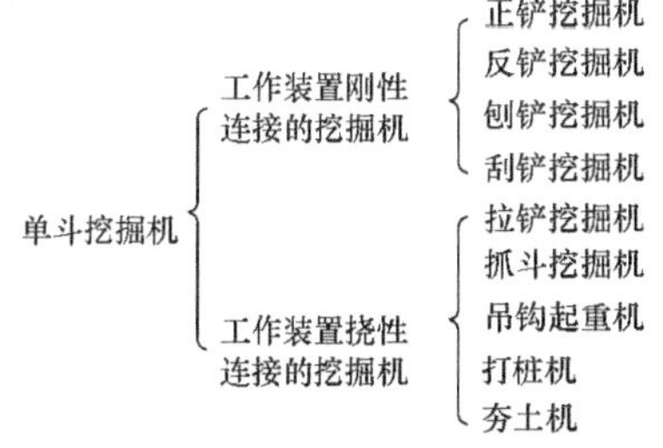

图 7-48　按工作装置分类

图 7-49　轮式挖掘机外形图

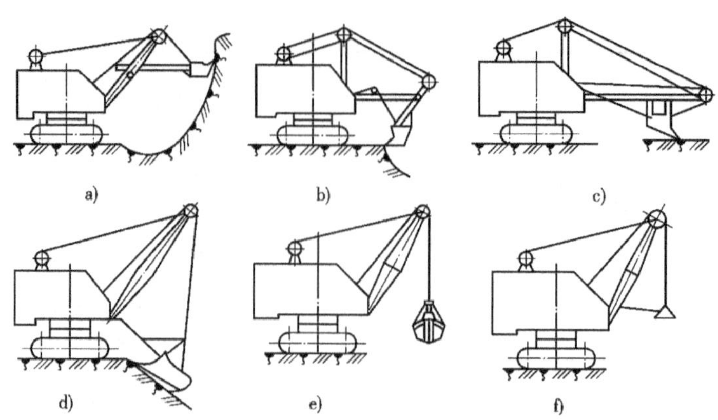

图 7-50　机械式单斗挖掘机工作装置主要形式图

a)正铲;b)反铲;c)刨铲;d)拉铲;e)抓斗;f)打桩

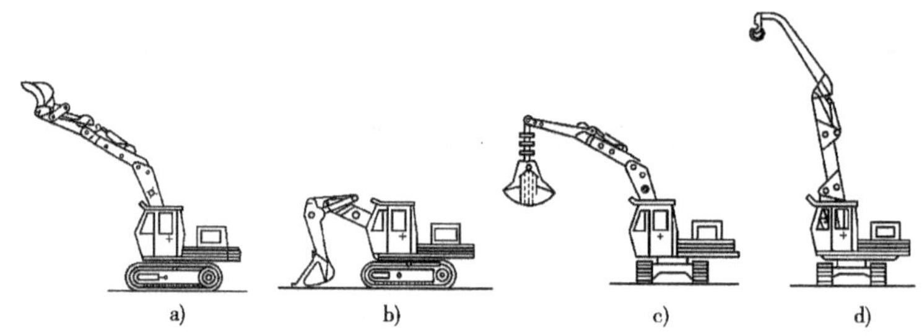

图 7-51　液压式单斗挖掘机工作装置主要形式图

a)反铲;b)正铲;c)抓斗;d)起重

2. 国产单斗挖掘机型号编制方法(表 7-17)

单斗挖掘机产品型号编制方法　　表 7-17

类	组	型	特性	代号	代号含义	主参数		
						名称	单位	表示法
挖掘机	单斗挖掘机 W	履带式	—	W	机械单斗挖掘机	整机质量	t	主参数×10
			D(电)	WD	电动单斗挖掘机			
			Y(液)	WY	液压单斗挖掘机			
		轮胎式 L	—	WL	轮胎式机械单斗挖掘机			
			D(电)	WLD	轮胎式电动单斗挖掘机			
			Y(液)	WLY	轮胎式液压单斗挖掘机			

挖掘机型号标注如图 7-52 所示。

型号示例:

WY200 型,表示机重为 20 t 的履带式液压挖掘机(有的厂家以标准斗容量作为主参数)。

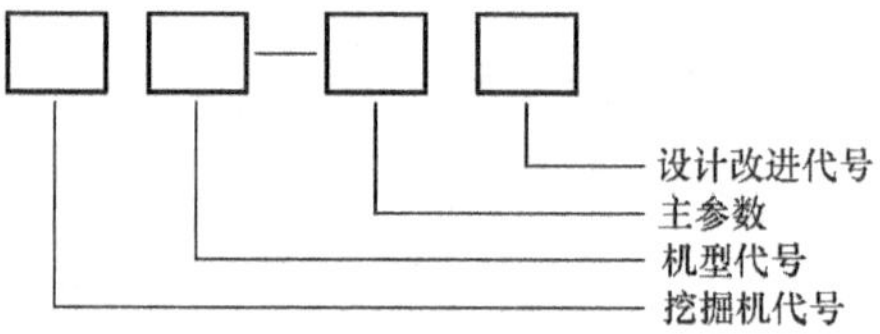

□□—□□

设计改进代号
主参数
机型代号
挖掘机代号

图 7-52　挖掘机型号标注

三、单斗挖掘机的构造及工作原理

1. 总体构造

不论哪种形式的单斗挖掘机,其总体组成都基本相同,它主要由工作装置、回转机构、动力装置、传动操纵机构、行走装置和辅助设备等组成,如图 7-53 所示。常用的全回转式(转角大于 360°)挖掘机,其动力装置、传动机构的主要部分和回转机构、辅助设备及时驾驶室等都装

在可回转的平台上，通称为上部转台，因而又把这类机械概括成由工作装置、上部转台和行走装置三大部分组成。

动力装置：整机的动力源，大多采用水冷却多缸柴油机。

传动系统：把动力传给工作装置、回转装置和行走装置，有机械传动、半液压传动与全液压传动三种形式。

工作装置：用来直接完成挖掘任务，包括动臂、铲斗和斗柄等。

回转装置：使转台以上的工作装置连同发动机、驾驶室等向左转或右回转，以实现挖掘与卸料。

行走装置：支承全机质量，并执行行驶任务，有履带式、轮胎式和汽车式等。

操纵系统：操纵工作装置、回转装置和行走装置的动作，有机械式、液压式、气压式和复合式等。

机棚：盖住发动机、传动系统与操纵系统等，一部分作为驾驶室。

底座（机架）：全机的装配基础，除行走装置装在其下面外，其余组成部分都装在其上面。

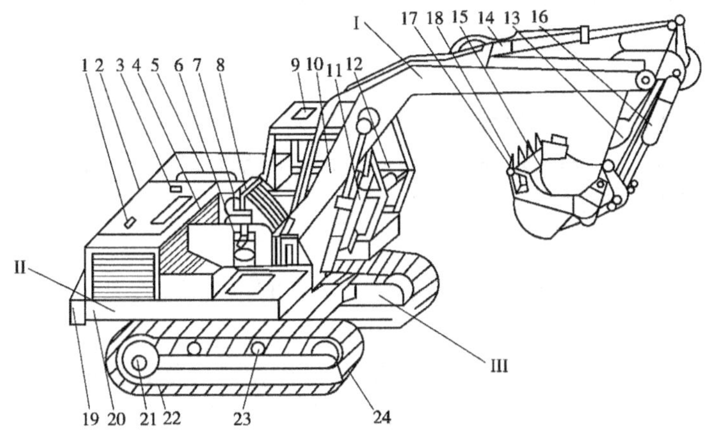

图 7-53　单斗履带式液压挖掘机的总体结构

1-柴油机；2-机棚；3-液压泵；4-液压多路阀；5-液压油箱；6-回转减速器；7-液压马达；8-回转接头；9-驾驶室；10，11-动臂及油缸；12-操纵台；13，14-斗杆及油缸；15，16-铲斗及油缸；17-边齿；18-斗齿；19-平衡重；20-转台；21-行走减速器与液压马达；22-支重轮；23-托链轮；24-履带；Ⅰ-工作装置；Ⅱ-上部转台；Ⅲ-行走装置

2. 工作原理

图 7-54 所示为液压式单斗挖掘机基本结构及传动示意图。柴油机 13 驱动两个液压泵 11、12，把高压油输送到两个分配阀 9，操纵分配阀将高压油再送往有关液压执行元件（液压缸或液压马达），驱动相应的机构进行工作。

挖掘机作业时，接通回转装置液压马达，转动上部转台，使工作装置转到挖掘点，同时，操纵动臂液压缸小腔进油，液压缸回缩，使动臂下降至铲斗接触挖掘面为止，然后操纵斗杆液压缸和铲斗液压缸，使其大腔进油而伸长，迫使铲斗进行挖掘和装载工作。斗装满后，将斗杆液压缸和铲斗液压缸油路切断并操纵动臂液压缸大腔进油，使动臂升离挖掘面，随之接通回转马达，使斗转到卸载地点，再操纵斗杆和铲斗液压缸回缩，使铲斗反转卸土。卸完土，将工作装置转至主挖掘地点

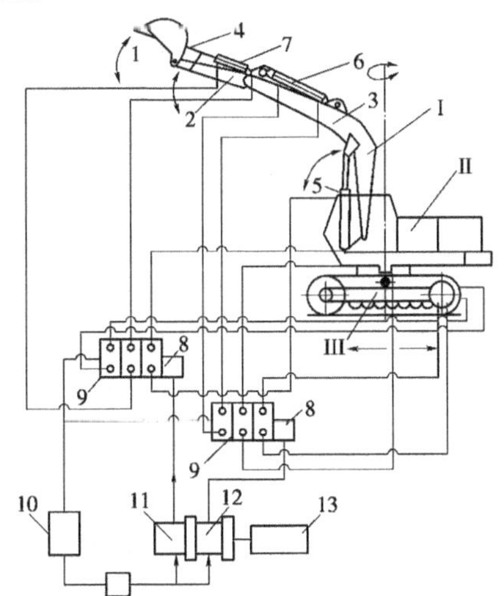

图 7-54　液压单斗挖掘机基本结构图及传动示意图

1-铲斗；2-斗杆；3-动臂；4-连杆；5，6，7-液压缸；8-安全阀；9-分配阀；10-油箱；11，12-油泵；13-发动机；Ⅰ-挖掘装置；Ⅱ-回转装置；Ⅲ-行走装置

进行第二次挖掘作业。

3. 单斗反铲挖掘机的工作过程

带各种基本工作装置的单斗挖掘机是循环作业式机械，每一工作循环包括挖掘、回转、卸料和返回四个工作过程(图7-55)。

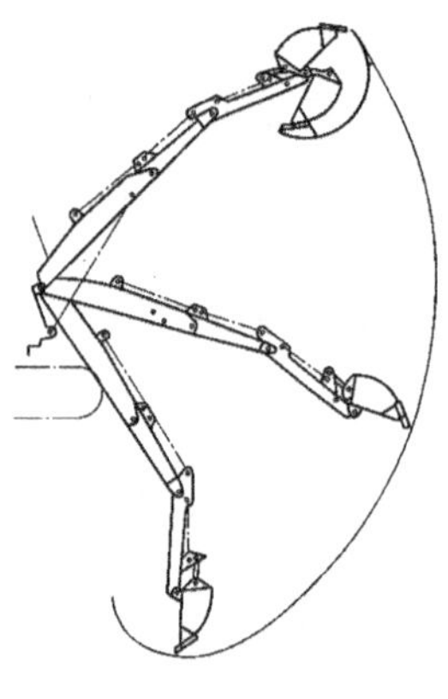
图7-55 全液压反铲挖掘机的挖掘过程

四、挖掘机施工技术

1. 准备工作

施工前必须对行驶道路、挖填方区域进行平整，做好降排水及清理障碍后的处理工作，为机械安全创造条件；将机械开进作业面，首先考虑地面坚实，另外要考虑运输设备进出现场及停车位置；同施工组织设计或工程负责人进行技术交底；做好挖掘机启动前的准备工作，试做一、二个工作循环动作，同时注意各部位有无异常现象。一切正常后，方可进行施工作业。

2. 挖掘作业

大多数液压挖掘机都采用双手柄，以便于各种复合动作。液压挖掘机的作业循环主要分为：挖掘、回转、卸土和返回四个步骤。在每一个步骤中都有可能有复合动作，即铲斗转动和斗杆收放、动臂升降和转台回转。

(1)反铲挖掘作业法

铲斗挖掘：基本方法是动臂斗杆液压缸置于一定的位置不动，只操作铲斗油缸挖掘手柄，使铲斗转动切削土壤。

斗杆挖掘：动臂和铲斗油缸置于一定位置，然后操作斗杆油缸控制手柄，使斗杆连同铲斗一同转动切削土壤。采用斗杆挖掘时，为了使挖掘阻力更小，更利于斗尖插入土层中，应使铲斗转至斗底线与斗尖推动轨迹圆成切线的位置，才不会产生铲斗切削角度过大或斗底挤压土的现象。

复合挖掘：铲斗油缸与斗杆油缸的配合动作进行挖掘。有采取两组液压缸顺序动作的挖掘方式，也有同时动作的挖掘方式。

平整作业：略前垂直位置放置斗杆，并使铲斗转向后方。慢慢升高动臂的同时，操作斗杆收入功能，一旦斗杆移过垂直位置，便慢慢地降低动臂，使铲斗保持稳定的平面运动。

反铲工作面有正挖掘工作面和侧挖掘工作面两种，还可以挖掘垂直基坑和修整边坡。挖掘作业时为保证挖掘作业的合理性和科学性，应注意以下几点：根据机型的作业条件设计工作区域范围；停机位置应保证每次挖掘满斗率高，铲斗行程又不大，并尽可能减少移机次数；合理确定运输车辆的停置点，它将决定每一挖掘循环的回转角，直接影响工作周期和生产率；合理安排工作的推移路线或挖掘面的开挖顺序；要充分利用工作面的宽度和高度，合理确定铲斗取土顺序及调集土壤的可能性；铲斗一般要从挖掘面的根部开始挖掘，并尽量是用铲斗挖掘，一定要通过铲斗转动来调动切削角和装满斗。

(2)回转作业

回转过程是在铲斗装满后工作装置从挖掘面旋转到卸土地点的过程。这一过程要求铲斗底部一经离开挖掘面，便提升动臂(或同时调整斗杆油缸)与调整铲斗转角，以适应所要求的卸土高度。当铲斗回转接近装土车辆时，松开回转手柄，然后便用回转制动器慢慢地制动住转台，并同时卸土。应当注意，铲斗回转到装土车辆上空时，回转速度要慢(一般是惯性滑动)，制动不能过猛，避免斗中石块抛洒出来砸在车辆上造成事故。

(3)卸土

当工作装置基本停稳后,翻转铲斗卸土。卸土操作时,要求铲斗中的土石卸下时的土堆中心对准车辆车斗中部。要特别注意掌握铲斗的卸土高度,切不可高抛高卸,以防砸坏车辆。

(4)返回

卸土完毕后,工作装置应立刻返回挖掘面。返回过程中,铲斗翻转,然后一边回转一边下降动臂(有时还调整斗杆油缸),当铲斗对准第二次取土点时,应尽快调整好切削角使铲斗切入土中,开始重复挖掘动作。返回过程全部采用复合动作,动作要协调,快速而准确。

3. 全液压反铲挖掘机开挖的基本方法

(1)沟端开挖法

挖掘机沿着端沟逐渐倒退。当挖窄沟时,汽车可停在沟侧,动臂只要回转 40°~50°即可卸料。如果所挖的沟宽为机械的最大挖掘半径的 2 倍时(即在机械每停置一处在 180°的回转范围挖掘),汽车只能停置在挖掘机侧面,工作装置要作 90°回转才能卸料,如图 7-56。

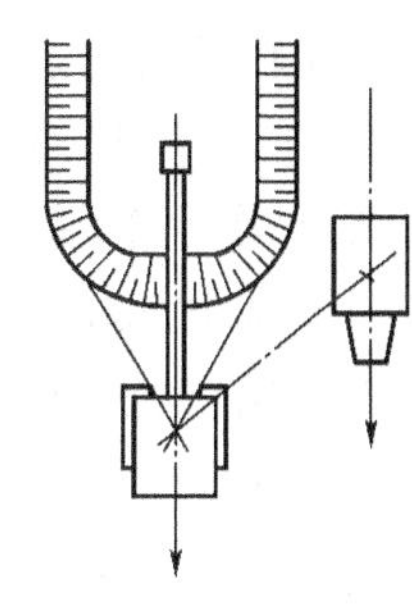

图 7-56　沟端开挖法

此方法在挖掘更宽的沟渠时,可分段进行(图 7-57)。机械在倒退挖到尽头后,由该端转换位置反向开挖毗邻一段。这种分段法每段的挖掘宽度不宜过大,以车辆能在沟侧行驶为原则,这样可减少每一工作循环所用的时间,从而大大提高机械生产率。

(2)沟侧开挖法

机械沿沟侧行驶,装载车辆停在沟端,以后就只能停置在沟侧。这样机械需要作 90°回转卸料,每一循环所用的时间较多,每次挖掘宽度只能在其挖掘半径以内。此法的主要缺点是机械沿沟侧行驶,沟的边坡较大。此方法也可采用逐段分次挖掘成较宽的基坑,如图 7-58 所示。

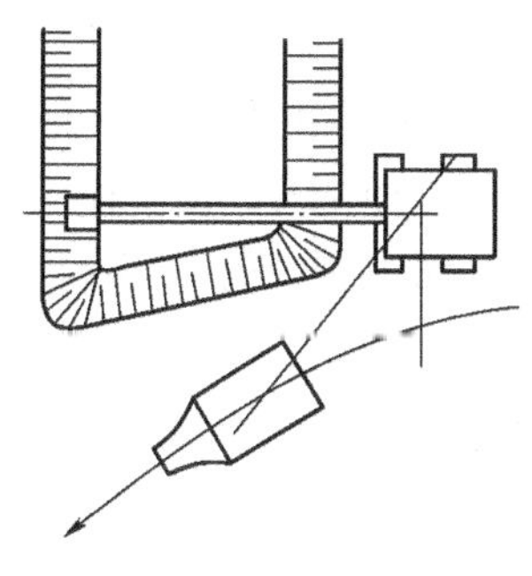

图 7-57　分段挖掘

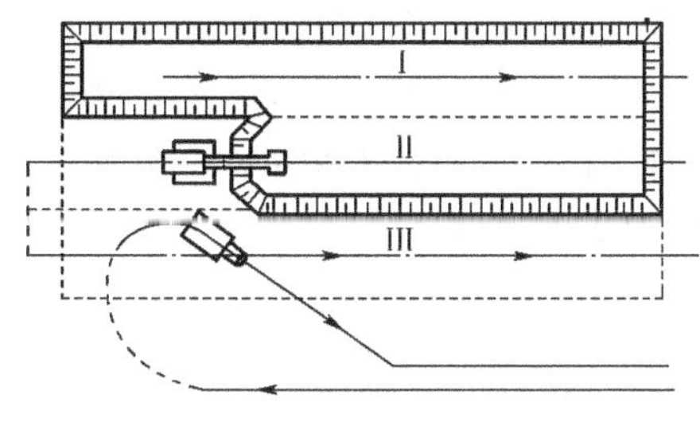

图 7-58　沟侧开挖法

五、轮式挖掘机使用要点

1. 驾驶注意事项

(1)行驶前,应将铲斗置于车架上,插上转台固定销,收起液压支腿,检查转向盘、制动器及照明是否良好。

(2)转向时应提前换入低速挡,打开转向灯。缓慢转弯时,应早转慢打(转向盘),少打不回;急转弯时,应迟转快打,多打多回。

(3)换挡时应注意的问题

①对于全液压轮式挖掘机(如贵阳矿山机器厂的 WYL100C、WYL161 和 WYL320 等型号),换挡时,将手动换挡阀向前推,即为公路行驶速度(高速);向后拉,则为越野行驶速度(低速);移至中间位置则为空挡,用于停驶或被牵引行驶。进退挡转换时应停车进行。将行走方

向操纵杆向前推，即为前进方向；向后拉，则为后退方向；置于中间位置，则行走机构不工作。

②对于半液压轮式挖掘机(如贵阳矿山机器厂生产的W4-60型)，其换挡方式与解放牌载重汽车相同，即“两脚离合器”法。

低速挡换高速挡时，先加大油门提高车速，然后迅速踩下离合器踏板，同时放松油门踏板，将变速杆置于空挡位置，再迅速放松离合器踏板，接合后又踩下，同时将变速杆置入高速挡，放松离合器踏板，即可加大油门前行。高速挡换低速挡时，先放松油门踏板，降低车速，然后踩下离合器踏板，同时将变速杆置于空挡位置，再迅速放松离合器踏板，稍加大油门，接着又踩下离合器踏板，将变速杆置入低速挡位置，放松离合器踏板，即可加大油门前进。

(4)越野行驶时应注意的问题

①通过突起较高的障碍物时，应低速慢行。当前轮将要驶上障碍物时应稍加大油门，待驶上障碍物后立即松开油门踏板，使前轮自行滑下障碍物，然后用同样方法使后轮通过。

②通过大而深的凹形路面时，应预先松开油门踏板，用制动的方法减慢车速，利用惯性慢慢溜进，当前轮溜到坑底时再踩油门踏板，使前轮驶出洼坑，然后用同样的方法使后轮驶出洼坑。

③通过泥泞地段时，应用中速或低速一气通过，尽量避免中途换挡和停车。若被迫停车，起步时可比平时速度高一些，利用冲力离开陷区。

④行驶中发生横滑时，应立即降低速度，同时将转向盘向后轮滑动的相同方向转动，待前轮与机身一致后，再将挖掘机驶入正道。挖掘机横滑时切不可紧急制动和乱打转向盘，以免发生更大的横滑。

⑤行驶中若车轮陷入泥泞地打滑时，应视道路情况将挖掘机向后倒一点再前进。如果仍不能开出，不可连续使用此种方法，以免车轮原地转动而下陷更深，此时可使用四轮驱动或利用支腿支起车身，在下陷车轮下铺上碎石、木板或树枝等，然后将车驶出。

2. 挖掘机作业注意事项

(1)作业前，应拔下转台固定销，轮式挖掘机还应放下支腿，将机车停放平稳，带闭锁装置的挖掘机，还应将前后轮及悬挂油缸闭锁，活动式转向盘应当向前推，以便于作业操纵。

(2)作业时，在挖掘机回转半径之内不能有人或较高的固定物，在向车辆上卸料时，铲斗不得从驾驶室顶上越过。

(3)反铲作业时，不准挖掘离机身太近的土，尤其是挖掘深坑时更要格外注意，以避免塌方。

(4)正铲作业时，必须及时排除易塌方的工作面或较大的石块。

(5)当放下动臂、斗杆，使铲斗接触工作面时，严禁由高处砸下；回转平台启动、停止及工作油缸接近上下止点时，应缓慢平稳，避免产生过大的冲击。

(6)严禁用铲斗打桩或横扫地面障碍物；铲斗没离开地面时不准旋转。

(7)在坡道上作业时，不可沿坡道横向停挖，若受地形限制，应用推土机推平；在纵坡上作业时，可用绞盘钢丝绳将挖掘机拖住，对轮式挖掘机还可用垫土或石块将前后轮阻牢，以防翻车。

(8)铲斗内有残土卸不掉时，应用铁锹铲除，不可反复猛烈扳动操纵杆企图将土抖掉。

(9)轮式挖掘机在挖完一块地后移位时，必须收起支腿，解除行走与制动，并打开悬挂油缸闭锁气阀。

(10)在高压电线下作业时，必须与高压电线保持一定的距离。一般来说，380V输电线应间隔1.5m以上；1100～3300V输电线应间隔3m以上；5500～11000V输电线应间隔5m以上。

(11)在市区作业时，应事先了解地下管道、电缆及地下建筑物的分布情况。

(12)在作业过程中，如果液压油温度超过80℃时，应停止作业，并让液压泵空转，以降低油温。

（13）停止作业或司机离开时，应将铲斗置于地面，斗内不留余土。

3. 轮式挖掘机跨越壕沟

挖掘机通过壕沟时，可以采用填土或架桥的办法，但对于轮式挖掘机，若壕沟宽度不超过其轴距的1/3时，可以利用工作装置跨越壕沟，具体做法如下：

（1）挖掘机倒车驶近壕沟的左侧，并将转台旋转180°，如图7-59a）所示。

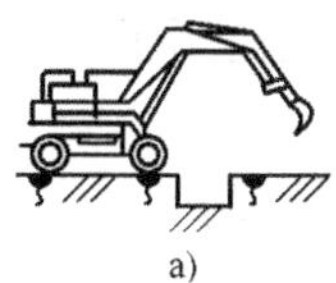

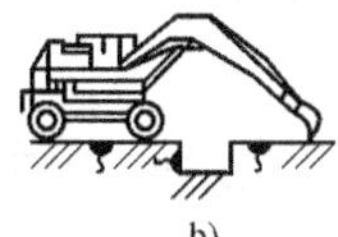

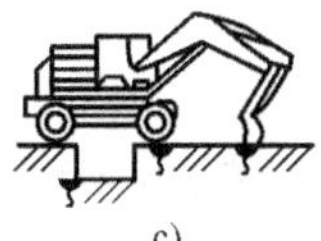

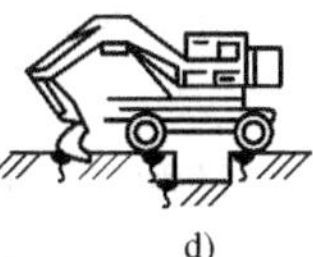

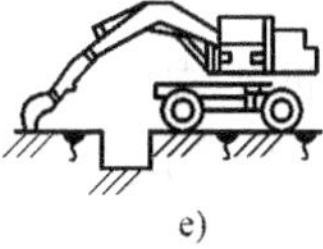

图7-59　挖掘机利用工作装置跨越壕沟

（2）用工作装置支撑在壕沟的右侧，使挖掘机缓缓前行，如图7-59b）所示。

（3）用工作装置支起后轮，使之越过壕沟，横跨在壕沟的两侧，然后停止动作，如图7-59c）所示。

（4）升启动臂，使工作装置离开地面，然后将转台旋转180°，工作装置支撑在壕沟左侧地面上，如图7-59d）所示。

（5）利用工作装置使前轮稍离地面并越过壕沟，这样整机就跨过了壕沟，如图7-59e）所示。

上述过程是挖掘机后桥先跨越的方法，也可以采用前桥先跨越的方法，步骤同上。

4. 用挖掘机的工作装置辅助爬坡

当坡道泥泞（打滑）挖掘机爬坡牵引力不足时，可利用工作装置辅助爬坡。辅助爬坡有正爬和倒爬两种方式。

（1）正爬。如图7-60a）所示，将挖掘机停放在坡下，铲斗抓在坡面上，伸动铲斗油缸和斗杆油缸，使整机前进。在前进中若前桥抬起过高，可伸动臂油缸，使前轮贴住地面。为了增大牵引力，铲斗可在坡面上抓深一些，前进中变换铲斗的支撑点时，必须将挖掘机制动死，以防其下滑。

（2）倒爬。如图7-60b）所示，将挖掘机驶近土坡，旋转转台180°用铲斗斗齿支于地面，收缩斗杆油缸，使挖掘机后退爬坡。若后部翘起，可收缩动臂油缸，使前部稍起，后部便自然落地。同样，在变换铲斗支撑点时，必须将挖掘机制动死。

5. 用挖掘机挖掘建筑基坑

建筑基坑的形状通常是四壁垂直，坑底平整。

（1）宽度小于挖掘半径两倍的小型基坑，可用一次挖掘法施工，如图7-61a）所示。将挖掘机停在基坑中心线上，呈扇形倒退挖掘。运输车辆（通常用自卸车）停在基坑两侧，挖掘机可左右回转卸土。

上述方法由于挖掘扇面较大，坑内余土较多，常常需要人工清土，加上垂直壁的开挖不方

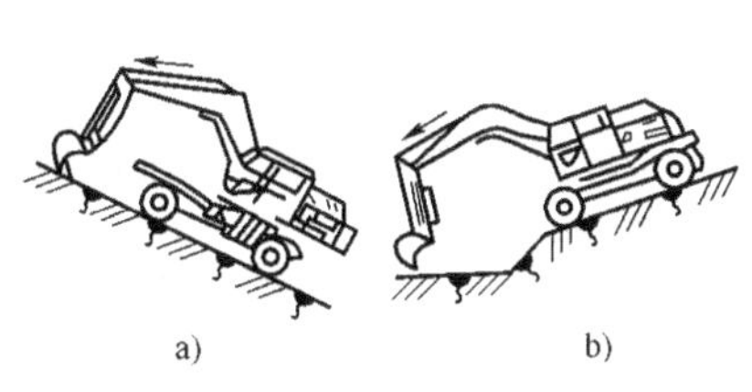

图7-60　挖掘机利用工作装置辅助爬坡

a）正爬；b）倒爬

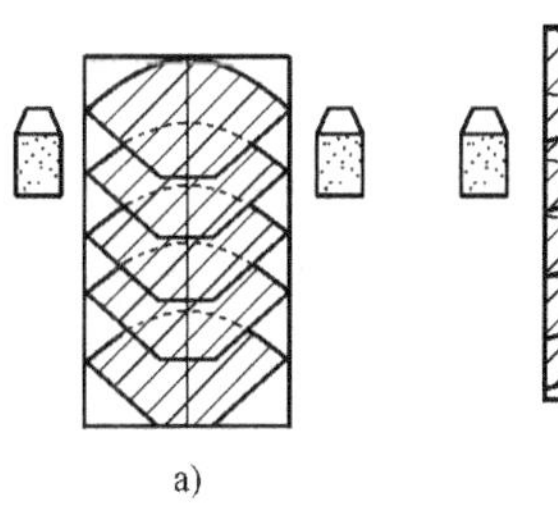

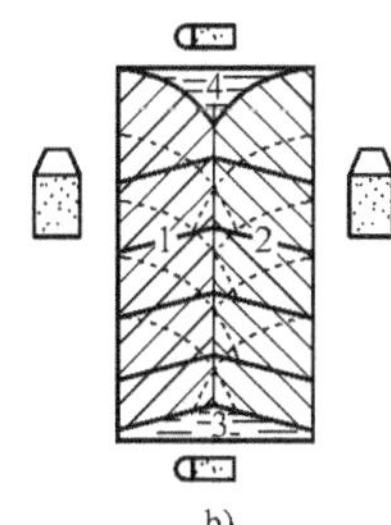

图7-61　挖掘小型建筑基坑

a）一次挖掘法；b）四次挖掘法

便,平整度不高,因此这一方法也称为粗挖法,它适用于工期紧迫的建筑工程。

也可采用四次挖掘法施工,如图7-61b)所示。先将挖掘机停在基坑一侧,呈小扇形倒退挖土,自卸车停在挖掘机外侧运土,挖完一侧后再用同样的方法挖另一侧,自卸车也停在另一侧运土,最后再分别挖掉基坑两头的余土,每次挖掘时,铲斗均应伸过基坑中心线,以便挖净中间部分的土壤。这一方法由于挖土彻底,坑壁质量高,因此又叫做细挖法。但在整个过程中,挖掘机需要转移4次,影响作业效率,且要有较大的场地供自卸车停放,因此适用于工期要求不紧的工程。

(2)宽度大于挖掘半径两倍的中型基坑,可采用中间开挖法,即根据基坑的宽度,将其分作等宽的几部分,每一部分都在挖掘半径以内,先从中间部分开挖,自卸车可停放在未挖部分的地面上运土。

(3)大型建筑基坑,可采用多台挖掘机分段同时开挖,挖掘机的摆放位置以不发生相互干涉和便于自卸车进出为原则。

上述几种基坑的作业宜选用反铲铲斗,若选用正铲,应先用其他机械或人工挖出工作断面,并留有进出口坡道,然后挖掘机开进去挖掘。

(4)较深的建筑基坑,可采用分层开挖的方法逐步达到规定深度,若土质松软,也可以用抓铲一次挖掘到预定深度。

另外,挖掘机与自卸车的配合以相互不等待为原则,所需自卸车的数量与挖掘机的生产率、自卸车的载重能力、运土距离长短及道路质量情况等有关,可根据工程实际情况计算出来。为了提高挖掘机与自卸车的配合生产率,自卸车的容量最好是挖掘机斗容量的整数倍,这样挖掘机不会出现半斗也要装一次车的情况。通常,这个整倍数以3~4为宜,即挖掘机挖3~4斗就可装满1车。

六、挖掘机的保养

按《筑养路机械保养规程》的规定,或参照相应机型使用说明书的规定执行挖掘机的保养。下面以WLY60型轮式液压挖掘机为例,简要介绍各级技术保养的内容。

1. 例行保养(每天或10h后保养)

(1)完成柴油机每班保养。

(2)检查轮胎气压及轮胎螺栓的松紧度,前轮气压为0.37MPa,后轮为0.35MPa。气压正常时,应为“三花”接地,胎壁无变形。

(3)检查挖斗、斗臂、主臂等部位的连接轴销、锁销和固定螺栓是否有松脱和缺损。

(4)检查主离合器的工作情况,当挖掘机全负荷作业时,主离合器不应打滑、冒烟。

(5)检查转向操纵的灵敏、平衡性。

(6)检查制动性能,当气压为0.5~0.655MPa时,制动应迅速、不跑偏,中速行驶时制动距离不超过10m,气泵、储气筒、控制阀及气管路不得有漏气现象,手制动应保证在20°的坡道上停车不下滑。

(7)检查液压系统的工作情况,液压泵、液压油缸、回转接头等处不得有渗漏现象,各钢管、液压软管等不得有破损,回转、升降、挖掘、倾斜等操纵性能灵敏、可靠。

(8)使用结束后,放出储气筒内的气和油污。

(9)检查各仪表指示是否正常。

2. 一级保养

一级保养时除了完成日常维护保养的作业内容外,还应进行下列工作。

(1)清洗柴油箱。

(2)检查、调整空压机皮带的松紧度。

(3)紧固轮胎螺栓。

(4)检查轮胎气压,必要时充气。

(5)检查和调整制动系统。

①拆卸车轮制动机构,检查各零件的磨损情况,空压机活塞与气缸间隙过大,应更换气缸组件;皮碗老化、破裂,活塞返程弹簧折断或弹力失效时,应进行更换;摩擦片铆钉头外露或制动蹄复位弹簧折断或弹力失效等应更换。

②检查、调整手制动间隙。当手制动器处于放松状态时,制动蹄与鼓之间应有 0.3 间隙,不当时应调整。

(6)检查和调整离合器踏板行程。离合器踏板的自由行程为 20 ~ 30mm,全行程为 125 ~ 150mm,松动间隙为 1.5 ~ 2mm,前压盘限位螺钉间隙为 1.25mm。

(7)检查各齿轮箱的齿轮油和操纵系统液压油。清洗液压油滤清器,发现金属屑时,应查明原因,及时排除。

(8)清洗空压机的空气滤清器。

(9)清洗转向箱内的滤网。

(10)检查调整液压系统的压力。工作装置液压力为 14MPa,转向液压力为 7MPa,压力不符合标定值时,应调整。

(11)清洁液压油散热器各处的脏污、尘垢,放出主离合器壳下部的污油。

(12)更换空压机曲轴箱里的润滑油。趁热放出旧油,用柴油清洗曲轴箱,按标定油面加注润滑油。

(13)拆洗气压控制阀的过滤网。用汽油清洗过滤网,滤网破裂应修补或更换新网。

(14)挖掘机停驶 6 ~ 8h 后,放出变速器、上下传动箱、前后桥、减速器、回转齿轮箱、油泵传动齿轮箱和液压油箱内的沉淀油污。

3. 二级保养

二级保养时除了完成一级保养的全部作业内容外,还应进行下列工作:

(1)检查、调整各操纵机构。

(2)清洗各传动齿轮箱,更换润滑油(两次二级保养换一次油)。

(3)更换液压油。趁热放出旧液压油,用汽油清洗油箱,加注新的液压油,添加新液压油时,应注满全系统,并排放系统内的空气。

(4)调整轮毂轴承松紧度。将轮胎顶离地面,拧紧调整螺母后,退回 1/6 转即可。

(5)保养轮胎。分解轮胎,清除污垢,装复时内外胎间撒一层滑石粉。

(6)补换缺少的螺母、螺栓。紧固松脱的管接头,补齐缺少的轴销、锁销。驾驶室和罩盖若有变形应修复,缺少的玻璃应配全。

4. 保养与维修时的注意事项

(1)机械要尽量放在没有危险的平坦地方,放下工作装置,柴油机熄火,插上上部平台锁紧销。

(2)维修作业时,司机室不准其他人员进入,操作手动控制阀切断先导回路。

(3)不得用动臂斗杆支起车身,钻入车身下进行检修。

(4)液压、气压的管路较多,由于常受振动和冲击,易松动,应经常检查。

(5)更换液压部件时,千万应注意不能混入尘土等脏物;连接安装表面不能损坏,不能随意用锉刀打磨,管件要清洗干净后才能装配。

(6)液压、气压系统的安全阀或过载阀出厂时已调整好,切不可随意调动,否则可能出现故障。

(7)要绝对避免在坡道上检查和维修行走马达、回转马达回路。

(8)运转后的液压油是高温、高压的,检查油液或加油放油时,如果突然卸下接头或堵头,油液就会喷出或堵头跳出,这是十分危险的,要特别注意。

下面以WY60型履带式液压挖掘机为例介绍型履带式液压挖掘机的保养(表7-18~表7-20)。

例行保养(每班进行) 表7-18

作业项目	技术要求及说明
1. 发动机	参照第一章
2. 电气设备与仪表 ①检查各指示仪表、指示灯、报警装置、照明灯; ②检查各电气开关及导线; ③检查启动机、发电机; ④检查蓄电	①各指示仪表应反应灵敏,示值正确。在正常工作范围内,各指示灯、报警装置、照明灯应工作正常,齐全有效。若有异常,应查明原因,排除故障。 ②各电气开关应接触良好,功能可靠,导线完好无损。 ③启动机、发电机应工作正常。 ④清除蓄电池外表所粘附的污物,疏通通气孔
3. 行走机构 ①检查行走减速器; ②检查行走制动器; ③检查导向轮、支重轮、托带轮; ④检查履带板; ⑤检查行走装置工作情况; ⑥检查各部安装螺栓、螺母	①行走减速器应工作正常,无异响。清除渗漏现象。每50工作小时,检查紧固螺栓。检查油量,油不足时,应予加足。 ②制动器应功能良好、制动可靠。否则,应查明原因,排除故障。 ③应无渗漏油现象。 ④固定螺栓若有松动,应予紧固。履带过松时,应予调整。 ⑤行走装置应工作正常,无异响,无跑偏,无啃轨。否则,应查原因,及时排除故障。 ⑥螺栓、螺母若有松动,应予紧固,如有缺损,应予补充
4. 回转机构 ①检查回转减速器; ②检查回转制动器; ③检查回转支承; ④检查回转机构工作情况	①回转减速器应工作正常、无异响,消除渗漏油现象。每50工作小时,检查油位,油不足时,应予加足。连接螺栓若有松动,应予紧固。 ②回转制动器应功能正常,制动可靠。 ③连接螺栓如有松动,应予紧固。在回转平台工作情况下,扳动加油阀,润滑转台齿圈。 ④回转平台回转应灵活、平稳,若有异常现象,应查明原因,及时排除故障
5. 液压系统 ①检查液压油箱油面; ②检查液压油泵、液压马达、液压阀、油缸等液压元件; ③检查管路及管接头	①油面应在油标尺规定的高度范围内,油不足时,应予补充。 ②各液压元件应工作正常,无异响,无过热。消除渗漏现象。连接螺栓若有松动,应予紧固。 ③管路及管接头若有松动,应予紧固。消除渗漏现象
6. 工作装置 检查铲斗	斗齿若有松动,应予紧固。磨损严重超限时,应予焊修或更换
7. 整机 ①清洁整机外部; ②检查各部连接螺栓、螺母; ③检查各操纵机构; ④润滑	①清除整机外部粘附的泥土、杂物。 ②螺栓、螺母若有松动,应予紧固,若有缺损,应予补充。 ③各操纵机构应操纵轻便灵活,无卡阻且到位准确,定位可靠。若有异常,应查明原因,排除故障。 ④按润滑表规定执行

一级保养(每200工作小时进行)　　表7-19

作业项目	技术要求及说明
1. 完成本级保养作业项目之外的例保项目	
2. 发动机	参照第一章
3. 电气设备及仪表 ①检查发电机皮带； ②检查报警装置(装有时)； ③检查电阻加热管或火焰预热塞； ④检查接线柱及导线； ⑤检查起动机、发电机； ⑥检查蓄电池	①在单根皮带的中部施以30~50N的压力，皮带下沉量应为10~15mm。若不符，应调整皮带张紧度。 ②每100工作小时检查，报警装置应工作正常。 ③应在入冬前进行检查。电阻加热管或火焰预热塞应工作正常。否则，应予修理或更换。 ④清除接线柱上的尘土，接线柱及导线如有松动，应予紧固。 ⑤紧固件应牢固，接触良好，清除外部粘附的尘土及污物。 ⑥(略)
4. 行走装置 检查履带张紧度	履带的下沉量为25~60mm，不符要求时，应予调整
5. 回转机构 ①检查回转支承； ②检查中央回转接头安装螺栓及软、硬管接头	①润滑双排滚球式回转支承，连接螺栓若有松动，应予紧固。 ②安装螺栓若有松动，应予紧固。所有软、硬管接头应无渗漏油现象
6. 液压系统 ①检查液压油滤清器； ②检查液压油冷却器； ③更换液压油(新机或大修后首次使用)； ④清洗液压油箱加油口滤网	①当液压油污染指示信号器显示时，应清洗滤清器，更换纸质滤芯。 ②当油温好信号器显示时，应清洗液压油冷却器，除去尘土及污物。 ③新机或大修理后首次使用200h后，应更换液压油，并清洗液压油箱。 ④清洗滤网，除去污物
7. 整机润滑	按润滑表规定执行

二级保养(每600工作小时进行)　　表7-20

作业项目	技术要求及说明
1. 完成本级保养作业项目外的一保项目	
2. 发动机	参照第一章
3. 电气设备及仪表 ①检查电路； ②检查发电机(直流发电机)； ③检查蓄电池	①对电路各接头进行检查，若有松动，应予紧固；若有烧蚀、损坏，应予修理或更换。 ②拆检发电机并清洗内部，润滑轴承，各零部件磨损严重时，应予修复或更换。 ③(略)
4. 行走机构 ①检查行走减速器润滑油质量； ②检查行走制动器	①检查润滑油质量，根据需要，更换润滑油。 ②左、右行走制动器应功能良好，制动可靠。若制动效率降低时，应更换制动摩擦片，并注意不要使油污沾染摩擦片
5. 回转机构 ①检查回转减速器润滑油质量； ②检查回转制动装置； ③检查回转支承齿圈润滑油路	①检查润滑油油质，根据需要更换。 ②回转制动应工作可靠，若制动效率降低，应查明原因，排除故障。 ③保持润滑油路畅通

续上表

作 业 项 目	技术要求及说明
6. 液压系统 ①检查液压油质量; ②检查液压油滤清器; ③清洗液压油冷却器散热片	①检查液压油油质,根据需要,更换液压油。 ②清洗液压油滤清器,更换纸质滤芯。 ③清除液压油冷却器散热片上的污垢,消除渗漏现象
7. 工作装置 检查工作装置	若有开焊应予补焊,各零部件磨损严重或损坏时,应予修复或更换
8. 整机 ①检查各机构工作情况; ②润滑	①发动机运转正常后,在额定转速下,在空斗时,各机构动作几次,应工作正常。回转、行走、制动功能良好。 ②按润滑表规定执行

七、常见故障排除

常见故障排除如表7-21所示。

常 见 故 障 排 除 表7-21

故 障	原 因	排 除 方 法
整机无动作	①液压油不足; ②液压泵工作不正常; ③安全锁紧阀故障; ④自压减压故障; ⑤主溢流阀故障	①检查油面和油质。 ②测定供油压力。 ③清洗检修安全锁紧阀。 ④清洗检修自压减压阀。 ⑤检查主溢流阀
整机动作缓慢、无力	①合流分流阀故障; ②主溢流阀调定压力过低; ③自压减压阀调定压力过低; ④卸荷阀或负荷传感系统旁通阀故障	①应检修合流分流阀。 ②测定主溢流阀的压力,判断出故障阀,同时进行调试到标准值。 ③检查密封圈,温升最快且烫手的便是故障阀,应检修该阀。 ④应检修该阀
液压油过热	①油错误; ②泵吸油管线内漏气; ③油管线受阻; ④油位低; ⑤过滤器阻塞; ⑥泵磨损; ⑦散热器或油冷却器阻塞; ⑧油冷却器系统故障	①使用正确的油。 ②检查油管密封。 ③清洗油路。 ④加注储油箱至满刻度。 ⑤装上新过滤器。 ⑥维修更换泵。 ⑦清洗并矫直叶片。 ⑧检查冷却系统
发动机运转正常,而挖掘机作业速度缓慢,挖掘无力	工作装置液压系统磨损严重或液压油变质	①检查液压油油质(黏度、流动性及有无悬浮物等),按时更换符合规定的液压油。 ②卸下液压泵进行数据测量,更换或修复不能继续使用的配件,重新组装后上校验台调试,匹配各回路参数(压力、流量、功率及变量等)。重新设定所有阀的压力至标准压力,消除阀杆与阀孔之间的间隙即可
转向沉重	①吸油不充分或油液黏度太大; ②滤清器、油管堵塞; ③回路中有空气; ④油泵故障; ⑤转向单向阀故障; ⑥转向器安全阀故障	①添加足够的液压油或更换合适的油液。 ②清洗或更换滤芯,清理进、出油管线。 ③排除回路中的空气,紧固油管接头,确保密封良好。 ④检查油泵连接部分,检查调整皮带张紧度,修理或更换油泵。 ⑤检查并确保单向阀安装正确,检查油液是否清洁,清洗转向器,检查单向阀钢珠与阀座密封情况。 ⑥检查安全阀调定压力,阀座密封情况,弹簧是否变形或失效

续上表

故　障	原　因	排除方法
挖掘机行走跑偏	①液压泵有故障； ②行走马达安全阀漏油； ③行走主阀故障	①将液压泵的两根高压出油管对调，如果原来慢的变快，原来快的变慢，证明有一个泵有故障。排除方法：卸下液压泵，更换损坏件，再到实验台调试即可。 ②更换已损坏的行走马达安全阀；判断时可以将左右行走马达安全对换，看反向行走时是否偏转。 ③如果行走主阀内的弹簧变软或折断，或阀芯被卡住，都有可能引起油压降低，出现行走跑偏。检查时要测量行走主阀油路的压力。如果行走主阀损坏，就要更换或修理
动作错乱	与故障动作有关的操纵杆及先导阀（机械式操纵的机器应为拉杆）、操纵阀阀芯故障	堵住相应的到操纵阀的先导油管后试机，假如故障消失，说明故障在操纵杆及先导阀部分，否则应检查阀芯是否卡死、过度磨损或装配错误等；若阀芯正常，应继续检查与阀芯配合的阀体和其他元件（如油封）等是否损坏

八、挖掘装载机

挖掘装载机是在一个专用或通用底盘上，同时装有挖掘装置和装载装置的一种多用途工程机械，俗称“两头忙”。挖掘装载机具有独特的构造，前端是装载装置，后端为挖掘装置，它可替代小型装载机与小型挖掘机的工作；在工地内，只需要转动一下座椅，即可完成从装载机到挖掘机操作手角色的转变。它可配多种工作装置（附具），进行挖掘、铲装、路面破碎、平整场地、开挖沟渠、铺设管道等多种作业。挖掘装载机主要用于城市和农村的公路建设及养护、电缆铺设、电力和机场工程、市政建设、农田水利建设、农村住宅建设、开山取石以及各种小型建筑队所从事的各种建筑施工工程。它比普通装载机、挖掘机具有更强的适应能力，效率高、经济性好。

1. 挖掘装载机的标注

国内不同的生产厂家型号的基本含义是相同的，它标出了挖掘装载机的主要参数。如常林的 WZ30-25 挖掘装载机：

WZ——表示挖掘装载机的类、组号（有的生产厂家表示厂名缩写）。

30——表示挖掘装载机反铲斗标准斗容 $0.3m^3$。

25——表示挖掘装载机装载额定提升能力不小于 25kN。

2. 特点

整机结构紧凑，布置合理；外观造型美观，各部件设计充分体现了人性化设计；配置视野开阔的全封闭式驾驶室；专门设计的操纵系统，加上合理的布置，使操纵更加舒适、方便、省力；不同于普通焊接式的挖掘工作装置，采用高强度球墨铸铁设计制造；摆动转向桥的设计，转向角、摆动角大，使整车具有更好的通过性；带差速锁、湿式制动的驱动桥大大提高了整机的牵引性能及整车的安全性能；行车制动及停车制动采用免维护、自调节、全调节的湿式制动；倾翻式护罩的设计，大大提高了整机的维护性；标准车为两轮驱动；整机可根据需要可配备多种附具。

3. 主要结构

以常林 WZ30-25 挖掘装载机为例介绍，该机主要由发动机系统、传动系统、液压系统、电气系统、驾驶室、挖掘装置、装载装置等系统组成。

(1) 发动机系统

常林 WZ30-25 挖掘装载机选择进口康明斯 4 缸涡轮增压发动机，额定功率 63kN。康明斯发动机具有噪声小，耗油小，功率储备大，排放低等优点，排放符合欧洲标准。

(2)传动系统

传动系统由变速器、变矩器、驱动桥等部分组成。目前，国内除配套铰接转向的简易型挖掘装载机外，配套生产挖掘装载机的传动系统的厂家几乎没有，即使能生产，在技术等方面也不成熟。另外国产传动系统在与发动机的匹配上也比较欠缺。常林 WZ30-25 挖掘装载机选用意大利 CARRARO 公司专为挖掘装载机生产的传动系统。标准车为双驱，可根据需求，提供四驱车。无论是双驱和四驱，后驱动桥均带有差速锁及湿式制动。

双变系统选用进口专为挖掘装载机配套的四挡同步、电液控制前进、后退双变系统。完全同步四挡前进/后退的变速器，具有液压驱动离合器和离合器脱离按钮，使得机器能够根据路面条件迅速换挡。

(3)液压系统

该机采用开式液压系统，液压系统采用高效齿轮单泵系统，由油泵、多路阀、转向器等组成。采用偏转轮转向，转弯半径小，采用前四后四的挡位，最高前进速度达到 40km/h 以上。整个转向和工作液压系统只有一个油泵供油，采用负荷传感全液压转向和装载优先液压系统，因而系统功率损耗小，热平衡温度低。同时配置了液压锤控制油路，使操纵舒适、省力。

(4)制动系统

行车制动采用湿式制动。这种制动形式具有自动补偿功能，无需特别的维护，且制动效果好于普通制动形式，停车制动则具有全调节、自调节功能。

(5)工作装置

作为一种多用途机械，工作装置的作业性能、可靠性对整机非常重要。挖掘装载机的装载工作装置及挖掘工作装置一般采用结构件焊接制造，而常林 WZ30-25 挖掘装载机为进一步提高挖掘工作装置的强度，其挖掘工作装置全部采用高强度球墨铸整体铸造。与同样的焊接结构相比，它具有更高的强度。中置式挖掘装置和支腿在破碎岩石和深度挖掘时，具有更好的稳定性，提高了工效。另外，过中点的锁定机构设计，大大提高了行车的稳定性及安全性。

与普通装载机的工作装置的运动关系不同，如果挖掘装载机的铲斗没有控制，那么在大臂升降过程中铲斗会自动跟着翻转。它的平行升降系统，能保证铲斗的平动性能，铲运作业时不必担心货物滑下。另外，通过控制多路阀内的电磁阀，能实现铲斗自动放平功能，提高工作效率。

(6)电气系统

采用 12V 电压系统。选用进口免维护蓄电池。

(7)挖掘装置

挖掘斗容积为 $0.3m^3$。为了改进整机稳定性，将挖掘机构的重力分布到机器的前面。置于机器中心的设计，减少了整机的长度，提高了铲斗的离地距离，增大了离地角度，易于为载重卡车装卸物料和在崎岖不平的工地上工作。大转向扭矩使得装载重载时爬坡更容易，载荷更大，填土能力更强。开式中立阀的液压系统保证了控制的精度和操作者对挖掘斗的反应敏捷。可选快速联接器，只经简单地拆下一个销子并从铲斗中拿出来，即可快速而又十分容易地更换铲斗或附件。

(8)装载装置

使用双联翻斗缸和反转连杆机构具有强大的掘起力和快速卸载循环。反转连杆机构可使装载斗处于完全倾翻角度，以利于增加挖掘作业时机器的稳定性和用于推土作业。在铲斗处

于完全倾翻角度时，油缸活塞杆收缩避免了推土作业和挖掘工作时造成扭力，油缸的设计保证在平地和装载时具有良好的视野。拱形设计的装载动臂使得在工地周围工作时转弯角度更加准确。装载铲斗控制手柄上的变速器离合按钮使得装载循环更快。

第五节　凿岩工具

在施工作业中，凿岩机械主要用于在坚硬岩石中钻凿炮孔，是石方工程施工的关键设备。凿岩机械的工作对象是岩石，在石方工程施工中，通常是采用凿岩爆破法将岩石从岩体上崩落下来。该机械主要适用于钻凿孔径小于80mm的炮孔，在中小量石方工程中使用较多。

一、分类、特点及工作原理

按照冲击钎尾和转动钎头所用动力的不同，凿岩机可划分为风动、电动、内燃和液压等4种类型。

1. 风动凿岩机

风动凿岩机是以压缩空气为驱动动力。这种凿岩机目前国内应用较广，类型较多，主要有以下几种：

(1)手持式凿岩机：其质量通常小于20kg，功率小。这种凿岩机适用于钻凿浅炮孔。由于操作时劳动强度大，已很少使用。

(2)气腿式凿岩机：其质量通常为22～30kg，带有起支承和推进作用的气腿，它一般能钻凿2～5m的深孔，直径为34～42mm或带有一定倾角的炮孔。

(3)伸缩式凿岩机：一般质量为40kg左右，带有轴向气腿，专用于钻凿60°～90°的向上炮孔。沾孔深度为2～5m，孔径为36～48mm。

(4)导轨式(柱架式)凿岩机：机器质量较大，有35～100kg，一般装在凿岩台车或柱架的导轨上工作。

风动凿岩机是利用配气阀来改变压缩空气进入气缸的方向，从而使缸内活塞往复运动冲击钢钎凿击碎石的。风动凿岩机工作原理如图7-62所示。它是一只双作用的活塞式风动工具，压缩空气交替地从气缸两端进入，使活塞在缸内往复运动，冲击钢钎，然后再通过钢钎冲击岩层。当压缩空气自气缸2的上端进入时(上端进气门a打开)，见图7-62a)，气缸的下端排气(下端排气门d打开)，压缩空气的压力推着活塞下行使之锤击钢钎3，于是钎头就凿击岩层，将它击碎一块，深入岩层一小段距离h。这个过程称为工作行程或简称冲程。

当压缩空气自气缸的下端进入时(下进气门c打开)，如图7-62b)所示，气缸的上端排气门(上排气门b打开)，于是压缩空气推动活塞上行，准备下一次的钻击。这个过程称为返回行程或简称回程。

在回程中，还另有一种机构顺便将钢钎回转一个小角度，以便下一冲程可沿岩层的另一纵截面钻凿。这样，当钢钎回转一圈时，它就在岩层上按钎头的截面尺寸凿进一个h深的圆孔。当钢钎开始下一转圈钻凿时，又继续凿进下一个h深的圆孔。活塞不断地上下运动着，钢钎就如此周而复始地对着岩层钻凿，一直到所需的深度H。这种凿岩机属于冲击回

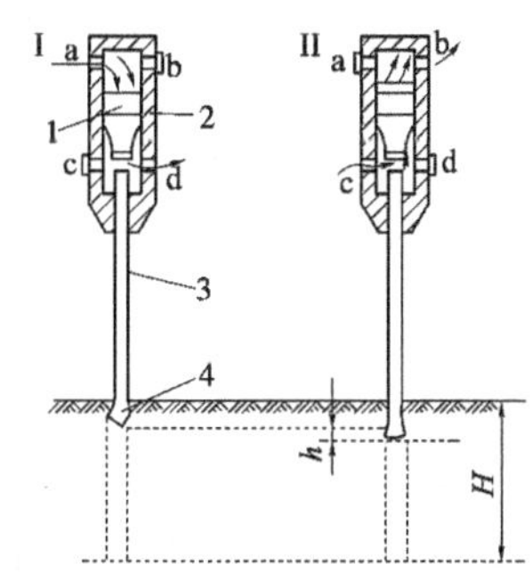

图7-62　风动凿岩机的工作原理图
1-活塞；2-气缸；3-钢钎；4-钎头
a-上进气门；b-上排气门；c-下进气门；d-下排气门

转式风动工具。

2. 液压凿岩机

液压凿岩机以高压液体为驱动力，动力消耗少，能量利用率高。高效液压凿岩机的能耗只有同级气动凿岩机的1/4～1/3。液压凿岩机的运动件在油液中工作，无需加润滑油，维护工作量少，所以正常工作的液压凿岩机的凿孔综合成本比气动凿岩机低(图7-63)。

图7-63　液压凿岩机外形

液压凿岩机工作原理(图7-64)。该机主要由供油及配油系统、储能系统、能量转换系统、减振及支承系统、作业工具系统等部分组成。冲击循环过程可分为四个阶段。

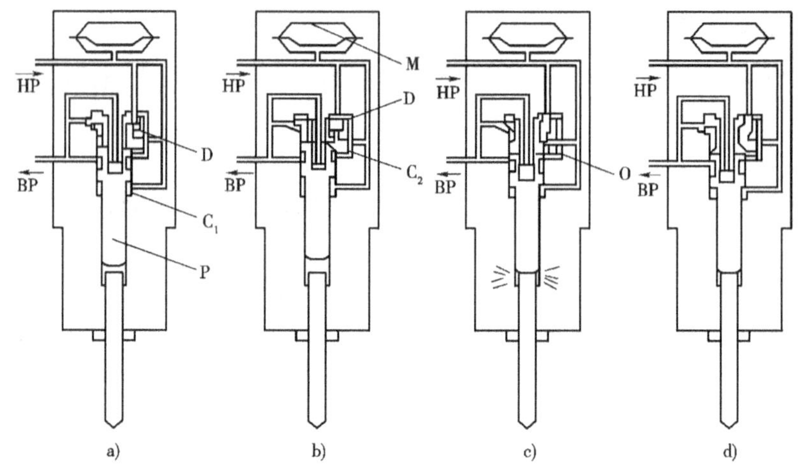

图7-64　液压凿岩机工作原理

a)第一阶段；b)第二阶段；c)第三阶段；d)第四阶段

P-柱塞；D-阀套；M-氮气储能器隔膜；O-节流孔；C_1、C_2-油腔；HP-高压油源；BP-回油路

第一阶段：由高压油源HP来的液压油进入柱塞P的下端C_1腔，推动柱塞向上运行。

第二阶段：柱塞P在上升过程中，将阀套D向上推动，直到定点位置，于是高压油经过阀套D与柱塞P之间的一个经过标定的进油口向C_2腔供油，同时氮气储能器隔膜M也向上压缩氮气进行储能。

第三阶段：当柱塞上端面受到的液体压力超过下端的液体压力时，力的不平衡使柱塞加速向下运动，同时储能器提供快速运动所需的油量。在向下运动的过程中，柱塞将节流小孔O打开，使阀套D也下降。柱塞继续向下运动，一直到与破碎工具相碰产生打击为止。

第四阶段：阀套D在向下运动过程中，切断了向C_2腔的供油，并使它与低压回油路BP相通，这样整个过程又回到初始位置。如此周而复始，使可自动进行连续打击。

3. 内燃凿岩机

内燃凿岩机是一种由汽油发动机、压气机、凿岩机三种机械组成一体的手持式凿岩工具。由本身产生的压缩空气吹岩粉，适用于无电源、无压缩空气的临时性勘探和施工场所。其特点是工作时污染空气，结构和维修均较复杂，凿岩效率也不高。

内燃凿岩机工作原理如图7-65所示。在一个气缸中同时装着发动机活塞3与冲击活塞7，在缸的小内孔中的两活塞之间构成燃烧室6，冲击活塞7又将气缸大内孔分隔成上、下两个压缩室9与8。当活塞3向左运动处于位置图7-65a)时，关闭了进排气口4、5，进入燃烧室6中的可燃混合气开始受压缩。此时冲击活塞7因有前面下压缩室8中的空气阻力，不会向前

推移。活塞3继续向左运动到位置7-65b)时,可燃混合气受压缩,压力大大增高,等到该活塞下行至下止点前一定位置,磁电机开始使火花塞点火,可燃混合气燃烧,产生高压,膨胀作功。此时活塞3继续向左运动到下止点,可燃混合气也正好是完全燃烧后而发出最高压力,于是冲击活塞7就在此高压作用下克服了压缩室8种的空气阻力,加速向前运动,如图7-65c)所示。与此同时,下压缩室8中气体因被压缩而压力增高,打开排气阀,让部分气体排出,以减少对冲击活塞的运动阻力,使它能获得最大的冲击功,猛烈地冲击钢杆,进行凿岩工作。当发动机活塞自下止点向右回行时,如图7-65d)所示,燃烧室6的容积逐渐增大,压力降低,等到打开排气口5和进气口4时,其中压力已低于压缩室8中的压力,于是冲击活塞在作完冲击功后也开始回行,一直回到最上的原始位置。

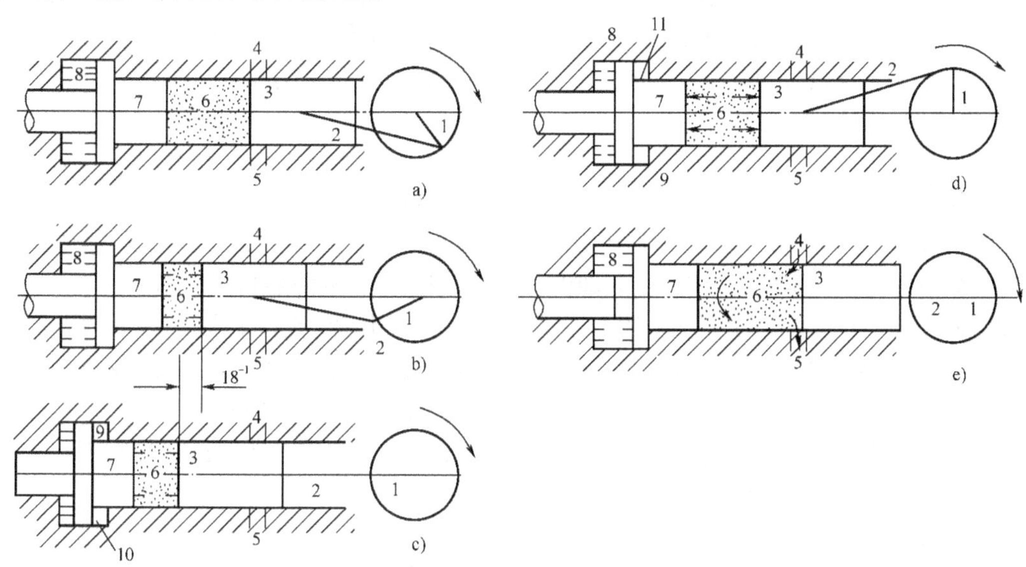

图7-65　内燃凿岩机工作原理

1-曲轴;2-连杆;3-活塞;4-进气口;5-排气口;6-燃烧室;7-冲击活塞;8-下压缩室;9-上压缩室;10-进气阀;11-排气阀

发动机活塞在回程中,排气口5先被打开,使废气排入大气中。以后进气口才接着打开,曲轴箱中受压的可燃混合气就从进气口涌入燃室6中,此时进入的新鲜气流也有加速驱除废气的作用。这一过程称为换气过程,如图7-65e)所示。在此过程终了时,就算完成了一个工作循环。在此循环中,曲轴旋转一圈,发动机活塞和冲击活塞都往返移动两个行程,冲击活塞对钢钎冲击一次。以后发动机继续运转时,又周而复始地进行新的循环。

4. 电动凿岩机

电动凿岩机以电动机为驱动力,并通过机械传动的方法将电动机的旋转运动转化为锤头周期性地对钎尾的冲击运动。电动凿岩机的动力单一,效率较高。

电动凿岩机工作原理如图7-66所示。电动机旋转通过齿轮传动驱使带偏心块的曲轴旋转,偏心块所产生的离心力迫使曲轴作往复直线运动,从而冲击钢钎。电动机的动力由主动齿轮2通过中间齿轮3驱动着从动大齿轮4。在该齿轮的内端面直径上有一条滑槽,带有一对偏心块6、11的主轴5以其外侧面上的滚

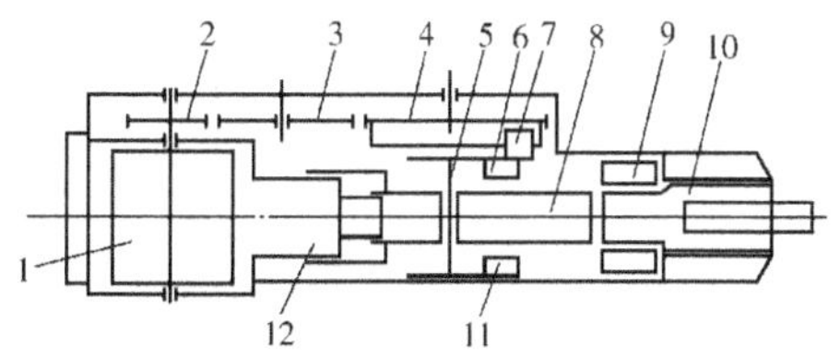

图7-66　电动凿岩机工作原理图

1-电动机;2-主动齿轮;3-中间齿轮;4-从动大齿轮;5-主轴;6-左偏心块;7-滚轮;8-冲锤;9-转钎套;10-钎尾;11-右偏心块;12-导向座

轮7在该滑槽内滚动而旋转。主轴上装有冲锤8,冲锤的下部是直接冲击针尾10的冲头,上部为筒状,套在一个固定的导向座12上。因此,主轴旋转时其偏心块的离心力促使冲锤作直线往复运动,从而执行凿岩工作。在每一工作循环中冲锤回程时可使钢钎旋转一个小角度。

二、使用技术

1. 风动凿岩机使用技术

(1)风动凿岩机使用时,要求凿岩机进风口处压缩空气干燥,风压应保持500kPa,最低不得低于400kPa;要求使用洁净的软水,在不得已使用酸性或碱性水时,凿岩机工作完毕后应即注入一些润滑油,关水空运转稍许时间。

(2)启用新机器时要进行清洗重装,重装后都要开一下空车,检查运转是否正常。但空车时间不能超过2~3min。时间过长,气缸气垫区温度过高,容易产生研缸现象。

(3)做好管道清洗和例行的拆卸检修工作,使机器经常处于良好的工作状态,并应经常注意加注润滑油,严禁无油作业。

(4)操作上应注意先开风后开水,先关水后关风,并注意水压应低于风压,防止水倒流入凿岩机气缸内部,破坏机器的正常润滑,影响机器正常运转。

(5)当凿岩机卡钎器转动很慢时,应立即通过调压阀减少气腿的轴推力。若出现钎杆已不转,经减小气腿轴向推力无效时,应立即停止凿岩,消除卡钎故障后再进行凿岩。

(6)观察机器的排粉情况,气腿凿岩机不允许拆出水针作业,或打干眼。

(7)伸缩式凿岩机凿岩时,注意沿钎子流下来的岩浆不得接近钎套,其间距至少需要20mm,否则,即为吹扫力不足,此时应按程序检查钎套上的吹气孔是否畅通。

(8)伸缩式凿岩机向上作业时,除遵守一般凿岩工作的安全技术外,还应特别注意钎子的突然折断,防止工伤事故,并严禁长时间全速空转,拔钎时应开水车。

(9)工作完毕后,关闭水阀以小风让凿岩机作短时间空运转,排除积水,防止锈蚀。

(10)对导轨式凿岩机,当打完一根钎后,应停风,再打反转卸钎尾。反转卸钎时,应开小风。如从正转马上变反转,由于惯性产生很大的冲击,会降低回转爪和螺旋棒的使用寿命。

(11)凿岩机较长时间停止使用时,应及时将其擦洗干净,并涂上防锈油,放干燥处保存。

2. 内燃凿岩机使用技术

(1)发动机启动时,要在棘轮机构接合上后,轻拉启动绳,拉启动绳的方向要正确,用力不要过猛,以防启动绳拉出。

(2)当凿岩机在装有钻杆情况下启动时,手柄离合器不允许转到回转位置。

(3)经常注意钎杆中心孔是否有堵塞现象,防止机器熄火。

(4)为了保护回转机构,机器不能过于超负荷运转。

(5)内燃凿岩机因以汽油为燃料,排出的废气会污染空气,因此,在一般情况下只允许在露天工作。

3. 液压凿岩机的使用技术

(1)液压凿岩机在启动前应检查蓄能器的充气压力是否正常;检查冲洗水压和润滑空气压力是否正确;检查润滑器里是否有足够的润滑油,供油量是否合适;检查油泵电机的回转方向。

(2)凿岩时应把推进器摆到凿岩位置,使前端抵到岩石上,小心操作让凿岩机向前移

动，使钻头接触岩石；开孔时，先轻轻让凿岩机推进，当钎杆在岩中就位后，再调至全开位置。

(3)凿岩机若不能顺利开孔，则应先操纵凿岩机后退，再让凿岩机前移，重新开孔。

(4)在更换钎头时，应将钻头轻抵岩石，让凿岩机电动机反转，即可实现机动卸钎头。

(5)液压元件的检修只能在极端清洁的条件下进行，连接机构拆下后，一定要用洁净紧配的堵头立即塞上。液压系统的机构修理后，在凿岩机重新使用之前，必须把液压油循环地泵入油路，以清洗液压系统的构件。

(6)应定期检查润滑器的油位和供油量；定期对回转机构的齿轮加注耐高温油脂；定期检查润滑油箱中的油位，清除油箱内的污物或杂质。

(7)若要长期存放，则应用紧配的保护堵头将所有的油口塞住，彻底清洗机器并放掉储能器里的气体。凿岩机应放在干燥清洁的地方存放。

4. 电动凿岩机使用技术

(1)电动凿岩机使用前应检查各机械部分，应无松动和异常现象，电动机应绝缘良好，接线应正确可靠，才可通电。

(2)各传动机构的摩擦面，要保证充分润滑，并定期更换润滑油。

(3)钻孔前，应空载检查钻杆的旋转方向后，将钻头、钻杆、水管接好即可钻岩。开孔时，应轻轻将离合器安上，当钻头全部进入岩层后，再紧上离合器；当钻进一定深度而需停钻时，松开离合器，待钻头全部退出孔口后再停钻，并将离合器置于中间位置。

参 考 文 献

[1] 何挺继,朱文天,邓世新.筑路机械手册.北京:人民交通出版社,1998

[2] 何挺继,展朝勇.现代公路施工机械.北京:人民交通出版社,1999

[3] 高为群.公路工程机械驾驶与故障排除.北京:人民交通出版社,2005

[4] 王进.施工机械概论.北京:人民交通出版社,2002

[5] 戴强民.公路施工机械.北京:人民交通出版社,2002

[6] 段书国,杨路帆.现代桥隧机械.北京:人民交通出版社,2004

[7] 中国公路学会筑路机械学会.沥青路面施工机械与机械化施工.北京:人民交通出版社,1999

[8] 田流.现代高等级公路养护机械.北京:人民交通出版社,2003

[9] 杨士敏,吴国进.高等级公路养护机械.北京:人民交通出版社,2003

[10] 张荣滚.公路养护机械.北京:人民交通出版社,2000

[11] 王定祥,郭远辉.工程机械与施工用电.北京:人民交通出版社,2001

[12] 吴幼松,余清河.公路机械化施工与管理.北京:清华大学出版社,北京交通大学出版社,2007